经以院士
建议开展
贺教方印
中文方向项目
成果立题

李路林
二〇〇八

教育部哲学社会科学研究重大课题攻关项目
"十三五"国家重点出版物出版规划项目

我国先进制造业发展战略研究

RESEARCH ON THE DEVELOPMENT STRATEGY OF
CHINA'S ADVANCED MANUFACTURING INDUSTRY

唐晓华
等著

中国财经出版传媒集团
经济科学出版社
Economic Science Press

图书在版编目（CIP）数据

我国先进制造业发展战略研究/唐晓华等著.—北京：
经济科学出版社，2020.6
教育部哲学社会科学研究重大课题攻关项目
ISBN 978-7-5218-1529-0

Ⅰ.①我… Ⅱ.①唐… Ⅲ.①制造工业-工业发展战略-研究-中国 Ⅳ.①F426.4

中国版本图书馆 CIP 数据核字（2020）第 074916 号

责任编辑：于海汛
责任校对：蒋子明
责任印制：李 鹏 范 艳

我国先进制造业发展战略研究

唐晓华 等著

经济科学出版社出版、发行 新华书店经销
社址：北京市海淀区阜成路甲 28 号 邮编：100142
总编部电话：010-88191217 发行部电话：010-88191522
网址：www.esp.com.cn
电子邮件：esp@esp.com.cn
天猫网店：经济科学出版社旗舰店
网址：http://jjkxcbs.tmall.com
北京季蜂印刷有限公司印装
787×1092 16 开 35.25 印张 670000 字
2020 年 7 月第 1 版 2020 年 7 月第 1 次印刷
ISBN 978-7-5218-1529-0 定价：118.00 元
（图书出现印装问题，本社负责调换。电话：010-88191510）
（版权所有 侵权必究 打击盗版 举报热线：010-88191661
QQ：2242791300 营销中心电话：010-88191537
电子邮箱：dbts@esp.com.cn）

课题组主要成员

首席专家 唐晓华

主要成员
王伟光　张保胜　张丹宁　赵丰义
李绍东　王映川　刘　龙　李占芳
刘相锋　吴春蓉　徐　雷　周婷婷
张欣钰　冯荣凯　刘　蕊　陈　阳
孙元君　余建刚　景文治　李晓梅
施　炎

编审委员会成员

主　任　吕　萍
委　员　李洪波　柳　敏　陈迈利　刘来喜
　　　　樊曙华　孙怡虹　孙丽丽

总 序

哲学社会科学是人们认识世界、改造世界的重要工具,是推动历史发展和社会进步的重要力量,其发展水平反映了一个民族的思维能力、精神品格、文明素质,体现了一个国家的综合国力和国际竞争力。一个国家的发展水平,既取决于自然科学发展水平,也取决于哲学社会科学发展水平。

党和国家高度重视哲学社会科学。党的十八大提出要建设哲学社会科学创新体系,推进马克思主义中国化、时代化、大众化,坚持不懈用中国特色社会主义理论体系武装全党、教育人民。2016年5月17日,习近平总书记亲自主持召开哲学社会科学工作座谈会并发表重要讲话。讲话从坚持和发展中国特色社会主义事业全局的高度,深刻阐释了哲学社会科学的战略地位,全面分析了哲学社会科学面临的新形势,明确了加快构建中国特色哲学社会科学的新目标,对哲学社会科学工作者提出了新期待,体现了我们党对哲学社会科学发展规律的认识达到了一个新高度,是一篇新形势下繁荣发展我国哲学社会科学事业的纲领性文献,为哲学社会科学事业提供了强大精神动力,指明了前进方向。

高校是我国哲学社会科学事业的主力军。贯彻落实习近平总书记哲学社会科学座谈会重要讲话精神,加快构建中国特色哲学社会科学,高校应发挥重要作用:要坚持和巩固马克思主义的指导地位,用中国化的马克思主义指导哲学社会科学;要实施以育人育才为中心的哲学社会科学整体发展战略,构筑学生、学术、学科一体的综合发展体系;要以人为本,从人抓起,积极实施人才工程,构建种类齐全、梯队衔接的高校哲学社会科学人才体系；要深化科研管理体制改革，发挥高校人才、智力和学科优势，提升学术原创能力，激发创新创造活力，建设中国特色新型高校智库；要加强组织领导、做好统筹规划、营造良好学术生态，形成统筹推进高校哲学社会科学发展新格局。

哲学社会科学研究重大课题攻关项目计划是教育部贯彻落实党中央决策部署的一项重大举措，是实施"高校哲学社会科学繁荣计划"的重要内容。重大攻关项目采取招投标的组织方式，按照"公平竞争，择优立项，严格管理，铸造精品"的要求进行，每年评审立项约40个项目。项目研究实行首席专家负责制，鼓励跨学科、跨学校、跨地区的联合研究，协同创新。重大攻关项目以解决国家现代化建设过程中重大理论和实际问题为主攻方向，以提升为党和政府咨询决策服务能力和推动哲学社会科学发展为战略目标，集合优秀研究团队和顶尖人才联合攻关。自2003年以来，项目开展取得了丰硕成果，形成了特色品牌。一大批标志性成果纷纷涌现，一大批科研名家脱颖而出，高校哲学社会科学整体实力和社会影响力快速提升。国务院副总理刘延东同志做出重要批示，指出重大攻关项目有效调动各方面的积极性，产生了一批重要成果，影响广泛，成效显著；要总结经验，再接再厉，紧密服务国家需求，更好地优化资源，突出重点，多出精品，多出人才，为经济社会发展做出新的贡献。

作为教育部社科研究项目中的拳头产品，我们始终秉持以管理创新服务学术创新的理念，坚持科学管理、民主管理、依法管理，切实增强服务意识，不断创新管理模式，健全管理制度，加强对重大攻关项目的选题遴选、评审立项、组织开题、中期检查到最终成果鉴定的全过程管理，逐渐探索并形成一套成熟有效、符合学术研究规律的管理办法，努力将重大攻关项目打造成学术精品工程。我们将项目最终成果汇编成"教育部哲学社会科学研究重大课题攻关项目成果文库"统一组织出版。经济科学出版社倾全社之力，精心组织编辑力量，努力铸造出版精品。国学大师季羡林先生为本文库题词："经时济世 继往开来——贺教育部重大攻关项目成果出版"；欧阳中石先生题写了"教育部哲学社会科学研究重大课题攻关项目"的书名，充分体现了他们对繁荣发展高校哲学社会科学的深切勉励和由衷期望。

伟大的时代呼唤伟大的理论，伟大的理论推动伟大的实践。高校哲学社会科学将不忘初心，继续前进。深入贯彻落实习近平总书记系列重要讲话精神，坚持道路自信、理论自信、制度自信、文化自信，立足中国、借鉴国外，挖掘历史、把握当代，关怀人类、面向未来，立时代之潮头、发思想之先声，为加快构建中国特色哲学社会科学，实现中华民族伟大复兴的中国梦做出新的更大贡献！

教育部社会科学司

前 言

党的十九大报告指出,"中国特色社会主义进入了新时代"。新时代经济的着力点在实体经济,而实体经济的主要载体是制造业。[①] 2017年12月18日中央经济工作会议提出"要推进中国制造向中国创造转变,中国速度向中国质量转变,制造大国向制造强国转变"[②]。先进制造业将以吸引社会资本投入、推动信息技术和制造技术结合、支持重点领域和重大工程、促进互联网与制造业融合、制造业与生产性服务业融合,促进传统制造产业升级,提高我国工业生产力为核心要点。

纵观现代国际经济发展史不难看出,无论经济形态如何变迁,制造业始终是世界各国尤其是发达国家竞争的焦点。先进制造业是国民经济的重要支撑,这一铁律在任何时代都不会改变,只能是随着时代的进步而得到凸显。近年来,美国、德国、英国、法国、日本等发达国家布局以智能制造为主攻方向的先进制造业,通过"先进制造业伙伴计划"(2011)、"工业4.0战略计划"(2013)、"工业2050"(2013)、"新工业法国计划"(2014)、"社会5.0战略"(2017)等战略,寻求先进制造业发展竞争的新优势。在具体战略上,更是通过发达国家实施的"再工业化战略",试图抢占先进制造业的制高点,从而掌控全球制造业高附加值环节,获得国家竞争优势。

进入新时代,我国制造业发展的国内外环境和条件均发生了变化,

[①] 参见党的十九大报告及其相关解读,新华社,2017年10月18日。
[②] 参见中央经济工作会议相关文件,新华社,2017年12月20日。

特别是由于国内制造业创新能力不足，使得关键技术对外依存度高，出现了产品附加值不高、产业链长期被低端锁定的现象。加之制造业产业结构不合理、劳动力成本大幅上升等结构性矛盾，导致我国制造业总体上处于国际分工层的中低端。而要扭转这种局面，实现我国制造业由中低端到中高端的转变，就必须深入研究我国先进制造业发展战略，寻求如何顺应全球产业链调整趋势，深化制造业供给侧结构性改革，增强制造业自主创新能力，通过扩大改革开放，加速承接国际制造业转移的进程，推动我国先进制造业现代产业体系构建，进而造就世界制造业强国的国际地位。所以，开展我国先进制造业发展战略研究意义重大，势在必行。下面就本书研究我国先进制造业发展战略重点讨论和研究的几个方面作以阐述。

一、先进制造业内涵的争论与阐释

先进制造技术是先进制造产业的前提。先进制造技术（advanced manufacturing technology）概念最早由美国在20世纪80年代末提出，随着美国在先进制造领域的不断突破和市场份额占领，发展先进制造业已成为全球趋势。一般认为，扎伊尔和扎木托（Zair and Zammuto, 1992）最早定义了先进制造技术的概念，即"以计算机技术为基础的技术群，包括计算机辅助设计、机器人技术等"。而随着信息技术的发展，先进制造的概念不断更新，内涵不断扩大，日本丰田公司提出了"精益生产"的概念，将先进制造模式加入先进制造产业。

21世纪以来，随着新材料、技术、新能源的产业链、供应链和价值链不断延伸，先进制造的内涵发生了重大的改变，已成为一种产业形态。近年来，理论界提出了"先进制造业（advanced manufacturing industry, AMI）"的概念。一般来说，先进制造业是相对传统行业提出的，其先进性体现在研发设计制造模式、生产组织方式、制造与服务功能关联模式创新等多个方面。瑞士在《未来的瑞士制造业》研究报告中将知识密集型制造业界定为先进制造业。现任中国机械工业联合会副会长朱森第这样定义先进制造业：它是不断吸收信息、机械、材料以及现代管理等方面的高新技术，并将这些先进的技术综合应用于制造的各个环节和全过程，实现优质、高效、低耗、清洁、灵活生产，从而取得很好经济、社会和市场效益的制造业总称。

先进制造业主要可以从以下几个方面进行解读：

第一，先进制造业虽然以制造技术的先进性为首要特征，但先进技术与制造业的契合存在两种不同的类型：第一种是主要依靠信息技术、新材料、生物技术等高精尖技术发展起来的高新技术制造业，这类制造业成长速度快，产品附加值高，在产业结构中处于塔尖的位置。对一个国家来讲，高新技术制造业的比重越高说明这个国家的制造业实力越强。第二种是通过先进制造技术与传统制造业相结合，通过技术改造和工艺革新形成的先进制造业，相对于发达国家，发展中国家传统制造业转型升级的比重更高一些。①

第二，先进制造业在不同的时期具有不同的内涵。先进制造技术本身就随着人类社会的发展和科技的进步在不断地更新和完善，所以先进制造技术的内涵不是一成不变的。所有的先进制造技术随着时间变迁都会成为历史而被新技术替代，所以对于一个国家来讲，要想保持先进制造业的优势，需要在一个相当长的时期内，通过持续的技术创新保持在先进制造技术领域的领先地位。因为在不同的国家或地区技术创新的基础和优势不同，所以先进制造技术的研发和创新要有其重点发展的目标和内容，通过重点技术的研发实现这个国家和地区先进制造技术的跨越式发展。我国把航空航天装备制造业、先进轨道交通装备制造业等行业列为制造业强国战略的重点领域是与我国在这些行业的技术优势分不开的。

第三，先进制造业虽然从概念上来讲首先属于制造业的范畴，但随着信息化与工业化的融合以及生产模式和管理理念的进步，制造业更多地向智能制造、虚拟制造、增材制造等新型的制造模式发展而打破原有的制造业的范围，特别是制造业与生产性服务业的深度融合使得制造业与服务业的界限变得更加模糊。先进制造业虽然在一定时间和范围内特指某些具体的制造业部门，但是一个国家的先进制造业发

---

① 中国工程院院士柳百成指出，先进制造技术的发展趋势主要体现在制造技术与高技术集成融合（高技术化）、数字化智能化制造技术、极端工作条件下的制造技术（大型化）、清洁及可持续发展制造技术（轻量化、精密化、绿色化）。

展则是一个整体的概念。所以，比起通过技术创新发展具有某些技术优势或技术领先的制造业部门，建立一个完善而具有整体竞争力的制造业产业体系具有更重要的意义。

关于先进制造业的概念内涵并没有统一的说法，但其特征总体上却较为相似。概括起来，主要包括"两类行业范畴，三个先进层面，十个特征形态"。两类行业范畴是指先进制造业不仅包括由信息技术、生物技术、新能源等创新发展出来的新产业形态，同时还包括传统制造业转型升级后的制造业。三个先进层面是指先进制造业体现在产业组织和企业组织形式方面先进、制造技术方面先进、生产模式方面先进等三个层面。十个特征形态是指先进制造业呈现集群化、服务化、垂直化、数字化、智能化、虚拟化、高端化、模块化、绿色化与平台化。先进制造业代表的技术进步是经济增长的原动力。先进制造业是运用新技术、新管理、新模式，按照"新型工业化"发展理念发展起来的科技含量高、资源消耗低、环境污染少、管理效率强、市场竞争力强、经济效益优的制造业。

二、先进制造业与传统制造业的关系

先进制造业与传统制造业联系密切、关联性强。从产业链视角看，先进制造业对重塑传统制造业产业链具有决定性意义。传统制造业产业链可以描述为从产品设计、原料采购、生产制造、营销销售以及到达消费者的整个过程。① 传统制造链条在向先进制造链条转化的过程中，智能制造是主攻方向，而信息技术为传统制造业的发展提供了许多有益的新思路与先进理念，使得传统制造业产业链发生裂变。

既然智能制造是先进制造的主攻方向，那么运用智能制造去重构传统制造业产业链就显得十分必要。

首先，产业链前端将由自主研发实现协同创新。现阶段，互联网、云计算等已经突破了传统的地域、组织与技术的界限，可以有效整合包括产学研在内的优势资源，促使网络化协同创新平台的快速形成。

---

① 参见中国台湾宏碁集团董事长施振荣提出的"微笑理论"。

大量的国内外企业开始利用云基础设施，并不断通过互联网把全球各地分散的研发中心串联起来，组成一个能够快速响应市场需求、竞合效应明显、总体高效运行的全球研发创新网络体系。这不仅可为企业自身提供服务，而且可以迅速将研发设计能力送达企业外部，这就大幅度提升了传统制造链条的合力和价值。

其次，产业链中端将由传统生产实现智能生产。众所周知，传统制造是普遍依靠人工劳动的，因而其制造业企业的自动化水平不高。与其不同的情形是智能生产将大幅度借助数字平台、3D打印、嵌入式控制系统、机器人人工智能等一系列新兴技术，进而取代抑或是拓展延伸制造环节中人的部分功能，充分发挥智能生产系统独特的自我感知、自我优化与自我执行的效能，继而依据设计方案与任务布置自觉推进加工完成、管理控制等过程，进而有效适应不断变化的环境。

最后，产业链后端将由产品销售实现"全渠道营销+智能化"服务。以往的制造链条后端基本由市场销售部门、经销商、分支机构、消费客户、代理商等实体渠道构成，然而当下已经开始变得更为复杂化，并逐渐拓展与延伸到电商平台、个体微商、手机商店等全渠道。在这样的渠道背景下，对企业的要求更加苛刻了，这不仅需要与用户进行有效互动，而且需要为用户适时提供优化的产品与全流程服务体验。与此同时，伴随大量智能化产品与生产设备问世，加之云计算、互联网、大数据5G、区块链等平台与新技术的应用，将会衍生出更加智能化的服务。

三、先进制造业全球竞争态势

（一）世界各国极力角逐先进制造业制高点

2008年金融危机对实体经济产生了严重冲击，危机之后，世界经济进入深度调整期，现阶段全球制造业产业升级方兴未艾，世界各国纷纷加大对制造业的投入力度，同时制造业产业升级战略计划密集推出，各国争夺先进制造业高地越发激烈。早在1990年美国就推出了"先进技术计划"，2010年以来，世界主要制造强国的先进制造业战略计划如潮涌般推出。德国于 2010 年与 2013 年分别推出"德国 2020 高技术战略"与"工业 4.0";美国于 2011 年与 2012 年分别推出了"先进制造业伙伴计划（AMP）"与"先进制造业国家战略计划";中国于 2015 年提出了"中国制造 2025";日本于 2015 年组建"科技工业联盟",同时推出"制造业白皮书";英国于 2016 年推出了"英国工业 2050 战略";欧盟于 2010 年推出了"IMS2020 计划"。

（二）制造业行业与国别产出增长率分布不均衡

据统计,世界主要工业经济体 2016 年的制造业产出增长率以机械及设备为主,具体产出增长率为 8%;计算机、电子和光学产品的产出增长率次之,为 5.2%;而烟草、服装和印刷、基本药物的产出增长率为负值。与此不同的是发展中国家或地区的制造业产出增长主要集中在计算机、电子和光学产品等行业领域,具体产出增长率达 13.1%,而基本药物、机械及设备、汽车及橡塑制品的产出增长率则保持在 10% 上下。由此,从制造业行业增长情况能够看出,全球范围内,中高与高技术制造产品的产出增长率领先于中等与低端制造产品的增长率,说明当前各国对制造业的争夺以高端制造产品与先进制造产品为主。我国制造业产出增长率表现强劲。据 2017 年数据,我国制造业的产出增长率一般保持在 7% 左右,不仅远超国际平均水平,而且均高于工业经济体与其他发展中国家。①

（三）人才与技术竞争力是我国先进制造业的明显短板

从主要国家制造业竞争力驱动要素情况（见表 1）分析来看,在人才竞争力方面处于领先地位的国家是德国（97.4）、美国（89.5）和日本（88.7）;在创新政策和基础设施方面,美国（98.7）、德国（93.9）与日本（87.8）位列前三强;在成本竞争力方面,中国居于首位,得分为 96.3,印度（83.5）与韩国（59.5）次之;能源政策竞争力表现最好的是美国（68.9）,表现最差的是印度（25.7）;物质基础设施方面,德国（100.0）、美国（90.8）与日本（89.9）的竞争力

---

① 资料来源：联合国工业发展组织（UNIDO），https://www.unido.org/。

居于前三位,印度(10.0)处于末位;法律监管环境方面,表现最好的是德国(89.3),表现最差的是印度(18.8),中国的得分也很低,为24.7,与德、美、日的差距分别为64.6、63.6、54.2。综合分析来看,以中国与印度为代表的发展中国家的制造业竞争优势依然体现在成本竞争力方面,人才竞争力则明显处于劣势地位,而美德日的综合竞争力较强。此外,受制于企业本身的研发能力,我国先进制造业的技术竞争力较弱,中高端和高端制造业关键设备和零部件主要依赖进口,受到国外先进制造产品与产品更新换代的双重威胁。

表1　　　　　　主要国家制造业竞争力驱动要素

要素	美国	德国	日本	韩国	中国	印度
人才	89.5	97.4	88.7	64.9	55.5	51.5
创新政策和基础设施	98.7	93.9	87.8	65.4	47.1	32.8
成本竞争力	39.3	37.2	38.1	59.5	96.3	83.5
能源政策	68.9	66.0	62.3	50.1	40.3	25.7
物质基础设施	90.8	100.0	89.9	69.2	55.7	10.0
法律监管环境	88.3	89.3	78.9	57.2	24.7	18.8

资料来源:德勤(Deloitte),2016全球制造业竞争力指数,国家制造强国建设战略咨询委员会,《中国制造2025蓝皮书(2017)》,电子工业出版社2017年版。

(四)我国制造业的传统竞争优势正在被其他发展中国家赶超

现阶段,国际产业调整与转移趋势发生了深刻变化,全球制造业的转移目的地呈现多元化趋势,制造业不仅往中国转移,而且呈现出往印度、越南、菲律宾等其他发展中经济体转移的趋势。究其原因,这种趋势的出现一方面与开拓新市场与分散风险有关,另一方面则更多地考虑了资源配置与降低成本,显然我国在承接国际产业转移上将会面临更多来自发展中国家的竞争压力。与此同时,随着人口红利的逐渐消失,资源环境约束的不断加强,我国制造业的传统竞争优势将逐渐褪色,这将增加已经转移进来的制造业与本土制造业外流向其他发展中国家的可能。如表2所示,我国制造业的劳动力成本由1995年的0.3美元/小时提高到2015年的3.3美元/小时,印度制造业的劳动力成本由1995年的0.7美元/小时提高到2015年的1.7美元/小时。

由此可见，在过去的 20 多年里我国制造业的劳动力成本已大幅提升，制造业劳动力竞争优势在下降，传统的成本竞争力等优势正在被印度等发展中经济体赶超。

表 2　　　　　　主要国家制造业劳动力成本情况表　　　　单位：美元/小时

国家	1995 年	2005 年	2015 年
中国	0.3	0.7	3.3
印度	0.7	0.9	1.7
韩国	7.3	15.1	20.7
日本	23.4	25.3	24.0
美国	17.2	30.1	38.0
德国	30.4	38.0	45.5

资料来源：德勤（Deloitte），2016 全球制造业竞争力指数，国家制造强国建设战略咨询委员会，《中国制造 2025 蓝皮书（2017）》，电子工业出版社 2017 年版。

（五）我国先进制造业的区域竞争力差距显著

进入新时代，我国先进制造业竞争力呈现极化层级特征，这主要与先进制造业的集群分布有关。先进制造业分布呈现"一带三核两支撑"的空间格局，"一带"指的是沿海经济带，"三核"指的是环渤海、长三角、珠三角三大核心区，"两支撑"指的是中部地区与西部地区的典型城市圈。目前的发展形势显示，先进制造业在珠三角等东部沿海一带发展势头迅猛，而中西部地区则显得相对迟缓，"东强西弱"的分布特征显著。具体来看，环渤海地区的优势主要集中在政策、资金、人才和科研等领域，该地区具备得天独厚的研发和制造优势，走在全国前列的行业领域是新材料、高端装备制造业、生物医药、新能源汽车等；长三角地区由于经济基础好、产业配套能力强、资本集聚度高、围绕前沿技术的投资较为活跃，因而该区域在生物医药、高端装备制造业、新材料、电子信息制造业等领域表现强劲；珠三角地区由于市场化程度高、区位优势明显、创新环境好，因而该区域在生物医药、电子信息制造业、新能源汽车等领域表现突出，在先进制造模式（如智能制造）方面同样具有市场竞争力；中部地区则以湖北、安徽、湖南等为典型地区，这些地区的优势主要集中在光电子、新型显示、轨道交通等方面,而西部地区的陕西、四川、重庆等地区则是先进制造业的又一核心地带,该区域对先进制造业的带动作用主要体现在航空航天、集成电路、智能终端等方面。①

四、全球制造业产业演进与发展趋势

进入21世纪以来,特别是国际金融危机以来,新一轮科技革命和产业命革不断孕育世界经济格局的变革。发达国家重新审视其发展战略,纷纷提出以重振制造业为核心的战略布局,全球制造业格局发生深刻调整,新一轮产业变革蓄势待发,并引致制造业技术体系、生产模式、组织形态等方面的重大变革。全球制造业发展呈现出智能化、网络化、服务化、绿色化等新趋势。

(一)"大物移智云"加快发展,生产方式更加智能化

随着"大物移智云"等新一代信息技术的发展以及信息化水平的普遍提高,数字技术、网络技术和智能技术日益渗透融入产品研发、设计、制造的全过程,推动产品生产方式出现重大变革。主要发达国家和跨国企业均把智能制造作为新一轮发展的主攻方向,德国提出工业4.0、美国发展工业互联网、法国实施未来工业计划等,一些跨国企业也纷纷加大智能化改造、先进机器人研发的投入力度,传统制造加速向以人工智能、机器人和数字制造为核心的智能制造转变。据预测,到2025年,发达经济体中15%~25%的企业制造将实现智能化和自动化,而新兴经济体中该比重将占5%~15%②。

(二)规模化生产向定制化生产转变,组织方式日益网络化

新一代信息技术的推广普及,特别是互联网的应用发展,带来制造业生产方式的重大变革,也推动了制造业企业组织流程和管理模式的创新,内部组织扁平化和资源配置全球化成为制造业企业培育竞争

---

① 此处我国先进制造业的区域竞争力综合了赛迪顾问的研究与本书第二章的先进制造业区域水平。
② 资料来源:麦肯锡咨询公司预测。

优势的新路径。与此同时，网络发展带来的众创、众包、众筹、线上线下互动等方式，可以汇聚全球的创新资源为企业提供生产研发服务，网络协同创新成为新的风向标。

（三）生产制造和服务环节加速融合，产业链条服务化趋势明显

随着制造业和服务业融合程度的加深，服务化已经成为引领制造产业升级和保持可持续发展的重要力量，是制造业走向高级化的重要标志之一。服务型制造日益成为新的产业形式，推动制造业企业从单一产品提供商向产品与整体解决方案提供商转变，产业价值链重心由生产端向研发设计、客户服务端转移，推动全生命周期管理、总集成总承包、电子商务等新业态新模式快速兴起。国际商业机器公司（IBM）、通用电气公司（GE）、耐克（NIKE）、罗尔斯－罗伊斯航空发动机公司（ROLLS－ROYCE）、米其林轮胎等众多知名跨国公司的主营业务都已经实现了由传统制造向制造服务业转型。

（四）绿色发展理念深入人心，生产过程加速绿色化

随着制造业发展与资源环境制约矛盾的日益突出，为实现资源能源的高效利用和生态环境保护，主要发达国家纷纷提出绿色化转型战略和理念，欧美的"绿色供应链""低碳革命"，日本的"零排放"等新的产品设计理念不断兴起，"绿色制造"等清洁生产过程日益普及，节能环保、新能源、再制造等产业快速发展，已成为发达国家重塑制造业竞争力的重要手段。

五、我国先进制造业转变发展的必然趋向

（一）由要素驱动向创新驱动转变

长期以来我国制造业处于"大而不强"的境地，而随着城市化和老龄化的趋势的显现，我国劳动力的低成本优势开始丧失，传统的粗放方式带来的能源消耗和环境污染等负面效应逐步凸显，我国制造业发展模式亟待从要素驱动型转为创新驱动型。而向创新驱动转变，则

需要充分发挥政府、市场、企业家、中小企业创新群体以及产学研等多方面合作方可实现。

欧美等发达国家都在其先进制造业发展规划中均特别强调了创新驱动的重要性，并相应地制定了细节性的技术创新计划和激励措施。由此可见，智能化和高端化是未来先进制造业发展的必然方向，诸如新能源汽车、航空航天、5G、芯片等高技术产业均需要以创新驱动为导向实现快速发展。

（二）由粗放制造向集约制造转变

我国传统制造业一直是粗放型的发展模式，以消耗能源、污染环境作为经济发展的代价，造成了对我国环境和资源的较大破坏。绿色制造则是指在保障产品质量和功能的同时，努力提高能源的使用效率，将产品制造过程中的环境污染降到最小，进而实现可持续发展。为实现制造业从粗放型向绿色环保方向转变，我国对能源消耗、二氧化碳排放、污染物排放等指标做出了明确规定，不断推动传统技术的改造和工业设计理念的转变，美国、德国、日本等国也十分重视绿色制造产业的发展。制造业向绿色制造发展是实现可持续发展的必经之路。

发展集约制造，首先要调整产业结构，淘汰高耗能的落后行业，优化资源配置；其次应建立高效清洁的能源供应体系，避免过度开发和资源浪费，为此，必须重点发展可再生能源，提高太阳能、风能、水能等在制造业能源结构中的比重；最后要加大对环境污染行为的惩处力度，通过各种环境规制手段约束企业向环境友好型发展。

（三）由低端制造向高端制造转变

随着新一轮技术革命的到来，全球制造业产业链开始发生变化，物联网、新能源、新材料等各类高端产业成为制造业的新领域。德国"工业4.0"计划提出应通过智能工厂和智能生产将人、机器、能源和信息有机结合，由制造向智造转变。美国也在高端机器人、纳米技术、3D打印等领域驱动了高端制造业发展计划，以期保持自身的制造强国地位。

要实现向制造强国转变，我国必须推动制造业技术向高端层面发展。生产手段方面,在产品制造过程中,充分利用数字技术、智能装备和云服务平台,进而降低时间成本;发展模式方面,重视提供产品与服务的整体解决方案。

辽宁大学先进制造业研究中心

2019 年 9 月于沈阳

摘　要

我国制造业历经 70 年的发展，在党的英明领导下，通过自力更生、艰苦卓绝的奋斗，特别是通过改革开放的伟大变革历程，已经成为全球唯一拥有联合国产业分类中所列全部工业门类的国家，并且，2010 年中国制造业增加值首次超过美国，成为世界第一制造业大国，初步形成了我国先进制造业的发展体系。然而，随着新科技革命和新工业革命浪潮的兴起，中国制造业正处于百年不遇大变局的新时代，进入了由制造业大国转变为制造业强国的历史关键期。目前，我国先进制造业正在国家《中国制造 2025》战略构想的引领下，迈向了构建现代产业体系和高质量发展的新阶段。

先进制造业发展水平不仅体现着一国的工业实力与水平，而且是产业核心竞争力的重要抓手。在中国制造业已经进入新的发展历史阶段，面临转型升级的迫切需求，世界各国都在奋力争夺先进制造业制高点的背景下，中国大力发展先进制造业，对实现传统产业改造升级、新旧动能转换、引领新兴产业发展具有不可替代的关键作用，有利于实现从"跟跑者"向"领跑者"的转变，有利于切实增强我国先进制造业的国际竞争力，从而在全球产业链竞争中处于领先地位。

本书以"我国先进制造业发展战略"为总体研究目标，在对先进制造业的"内涵特征和演化规律"以及先进制造业"发展水平"进行测度的基础上，明确了先进制造业的"发展战略定位与路径选择"，并进一步从创新动力、组织优化、结构保障、承接载体、国际化战略和产业支持这六个方面探讨了我国先进制造业战略定位的着力点。基于此，分别从"产业自主技术创新""产业组织与模式创新""产业结构调整与升级""产业集群转型升级""国际化发展战略""产业融合与制造业服务化"等角度,深入研究了具有中国先进制造特色的战略体系,并试图在以下几个方面做出创新性探索。

第一,清晰界定了先进制造业的内涵和特征,从而提出,先进制造业是指使用先进制造技术和先进制造模式,具有较强的市场势力、国际竞争力和可持续发展能力的制造业的总称。并结合新科技革命的技术变革和国内外制造业的演化趋势,从三个层面上创新性地提出了先进制造业的十大特征,即集群化、服务化、垂直化、数字化、智能化、虚拟化、高端化、模块化、绿色化与平台化。

第二,从先进制造规模、先进制造技术、先进制造效率、先进制造管理效益、先进信息化应用、先进制造国际竞争能力与可持续发展能力共七个方面构建了能够识别先进制造业的动态综合评价模型。通过系统测算得出现阶段我国具有先进制造业特征的行业依次为:计算机、通信和其他电子设备制造业,电气机械和器材制造业,汽车制造业,仪器仪表制造业,铁路、船舶、航空航天和其他运输设备制造业,医药制造业,通用设备制造业,专用设备制造业,化学原料和化学制品制造业。

第三,系统研究了我国制造业发展战略和规划在国家、区域、产业等层面的实践,通过构建 HETP 模型和产业价值链重构与升级模型,给出了我国先进制造业发展的战略定位与路径,并提出要实现国家层面从制造业大国迈向制造业强国的战略目标,实行国家、区域、产业、企业四个层面的战略互动,并深刻论证了我国先进制造业的战略定位应从创新动力、组织优化、结构保障、承接载体、国际化战略和产业支持这六个方面着手,全方位统筹布局。

第四,在整体的发展战略体系方面,提出先进制造业发展的六大战略路径,即自主创新能力提升路径、产业组织模块化发展路径、产业结构升级路径、产业集群转型发展路径、国际化发展路径、服务化发展路径。具体分析来看:(1)在自主创新战略方面,深刻阐释了提升我国先进制造业技术创新能力亟待处理的七大关系;(2)在组织战略方面,提出遵从"优化经济环境、健全市场机制、完善市场环境——驱动企业主体、推动产业融合——形成生产网络、提升产业核心竞争力"的"三阶段"发展模式,将最有利于先进制造业产业组织模块化的市场体制构建;(3)在产业结构升级战略方面,得出要积极推进新一代信息技术产业、生物产业、高端装备制造业、新能源产业和新材料产业的发展,以实现中国制造产业结构的高端化调整;(4)在产业集群战略方面,强调必须大力强化智能化转型、"创新+创意"双驱动、"互联网+"、虚拟化转型等具体的措施;(5)在国际化战略方面,提出了针对"一带一路"沿线发展中国家,精准的战略耦合支持"走出去",以及立足国内的国际化产学研用等"走出去"战略模式与路径;(6)在制造业服务化战略方面,认为制造业与生产性服务业的存量资源优势是促进两产业耦合协调提升的主要动力来源,积极推进制造业和生产性服务业做优存量、培育高质增量的相关产业政策,将有助于两产业耦合协调的良性发展。

第五,全面分析了我国促进制造业发展的政策举措与脉络走向,并对我国制造业产业政策的有效性进行了综合评价。在借鉴主要制造业强国促进制造业发展的政策的基础上,分别从主导企业培育、产业基地促进、产业资源整合、产业环境改善和产业辅助配套等五大方面综合构建出能够促进我国先进制造业良好发展的政策体系。

Abstract

After 70 years of development in China's manufacturing industry, under the leadership of the Communist Party of China (CPC), through self-reliance and arduous struggle, especially through the great reform process of reform and opening up, China has become the only country in the world that has all the industrial categories listed in the United Nations Industrial Classification. In 2010, the manufacturing added value surpassed the United States' and became the world's largest manufacturing power for the first time. And the development system of China's advanced manufacturing industry has initially formed. However, with the rise of the new scientific and technological revolution and the new industrial revolution, China's manufacturing industry is in a new era of great changes and has entered a critical period of transformation from a big manufacturing country to a manufacturing power. At present, under the guidance of the strategic concept of "Made in China 2025", China's advanced manufacturing industry has stepped towards a new stage of building modern industrial system and high-quality development of manufacturing industry.

The development level of advanced manufacturing industry not only reflects a country's industrial strength and level, but also is an important handgrip of industrial core competitiveness. China's manufacturing industry has entered a new stage of development and is facing the urgent need of transformation and upgrading. Under the background that all countries in the world are striving for the commanding heights of advanced manufacturing industry, China vigorously develops advanced manufacturing industry, which plays an irreplaceable key role in realizing the transformation and upgrading of traditional industries, the shift between new and old drivingforces, and leading development of emerging industries. It is conducive to realizing the transformation from "follower" to "leader", enhancing China's international competitiveness and taking the leading position in the global competition.

This book takes "the development strategy of China's advanced manufacturing industry" as the overall research objective, and on the basis of measuring the "connotative characteristics and evolution law" and "development level" of advanced manufacturing industry, defines the "development strategy orientation and path choice" of advanced manufacturing industry. The focus of strategic positioning of China's advanced manufacturing industry is discussed from six aspects: innovative impetus, organizational optimization, structural guarantee, undertaking carrier, internationalization strategy and industrial support. Based on this, the strategic positioning of China's advanced manufacturing industry is discussed from "industrial independent technological innovation", "industrial organization and mode innovation", "industrial structure adjustment and upgrading", "industrial cluster transformation and upgrading", "international development strategy" and "industry integration and servitization of manufacturing industry". From the above, the strategic system with Chinese advanced manufacturing characteristics is studied in depth, and This book tries to make innovative exploration in the following aspects:

Firstly, it clearly defines the connotation and characteristics of advanced manufacturing industry, and puts forward that advanced manufacturing industry refers to the manufacturing industry which uses advanced manufacturing technology and advanced manufacturing mode. It has strong market power, international competitiveness and sustainable development ability. Considering the technological change of the new scientific and technological revolution, the evolution trend of manufacturing industry at home and abroad, this paper creatively puts forward ten characteristics of advanced manufacturing industry from three levels, including clustering, servitization, verticalization, digitalization, intellectualization, virtualization, Premiumization, modularization, greenization and platformization.

Secondly, this book constructs a dynamic comprehensive evaluation model which can identify advanced manufacturing industry from seven aspects: advanced manufacturing scale, advanced manufacturing technology, advanced manufacturing efficiency, advanced management efficiency, advanced information application, advanced manufacturing international competitiveness and sustainable development ability. Through systematic calculation, it is concluded that the industries with advanced manufacturing characteristics in China at this stage are computer, communication and other electronic equipment manufacturing, electrical machinery and equipment manufacturing, automobile manufacturing, instrument manufacturing, railway, ship, aerospace and other transportation equipment manufacturing, pharmaceutical manufacturing, general equipment manufacturing, special equipment, chemical raw materials and chemical products manufacturing.

Thirdly, the book systematically studies the practice of China's manufacturing industry development strategy and planning at the national, regional and industrial levels. By constructing the HETP model and the industrial value chain reconstruction and upgrading model, it gives the strategic orientation and path of China's advanced manufacturing industry development, and proposes to realize the national level from a big manufacturing country to a manufacturing power. The strategic goal of industrial power requires the interaction of four levels: country, region, industry and enterprise. The strategic orientation of China's advanced manufacturing industry should start from six aspects: innovation power, organizational optimization, structural guarantee, carrier, internationalization strategy and industrial support.

Fourthly, in terms of the overall development strategy system, six strategic paths for the development of advanced manufacturing industry are put forward. That is to say, the path of upgrading independent innovation capability, the path of modular development of industrial organization, the path of upgrading industrial structure, the path of transformation and development of industrial clusters, the path of internationalization and the path of servitization. Specific analysis shows that: (1) in the aspect of independent innovation strategy, seven relationships that need to be dealt with urgently to enhance the technological innovation capability of China's advanced manufacturing industry are deeply explained; (2) in the aspect of organizational strategy, it is proposed to comply with "optimizing the economic environment, improving the market mechanism, improving the market environment-driving the main body of the enterprise, promoting industrial integration-forming production network and enhancing the core competitions of the industry". The "three stage" development mode will be most conducive to the construction of a modular market system for advanced manufacturing industry organizations; (3) in the aspect of upgrading the industrial structure, it is necessary to actively promote the development of the new generation of information technology industry, biological industry, high-end equipment manufacturing industry, new energy industry and new material industry, in order to realize the high-end adjustment of China's manufacturing industry structure. (4) in the aspect of industrial cluster strategy, it is emphasized that we must vigorously strengthen specific measures such as intelligent transformation, "innovation + creativity" dual drive, "Internet +", virtualization transformation, and so on. (5) in the aspect of internationalization strategy, we put forward a strategic cooperation for developing countries along the belt and road, to support for "going global" strategy, and the strategic mode and path of "go global" strategy based on internationalized production, teaching and research in China. (6) In the aspect of service-oriented strategy of manufacturing industry, it is believed that the advantage of the stock resources of manufacturing industry and productive service industry is the main driving force to promote the coupling and coordination between the two industries. Actively promoting the manufacturing industry and productive service industry to do a good stock and cultivating high-quality and increment related industrial policies will contribute to the sound development of the coupling and coordination between the two industries.

Fifthly, this book comprehensively analyses the policy measures and trends of promoting the development of manufacturing industry in China, and comprehensively evaluates the effectiveness of the industrial policy of manufacturing industry in China. On the basis of drawing lessons from the policies of major manufacturing powers to promote the development of manufacturing industry, it proposes policy system that can promote the good development of China's advanced manufacturing industry is synthetically constructed from five aspects: the cultivation of leading enterprises, the promotion of industrial bases, source integration, improvement of industrial environment and supporting industries.

目 录

第一章 ▶ 先进制造业内涵特征与演化轨迹　1

第一节　先进制造业内涵解读与特征分析　2
第二节　国际先进制造业演化轨迹分析　9
第三节　我国先进制造业演化轨迹分析　21

第二章 ▶ 我国先进制造业发展水平研究　39

第一节　先进制造业发展水平评价指标构建　40
第二节　先进制造业行业识别　43
第三节　先进制造行业总体发展水平分析　47
第四节　先进制造业与制造业发展水平比较分析　55
第五节　先进制造细分行业发展水平分析　63
第六节　先进制造业的区域发展水平分析　80
第七节　提升我国先进制造业发展水平的对策建议　113

第三章 ▶ 我国先进制造业发展战略定位与路径选择　116

第一节　制造业发展战略理论演进与主要问题　117
第二节　发达国家制造业发展战略演进　127
第三节　我国先进制造业发展的战略实践　147
第四节　我国先进制造业发展的战略定位与路径选择　166

第四章 ▶ 我国先进制造业自主创新能力研究　173

第一节　我国先进制造业创新能力现状分析　174

第二节　国内外先进制造业技术发展趋势和政策　202
第三节　提升我国先进制造业自主创新的相关政策　218
第四节　提高我国先进制造业自主创新能力的政策建议　222

第五章 ▶ 我国先进制造业产业组织模块化发展战略研究　227

第一节　我国先进制造业产业组织模块化水平　228
第二节　我国先进制造业模块化产业组织的特征　230
第三节　产业组织模块化基本理论　233
第四节　我国先进制造业产业组织模块化发展机制实证检验　240
第五节　我国先进制造业产业组织模式比较分析　253
第六节　我国先进制造业产业组织模块化发展战略　258

第六章 ▶ 我国先进制造业产业结构调整研究　268

第一节　供给侧结构性改革背景下中国制造业产业结构调整特征及主要问题　269
第二节　新背景下环境和资源对中国先进制造业产业结构优化的影响　273
第三节　我国先进制造业产业结构调整机理分析　293
第四节　我国先进制造业产业结构调整手段及战略　300

第七章 ▶ 我国先进制造业集群转型升级研究　309

第一节　先进制造业产业集群前沿理论与辨析　309
第二节　全球先进制造业产业集群演进趋势及规律分析　314
第三节　我国先进制造业产业集聚水平研究　322
第四节　我国先进制造业产业集群发展的特色与挑战　341
第五节　我国先进制造业产业集群发展战略与对策建议　345

第八章 ▶ 我国先进制造业"走出去"战略研究　351

第一节　"走出去"战略理论追溯及其前沿　352
第二节　全球制造业"走出去"与跨国并购的演进及趋势分析　358
第三节　我国制造业"走出去"历程及现状描述分析　366
第四节　我国先进制造业"走出去"战略分析　379
第五节　我国先进制造业"走出去"战略与路径选择　386

第九章 ▶ 我国先进制造业服务化发展战略研究　398

　　第一节　制造业服务化内涵解读　399
　　第二节　我国制造业服务化发展态势分析　406
　　第三节　我国制造业服务化发展模式分析　415
　　第四节　我国制造业服务化典型案例分析　423
　　第五节　战略选择与对策建议　431

第十章 ▶ 先进制造业发展政策研究　439

　　第一节　先进制造业政策的理论分析　439
　　第二节　我国促进制造业发展的政策脉络　443
　　第三节　我国制造业产业政策有效性评价　451
　　第四节　发达国家促进制造业发展的政策借鉴　462
　　第五节　我国先进制造业发展的政策体系构建　469

参考文献　482

后记　517

Contents

Chapter 1　The Connotation, Characteristics and Evolution Path of Advanced Manufacturing Industry　1

1.1　Connotation Interpretation and Characteristic Analysis of Advanced Manufacturing Industry　2

1.2　Analysis of Evolution Path of International Advanced Manufacturing Industry　9

1.3　Analysis of Evolution Path of China's Advanced Manufacturing Industry　21

Chapter 2　Research on the Development Level of China's Advanced Manufacturing Industry　39

2.1　Establishment of Evaluation Index for Development Level of Advanced Manufacturing Industry　40

2.2　Identification of Advanced Manufacturing Industry　43

2.3　Analysis of the Overall Development Level of Advanced Manufacturing Industry　47

2.4　Comparative Analysis of Development Level of Advanced Manufacturing Industry and Manufacturing Industry　55

2.5　Analysis of Development Level of Advanced Manufacturing Subdivision Industry　63

2.6 Analysis of Regional Development Level of Advanced Manufacturing Industry　80

2.7 Countermeasures and Suggestions for Promoting the Development Level of China's Advanced Manufacturing Industry　113

Chapter 3　Strategic Positioning and Path Choice of Advanced Manufacturing Industry Development in China　116

3.1 Evolution and Main Problems of the Strategic Theory of Manufacturing Industry Development　117

3.2 Development Strategy Evolution of Manufacturing Industry in Developed Countries　127

3.3 Strategic Practice of Advanced Manufacturing Industry Development in China　147

3.4 Strategic Positioning and Path Choice of China's Advanced Manufacturing Industry Development　166

Chapter 4　Research on Independent Innovation Ability of China's Advanced Manufacturing Industry　173

4.1 Analysis of the Current Situation of Innovation Ability of China's Advanced Manufacturing Industry　174

4.2 Development Trend and Policy of Advanced Manufacturing Technology at Home and Abroad　202

4.3 Policies to Promote the Independent Innovation Ability of China's Advanced Manufacturing Industry　218

4.4 Policy Suggestions on Improving the Independent Innovation Ability of China's Advanced Manufacturing Industry　222

Chapter 5　Research on the Modular Development Strategy of China's Advanced Manufacturing Industrial Organization　227

5.1 Current Situation of Modular Industrial Organization of China's Advanced Manufacturing Industry　228

5.2 Characteristics of Modular Industrial Organization of China's Advanced Manufacturing Industry　230

5.3 Basic Theory of Modularization of Industrial Organization　233

5. 4　Empirical Test on Modular Development Mechanism of Industrial Organization of China's Advanced Manufacturing Industry　240

5. 5　Comparative Analysis of Industrial Organization Modes of China's Advanced Manufacturing Industry　253

5. 6　Modular Development Strategy of Industrial Organizations of China's Advanced Manufacturing Industry　258

Chapter 6　Research on Industrial Structure Adjustment of China's Advanced Manufacturing Industry　268

6. 1　Characteristics and Main Problems of Industrial Structure Adjustment of China's Manufacturing Industry under the Background of Supply-side Structural Reform　269

6. 2　The Impact of Environment and Resources on the Industrial Structure Optimization of China's Advanced Manufacturing Industry under the New Background　273

6. 3　Analysis of Industrial Structure Adjustment Mechanism of China's Advanced Manufacturing Industry　293

6. 4　The Means and Strategies of Industrial Structure Adjustment of China's Advanced Manufacturing Industry　300

Chapter 7　Research on the Transformation and Upgrading of China's Advanced Manufacturing Industry Clusters　309

7. 1　Frontier Theory and Analysis of Advanced Manufacturing Industry Clusters　309

7. 2　Analysis of Evolution Trend and Law of Global Advanced Manufacturing Industry Clusters　314

7. 3　Research on Industrial Agglomeration Level of China's Advanced Manufacturing Industry　322

7. 4　Characteristics and Challenges of the Development of China's Advanced Manufacturing Industry Clusters　341

7. 5　Development Strategy and Countermeasures of China's Advanced Manufacturing Industry Clusters　345

Chapter 8   Research on "Go Global" Strategy of China's Advanced Manufacturing Industry   351

8.1   The "Go Global" Strategy Theory Traces and its Frontier   352

8.2   Analysis on the Evolution and Trend of "Go Global" and Cross-border Mergers and Acquisitions   358

8.3   Description of the "Go Global" Process and the Status Quo of China's Manufacturing Industry   366

8.4   Analysis on the Strategy of "Go Global" of China's Advanced Manufacturing Industry   379

8.5   China's Advanced Manufacturing Industry "Go Global" Strategy and Path Choice   386

Chapter 9   Research on the Development Strategy of China's Advanced Manufacturing Servitization   398

9.1   Interpretation of the Connotation of Manufacturing Servitization   399

9.2   Analysis on the Development Situation of China's Manufacturing Servitization   406

9.3   Analysis on the Development Model of China's Manufacturing Servitization   415

9.4   Typical Case Analysis of China's Manufacturing Servitization   423

9.5   Strategic Choices and Countermeasures   431

Chapter 10   Research on Development Policy of Advanced Manufacturing   439

10.1   Theoretical Analysis of Advanced Manufacturing Policy   439

10.2   China's Policy Path to Promote Manufacturing Development   443

10.3   Evaluation of the Effectiveness of China's Manufacturing Industry Policy   451

10.4   Policies Promotion for Manufacturing Development   462

10.5   Policy System to Promote the Development of China's Advanced Manufacturing Industry   469

References   482

Postscript   517

第一章

先进制造业内涵特征与演化轨迹

制造业是国民经济的主体，是立国之本、兴国之器、强国之基。先进制造业作为制造业为适应时代发展趋势的最新前沿的产业形态，被称作"人类社会的首席产业"。先进制造业的发展水平关乎一国产业能否占据行业制高点，其发展水平关乎一国发展的竞争优势和经济安全。中国已成为世界第一制造业大国，要想从制造业大国向制造业强国迈进，首先需要对先进制造业内涵进行全面、系统性界定，探究其演进规律，为先进制造业后续研究提供夯实基础。

改革开放以来，我国的制造业持续快速发展，逐渐建成了门类齐全、独立完整的产业体系，制造业总体规模已经跃居世界第一位，特别是在高铁、核电、航空等领域已达到世界先进水平。然而，与发达国家的先进制造业水平相比，我国制造业仍然大而不强，在产业结构水平、自主创新能力、资源利用效率、信息化程度、质量效益等方面还有较大差距，特别是大多数制造业企业的自主创新能力和国际品牌影响力仍然较弱，还不足以满足居民生活水平日益提高所要求的消费升级和经济社会高质量发展要求。同时，我国制造业发展所面临的资源环境约束不容乐观，产业结构调整的任务非常艰巨，产业转型升级和供给侧结构性改革面临诸多困难。要实现由制造大国向制造强国的转变，加快发展先进制造业势在必行。在此背景下，准确分析先进制造业的内涵和特征对于把握我国先进制造业的发展方向具有重要的基础作用，也为进一步探寻我国先进制造业快速稳定发展路径提供了借鉴与保障。

第一节 先进制造业内涵解读与特征分析

一、先进制造业概念界定与内涵解读

（一）先进制造业理论追溯与前沿

国外学者对先进制造业的界定主要围绕着先进制造技术这一因素展开，并通过用技术的细分加深对"先进"概念的认知。"先进制造业"这一概念最早是在20世纪90年代工厂技术广泛应用到制造业的背景下被提出的。扎木托（Zammuto，1992）第一次提出先进制造技术（AMT）的定义："以计算机技术为基础的技术群，包括计算机辅助设计、机器人技术等"。后来学者对先进制造业进行了不同标准的划分。先进制造业按照实体形态可以划分成硬件和软件（Youssef，1992；Gules，1998）；按照AMT的三个维度划分又可以分为设计AMT、制造AMT和管理AMT（Boyer and Pagell，1996）；同时，按照四维定义又可以分为产品设计技术、加工技术、物流计划技术、信息交换技术（Swamidass and Kotha，2000）。

相比国外，国内对"先进制造业"内涵展开的研究和论述相对较晚，但却丰富了其内涵。从现实情况来看，我国先进制造业的构成大致分为两种情况：一是传统制造业吸纳信息技术、网络技术等先进制造业技术后提升为先进制造业，以数控机床、海洋工程装备、航天装备、航空装备等为代表；二是新兴技术成果产业化后形成的新产业，以增量制造、生物制造、微纳制造等战略新兴产业为代表。国内学者主要从先进制造业的技术、生产模式、管理和产业等多个角度对先进制造业的概念和内涵进行了阐述和研究，总体上可以归纳为技术核心论、多因素融合论、生产模式论等几种观点。

技术核心论观点是沿袭国外的主导思想，主张先进制造业技术是先进制造业发展和出现的原因。先进制造业技术是先进制造业最显著的特征，这种技术处于制造业的核心地位，并在吸收和综合其他环节成果的同时，指导各环节运作，达到提升经济效益、改善软硬环境的目的（谭杰和秦世俊，2004；朱森第，2013）。先进制造业的"先进"一词具有很强的动态性，不同时期赋予了不同内涵。出于环境和资源利用等方面考虑，先进制造业必须是利用先进技术来实现节能减排、

环境保护和高附加值目的国际化制造业（杨强，2005）。王国平（2009）提出先进制造业是一种适应时代变迁的产业形态，具有双重结构、梯度演进和差异性状态等丰富内涵。

多因素融合论修正了技术核心论的观点，不断在研究中发现技术、管理和产业三者间的关联关系。首先，一些学者从产业或者行业的层面对先进制造业进行了界定，黄晖（2011），吴晓波等（2011），陈瑛等（2005），王志华、陈圻（2005），郭巍、林汉川（2010），牛颖超（2017），张婷（2016），商黎（2014）等认为先进制造业是指依靠科技创新、降低能源消耗、减少环境污染、增加就业、提高经济效益、提升竞争能力，能够实现可持续发展的制造业行业的统称，主张使用技术水平、管理水平、经济效益、社会责任等指标体系对先进制造业进行测度。其次，一些学者从先进技术、先进管理模式以及创新能力角度，深化了先进制造业的概念。陈宝明（2007）将先进技术和先进管理模式进行融合，诠释了先进制造业是采用现代管理技术或先进管理模式，将计算机、电子信息领域的最新研究成果运用于企业的研究、生产、销售过程以实现生产的清洁性、高效性的制造业总称。先进制造业体现在"先进"能力上，不仅体现为先进技术能力，更应该表现为创新能力、市场竞争能力、适应能力以及嵌入能力（张保胜，2009）。最后，一些学者针对其他因素的融合也进行了论证，刘卓聪、刘蕲冈（2012），吴芳、张向前（2012），吉亚辉（2014），刘明达、顾强（2016），商黎（2014），甄炳禧（2015），席枫（2016）等学者就从工业生产系统的角度解读先进制造业是在强调先进制造业本质上是一种先进的生产方式的基础上进一步深化，将其视为应用先进制造技术、采用先进制造模式、拥有先进市场网络组织的工业生产系统，主张从企业内部技术研发的先进性、先进技术商业化过程、社会责任、产业市场网络联系紧密性等对先进制造业进行测度。

生产模式论主要是指企业在生产过程中，依据环境因素通过有效地组织各种生产要素来达到良好制造效果的先进生产方法，部分学者从先进生产模式的角度定义先进制造业。门田安弘（1985），孙杰（2009），高鹏程（2014），黄烨菁（2010），丁伯慧、张付英（2003），费志敏（2002），席俊杰等（2005），黄敏纯等（2001），陶永等（2016），伍乃骐、于兆勤（2003），费志敏（2002）等诸多学者分别从精益生产、敏捷制造、绿色制造、大规模定制等先进生产模式来界定先进制造业；崔建双等（2009）从虚拟制造模式的视角来界定先进制造业，认为虚拟制造模式主要是以计算机技术形成虚拟的环境、虚拟的过程、虚拟的产品、虚拟的企业、虚拟的产业集群从而进行生产经营活动的制造模式。

（二）概念界定与内涵解读

学术界对先进制造业的概念界定大体可以分为两类：

第一类是单纯从先进技术的视角，认为先进制造业就是指采用先进技术为主要生产手段的制造业。很明显，这种界定不够全面和准确。先进制造技术可以说是先进制造业的必要条件，正是在先进制造技术的基础之上，先进制造业才能实现智能化、柔性化、自动化和信息化。但仅仅从先进技术的角度来界定先进制造业，不足以将先进制造业与同样使用先进技术的高新技术产业区分开来。许多传统产业也在追求技术进步和技术改造，还有那些掌握了先进技术但处于初创期的中小企业，都难以称之为先进制造业。

第二类是从产业链或者产业网络的视角，认为先进制造业是将先进制造技术和现代管理技术广泛应用于制造业产品的研发、设计、生产制造、营销、服务等全过程，具有能耗低、技术水平高、产品品牌质量领先、信息化水平高、经济效益好、系统服务能力强等特点的制造业。这类对先进制造业的概念界定已经非常接近现实中先进制造业的发展特征，但忽略了先进制造业中的生产模式，诸如精益生产模式、计算机集成制造系统、清洁生产模式、柔性制造系统、高效快速重组生产系统、虚拟制造模式。这些先进制造模式不仅是先进技术的集成，更反映了现代制造业的生产和经营理念，反映出企业与生态、社会环境的和谐共处。

《中国制造2025》中从创新能力、质量效益、两化融合和绿色发展四个方面提出了我国制造业先进水平的评价指标体系，创新能力和两化融合体现的是先进制造业技术和先进制造业模式，质量效益的提升反映出的是制造业企业的市场势力和国际竞争力，绿色发展则与企业的可持续发展能力紧密相关。综合并且吸收诸多学者之前对先进制造业的界定和定义，结合当前及未来先进制造业的发展实践特征，本章对先进制造业的概念界定为：先进制造业是指使用先进制造技术和先进制造模式，具有较强的市场势力、国际竞争力和可持续发展能力的制造业的总称。先进制造业的内涵可以从以下几个方面进行解读：

第一，先进制造业虽然以制造技术的先进性为首要特征，但先进技术与制造业的契合存在两种不同的类型：第一种是主要依靠信息技术、新材料、生物技术等高精尖技术发展起来的高新技术制造业，这类制造业成长速度快，产品附加值高，在产业结构中处于塔尖的位置。对一个国家来讲，高新技术制造业的比重越高说明这个国家的制造业实力越强。第二种是通过先进制造技术与传统制造业相结合，通过技术改造和工艺革新形成的先进制造业，相对于发达国家，发展中国家传统制造业转型升级的比重更高一些。

第二，先进制造业在不同的时期具有不同的内涵。先进制造技术本身就随着人类社会的发展和科技的进步在不断地更新和完善，所以先进制造技术的内涵不是一成不变的。所有的先进制造技术随着时间变迁都会成为历史而被新技术替代，所以，对于一个国家来讲，要想保持先进制造业的优势，需要在一个相当长的时期内，通过持续的技术创新保持在先进制造技术领域的领先地位。因为在不同的国家和地区技术创新的基础和优势不同，所以先进制造技术的研发和创新要有其重点发展的目标和内容，通过重点技术的研发实现这个国家和地区先进制造技术的跨越式发展。我国把航空航天装备制造业、先进轨道交通装备制造业等行业列为制造业强国战略的重点领域是与我国在这些行业的技术优势分不开的。

第三，先进制造业虽然从概念上来讲首先属于制造业的范畴，但随着信息化与工业化的融合以及生产模式和管理理念的进步，制造业更多地向智能制造、虚拟制造等新型的制造模式发展而打破原有的制造业实体经济的范围，特别是制造业与服务业的深度融合使得二者的界限变得更加模糊。先进制造业虽然在一定时间和范围内特指某些具体的制造业部门，但是一个国家先进制造业发展更是一个整体的概念。所以，比起通过技术创新发展具有某些技术优势或技术领先的制造业部门，建立一个完善而具有整体竞争力的制造业产业体系具有更重要的意义。

二、先进制造业特征分析

发展先进制造业，必须正确把握先进制造业的特征。"先进"的特征含义不仅指技术上的先进性，而且还表现在产业组织先进性、管理先进性和发展模式先进性。本部分结合新科技革命的技术变革和国内外制造业的演化趋势，将先进制造业的特征从三个层面进行分类：从产业组织和企业组织形式上概括为集群化、服务化、垂直化三个特征，从制造技术水平上概括为数字化、智能化、虚拟化、高端化四个特征，从生产模式上概括为平台化、模块化、绿色化三个特征。

（一）先进制造业产业组织特征

1. 集群化

先进制造业作为带动我国经济发展的中心产业要实行集群化发展，集群化是先进制造业建设基本特点和发展的趋势。先进制造业实行集群化发展的原因在于这样的发展模式可以给公司带来更大的销量。公司进入集群后的收益减去没加入时的收益，得到的数值便是集群剩余，即集群里所有公司全部的多余收益（李宁、杨蕙馨，2005）。集群化可以帮助企业不断精进、改进先进制造业的生产工艺与生产程序，而生产工艺与生产程序的改进可以使企业的科技水平不断提高，从而使集群里的各个企业在生产中能更好地发挥自身的优势技能，提升专业水平，使企业的生产工艺得以不停地研发与创造，这种方式带来的技术更新效果促进了整个区域的发展，所带来的效益远远超过了垂直一体化模式下单独企业的发展。集群化可以使政府的职能得到更大限度的发挥，政府通过帮助企业构建技术交流的平台，使企业之间的技术探讨与合作机会大大增加，对集群的内部革新与发展起到了积极作用。

2. 服务化

服务化将制造业和服务业联合起来进行发展，企业可以从通过产品获得收益转变为利用服务获得收益。制造业和服务业的界限越来越少，两个行业的行业特色逐渐同化，行业技能逐渐融合，制造业和服务业不断相互融合。制造业的服务化趋势一共由两部分构成：服务型制造和制造型服务。通过使用大量劳动力进行生产经营的公司，为了使公司的经营效益更高，生产速度更快，学习其他企业的生产工艺，不断创新出自身的生产技术，来联合进行生产经营活动，使企业通过大量使用劳动力获得收益，转变成通过提高效率与技术获得经营收益。服务型企业在制造与生产过程中，大量使用制造型公司的生产模式与生产工艺，因此服务型企业的内部生产与组织构造越来越与制造业趋同。制造型服务的生产中心为生产制造，生产制造在企业的发展过程中与服务相互贯通，但是工作主体仍为生产制造。制造型服务有三部分内容：首先，制造业企业为了扩大生产链，获得更大的企业利润，将公司的发展方向转移为制造型服务，使企业的市场竞争力逐渐加强，集群效益实现最大化。其次，该种类型的企业的产品特性出现了转变，原有的企业产品仅为有形的、具体的商品，而如今的企业产品加入了服务，已转变为仅生产服务商品，主要提供市场服务。最后，制造公司的结构特征转变明显，企业产业链的中间商品加入的服务越来越多，生产内容越来越庞杂，消费者参与的越来越多。

3. 垂直化

1980 年以前，国内外的生产加工与制造的行业模式均为垂直一体化。随着市场经济的逐渐发展，全球化经济联系的逐渐紧密，1990 年后国内外制造领域的生产模式发生了巨大变化，逐渐变成垂直非一体化。著名的国际性大企业在进行制造生产时，不仅从公司内进行生产活动，也常常利用外包手段进行生产经营。越来越多的制造业公司在生产经营中发现，"外包"业务虽没有被当成公司的核心产业进行经营，但是其收益却比主业更多，发展前景更好。因此，原有的垂直一体化的经营模式逐渐被"外包"取代，垂直非一体化的生产模式得到了更大范围的推广与普及，制造业垂直分离化趋势越来越显著。世界上有许多企业家十分重视垂直分离的生产模式，并向外界大力宣传。他们认为这样的生产方式具有许多优于传统的方面，可称为"中间品贸易"。不同于国外，我国主要的生产方式有两种：一种生产方式是没有外企的加入与投资，仅仅通过公司签订合同进行"接包"，也就是说外国的企业没有在国内开设工厂，仅将生产过程中的一部分内容分包给国内的企业，我国的制造公司按照要求进行制造与加工。这种情况下，我国的制造业企业的性质是独立的个体，来加入该产品在国际生产线上的一部分内容。另外一种生产方式需要外国公司进行投资，可以采取独资与合资的方式，在我国建立下属的生产基地，用于专门对生产线上的某一生产环节进行专业化生产制造。

（二）先进制造业生产技术特征

1. 数字化

数字化主要指公司在进行基础的数字产生、生产、运送、应用、完善保存时，重点使用数字样机，进行对某一数据源的管理，在产品制造的准备过程、加工过程和使用及管理时将模拟额具体化，使用数字量进行代替，传统的生产工艺替换为数字工艺，将具体的数字作为生产全过程的唯一内容。先进制造业的生产趋势是数字化，该生产特征的广泛应用符合生产制造科技水平的发展，顺应了网络化和管理技术的发展趋势，实现了多种科学技术的融合与创新，也是制造公司的加工流程、生产结构不断走向数字化的必经之路。数字化的生产趋势加快了制造业企业生产技术的创新与发展，提高了生产效率，使网络信息技术不断与制造工艺相结合，物流管理与物流信息得到了改进。随着制造领域数字化的大范围应用，制造的科技与信息的科技不断结合与创新，数字化的具体操作与应用已经成为企业升级的重中之重。不仅如此，数字化制造同样可以应用到独特的、小规模生产的制造业中，给企业注入新的生产活力，极大地提高了市场竞争力。

2. 智能化

智能化即在进行生产加工的某一工序中，将信息技术、网络技术和该领域的管理技能进行统一的实践与应用。将智能化体现在先进制造业中一般是通过人工，在企业的产品准备、生产、原料、能源、传输和绿色生产等生产阶段对科技和现代的管理制度进行统一应用，覆盖了从产品设计、制造到售后的整个过程，使生产的效率更高，耗能更低，质量更佳，更加环保与绿色，经济效益实现了最大化。国内外的智能化制造业的先进科技一般应用在新开发的加工工艺中，加工方式不断精确与创新，在生产中实现"定量分析"，将新型科技与原有的科技相结合，以创造出更好的方法应用到传统制造领域。

3. 虚拟化

虚拟化一般应用在计算元件上，为了提高工作效率，便于公司管理和资源配置，将计算在虚拟的数据上进行，并没有使用真实具体的内容。许多先进的公司已经实现生产全过程的自动化经营，一般采用CAD、CAM、CAE和计算机仿真方式进行产品的制作，应用先进的科学手段对企业进行管理。现在这些公司重点通过制造设备自动化，建设新兴的生产结构，比如并行工程等方式。随着虚拟机从虚拟使用到越来越多地应用到实际工作中，并取得了更大的经济效益，大量的制造公司研究与使用虚拟化技术，对 IT 基础架构逐渐进行升级，实现业务的创造性变化，并将新技术与公司业务相结合，实现制造系统的改革与创新。虚拟化在制造业应用的最大优势在于 IT 的整合和减少生产费用，在其他的地方并没有较大的优势。结合虚拟化的具体特点，可以在远程办公、虚拟制造等领域进行应用并创造更高的价值。

4. 高端化

先进制造业在进行生产加工时，通过使用先进的信息、生物等新科技，独特的生产工艺，提高了产品附加值。符合社会经济的发展潮流与发展趋势，属于高端化产业，在国家或地区受到特别关注与重点投资。先进制造业的工人素质要求较高，需要具有较高的技能素养或道德素养，知识型和技术型的工人数量众多。先进制造业是技术先进、资本投入高的企业，产业投资的基本要求高，资本数额巨大。先进制造业的高端化，主要体现了从低级向高级不断优化升级的过程，体现在先进制造业的市场竞争力逐渐提高，发展越来越快。先进制造业的生产与发展需要科技的大量投入，技术的不断革新与创新，这样先进制造业的技术才会不断精进，附加价值才会逐渐提高，市场竞争力才会逐渐增大。先进制造业的高端化从根本而言体现了技术和生产工艺的创新对市场竞争力巨大的带动作用，只有在生产中不断提高科技水平、精进生产工艺、增强创新意识，大力发挥创造精神，才能使先进制造业保持优势地位。

（三）先进制造业生产模式特征

1. 平台化

平台化相对于传统的制造模式来讲是一种新型的产业组织形式，它以大数据、信息技术和平台支撑为基础，是一种旨在整合业务流程和产业链、提高生产效率的新型制造模式。平台化搭建的网状价值链显著区别于传统价值链的直线交易模式。平台化模式整合了买方、卖方和消费者以及中间商，各方可以共享信息资源以便在平台上选择最优的交易方式，大大降低了交易成本。在"互联网+"和工业互联网的国家战略部署下，平台化对于推动制造业生产要素的整合、提升资源配置效率具有重要的现实意义。对于先进制造业的发展，平台化是未来一种重要的制造模式选择。制造业企业未来面对的是个性化、多样化和差异化的消费者需求，企业的生产方式必须由传统的大规模生产转向新型的大规模定制生产。平台化的制造模式能够基于大数据和工业互联网技术的迅速普及，最大限度降低企业和消费者之间的信息不对称，基于平台数据的优势，满足消费者个性化和柔性化的需求，提供最具市场竞争力的产品。到了那时，企业的核心竞争力一定程度上表现为其在平台上的资源整合能力以及响应用户需求的反应能力。

2. 模块化

模块化生产是一种新型的制造模式,基于分工理论和价值链理论将传统制造的生产过程拆分为若干相对独立的模块,这些模块可以由企业通过分工的细化和深化来设计和提供产品,也可以由全球最有竞争力的企业在全球价值链上提供产品,通过平台集成形成最终的产品。在整个供应链上,同质模块和异质模块呈现网络化的分布形态,通过激烈的市场竞争提供全球范围内高质量的产品,使得模块化企业更加注重市场细分和制造技术水平的提升,对于我国制造业嵌入全球价值链高端环节具有重要的现实意义。模块化制造模式相对于传统制造模式具有以下几个方面的优势:一是能够使得制造业企业专注于单个模块化的技术创新和产品设计,提高了生产效率和产品附加值;二是降低企业在创新环节的不确定性和风险,企业可以将技术创新导致的不确定性局限在模块内部,不会影响整个系统的稳定性;三是先进制造业企业可以将附加值较低的模块外包出去,在全球范围内选择高质量的产品供应商,将主要资源用在附加值较高的核心模块上,更有利于夯实企业在行业内的市场竞争力和市场领导地位,提高企业利润。

3. 绿色化

绿色制造模式是以绿色理念为指导,在产品加工、制造的整个过程当中综合考虑环境影响和资源利用效率,充分利用绿色设计、绿色工艺、绿色包装和绿色供应链等技术探索资源节约和环境友好的现代制造模式。绿色制造是科学发展观和可持续发展观在现代制造业的体现,旨在实现环境污染小、资源利用效率高以及社会效益和经济效益的最大化。在全球范围内,绿色制造作为先进制造业的重要特征,已经从一种生产理念转变为制造业发展的具体行动,也是构成企业核心竞争力的重要因素。先进制造业的绿色化制造模式主要基于产品循环利用、再制造、回收利用和再设计等理念和先进技术实现资源、能源的优化和绿色循环利用,是企业提升核心竞争力和履行社会责任的重要途径。

第二节　国际先进制造业演化轨迹分析

对单一地区或国家制造业发展的演化分析和研究主要集中于美国。学者试图勾勒出美国制造业演化的历程,分析出制造业的演化轨迹。美国经济曾有过两次"起飞":一次是以新英格兰地区的棉纺织业大发展为代表的1815~1850年;另一次是1843~1870年以铁路修建、重工业发展为代表的"北方工业起飞"。这两次起飞为后来美国在全球经济的霸主地位奠定了基础（罗斯托，1959）。20世纪80年代，美国错误地将经济发展的重心由制造业转向以金融、房地产为主的第三产业，导致美国实体制造业不断萎缩，产业空心化问题严重，美国先进制造业的国际竞争力严重削弱（迈克尔·德托佐斯，1998）。1993年克林顿政府为增强美国制造业的国际竞争力，出台了预算14亿美元的"先进制造技术计划"，重点推进智能制造系统、产品工艺的集成系统和制造基础设施（顾新建等，2000）。

许多学者对地区或国家间制造业演化进行横向比较分析，并认为制造业发展演化路径与政策有着千丝万缕的关系。20世纪初期，日本和欧洲国家，尤其是德国等制定和实施了一系列战略和计划，加快了传统制造业走向先进制造业的步伐（盛晓敏，2000）。"二战"以后，日本将发展制造业调整为发展重心，成功实现了对美国的赶超（杜晓君、张序晶，2003）。20世纪70年代，亚洲四小龙和我国制造业的崛起实现了对发达国家制造业的全面替代，得益于正确的政策导向和战略定位（杨大庆，2006）。回顾世界先进制造业发展历程，不难发现，我国发展先进制造业必须坚定走创新发展之路、先进商业模式之路和产业集群之路（张舰、雷凯，2012）。

关于先进制造业发展演化研究，国内外学者对政策和产业关联的影响做了梳理和分析，为了推动我国制造业发展对国外产业发展进行比较分析，得出可借鉴的国内外经验。但是很多学者的研究对象多是集中于工业发达国家，或是仅仅局限于某一区域。基于此，本章将对世界多国制造业的演化轨迹进行分析和探讨，力求从世界范围对先进制造业的发展历程及其规律进行全面而系统地解析和梳理。

一、美国制造业演化轨迹及促进策略

（一）美国的制造业演化轨迹

一般认为美国的工业化是从19世纪初的"禁运"或者英美战争结束后开始的，经过了大概100年的时间，在1890~1920年间得以实现。当时美国还是一个典型的农业国家，通过对进口的棉纺织品征收25%的关税，促进了美国本土纺织业和轻工业的发展。

美国的工业发展演化轨迹大致可以分为三个阶段。第一个阶段为19世纪初到40年代，称为美国工业化的奠基阶段。在这个阶段，美国的工业化实际上还未成型，在这40年间美国的人口特别是劳动力人数迅速增加，农业和交通实现快速发展，为后期的工业化打下了良好的基础。第二个阶段为19世纪40年代到70年代，称为美国工业化的起步阶段。在这个阶段，主要是发展重工业、采掘业和交通运输业，特别是淘金热推动了交通运输条件的快速发展，出现了"北方工业起飞"，加快了美国快速进入工业化的步伐。第三个阶段为19世纪70年代到20世纪初，称为工业化鼎盛阶段。在这一阶段美国的制造业在整个经济中的比重达到80%以上，重工业的比重已经基本与轻工业持平，产业结构不断优化，美国的整体经济实力得到快速提升，也实现了由农业大国向制造业强国的转变，美国的工业化得到实现。

每个国家工业化进程中表现出来的特点各有差异。美国的工业化过程中表现出来的主要特点是与自然资源、人力资源及技术等有密切的相关关系，主要体现在以下几个方面：

（1）丰富的资源。美国工业化的实现离不开其丰富的自然资源。美国的矿产资源和木材都十分丰富，通过开采矿产和木材，美国工业获得了丰富的燃料和工业原材料，美国广袤的土地资源也为工业产品的生产提供了充足的原材料。在人力资源方面，美国本土的劳动力再加上大量的移民，为其提供了丰富的劳动力资源。资本资源方面主要来源于资本转化，移民带来的资本和发行债券。美国与欧洲的对外贸易发达，通过海外贸易美国实现了商业资本的转化，积累了大量的资本财富。美国还通过高税收政策和发行大量的政府债券，使得大量的社会资本转化为工业投入。

（2）技术创新和科学的管理方法。在美国实现工业化的100年时间内，美国政府的专利总数达到接近30万项，是工业化之前的1 000倍，工业化期间的年均专利数量也达到2 000多项，是工业化之前的100倍。正是基于大量的发明创造，美国才能超过英国，在工业化之后成为世界经济强国。另外一个重要的原因，是在工业化期间，美国的技术创新和发明专利与工业化生产紧密结合，企业成为技术创新的直接参与者和研发的主体，发明专利有最大的动力转化为企业的经济效益。总的来说，技术创新和发明专利对工业发展起到了直接和有效的推动作用。

（3）经济政策。工业化期间，美国颁布了一系列推动工业发展的经济政策。在18世纪末，美国实行关税政策，对进口的纺织品征收关税，在限制原材料出口的同时加强对国内产品的补贴力度，这一政策大力推动了美国工业化初期纺织工业的发展。美国的移民政策、教育政策和人才引进政策为美国的工业化带来了丰富的人才资源，另外，美国还颁布了推动交通运输业发展的一些法案，为美国的工业化提供了重要支撑。

（二）美国先进制造业发展促进策略

2008年，由美国次贷危机引起的全球经济危机，对美国的实体经济造成了显著的负面影响，制造业出现了显著衰退。因此，美国亟待通过振兴实体经济实现经济复苏。由图1-1可以看出，美国在20世纪以来经历了大约11次经济危机，基本每次经济危机都对制造业产生了严重的冲击。从最近一次即2008年发端于美国次贷危机的全球金融危机的影响来看，导致美国的制造业在2009年出现了历史最严重的负增长，即使在之后的几年也只有3%左右的增长率，距离危机之前的水平还有一定的差距。2009年，美国从国家政策层面正式提出制造业振兴战略，通过陆续颁布《制造业促进法案》《重振美国制造业政策框架》《先进制造伙伴计划》《先进制造业国家战略计划》等一系列政策措施和战略部署来实现制造业回归。美国制造业振兴战略基于先进传感器与信息控制技术、可视化和数字化技术、先进材料技术锁定了可再生能源产业、新能源汽车、先进材料的设计、合成与加工，以及纳米制造、柔性电子制造等领域，主要定位包括互联网改造升级制造业、大数据对制造业的覆盖与塑造、培育先进技术模块化产品和复杂产品设计与开发三个方面。

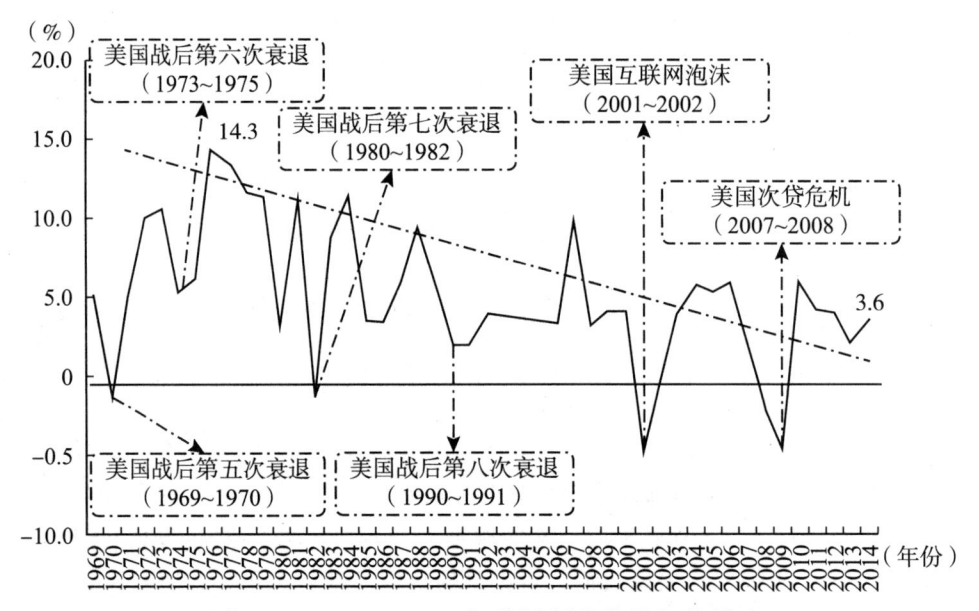

图1-1　1969~2014年美国制造业增加值增速

资料来源：美国经济分析局（BEA），https://www.bea.gov/。

美国提出制造业振兴战略主要有以下几个方面的战略意图：

一是提升美国的科学研究和技术创新能力。在20世纪90年代之后的20年间，美国的制造业大量向海外转移，不仅在一定程度上影响了美国的本土就业，而且损害了美国的科技创新能力。因为科技创新与制造业发展有密不可分的联系，技术创新很大程度上是由企业生产的技术需求和消费者需求引致，所以通过实施制造业的回归计划能够推动美国本土的科技创新能力的提升。

二是提升美国经济的可持续发展能力。20 世纪 80 年代之后，美国经济发展的重点由实体制造业转到房地产和金融领域，出现了比较严重的制造业空心化问题。2010 年，美国的制造业总量被我国超越，特别是 2008 年经济危机之后美国在全球经济中的影响力下降，亟须通过制造业回归增强经济的持续增长能力。从图 1-2 来看，1969 年以来，美国制造业增加值占 GDP 的比重呈现逐年下降的明显趋势。1969 年，美国的制造业占经济总量的比重达到 24.4%，接近 1/4，到 2009 年降到 12% 的历史最低水平，到 2014 年的比重为 12.1%，制造业在经济总量中的比重只有 1969 年的一半，振兴实体经济发展制造业已经成为美国经济发展战略的第一选择。

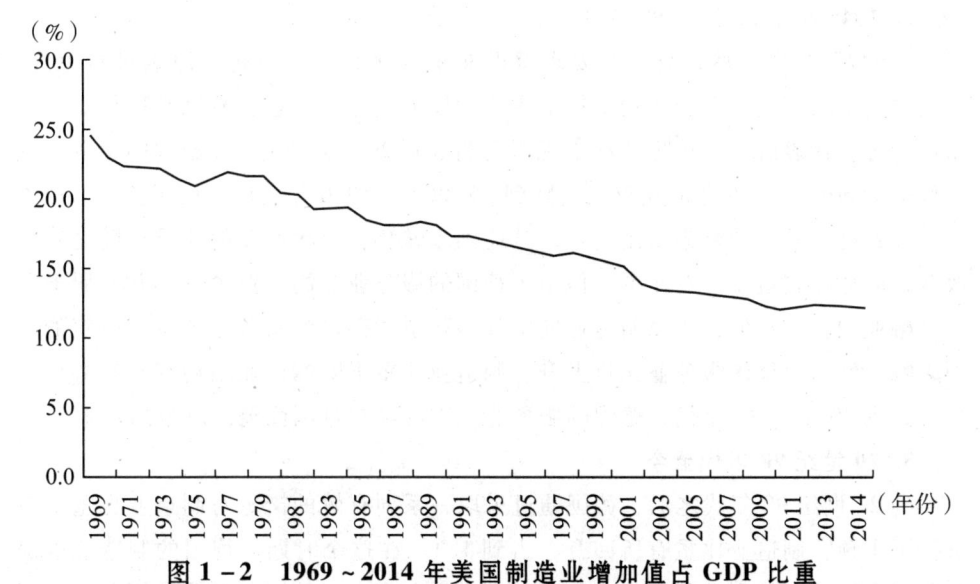

图 1-2　1969~2014 年美国制造业增加值占 GDP 比重

资料来源：美国经济分析局（BEA），https://www.bea.gov/。

三是通过实施制造业振兴战略促进就业。2008 年金融危机之后美国的失业人数不断增加，制造业发展对就业具有显著的正向影响，通过制造业回归能够降低失业率，解决就业问题。

二、德国制造业演化轨迹及促进策略

（一）德国制造业演化轨迹

德国与美国一样，也是传统的制造业强国，从 19 世纪初至今德国的制造业演化可以分为以下三个阶段：

1. 18 世纪 20 年代至 1945 年

德国同英国和其他欧洲国家相比,工业化进程更晚。在 1870 年普法战争之前,德国的工业化水平并不高,工业相对于农业在国民经济中占的比重较低,与同期的英国和美国相比,德国在全球工业产出中的比重大约只有美国的一半,英国的 1/3。在德意志国家统一之后,德国的工业化进入一个快车道,特别是第二次工业革命大大推动了德国向世界制造业强国的转变。其中一个重要原因就是德国利用英国和法国的现有技术,引进之后进行改良和创新,在炼钢、化工和电力等方面处于世界领先地位,到 20 世纪初德国不仅实现了工业化,而且工业发展超过了英国成为仅次于美国的世界第二大制造中心和经济体。

2. 1945 年至 20 世纪 90 年代

"二战"失败之后,德国被要求遵循非军事化和非工业化的原则进行生产,分列之后的联邦德国在美国的支持下主要发展消费品制造业,特别是以模具、精密机床等为代表的小批量生产和小规模定制。到 20 世纪 60 年代德国的工业比重已经接近 60%,而农业的比重已经降到 4% 以下。1970 年之后,由于劳动力成本上升导致德国的劳动密集型制造业向其他国家转移,三次产业的比重也随之发生改变,服务业超过制造业比重,但由于德国的服务业与制造业紧密关联,服务业中金融业的比重较低,所以制造业向国外转移也对德国的服务业产生了一定的负面影响。然而,德国服务业比重上升、制造业比重下降的产业结构变动趋势仍然持续,到 20 世纪 80 年代,德国的服务业比重已经超过国民经济总量的一半。

3. 20 世纪 90 年代至今

到 20 世纪 90 年代之后,德国通过采取一系列有效的措施对制造业比重下滑进行了干预,制造业比重有所回升,占到 1/4。在这个时期,德国的制造业也面临着诸多挑战,特别是我国的廉价劳动力成本和日本、韩国制造业的崛起。德国通过选择发展具有技术优势的机械产品而放弃电子产品和纺织品等战略,逐渐巩固了自己在全球大型机械和医疗设备、机床、电气产品领域的霸主地位。到 20 世纪 90 年代初,德国在全球机械产品市场的比重占到 1/5,超过美国和日本并且一直保持至今。德国制造已经成为德国经济的名片,德国的制造业从一开始的技术模仿到自主创新,从追求规模到关注工艺和品质,形成了以精专制造和高端制造为典型特征的德国制造模式。

德国与美国和其他欧洲国家的制造业发展历程相比,有相同点但又体现出显著的德国制造特征。从实现工业化到成长为制造业强国,技术创新、中小企业发展、政府政策支持等都是重要的原因,所以本部分从以下几个方面探讨德国发展成为制造业强国的特征和原因。

一是技术创新和发明创新是德国制造业发展的根本动力。德国在制造业演化的过程中涌现出许多发明创造的企业家，在内燃机、汽车等领域都具有奠基性的贡献。德国的技术创新对制造业的推动作用可以从发明专利数和企业研发投入两个指标来看，奔驰、大众、保时捷等著名汽车生产商和西门子、巴斯夫公司等汽车、电气、化工产业领域内的大型企业，每年的专利申请数在全球名列前茅；研发投入比重反映出一个国家技术创新的重要指标，大众、西门子、奔驰等企业都位居全球研发投入比重最多的 25 家企业。

二是小而精的中小企业在德国制造业中扮演了重要角色。在德国的机械制造和通讯行业中，90%的企业是中小企业。这些中小企业的员工有 200 人左右，具有较高的专业知识和技能水平。这些中小企业多是家族企业，生产的产品具有较高的科技含量和附加值，在各自行业内处于领先地位，具有很强的市场竞争力。许多家族企业历经 100 多年仍然是行业翘楚。

三是政府对制造业的政策支持。在 20 世纪之前，德国颁布了一系列社会保障政策，对早先的德国工业化的实现具有重要的推动作用。德国政策对制造业发展支持的一个重要体现就是政府牵头建立了基础研究的科学院所，还为一些大型的科研机构提供了资金支持。2010 年德国成立了制造业企业责任部门，用以规范企业行为。

四是德国制造业标准化制度的形成。在经济竞争中，谁能制定标准谁就能拥有市场，所以制定标准的企业就相当于市场中的领导企业。德国制造业制定标准起源于 20 世纪初，在第一次世界大战期间工业零部件的标准化得到推广。在"二战"之后，德国制造业的标准化制度逐渐完善。德国标准化协会、德国电气、电子和信息工程协会、德国机床标准委员会等标准化组织成为德国标准化制度的主体，对德国制造业企业的发展起到了重要的推动作用。

（二）德国先进制造业发展促进策略

德国制造业在全球制造业中处于领头羊的地位，在高精尖的装备制造业等领域具有超强的竞争力，这与德国长期以来在制造业发展过程中十分重视制造技术的研发及应用，同时强调高度专业化管理在复杂工业生产系统中的应用是分不开的。德国在 2006 年推出了高科技战略，旨在促进研发和技术创新，确保德国制造业工艺在全球的领先地位；2010 年德国又陆续推出了《2020 高科技战略》，聚焦以人为本促进经济增长。伴随着新一代信息网络技术和数字化、智能化技术的发展及应用，德国基于其在世界信息技术领域拥有很高的能力水平以及在嵌入式系统和自动化工程方面的独特优势和发展基础，提出了以"互联网＋制造业"为核心的"工业 4.0"战略，以求实现制造业新的转型升级和国际竞争力的不断提升，继续保持德国作为世界制造业强国的地位。德国政府在 2013 年 4 月正式推出的工业4.0也被称为第四次工业革命,标志着全球进入了以智能制造为核心的智能经济时代。德国政府共计划投入2亿欧元,在全球范围内引发了新一轮的制造业振兴高潮。

三、日本制造业演化轨迹及促进策略

(一) 日本制造业的演化轨迹

1. 战后迅速恢复阶段 (1946~1955年)

第二次世界大战对日本的制造业造成了毁灭性的打击,1946年日本的制造业总量不到战前的一半,且主要的工业设备和工业产品都不到战前的一半。日本战后首先通过倾斜式的经济政策恢复制造业,把重心放在煤炭等基础原料工业上。在战后的5年间日本大力发展煤炭产业,煤炭大约以每年30%的速度增长。其把增产的煤炭用于生产电力和钢铁,粗钢的年均增长速度接近80%。钢铁、煤炭和电力的快速发展为日本其他制造业提供了重要的原料和能源条件,从而推动了战后日本制造业的复苏。

在煤炭、钢铁恢复之后,日本又把重点放到制造业设备的更新上。通过从美国和欧洲国家引进先进生产技术和生产设备,日本的造船等工业也得到快速发展。特别是朝鲜战争期间,美国从日本订购了大量的物资,不仅帮助日本解决了过剩的库存,还有效地促进了日本轻工业的发展。到1955年,日本的电子、石化等工业部门已经超过了"二战"之前的水平。日本通过有序的恢复计划和重点投资的战略实现了经济的快速复苏。

2. 重化学工业化阶段 (1956~1973年)

钢铁、石化工业的快速发展为日本制造业的振兴提供了坚实的基础。在这个阶段,日本确立了以重工业和化学工业以及加工贸易立国为重要战略的经济发展方向,得益于对国外先进技术和重化工设备的大力引进,通过实施持续的大规模投资和低成本战略,到20世纪70年代,日本的重化工业占经济总量的比重接近80%,年均增长率也超过20%,重化工业超过轻工业成为日本制造业的支柱。在世界市场中,日本的机械产品和金属制品的出口额也大幅提升,使得日本快速步入制造业强国的行列。日本重化工业的发展一方面提高了农业的现代化水平,使得农业在日本经济中的比重进一步下降;另一方面有力地推动了服务业的发展,优化了日本的三次产业结构。在这个阶段,日本的诸多工业产品在全球处于领先水平,电器机械、汽车、造船、机械产品都具有很强的国际竞争力,日本发展成为仅次于美国的第二大经济体。

3. 制造业持续低速增长阶段（1974～1991年）

20世纪70年代世界范围内的两次石油危机使日本意识到经济发展依赖海外资源的脆弱和危机，日本转而实施技术立国的战略，通过大力自主创新发展新材料、微电子和生物技术等产业，推动产业结构向高端化和高技术化层次发展。在这个阶段，日本继续巩固其制造业领域的优势，其经济保持在3%～5%的增速，虽然低于高速增长时期10%的增长率，但与其他国家3%的增长率相比仍然处于一个较高的水平。在整个20世纪90年代，日本制造业出口额占世界出口总额的比重一直稳定在10%左右，而且在与美国的对外贸易中实现了贸易顺差并且不断扩大，在汽车、机器人、半导体市场中，日本都击败美国成为最大的生产国，日本制造业的国际竞争力不断提高。这一时期的日本成为世界第二大超级经济大国。

4. 制造业停滞阶段（1992～2002年）

1989年年末，日本股市的黑色星期一成为日本20世纪90现代泡沫经济开始崩溃的起点，企业的土地资产和股票大幅贬值，企业规模有所减小，贷款变得更加困难。由于日本政府的产业政策失误等原因，使得日本企业没有应对这次国内的经济危机做出迅速调整，企业生产效率下降，破产企业数量增多。日本在20世纪90年代的经济增长率只有1%左右，居民消费水平和社会投资总额也是呈现负增长的状态，经济停滞不前。从1991年开始，经济泡沫崩塌带来的后果愈发严重，许多制造业企业效益恶化，就业人数严重下滑，许多企业不得不破产。到1993年，美国在汽车、半导体领域又重新超过日本夺回世界第一的宝座，日本经济进入长达10年的调整期。在这10年间，日本的居民生活水平和企业发展水平基本没有提高，勉强依靠公共投资和出口额的增加来维持低水平的经济增长。

5. 波动发展阶段（2003年以后）

到2002年，日本的经济开始结束10年的经济停滞期进入到复苏阶段，2002年的经济增长率大约为0.3%，到2007年日本的经济增长率已经达到2.4%，与20世纪90年代平均1%的经济增长率相比已经有了明显提高。同时，日本的制造业也进入新的发展阶段，伴随着主要工业产品产量和出口额的增长，企业经济效益水平也在不断提高。但2008年由美国次贷危机引发的全球金融危机对日本也造成了巨大的冲击，日本经济的名义增长率和实际增长率出现双负增长。伴随着经济危机，日本的制造业又进入新一轮的衰退。

（二）日本的先进制造业发展促进策略

2008年的金融危机对日本的制造业带来了强烈的冲击，许多中小企业破产。2013年，日本提出重振战略制造业的目标，并配套其他税收和人才政策体系，旨在提升制造业生产要素水平,增加劳动力供给,为制造业的振兴发展提供条件。日本的先进制造业战略措施主要体现在以下几个方面:

一是相关政策法案的颁布。2013年日本相继颁布了《产业竞争力强化法案》《国家战略特别区域法》等一系列经济政策法案。《产业竞争力强化法案》主要是放宽对新成立企业的限制和企业新业务审核的限制,推动有潜力的企业快速发展。该法案还对企业重组和风险投资实施了税制优惠措施。

二是推动制造业回归与高端创新的结合。日本在大力推动大数据、机器人、3D打印等新型工业技术创新的同时,更加强调技术创新与制造业的结合,特别是像电子与汽车、能源与信息等不同行业间的融合,提升日本在高精尖产业领域的竞争力,巩固其竞争优势。

从图1-3可以看出,2006~2016年,日本制造业在我国和日本之间呈现明显的回归趋势,日本在我国设立生产基地的步伐在明显减缓,而制造业回归日本本土的步伐却在明显加快。近些年,日本的制造业也存在海外转移的问题。在日本的制造业振兴战略中,日本政府一方面在倡导制造业回归本土,另一方面倡导将设计企业技术研发、人才培训等关键环节的"母体"留在本土,推动"母体"与海外生产的有机结合,既在日本本土保留了企业的命脉,又能有效推动海外生产企业的发展。

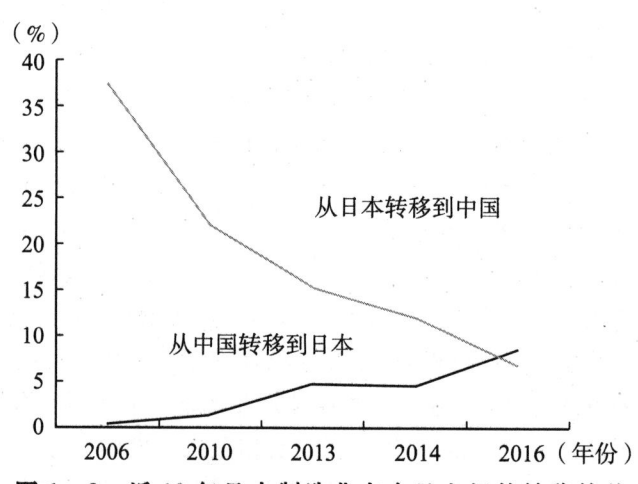

图1-3 近10年日本制造业在中日之间的转移趋势

资料来源:李廉水:《中国制造业发展报告(2016)》,北京大学出版社2017年版。

四、发达国家制造业演化规律和启示

2008年金融危机之后,美国、日本、德国等发达国家把发展中心重新转移到实体经济上，因此，先进制造业必将成为未来世界经济争夺的制高点。发展先进制造业直接关系到我国国民经济的控制力和影响力，集中体现了我国的综合竞争力和工业发展的技术水平。从世界制造业的发展历程来看，虽然欧美发达国家的制造业发展处于领先地位，但由于我国与发达国家的制造业演化在某些阶段有一定的相似性，特别是工业4.0阶段，发达国家先进制造业的重振和重塑对我国发展先进制造业有重要的启示作用。因此，正确认识、充分学习工业发达国家先进制造业的演化规律，对于我国建设制造强国的战略目标具有重要的借鉴意义。通过对美国、日本、德国等发达国家推动先进制造业发展的战略和政策分析，这些规律和启示主要体现在以下几个方面：

第一，拥有领先、专有的制造技术是制造业长期处于国际先进水平的关键因素。从制造业的演化历程来看，技术革新是推动工业革命和制造业高速发展的源动力，所以，拥有制造技术优势的国家也就是制造业发展水平领先的国家。这些发达国家在技术上的领先不仅与其研发经费投入的高比例相关，更与这些制造业发达国家长期以来特别是在基础制造领域的技术积累密切相关。我国制造业发展所依赖的技术创新主要依靠企业的研发投入，技术创新能力较弱的现状并没有根本改变。虽然高校和科研院所也在技术创新方面做出了重要贡献，但产学研的结合以及科研成果的有效利用水平不高还是制约了技术创新转化为生产力。这方面美国的技术创新机制和体系构建为我国提供了一定的借鉴。美国在技术创新上的优势来源于其由大量的全球顶尖研究型大学所支撑的企业前沿技术创新能力，特别是与市场需求紧密结合的复杂产品和模块化产品的一体化设计开发能力，形成了顶尖大学、大型企业集团和专业化中小企业构成的完善的技术创新体系，得以形成美国强大的基础研究能力和前沿技术的开发能力，这也是美国制造业长期处于世界领先水平的根本原因。虽然我国在世界顶尖高校的数量和发展水平上与美国具有较大差距，但一些高校和科研院所也具备了世界一流水平的科研实力，如何推动高校、科研院所与企业的合作研发，构建具有我国现阶段特色的产学研技术创新体系是亟待解决的问题。

第二，强调大企业的引领和示范作用。大型企业集团在技术创新、规模经济和抵御风险等方面具有中小企业难以比拟的优势。在一个行业内，具有市场领导地位或者较大竞争优势的大企业，是这个国家制造业处于先进水平的重要标志。像日本的丰田、本田、日产、索尼、松下，美国的苹果、福特、波音，德国的大众、宝马、西门子都是在各自的市场中处于行业领导者的地位，具有较强的市场势力和竞争优势。先进制造业的发展相比较传统的制造业更需要大企业，因为只有自动化水平高、技术创新能力强、资金实力雄厚的大企业才能提供发展先进制造业所需要的高精尖的智能制造装备、信息集成技术以及一体化的智能制造生态系统。从发达国家制造业的发展历程看，大型的制造业企业集团是其制造业整体实力处于国际领先地位的基础和保障，即使在严重的经济危机时期，实体制造业企业保证了这些发达国家能够走出低谷迅速实现经济复苏。具有行业领先水平的大型制造业企业正是我国先进制造业发展的一大短板，世界500强的中国企业中，制造业企业的比例较低，培育在全球处于领先地位的大型制造业企业还任重道远。

第三，重视高附加值产品和高端制造业。美国、日本和德国在许多制造业领域都把战略重点放在高附加值产品上，逐渐放弃或者向国外转移中低端产品的制造。虽然近些年美国等发达国家陆续实施了制造业回归战略来重振实体经济，但低端制造业不在此行列，发展高附加值和高端制造业的战略目标，在发达国家的制造业回归战略中不仅没有弱化，反而得到进一步的加强。在很多高精尖领域，发达国家不仅长期拥有全球领先的先进制造技术，而且能够获得高利润。高附加值产品的源泉还是技术优势带来的市场势力和高价格，对于我国的先进制造业发展，一方面要加快提升技术创新能力尽快占领全球价值链的中高端；二是优化企业增值模式，实现生产性服务与产品制造过程的深度融合，提升产品附加值和市场竞争力。

第四，具有较高的制造业服务化水平。随着信息化、网络化、智能化与先进制造技术的融合，制造业产品和服务的集成化和系统化将成为先进制造业未来主要的制造模式。先进制造业很多产品领域将来提供的不再是单一产品，而是提供产品设计、生产、售后服务的整个系统方案，为客户提供全生命周期的服务。专门从事汽车设计、发动机设计、风力发电设备设计等一系列制造业产品设计和服务的企业在发达国家的制造业发展历程中起了重要的推动作用，而且许多大型集团已经形成了系统的制造服务化模式。以软件和互联网发展见长的美国就非常重视制造业的软服务，强调大数据分析，信息系统集成和先进制造业服务行业。

第五，重视对制造业人才的培养。不管是美国、德国还是日本，制造业的长盛不衰都离不开充足的制造业人才。即使是在"二战"之后，德国和日本能够实现制造业的复兴，制造业人才也是主要的原因。德国对制造业人才的培养主要是采取"双轨制"的教育体系。所谓"双轨制"一方面指的是以产业发展需求为导向，职业资格标准和课程开发严格根据产业现实需求变化做出及时调整；另一方面是成熟的校企合作培养模式，在学校学习理论知识与在企业接受培训相结合，特别是在企业培训期间由经验丰富的工程师进行直接指导，使得德国的制造业人才不仅具有较高的技术水平和实践能力，更重要的是具有较强的延续性。可以说德国制造业振兴离不开制造人才的突出贡献。而美国对于制造业人才的培养主要依赖于其世界一流的高等教育和职业教育水平，特别是对制造业人才创新能力的培养在全球首屈一指。相比较而言，我国的制造业人才的培养主要依赖于职业教育和工厂的学徒制。从适应先进制造业未来发展的需求来看，我国制造业人才的培养水平还远远不能满足先进制造业的发展要求。要解决这个问题，一方面对于高精尖的研发人才要加大引进力度，另一方面要完善职业教育体系，重视理论与实践的融合，建立校企合作的有效机制，提高制造业人才的培养质量。

第三节　我国先进制造业演化轨迹分析

一、我国制造业演化轨迹

从新中国成立以来我国制造业的发展历程来看大致可以分成三个阶段：第一个阶段是"起步"阶段（1949～1978年）；第二个阶段是"成长"阶段（1979～2007年）；第三个阶段是"调整复苏"阶段（2008年至今）。本部分的研究主要是以技术演化和制度演化的视角对我国制造业的发展阶段进行归纳和比较，总结我国制造业发展的历史规律，对我国制造业不同发展阶段的战略进行评价，展望我国先进制造业发展的未来方向，为我国先进制造业发展战略的制定和实施提供一个历史视角的规律借鉴。

（一）"起步"阶段（1949～1978年）

新中国成立初期，工业基础非常薄弱，新中国的工业化走过了一条非常艰难的道路。欧美资本主义国家对新中国的经济进行封锁和打压，我国亟须通过振兴制造业维护国家经济安全，促进新中国的经济发展。苏联当时作为社会主义阵营国家的领导者，通过优先发展重工业实现了经济的快速崛起，所以为了巩固政权，发展经济，"一五"期间（1953～1957年）我国在苏联的帮助下集中、优先发展重工业，逐渐形成高度集中的计划经济体制，向实现社会主义工业化迈进。到第一个五年计划结束的时候，我国已经有了飞机、汽车等工业，初步改变了我国工业的落后面貌，为我国工业化的实现奠定了基础，如图1-4所示。新中国成立初期我国的工业总产值为140亿元，到第一个五年计划结束时的1957年，我国的工业总产值已经达到704亿元，是新中国成立初期的5倍还多。

图 1-4　1949~1978 年我国工业总产值

资料来源：《新中国五十五年统计资料汇编》，中国统计出版社 1999 年版。

从 1956 年开始，新中国的制造业发展进入十年探索期。在 1956~1966 年的 10 年间，新中国的工业化进程仍然是以重工业为主，工业化进程在曲折中艰难前进。到 1966 年，我国的工业总产值达到 1 200 亿元，大约为新中国成立初期的 8 倍多，比 1956 年翻了一番，如图 1-5 所示，1966 年，工业从业人员总数突破 1 700 万人，工业企业实现的总利润突破 80 亿元，利润率达到 7%，比 10 年前也有大幅提高。主要工业产品的产量也有了大幅增加，如图 1-6 所示，1966 年铁路机车的产量达到 353 台，比 1956 年翻了一番，发电设备达到 132 万千瓦，是 1956 年的 6.5 倍，汽车产量也由 1956 年的 1 700 辆增加为 55 900 辆。经过十年探索期，我国初步建立了比较完整和独立的社会主义工业体系。

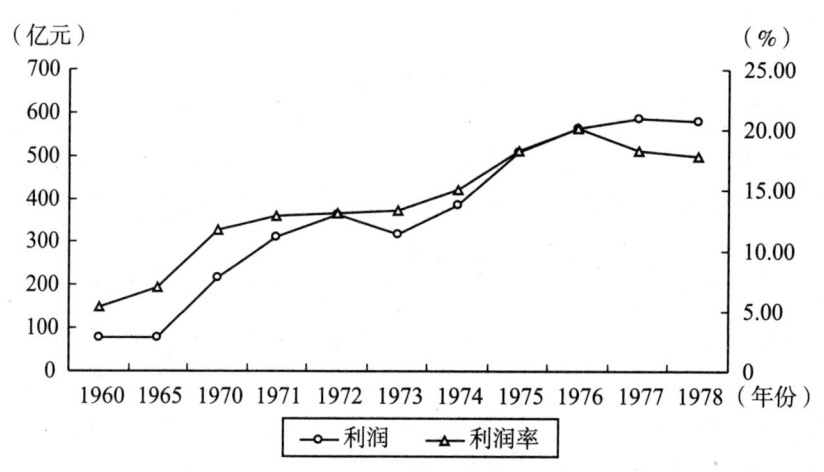

图 1-5　1960~1978 年我国工业效益

资料来源：《新中国五十五年统计资料汇编》，中国统计出版社 1999 年版。

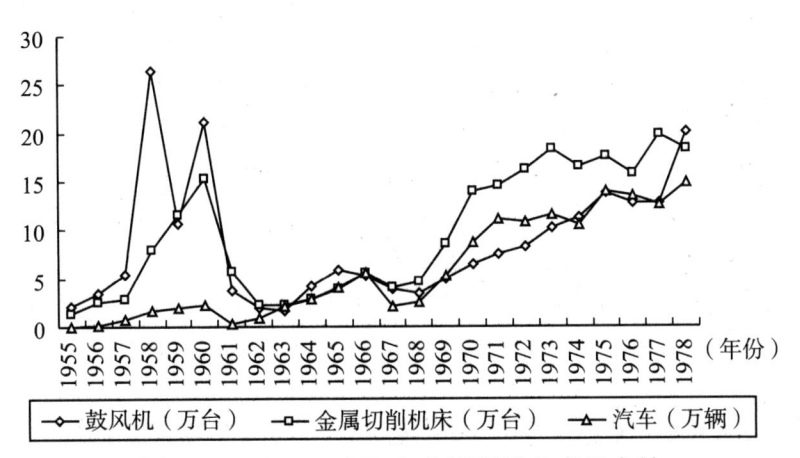

图1-6 1955~1978年主要制造业产品产量

资料来源：《新中国五十五年统计资料汇编》，中国统计出版社1999年版。

1966~1978年由于"文革"的影响，我国工业受到严重影响，损失惨重，进入仍以重工业为主的缓慢发展阶段。到1978年，我国的工业总产值达到3 262亿元，年末工业从业人员总数突破5 769万人，实现利润579.7亿元。在这个阶段，工业企业的整体利润率呈现先增后减的趋势，到1978年行业利润率基本稳定在18%左右的水平。

从主要工业产品的产量来看，1978年铁路客车的产量为784辆，是1966年的6倍；轨道交通达到18 305辆，是1966年的3倍；发电设备达到483.8万千瓦，约为1966年的4倍；汽车产量达到14.9万辆，约为1966年的2.6倍。

新中国成立后30年我国制造业呈现出典型的重工业化特征，这也对我国工业发展和社会经济带来了一定的负面影响。新中国成立以后的工业化进程将大量的经济资源放在重工业的发展上，使工农业之间的生产率差距越来越大。农业在这30年间并没有显著发展，而农业人口仍然占很高比重，使得我国的二元经济结构特征愈发明显。另外，把经济发展中心放在重工业上，因而忽略了轻工业的发展，与我国人口庞大的资源特点相悖，违背了资源的比较优势，导致劳动密集型产业没有得到发展，人民的收入水平很低，消费品的缺失也难以满足人民群众提高生活水平的需要。

（二）"成长"阶段（1979~2007年）

1978年之后，党的十一届三中全会重大决策的作用开始显现，工业化建设全面展开。这个时期，我国开始实施改革开放，建设有中国特色的社会主义市场经济理论不断完善。到20世纪90年代，我国的工业化进程在技术改革和基础建设方面取得重大进展，建成了一批赶超世界先进技术水平的工程项目。这个时期我国的工业化进程呈现出以下特点：一是经济体制由单纯的计划手段转向计划手段与市场调节相结合，市场调节在资源配置效率上的优势是计划手段所不具有的，而计划手段使经济利益关系具有整体性，减少了宏观经济活动的盲目性，使社会经济活动在整体上保持平衡，所以两种手段的有机结合才能推动社会主义经济的快速发展。二是由封闭经济走向开放经济。党的十一届三中全会提出了开放发展的新道路，1978~1979年先后设立深圳、厦门、珠海、汕头为经济特区，具有明显的外向型特征，这是我国经济由内向型发展转变为外向型发展的开端。

1978年我国的工业总产值为3 262亿元，到1992年我国的工业总产值已经上升到37 066亿元，是1978年的10倍还多，到2000年我国的工业总产值已经达到85 674亿元，到2007年工业总产值为405 177亿元，是2000年的6倍多（见图1-7）。从1978~2007年30年的工业增长趋势可以看出，大体分为三个阶段，在1978~1992年工业发展保持低增长，1993~2000年增长率有所提升，2001~2007年保持一个大约25%的高增长率。

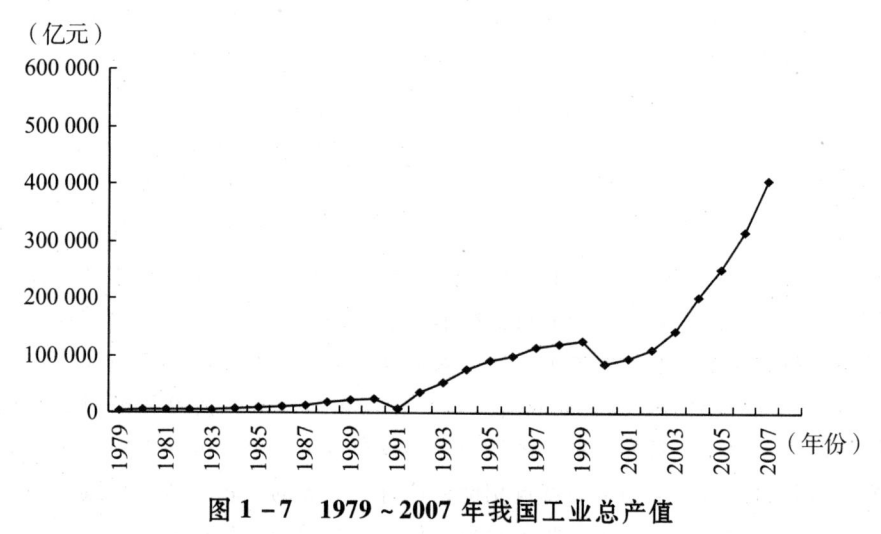

图1-7　1979~2007年我国工业总产值

资料来源：《中国统计年鉴》(1980~2008)，中国统计出版社。

从工业增加值和工业在国民经济的比重变动趋势来看，1978年工业增加值仅有1 607亿元，到1992年我国的工业增加值为11 699.5亿元，大约为1978年的7倍，到2007年，我国的工业增加值为124 799亿元（见图1-8）。从工业增加值来看，我国的工业发展在1978年之后一直保持稳定增长，在2000年之后进入到一个快速发展期。改革开放之后，我国的工业化进程明显加快，从工业在国民经济中的比重来看，我国工业增加值占 GDP 的比重自 20 世纪 90 年代之后一直保持在 45% 以上，并且到 2007 年达到 48.5%，我国工业在国民经济中的主导地位一直在不断加强。

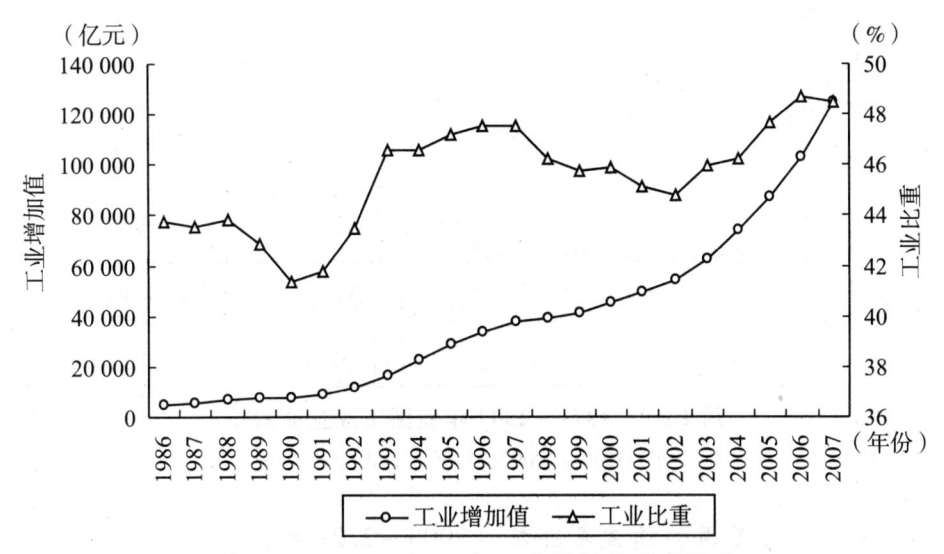

图 1-8　1986~2007 年工业增加值及其比重

资料来源：《中国统计年鉴》（1980~2008），中国统计出版社。

从主要工业产品的产量来看，铁路客车由 1978 年的 784 辆增加到 2007 年的 2 425 辆；铁路货车由 1978 年的 1.7 万辆增加到 2007 年的 4.22 万辆；轨道交通由 1978 年的 18 305 辆增加为 2007 年的 45 627 辆；发电设备由 1978 年的 483.8 万千瓦增加为 2007 年的 12 991 万千瓦；鼓风机由 1978 年的 20.1 万台增加到 2007 年的 432.33 万台；汽车产量由 1978 年的 14.91 万辆增加到 2007 年的 88.89 万辆。

如图 1-9 所示，从我国工业企业的经济效益来看，1979 年我国工业的利润总额 579.7 亿元，利润率为 17.77%，从 1979 年到 1988 年工业的利润总额一直呈现增长趋势，但是利润率呈现下降趋势，到 1989 年利润率已经下降到 5% 以下。经历了 1990~1992 年三年的低谷期以后，我国工业的效益情况又迅速恢复到之前的高水平，到 2007 年利润总额接近 27 155.2 亿元，利润率为 6% 左右。整体来看，我国工业的经济效益总体趋势是在逐年增加，利润率在 2000 年之后一直维持在 6% 左右，企业的盈利能力并不强，这也是与我国工业发展的总体技术含量较低，产品的经济附加值不高有关。

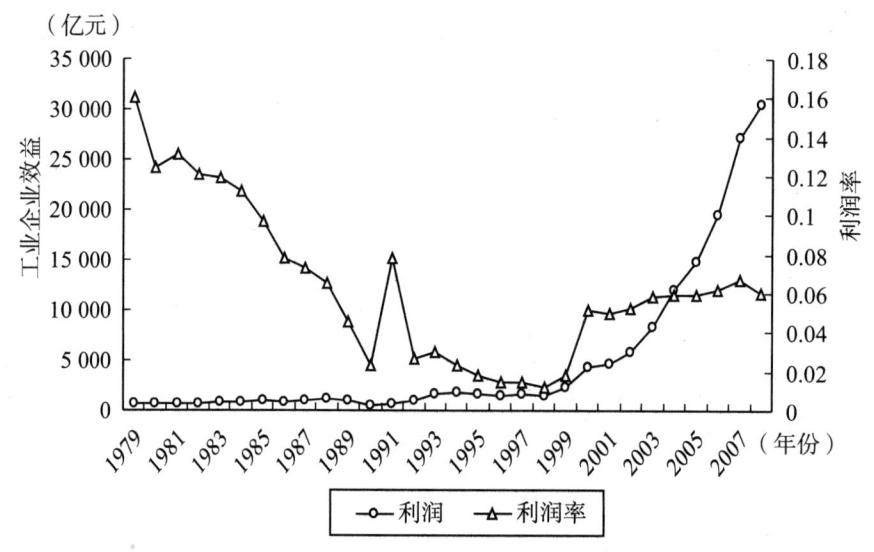

图 1-9 1979~2007 年我国工业企业效益

资料来源：《新中国 60 年：1949~2009》，中国统计出版社 2009 年版。

（三）调整复苏快速发展阶段（2008~2020 年）

2008 年由美国次贷危机引发的全球金融危机对我国的经济产生了巨大的冲击。特别是对出口占主导地位的制造业，与农业和服务业受到的冲击相比，受到的冲击更为直接和强烈。金融危机对制造业内部各部门的冲击也不相同，轻工业受到的冲击更大。从地域上看，首先冲击了出口比重最大的东部沿海地区并通过产业链向中西部地区延伸。

如图 1-10 所示，2008 年我国制造业增加值为 102 539 亿元，增长率为 17.23%，制造业增加值在 GDP 中的比重为 32.09%；由于受金融危机的影响，2009 年我国制造业增加值为 110 118 亿元，制造业增长率为 7.39%，是自 2000 年以来制造业增长率的最低点，制造业在国民经济中的比重为 31.55%，与上一年相比略有下降，也是自 2003 年以来的最低点，虽然我国的经济整体都受到金融危机的影响，制造业的占比下降还是说明制造业受金融危机的影响相比农业和服务业更为严重。2012 年和 2013 年制造业增长率分别为 8.23%、6.86%，这是因为 2009 年宏观政策效果减弱之后，金融危机对制造业还是表现出了显著的负面影响。到 2015 年，我国制造业增加值已经增加至 208 040 亿元，增长率为 6.55%，是自 2000 年以来的最低点，制造业在国民经济中的比重为 30.35%。

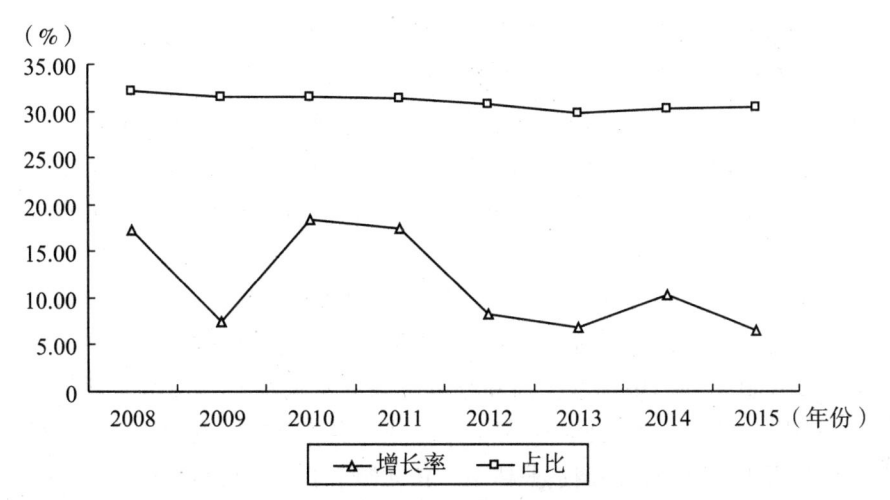

图 1-10　2008~2015 年我国制造业增长率和占比

资料来源：《中国统计年鉴》(2009~2016)，中国统计出版社。

制造业是我国国民经济的支柱产业，2008年之后，虽然受到金融危机的影响，但我国的制造业总体发展规模不断扩大，制造业在全球的国际竞争力不断增强，产品门类日益齐全，完善的产业体系也逐渐建立起来，我国的制造业在全球经济中的地位不断提升。到2010年，我国制造业总产值大约为2.05亿美元，大约占全球产值的20%，超越美国成为世界制造业第一大国，在全球500种主要制造业产品中，我国有220种产品的产量排在世界第一。2017年，我国有115家企业入选世界500强，上榜总数连续第14年增长，仅次于美国的130家，远高于日本的51家。但是从上榜企业的行业性质来看，我国的上榜企业主要集中于商业银行、能源、房地产行业，像中石油、中石化、四大商业银行等企业，但是日本的上榜企业中除了金融业之外，还有10家电子通讯行业企业和10家汽车企业，这20家企业都是创新能力很强的制造业企业。所以从世界范围来看，虽然我国的制造业规模已经世界第一，但是距离世界制造业强国还有一定的差距。

改革开放之前，由于我国处在计划经济体制下，这一时期的制造业发展主要是由政府主导，其发展趋势与发达国家工业化的一般规律大不相同，主要原因在于计划经济体制下企业无法根据市场需求进行生产决策，生产资源的流动受到严格控制，国内外的动荡局势也使得制造业的发展受到较大的负面影响，导致这一时期我国制造业的发展轨迹极不稳定。改革开放之后，由于我国制造业发展进入一个新的阶段而逐渐步入正轨，制造业的演化规律与发达国家工业化的一般规律具有一定的相似性。这一时期制造业的快速发展一方面得益于经济体制改革，计划经济体制向市场经济体制的转轨使得市场需求和生产要素得以释放，企业能够根据市场需求进行生产决策，制造业结构逐渐优化，要素结构和需求结构都对这一时期的制造业快速发展起到了重要的推动作用。另一方面，得益于我国积极实施改革开放战略，外部需求为我国制造业的发展提供了强大的外生动力，到2008年金融危机之前，我国的制造业一直保持一个较高的增长速度。2008年全球金融危机之后，我国经济增长逐渐进入新常态，制造业受国内外经济形势的影响在2011年之后也进入低速发展阶段，我国制造业由追求高速增长转为追求高质量增长。

从表1-1可以看出，2017年我国制造业增加值为35 931亿美元，位居世界第一位，占世界制造业比重超过1/4，并且我国的制造业增加值超过了美国和日本制造业增加值之和。中国、美国和日本三国的总额占全球制造业增加值一半多。我国的制造业总量已经稳居世界第一，成为名副其实的制造业第一大国，并且我国依托世界上最完善的制造业体系，正向制造业强国稳步迈进。

表1-1　　2017年世界主要制造业强国制造业增加值及占比

国家	制造业增加值（亿美元）	占GDP比重（%）	占世界制造业比重（%）
中国	35 931	29.34	28.57
美国	22 494	11.60	17.89
日本	10 255	21.05	8.16
德国	7 599	20.66	6.05
韩国	4 220	27.57	3.36
印度	3 895	15.00	3.10
意大利	2 842	14.69	2.26
法国	2 618	10.14	2.08
英国	2 413	9.20	1.92
巴西	2 087	10.15	1.66

资料来源：《国际统计年鉴（2018）》，中国统计出版社2019年版。

二、我国先进制造业发展趋势分析——以长三角和珠三角地区为例

作为我国经济水平最高的地区之一，长三角与珠三角的先进制造业是具有一定的借鉴意义和参考价值的。从全局把握，长三角与珠三角地区的制造业发展情况也就从某些角度展示着我国整体制造业发展的前景。这一部分根据这两个制造业发展的先进地区发展情况，分析我国在今后的制造业发展情况。

(一) 长三角和珠三角地区先进制造业发展现状

上海、江苏、浙江这三个省份组成的经济带是我国经济发展水平最高的一个经济地带。长三角地区用它不断扩大的资本积累加速着这一地域的经济发展,长三角地区在强有力的实力保障下,力争变成世界最为重要的制造业基地之一。它的发展推动着我国丝绸之路经济带以及长江经济带的经济发展。在社会不断发展,经济模式不断发生变化的同时,长三角地区的各个省市已经把制造业产业的升级转型列入各个省市协同发展的规划当中。

2008年世界金融危机对于长三角地区的经济发展影响较大,在金融危机过后,这一区域的制造业产值增长速度受到重创。与此同时,该地区的各个省市在制造业进一步发展方面都开始进入"瓶颈",尽管这些地方的制造业总规模依旧处于增长趋势,但实际的发展还是受到了重创。在这样的形势背景下,上海与杭州的制造产业相对规模在逐渐变小,而江苏与安徽的制造业规模却在逐渐变大。由于江苏具有非常丰富的能源支持,所以在整个长三角地区,江苏所占的制造业总比重接近一半。纵观全局,在长三角地区,制造业主要是"输血式"的前景模式。

珠江三角洲地区的先进装备制造业发展方向明确,有独特的发展规划和发展目标。在深圳,数字产业的支持使得先进装备制造业有了很好的发展背景,例如,国内知名品牌华为就是借助了数字产业的快速发展。一系列高新技术产业在深圳的发展为当地数字装备产业发展提供了支持,一些高精尖技术的出现也为深圳的发展提供了支持。在珠三角地区,政府鼓励高科技产业的发展,并提供充足的资金支持。

珠海在"十三五"期间的重点发展项目是开采海洋矿物原材料的设备和用具以及港口建设所需的设备和大型工具,加快建成大规模的海洋工业设备、工具制造场所,中小规模轮船的生产制造场所,重点加快了为个人与企业提供航空设备的相关科技的研发。珠三角地区处于广东省经济与科技发展中心地位,具有发展的先锋优势,正在稳步推进先进设备的制造工艺与关键技术,加强与全球其他国家的交流,不断深入执行国家相关部门制定的《促进装备制造业质量品牌提升专项行动指南》。珠三角地区的建设目标是将设计与制造设备品牌化、国际化,提升国际市场竞争力水平,掌握先进的设备制造的核心科技。

(二) 珠三角、长三角地区先进制造业演进态势

从长三角和珠三角制造业的发展现状来看,两者制造业均呈现良性发展的态势,并且均将先进制造业作为新时期发展的重点环节。由于先进制造业的内涵具有鲜明的时代意义,伴随着地区经济发展以及国际制造业产业结构的调整,先进制造业的内容也呈现出多样化的趋势,因此,对于演进态势的分析能够为探究我

国先进制造业新时期的发展指明道路,也能够在一定程度上为找寻先进制造业历史发展规律提供依据。本部分从产业结构演进、产业技术演进以及产业绿色化演进态势三个方面对长三角和珠三角先进制造业演进态势进行比较分析。

1. 产业结构演进态势

本部分使用数据来源于1990~2016年《中国工业经济年鉴》中长三角地区和珠三角地区各省份两位数产业当年价工业总产值的相关数据,其中测算主体长江三角洲地区是指以上海为中心的上海、江苏、浙江和安徽四个地区,而珠江三角洲地区是以广东省为核心的经贸关系密切的福建、江西、广西、海南、湖南、四川、云南、贵州和广东9省区,以及香港、澳门2个特别行政区。

长三角和珠三角1989~2015年主要产业的对比指标是各地区两位数制造业当年价工业总产值与全国当年价工业总产值的比值,对各地区前五位的主要产业进行比较。长三角和珠三角地区制造业均呈现由低附加值的加工制造业向高附加值的先进制造业演进态势。对于长江三角洲地区而言,其起步于以化学纤维、纺织,电子通信为主的简单加工工业,1989~1992年经历了同样为简单加工工业的化学工业的发展并在1992年达到顶峰,随后在1992~1996年由于重化工污染工业的限制以及相关基础研究的欠缺,化学工业呈现逐渐下降的趋势,并于1996年退出前五行列,与此同时珠三角地区在1989~1996年化学工业呈现出相同的发展态势,这也意味着简单加工工业开始退出区域发展重心。面临相同境况的金属制品产业在接替化学工业之后也在1996~2000年逐渐走向衰落,与此同时以通用设备制造业、专用设备制造业为代表的机械工业、仪器仪表制造业和电子通信制造业逐渐发展起来,在持续技术研发、产品革新以及深化产品集成的基础上,逐渐演变为长三角地区的主要发展重心,值得注意的是,长三角地区化学纤维产业虽然在1989~2015年一直位于前五名,但其产业内部已经逐渐形成由以轻工业化学纤维制造为代表的低端产品向以新材料产品为代表的高端产品的转化,这也是该产业长期保持生命力的主要原因。在珠三角制造业演进方面,由于其毗邻香港、澳门等对外窗口,其产业结构起步高于长三角地区,电气机械、医药工业、金属制品业是该地区初期的主要产业,在经历了1989~1996年以化学工业、金属制品业为代表的简单加工工业的衰落之后,珠三角地区依托在电子信息科技方面的优势,建立起以电子通信、电气机械和仪器仪表等电子信息技术集成产业为主导的先进制造业发展模式,依托电子信息技术不断革新是珠三角地区先进制造业演进的主要策略。

2. 产业技术演进态势

珠江三角洲和长江三角洲地区发展先进制造业的起点不同,但是高效率的技术研发和产品革新是二者实现先进制造业发展的共同策略。因此,本部分通过1995~2016年中国高技术产业统计年鉴的相关数据,对全国、长江三角洲地区、珠江三角洲地区的科技活动中科学家和工程师比率和新产品投入产出率进行测度，以反映两地区产业技术的态势（见图1-11）。

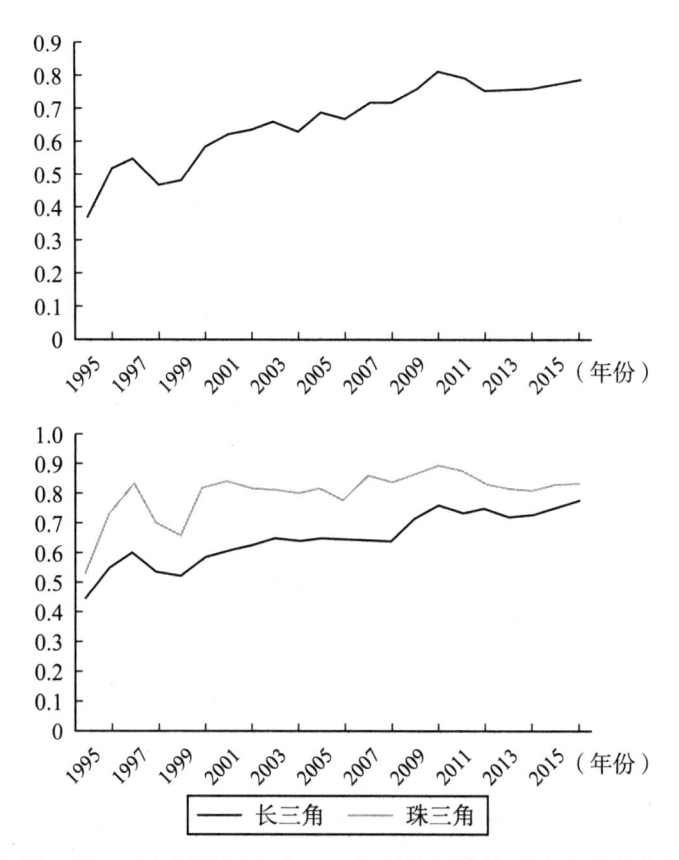

图1-11　全国、长江三角洲地区和珠江三角洲地区科技活动中科学家和工程师比率
资料来源：《中国工业经济年鉴》（1996~2016），中国统计出版社。

从全国、长江三角洲、珠江三角洲地区科技活动中科学家和工程师比率比较中可以看出，长江三角洲和珠江三角洲地区具有较高技术研发能力的科学家和工程师比率维持在较高的水平上，并且呈现出逐渐上升的态势，但上升幅度相较于全国的平均水平仍然较低，但总体的发展呈现出趋同的态势。具有较强研发能力的科学家和工程师是产业发展的活力源泉，长三角和珠三角地区该比率的逐渐增长也是其产业逐渐由加工制造转向具有自主研发能力和高集成性的先进制造业的主要动力。

新产品投入产出率是衡量地区新产品革新活动效率的主要指标，如图1-12所示，两地区新产品革新活动效率呈现趋同的态势，新产品投入产出率基本维持在15左右，即1单位新产品研发投入一般可以带来15单位新产品销售收入，这就意味着高新技术的研发效率维持在相对平稳的态势上。过高的新产品革新效率的波动,将会降低新产品研发的投资活动的积极性,而相对平稳的技术研发效率为两地区先进制造业的发展奠定了基础。

图 1-12 全国、长江三角洲地区和珠江三角洲地区新产品投入产出率

资料来源:《中国工业经济年鉴》(1996~2016),中国统计出版社。

3. 产业绿色化演进态势

绿色化发展是先进制造业发展的主要方向,也是地区社会发展的主攻方向,先进制造业绿色化发展不仅体现在企业节能减排方面,也体现在工业绿色化相关服务产业的发展上。因此,本部分基于 2004~2015 年《中国环境统计年鉴》,通过全国、长江三角洲地区、珠江三角洲地区的工业废水治理设施数量、工业气体废弃物治理设施数量和相关设施工业固体废弃物处置率三个指标对产业绿色化演进态势进行分析。

由图 1-13 可以发现,工业废水和工业气体废弃物治理的相关设施呈现出平稳增长的态势,而其中工业废水治理设施的增长速率远小于工业气体废弃物治理

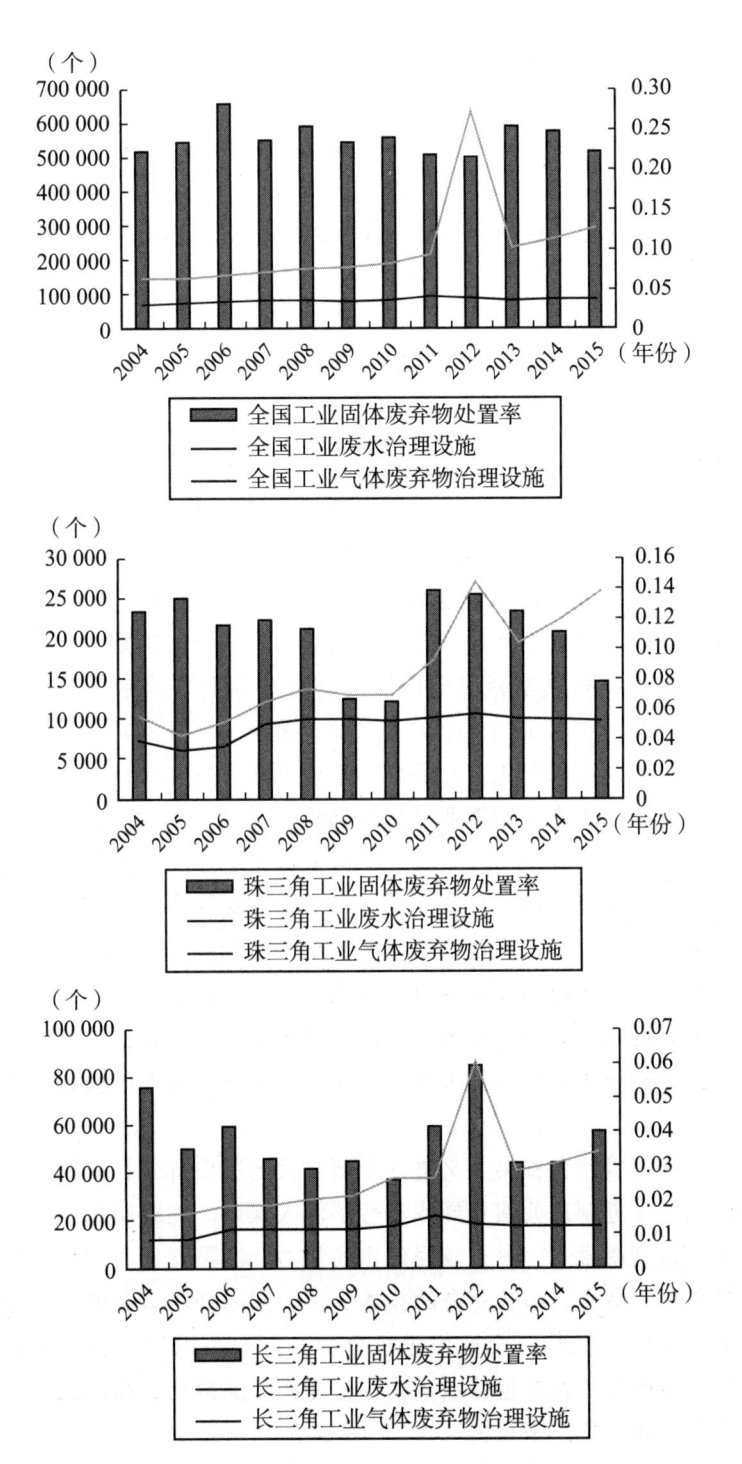

图 1-13 全国、长江三角洲地区和珠江三角洲地区绿色化相关指标

资料来源：《中国工业经济年鉴》（2005~2016），中国统计出版社。

设施的增速,并且在 2012 年呈现出峰值;工业固体废弃物处置效率仍然处于相对较低的水平,仅能维持在 20% 左右,而相关废弃物工业再生产产业发展仍然不够明显,这一方面是由于长三角、珠三角地区主要以高技术含量、高附加值的高新技术制造业为主,污染相较于重工业而言较低,另一方面主要取决于前期工业发展的良性基础。但绿色化和工业再生产仍然是未来先进制造业发展的潜力所在。

(三) 我国先进制造业未来演进方向

从长江三角洲和珠江三角洲地区先进制造业的演进态势中可以看出,高协同性、深度集成化、高效率的技术研发和产品革新活动以及绿色化和工业再生产是我国先进制造业的主要演进方向。在国际分工日趋高效的全球供应链下,大型装备制造业的深度集成化将成为传统制造业转型的主要方向,原身为上海飞机制造厂中国商用飞机有限责任公司制造的 C919 民用客机就是深度集成化的典型案例。其将原有制造业卖产品的生产经营模式转变为以卖概念、买集成方式为核心竞争力的深度集成能够在高效率利用全球供应链的基础上高效率地进行生产经营活动,除涉及产业及国家安全的核心技术以外,适当的摒弃不具要素禀赋优势的自主研发活动,转而利用国际先进产品,将主攻方向放置在深化集成方式,探索集成理念上,将成为未来先进制造业的发展趋势。其次,高效率的技术研发和产品革新活动为先进制造业提供动力。大规模集成制造业本身具有辐射的产业链相对较广,研发周期相对较长的特点,而新产品对于市场而言具有较强的时效性,因而缩短研发周期,提高新产品革新效率是关键,鼓励制造业协同创新,实现制造业产品模块化创新是解决问题的有效手段之一,因此制造业协同创新也应当成为先进制造业未来的主攻方向。再者,绿色化和工业再生产是长江三角洲和珠江三角洲地区先进制造业未来的发展方向,也是我国先进制造业的演进方向,应当加以扶持。

本部分基于我国特色社会主义进入了新时代的历史背景,对先进制造业的内涵特征和国内外先进制造业演化规律进行了深入探讨。先进制造业是指使用先进制造技术和先进制造模式,具有较强的市场势力、国际竞争力和可持续发展能力的制造业的总称。结合新科技革命的技术变革和国内外制造业的演化趋势,本部分将先进制造业的特征从三个层面进行分类:产业组织特征包括集群化、服务化、垂直化;生产技术特征包括数字化、智能化、虚拟化、高端化;生产模式特征包括模块化、绿色化、平台化。

接下来,本部分对美国、德国和日本三个发达国家制造业演化轨迹和发展战略进行了梳理和总结,认为发达国家先进制造业发展的经验启示体现在以下五个方面：一是拥有领先、专有的制造技术；二是强调大企业的引领和示范作用；三是重视高附加值产品和高端制造业；四是具有较高的制造业服务化水平；五是重视对制造业人才的培养，这些经验同时也是我国建设制造业强国需要加强的内容。

本章的第三部分是从制造业的"起步"阶段（1949~1978年）、制造业的"成长"阶段（1979~2007年）、调整复苏快速发展阶段（2008~2020年）梳理了我国制造业发展演变历程，并总结我国制造业的演进规律。结果认为，改革开放之前，由于计划经济体制下企业无法根据市场需求进行生产决策，我国制造业的发展轨迹极不稳定；改革开放之后，我国制造业的快速发展一方面得益于计划经济体制向市场经济体制的转轨带来市场需求和生产要素的释放，另一方面得益于我国积极实施的改革开放战略，外部需求为我国制造业的发展提供了强大的外生动力。最后，以长三角和珠三角地区为例对我国先进制造业发展趋势进行了实证分析。

三、我国先进制造业发展举措

（一）我国发展先进制造业的紧迫性和必要性

1949年新中国成立以后，我国开始推进工业化发展，制造业由此成为我们国民经济发展的基础，从长远来看，自此以后的很长一段时间，制造业的发展仍旧会是我们社会稳定、经济发展的一个强有力的保证。在几十年的不懈努力下，我们国家的制造业在世界上的水平逐渐提高，发展形势和水平良好，中国已经成为一个制造大国。在2010年，我国的制造业产出在世界制造业产出数额中所占的份额高于美国，成为世界制造业产出第一大国，在2010年后至今，我国的制造业产出数量和制造业规模一直保持在全球第一名的地位。虽然我们已经在产出额和生产规模上取得了十分显著的成就，然而，在科技水平、产品的实际竞争水平和生产方式、未来发展方面，我们国家的制造业仍然存在一些问题，与世界其他发达国家有一定的差距。所以说，对于中国制造产业，还只能说是大而不强。现在我们的产品当中，有二十多类产品的产量是处于全球顶尖地位的，然而在一些产品上，我们国家的科技水平差、技术知识匮乏，和世界其他发达国家相比，已经拉开了几十年的距离，其中就包括钢铁、石油等重要物质。在我国，有很大一部分制造行业单位没有领先的科学技术，在核心科技方面缺失，生产出来的产品即使具有非常高的产量，但价值并不高，对于其他产业发展的作用不大，经济效益也不高，中国的制造产业必须要较快速度地完成转型和更新，只有这样制造业的发展才能长远，我们才能尽快从一个制造大国变成一个制造强国。

在国家资金的支持和国家政策的影响下，我们的制造业与之前相比已经有了很大的进步，从整体上来看，我国的制造业水平发展速度还是比较快的。在高铁、发电、飞机以及载人航天技术等重大制造产业上，我们国家的科技水平在现在已经处在了全球领先地位，然而我们国家在制造行业核心科技水平方面受其他国家影响大的状态仍旧没有改变，面临的问题依旧严峻。在制造产业当中，有很多工业制成品的工作都要依靠芯片的作用，在我国的工业产出中，芯片制造的水平较低，80%的工业制成品需要从其他国家进口芯片以保证生产。在2012年，我们国家在制造业研发方面的投入力度与美国相比差了1.25%，与日本相比差了1.88%，所以我们能够了解到，在中国的制造业发展中，投入力度的匮乏导致其不能迅速掌握核心科技，难以获取突破性进展。在国外，基础研究的比重可以达到20%，比我国要高出15%，造成这一差距的主要原因在于我国科研人员过分追求功名利禄，在进行科学研究时浮躁着急，只注重眼前的利益，强调短期回报，没有认识到长期研究是更容易取得突破性进展的。只有具备先进的科技创新能力，才能实现制造业的迅速发展，而我国的科技创新水平低，这就是导致我国与其他发达国家制造业水平差距的最主要因素。对于我们国家来说，加强自主创新能力，提高制造业发展水平是一个长期的、不能松懈的过程。

中国的制造业发展速度正在完成一个从高到中高的转变，这就是说，我国制造业正在由数量和范围上的增长转变为水平和质量上的增长，由传统的生产要素推动制造业发展转变为科技创新推动制造业发展。在这样的增长环境下，我们国家的产业结构调整会变得更加合理、更加科学。全球经济与制造业的发展存在着相当大的变数，也面临着一些挑战，金融危机对世界经济的影响还没有消散，世界经济回温速度慢，在未来发展中也存在很多未知数。此时，各个国家都意识到实体经济对于国家经济复苏的重要作用，世界各国纷纷把制造业的发展提上日程，并放在国家经济发展的重要位置。在这样的时代背景条件下，如果我们能够掌握制造业发展的核心技术和科技水平，提高自身的自主创新能力，就能够在未来国际市场上抢占先机，实现国家经济的发展。

（二）我国发展先进制造业的政策保障

在百年未有之大变局的背景下，制造业在经济发展中体现出前所未有的关键作用，它是实现国民经济有序发展的重要支撑，也是实现中华民族伟大复兴中国梦的有效保证。2008年世界金融危机对以制造业为主的实体经济造成严重打击，为保证国民经济的有序发展，中央颁布了一系列经济政策以支持制造业的发展。2009年1月，我们国家颁布了十大产业规划，在此次规划当中，涵盖了纺织、钢铁、电子科技技术等多个方面的内容。通过这一规划，国家希望振兴制造业发展，稳定国家经济。在同年五月，国家对装备制造业的日后发展提出了新的政策和希望，在国家颁布的规划方案中，科学的对装备制造业的发展进行了分析和探究，指明了发展所面临的问题，分析了制造业发展所处的背景，做出了明确的项目规划和任务布置。这一规划密切配合了之前颁布的十大领域重点工程规划，提出推进重点工作，实现产业升级的重要目标。在金融危机爆发后，这一规划就成为我们在装备制造业方面取得进展的重要指引政策。2012年，在"十二五"战略计划的出台下，一些环保、高端、科技含量高的制造业成为我们国民经济取得发展的支柱性产业，三新汽车被国家指导为国民经济先导产业。

为明确新时期制造业的发展方向，实现制造业的高质量发展，2015年国家出台了《中国制造2025》纲要。在《中国制造2025》中，国家明确指出，要加快转变速度，从提高中国的制造能力水平转变为增强中国的创造能力水平，从加快我们制造业产品的生产速度到加强中国制造业产品的产品质量，要把中国产品变成中国品牌，制造大国变成制造业强国，快速实现我国制造产业的升级，提高在国内和国际上的实际竞争力。这一政策在对国际形势与国内制造业实际发展水平进行科学合理的分析后，对我国制造业的未来发展提出了三步走战略，随后又制定了在第一个10年里我们要做的详细内容，在制造业发展的重点领域发挥创造力，争取在2025年时成为制造业强国。在上述计划的具体实施中，主要是分为四大转变、一条主线与八大对策。其中的四大转变指的是驱动因素的转变、竞争优势的转变、制造方式与制造形式的转变；一条主线指的是，把数字化、网络化与智能化作为发展的主线内容；八大对策指的是要在国家提出的八项目标下实现发展计划，即提升制造业产品的产品质量、加强绿色产业发展、数字化、网络化、智能化发展、加速技术水平的创新、加强产品设计的水平、强化制造基础、实现现代制造服务业的发展以及对优势群体以及优势产业的培养。

为细化落实《中国制造2025》，着力突破制造业发展的瓶颈和短板，抢占未来竞争制高点，2017年中国国家制造强国建设领导小组启动了"1+X"规划体系的编制工作。"1"是指《中国制造2025》，"X"是指11个配套的实施指南、行动指南和发展规划指南，包括国家制造业创新中心建设、工业强基、智能制造、绿色制造、高端装备创新等5大工程实施指南，发展服务型制造和装备制造业质量品牌2个专项行动指南，以及新材料、信息产业、医药工业和制造业人才4个发展规划指南。5个工程实施指南的制定是核心，也是对《中国制造2025》五大工程的具体落实，明确了工程实施的目标、任务和手段。其中，制造业创新中心建设工程以突破重点领域前沿技术和关键共性技术为方向，旨在建立从技术开发到转移扩散，再到首次商业化应用的创新链条。工业强基工程主要解决核心基础零部件、关键基础材料、先进基础工艺的工程化和产业化瓶颈问题，构建产业技术基础服务。绿色制造工程通过推动制造业各行业、各环节的绿色改造升级，加快构建绿色制造体系。智能制造工程以数字化制造普及、智能化制造示范为抓手，推动制造业智能转型，推进产业迈向中高端。高端装备创新工程以突破一批重大装备的产业化应用为重点，为各行业升级提供先进的生产工具。

  为进一步推动发展先进制造业，在互联网、大数据、人工智能和实体经济日益深度融合的背景下，国务院于2018年印发《关于深化"互联网+先进制造业"发展工业互联网的指导意见》（以下简称《指导意见》）。《指导意见》对未来制造业发展路径进行了总体规划，并确立了三阶段目标。到2025年，我国基本形成具备国际竞争力的基础设施和产业体系；到2035年，建成国际领先的工业互联网网络基础设施和平台，形成国际先进的技术与产业体系，工业互联网全面深度应用并在优势行业形成创新引领能力，安全保障能力全面提升，重点领域实现国际领先；到21世纪中叶，工业互联网网络基础设施全面支撑经济社会发展，工业互联网创新发展能力、技术产业体系以及融合应用等全面达到国际先进水平，综合实力进入世界前列。

第二章

我国先进制造业发展水平研究

历经改革开放40多年的发展，中国已成为世界领先的制造业大国与工业产成品出口大国，而且拥有门类齐全的工业产业体系。但是，与欧美工业强国相比，中国制造业总体仍然面临创新能力不足，核心竞争力较弱，产业发展水平处于中低端，先进制造的前沿技术、关键技术及关键零部件常受欧美钳制等问题，这对中国未来的制造业发展和经济安全均是极大的挑战。

党的十九大明确提出，要加快制造大国向制造强国的转变，加快先进制造业的发展，并出台了《中国制造2025》，明确制定了中国制造业发展的战略目标，也进一步明晰先进制造业是中国制造业的发展方向。而准确把握我国先进制造业的发展水平是制定我国先进制造业发展战略的前提与基础。由于技术革新与产业更替，先进制造业涵盖领域不断演变，迄今为止，无论学术界还是实体经济领域均没能基于产业边界对先进制造业统计范畴进行明晰。而且，工业技术生命周期不断加速，产业更新换代加快使得合理有效评价先进制造业的发展水平难度加大。为解决上述问题，本章围绕先进制造的内涵，根据先进制造业演化轨迹，构建一套综合性评价指标体系，对我国现阶段的先进制造产业进行识别、评价与综合分析，以期有针对性地进行后续先进制造业发展战略研究。

第一节 先进制造业发展水平评价指标构建

一、评价指标的选择

本着可行性、可比性与全面性的原则,本章从先进制造规模、先进制造技术创新、先进制造效率、先进管理效益、先进信息化应用、先进制造国际竞争能力与可持续发展能力共七个方面的指标对现有制造业进行综合评价,进而识别出现阶段我国具有先进制造业特征的行业。

(一) 先进制造规模指标

本章从行业产值、出口规模、资产与利润总额四个方面对制造业各行业的规模水平进行评价。具体指标选择依次为工业销售产值①、出口交货值、资产总额和利润总额。

(二) 先进制造技术创新指标

本章从创新投入、创新产出两个方面来对先进制造业技术投入与产出进行评价。创新投入指标分解为经费投入与人员投入两方面。经费投入以R&D经费内部支出占主营业务收入的比重来衡量;人员投入则以R&D人员中科研人员比重衡量。创新产出指标分解为每亿元主营业务收入占有的有效发明专利、新产品产值比重两个指标,其中新产品收入比重以新产品销售收入占主营业务收入的比重表示。

(三) 先进制造效率指标

本章选取全员劳动生产率、制造业质量竞争力指数作为评价先进制造业生产效率的指标。某个产业的全员劳动生产率等于该产业的工业增加值除以从业人员

---

① 相关统计年鉴自2013年以后的年份均不公布工业总产值和工业增加值数据,导致指标数据不可得。而根据以往年份统计数据显示,制造业各行业产品销售率均在97%以上,因而以工业销售产值替代工业总产值用以衡量各行业的产值规模,偏差较小,可信度高。

的平均人数。运用产业统计数据得出的劳动生产率指标既考察产业内从业人员的技术熟练程度，又衡量产业内企业的经营水平与生产技术水平，因而是考察产业生产活动的重要指标。制造业质量竞争力指数由国家质量监督检验检疫总局发布，是综合考察企业质量标准与技术水平、质量管理水平、质量监督与检验水平等的重要指标。

（四）先进管理效益指标

管理效益反映行业中企业利用现有资源进行持续经营与获利的能力。其主要从三个方面来评价，即获利能力、融资能力、资产利用能力。获利能力由总资产贡献率和成本费用利润率来衡量。总资产贡献率，等于企业一段时期内的利税总额与企业同时段内平均资产总额的比值，既反映管理人员合理运用企业全部资产进行经营获利的能力，也体现了企业的经营业绩和管理水平，是评价企业盈利能力的核心指标；在成本费用利润率方面，则从经营耗费的角度，衡量企业每耗费单位成本费用可获得利润回报的大小，体现了经营耗费所带来的经营成果。该两项指标均为正向指标，指标数量越大，经营效益越好。融资能力则以资产负债率衡量，此项指标是把"双刃剑"，资产负债率过低，不利于企业的快速扩充资本，进行长远发展；而资产负债率过高又会带来债务风险。行业内一般认为资产负债率在40%～60%较为合宜，但较低资产负债率的企业具有更好的融资能力。资产利用指标以流动资产周转率衡量，流动资产周转率等于企业主营业务收入净额与平均流动资产总额的比率，企业流动资产的周转速度提高，会相应节约流动资产的投入，进而实现企业盈利能力的上升。

（五）先进制造信息化应用指标

先进制造业的信息化应用水平的评价主要从信息基础环境与企业应用两个方面进行。信息基础环境指标为宽带普及率与宽带速率指数；企业应用指标包括企业信息应用指数、数字化研发设计工具普及率、关键工序数控化率三个指标。

（六）先进制造国际竞争力指标

国际竞争力指标分解为新产品出口交货值占工业销售产值比重与出口交货值占工业销售产值比重。出口交货值占比是衡量制造业产品在国际市场竞争水平的重要指标，也是衡量制造业企业产品研发能否适应国际市场需求的一个重要参数。而新产品出口交货值则是衡量企业前沿研发成果转化为新产品后在国际市场上的竞争状态。两者综合，既能考察制造业产品整体竞争状况，又能考察企业面向国际市场进行前沿新产品研发转化的能力。

（七）可持续发展能力指标

传统高消耗、高污染的制造模式已将有限的资源环境承载力逼近极限。党的十八大提出以绿色、低碳、循环发展为宗旨的绿色发展理念是突破现有资源环境制约，进而调结构、转方式，实现可持续发展的必然选择。可持续发展指标分解为节能、低碳与循环利用指标。节能指标以每万元工业销售产值消耗的标准煤吨数衡量；低碳指标以单位工业销售产值二氧化碳排放量衡量；循环利用指标则以工业固体废物综合利用率进行衡量。

二、测评体系的构建

本章通过构建一个三级评价指标体系对先进制造业发展水平进行评价，具体指标如表 2-1 所示。

表 2-1 先进制造业发展水平评价指标体系

一级指标	二级指标	三级指标
制造规模 S	规模指标 S1	S11 工业销售产值
		S12 出口交货值
		S13 资产总额
		S14 利润总额
技术创新 C	创新投入指标 C1	C11 研发经费内部支出占主营业务收入比重（%）
		C12 科研人员占 R&D 人员比重（%）
	创新产出指标 C2	C21 规模以上制造业每亿元主营业务收入有效发明专利数
		C22 新产品销售收入占主营业务比重（%）
制造效率 Q	制造质量指标 Q1	Q11 制造业质量竞争力指数
	生产效率指标 Q2	Q21 制造业全员劳动生产率
管理效益 M	获利指标 M1	M11 总资产贡献率（%）
		M12 成本费用利润率（%）
	融资指标 M2	M21 资产负债率（%）
	变现指标 M3	M31 流动资产周转率（次/年）

续表

一级指标	二级指标	三级指标
先进制造业发展水平评价指标	信息化应用 T	信息环境指标 T1	T11 宽带普及率（%）
		T12 宽带速率指数
	企业应用指标 T2	T21 企业信息应用指数
		T22 数字化研发设计工具普及率（%）
		T23 关键工序数控化率（%）
	国际竞争力 G	新产品国际竞争能力指标 G1	G11 新产品出口占新产品销售收入比重（%）
		行业国际竞争能力指标 G2	G21 出口交货值占工业销售产值比（%）
	可持续发展能力 O	节能指标 O1	O11 单位工业销售产值能耗（吨标准煤/万元）
		低碳指标 O2	O21 单位工业销售产值二氧化碳排放量（立方米/元）
		环保指标 O3	O31 万元工业销售产值废水处理（吨/日/万元）
			O32 工业固体废物综合利用率（%）

资料来源：笔者整理编制。

第二节 先进制造业行业识别

一、数据来源及处理

本章对 2010~2015 年我国制造业 29 个子行业的发展水平进行比较分析，并识别出我国现阶段的先进制造行业。研究所运用的数据分别来源于《中国工业经济统计年鉴》（2011~2016）、《中国科技统计年鉴》（2011~2016）、《中国环境统计年鉴》（2011~2015）、《中国制造业竞争力指数公报》（2010~2014）、《中国信息化发展水平评估报告》（2013~2016）、《中国两化融合水平发展水平评估报告》（2013~2016）。

原始数据整理之后，进行标准化与正向化处理。鉴于评价指标较多，运用统计分析软件 SPSS19.0 对数据进行基本处理，并采用主成分分析法对数据集合进行因子分析。由于部分指标个别行业存在缺失值，最终对 19 个指标进行因子分析。随后,选择2015年、2013年和2010年,29个行业7大类19个指标作为因子分析的观测变量,各变量先进行显著性检验,分析结果如表2-2所示。

表2-2 球形检验结果

取样足够多的 Kaiser – Meyer – Olkin 度量		0.588
Bartlett 的球形度检验	卡方值	664.486
	自由度	153
	显著性	0.000

资料来源:根据统计软件SPSS19.0分析结果整理。

从检验结果来看,Bartlett球形度检验的卡方值为0.588,显著性水平接近于0,说明各变量之间存在显著的相关性,因而,可以对相关变量值进行因子分析。

由表2-3方差分析表的结果来看,有5个初始特征值大于1的主成分,特征值按大小分别为5.886、3.786、2.983、2.199和1.590。根据准则,提取特征值大于1的5个公共因子。旋转后的载荷表明这5个公共因子方差贡献率为86.126%,即86%以上的信息可由这5个公共因子解释。一般公共因子的方差贡献率在80%以上,就可以用来替代原有信息。因而,选择5个公因子替代原有19个指标对先进制造业的发展水平进行评价是可行的。

表2-3 方差分析表

成分	初始特征值			因子载荷平方和			旋转后载荷平方和		
	合计	方差%	累积%	合计	方差%	累积%	合计	方差%	累积%
1	5.886	30.977	30.977	4.648	24.461	24.461	4.648	24.461	24.461
2	3.786	19.929	50.906	3.432	18.063	42.524	3.432	18.063	42.524
3	2.983	15.700	66.605	3.186	16.769	59.293	3.186	16.769	59.293
4	2.119	11.152	77.757	3.025	15.919	75.212	3.025	15.919	75.212
5	1.590	8.369	86.126	2.074	10.915	86.126	2.074	10.915	86.126
6	0.893	4.703	90.829						
7	0.610	3.212	94.041						
8	0.412	2.169	96.210						
9	0.212	1.113	97.324						
10	0.158	0.829	98.153						
11	0.113	0.597	98.750						
12	0.087	0.459	99.209						
13	0.055	0.287	99.496						

续表

成分	初始特征值			因子载荷平方和			旋转后载荷平方和		
	合计	方差%	累积%	合计	方差%	累积%	合计	方差%	累积%
14	0.040	0.210	99.706						
15	0.029	0.154	99.860						
16	0.014	0.072	99.932						
17	0.007	0.035	99.968						
18	0.005	0.024	99.991						
19	0.002	0.009	100.000						

注：提取方法：主成分分析。
资料来源：笔者计算整理。

二、识别结果分析

进而，利用上一步分析所得的公共因子，以及各公共因子对总方差的贡献率为系数，计算得出各产业发展水平的综合得分，最终结果如表2-4所示。

表2-4　2010～2015中国制造业各产业综合得分排名

行业名称	2015年	2013年	2010年	行业名称	2015年	2013年	2010年
计算机、通信和其他电子设备制造业	1	1	1	有色金属冶炼和压延加工业	16	12	14
烟草制品业	2	2	2	纺织业	17	24	24
电气机械和器材制造业	3	3	3	食品制造业	18	27	22
汽车制造业	4	8	7	农副食品加工业	19	23	21
仪器仪表制造业	5	5	4	皮革、毛皮、羽毛及其制品和制鞋业	20	17	12
铁路、船舶、航空航天和其他运输设备制造业	6	4	5	家具制造业	21	21	13
医药制造业	7	11	8	化学纤维制造业	22	25	28
通用设备制造业	8	7	17	印刷和记录媒介复制业	23	19	20
专用设备制造业	9	6	6	其他制造业	24	20	26

续表

行业名称	2015年	2013年	2010年	行业名称	2015年	2013年	2010年
化学原料和化学制品制造业	10	10	10	非金属矿物制品业	25	26	25
金属制品业	11	16	11	造纸和纸制品业	26	28	29
文教、工美、体育和娱乐用品制造业	12	9	9	木材加工和木、竹、藤、棕、草制品业	27	29	27
橡胶和塑料制品业	13	18	15	石油加工、炼焦和核燃料加工业	28	14	19
纺织服装、服饰业	14	13	16	黑色金属冶炼和压延加工业	29	15	18
酒、饮料和精制茶制造业	15	22	23				

资料来源：笔者计算整理而成。

根据 2010~2015 年我国制造业发展水平综合评价得分的结果，对具有先进制造业特征的行业进行识别。现阶段我国的综合发展水平最为先进的制造业前10 名依次为计算机、通信和其他电子设备制造业，烟草制品业，电气机械和器材制造业，汽车制造业，仪器仪表制造业，铁路、船舶、航空航天和其他运输设备制造业，医药制造业，通用设备制造业，专用设备制造业，化学原料和化学制品制造业。从前 10 名产业所属的领域来看，7 个行业属于装备制造领域，2 个行业位于医药、化学领域，传统制造领域则挤入了烟草制品业。

制造业发展水平综合得分排名第 11~20 位的行业依次为金属制品业，文教、工美、体育和娱乐用品制造业，橡胶和塑料制品业，纺织服装、服饰业，酒、饮料和精制茶制造业，有色金属冶炼和压延加工业，纺织业，食品制造业，农副食品加工业，皮革、毛皮、羽毛及其制品和制鞋业。该 10 个行业除了文体用品制造业曾挤进前 10 位，其余产业均未曾进入过前 10 位。大部分产业产品属于日常消费领域，先进技术大多运用在材料与加工环节，整体附加值相对较低，如农副食品、纺织、皮革制造等产业。少数产业属于工业基础产品领域，比如金属制品与有色金属冶炼和压延加工业，这部分产业在核心技术更新之后，很有希望进入高附加值的先进制造领域。

制造业发展水平综合得分在第 21~29 名的行业依次为家具制造业，化学纤维制造业，印刷和记录媒介复制业，其他制造业，非金属矿物制品业，造纸和纸制品业，木材加工和木、竹、藤、棕、草制品业，石油加工、炼焦和核燃料加工业，黑色金属冶炼和压延加工业。后 9 位的行业大都是利用原材料进行简单加工的产业，可以称之为传统制造业领域。

综合上述分析，识别出我国现阶段的先进制造业为计算机、通信和其他电子设备制造业，电气机械和器材制造业，汽车制造业，仪器仪表制造业，铁路、船舶、航空航天和其他运输设备制造业，通用设备制造业，专用设备制造业，医药制造业，烟草制品业以及化学原料和化学制品制造业。

第三节 先进制造行业总体发展水平分析

针对识别出的先进制造业，本节从先进制造规模、先进制造技术、先进制造效率、先进管理效益、先进制造国际竞争能力与可持续发展能力等六个方面，按照先总体后细分的顺序，对先进制造业的总体发展水平进行全面详细分析。

一、先进制造业的总体规模

由表 2-5、表 2-6 可知，先进制造业企业数量由 2010 年的 191 100 个下降至 2013 年 130 405 个，总体下降了 32%，年均降幅高达 11.96%。与此同时，先进制造业出口交货值年均增速仍能达到 6.27%。此阶段的企业数量波动，一方面说明 2008 年世界金融危机对中国制造业领域的冲击未消，大量出口导向型的中小制造业企业破产倒闭；另一方面也说明在市场环境的倒逼之下，先进制造业内部企业之间竞争加剧，同类产品淘汰率上升，细分市场的产品种类在增加，并进一步促进幸存先进制造业企业的产品结构调整，增强企业在市场竞争中的生存能力。2013 年之后，市场环境稍微缓和，企业数量也开始缓慢回升。

表 2-5　　　　　　　　　　先进制造业的整体规模

指标名称	2010 年	2013 年	2015 年
企业数量（个）	191 100	130 405	136 911
工业销售产值（亿元）	295 688.91	403 064.83	461 820.47
出口交货值（亿元）	62 338.75	74 813.55	77 126.09
资产总计（亿元）	238 291.85	327 741.49	398 899.68

资料来源：根据《中国工业经济统计年鉴（2011）》、《中国工业统计年鉴（2014）》（上下册）及《中国工业统计年鉴（2016）》（上下册）的对应指标数据计算整理绘制。

表 2-6　　　　　先进制造业整体规模的年均变化率　　　单位：%

指标名称	2010~2013 年	2013~2015 年	2010~2015 年
企业数量年均变化率	-11.96	2.46	-6.45
工业销售产值年均变化率	10.88	7.04	9.33
出口交货值年均变化率	6.27	1.53	4.35
资产总计年均变化率	11.21	10.32	10.85

资料来源：根据《中国工业经济统计年鉴（2011）》、《中国工业统计年鉴（2014）》（上下册）及《中国工业统计年鉴（2016）》（上下册）的对应指标数据计算整理绘制。

与企业数量大幅下降的趋势相反，先进制造业的工业销售产值、资产总额都呈现快速增长态势。其中，工业销售产值由 2010 年的 295 688.91 亿元增至 2015 年的 461 820.47 亿元。资产总额则由 2010 年的 238 291.85 亿元增至 2015 年的 398 899.68 亿元。5 年间，两项指标年均增速在 10% 左右，而且 2010~2013 年间增速还高于 10%。这说明先进制造业的总体发展在"调结构、去产能"的大方针下，经过一定的调整，已经能较好地抓住新的市场机遇。

先进制造业的出口交货值由 2010 年的 62 338.75 亿元增至 2015 年的 77 126.09 亿元，年均增速为 4.35%，且整体增速呈下降趋势，自前 3 年的 6.27% 降至后两年的 1.53%。这说明，一方面在欧美强国掀起的新一轮"制造业回流"趋势下，各工业强国先后开展"先进制造计划"，我国先进制造业面临的出口竞争愈加激烈；另一方面也表明我国先进制造业现阶段的国际竞争力尚有不足。

二、先进制造业技术创新水平

先进制造业的技术投入与产出情况如表 2-7、表 2-8 所示。先进技术的持续研发，前沿创新领域的持续投入是先进制造业企业争夺核心竞争能力的基础，也是其可持续发展的保障。因此，表中的数据可以为考察我国先进制造业企业的技术创新潜力和薄弱环节提供重要的参考依据。

表 2-7　　　　　先进制造技术投入与产出情况

指标名称	2010 年	2013 年	2015 年
研发（R&D）人员全时当量（万人）	97.38	168.54	178.45
研究人员（万人）	38.29	54.38	62.00
研发经费内部支出（亿元）	2 669.02	5 359.84	6 601.87
新产品销售收入（亿元）	54 079.15	86 853.33	105 757.41

续表

指标名称	2010 年	2013 年	2015 年
有效发明专利数（件）	88 346	264 268	454 105
研究人员在 R&D 人员中的比重（%）	39.32	32.26	34.75
R&D 内部经费支出/主营业务收入（%）	1.38	1.32	1.43
每亿元主营业务收入有效发明专利数（件/亿元）	0.46	0.65	0.99
新产品销售收入/主营业务收入（%）	28.02	21.47	22.95

资料来源：根据《中国科技统计年鉴（2011、2014、2016）》的对应指标数据计算整理绘制。

表 2-8　　　　先进制造技术投入与产出年均变化情况　　　单位：%

指标名称	2010~2013 年	2013~2015 年	2010~2015 年
研发（R&D）人员全时当量	20.06	2.90	12.88
研究人员	12.40	6.78	10.12
研发经费内部支出	26.16	10.98	19.86
新产品销售收入	17.11	10.35	14.36
有效发明专利数（件）	44.09	31.09	38.74
研究人员在 R&D 人员中的比重	-7.06	2.48	-4.57
R&D 内部经费支出/主营业务收入	-0.06	0.11	0.05
每亿元主营业务收入有效发明专利数	0.20	0.33	0.53
新产品销售收入/主营业务收入	-6.55	1.48	-5.07

资料来源：根据《中国科技统计年鉴（2011、2014、2016）》的对应指标数据计算整理绘制。

从投入指标来看，先进制造业在 2010~2015 年研发人员与经费投入上均呈现年均 10% 以上增速，年均增速呈"U"型变化趋势。表明先进制造业对技术研发的人员与经费投入在持续增强，虽然中途略有波动，但加强技术研发投入，以创新获得持续竞争力的行业特性显著。

在人员投入上，先进制造业研发人员在 2010~2013 年间完成了一次跃迁，全时当量由 97.38 万人年上升至 168.54 万人年，人员增长近 1 倍，年均增幅达 20% 以上。研究人员年均增幅约为 12.4%，全时当量由 2010 年的 38.29 万人年增至 54.38 万人年，但总量仍不到研发人员的 1/3。表明先进制造业研发人员仍以基础及辅助性工作人员为主，从事新技术、新方法等前沿领域的研究人员占比较低，这在很大程度上限制了先进制造业在前沿技术领域的创新效率。在研发经费内部支出上，变化趋势相似，2010~2013 年间，年均增幅高达 26.16%；2013~

2015 年均增速有所下降,为 10.98%。且研发经费内部支出年均增速快于研发人员年均增速,但其占主营业务收入的比重却不到 1.5%。这意味着虽然先进制造业企业对研发人员的人均经费支出处于持续上升态势,但整体投入比重仍然较低。一方面表明先进制造业企业近年来加强了对研发人员的经费支撑,但与业内领先企业相比仍有较大差距;另一方面也表明企业面临的研发成本逐年提升,竞争压力逐年加大。

技术创新产出由有效发明专利数和新产品销售收入两个指标进行衡量,两者整体呈持续增长态势,且年均增速呈"U"型增长趋势。有效发明专利不仅总量年均增速近 40%,且在主营业务收入的相对指标中持续增长,两者均远高于研发人员与经费投入的增速。表明先进制造业专利产出速率得到了快速提升,既是企业持续提高技术投入的结果,也可能有产权意识增强的辅助。新产品销售收入持续上升,整体增速略低于有效发明专利增速。相对指标中新产品销售收入占主营业务的比重整体呈下降状态,与研究人员相对指标呈显著正相关关系。这说明一方面先进制造业持续增加的技术投入获得了客观的市场回报,另一方面也显示先进制造业企业将发明专利转化为适应市场需求新产品的转化率有待进一步提升。前沿研究人员比重降低或许是导致这一结果的原因之一。

三、先进制造效率水平

先进制造业在强化先进技术投入与研发的同时,为了实现良好的经济效益,提高工人生产效率是企业制造效率提升必不可少的重要因素。而为了实现中国制造大国向制造强国的转变,重视产品质量,强化质量效益考核是必然举措。表 2-9、表 2-10 是先进制造业的全员劳动生产率与制造业质量指数情况。

表 2-9　　　　　　　　　先进制造业制造效率

指标名称	2010 年	2013 年	2015 年
全员劳动生产率(万元/人)	74.63	106.82	119.16
制造业质量指数	84.67	87.87	88.02

注:制造业质量竞争力指数由国家质量监督检验检疫总局每年年底颁布。重点监测全国规模以上制造业企业质量管理水平、质量监督与检验水平等。根据质量竞争力指数,将制造业质量竞争力划分为 5 个阶段,即卓越竞争力 [94,100]、较强竞争力 [90~94]、中等竞争力 [84~90]、初等竞争力 [80~84]、欠竞争力 [60~80]。

资料来源:根据《中国工业经济统计年鉴(2011)》、《中国工业统计年鉴(2014、2016)》(上下册)及《2011 年、2013 年、2016 年全国制造业质量竞争力指数公报》的对应指标数据计算整理绘制。

表2-10 先进制造业制造效率年均变化率 单位：%

指标名称	2010~2013年	2013~2015年	2010~2015年
全员劳动生产率	14.38	7.36	11.93
制造业质量指数	1.24	0.09	0.78

资料来源：根据《中国工业经济统计年鉴（2011）》、《中国工业统计年鉴（2014、2016）》（上下册）及《2011年、2013年、2016年全国制造业质量竞争力指数公报》的对应指标数据计算整理绘制。

先进制造业企业全员劳动生产率在5年时间内持续上升，由2010年人均74.63万元升至2015年人均119.16万元，上升了1.68倍。全员劳动生产率的年均增速较高，但在5年间呈波动变化。2010~2013年，全员劳动生产率年均增速高达14.38%，远高于同期我国国内生产总值（GDP）增速。此后两年，年均增速下降，与国内生产总值增速基本持平。整体来看，全员劳动生产率变化趋势与研发人员和经费投入呈显著正相关关系，与先进制造业企业数量呈反向变动关系。这表明，一方面，技术研发人员与经费的投入不仅能够提升技术创新的效率，也能促使劳动生产率的提升；另一方面，市场竞争中效率较低的制造业企业不断淘汰，有利于行业整体生产效率的提升。

先进制造业企业的质量指数在2010~2015年稳定上升，按照国家质量监督检验检疫总局的标准，先进制造业整体质量仍处于中等竞争力水平。2010年，先进制造业质量指数是为84.67，刚迈入中等竞争力阶段，截至2015年年底，整体已达到88.02，即将迈入较强竞争力阶段。这表明先进制造业在技术标准、质量监督与管控方面取得了较大的进步，但与优秀的质量管理相比仍存在很大的距离。

四、先进制造管理效益

先进企业管理的总体目标为充分运用有限的资源获取最大的利润，是否具有较强的获利能力决定了企业能否在激烈的竞争中生存。表2-11、表2-12显示了先进制造业企业的管理效益情况。

表2-11 先进制造业企业管理效益情况

指标名称	2010年	2013年	2015年
总资产贡献率（%）	21.29	20.90	15.68
成本费用利润率（%）	11.23	10.08	8.39

续表

指标名称	2010 年	2013 年	2015 年
流动资产周转率（次/年）	2.05	2.02	1.96
资产负债率（%）	51.64	52.43	50.96

资料来源：根据《中国科技统计年鉴（2011、2014、2016）》的对应指标数据计算整理绘制。

表 2 – 12　　　　先进制造业企业管理效益年均变化情况　　　单位：%

指标名称	2010～2013 年	2013～2015 年	2010～2015 年
总资产贡献率年均变化率	-0.61	-13.38	-5.93
成本费用利润率年均变化率	-3.54	-8.77	-5.66
流动资产周转率年均变化率	-0.49	-1.50	-0.89
资产负债率年均变化率	0.51	-1.41	-0.26

资料来源：根据《中国科技统计年鉴（2011、2014、2016）》的对应指标数据计算整理绘制。

从表 2 – 11 中可以看出，先进制造业总资产贡献率在 2010～2015 年持续下滑，且降速加快。5 年间，总资产贡献率由 21.29% 下降至 15.68%，下降了 5.61 个百分点，年均降幅为 5.93%。相比前 3 年，后 2 年的下降速度更有加快的趋势。成本费用利润率也持续下滑，2010～2015 年，年均降幅约 5.66%，略好于总资产贡献率，但下降趋势未出现扭转局面。与此相反，先进制造业的工业销售产值虽然增速放缓，但仍维持稳定增长态势。这表明在国内产业结构调整，国际市场竞争加剧的大环境下，先进制造业增速放缓的同时，企业经营者运用现有资源进行获利的压力与日俱增。潜在的原因可能有三点：一是发达国家"制造业回流"渐成气候，贸易保护趋势加强，制造业出口压力加大；二是技术更新加剧，发达国家前沿核心关键技术封锁加剧，技术引进成本上升，生产设备更新换代成本增加；三是人口红利消失，劳动力成本上涨，且自动化生产的比率较低。

流动资产周转率在 2010～2015 年间也呈现小幅下降趋势，但总体变动不大，基本维持在 2 次/年左右。这表明先进制造业企业流动资产周转情况相对较为稳定。资产负债率在 2010～2015 年间略有波动，整体处于 40%～60% 的合宜负债范围，资产结构较好，具有较强的融资能力。2010～2013 年，先进制造业资产负债率由 51.64% 上升至 52.43%，2015 年降至 50.96%，与盈利指标变动趋势相异。这说明先进制造业在初期盈利状况下滑之后，曾通过举债融资、扩大生产，以期获得较好的利润回报。但在盈利持续下滑的趋势下，未能达成目的，因而收缩负债，维持较好的资产结构。

五、国际竞争水平

由表2-13、表2-14可知,先进制造业出口交货值占工业销售产值的比重在2010~2015年持续下滑,由2010年的21.08%降至2015年的16.70%,下降了4.38个百分点,年均降幅约为4.55%。这表明在国际市场低迷的情况下,先进制造业出口产品的市场表现欠佳,增长乏力,先进制造产品的国际竞争力尚有待提升。此阶段,先进制造业出口交货值总量年均增速约为4.35%,工业销售产值增速为9.33%。但在低迷的出口拉动下,先进制造业工业销售产值的增速约为出口总量的2倍,表明先进制造产品在国内市场上潜力巨大,有进一步挖掘的空间。

表2-13　　　　　　　先进制造业产品出口情况　　　　　　单位:%

指标名称	2010年	2013年	2015年
出口交货值/工业销售产值	21.08	18.56	16.70
新产品出口/新产品销售	22.93	21.47	22.80

资料来源:根据《中国科技统计年鉴(2011、2014、2016)》的对应指标数据计算整理绘制。

表2-14　　　　　先进制造业产品出口年均变化情况　　　　　单位:%

指标名称	2010~2013年	2013~2015年	2010~2015年
出口交货值占比年均变化率	-4.16	-5.14	-4.55
新产品出口占比年均变化率	-2.17	3.05	-0.11

资料来源:根据《中国科技统计年鉴(2011、2014、2016)》的对应指标数据计算整理绘制。

先进制造业新产品出口比重高于行业总体出口比重,呈"U"型变化趋势。2010年先进制造业新产品出口比重为22.93%,略高于行业总体出口比重。到2013年,行业出口比重大幅下降,新产品出口比重虽然也降至21.47%,但两者差距加大。随后行业总体出口比重继续下跌,而新产品出口回暖,回升至22.80%。这表明,相对于传统产品,契合市场需求进行研发的新产品国际竞争力逐渐增强。因此,在制造业出口压力增大的情况下,引领市场需求进行前沿技术与产品研发,将成为先进制造业企业进行国际竞争的制胜武器。

六、可持续发展能力

绿色发展指标是考察制造业制造模式是否符合绿色可持续发展理念的核心指

标。表 2-15、表 2-16 显示了先进制造业产值能耗、三废排放与处理数据。

表 2-15　　　　先进制造业能耗、三废排放与处理情况

指标名称	2010 年	2013 年	2015 年
万元工业销售产值能耗（吨标准煤/万元）	0.19	0.15	0.15
万元工业销售产值工业废气排放量（立方米/万元）	1 571.45	1 286	1 358.8
万元工业销售产值废水处理能力（吨/万元）	4.30	2.70	2.65
固体废弃物综合利用率（%）	81.17	76.63	69.19

资料来源：根据《中国环境统计年鉴（2011、2014、2016）》的对应指标数据计算整理绘制。

表 2-16　　先进制造业能耗、三废排放与处理的年均变化情况

指标名称	2010~2013 年	2013~2015 年	2010~2015 年
万元工业销售产值能耗年均变化率	-7.58	-1.68	-5.26
万元工业销售产值工业废气排放量年均变化率	-6.46	2.79	-2.87
万元工业销售产值废水处理能力年均变化率	-20.76	-1.01	-11.43
固体废弃物综合利用率年均变化率	-1.90	-4.98	-3.14

资料来源：根据《中国环境统计年鉴（2011、2014、2016）》的对应指标数据计算整理绘制。

整体来看，2010~2015 年先进制造业万元工业销售产值能耗逐步下降，年均降幅约 5.25%，且前 3 年能耗降低速度远快于后 2 年。这表明先进制造业中高能耗企业或环节已得到一定程度的淘汰，进一步节能降耗可能需要生产流程与制造技术的提升才可能实现。先进制造业废气排放呈"U"型变化趋势，但万元工业销售产值的排放量总体仍有下降，年均降速较低，约为 2.87%，但 2010~2013 年年均降速远快于后 2 年的降速。先进制造业每万元工业销售产值废水处理设施的处理能力逐年下降，年均降幅高达 11.43%，但在后 2 年降速已经趋缓。先进制造业固体废弃物综合利用率也呈持续下降态势，年均下降速度约为 3.14%，且下降速率有加快的趋势。这表明在"节能、减排、循环发展"的政策方针下，先进制造业的每万元工业销售产值的工业废气排放得到了一定程度的降低，但工业废水处理能力与固体废弃物综合利用率未能提升，反而呈下降态势，鉴于我国先进制造业体量较大，由此带来的环境压力也将日益加大，绿色发展的路途依然艰巨。

第四节 先进制造业与制造业发展水平比较分析

在对先进制造业自身总体发展状况进行系统分析的基础上，仍需将先进制造业与整体制造业的发展状况进行比较分析，进而从中剥离出先进制造业相对于其他制造业企业的突出发展特点。

一、制造规模比较

首先是产业总体规模的比较。如表 2-17 所示，2010 年，先进制造业总体企业数量占制造业比重约 45.37%，随后先进制造业企业数量大幅下跌，占制造业总体比重降低至 38.15% 左右，近几年来稍有回升，占比在 2015 年为 38.38%。先进制造业企业工业销售产值和资产总额的占比均高于企业数量的占比，说明先进制造业企业的市场规模高于其他制造业企业的规模。先进制造业企业的出口交货值占制造业出口总量的重 66% 以上，意味着先进制造业承担了制造业 2/3 以上的出口总值，也说明我国制造业企业国际竞争力的核心来源于先进制造业。

表 2-17　　先进制造业与制造业整体规模比较　　单位：%

指标名称	2010 年	2013 年	2015 年
企业数量占制造业比重	45.37	38.15	38.38
工业销售产值占制造业比重	49.73	45.23	46.91
出口交货值占制造业比重	69.63	66.66	66.82
资产总额占制造业比重	53.06	49.31	51.19

资料来源：根据《中国工业经济统计年鉴（2011）》、《中国工业统计年鉴（2014）》（上下册）及《中国工业统计年鉴（2016）》（上下册）的对应指标数据计算整理绘制。

其次是行业平均规模比较。如图 2-1 所示，2010 年，先进制造业行业平均企业数量约为制造业的 1.32 倍，随后其企业数量大幅下跌，降低至 2013 年的 1.11 倍左右，2015 年来回升至 1.48 倍。先进制造业行业平均工业销售产值和平均资产总额经历了相同的变化趋势，大约为制造业相应平均值的 1.31~1.54 倍，大多高于企业数量的倍数，说明先进制造业企业平均规模高于其他制造业企业。先进制造业行业平均出口交货值的倍数最高，2010 年高达 2 倍，最低值也为 1.91 倍。这说明从行业的平均水平来看，先进制造业企业具有更强的国际竞争力。

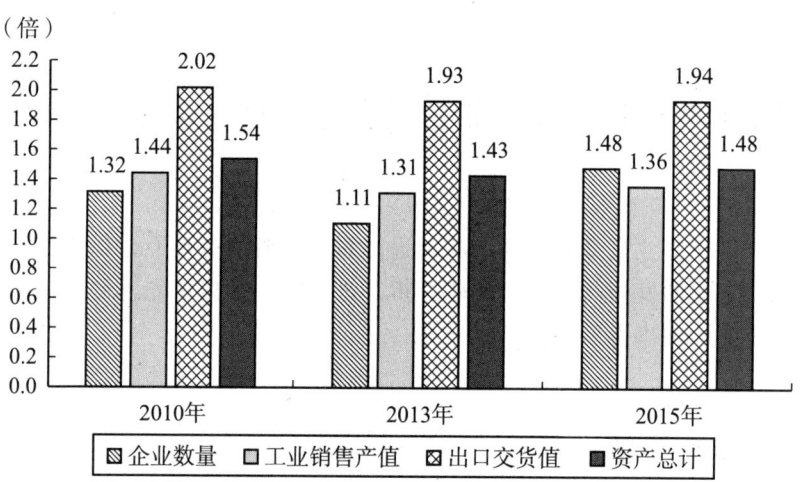

图 2-1　2010~2015年先进制造业与制造业行业规模均值比较

资料来源：笔者计算整理而成。

二、技术创新投入与产出比较

技术投入主要从研发人员与研发经费两方面来衡量。先进制造业 R&D 人员全时当量在制造业总体中的占比要明显高于规模指标的占比，大约比企业数量高30个百分点左右。而且研发人员占比高于 R&D 人员占比，这与先进制造业企业重视对先进技术的研发投入特征相符合。研发经费内部支出占制造业整体的比例，虽略低于研发人员所占比例，但均值在67%以上，远高于企业数量占比。总体技术产出则从有效发明专利和新产品销售收入来考察。先进制造业企业的有效发明专利件数占制造业整体的80%以上，表明先进制造业企业的科技投入产出具有较大的溢价，研发产出的效率远超其余制造业企业。新产品销售收入在制造业整体的占比略有波动，均值虽在70%左右，相较于专利产出的比率，先进制造业企业专利成果转化尚有进一步提升的空间（见表2-18、表2-19）。

表 2-18　　先进制造技术创新投入与产出情况（一）

指标名称	2010 年	2013 年	2015 年
R&D 人员全时当量（万人年）	97.38	168.54	178.45
研究人员（人）	382 869	543 752.8	620 039
研发经费内部支出（亿元）	2 669.02	5 359.84	6 601.87
有效发明专利数（件）	88 346	264 268	454 105
新产品销售收入（亿元）	54 079.15	86 853.33	105 757.41

资料来源：根据《中国科技统计年鉴（2011、2014、2016）》的对应指标数据计算整理绘制。

表 2-19　先进制造技术创新投入与产出占制造业总体比重情况　　单位：%

指标名称	2010 年	2013 年	2015 年
R&D 人员全时当量占制造业比重	76.35	71.32	70.73
研究人员占制造业比重	76.89	72.41	74.20
研发经费内部支出占制造业比重	70.77	67.48	68.57
有效发明专利数占制造业比重	80.52	80.64	81.36
新产品销售收入占制造业比重	74.79	68.69	70.83

资料来源：根据《中国科技统计年鉴（2011、2014、2016）》的对应指标数据计算整理绘制。

进一步分析先进技术投入产出的相对指标情况。先进制造业在技术投入与产出上整体高于制造业，除研究人员比重优势略少，其余指标大约为制造业的 1.5 倍水平。观察表中数据，先进制造业企业 R&D 内部经费占主营业务收入的比重并不高，但仍远高于其余制造业企业，在 2013 年表现尤为突出，约为制造业整体的 1.5 倍。这表明，在整体市场下行之时，相比其他制造业企业，先进制造业企业对技术研发的投入更为坚持。对于研究人员在 R&D 人员中的比重，两者差距并不明显。可能是由于先进制造业企业研发人员与 R&D 人员均占制造业整体比重 70% 以上，因而，相对比值较小（见表 2-20、表 2-21）。这说明，在技术研发领域，先进制造业企业在制造业的核心领域，先进制造业企业的技术研发投入与产出不仅影响着自身行业的发展，也决定了我国制造业整体的竞争实力。

表 2-20　　　　　　先进制造技术投入与产出情况（二）

指标名称	先进制造业			制造业		
	2010 年	2013 年	2015 年	2010 年	2013 年	2015 年
R&D 内部经费/主营业务收入（%）	1.38	1.32	1.43	1.03	0.88	0.97
研究人员在 R&D 人员中的比重（%）	39.32	32.26	34.75	39.04	31.78	33.12
每亿元主营业务收入有效发明专利数（件/亿元）	0.46	0.65	0.99	0.30	0.36	0.56
新产品销售收入/主营业务收入（%）	28.02	21.47	22.95	19.72	13.99	15.11

资料来源：根据《中国科技统计年鉴（2011、2014、2016）》的对应指标数据计算整理绘制。

表 2-21　先进制造技术投入与产出与制造业对应指标的倍数情况

指标名称	2010 年	2013 年	2015 年
R&D 内部经费/主营业务收入	1.34	1.51	1.47
研究人员在 R&D 人员中的比重	1.01	1.02	1.05
每亿元主营业务收入有效发明专利数	1.53	1.80	1.74
新产品销售收入/主营业务收入	1.42	1.53	1.52

资料来源：根据《中国科技统计年鉴（2011、2014、2016）》的对应指标数据计算整理绘制。

每亿元主营业务收入有效发明专利数与新产品销售占比作为衡量创新产出的指标，考察制造业企业的创新转化效率，有利于企业创新产出的横向比较。有效专利是指专利申请被授权后，仍处于有效状态的专利。先进制造企业的专利比其他类型制造业企业处于更加活跃状态，也处于更好的被维护或被保护状态，这表明先进制造业企业需要更多的技术投入才能提升技术水准或延伸产品线长度。如图 2-2 所示，2015 年先进制造业企业每亿元主营业务收入有效发明专利数约为制造业整体的 1.74 倍，而先进制造业企业新产品销售收入占主营业务收入比重约为制造业总体对应指标的 1.52 倍。新产品销售收入占比与研发投入占比高度相关，这说明持续的技术研发是开发新产品的必要条件。只有不断地进行研发投入，才能持续地更新生产技术，拓展产品线，改善产品结构，快速适应多变的市场、政策环境，增强竞争力。相对其他制造业企业而言，先进制造业企业的创新产出效率比其创新投入更具有优势，但高比例的研发资金投入与大量的研发人员投入才是先进制造业具有更高创新产出的基础。

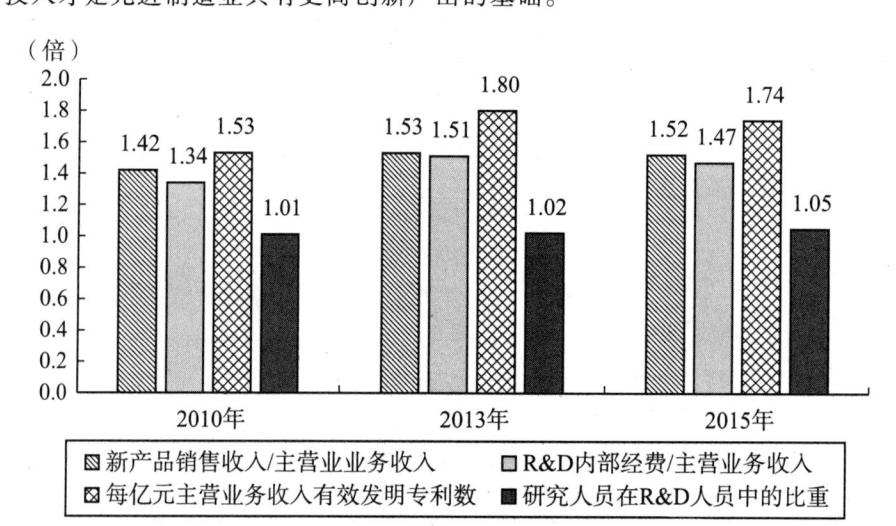

图 2-2　2010~2015 年先进制造业与制造业行业技术投入与研发比较

资料来源：笔者绘制整理而成。

三、制造效率比较

先进制造业与制造业的劳动生产率和制造质量在 5 年间均呈稳定上升态势，但无论是劳动生产率还是质量指数，先进制造业的整体水平均优于制造业总体水平，且差距在逐渐加大。

如表 2-22 所示，从全员劳动生产率来看，2010 年制造业与先进制造业的差距是 3.65 万元，到 2015 年差距扩大为 5.69 万元，表明先进制造业企业加强技术研发人员与经费投入，正逐步收获创新驱动型的生产效率提升，而传统制造业领域的改革仍需加强。

表 2-23　　　　　　　先进制造业效率与制造业效率比较

行业名称	质量指数			全员劳动生产率（万元/人）		
	2010 年	2013 年	2015 年	2010 年	2013 年	2015 年
先进制造业	84.67	87.87	88.02	74.63	106.82	119.16
制造业	80.87	82.28	82.74	70.98	103.87	113.47

资料来源：根据《中国工业经济统计年鉴（2011）》、《中国工业统计年鉴（2014、2016）》（上下册）及《2011 年、2013 年、2016 年全国制造业质量竞争力指数公报》的对应指标数据计算整理绘制。

质量指数指标显示出先进制造业整体正稳步从中等竞争力阶段向较强竞争力阶段迈进，而制造业作为整体，虽然质量指标稳步提升，但仍处于初等竞争力阶段。先进制造业与制造业整体的质量差距也从 2010 年的 3.8 个基点，扩大到 2015 年的 5.28 个基点，表明先进制造领域的质量标准与管控得到了一定程度的提升，但传统制造领域的质量水准还亟待改善，基础产品的质量缺陷可能成为制约我国先进制造产品进行国际市场竞争的重要因素。

四、管理效益比较

整体来看，在 2010~2015 年，制造业与先进制造业的总资产贡献率、成本费用利润率和流动资产周转率均呈持续下滑趋势，但先进制造业的获利能力与资产利用能力仍优于制造业整体水平。在资产负债比率上，先进制造业与制造业均呈倒"U"型变化趋势，但先进制造业的资产负债比重略低于制造业。

如表 2-23 所示，制造业总资产贡献率在 2010 年为 19.03%，至 2015 年降为15.57%。先进制造业总资产贡献率在5年间由21.29%下降至15.68%。前3年，两者差距约为2个百分点，后2年两者差距缩小，仅有0.1个百分点。两者成本费用利润率也持续下滑，2010~2015年，制造业成本费用利润率由8.86%降为6.96%，而先进制造业由11.23%降至8.39%。尽管两者下降趋势未出现扭转态势，但先进制造业的状况依然略好于其余制造业。

表2-23　　　　先进制造业与制造业管理效益比较（一）

行业名称	总资产贡献率（%）			成本费用利润率（%）		
	2010年	2013年	2015年	2010年	2013年	2015年
先进制造业	21.29	20.90	15.68	11.23	10.08	8.39
制造业	19.03	18.33	15.57	8.86	7.86	6.96

资料来源：根据《中国工业经济统计年鉴（2011）》、《中国工业统计年鉴（2014）》（上下册）及《中国工业统计年鉴（2016）》（上下册）的对应指标数据计算整理绘制。

如表2-24所示，制造业与先进制造业流动资产周转率在2010~2015年均呈现小幅下降趋势，但总体变动不大，分别维持在2.6次/年与2次/年左右，表明制造业企业流动资产周转情况相对较为稳定。制造业与先进制造业资产负债率在2010~2015年略有波动，整体处于40%~60%的合宜负债范围，资产结构较好，具有较强的融资能力。从变化趋势来看，两者资产负债率均呈先上升后下降的趋势，与盈利指标变动趋势相异。这说明制造业与先进制造业在增速与盈利放缓的初期，通过举债融资，扩大生产，以期获得较好的利润回报。但在盈利持续下滑的趋势下，选择收缩负债，维持较好的资产结构。其中各行业的情况差异较大，将在后续研究中进一步详细分析。

表2-24　　　　先进制造业与制造业管理效益比较（二）

行业名称	流动资产周转率（次/年）			资产负债率（%）		
	2010年	2013年	2015年	2010年	2013年	2015年
先进制造业	2.05	2.02	1.96	51.64	52.43	50.96
制造业	2.63	2.62	2.61	53.42	53.70	51.87

资料来源：根据《中国工业经济统计年鉴（2011）》、《中国工业统计年鉴（2014）》（上下册）及《中国工业统计年鉴（2016）》（上下册）的对应指标数据计算整理绘制。

五、国际竞争能力比较

如表2-25所示，先进制造业与制造业的产品出口占工业销售产值的比重整体均呈下滑态势,先进制造业下滑幅度较大,但先进制造业出口比重仍远高于制造业,约为后者的 1.4 倍。先进制造业与制造业新产品出口占比均呈"U"型变化趋势,且先进制造业新产品出口比重高于制造业。

表 2-25　　　　　　　先进制造业与制造业产品出口情况

行业名称	出口交货值/工业销售产值(%)			新产品出口/新产品销售(%)		
	2010 年	2013 年	2015 年	2010 年	2013 年	2015 年
制造业	15.06	12.60	11.72	20.42	13.99	19.47
先进制造业	21.08	18.56	16.70	22.93	21.47	22.80

资料来源:根据《中国科技统计年鉴(2011、2014、2016)》的对应指标数据计算整理绘制。

制造业出口交货值占比在 2010 年为 15.06%,2015 下降为 11.72%,下降了 3.34 个百分点。先进制造业出口交货值占工业销售产值的比重由 2010 年的 21.08% 降至 2015 年的 16.7%,下降了 4.38 个百分点。尽管先进制造业出口占比有所降低,但仍高于制造业整体水平。这表明在国际市场低迷的情况下,制造业与先进制造业整体出口增长乏力,但先进制造业出口依然是制造业国际竞争力提升的核心。且先进制造业新产品出口占比在 2010~2015 年呈逆势上扬态势,进而拉动制造业新产品出口比重大幅度上升。这表明在传统产品出口增长乏力的情况下,以创新驱动的新技术产品将成为先进制造业打破出口疲软僵局,提升产品国际市场竞争力的未来发展方向。鉴于先进制造业创新效率与产品国际竞争力均远高于其他传统制造业,因此,加强先进制造业的发展成为提升我国制造业国际竞争力的必要举措。

六、可持续发展能力比较

如表 2-26 所示,制造业与先进制造业万元产值能耗在考察期内持续下降,但降幅收窄。2010~2015 年,制造业每万元消耗的标准煤由 0.33 吨降为 0.27 吨,先进制造业则由 0.19 吨降为 0.15 吨,虽然制造业整体降幅大于先进制造业,但先进制造业的万元产值能耗不到制造业的 60%。这表明先进制造业的万元产值能耗远低于制造业。

表 2-26　　　　　先进制造业与制造业能耗与三废比较

指标名称	先进制造业			制造业		
	2010 年	2013 年	2015 年	2010 年	2013 年	2015 年
万元工业销售产值能耗（吨标准煤/万元）	0.19	0.15	0.15	0.33	0.27	0.25
万元工业销售产值工业废气排放量（立方米/万元）	1 571.45	1 286.00	1 358.80	5 517.08	4 880.75	4 755.52
万元工业销售产值废水处理（吨/万元）	4.30	2.70	2.65	12.78	8.38	7.37
固体废弃物综合利用率（%）	81.17	76.63	69.19	87.15	81.32	77.18

资料来源：根据《中国环境统计年鉴（2011、2014、2016）》的对应指标数据计算整理绘制。

制造业万元工业销售产值的工业废气排放量持续下降，每万元销售产值排放量由 2010 年的 5 517.08 立方米降至 2015 的 4 755.52 立方米。先进制造业的每万元工业废气排放量呈"U"型变化趋势，2013~2015 年出现小幅反弹，但万元产值的排放总量仍有下降，由 2010 年的 1 571.45 立方米降为 2015 年的 1 358.80 立方米，远低于制造业废气排量，所占比重不足 30%。这表明先进制造业工业废气排放密度远低于制造业。

制造业与先进制造业每万元工业销售产值废水处理设施的处理能力逐年下降，但在 2013 年之后降幅收窄。2010~2015 年，制造业每万元产值废水处理能力由 12.78 吨降至 7.37 吨，先进制造业则由 4.30 吨降为 2.65 吨。整体来看，制造业工业废水处理能力降幅更大，但先进制造业的废水处理能力仅为制造业的 36%。这说明，一方面可能是先进制造业每万元产值工业废水排放量低于传统制造业，因而建设的废水处理设施也相应较少；另一方面可能是先进制造业工业产值增速快于废水处理设施的扩建速度，因而废水处理能力不足。

制造业与先进制造业固体废弃物综合利用率也呈持续下降态势，且先进制造业的降幅高于制造业。制造业固体废弃物回收利用率由 2010 年的 81.32% 降至 2015 年的 77.18%，而先进制造业则由 81.17% 降为 69.19%，制造业固体废弃物回收利用率高于先进制造业，表明先进制造业在快速规模扩张的过程中资源循环利用环节并未跟上。

第五节 先进制造细分行业发展水平分析

在对先进制造业总体发展水平以及先进制造业与制造业总体发展水平进行比较分析的基础上，仍需进一步考察先进制造业内部各行业发展的差异情况。

一、先进制造各行业的规模比较

如表 2-27 所示，从企业数量上来看，先进制造行业内部竞争激烈，各行业内企业数量涨跌起伏不断。截至 2015 年底，企业数量占先进制造行业比重在 10% 以上的先进制造行业有 6 个，按占比大小依次为：化学原料和化学制品制造业（18.45%），通用设备制造业（17.96%），电气机械和器材制造业（17.29%），专用设备制造业（13%），计算机、通信和其他电子设备制造业（10.66%），汽车制造业（10.33%）。前 6 大行业企业数量占先进制造业比重高达 86.7%。后 4 个行业总共占比仅为 13.3%，其中企业数量最少的是烟草制品业与仪器仪表制造业。

表 2-27　　　　先进制造各行业企业数量情况

行业名称	企业单位数（个）			占先进制造业总体比重（%）		
	2010 年	2013 年	2015 年	2010 年	2013 年	2015 年
烟草制品业	151	130	133	0.08	0.10	0.10
化学原料和化学制品制造业	29 504	25 040	25 262	15.44	19.20	18.45
医药制造业	7 039	6 839	7 392	3.68	5.24	5.40
通用设备制造业	25 703	23 992	24 592	13.45	18.40	17.96
专用设备制造业	39 699	16 717	17 800	20.77	12.82	13.00
汽车制造业	20 083	12 528	14 149	10.51	9.61	10.33
铁路、船舶、航空航天和其他运输设备制造业	20 718	4 933	5 054	10.84	3.78	3.69
电气机械和器材制造业	27 537	22 585	23 674	14.41	17.32	17.29
计算机、通信和其他电子设备制造业	14 838	13 550	14 594	7.76	10.39	10.66
仪器仪表制造业	5 828	4 091	4 261	3.05	3.14	3.11

资料来源：笔者计算整理而成。

从变化趋势看，2010~2015 年，先进制造业总体与各行业的企业绝对数量均呈下降趋势，但各行业企业数量占先进制造业的比重变化较大，且差异显著。具体来看，企业数量占比前六的行业中，除专用设备制造业企业占比大幅下降 7.77 个百分点外，其余 5 个行业企业数量占比均呈上涨态势，涨幅在 3 个百分点以上。其中，涨幅最大的是通用设备制造业，上涨约 4.51 个百分点。排名后 4 位的行业中，医药制造业企业占比上涨幅度最大，而铁路、船舶、航空航天和其他下降幅度最大，约降 7.15 个百分点。

如表 2-28 所示，先进制造各行业工业销售产值总量在 2010~2015 年呈持续上升态势，但各行业工业销售产值占先进制造业总体的比重变化较大。截至 2015 年底，工业销售产值占先进制造业总体比重在 10% 以上的行业有 5 个，按比重大小依次为：计算机、通信和其他电子设备制造业（19.79%），化学原料和化学制品制造业（18.03%），汽车制造业（15.21%），电气机械和器材制造业（15.06%）与通用设备制造业（10.21%）。其他行业中占比最低的是仪器仪表制造业，仅占 1.89%。前五大行业的工业销售产值之和约占先进制造业总体工业销售产值的 80%。这说明，先进制造各行业间体量差异巨大，医药、航空航天等新兴战略产业有待进一步发展。

表 2-28　　　　　　　先进制造各行业工业销售产值情况

行业名称	工业销售产值（亿元）			占先进制造业总体比重（%）		
	2010 年	2013 年	2015 年	2010 年	2013 年	2015 年
烟草制品业	5 846.40	8 722.41	9 620.49	1.98	2.16	2.08
化学原料和化学制品制造业	46 854.79	75 771.09	83 256.38	15.85	18.80	18.03
医药制造业	11 168.50	20 129.16	25 738.22	3.78	4.99	5.57
通用设备制造业	19 649.67	43 314.80	47 172.7	6.65	10.75	10.21
专用设备制造业	34 262.90	32 467.75	36 185.03	11.59	8.06	7.84
汽车制造业	20 878.51	58 552.74	70 225.35	7.06	14.53	15.21
铁路、船舶、航空航天和其他运输设备制造业	54 512.62	16 824.64	19 935.91	18.44	4.17	4.32
电气机械和器材制造业	42 057.21	61 442.08	69 558.22	14.22	15.24	15.06
计算机、通信和其他电子设备制造业	54 190.95	78 318.64	91 378.86	18.33	19.43	19.79
仪器仪表制造业	6 267.36	7 521.52	8 749.31	2.12	1.87	1.89

资料来源：笔者计算整理而成。

各行业工业销售产值占先进制造业总体的相对比重呈显著的行业差异性变化。其中，专用设备制造、仪器仪表制造与铁路、船舶、航空航天制造3个行业的工业销售产值占先进制造业总体比重呈显著下降态势；医药制造、汽车制造与计算、通信电子设备制造3个行业的工业销售产值占先进制造业的总体比重呈持续上升趋势；其他行业则呈"U"型上升态势。这说明，在先进制造各行业大体向好的发展形势下，个别行业，如专用设备制造领域，因核心技术、精密零部件受限等原因，呈萎缩态势。

通过对比各行业工业销售产值比重与企业数量占比的大小，可以考察各细分行业内企业平均市场规模的大小。其中，工业销售产值比重高于企业数量比重的行业有5个，其中，计算机、通信和其他电子设备制造业与汽车制造业，分别高出9.13个百分点和4.88个百分点；烟草制品、铁路船舶与医药制造业的工业销售产值占比略高于企业数量占比。这说明，上述先进制造行业内的企业规模远大于其他先进制造业企业的平均规模。其他行业则相反，其中通用设备制造业和专用设备制造业的工业销售产值比重远低于其企业数量占比，分别低7.75个百分点与5.16个百分点。

如表2-29所示，从产品出口情况来看，除专用设备制造业外，其他先进制造行业在2010~2015年的产品出口总体呈现上升趋势，但各行业产品出口情况在先进制造行业总体出口中所占的比重呈显著的行业异质性。截至2015年底，先进制造行业中产品出口总量占先进制造业总体出口比重在10%以上的行业仅有2个，即计算机、通信和其他电子设备制造业（61.35%）与电气机械和器材制造业（13.25%），剩余行业中占比最高的为通用设备制造业（6.56%），而占比最低的烟草制品业，仅占0.06%。这说明，在先进制造各行业中，计算机、通信和其他电子设备与电气机械和器材在国际市场上的竞争力远超其余先进制造行业，而且前者的优势极为明显。但在计算机、通信电子设备领域，核心芯片技术始终被国外厂商把控，所以加快核心技术研发与突破将成为该行业进一步发展的基石。

表2-29　　　　　　　先进制造各行业出口交货值情况

行业名称	出口交货值（亿元）			占先进制造业总体比重（%）		
	2010年	2013年	2015年	2010年	2013年	2015年
烟草制品业	27.72	35.98	43.08	0.04	0.05	0.06
化学原料和化学制品制造业	3 103.33	3 984.60	4 185.78	4.98	5.33	5.59
医药制造业	948.58	1 184.17	1 341.97	1.52	1.58	1.79
通用设备制造业	2 758.49	4 969.76	4 908.56	4.43	6.64	6.56

续表

行业名称	出口交货值（亿元）			占先进制造业总体比重（%）		
	2010年	2013年	2015年	2010年	2013年	2015年
专用设备制造业	3 286.23	2 994.31	2 930.95	5.27	4.00	3.92
汽车制造业	1 994.82	2 753.19	2 934	3.20	3.68	3.92
铁路、船舶、航空航天和其他运输设备制造业	5 938.81	3 443.22	3 627.33	9.53	4.60	4.85
电气机械和器材制造业	7 982.66	9 376.47	9 915.79	12.81	12.53	13.25
计算机、通信和其他电子设备制造业	34 250.31	44 915.73	45 899.68	54.94	60.04	61.35
仪器仪表制造业	2 047.80	1 156.12	1 338.95	3.28	1.55	1.79

资料来源：笔者计算整理而成。

如表2-30所示，先进制造各行业资产总量在2010~2015年整体呈现持续上升趋势，但各行业资产总额上升幅度不一。截至2015年底，先进制造行业中资产总量占先进制造业资产总额比重在10%以上的行业占一半。按占比大小依次为：化学原料和化学制品制造业（18.19%），计算机、通信和其他电子设备制造业（16.85%），汽车制造业（15.03%），电气机械和器材制造业（14.33%）与通用设备制造业（10.49%）。其余行业中占比最低的是仪器仪表制造业，仅占2.01%。前五大行业的资产总额约占先进制造业总体的75%，且各行业资产占比与工业产值占比相当。这说明，先进制造各行业间资产积累与市场势力差异巨大，医药、航空航天等新兴战略产业目前体量较小，未来资本集聚的空间较大。

表2-30　　　　　先进制造各行业资产总额情况

行业名称	资产总额（亿元）			占先进制造业总体比重（%）		
	2010年	2013年	2015年	2010年	2013年	2015年
烟草制品业	5 484.04	7 979.59	9 190.25	2.30	2.43	2.30
化学原料和化学制品制造业	38 771.99	61 317.66	72 573.12	16.27	18.71	18.19
医药制造业	11 116.40	18 450.01	25 071.09	4.67	5.63	6.29
通用设备制造业	13 155.29	36 067.21	41 842.85	5.52	11.00	10.49
专用设备制造业	27 615.27	30 704.89	35 455.17	11.59	9.37	8.89
汽车制造业	19 561.45	46 873.54	59 940.81	8.21	14.30	15.03

续表

行业名称	资产总额（亿元）			占先进制造业总体比重（%）		
	2010年	2013年	2015年	2010年	2013年	2015年
铁路、船舶、航空航天和其他运输设备制造业	47 981.05	20 091.20	22 416.91	20.14	6.13	5.62
电气机械和器材制造业	31 717.94	47 487.70	57 153.76	13.31	14.49	14.33
计算机、通信和其他电子设备制造业	37 719.80	52 287.18	67 231.29	15.83	15.95	16.85
仪器仪表制造业	5 168.62	6 482.51	8 024.43	2.17	1.98	2.01

资料来源：笔者计算整理而成。

各行业资产总额在先进制造行业资产总量中所占比重的变化呈现显著的行业差异性。大体可分为以下几类：第一类呈直线下降态势，如专用设备制造业；第二类呈直线上升趋势，如医药制造、汽车制造、电气机械与器材、计算机通信和其他电子设备制造业；第三类呈倒"U"型上升趋势，如通用设备制造、化学原料与化学制品制造等。这说明，资本在行业间不断调整，并进一步向强势制造领域集聚。同时，医药、新能源汽车、智能穿戴设备等市场热点也基本形成了资本集聚的功能。而技术更新较为缓慢的制造领域，资本的集聚能力则在相对减弱。

二、先进制造各行业技术创新投入与产出比较

表2-31是先进制造业各行业在2010~2015年研发人员投入与经费投入情况，代表着企业进行持续技术创新的基础，也是企业能够在激烈市场竞争中不断满足新需求的必备条件。

表2-31　先进制造各行业技术创新投入占先进制造业总体比重　　单位：%

行业名称	R&D人员全时当量占比			研究人员占比			研发经费内部支出占比		
	2010年	2013年	2015年	2010年	2013年	2015年	2010年	2013年	2015年
烟草制品业	0.41	0.25	0.22	0.40	0.42	0.22	0.52	0.41	0.31
化学原料和化学制品制造业	7.93	10.09	10.28	7.96	9.52	9.49	9.27	12.32	12.03
医药制造业	5.67	7.31	7.21	5.99	7.11	8.05	4.59	6.49	6.69

续表

行业名称	R&D 人员全时当量占比			研究人员占比			研发经费内部支出占比		
	2010 年	2013 年	2015 年	2010 年	2013 年	2015 年	2010 年	2013 年	2015 年
通用设备制造业	2.71	11.39	11.52	2.07	11.02	10.69	2.32	10.22	9.58
专用设备制造业	10.07	10.59	9.53	9.95	10.84	9.45	8.89	9.56	8.59
汽车制造业	8.91	11.61	12.20	10.44	9.49	11.91	8.80	12.69	13.70
铁路、船舶、航空航天和其他运输设备制造业	18.17	6.28	6.19	17.96	8.38	6.60	21.81	6.94	6.60
电气机械和器材制造业	14.17	15.18	15.15	10.98	12.48	13.65	15.93	15.21	15.34
计算机、通信和其他电子设备制造业	28.61	23.20	23.91	30.62	26.78	25.91	25.71	23.37	24.41
仪器仪表制造业	3.35	4.10	3.79	3.62	3.96	4.03	2.15	2.79	2.74

资料来源：笔者计算整理而成。

由表 2-31 可知，先进制造各行业的 R&D 人员、研究人员与研发经费内部支出的总量在 2010~2015 年整体均呈现持续上升趋势，但就单个指标来看，各行业上升幅度不一。从技术人员投入来看，R&D 人员与研究人员投入的相对变化一致。但各行业技术人员投入在先进制造行业投入总量中所占的比重也呈现显著的行业差异性。截至 2015 年底，占先进制造业技术人员投入总体比重在 10% 以上的行业约占一半。按占比大小依次为：计算机、通信和其他电子设备制造业（23.91%、25.91%），电气机械和器材制造业（15.15%、13.65%），汽车制造业（12.20%、11.91%），通用设备制造业（11.52%、10.69%），化学原料和化学制品制造业（10.28%、9.49%）。其余行业中占比最低的是烟草制品业，仅占 0.22% 和 0.22%。前五大行业投入的 R&D 人员与研究人员占先进制造业总体的 70% 以上，且各行业技术人员投入占比与其工业销售产值、资本总量占比呈正向相关。这说明，在先进制造领域，技术人员投入一方面需要一定的资金支撑，另一方面研发人员的投入加强也带来了显著的市场回报。同时，因为先进制造各行业间资本集聚能力的显著差异，医药、航空航天等新兴战略产业目前体量较小，吸纳的技术人员总量有限，但可预期的是这些行业未来吸纳技术人员的空间较大。

从研发经费投入来看，虽然先进制造各行业研发经费投入整体呈上升趋势，但各行业研发经费投入在先进制造行业投入总量中所占的比重则呈现明显的行业差异性。截至 2015 年底，占先进制造业研发经费投入总体比重在 10% 以上的行业有 4 个，按占比大小依次为：计算机、通信和其他电子设备制造业（24.41%），电气机械和器材制造业（15.34%），汽车制造业（13.37%），化学原料和化学制品制造业（12.03%）。其余行业中占比最低的是烟草制品业，仅占 0.31%。前五大行业投入的研发经费约占先进制造业总体的 65%，且这 4 个行业研发经费投入占比均略高于其研发人员占比。这说明，相比其他先进制造领域，在现阶段，上述行业受技术驱动更为显著，技术投入引致的市场回报也更为丰厚。

先进制造各行业技术投入在行业总体中所占比重的变化趋势呈现显著的行业差异性，但同行业技术人员投入与研发经费投入的变化趋势基本一致，大体可分为以下几类：其一为"U"型上升趋势，如电气机械与器材、计算机通信和其他电子设备制造业；其二为直线上升趋势，如医药制造、汽车制造；其三为倒"U"型下降趋势，如通用设备制造、专用设备制造等。这说明，医药、新能源汽车、智能穿戴设备等市场需求热点在加速资本集聚的同时，也引领了前沿研发人员的集聚，而研发人员与研发经费的良性互助，加速了技术的更新迭代，最终形成一个以市场需求为基点的企业创新优势循环。

由表 2-32 可知，先进制造各行业的 R&D 内部经费支出占主营业务收入比重与研究人员占 R&D 人员比重在 2010~2015 年大体均呈上升趋势，且整体上升幅度较小，就单个指标来看，各行业变化幅度不一。

表 2-32　　　　　先进制造各行业技术创新投入情况　　　　　单位：%

行业名称	R&D 内部经费支出/主营业务收入			研究人员占 R&D 人员比重		
	2010 年	2013 年	2015 年	2010 年	2013 年	2015 年
烟草制品业	1.69	0.27	0.22	38.12	53.92	35.64
化学原料和化学制品制造业	0.50	0.86	0.95	39.49	30.43	32.07
医药制造业	0.61	1.69	1.72	41.53	31.38	38.80
通用设备制造业	3.37	1.26	1.35	29.99	31.21	32.23
专用设备制造业	1.57	1.57	1.58	38.82	33.02	34.44
汽车制造业	5.05	1.14	1.27	46.10	26.38	33.93
铁路、船舶、航空航天和其他运输设备制造业	0.96	2.41	2.30	38.88	43.05	37.02
电气机械和器材制造业	2.56	1.32	1.46	30.47	26.53	31.31

续表

行业名称	R&D 内部经费支出/主营业务收入			研究人员占 R&D 人员比重		
	2010 年	2013 年	2015 年	2010 年	2013 年	2015 年
计算机、通信和其他电子设备制造业	0.12	1.59	1.76	42.08	37.24	37.67
仪器仪表制造业	0.36	1.99	2.08	42.60	31.15	36.90
先进制造业平均	1.38	1.32	1.43	39.32	32.26	34.75
制造业平均	1.03	0.88	0.97	39.04	31.78	33.12

资料来源：笔者计算整理而成。

先进制造各行业 R&D 内部经费支出占主营业务收入比重在 2010～2013 年变化趋势差异巨大，但在 2013～2015 年变动幅度较小，且总体呈现上涨态势。截至 2015 年底，R&D 内部经费支出占主营业务收入比重超过 2% 的仅有 2 个，占比较高的前五位行业按占比大小依次为：铁路、船舶、航空航天和其他运输设备制造业（2.3%），仪器仪表制造业（2.08%），计算机、通信和其他电子设备制造业（1.76%），医药制造业（1.72%），专用设备制造业（1.58%）。

先进制造各行业研究人员占 R&D 人员比重大体呈"U"型变化趋势。2013～2015 年，多数行业呈上升态势，且行业间差异较小，占比均在 30%～40% 浮动。截至 2015 年底，研究人员占 R&D 人员比重较高的前五位行业按占比大小依次为：医药制造业（38.80%），计算机、通信和其他电子设备制造业（37.67%），铁路、船舶、航空航天和其他运输设备制造业（37.02%），仪器仪表制造业（36.90%），烟草制品业（35.64%）。

对比同行业前述其他指标，R&D 内部经费支出占比与研究人员占比靠前的行业大相径庭。研究人员占比较高的行业均呈现出一定的寡头垄断特征。在有限的市场容量下，行业内前几家企业的市场集聚程度较高，行业进入壁垒大，业内企业不断加大研发投入，以期对后进入者形成持续有效的技术壁垒。为了突破有限市场的限制，持续进行技术创新，不断开拓新市场成为上述行业的必然选择。

表 2-33 是先进制造各行业在 2010～2015 年新产品销售收入及有效发明专利在行业总体中的比重，代表着企业进行大量技术人员与研发经费投入后的创新成果，也是各行业技术创新产出在行业间的优势较量。

表2-33　先进制造各行业技术创新产出占先进制造业总体比重　　单位：%

行业名称	新产品销售收入占行业总体比重			有效发明专利数占行业总体比重		
	2010年	2013年	2015年	2010年	2013年	2015年
烟草制品业	1.48	0.28	1.83	0.44	1.56	0.65
化学原料和化学制品制造业	6.26	5.30	10.52	8.33	10.12	8.29
医药制造业	3.10	6.42	4.15	7.40	4.48	6.88
通用设备制造业	1.70	2.74	8.37	9.08	7.61	8.90
专用设备制造业	7.39	6.42	6.79	10.65	5.70	10.95
汽车制造业	5.97	7.13	17.37	5.34	18.04	5.11
铁路、船舶、航空航天和其他运输设备制造业	31.65	7.90	5.48	3.58	6.13	3.96
电气机械和器材制造业	15.96	14.14	15.96	14.61	15.60	14.06
计算机、通信和其他电子设备制造业	24.72	46.56	27.82	37.08	28.99	37.52
仪器仪表制造业	1.76	3.11	1.72	3.49	1.77	3.68

资料来源：笔者计算整理而成。

先进制造各行业新产品销售收入总量在2010~2015年均呈显著上升态势，但各行业新产品销售收入占行业总体的比重呈显著的行业异质性。截至2015年底，占先进制造行业新产品销售收入比重在10%以上的行业有4个，按占比大小依次为：计算机、通信和其他电子设备制造业（27.82%），汽车制造业（17.37%），电气机械和器材制造业（15.96%），化学原料和化学制品制造业（10.52%）。其余行业中占比最低的是仪器仪表制造业，仅占1.72%。新产品销售收入占比前五的行业之和约占先进制造业总体的70%以上，与各行业技术人员与研发经费投入占比呈正向相关关系。

先进制造各行业有效发明专利总数在2010~2015年均呈显著上升趋势，但各行业有效发明专利在行业总体中的相对比重则呈显著的行业差异性。截至2015年底，占先进制造行业有效发明专利总量比重在10%以上的行业有3个，按占比大小依次为：计算机、通信和其他电子设备制造业（37.52%），电气机械和器材制造业（14.06%），专用设备制造业（10.95%）。其余行业中占比最低的是烟草制品业，仅占0.65%。有效发明专利占比前五的行业之和约占先进制造业总体的80%以上，与各行业技术人员与研发经费投入占比也呈明显正向相关关系。这说明，在先进制造领域,一方面,各行业的创新产出差异巨大,创新成果的行业集聚显著;另一方面,创新成果的获得依赖高密度的技术人员投入与研发经费支撑。

表2-34是先进制造各行业新产品销售收入在主营业务收入的占比与每亿元主营业务收入的有效发明专利情况,代表着先进制造各行业历年技术创新的产出效率。

表2-34 先进制造各行业技术创新产出情况

行业名称	新产品销售收入/主营业务收入(%)			每亿元主营业务收入有效发明专利数(件/亿元)		
	2010年	2013年	2015年	2010年	2013年	2015年
烟草制品业	15.98	19.15	17.67	0.05	0.14	0.32
化学原料和化学制品制造业	13.90	11.93	12.81	0.19	0.29	0.45
医药制造业	24.86	17.57	18.43	0.84	0.95	1.22
通用设备制造业	13.06	16.71	17.12	0.34	0.55	0.86
专用设备制造业	26.79	18.03	16.80	0.38	0.86	1.39
汽车制造业	28.01	25.33	26.89	0.55	0.24	0.33
铁路、船舶、航空航天和其他运输设备制造业	38.66	30.80	34.20	0.16	0.61	0.95
电气机械和器材制造业	32.18	22.51	23.86	0.47	0.63	0.92
计算机、通信和其他电子设备制造业	27.58	30.65	33.50	0.85	1.24	1.86
仪器仪表制造业	24.99	19.83	21.50	0.72	1.23	1.92
先进制造业平均	28.02	21.47	22.95	0.46	0.65	0.99
制造业平均	19.72	13.99	15.11	0.30	0.36	0.56

资料来源:笔者计算整理而成。

各行业新产品销售收入占主营业务收入的比重在2010~2013年大多呈下降态势,而在2013~2015年多数行业呈现上升趋势,但各行业变化幅度不一。截至2015年底,新产品销售收入占主营业务收入比重超过20%的行业占了一半,按比重大小依次为:铁路、船舶、航空航天运输设备制造业(34.20%)、计算机、通信、电子设备制造业(33.5%)、汽车制造业(26.89%)、电气机械和器材制造业(23.86%)、仪器仪表制造业(21.5%)。

各行业每亿元主营业务收入的有效发明专利数在2010~2015年整体呈显著上升态势,但各行业上升幅度差异显著。截至2015年底,每亿元主营业务收入的有效发明专利数超过 1 件的行业有 4 个，按数量大小依次为：仪器仪表制造业（1.92 件），计算机、通信、电子设备制造业（1.86 件），专用设备制造业（1.39 件），医药制造业（1.22 件）。

对比先进制造各行业技术人员与研发经费投入情况可发现各行业的技术投入强度与技术创新产出密度呈大体一致的结果。这说明，创新产出的提高与技术投入的加强是相辅相成的。少数行业创新产出的增幅与技术投入增幅不匹配，则说明先进制造各行业技术投入产出效率具有行业差异性。

三、先进制造各行业制造效率比较

表 2-35 是先进制造各行业的全员劳动生产率与质量指数，代表着先进制造各行业历年制造环节的生产效率情况及产成品的综合质量竞争力状况。

表 2-35　　　　　　　先进制造业各行业制造效率情况

行业名称	质量指数			全员劳动生产率（%）		
	2010 年	2013 年	2015 年	2010 年	2013 年	2015 年
烟草制品业	80.77	85.75	83.49	277.08	439.19	460.53
化学原料和化学制品制造业	84.42	84.22	84.33	98.82	153.10	169.21
医药制造业	83.59	89.56	91.43	64.49	96.52	111.67
通用设备制造业	79.25	86.35	87.12	57.02	90.97	100.09
专用设备制造业	85.93	89.15	87.95	63.52	92.21	102.18
汽车制造业	86.91	87.96	87.51	62.47	137.44	148.73
铁路、船舶、航空航天和其他运输设备制造业	85.69	86.45	89.00	95.02	89.72	104.72
电气机械和器材制造业	86.04	88.38	88.43	69.60	98.59	110.43
计算机、通信和其他电子设备制造业	87.65	90.97	90.74	70.13	88.95	100.50
仪器仪表制造业	86.42	89.86	90.20	50.20	71.93	83.14
先进制造业平均	84.67	87.87	88.02	70.98	103.87	119.16
制造业平均	80.87	82.28	82.74	74.63	106.82	113.47

资料来源：笔者计算整理而成。

各行业质量指数在 2010~2015 年大体呈显著上升态势，各行业上升幅度差异显著，但行业内升幅较小。截至 2015 年底，质量指数排名前五的行业，按比重大小依次为：医药制造业（91.43），计算机、通信、电子设备制造业（90.74），仪器仪表制造业（90.20），铁路、船舶、航空航天运输设备制造业（89.00），电气机械和器材制造业（88.43）。其余行业中排名最低的是化学原料和化学制品制造业（84.33）与烟草制品业（83.49）。

各行业全员劳动生产率在2010~2015年整体呈显著上升态势，各行业上升幅度差异明显，但总体上各行业均实现了较大增幅的增长。截至2015年底，全员劳动生产率前五的行业，按效率高低依次为：烟草制品业（460.53%），化学原料和化学制品制造业（169.21%），汽车制造业（148.73%），医药制造业（111.67%），电气机械和器材制造业（110.43%）。其他行业中较低的两个行业是通用设备制造业（100.09%）与仪器仪表制造业（83.14%）。

对比先进制造各行业质量指数与劳动生产率情况可发现，质量指数较高的行业，劳动生产率较低，两指标在各行业中大体呈反向变动关系。这说明，在既定的生产技术水平下，追求较高的劳动生产率，在一定程度上会以牺牲产品的综合质量为代价。反之，不断融入新技术，改善产品质量，也会在一段时间内影响劳动生产率的提升。

四、先进制造各行业管理效益比较

表2-36、表2-37是先进制造各行业的总资产贡献率、成本费用利润率、流动资产周转率和资产负债率，前三个指标代表着先进制造各行业历年经营管理的绩效情况，后一个指标代表各行业企业在生产经营过程中的财务风险状况。

表2-36　　　　　先进制造业各行业管理效益（一）　　　　　单位：%

行业名称	总资产贡献率			成本费用利润率		
	2010年	2013年	2015年	2010年	2013年	2015年
烟草制品业	76.98	83.65	31.08	33.04	31.66	15.63
化学原料和化学制品制造业	15.20	13.26	12.51	8.33	6.21	5.64
医药制造业	18.45	18.61	18.71	13.15	11.58	11.28
通用设备制造业	16.21	13.79	13.54	7.49	7.46	7.17
专用设备制造业	15.17	12.36	11.70	8.56	7.62	6.92
汽车制造业	13.97	18.79	18.57	9.49	9.35	9.81
铁路、船舶、航空航天和其他运输设备制造业	16.54	7.96	9.15	9.65	5.90	6.27

续表

行业名称	总资产贡献率			成本费用利润率		
	2010年	2013年	2015年	2010年	2013年	2015年
电气机械和器材制造业	14.85	13.28	13.80	7.94	6.52	6.61
计算机、通信和其他电子设备制造业	10.60	11.67	11.73	5.47	5.04	5.25
仪器仪表制造业	14.90	15.64	15.98	9.20	9.47	9.37
先进制造业平均	21.29	20.90	15.68	11.23	10.08	8.39
制造业平均	19.03	18.33	15.57	8.86	7.86	6.96

资料来源：笔者计算整理而成。

表2–37　　先进制造业各行业管理效益（二）

行业名称	流动资产周转率（次/年）			资产负债率（%）		
	2010年	2013年	2015年	2010年	2013年	2015年
烟草制品业	1.52	1.69	1.54	24.05	25.38	25.47
化学原料和化学制品制造业	2.75	2.85	2.79	55.68	58.06	57.02
医药制造业	1.90	2.07	2.03	44.00	43.97	41.48
通用设备制造业	2.53	2.00	1.95	55.11	54.54	52.23
专用设备制造业	2.05	1.72	1.70	56.10	55.35	53.07
汽车制造业	1.71	2.27	2.26	56.39	57.36	57.72
铁路、船舶、航空航天和其他运输设备制造业	1.84	1.36	1.43	63.04	65.46	63.61
电气机械和器材制造业	2.01	2.04	1.99	57.66	57.64	56.55
计算机、通信和其他电子设备制造业	2.34	2.34	2.14	54.18	58.46	57.46
仪器仪表制造业	1.85	1.83	1.77	50.22	48.08	44.98
先进制造业平均	2.05	2.02	1.96	51.64	52.43	50.96
制造业平均	2.63	2.62	2.61	53.42	53.70	51.87

资料来源：笔者计算整理而成。

先进制造各行业总资产贡献率在2010～2015年上涨、下降的行业各半，且各行业变动幅度差异较大。截至2015年底，总资产贡献率排名前五的行业，按比率大小依次为：烟草制品业（31.08%），医药制造业（18.71%），汽车制造业（18.57%），仪器仪表制造业（15.98%），电气机械和器材制造业（13.80%）。其余行业中排名最低的是铁路、船舶、航空航天和其他运输设备制造业（9.15%）。

先进制造各行业成本费用利润率在 2010~2015 年间整体呈现下降态势，各行业间差异较大，但行业内的变动幅度相对较小。尽管部分行业在 2013 年之后呈逆势上扬态势，但涨幅较小，难以弥补前一阶段的降幅。截至 2015 年底，成本费用利润率位于前五的行业，依次为：烟草制品业（15.63%），医药制造业（11.28%），汽车制造业（9.81%），仪器仪表制造业（9.37%），通用设备制造业（7.17%）。其余行业中最低的是计算机、通信和其他电子设备制造业（5.25%）。先进制造各行业成本费用利润率的变动与总资产贡献率基本呈正向相关关系，这说明，具有较高资产经营管理能力的行业，其经营业绩与盈利能力也较好，反之亦然。

先进制造各行业流动资产周转率在 2010~2015 年涨跌各半，各行业间流动资产周转率差异较小，行业内的变动幅度也相对较小。截至 2015 年底，流动资产周转率排名前五的行业，依次为：化学原料和化学制品制造业（2.79 次/年），汽车制造业（2.26 次/年），计算机、通信和其他电子设备制造业（2.14 次/年），医药制造业（2.03 次/年），电气机械和器材制造业（1.99 次/年）。其余行业中流动资产周转率最低的是铁路、船舶、航空航天和其他运输设备制造业（1.43 次/年）。与总资产贡献率和成本费用利润率对比分析可发现，医药和汽车制造业在加速流动资产周转的同时，提升了行业的经营业绩与盈利能力，但其他行业并不显著。

先进制造各行业资产负债率在 2010~2015 年多数呈下降趋势，少数行业有小幅上涨，行业间差异较大，但行业内变动幅度较小。一般行业的适宜资产负债率在 40%~60% 之间。40%~50% 的资产负债率被英、美公司认为是优良的财务风险控制状态，50%~60% 的资产负债率下财务风险可控，60% 以上的资产负债率会使公司的财务风险较高。截至 2015 年底，资产负债率最高且超出一般财务风险可控范围的行业是铁路、船舶、航空航天和其他运输设备制造业（63.61%）；资产负债率最低且无财务风险的行业为烟草制品业（25.47%）；财务风险位于良好控制状态的行业有医药制造业（41.48%）、仪器仪表制造业（44.98%）；其余大部分先进制造行业的资产负债率均位于 50%~60% 之间，财务风险属于可控状态。这说明先进制造行业整体的负债水平大都在行业可承受的范围内，财务风险的控制状况较好，发生大面积财务违约的概率较小，行业整体经营较为稳定。

五、先进制造各行业国际竞争力比较

表 2-38 是先进制造各行业的出口交货值在工业总产值中的占比及新产品出口占比，代表着先进制造各行业的历年制成品在国际市场上的竞争力情况。

表 2-38　　　　先进制造业各行业国际竞争力情况　　　　　单位：%

行业名称	出口交货值/工业总产值			新产品出口/新产品销售		
	2010年	2013年	2015年	2010年	2013年	2015年
烟草制品业	0.47	0.41	0.45	0.39	0.38	0.69
化学原料和化学制品制造业	6.62	5.26	5.03	8.90	10.47	9.20
医药制造业	8.49	5.88	5.21	8.79	10.90	7.87
通用设备制造业	14.04	11.47	10.41	12.20	17.26	12.50
专用设备制造业	9.59	9.22	8.10	14.05	11.94	14.19
汽车制造业	9.55	4.70	4.18	4.28	9.18	3.96
铁路、船舶、航空航天和其他运输设备制造业	10.89	20.47	18.19	20.78	9.85	20.87
电气机械和器材制造业	18.98	15.26	14.26	16.24	21.86	17.82
计算机、通信和其他电子设备制造业	63.20	57.35	50.23	46.95	52.49	50.93
仪器仪表制造业	32.67	15.37	15.30	13.49	36.16	11.55
先进制造业平均	21.08	18.56	16.70	22.93	21.47	22.80
制造业平均	15.06	12.60	11.72	20.42	13.99	19.47

资料来源：笔者计算整理而成。

先进制造各行业出口交货值在工业总产值中的占比在 2010~2015 年总体呈直线下降趋势，但铁路、船舶、航空航天和其他运输设备制造业例外。各行业的出口占比差异显著，行业内的出口率变动幅度也相对较大。截至 2015 年底，出口占比排名前五的行业，按比率大小依次为：计算机、通信和其他电子设备制造业（50.23%），铁路、船舶、航空航天和其他运输设备制造业（18.19%），仪器仪表制造业（15.30%），电气机械和器材制造业（14.26%），通用设备制造业（10.41%）。其余行业中出口占比最低的是烟草制品业（0.45%）。

各行业新产品出口在新产品销售收入中的占比在 2010~2013 年大体呈上涨态势，但 2013~2015 年大多呈下降趋势。两阶段中，各行业的新产品出口比率差距显著，行业内的新产品出口率变动幅度也有明显差异。截至 2015 年底，新产品出口率排名前五的行业，按比率大小依次为：计算机、通信和其他电子设备制造业（50.93%），铁路、船舶、航空航天和其他运输设备制造业（20.87%），电气机械和器材制造业（17.82%），专用设备制造业（14.19%），通用设备制造业（12.50%）。其他行业中出口占比最低的是烟草制品业（0.69%）。

对比来看，先进制造各行业新产品出口率均显著高于产品总出口率，这说明先进制造业新产品在国际市场上的竞争力要优于传统产品。将先进制造各行业产品出口情况与各行业技术人员与研发经费投入进行对比分析可发现，除医药制造业外，研发经费投入较高的行业，产品总出口率较高，而研究人员占比越高的行业，新产品出口率越高。这也说明行业技术研发经费投入强度与前沿研究人员的投入密度对先进制造各行业打开国际市场、提升产品国际竞争力具有显著正向作用。

六、先进制造各行业可持续发展能力比较

表 2-39、表 2-40 是先进制造各行业的万元工业销售产值能耗、工业废气排放、固体废物综合利用及废水处理能力，依次代表着先进制造各行业历年节能、降耗、绿色生产的基本情况。

表 2-39　　先进制造业各行业产值能耗与排放情况（一）

行业名称	万元工业销售产值能耗（吨标准煤/万元）			万元工业销售产值的工业废气排放量（立方米/万元）		
	2010 年	2013 年	2015 年	2010 年	2013 年	2015 年
烟草制品业	0.039	0.029	0.024	863.78	635.15	589.37
化学原料和化学制品制造业	0.669	0.582	0.589	5 493.78	4 162.01	4 414.32
医药制造业	0.128	0.108	0.087	1 435.29	864.91	1 429.78
通用设备制造业	0.166	0.082	0.075	1 057.02	290.66	401.50
专用设备制造业	0.054	0.059	0.051	709.22	391.77	293.49
汽车制造业	0.180	0.052	0.045	928.71	836.17	815.80
铁路、船舶、航空航天和其他运输设备制造业	0.148	0.059	0.042	767.53	942.07	765.45
电气机械和器材制造业	0.050	0.042	0.037	252.75	394.52	443.23
计算机、通信和其他电子设备制造业	0.047	0.036	0.034	1 175.29	822.03	896.82
仪器仪表制造业	0.055	0.044	0.036	885.54	171.51	301.74
先进制造业平均	0.190	0.150	0.145	1571.45	1 286.00	1 358.80
制造业平均	0.330	0.270	0.248	5 517.08	4 880.75	4 755.52

资料来源：笔者计算整理而成。

表 2-40　　　　　先进制造各行业产值能耗与排放（二）

行业名称	固体废物综合利用率（%）			万元工业销售产值废水处理量（吨/万元）		
	2010 年	2013 年	2015 年	2010 年	2013 年	2015 年
烟草制品业	82.74	50.24	53.21	1.19	0.88	0.64
化学原料和化学制品制造业	70.89	64.20	46.16	19.90	10.42	10.60
医药制造业	91.43	89.05	86.43	6.37	3.92	3.86
通用设备制造业	88.56	75.43	74.11	0.76	0.39	0.45
专用设备制造业	93.44	81.27	79.70	0.28	0.38	0.32
汽车制造业	86.84	87.34	80.39	5.23	0.47	0.47
铁路、船舶、航空航天和其他运输设备制造业	88.20	85.41	84.49	0.28	1.26	0.92
电气机械和器材制造业	86.66	86.75	72.12	0.41	0.36	0.38
计算机、通信和其他电子设备制造业	74.17	61.97	42.89	1.60	1.37	1.31
仪器仪表制造业	48.77	84.62	72.37	1.16	0.39	0.46
先进制造业平均	81.17	76.63	69.19	4.30	2.70	2.65
制造业平均	87.15	81.32	87.15	12.78	8.38	7.37

资料来源：笔者计算整理而成。

先进制造各行业每万元工业销售产值消耗的标准煤吨数在 2010～2015 年总体呈下降态势，各行业的能耗差异较大，而行业内的能耗变动幅度相对较小。截至 2015 年底，每万元工业销售产值能耗（吨标准煤）最低的五个行业，按能耗数量依次为：烟草制品业（0.024）、计算机、通信和其他电子设备制造业（0.034）、仪器仪表制造业（0.036）、电气机械和器材制造业（0.037）、铁路、船舶、航空航天和其他运输设备制造业（0.042）。其余行业中能耗最高的两个是化学原料和化学制品制造业（0.589）和医药制造业（0.087）。这表明，一方面，先进制造各行业在节能降耗环节已取得一定成效，未来进一步降耗的空间将收窄；另一方面高耗能行业如化学、医药制造领域的节能压力逐渐加大。

先进制造各行业单位工业销售产值的工业废气排放量在 2010～2015 年总体呈波动下降态势，各行业的工业废气排放差异较大，而行业内的废气排放量变动幅度相对较小。截至 2015 年底，单位工业销售产值工业废气排放量（立方米/万元）最低的五个行业，按排放量大小依次为：专用设备制造业（293.49）、仪器仪表制造业（301.74）、通用设备制造业（401.50）、电气机械和器材制造业（443.23）、烟草制品业（589.37）。其他行业中废气排放最高的两个行业是化学原料和化学制品制造业（4414.32）和医药制造业（1429.78）。这说明，尽管绿色发展已成为先进制造各行业的发展趋势，但化学、医药制造业等高耗能行业的废气排放依然极为严重。因此，在未来发展中对于该类产业的布局应该进一步强化环保准入条款。

先进制造各行业固体废物综合利用率在2010～2015年总体呈下降态势，各行业的固体废物综合利用率差异显著，行业内固体废物利用率的变动幅度也相对较大。截至2015年底，固体废物综合利用率排名前五的行业，按利用率高低依次为：医药制造业（86.43%），铁路、船舶、航空航天和其他运输设备制造业（84.49%），汽车制造业（80.39%），专用设备制造业（79.70%），通用设备制造业（74.11%）。其余行业中固体废物综合利用率最低的两个行业是化学原料和化学制品制造业（46.16%）和计算机、通信和其他电子设备制造业（42.89%）。这表明，一方面，随着先进制造各行业产品更新速率加快，固体废物的综合利用压力渐增；另一方面，也表明若能合理利用工业固体废物，增强资源的循环利用率，也能一定程度缓解资源紧缺的限制。

先进制造各行业每万元工业销售产值废水处理量在2010～2015年总体呈下降态势，且各行业间的废水处理量差异显著，行业内废水处理量在2010～2013年变幅较大，在2013～2015年变幅较小。截至2015年底，每万元工业销售产值废水处理量排名前五的行业，按数量高低依次为：化学原料和化学制品制造业（10.60吨），医药制造业（3.86吨），计算机、通信和其他电子设备制造业（1.31吨），铁路、船舶、航空航天和其他运输设备制造业（0.92吨），烟草制品业（0.64吨）。其他行业中废水处理量最低的两个行业是电气机械和器材制造业（0.38吨）和专用设备制造业（0.32吨）。这说明，一方面，可能是先进制造各行业随着生产技术的持续改进，逐渐降低了生产环节工业废水的排放；另一方面，也可能是先进制造各行业整体产业扩张的速度要快于废水处理设施的建设速度。因而，绿色可持续发展的压力依然较大。

第六节　先进制造业的区域发展水平分析

本节基于对先进制造业的识别，依据东北、京津冀、长三角与珠三角四大经济区的先进制造业基础数据，利用上述建立的体现行业先进性、技术先进性与管理先进性的先进制造业发展水平评估指标体系[①]，对东北、京津冀、长三角与珠

---

① 由于数据资料的缺失，本节只对主要指标进行了分析。

三角四大经济区的先进制造业总体及行业状况进行分析，不仅对比分析了区域先进制造业与整体制造业的状况，而且对比分析了区域内先进制造业与传统制造业的状况。

一、四大经济区先进制造业总体状况分析

（一）先进制造业规模水平分析

从图 2-3 反映的区域先进制造业规模水平来看，2015 年东北地区先进制造业工业销售产值为 25 470.19 亿元，出口交货值为 1 154.44 亿元，资产总额为 27 365.81 亿元；京津冀地区先进制造业工业销售产值为 32 594.58 亿元，出口交货值为 3 494.55 亿元，资产总额为 33 962.83 亿元；长三角地区先进制造业工业销售产值为 132 051.63 亿元，出口交货值为 29 870.08 亿元，资产总额为 114 734.64 亿元；珠三角地区先进制造业工业销售产值为 63 505.19 亿元，出口交货值为 23 134.23 亿元，资产总额为 50 651.06 亿元。这说明四大经济区先进制造业规模水平虽然取得良好发展，但区域差距突出，长三角地区的三项规模指标均居于首位，而东北地区的三项规模指标均位于末位，两地三项规模指标差值分别达 106 581.44 亿元、28 715.64 亿元与 87 368.83 亿元。

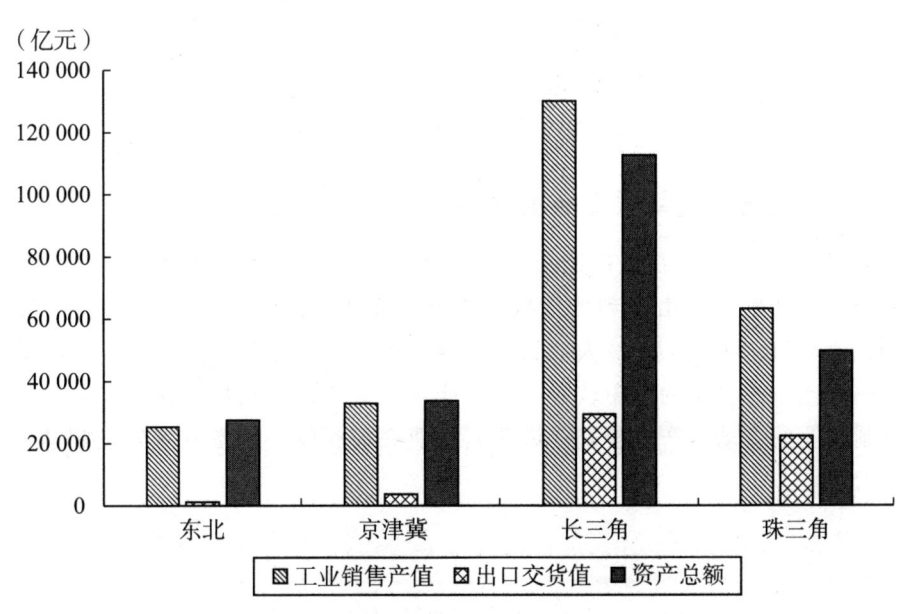

图 2-3　2015 年四大经济区先进制造业规模水平

资料来源：根据《中国工业统计年鉴（2016）》整理计算绘制而成。

与制造业整体比较来看，先进制造业工业销售产值占比东北为43.42%、京津冀为42.72%、长三角为57.24%、珠三角为56.52%，先进制造业出口交货值占比东北为40.05%、京津冀为66.37%、长三角为70.72%、珠三角为72.37%，先进制造业资产总额占比东北为50.34%、京津冀为47.79%、长三角为60.35%、珠三角为62.01%（见图2-4）。由此可见，四大经济区先进制造业的发展差距巨大，长三角与珠三角先进制造业状况较好，而东北与京津冀相对较弱，先进制造业发展不充分，这也反映出提高先进制造业产业份额的迫切性。

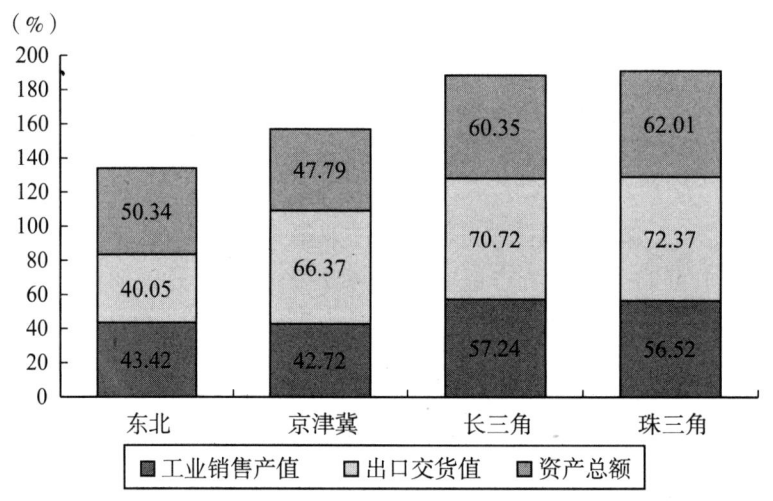

图2-4　2015年四大经济区先进制造业占比

资料来源：根据《中国工业统计年鉴（2016）》整理计算绘制而成。

（二）先进制造业质量效益状况分析

由图2-5可知，在先进制造业质量效益方面，2015年四大经济区先进制造业全员劳动生产率由高到低依次为东北132.37万元/人、京津冀131.21万元/人、珠三角87.30万元/人、长三角43.86万元/人，与制造业整体的劳动生产率相比，长三角的差距较大，这可能与研究的行业选取有关，尤其是东北先进制造业的劳动生产率较高，说明其产业底蕴深厚，具备发展先进制造业的潜在素质。

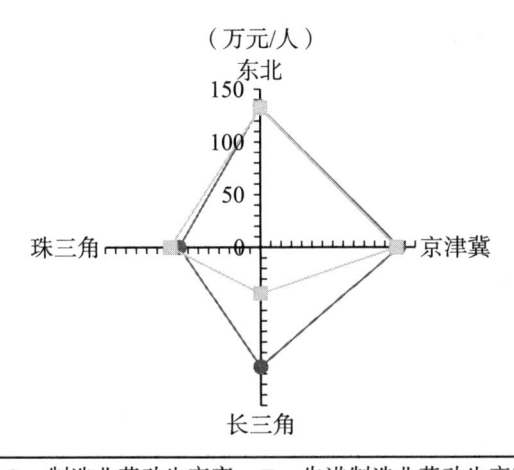

（万元/人）
东北

图 2-5　2015 年四大经济区先进制造业质量效益

资料来源：根据《中国工业统计年鉴（2016）》整理计算绘制而成。

（三）先进制造业管理效益状况分析

图 2-6 反映的是 2015 年四大经济区先进制造业管理效益状况。从图中信息来看，东北先进制造业资产负债率达 57.92%，处于四大经济区的第二位，流动资产周转率达 1.65 次/年，处于四大经济区的末位；京津冀先进制造业资产负债率达 52.91%，流动资产周转率达 1.68 次/年，两者在四大经济区中均位于第三位；长三角先进制造业资产负债率为 52.13%，处于四大经济区的末位，流动资产周转率为 1.95 次/年，在四大经济区中居首位；珠三角先进制造业资产负债率

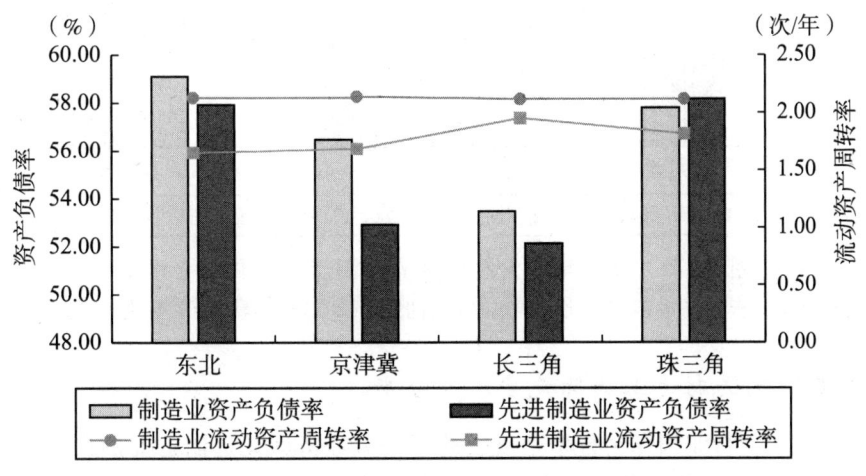

图 2-6　2015 年四大经济区先进制造业管理效益

资料来源：根据《中国工业统计年鉴（2016）》整理计算绘制而成。

达58.16%，处于四大经济区的第一位，流动资产周转率为1.82次/年，在四大经济区中居第二位。

（四）先进制造业两化融合水平分析

2015年全国两化融合发展总指数为72.68，与2014年的66.14相比增长了6.54，与此同时，在各区域积极落实《中国制造2025》《国务院关于积极推进"互联网+"行动的指导意见》，开展"工业云""互联网与工业融合创新"试点示范等一系列措施的推动下，各区域的企业信息化建设得以迅速展开，信息化应用水平得以显著提高，各区域的两化融合水平也得以快速提升。图2-7反映了2015年四大经济区两化融合三项指标情况，其中，东北的宽带普及指数、宽带速率指数、企业信息应用指数分别为76.88、76.51与86.01，京津冀的宽带普及指数、宽带速率指数、企业信息应用指数依次为79.31、85.40及90.83，长三角的宽带普及指数、宽带速率指数、企业信息应用指数分别为90.63、87.61与94.53，珠三角的宽带普及指数、宽带速率指数、企业信息应用指数依次为91.25、79.48及92.86。东北的三项指标指数均位于末位，说明东北地区在四大经济区中的两化融合水平最低。

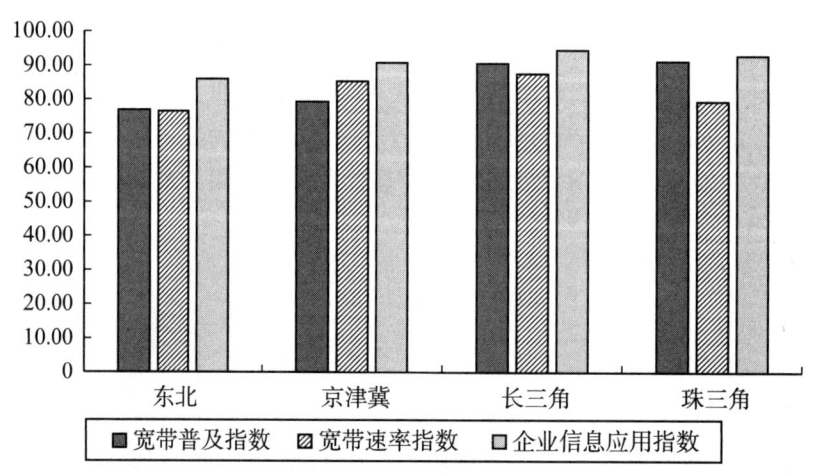

图2-7 2015年四大经济区先进制造业两化融合水平

资料来源：根据《中国信息化发展水平评估报告（2015）》整理绘制而成。

（五）先进制造业国际竞争水平分析

图2-8从行业国际销售率角度反映了四大经济区先进制造业的国际竞争水平。从图中可以看出，2015年东北、京津冀、长三角、珠三角的先进制造业行业国际销售率分别是4.53%、10.72%、22.62%、36.43%，区域间先进制造业

的国际竞争水平差距十分明显，国际竞争水平最低的东北地区与国际竞争水平最高的珠三角地区相差 31.90%，京津冀与珠三角相差 25.71%，长三角与珠三角相差 13.81%。与制造业整体相比，除东北地区外，其他三个区域的先进制造业国际竞争水平均高于制造业整体，可见以扩大产业开放来助推东北制造业高质量发展是十分必要的。

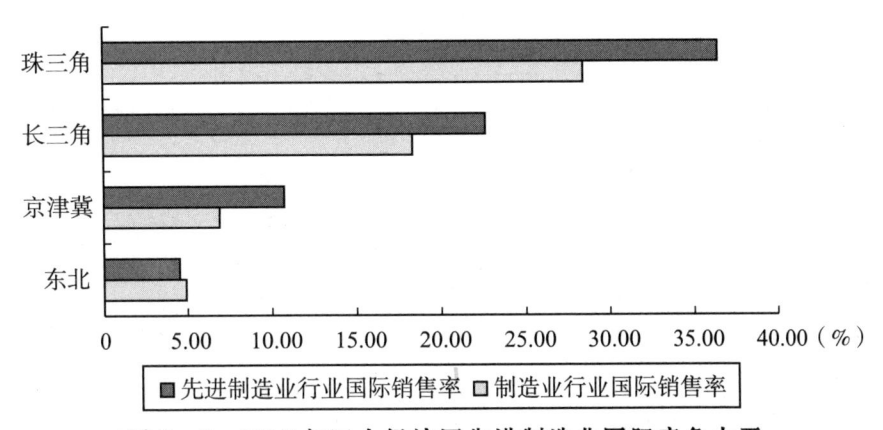

图 2-8　2015 年四大经济区先进制造业国际竞争水平

资料来源：根据《中国工业统计年鉴（2016）》整理计算绘制而成。

二、东北地区先进制造业行业状况分析

（一）规模状况分析

规模水平是先进制造业总体发展状况的直接体现，由表 2-41 及图 2-9 反映的信息可以看出，东北地区先进制造业各行业的规模状况呈现以下特点：

一是东北地区先进制造业各行业的出口交货值明显低于工业销售产值和资产总额，说明其产业开放不足。以汽车制造业（C36）为例，工业销售产值与资产总额高达 8 421.36 亿元与 7 747.20 亿元，而出口交货值仅为 112.28 亿元。

二是出口交货值与工业销售产值和资产总额在先进制造业各行业间表现各异。出口交货值在各行业间的变化幅度相对较小，而工业销售产值与资产总额在各行业间的变化幅度相当大。工业销售产值最大的汽车制造业（C36）与最小的仪器仪表制造业（C40）之间的差额达到 8 179.81 亿元，资产总额最大的汽车制造业（C36）与最小的烟草制品业（C16）之间的差额达到 7 417.45 亿元。

表2-41　　　　　2015年东北地区制造业行业规模情况　　　　单位：亿元

	行业名称	行业代码	工业销售产值	出口交货值	资产总额
先进制造业	计算机、通信和其他电子设备制造业	C39	684.67	225.58	969.30
	烟草制品业	C16	341.21	—	329.75
	电气机械和器材制造业	C38	1 903.59	119.08	1 868.60
	汽车制造业	C36	8 421.36	112.28	7 747.20
	仪器仪表制造业	C40	241.55	24.10	331.68
	铁路、船舶、航空航天和其他运输设备制造业	C37	1 588.16	307.72	3 117.00
	医药制造业	C27	2 675.08	34.64	2 613.08
	通用设备制造业	C34	3 124.59	175.42	3 454.92
	专用设备制造业	C35	2 420.72	101.92	3 247.95
传统制造业	化学原料和化学制品制造业	C26	4 069.26	53.70	3 686.33
	农副食品加工业	C13	8 839.60	369.54	4 385.05
	食品制造业	C14	1 551.98	36.12	1 098.54
	酒、饮料和精制茶制造业	C15	1 199.96	10.19	922.77
	纺织业	C17	486.02	42.76	349.51
	纺织服装、服饰业	C18	509.07	155.01	245.40
	皮革、毛皮、羽毛及其制品和制鞋业	C19	297.95	—	100.89
	木材加工和木、竹、藤、棕、草制品业	C20	1 687.34	149.22	786.08
	家具制造业	C21	415.66	38.92	272.99
	造纸和纸制品业	C22	438.13	4.93	348.37
	印刷和记录媒介复制业	C23	188.12	—	201.25
	文教、工美、体育和娱乐用品制造业	C24	211.25	15.59	90.33
	石油加工、炼焦和核燃料加工业	C25	4 437.84	—	2 511.97
	化学纤维制造业	C28	100.18	—	127.52
	橡胶和塑料制品业	C29	1 535.41	59.41	1 330.54
	非金属矿物制品业	C30	4 359.80	118.87	3 615.38
	黑色金属冶炼和压延加工业	C31	4 026.28	373.97	7 011.07
	有色金属冶炼和压延加工业	C32	1 014.99	38.53	2 019.60
	金属制品业	C33	1 650.03	70.22	1 359.26
	其他制造业	C41	112.76	—	101.67

注：为了更加全面地反映先进制造业的状况，课题组一并给出了传统制造业的相关情况，下同。

资料来源：由《中国工业统计年鉴（2016）》整理计算得到。

（亿元）

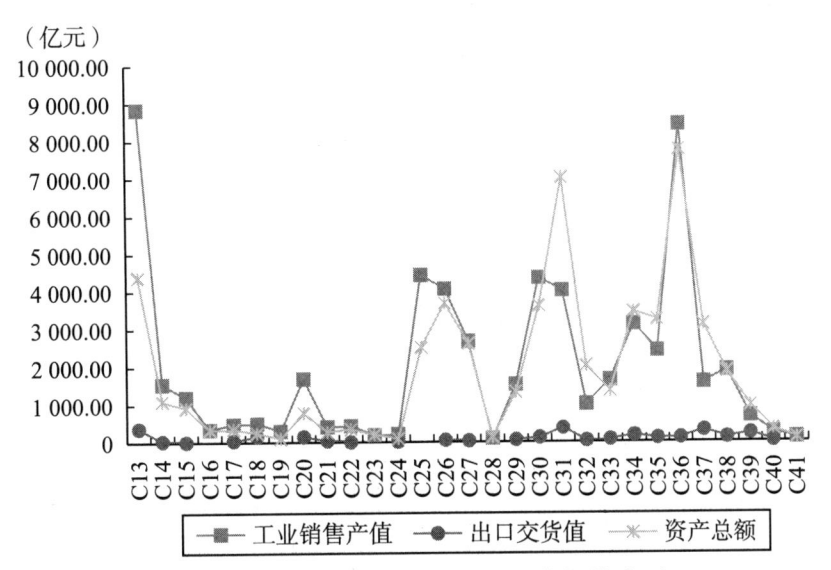

图 2-9 2015年东北制造业行业规模水平

注：为了更加全面地反映先进制造业的状况，笔者一并给出了传统制造业的相关情况，由于涉及行业较多，为了作图的方便，用行业代码进行图形说明，下同。

资料来源：根据《中国工业统计年鉴（2016）》整理计算绘制而成。

（二）质量效益状况分析

由表 2-42、图 2-10 提供的信息分析来看，2015 年东北制造业各行业的全员劳动生产率差距明显，排名前五位的行业依次是石油加工、炼焦和核燃料加工业（C25），烟草制品业（C16），汽车制造业（C36），农副食品加工业（C13），皮革、毛皮、羽毛及其制品和制鞋业（C19），其中先进制造业占两席；排名后五位的行业依次是纺织服装、服饰业（C18），纺织业（C17），化学纤维制造业（C28），仪器仪表制造业（C40），其他制造业（C41），其中先进制造业占一席；全员劳动生产率最高的行业与最低的行业之间的差值达 235.06 万元/人，表明东北制造业各行业的质量效益水平差距正在逐渐加大。

表 2-42　　　　　2015年东北制造业行业质量效益情况　　　　单位：万元/人

先进制造业	全员劳动生产率	传统制造业	全员劳动生产率	传统制造业	全员劳动生产率
计算机、通信和其他电子设备制造业	83.29	农副食品加工业	187.52	文教、工美、体育和娱乐用品制造业	97.35
烟草制品业	275.17	食品制造业	135.43	石油加工、炼焦和核燃料加工业	284.29

续表

先进制造业	全员劳动生产率	传统制造业	全员劳动生产率	传统制造业	全员劳动生产率
电气机械和器材制造业	119.42	酒、饮料和精制茶制造业	105.17	化学纤维制造业	67.69
汽车制造业	192.05	纺织业	52.60	橡胶和塑料制品业	100.35
仪器仪表制造业	71.04	纺织服装、服饰业	49.23	非金属矿物制品业	132.28
铁路、船舶、航空航天和其他运输设备制造业	93.59	皮革、毛皮、羽毛及其制品和制鞋业	185.06	黑色金属冶炼和压延加工业	108.97
医药制造业	114.47	木材加工和木、竹、藤、棕、草制品业	134.77	有色金属冶炼和压延加工业	138.28
通用设备制造业	90.38	家具制造业	78.57	金属制品业	96.16
专用设备制造业	114.78	造纸和纸制品业	107.91	其他制造业	73.70
化学原料和化学制品制造业	171.19	印刷和记录媒介复制业	91.77		

资料来源：根据《中国工业统计年鉴（2016）》整理计算得到。

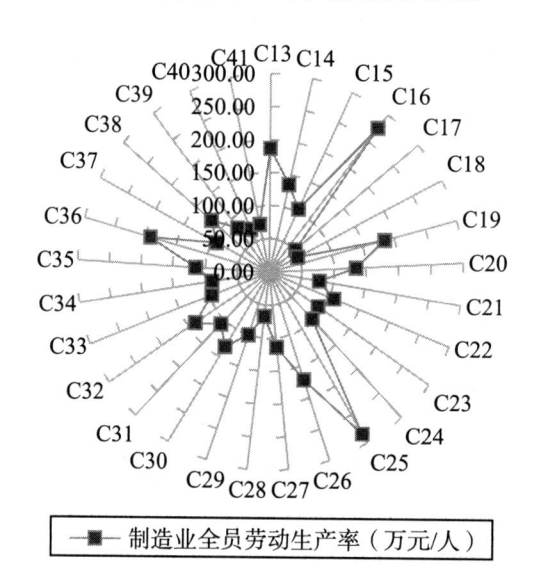

图 2-10　2015 年东北制造业行业质量效益

资料来源：根据《中国工业统计年鉴（2016）》整理计算绘制而成。

(三) 管理效益状况分析

对于东北老工业基地而言，制造业管理效益水平的提升直接关乎其先进性水平的提升，从资产负债率与流动资产周转率角度可以衡量制造业的管理效益水平。从表2-43、图2-11提供的信息来看，得益于供给侧结构性改革与新一轮老工业基地振兴的推进，2015年东北制造业各行业的管理效益水平呈现向好趋势。资产负债率处于前五位的行业依次是黑色金属冶炼和压延加工业（C31），石油加工、炼焦和核燃料加工业（C25），铁路、船舶、航空航天和其他运输设备制造业（C37），有色金属冶炼和压延加工业（C32），化学纤维制造业（C28），其中先进制造业占一席；处于后五位的行业依次是皮革、毛皮、羽毛及其制品和制鞋业（C19），文教、工美、体育和娱乐用品制造业（C24），仪器仪表制造业（C40），医药制造业（C27），木材加工和木、竹、藤、棕、草制品业（C20），其中先进制造业占两席；资产负债率最高的行业黑色金属冶炼和压延加工业（C31）与最低的行业皮革、毛皮、羽毛及其制品和制鞋业（C19）之间差值是37.52%。同时，2015年东北皮革、毛皮、羽毛及其制品和制鞋业（C19），木材加工和木、竹、藤、棕、草制品业（C20），文教、工美、体育和娱乐用品制造业（C24），石油加工、炼焦和核燃料加工业（C25）四个行业的流动资产周转率明显高于其他行业，而其他25个行业之间的流动资产周转率差距不显著。整体来看，东北先进制造业的资产负债率行业差异性较大，而流动资产周转率低于传统制造业。

表2-43　　　　　　2015年东北制造业行业管理效益情况

	行业名称	资产负债率（%）	流动资产周转率（次/年）
先进制造业	计算机、通信和其他电子设备制造业	45.06	1.24
	烟草制品业	52.18	1.54
	电气机械和器材制造业	53.30	1.79
	汽车制造业	58.90	2.02
	仪器仪表制造业	38.26	1.21
	铁路、船舶、航空航天和其他运输设备制造业	68.64	0.79
	医药制造业	38.49	2.08
	通用设备制造业	58.95	1.44
	专用设备制造业	63.42	1.13
	化学原料和化学制品制造业	62.77	2.47

续表

	行业名称	资产负债率（%）	流动资产周转率（次/年）
传统制造业	农副食品加工业	56.51	3.89
	食品制造业	45.96	2.62
	酒、饮料和精制茶制造业	50.21	3.40
	纺织业	46.97	3.26
	纺织服装、服饰业	48.58	3.53
	皮革、毛皮、羽毛及其制品和制鞋业	33.53	6.35
	木材加工和木、竹、藤、棕、草制品业	40.63	6.21
	家具制造业	44.57	3.01
	造纸和纸制品业	51.16	3.30
	印刷和记录媒介复制业	44.96	2.18
	文教、工美、体育和娱乐用品制造业	34.25	5.21
	石油加工、炼焦和核燃料加工业	69.45	4.94
	化学纤维制造业	65.64	1.80
	橡胶和塑料制品业	50.20	2.48
	非金属矿物制品业	57.96	2.41
	黑色金属冶炼和压延加工业	71.05	1.64
	有色金属冶炼和压延加工业	66.02	0.92
	金属制品业	55.29	2.18
	其他制造业	54.88	2.16

资料来源：根据《中国工业统计年鉴（2016）》整理计算得到。

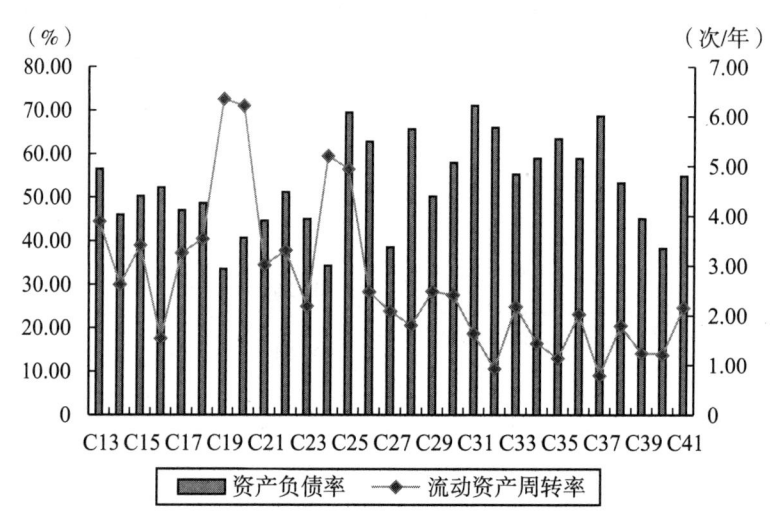

图 2-11　2015 年东北制造业行业管理效益

资料来源：根据《中国工业统计年鉴（2016）》整理计算绘制而成。

（四）国际竞争状况分析

国际竞争水平是衡量制造业先进性的重要维度，对国际竞争水平的测度可以选取不同的指标作为依据，本部分从行业国际销售率角度考察东北制造业细分行业的国际竞争水平，如表2-44、图2-12所示。2015年东北地区制造业各行业国际销售率差异明显，排前五位的行业依次是计算机、通信和其他电子设备制造业（C39），纺织服装、服饰业（C18），铁路、船舶、航空航天和其他运输设备制造业（C37），仪器仪表制造业（C40），家具制造业（C21），其中先进制造业占了三位；排后五位的行业依次是酒、饮料和精制茶制造业（C15），造纸和纸制品业（C22），医药制造业（C27），化学原料和化学制品制造业（C26），汽车制造业（C36），先进制造业同样占了三位；这说明东北先进制造业行业发展不平衡，行业差距显著，国际竞争水平亟待提升。

表2-44　　　　2015年东北制造业行业国际竞争情况　　　　单位：%

先进制造业	行业国际销售率	传统制造业	行业国际销售率	传统制造业	行业国际销售率
计算机、通信和其他电子设备制造业	32.95	农副食品加工业	4.18	文教、工美、体育和娱乐用品制造业	7.38
烟草制品业	—	食品制造业	2.33	石油加工、炼焦和核燃料加工业	—
电气机械和器材制造业	6.26	酒、饮料和精制茶制造业	0.85	化学纤维制造业	—
汽车制造业	1.33	纺织业	8.80	橡胶和塑料制品业	3.87
仪器仪表制造业	9.98	纺织服装、服饰业	30.45	非金属矿物制品业	2.73
铁路、船舶、航空航天和其他运输设备制造业	19.38	皮革、毛皮、羽毛及其制品和制鞋业	—	黑色金属冶炼和压延加工业	9.29
医药制造业	1.29	木材加工和木、竹、藤、棕、草制品业	8.84	有色金属冶炼和压延加工业	3.80
通用设备制造业	5.61	家具制造业	9.36	金属制品业	4.26
专用设备制造业	4.21	造纸和纸制品业	1.13	其他制造业	—
化学原料和化学制品制造业	1.32	印刷和记录媒介复制业	—		

资料来源：根据《中国工业统计年鉴（2016）》整理计算得到。

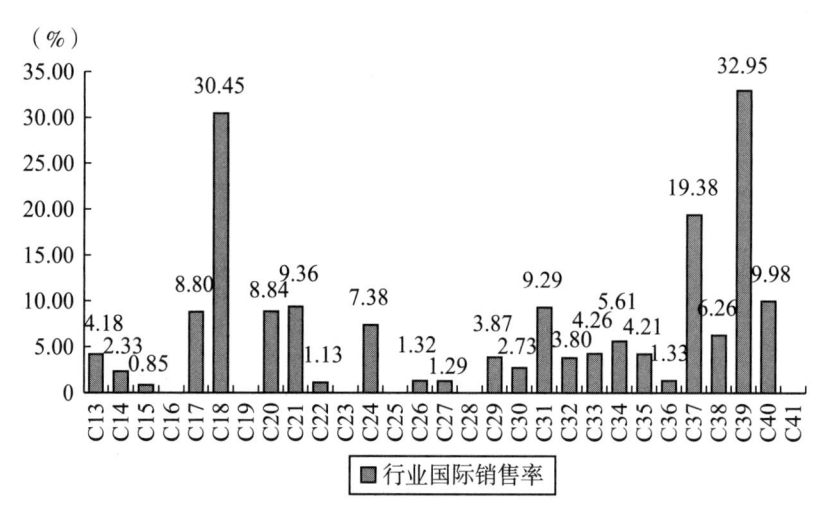

图 2-12 2015 年东北制造业行业国际竞争水平

资料来源：根据《中国工业统计年鉴（2016）》整理计算绘制而成。

三、京津冀地区先进制造业行业状况分析

（一）规模状况分析

由表 2-45、图 2-13 反映的信息可以看出，2015 年三项规模指标在京津冀制造业各行业的分布呈现差异化特征。其中，出口交货值除先进制造业中的计算机、通信和其他电子设备制造业（C39）达 2 049.14 亿元外，其他各行业的数值均较小且差距不大。工业销售产值与资产总额的行业分布差距显著，黑色金属冶炼及压延加工业（C31）处于第一层级，汽车制造业（C36），计算机、通信和其他电子设备制造业（C39），化学原料和化学制品制造业（C26），金属制品业（C33），通用设备制造业（C34），专用设备制造业（C35），电气机械和器材制造业（C38）处于第二层级，这一层级的行业主要是先进制造业，其他行业处于第三层级。

表 2-45　　2015 年京津冀地区制造业行业规模情况　　单位：亿元

	行业名称	行业代码	工业销售产值	出口交货值	资产总额
先进制造业	计算机、通信和其他电子设备制造业	C39	5 094.08	2 049.14	5 181.68
	烟草制品业	C16	278.31	—	210.03
	电气机械和器材制造业	C38	3 919.51	305.50	3 757.33
	汽车制造业	C36	8 385.73	205.26	7 130.53
	仪器仪表制造业	C40	437.46	31.27	742.67
	铁路、船舶、航空航天和其他运输设备制造业	C37	2 108.15	105.28	2 286.23
	医药制造业	C27	1 949.28	118.91	3 016.10
	通用设备制造业	C34	3 005.95	287.07	3 049.50
	专用设备制造业	C35	3 089.03	205.40	4 516.63
传统制造业	化学原料和化学制品制造业	C26	4 327.08	186.72	4 072.13
	农副食品加工业	C13	3 494.48	91.50	2 376.88
	食品制造业	C14	2 652.02	66.30	1 586.20
	酒、饮料和精制茶制造业	C15	835.48	7.57	1 063.20
	纺织业	C17	1 781.94	63.75	957.04
	纺织服装、服饰业	C18	898.12	141.90	571.37
	皮革、毛皮、羽毛及其制品和制鞋业	C19	1 429.31	118.83	504.39
	木材加工和木、竹、藤、棕、草制品业	C20	308.49	3.96	166.61
	家具制造业	C21	483.86	—	383.23
	造纸和纸制品业	C22	793.06	18.04	651.87
	印刷和记录媒介复制业	C23	543.42	4.49	495.37
	文教、工美、体育和娱乐用品制造业	C24	999.50	163.19	409.29
	石油加工、炼焦和核燃料加工业	C25	3 647.11	—	2 178.55
	化学纤维制造业	C28	111.11	—	73.42
	橡胶和塑料制品业	C29	2 033.54	103.56	1 453.16
	非金属矿物制品业	C30	2 761.45	92.83	3 733.09
	黑色金属冶炼和压延加工业	C31	14 388.96	550.21	15 762.85
	有色金属冶炼和压延加工业	C32	1 459.67	38.65	725.10
	金属制品业	C33	4 347.59	207.93	3 361.15
	其他制造业	C41	254.30	29.92	238.53

资料来源：根据《中国工业统计年鉴（2016）》整理计算得到。

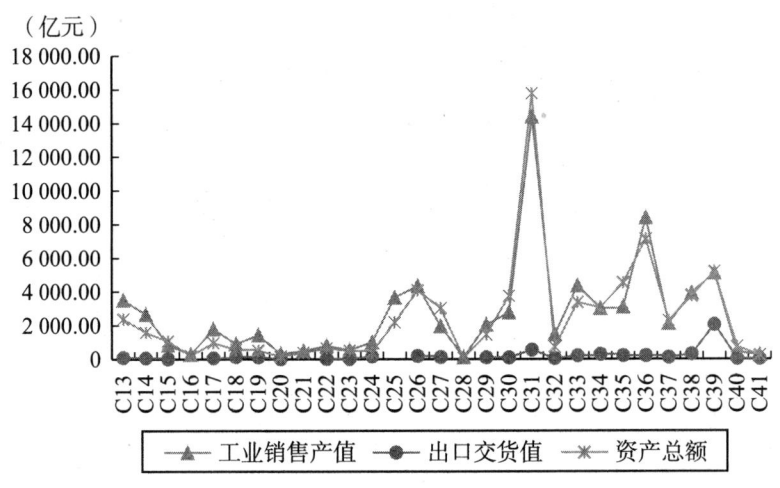

```
(亿元)
18 000.00
16 000.00
14 000.00
12 000.00
10 000.00
 8 000.00
 6 000.00
 4 000.00
 2 000.00
     0.00
     C13 C14 C15 C16 C17 C18 C19 C20 C21 C22 C23 C24 C25 C26 C27 C28 C29 C30 C31 C32 C33 C34 C35 C36 C37 C38 C39 C40 C41
          ▲ 工业销售产值    ● 出口交货值    ✳ 资产总额
```

图 2－13　2015 年京津冀制造业行业规模水平

资料来源：根据《中国工业统计年鉴（2016）》整理计算绘制而成。

（二）质量效益状况分析

由表 2－46、图 2－14 提供的信息分析来看，2015 年京津冀制造业各行业的全员劳动生产率差距明显，排名前五位的行业依次是石油加工、炼焦和核燃料加工业（C25），烟草制品业（C16），有色金属冶炼和压延加工业（C32），黑色金属冶炼和压延加工业（C31），农副食品加工业（C13），其中先进制造业占了一位；排名后五位的行业依次是纺织服装、服饰业（C18），仪器仪表制造业（C40），皮革、毛皮、羽毛及其制品和制鞋业（C19），印刷和记录媒介复制业（C23），家具制造业（C21），先进制造业同样占了一位；全员劳动生产率最高的行业与最低的行业之间的差值达 364.47 万元/人，表明京津冀制造业各行业的质量效益水平差距正在逐渐加大。

表 2－46　　2015 年京津冀制造业行业质量效益情况　　　　单位：万元/人

先进制造业	全员劳动生产率	传统制造业	全员劳动生产率	传统制造业	全员劳动生产率
计算机、通信和其他电子设备制造业	134.59	农副食品加工业	183.15	文教、工美、体育和娱乐用品制造业	112.81
烟草制品业	381.25	食品制造业	130.96	石油加工、炼焦和核燃料加工业	408.41
电气机械和器材制造业	141.96	酒、饮料和精制茶制造业	99.46	化学纤维制造业	83.54
汽车制造业	179.22	纺织业	86.67	橡胶和塑料制品业	103.96

续表

先进制造业	全员劳动生产率	传统制造业	全员劳动生产率	传统制造业	全员劳动生产率
仪器仪表制造业	71.83	纺织服装、服饰业	43.94	非金属矿物制品业	84.53
铁路、船舶、航空航天和其他运输设备制造业	125.34	皮革、毛皮、羽毛及其制品和制鞋业	73.98	黑色金属冶炼和压延加工业	196.17
医药制造业	89.29	木材加工和木、竹、藤、棕、草制品业	108.24	有色金属冶炼和压延加工业	266.36
通用设备制造业	103.90	家具制造业	77.42	金属制品业	128.21
专用设备制造业	95.46	造纸和纸制品业	112.33	其他制造业	81.25
化学原料和化学制品制造业	147.13	印刷和记录媒介复制业	76.86		

资料来源：根据《中国工业统计年鉴（2016）》整理计算得到。

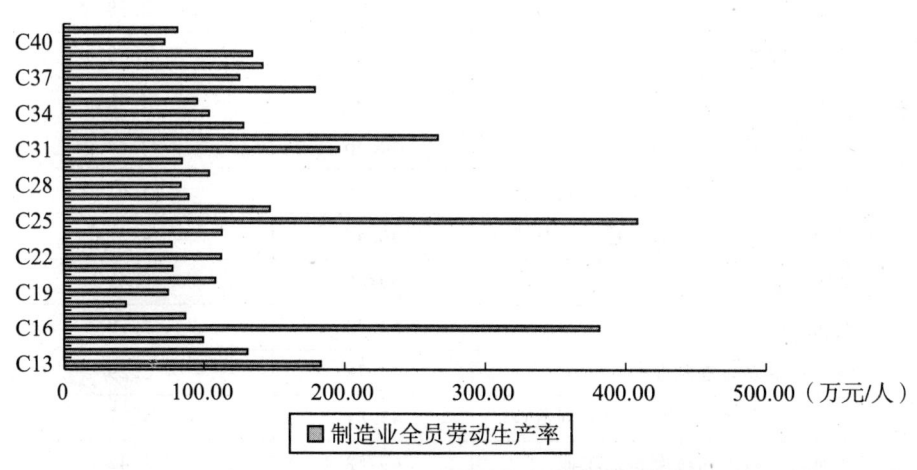

图2-14　2015年京津冀制造业行业质量效益

资料来源：根据《中国工业统计年鉴（2016）》整理计算绘制而成。

（三）管理效益状况分析

管理效益水平的高低直接影响到制造业先进性水平的高低。表2-47、图2-15从资产负债率和流动资产周转率角度反映了2015年京津冀制造业各行业的管理效益水平，资产负债率排名前五位的行业依次是石油加工、炼焦和核燃料加工业（C25），黑色金属冶炼和压延加工业（C31），铁路、船舶、航空航天和其他运输设备制造业（C37），有色金属冶炼和压延加工业（C32），家具制造业（C21），其中

表 2-47　　2015年京津冀制造业行业管理效益情况

	行业名称	资产负债率（%）	流动资产周转率（次/年）
先进制造业	计算机、通信和其他电子设备制造业	51.88	1.69
	烟草制品业	43.15	1.84
	电气机械和器材制造业	55.26	1.65
	汽车制造业	56.90	2.10
	仪器仪表制造业	45.56	0.93
	铁路、船舶、航空航天和其他运输设备制造业	63.01	1.41
	医药制造业	43.22	1.32
	通用设备制造业	48.23	1.62
	专用设备制造业	48.67	1.18
传统制造业	化学原料和化学制品制造业	56.63	2.39
	农副食品加工业	58.55	2.58
	食品制造业	44.56	3.38
	酒、饮料和精制茶制造业	48.17	1.80
	纺织业	46.42	4.46
	纺织服装、服饰业	42.36	2.37
	皮革、毛皮、羽毛及其制品和制鞋业	32.26	8.62
	木材加工和木、竹、藤、棕、草制品业	46.47	4.22
	家具制造业	59.00	2.41
	造纸和纸制品业	54.70	2.59
	印刷和记录媒介复制业	43.28	2.29
	文教、工美、体育和娱乐用品制造业	45.81	4.37
	石油加工、炼焦和核燃料加工业	69.52	3.42
	化学纤维制造业	53.11	3.94
	橡胶和塑料制品业	47.32	2.76
	非金属矿物制品业	58.60	1.51
	黑色金属冶炼和压延加工业	68.50	2.58
	有色金属冶炼和压延加工业	60.69	3.78
	金属制品业	47.84	2.62
	其他制造业	43.93	1.93

资料来源：根据《中国工业统计年鉴（2016）》整理计算得到。

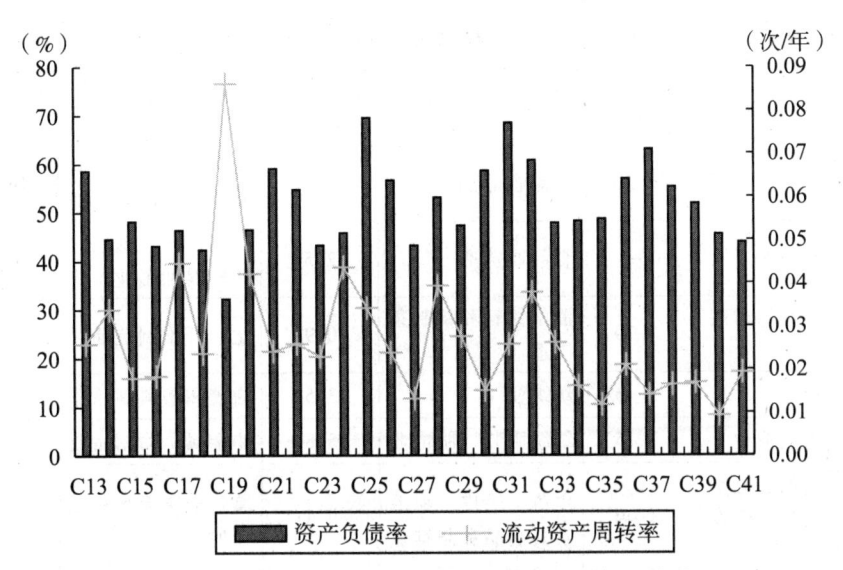

图 2-15　2015 年京津冀制造业行业管理效益

资料来源：根据《中国工业统计年鉴（2016）》整理计算绘制而成。

先进制造业占了一位；排名后五位的行业依次是皮革、毛皮、羽毛及其制品和制鞋业（C19），纺织服装、服饰业（C18），烟草制品业（C16），医药制造业（C27），印刷和记录媒介复制业（C23），其中先进制造业占了两位；29 个行业中资产负债率最高与最低行业之间的差值是 37.26 个百分点。流动资产周转率方面，皮革、毛皮、羽毛及其制品和制鞋业（C19）绝对领先于其他 28 个行业，数值达到 8.62 次/年，与最低行业仪器仪表制造业（C36）之间的差值达到 7.69 次/年，表明京津冀制造业管理效益水平的行业差距正在拉大。

（四）国际竞争状况分析

表 2-48、图 2-16 反映的是 2015 年京津冀制造业细分行业的国际竞争水平，国际销售率排名前五位的行业依次是计算机、通信和其他电子设备制造业（C39），文教、工美、体育和娱乐用品制造业（C24），纺织服装、服饰业（C18），其他制造业（C41），通用设备制造业（C34），其中先进制造业有两个；排名后五位的行业依次是印刷和记录媒介复制业（C23），酒、饮料和精制茶制造业（C15），木材加工和木、竹、藤、棕、草制品业（C20），造纸和纸制品业（C22），汽车制造业（C36），其中先进制造业有一个；京津冀制造业细分行业的行业国际销售率差距十分明显，最高的计算机、通信和其他电子设备制造业（C39）与最低的印刷和记录媒介复制业（C23）之间差值达 39.4 个百分点，说明京津冀制造业在国际竞争中各行业优势不同，这为京津冀地区在国际竞争中发展优势行业与规避劣势行业提供了重要参考。

表 2-48　　　　　　　2015 年京津冀制造业行业国际竞争情况　　　　　单位：%

先进制造业	行业国际销售率	传统制造业	行业国际销售率	传统制造业	行业国际销售率
计算机、通信和其他电子设备制造业	40.23	农副食品加工业	2.62	文教、工美、体育和娱乐用品制造业	16.33
烟草制品业	—	食品制造业	2.50	石油加工、炼焦和核燃料加工业	—
电气机械和器材制造业	7.79	酒、饮料和精制茶制造业	0.91	化学纤维制造业	—
汽车制造业	2.45	纺织业	3.58	橡胶和塑料制品业	5.09
仪器仪表制造业	7.15	纺织服装、服饰业	15.80	非金属矿物制品业	3.36
铁路、船舶、航空航天和其他运输设备制造业	4.99	皮革、毛皮、羽毛及其制品和制鞋业	8.31	黑色金属冶炼和压延加工业	3.82
医药制造业	6.10	木材加工和木、竹、藤、棕、草制品业	1.28	有色金属冶炼和压延加工业	2.65
通用设备制造业	9.55	家具制造业	—	金属制品业	4.78
专用设备制造业	6.65	造纸和纸制品业	2.27	其他制造业	11.77
化学原料和化学制品制造业	4.32	印刷和记录媒介复制业	0.83		

资料来源：根据《中国工业统计年鉴（2016）》整理计算得到。

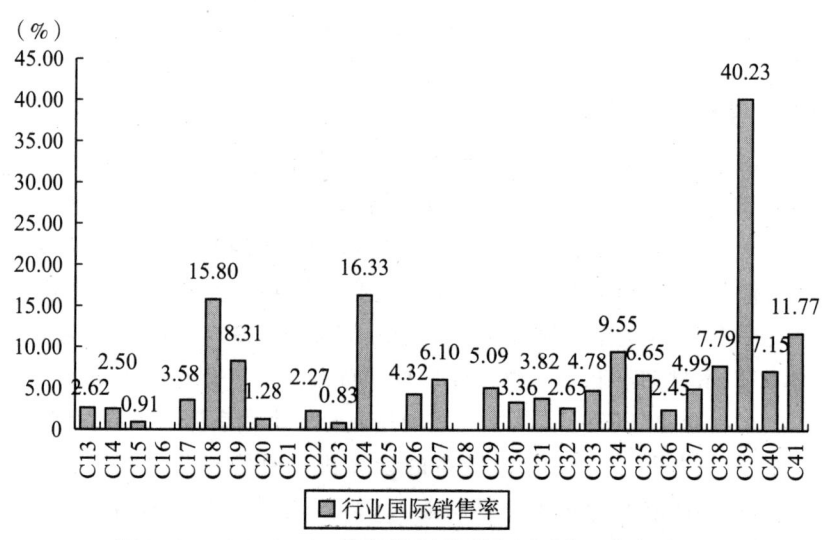

图 2-16　2015 年京津冀制造业行业国际竞争水平

资料来源：根据《中国工业统计年鉴（2016）》整理计算绘制而成。

四、长三角地区先进制造业行业状况分析

(一) 规模状况分析

由表 2-49、图 2-17 反映的信息可以看出,2015 年长三角地区制造业各行业的规模状况呈现以下特点:

表 2-49　　2015 年长三角地区制造业行业规模情况　　　　单位:亿元

	行业名称	行业代码	工业销售产值	出口交货值	资产总额
先进制造业	计算机、通信和其他电子设备制造业	C39	26 514.37	15 859.35	18 281.47
	烟草制品业	C16	2 022.32	14.72	2 266.91
	电气机械和器材制造业	C38	24 249.01	4 158.88	20 293.35
	汽车制造业	C36	15 558.55	1 045.65	14 768.89
	仪器仪表制造业	C40	4 478.55	662.07	3 859.32
	铁路、船舶、航空航天和其他运输设备制造业	C37	6 003.34	1 891.52	6 642.54
	医药制造业	C27	5 236.55	526.30	5 276.50
	通用设备制造业	C34	15 312.21	2 557.81	15 984.08
	专用设备制造业	C35	8 468.99	1 343.96	8 504.19
	化学原料和化学制品制造业	C26	24 207.74	1 809.82	18 857.39
传统制造业	农副食品加工业	C13	5 968.70	290.29	2 777.18
	食品制造业	C14	2 079.40	227.00	2 025.88
	酒、饮料和精制茶制造业	C15	1 641.01	38.11	1 809.50
	纺织业	C17	13 022.30	1 909.70	9 803.95
	纺织服装、服饰业	C18	7 131.82	2 023.66	5 326.46
	皮革、毛皮、羽毛及其制品和制鞋业	C19	2 616.05	796.11	1 696.17
	木材加工和木、竹、藤、棕、草制品业	C20	2 801.92	237.85	1 308.09
	家具制造业	C21	1 458.61	590.07	1 309.76
	造纸和纸制品业	C22	3 065.96	211.74	3 639.73
	印刷和记录媒介复制业	C23	1 356.63	137.75	1 373.06
	文教、工美、体育和娱乐用品制造业	C24	3 795.54	1 143.59	2 314.55

续表

	行业名称	行业代码	工业销售产值	出口交货值	资产总额
传统制造业	石油加工、炼焦和核燃料加工业	C25	4 647.95	116.48	2 027.62
	化学纤维制造业	C28	5 071.93	361.37	4 528.48
	橡胶和塑料制品业	C29	6 552.58	1 121.65	5 827.15
	非金属矿物制品业	C30	7 206.04	376.48	6 846.56
	黑色金属冶炼和压延加工业	C31	12 465.50	736.57	10 240.24
	有色金属冶炼和压延加工业	C32	6 852.68	342.91	3 740.03
	金属制品业	C33	9 364.84	1 444.54	7 308.64
	其他制造业	C41	660.88	181.05	486.14

资料来源：根据《中国工业统计年鉴（2016）》整理计算得到。

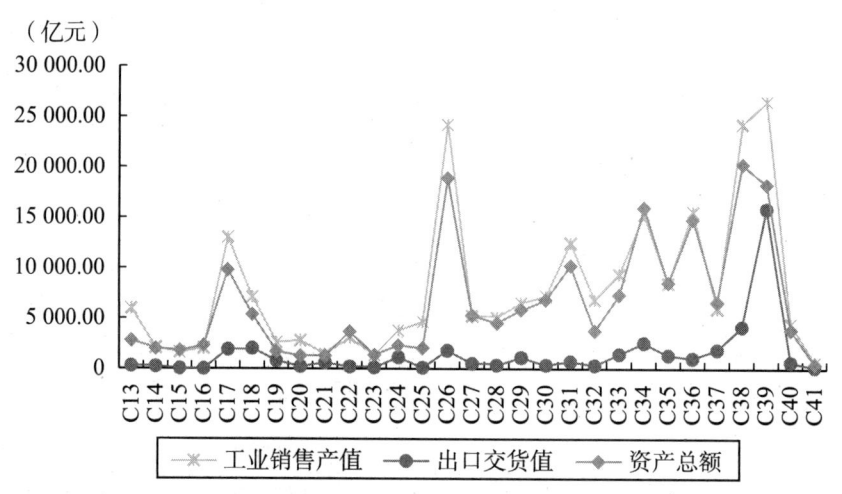

图 2-17　2015 年长三角制造业行业规模水平

资料来源：根据《中国工业统计年鉴（2016）》整理计算绘制而成。

一是先进制造业规模水平领先传统制造业，行业规模差距明显，层次分明。先进制造业中的计算机、通信和其他电子设备制造业（C39），电气机械和器材制造业（C38），化学原料和化学制品制造业（C26）的规模水平处于第一梯队；纺织业（C17），黑色金属冶炼及压延加工业（C31），通用设备制造业（C34），汽车制造业（C36）的规模水平处于第二梯队；其中先进制造业占两席，其他行业的规模水平处于第三梯队。

二是制造业各行业内三项规模指标之间的差距不同。从图 2-17 的分析来看，制造业各行业内出口交货值与工业销售产值和资产总额之间的水平差值明显大于工业销售产值与资产总额之间的水平差值。

（二）质量效益状况分析

由表 2-50、图 2-18 提供的信息分析来看，2015 年长三角制造业各行业的全员劳动生产率差距明显，烟草制品业（C16）与石油加工、炼焦和核燃料加工业（C25）两个行业绝对领先于其他 27 个行业，劳动生产率分别达 1 330.47 万元/人和 705.30 万元/人。其他行业之间的劳动生产率差距不是很大。这表明长三角制造业各行业的质量效益水平分化趋势明显，行业间劳动生产率不平衡现象突出。

表 2-50　　2015 年长三角制造业行业质量效益情况　　单位：万元/人

先进制造业	全员劳动生产率	传统制造业	全员劳动生产率	传统制造业	全员劳动生产率
计算机、通信和其他电子设备制造业	101.29	农副食品加工业	176.07	文教、工美、体育和娱乐用品制造业	72.12
烟草制品业	1 330.47	食品制造业	86.53	石油加工、炼焦和核燃料加工业	705.30
电气机械和器材制造业	118.74	酒、饮料和精制茶制造业	113.88	化学纤维制造业	173.04
汽车制造业	148.57	纺织业	80.57	橡胶和塑料制品业	80.98
仪器仪表制造业	108.60	纺织服装、服饰业	51.92	非金属矿物制品业	110.49
铁路、船舶、航空航天和其他运输设备制造业	115.52	皮革、毛皮、羽毛及其制品和制鞋业	49.63	黑色金属冶炼和压延加工业	229.06
医药制造业	127.01	木材加工和木、竹、藤、棕、草制品业	108.56	有色金属冶炼和压延加工业	249.01
通用设备制造业	92.55	家具制造业	55.40	金属制品业	90.95
专用设备制造业	4.17	造纸和纸制品业	115.22	其他制造业	56.01
化学原料和化学制品制造业	227.41	印刷和记录媒介复制业	66.60		

资料来源：根据《中国工业统计年鉴（2016）》整理计算得到。

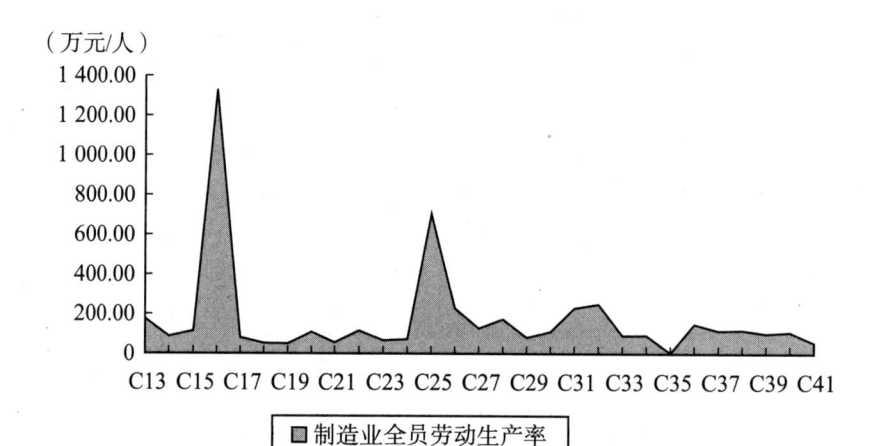

图 2-18　2015 年长三角制造业行业质量效益

资料来源：根据《中国工业统计年鉴（2016）》整理计算绘制而成。

（三）管理效益状况分析

在推进传统产业改造提升，制造业强基固本，企业创新活力增强的背景下，长三角制造业各行业的管理效益水平提高效果明显。从表 2-51、图 2-19 提供的信息分析来看，2015 年长三角资产负债率排名前五位的行业依次是铁路、船舶、航空航天和其他（C37），有色金属冶炼和压延加工业（C32），家具制造业（C21），化学纤维制造业（C28），纺织业（C17），其中先进制造业有一个；排名后五位的行业依次是烟草制品业（C16），医药制造业（C27），木材加工和木、竹、藤、棕、草制品业（C20），仪器仪表制造业（C40），橡胶和塑料制品业（C29），其中先进制造业有三个；29 个行业中资产负债率最高与最低行业之间的差值是 52.08%，除烟草制品业（C16）外，其他行业的资产负债率差距不是很大。在流动资产周转率方面，石油加工、炼焦和核燃料加工业（C25）领先于其他 28 个行业，数值达到 5.52 次/年，与最低行业烟草制品业（C16）之间的差值达到 4.37 次/年，除石油加工、炼焦和核燃料加工业（C25），木材加工和木、竹、藤、棕、草制品业（C20），农副食品加工业（C13）外，其他行业的流动资产周转率差距并不大，表明长三角传统制造业管理效益水平正在逐步提升。

表2-51　　2015年长三角制造业行业管理效益情况

	行业名称	资产负债率（%）	流动资产周转率（次/年）
先进制造业	计算机、通信和其他电子设备制造业	51.69	2.34
	烟草制品业	14.82	1.15
	电气机械和器材制造业	55.17	1.84
	汽车制造业	53.01	2.01
	仪器仪表制造业	45.55	1.83
	铁路、船舶、航空航天和其他运输设备制造业	66.90	1.42
	医药制造业	40.10	1.84
	通用设备制造业	53.26	1.55
	专用设备制造业	53.36	1.56
	化学原料和化学制品制造业	51.05	2.68
传统制造业	农副食品加工业	54.71	4.06
	食品制造业	51.42	1.98
	酒、饮料和精制茶制造业	50.13	1.71
	纺织业	58.30	2.32
	纺织服装、服饰业	52.87	2.23
	皮革、毛皮、羽毛及其制品和制鞋业	53.33	2.25
	木材加工和木、竹、藤、棕、草制品业	44.75	4.06
	家具制造业	60.32	1.75
	造纸和纸制品业	54.88	1.58
	印刷和记录媒介复制业	49.38	1.78
	文教、工美、体育和娱乐用品制造业	54.94	2.79
	石油加工、炼焦和核燃料加工业	52.28	5.52
	化学纤维制造业	59.73	2.28
	橡胶和塑料制品业	49.16	1.99
	非金属矿物制品业	57.63	1.83
	黑色金属冶炼和压延加工业	57.11	2.85
	有色金属冶炼和压延加工业	62.11	2.90
	金属制品业	54.37	2.12
	其他制造业	50.64	2.29

资料来源：根据《中国工业统计年鉴（2016）》整理计算得到。

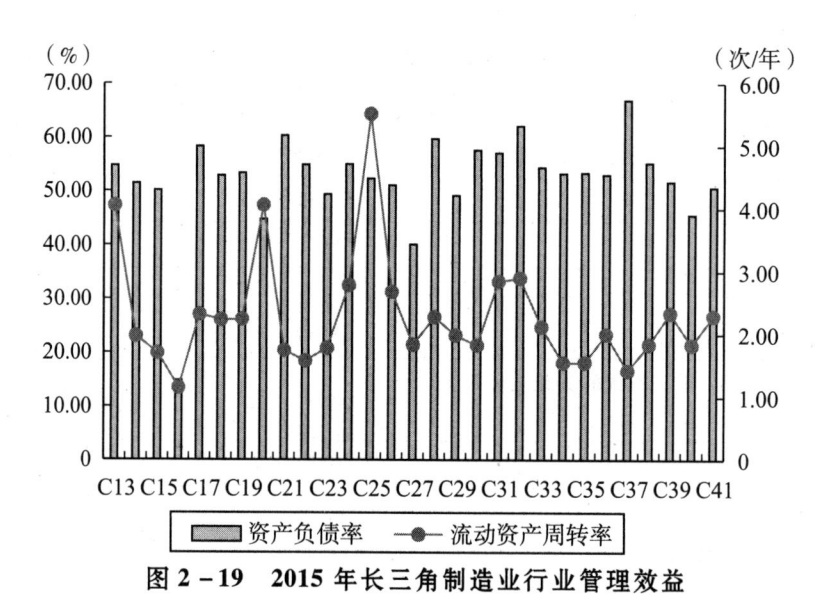

图 2-19 2015 年长三角制造业行业管理效益

资料来源：根据《中国工业统计年鉴（2016）》整理计算绘制而成。

（四）国际竞争状况分析

表 2-52、图 2-20 从行业国际销售率角度反映了长三角制造业各细分行业的国际竞争水平。2015 年长三角制造业各行业的行业国际销售率呈现出明显的差异化特征，排名前五位的行业依次是计算机、通信和其他电子设备制造业（C39），家具制造业（C21），铁路、船舶、航空航天和其他运输设备制造业（C37），皮革、毛皮、羽毛及其制品和制鞋业（C19），文教、工美、体育和娱乐用品制造业（C24），其中先进制造业有两个；排名后五位的行业依次是烟草制品业（C16），酒、饮料和精制茶制造业（C15），石油加工、炼焦和核燃料加工业（C25），农副食品加工业（C13），有色金属冶炼和压延加工业（C32），其中先进制造业有一个；行业国际销售率最高的计算机、通信和其他电子设备制造业（C39）与最低的烟草制品业（C16）之间的差值达到 59.08 个百分点，表明先进制造业行业间的国际竞争力差距巨大。

表 2-52　　2015 年长三角制造业行业国际竞争情况　　单位：%

先进制造业	行业国际销售率	传统制造业	行业国际销售率	传统制造业	行业国际销售率
计算机、通信和其他电子设备制造业	59.81	农副食品加工业	4.86	文教、工美、体育和娱乐用品制造业	30.13
烟草制品业	0.73	食品制造业	10.92	石油加工、炼焦和核燃料加工业	2.51

续表

先进制造业	行业国际销售率	传统制造业	行业国际销售率	传统制造业	行业国际销售率
电气机械和器材制造业	17.15	酒、饮料和精制茶制造业	2.32	化学纤维制造业	7.12
汽车制造业	6.72	纺织业	14.66	橡胶和塑料制品业	17.12
仪器仪表制造业	14.78	纺织服装、服饰业	28.38	非金属矿物制品业	5.22
铁路、船舶、航空航天和其他运输设备制造业	31.51	皮革、毛皮、羽毛及其制品和制鞋业	30.43	黑色金属冶炼和压延加工业	5.91
医药制造业	10.05	木材加工和木、竹、藤、棕、草制品业	8.49	有色金属冶炼和压延加工业	5.00
通用设备制造业	16.70	家具制造业	40.45	金属制品业	15.43
专用设备制造业	15.87	造纸和纸制品业	6.91	其他制造业	27.40
化学原料和化学制品制造业	7.48	印刷和记录媒介复制业	10.15		

资料来源：根据《中国工业统计年鉴（2016）》整理计算得到。

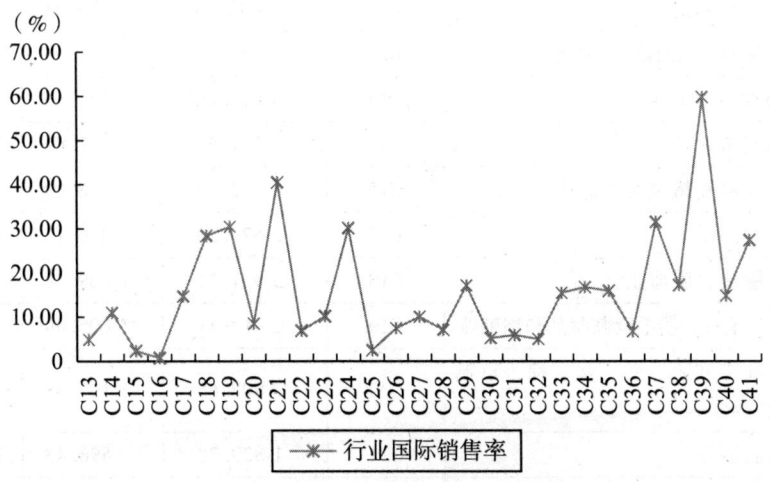

图 2-20　2015 年长三角制造业行业国际竞争水平

资料来源：根据《中国工业统计年鉴（2016）》整理计算绘制而成。

五、珠三角地区先进制造业行业状况分析

(一) 规模状况分析

由表 2-53、图 2-21 反映的信息可以看出,2015 年珠三角地区制造业各行业的规模状况呈现以下特点:

表 2-53　　　　2015 年珠三角地区制造业行业规模情况　　　　单位:亿元

	行业名称	行业代码	工业销售产值	出口交货值	资产总额
先进制造业	计算机、通信和其他电子设备制造业	C39	29 731.72	15 806.15	22 256.73
	烟草制品业	C16	563.61	1.56	527.29
	电气机械和器材制造业	C38	11 869.62	3 843.78	10 079.31
	汽车制造业	C36	5 887.83	454.41	4 239.66
	仪器仪表制造业	C40	841.10	399.69	804.62
	铁路、船舶、航空航天和其他运输设备制造业	C37	1 196.42	446.85	1 074.92
	医药制造业	C27	1 412.55	77.64	1 975.89
	通用设备制造业	C34	3 514.43	1 078.21	2 948.46
	专用设备制造业	C35	2 402.00	573.41	2 470.00
	化学原料和化学制品制造业	C26	6 085.91	452.53	4 274.18
传统制造业	农副食品加工业	C13	3 004.60	230.63	2 039.54
	食品制造业	C14	1 751.52	92.44	1 342.13
	酒、饮料和精制茶制造业	C15	1 112.79	8.09	807.35
	纺织业	C17	2 579.36	496.16	1 376.94
	纺织服装、服饰业	C18	3 951.71	1 009.78	1 872.26
	皮革、毛皮、羽毛及其制品和制鞋业	C19	2 416.31	1 005.69	1 123.63
	木材加工和木、竹、藤、棕、草制品业	C20	808.65	107.58	436.90
	家具制造业	C21	1 829.78	596.48	1 107.42
	造纸和纸制品业	C22	1 913.75	183.54	1 908.63
	印刷和记录媒介复制业	C23	1 175.24	241.02	920.07
	文教、工美、体育和娱乐用品制造业	C24	3 808.44	1 550.45	2 365.51
	石油加工、炼焦和核燃料加工业	C25	2 313.11	3.98	1 185.06

续表

	行业名称	行业代码	工业销售产值	出口交货值	资产总额
传统制造业	化学纤维制造业	C28	124.85	16.44	121.47
	橡胶和塑料制品业	C29	4 739.46	1 090.09	3 091.33
	非金属矿物制品业	C30	4 826.13	470.91	3 577.27
	黑色金属冶炼和压延加工业	C31	2 250.01	115.00	1 818.16
	有色金属冶炼和压延加工业	C32	3 112.68	145.70	1 916.58
	金属制品业	C33	5 645.02	1 320.84	3 207.61
	其他制造业	C41	243.65	101.31	190.35

资料来源：根据《中国工业统计年鉴（2016）》整理计算得到。

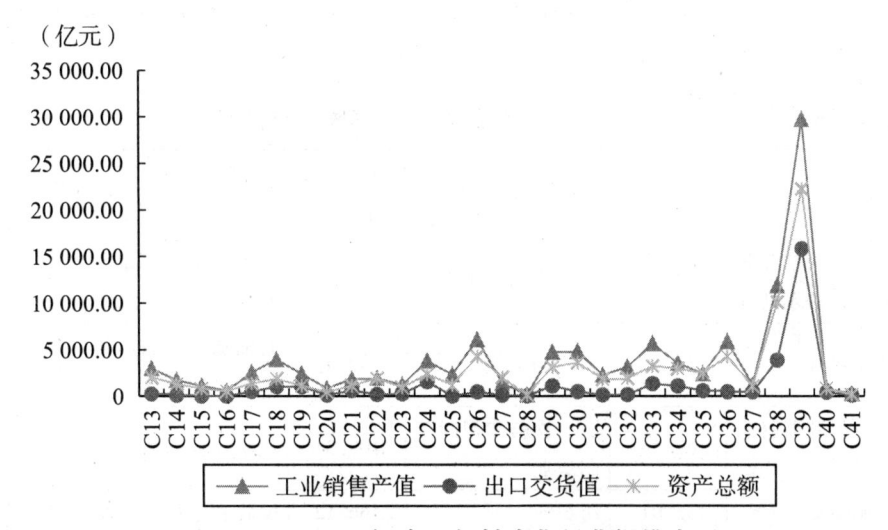

图 2-21　2015 年珠三角制造业行业规模水平

资料来源：根据《中国工业统计年鉴（2016）》整理计算绘制而成。

一是以计算机、通信和其他电子设备制造业（C39）与电气机械和器材制造业（C38）为代表的先进制造业引领珠三角制造业规模水平提升趋势强劲，发展效果显著。2015 年计算机、通信和其他电子设备制造业（C39）的工业销售产值达 29 731.72 亿元，出口交货值达 15 806.15 亿元，资产总额达 22 256.73 亿元，在 29 个行业中独占鳌头；电气机械和器材制造业（C38）的工业销售产值达 11 869.62 亿元，出口交货值达 3 843.78 亿元，资产总额达 10 079.31 亿元，处于珠三角制造业各行业的第二位；这两个行业的规模水平绝对高于其他行业，而其他行业的规模水平差距相对较小。

二是反映规模水平的工业销售产值、出口交货值与资产总额三项指标在行业内表现出高度相关性。2015年珠三角制造业各行业的三项规模指标其中一项的数值高低就意味着其他两项的数值高低,且行业内三项规模指标之间的差距不是很明显。

(二) 质量效益状况分析

质量效益水平提升是制造业提质增效的重要目标维度,表2-54、图2-22从全员劳动生产率角度反映了珠三角制造业各行业的质量效益。从图表信息来看,2015年珠三角先进与传统两类制造业全员劳动生产率在行业间的表现显著不同,前两位的石油加工、炼焦和核燃料加工业(C25)与烟草制品业(C16)的全员劳动生产率高达853.55%与741.59%,而处于末两位的皮革、毛皮、羽毛及其制品和制鞋业(C19)与仪器仪表制造业(C40)的全员劳动生产率则低至32.40%与38.21%,其他行业的质量效益虽有差异,但差值相对较小,整体上先进制造业劳动生产率尚有很大的提升空间。

表2-54　　　　2015年珠三角制造业行业质量效益情况　　　　单位:万元/人

先进制造业	全员劳动生产率	传统制造业	全员劳动生产率	传统制造业	全员劳动生产率
计算机、通信和其他电子设备制造业	87.11	农副食品加工业	172.68	文教、工美、体育和娱乐用品制造业	47.47
烟草制品业	741.59	食品制造业	92.48	石油加工、炼焦和核燃料加工业	853.55
电气机械和器材制造业	67.36	酒、饮料和精制茶制造业	109.31	化学纤维制造业	85.51
汽车制造业	153.01	纺织业	66.72	橡胶和塑料制品业	55.89
仪器仪表制造业	38.21	纺织服装、服饰业	40.35	非金属矿物制品业	78.94
铁路、船舶、航空航天和其他运输设备制造业	84.73	皮革、毛皮、羽毛及其制品和制鞋业	32.40	黑色金属冶炼和压延加工业	205.48
医药制造业	109.58	木材加工和木、竹、藤、棕、草制品业	87.99	有色金属冶炼和压延加工业	207.65
通用设备制造业	74.81	家具制造业	51.56	金属制品业	67.04
专用设备制造业	59.96	造纸和纸制品业	80.95	其他制造业	41.65
化学原料和化学制品制造业	175.59	印刷和记录媒介复制业	50.18		

资料来源:根据《中国工业统计年鉴(2016)》整理计算得到。

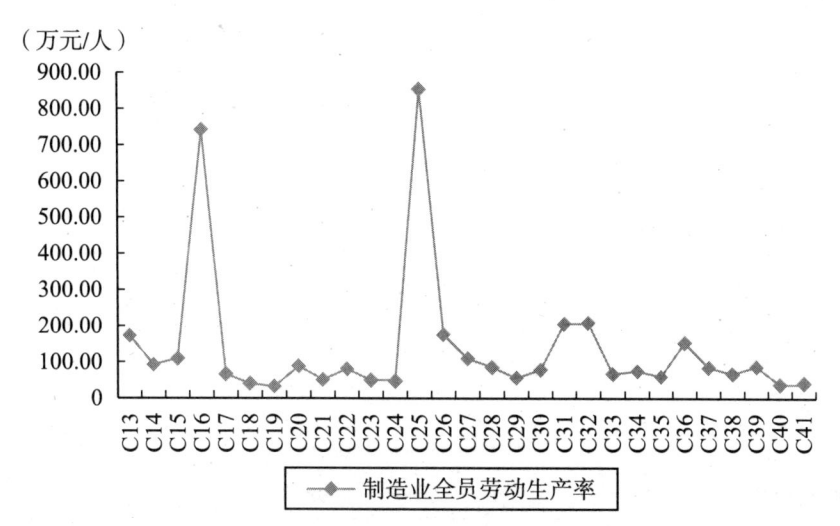

图 2 – 22　2015 年珠三角制造业行业质量效益

资料来源：根据《中国工业统计年鉴（2016）》整理计算绘制而成。

（三）管理效益状况分析

制造业先进性水平的提升有赖于其管理效益水平的提升，而资产负债率与流动资产周转率是衡量制造业管理效益的两个重要指标。从表 2 – 55、图 2 – 23 提供的信息来看，得益于供给侧结构性改革的推进，2015 年珠三角制造业各行业的管理效益水平呈现向好趋势，资产负债率处于前五位的依次是石油加工、炼焦和核燃料加工业（C25），有色金属冶炼和压延加工业（C32），黑色金属冶炼和压延加工业（C31），农副食品加工业（C13），铁路、船舶、航空航天和其他运输设备制造业（C37），其中先进制造业有一个；处于后五位的依次是烟草制品业（C16），医药制造业（C27），仪器仪表制造业（C40），食品制造业（C14），印刷和记录媒介复制业（C23），其中先进制造业有三个；资产负债率最高的石油加工、炼焦和核燃料加工业（C25）与最低的烟草制品业（C16）之间差值是 47.44 个百分点。流动资产周转率处于前五位的依次是石油加工、炼焦和核燃料加工业（C25），黑色金属冶炼和压延加工业（C31），木材加工和木、竹、藤、棕、草制品业（C20），纺织业（C17），纺织服装、服饰业（C18），均为传统制造业；处于后五位的依次是烟草制品业（C16），医药制造业（C27），仪器仪表制造业（C40），专用设备制造业（C35），铁路、船舶、航空航天和其他运输设备制造业（C37），均为先进制造业；流动资产周转率最高的石油加工、炼焦和核燃料加工业（C25）与最低的烟草制品业（C16）之间的差值是 3.81 次/年。

表 2-55　　2015 年珠三角制造业行业管理效益情况

	行业名称	资产负债率（%）	流动资产周转率（次/年）
先进制造业	计算机、通信和其他电子设备制造业	61.38	1.85
	烟草制品业	26.06	1.09
	电气机械和器材制造业	61.77	1.68
	汽车制造业	63.13	2.16
	仪器仪表制造业	43.70	1.50
	铁路、船舶、航空航天和其他运输设备制造业	65.00	1.59
	医药制造业	40.26	1.22
	通用设备制造业	53.98	1.69
	专用设备制造业	50.40	1.54
	化学原料和化学制品制造业	48.62	2.43
传统制造业	农副食品加工业	67.64	2.08
	食品制造业	43.96	2.19
	酒、饮料和精制茶制造业	54.64	2.49
	纺织业	53.00	3.29
	纺织服装、服饰业	53.20	3.24
	皮革、毛皮、羽毛及其制品和制鞋业	52.91	3.03
	木材加工和木、竹、藤、棕、草制品业	52.94	3.57
	家具制造业	52.93	2.59
	造纸和纸制品业	57.58	1.94
	印刷和记录媒介复制业	45.60	2.15
	文教、工美、体育和娱乐用品制造业	60.51	2.18
	石油加工、炼焦和核燃料加工业	73.50	4.90
	化学纤维制造业	45.69	1.99
	橡胶和塑料制品业	50.44	2.63
	非金属矿物制品业	56.59	2.60
	黑色金属冶炼和压延加工业	68.22	3.58
	有色金属冶炼和压延加工业	69.98	2.64
	金属制品业	52.76	3.04
	其他制造业	49.48	2.01

资料来源：根据《中国工业统计年鉴（2016）》整理计算得到。

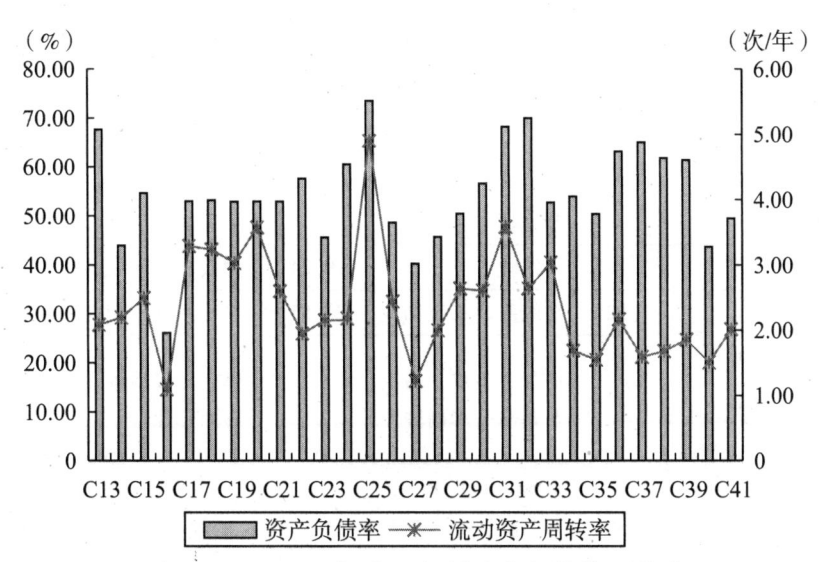

```
 (%)                                    (次/年)
80.00                                    6.00
70.00                                    5.00
60.00                                    4.00
50.00                                    3.00
40.00
30.00                                    2.00
20.00                                    1.00
10.00
   0                                     0
     C13 C15 C17 C19 C21 C23 C25 C27 C29 C31 C33 C35 C37 C39 C41
         ▭ 资产负债率  —*— 流动资产周转率
```

图 2-23　2015 年珠三角制造业行业管理效益

资料来源：根据《中国工业统计年鉴（2016）》整理计算绘制而成。

（四）国际竞争状况分析

表 2-56、图 2-24 提供了 2015 年珠三角制造业细分行业的行业国际销售率情况。从图表信息来看，珠三角制造业各行业的行业国际销售率表现出不同的水平特征，计算机、通信和其他电子设备制造业（C39），仪器仪表制造业（C40），皮革、毛皮、羽毛及其制品和制鞋业（C19），其他制造业（C41），文教、工美、体育和娱乐用品制造业（C24）的行业国际销售率在制造业各行业中居于前五位，其中先进制造业有两个。从数值来看，这五个行业间的国际竞争水平差异不大；而石油加工、炼焦和核燃料加工业（C25），烟草制品业（C16），酒、饮料和精制茶制造业（C15），有色金属冶炼和压延加工业（C32），黑色金属冶炼和压延加工业（C31）的行业国际销售率在制造业各行业中居于后五位，其中先进制造业有一个。从数值来看，这五个行业间的国际竞争水平差异也不大。

表 2-56　　2015 年珠三角制造业行业国际竞争情况　　　　单位：%

先进制造业	行业国际销售率	传统制造业	行业国际销售率	传统制造业	行业国际销售率
计算机、通信和其他电子设备制造业	53.16	农副食品加工业	7.68	文教、工美、体育和娱乐用品制造业	40.71
烟草制品业	0.28	食品制造业	5.28	石油加工、炼焦和核燃料加工业	0.17

续表

先进制造业	行业国际销售率	传统制造业	行业国际销售率	传统制造业	行业国际销售率
电气机械和器材制造业	32.38	酒、饮料和精制茶制造业	0.73	化学纤维制造业	13.17
汽车制造业	7.72	纺织业	19.24	橡胶和塑料制品业	23.00
仪器仪表制造业	47.52	纺织服装、服饰业	25.55	非金属矿物制品业	9.76
铁路、船舶、航空航天和其他运输设备制造业	37.35	皮革、毛皮、羽毛及其制品和制鞋业	41.62	黑色金属冶炼和压延加工业	5.11
医药制造业	5.50	木材加工和木、竹、藤、棕、草制品业	13.30	有色金属冶炼和压延加工业	4.68
通用设备制造业	30.68	家具制造业	32.60	金属制品业	23.40
专用设备制造业	23.87	造纸和纸制品业	9.59	其他制造业	41.58
化学原料和化学制品制造业	7.44	印刷和记录媒介复制业	20.51		

资料来源：根据《中国工业统计年鉴（2016）》整理计算得到。

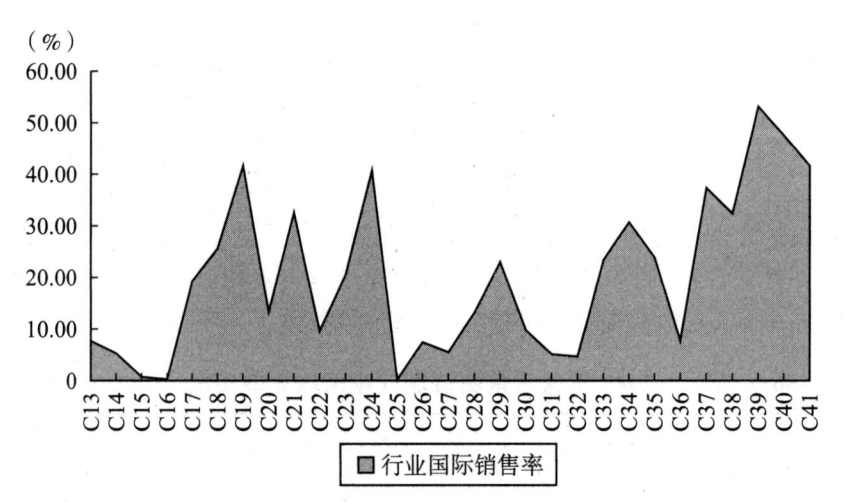

图 2-24 2015 年珠三角制造业行业国际竞争水平

资料来源：根据《中国工业统计年鉴（2016）》整理计算绘制而成。

第七节 提升我国先进制造业发展水平的对策建议

一、深入调整产业结构,进一步提升先进制造业的比重

我国先进制造业以38%的企业数量贡献了制造业产成品67%的出口总量,而且先进制造业的人均产值也远高于其他制造领域。因此,应进一步加快先进制造业的发展规模,尤其是电子通信、计算机、汽车制造、电气机械器材及通用设备等已经具有一定产业辐射规模的产业,应充分发挥先进制造业技术先进、附加值高、带动性强的产业特征,力争在各自领域形成一定的国际龙头效应。

二、以市场需求为导向,加强前沿研发技术人员与经费投入

我国先进制造业的研发投入远高于非先进制造领域,且各行业的研发投入呈持续上升态势。但是部分行业存在技术研发投入与产出不成比例的情况,即技术研发与市场需求产生偏差,导致研发回报率低,如仪器仪表制造业。先进制造领域内的战略新兴产业,如医药、航空航天、计算机通信领域的研发投入对市场把控较好,创新产出率较高。因而,针对具体行业的细分情况,有效把握行业的市场需求,有的放矢地进行研发投入,将成为先进制造各行业能否快速适应市场竞争的关键。

三、提升劳动生产效率,改进产品质量水准

党的十九大报告中提出构建现代化经济体系的基础是重视生产环节,而核心要求是质量第一、效益优化。有关研究显示美国先进制造业的劳动生产率是其他非先进制造行业的3.5倍左右。而我国先进制造业劳动生产率大约是非先进制造行业的1.5倍左右,提升的空间较大,尤其是在通用设备制造以及仪器仪表制造业。我国先进制造业的质量水平提升较快,但随着欧美再工业化及制造业回流的趋势加强,国际竞争将进一步激化,因此,不断提升产品品质,将成为我国先进制造业在国际竞争中立于不败之地的基石。

四、控制财务风险，提高行业管理效益

我国先进制造各行业财务风险整体控制较好，但铁路、航空航天制造业财务风险过高。各行业资产运用能力较差，获利能力波动较大，即先进制造业的整体管理效益走弱。一方面是外部经济环境变化所致，另一方面也是因为我国职业经理人才相对缺乏所致。因此，加强职业管理人才的选拔和培育，提高行业管理的专业性，将成为改善先进制造业管理效益的可选路径之一。

五、加快技术创新的转化效率，提升产业国际竞争力

先进制造各行业的新产品出口占比均远高于其他产品的出口情况，而技术投入转化率越高的行业，产成品的国际市场竞争力越强。因而，在以市场需求为导向进行研发的基础上，快速进行创新的产品转化，已成为先进制造各行业在快速迭代的国际市场提升市场竞争的不二选择。

六、深入推进市场化改革，提高区域产业发展效率

积极推进供给侧结构性改革，深化体制机制改革，建立并完善产业进入退出机制，通过市场化改革的深入推进，逐步解决我国各大区域内部制造业多年发展形成的结构性难题、累积性痼疾与对抗性问题。努力破解制造产业发展瓶颈，降低区域间的交易成本，积极构建区域制造业创新生态系统，优化区域创新环境，促进区域制造业的经济效率、创新效率、经营效率等不断提升，进而提高区域产业发展效率。

七、大力促进产业创新，攀登产业链高端

制定合理的制造业产业升级政策，大力改造产业存量，积极培育优质产业增量，积极合理调整传统制造业存量资源，积极发展智能制造、工业互联网与数字经济，大力推进产业创新，不断满足制造产品定制化、个性化需求，在加快传统产业更新换代和科技进步中实现传统优势制造业的转型与升级，深度挖掘蕴含在产业存量资源中的经济潜力，逐步提高区域先进制造业的创新能力，努力向产业链高端迈进，进而提高我国区域先进制造业的国际竞争能力。

八、积极扩大产业开放，加强区域间产业合作

推进区域先进制造业开放合作，利用各区域的地缘优势，积极参与区域产业分工，提升先进制造业对外合作战略思维，深化"一带一路"产业务实合作，不断拓展先进制造业与美日韩等发达工业化国家的合作领域，积极尝试与探索新的合作模式，大力促进人才培育，在合作中不断寻找促进创新、突破传统与自我实现的路径，提高四大经济区在国际产业链中的分工位置，将区域中心城市打造成具有现代化能力的高新技术先进制造业基地。

第三章

我国先进制造业发展战略定位与路径选择

当前,我国进入了全球产业链重构背景下制造业高质量发展的新时代。从制造全球化的视角,呼唤中国探寻正确的经济发展战略,特别是先进制造业的发展战略,而正确的战略制定和有效的路径选择,是形成我国先进制造业全球领先发展的关键。

从全球产业链的视角来看,美国、德国、日本等国在先进制造业领域占领了产业链关键节点。不仅如此,美国的学者、智库和研究机构纷纷推出先进制造业发展战略与具体实施路径。2009年哥伦比亚大学地球研究所所长杰弗里·萨克斯推出了其设计的"中国2049项目",同年3月,哥伦比亚大学校长博格林宣布首个全球研究中心选择落户北京。由此可见,中国不仅需要5年发展规划,中国先进制造业更需要50年发展战略[1]。

2015年5月,中国正式发布了《中国制造2025》。同年11月,供给侧结构性改革正式拉开序幕。这些国家战略和政策的实施,是在我国经济面临下行压力的情况下对经济结构进行改革和制造业升级而做出的重大战略决策。2017年党的十九大报告指出,在供给侧结构性改革中,"要加快建设先进制造业强国,发展先进制造业,推动互联网、大数据、人工智能和实体经济的深度融合……促进我国产业向全球价值链的中高端迈进,培育世界级先进制造业集群"[2]。可见,

---

[1] 洪崎等:《战略与路径,迈向2019的中国》,企业管理出版社2018年版,第6~7页。
[2] 习近平:《在中国共产党第十九次全国代表大会上的报告》,载于《人民日报》2017年10月18日。

在一个较长时期内，制定符合中国国情的先进制造业发展战略，明确其战略定位和发展路径，对于实现中国的制造业强国地位具有重要的现实意义。我国的制造业发展外部环境也正在发生着深刻的变化。在我国制造业发展处于转型升级、爬坡过坎的关键时期，面对新形势、新变化，2018年12月中央经济工作会议指出，要坚定不移地建设制造业强国，并把推动制造业高质量发展作为2019年7项重点任务之首，这为制造业的发展指明了方向。未来要加快构建引导制造业高质量发展的指标体系、考核评价体系和政策体系。推动形成协调合理的产业结构，高效优化的资源配置，充满活力的供给主体和有效的制度供给，满足产业升级和消费升级的需求。2019年9月习近平总书记再次强调：中国必须搞实体经济，制造业是实体经济的重要基础，自力更生是我们奋斗的基点。一定要把我国制造业搞上去，把实体经济搞上去，扎扎实实实现"两个一百年"奋斗目标[①]。

第一节 制造业发展战略理论演进与主要问题

一、从企业战略到产业战略的转换

早期对于制造战略的关注可以追溯到20世纪四五十年代。学者们在对不同产业进行观察时发现，产业内部的企业之间都会选择不同的策略进行竞争。这种策略体现在技术选择或者产品的管理方面[②]。从企业角度来说，斯金纳（Skinner，1969）首先正式给出了制造战略的定义，认为制造战略就是利用制造功能的特性作为竞争的武器。后来，很多学者根据自身的研究对象和目的，也给出了不同的定义（见表3-1）。

表3-1　　　　　　　部分学者关于制造战略的定义

序号	作者	制造战略的内涵
1	斯金纳（1969）	利用制造功能的某种特征作为竞争的武器
2	海耶斯和惠尔赖特 （Hayes and Wheelwright, 1985）	一段时间内一系列的决策，能够使一个企业实现某种期望的制造结构、基础设施和特定能力的集合

---

① 引自2019年9月17日习近平总书记在郑州煤矿机械集团股份有限公司考察调研时的讲话。
② C. A. Voss, Alternative Paradigms for Manufacturing Strategy. *International Journal of Operations & Production Management*, Vol. 15, No. 4, 1995, pp. 5-16.

续表

序号	作者	制造战略的内涵
3	法恩和哈克斯 (Fine and Hax, 1985)	公司或商业战略的重要组成部分,包括一系列相互协调的目标和行动计划,目的就是保障优于竞争对手的长期可持续优势
4	希尔 (Hill, 1987)	一种协调方法,这种方法致力于实现功能能力和政策以及当前和将来必需的竞争优势之间的一致性
5	斯瓦米达斯和纽威尔 (Swamidass and Newell, 1987)	一种竞争武器的制造力量的有效使用。这种竞争武器主要是为了实现商业和公司目标
6	麦格拉思和贝奎拉德 (McGrath and Bequillard, 1989)	一种整体的计划,目的是满足消费者需求,如何面向世界市场制造产品
7	海耶斯和皮萨诺 (Hayes and Pisano, 1994)	在今天竞争激烈的市场环境中一个公司比以前更需要一个战略,用于说明市场中竞争优势的种类,并必须说清楚优势如何实现
8	斯温克和韦 (Swink and Way, 1995)	一种决策,或影响资源配置、生产的计划和政策
9	贝瑞等人 (Berry et al., 1995)	一种投资选择,这种选择能够使它制造并供应其产品到某个市场
10	考克斯和百仕通 (Cox and Blackstone, 1998)	一种集体模式的决策,涉及制造资源的制定和部署。制造战略用于支持企业整体的战略方向,并提供竞争优势
11	布朗 (Brown, 1999)	制造战略是竞争中不断进步(改进)的推动力量,能够使厂商满足更加广泛的需求

资料来源:G. S. Dangayach S. G. Deshmukh, Manufacturing strategy Literature review and some issues. *International Journal of Operations & Production Management*, Vol. 21, No. 7, 2001, pp. 884 – 932.

从表 3 - 1 中 11 篇典型文献可以看出,关于制造战略的内涵集中体现在两个方面:首先,制造战略是一种决策或计划;其次,制定制造战略的目的是获得某种竞争优势。从制造战略的内容来看,斯金纳(1992,1994)认为企业制造战略与产品选择与定位、企业内外部环境以及内外部环境的一致性有重要联系。在斯金纳研究的基础上,制造战略的研究范围逐步在能力竞争、战略与环境一致性、最好的实践等方面得到了发展①。波特（Porter，1980）认为，随着对企业竞争战略的研究以及企业制造战略实践的发展，进一步推动了以产业为基础的战略方法的发展。

一般来说，企业制造战略的制定是自由市场中的个体行为，但产业发展战略往往表现为政府行为，也可以说是带有国家干预的性质。实际上，经济活动的国家干预基本贯穿了整个经济发展史。国家对经济的干预理论经历了重商主义国家干预下的货币财富观（16世纪）、亚当·斯密的"自由放任"（18世纪）、垄断资本主义时期政府对垄断组织的干预（19世纪）、凯恩斯的经济干预主义（20世纪30年代）、新自由主义（20世纪70年代）、新凯恩斯主义（20世纪80年代）等不同的阶段。夏皮罗和泰勒（Shapiro and Taylor，1990）认为，产业战略一般是指在部门或厂商层面的直接公共干预，其目标在于刺激经济。进一步说，如果没有国家对产业有目的干预或者与私有部门实体的合作，没有哪个国家可以进入现代经济增长。查默斯·约翰逊把20世纪60年代日本经济的高速增长归结为"资本主义发展型国家"这一特殊模式。这是一种介于高度集中的计划经济和自由市场之间的模式，即按照竞争优势有选择地对经济进行微观干预，通过市场手段支持战略性产业，从而实现经济的赶超和发展②。从本质上来说，日本这个时期的产业发展战略更突出对优势产业"国家干预"下的竞争优势创造，而不是纯粹市场支配下的"比较优势"原则。比如，日本在20世纪70年代中后期与美国在半导体产业的竞争中，通过公共采购、进口关税、研发补贴、专利保护等战略性贸易措施推动了半导体产业的发展和国际竞争力的提升③。黄群慧和贺俊（2015）在谈到中国"十三五"产业发展战略的时候，认为在当前工业化和信息化、制造业和服务业高度融合的情况下，产业边界日益模糊，产业结构升级的思路不能再局限于三次产业之间的比例关系，更应该侧重于产业技术创新和生产率的提高。所以产业政策也应该从选择性主导转向功能性主导，从扶持企业、选择产业转为激励创新、培育市场④。

---

① C. A. Voss, Alternative Paradigms for Manufacturing Strategy, *International Journal of Operations & Production Management*, Vol. 15, No. 4, 1995, pp. 5-16. 这里的能力竞争需要考虑与市场需求的结合；战略环境的一致性主要考虑到了权变和柔性；所谓"最好的实践"是指把制造技术或产品定位到某种水平或高度，比如"世界级制造"。

② 董昭华：《日本产业发展战略的历史实践——基于货币制度视角的考察》，载于《国际论坛》2013年第1期，第60~66页。

③ 尹小平、崔岩：《日美半导体产业竞争中的国家干预——以战略性贸易政策为视角的分析》，载于《现代日本经济》2010年第1期，第8~12页。

④ 黄群慧、贺俊：《"十三五"时期的产业发展战略》，载于《光明日报》2015年7月8日。

二、先进制造业发展战略应关注的主要问题

从当前先进制造业发展战略研究的热点和现实实践来看，主要关注了以下几个方面：

（一）先进制造业发展中的创新驱动

技术在经济增长中的动力作用已经成为人们的共识，但动力作用的发挥需要源源不断的创新支撑。不管是在经济增长还是产业发展中，技术创新都是一个永恒的话题。从新古典增长理论到内生增长理论，从熊彼特关于技术创新的论述到迈克尔·波特提出创新型国家，都渗透着一代代学者关于技术创新问题的研究。当前，产业发展的创新驱动已经不仅仅是产业发展的动力和途径，已经成为产业发展中的一个不可回避的问题。如果把创新驱动作为一个理论的话，其研究可以从两个层面进行分析：一个层面是从技术创新本身进行研究，因为创新驱动本质上就是创新对经济增长（发展）的动力作用；另一个层面是专门针对"创新驱动"这个概念本身的论述。关于第一个层面的研究文献已经很多，这里侧重于第二个层面，并从战略角度进行分析。

迈克尔·波特（1990）在其国家竞争优势一书中提出了国家经济发展的四阶段驱动理论，即要素驱动、投资驱动、创新驱动和财富驱动。可见，创新驱动是一个国家经历要素驱动和投资驱动之后的比较高级的发展阶段，在一个国家经济结构调整和转型发展中发挥着重要的作用。所以，每个国家从政策层面都十分重视创新在经济发展中的作用。我国在党的十六大报告中提出"创新是一个民族进步的灵魂，是一个国家兴旺发达的不竭动力"[①]；2005 年党的十六届五中全会把"自主创新作为产业结构调整和经济增长方式转变的中心环节"；同时，在 2006 年 1 月的《国家中长期科学和技术发展规划纲要（2006—2020）》中提出了建设国家创新体系的任务；在党的十七大报告中，进一步提出了"提高自主创新能力，建设创新型国家"[②]；在 2010 年 10 月党的十七届五中全会中，首次在中央会议上提出了"创新驱动"，并在 11 月的党的十八大报告中确定了创新驱动战略；2016 年 5 月，中共中央、国务院印发了《国家创新驱动发展战略纲要》，把创新驱动作为引领发展的第一动力，同时制定了三步走的发展战略；在党的十九大报告中，进一步提出了"加快建设创新型国家，把创新作为现代化经济体系建设

---

① 江泽民：《在中国共产党第十六次全国代表大会上的报告》，载于《人民日报》2002 年 11 月 8 日。
② 胡锦涛：《在中国共产党第十七次全国代表大会上的报告》，载于《人民日报》2007 年 10 月 15 日。

的重要战略支撑①。

　　伴随着国家创新政策的演进,创新驱动相关的研究文献也在不断地深化。主要有以下几个方面：一是微观层面的企业技术创新行为研究；二是中观层面的产业技术创新研究；三是宏观层面的区域（国家）创新体系和创新性国家研究。在中观层面,制造业的创新驱动是产业技术创新研究的核心。研究热点主要集中于基于网络与平台的先进制造业创新驱动、创新政策两个方面。

　　在基于网络与平台的先进制造业创新驱动方面,本质是研究提升先进制造业技术创新能力的路径。研究视角包括创新网络集群、全球价值链、创新平台建设等方面。在创新网络集群研究方面,主要是结合了马歇尔、韦伯等人的集群思想以及熊彼特的创新思想,认为创新集群是提升制造业创新能力的有效组织形式（冯梅,2009）。这主要是因为企业的技术创新行为不是单个企业孤军奋战的结果,往往需要多机构的系统集成和网络联结,因为这样有助于创新要素的流动和互补（弗里曼、苏特,2004）。随着20世纪90年代以来对区域创新系统研究的深入,产业集群、创新集群、创新网络、创新价值链等问题的研究出现了融合趋势。如果在产业集群中形成了创新要素互补的创新网络,该集群就是一个创新性集群。这对于推动整个产业的技术创新能力将发挥重要推动作用。具体来说,创新网络与产业集群的对接是建立在产业价值链基础上的,在产业价值链上每一个环节的创新就构成了创新价值链,创新价值链的形成助推了产业价值链升级。在平台创新方面,主要集中于基于"互联网+"的先进制造业发展与创客经济的结合。创客经济的发展有助于构建"大众创业、万众创新"的创新生态,有助于从整个社会角度推动制造业创新。同时,基于创客空间的互联网创新平台有助于实现制造业创新的跨界、跨区域联合,促进地区产业发展与全球生产链的结合②。在先进制造业技术创新政策研究方面,主要目标是通过产业技术政策的制定,能够激励企业进行技术创新。一方面是激励机制,另一方面是保障机制。在激励机制方面,主要侧重于激励企业进行技术创新的财政、金融、税收政策研究。在保障机制方面,主要侧重于产业技术创新的知识产权保护、产业竞争政策等方面。

（二）信息技术条件下的产业融合与制造业服务化

　　罗森博格（Rosenberg,1963）在对美国机械设备行业演化研究中首先提出

---

　　① 习近平：《在中国共产党第十九次全国代表大会上的报告》,载于《人民日报》2017年10月18日。
　　② 谢莹、童昕、蔡一帆：《制造业创新与转型：深圳创客空间调查》,载于《科技进步与对策》2015年第2期,第59～65页。

了"技术融合"的概念。1978年,尼古路庞特(Negroponte)关于电子计算机、印刷和广播业之间技术融合的研究,开始引起学术界的关注[①]。虽然与技术融合紧密相关的产业融合的研究已经过了半个世纪,但与技术进步和经济发展相伴而生的传统产业边界的消失和新产业重新界定等问题一直是学者们关注的热点之一。

20世纪90年代,产业融合关注的焦点主要集中于IT、通讯、媒体和娱乐业,也促进了这些行业的公司战略的转换以及不同行业公司之间的兼并浪潮(Lind, 2004)。与此同时,产业融合的研究也逐步向其他行业领域逐步拓展。部分学者研究了食品、制药、化工产业(Hamel and Prahalad, 1996; Prahalad, 1998)以及银行保险业(Bergendahl, 1995; Cummins, 2005)之间的并购和融合现象。总体来说,这个时期的研究更多地关注产业融合的技术层面,而对产业本身的关注较少,更缺少产业融合的实证研究(Weaver, 2007)。在国内,部分学者也对产业融合的内涵、效应、驱动力、途径等内容进行了综述性研究(马健, 2002; 李美云, 2005; 单元媛、赵玉林, 2012)。

进入21世纪以后,信息技术的快速发展及其在工业领域中的应用,使得信息技术在制造业中的作用逐步增加,服务业与制造业的融合趋势也逐步显现,特别是从工业中独立出来的生产性服务业在工业发展中发挥着越来越大的支撑作用。服务业与工业关系的研究主要包括需求论、供给论、互动论和融合论四个方面观点(刘勇等, 2013)。需求论认为生产性服务业是工业发展到一定阶段对服务产生需求的结果(Cohenand Zysman, 1987);供给论认为生产性服务业的发展可以提升制造业的生产率、促进专业化分工并降低制造业中间服务成本(O'Farrell and Hitchens, 1990; Eswaranand Kotwal, 2001);互动论认为服务业和制造业之间是双向关系,也就是制造业规模的扩大需要更多的中间投入品,为生产性服务业提供了机会,同时生产性服务业的发展使制造业更加专业化(Park and Chan, 1989; Shugan, 1994);融合论则更强调工业与服务业的协同发展(Lundvall and Borras, 1998)。

根据戴维·莫谢拉(David Moshera, 2002)的预测,信息化的历史进程主要经历了以系统为中心(1964~1981)、以个人电脑为中心(1981~1994)、以网络为中心(1994~2005)和以服务内容为中心(2005~2015)的演变过程。按照其当时的预测,结合中国与发达国家之间的发展差距,我国应该正处于以互联网为中心向以服务为中心的转换过程中。周振华(2003)认为,产业融合拓展的过程,在本质上就是信息资源、信息技术和信息运行平台在产业经济中转化为主

---

① Negroponte, N. *The Media Room*. Report for ONR and DARPA. MIT, Architecture Machine Group, Cambridge, MA, December, 1978.

导资源、核心技术和基础平台的过程。以苏辉为首的课题组（2012）分别从北京市中关村示范区企业内部融合和北京市产业关联中的产业链融合角度进行了实证分析，认为现代信息技术的广泛运用及网络化在一定程度上改变了服务的固有属性，使服务呈现出产业化的新趋向，促进了二、三产业的企业内部融合。可见，作为信息经济核心特征表现的"互联网"，将以其开放、自由、连接、协同、共享的特征（陆首群，2015）对工业和服务业的发展与融合产生巨大的影响。那么作为创新2.0下中国互联网发展的新形态和新业态，"互联网+"近两年引起了国内部分学者和社会的高度关注。研究内容主要集中于"互联网+"的内涵与经济影响、"互联网+"条件下的行业发展与转型、商务模式变化以及企业经营管理模式的变化等内容。在"互联网+工业"层面，主要的研究领域集中在"美国工业互联网""德国工业4.0"和"中国制造2025"，认为基于互联网的人、机、数据互联互通，基于CPS系统的德国制造和基于"两化融合"的中国制造，都是与"互联网+"有着紧密关系的智能制造（王喜文，2015；姜红德，2015；姜奇平，2015；杨帅，2015）。在"互联网+服务业"层面，则集中于互联网金融和互联网技术在相关服务业中的应用研究。

可见，在先进制造业发展战略研究中，一个不可回避的问题就是如何实现信息技术产业中的移动互联网、云计算、大数据、物联网等技术与先进制造业发展的融合，确保制造业自身产品本身技术先进性之外的信息技术先进性以及先进制造业与生产性服务业的融合。

对于先进制造业的服务化，其本质就是生产活动向服务活动的延伸。在新技术条件下，这种服务活动包括了以客户为中心的所有相关服务活动，比如以互联网为中心的顾客交流信息平台的提供、现代物流服务、金融服务、技术服务、设计品牌服务等。这样，制造业的服务化将使利润来源从产品中心向增值服务中心转变，行业本身也将从价值链的低端向高端升级。

（三）可持续发展条件下的绿色制造

从微观角度说，绿色制造战略源于制造战略研究中的竞争优势理论。企业为了获得不同于竞争对手的核心能力，就必须在质量、成本、效率等方面思考自身的战略定位。米勒和罗斯（Miller and Roth，1994）通过典型企业的调查，对价格、灵活性、绩效、广告等要素运用聚类分析方法进行了分析，得出了制造业战略的三种不同分类：守护者（caretakers）、市场开拓者（marketeers）和创新者（innovators)[①]。守

[①] Jeffrey G. Miller & Aleda V. Roth. (1994). A Taxonomy of Manufacturing Strategies. *Management Science*, 40 (3), pp. 285–304.

护者战略并不侧重于企业核心竞争能力的塑造，而是更多地侧重于价格、配送可靠性、服务等方面的常规竞争。市场开拓者战略侧重于市场导向，包括质量保障、产品性能等方面。创新者战略则更侧重于新产品的开发与设计。20世纪90年代以来，世界范围内对气候和环境问题的关注引起了人们对绿色制造的研究。这主要是源于两个方面：一是需求拉动，主要是消费者对自身健康的关注促进了绿色产品的发展；二是政府推动，政府的环境管制抑制了企业的非绿色生产行为。那么，迎合绿色消费需要和政府环境规制需要的绿色制造战略便应运而生。这方面的研究主要包括微观、产业和国家两个层面：

微观层面，主要是指企业在生产过程中的绿色制造战略。绿色作为一个竞争性的制造战略，部分学者分析了投资于绿色技术和进行绿色改造的价值。霍夫曼（Hoffman，2000）认为制造过程中的环境和绿色尝试应当从绿色管理方法转向环境战略。当前，所有企业都面临着源于生态效率相关者的压力（Klebnikoff，1996），这种相关者既有消费者，也有政府相关部门。当然，绿色制造对于企业来说也是一种双赢的选择，既提升了环境绩效，也会因为符合相应的绿色标准而提高自身的竞争力和生产效率（Deif，2011）。

从绿色制造的内涵方面，莫恩替和德斯穆克（Mohnty and Deshmukh，1998）指出了绿色制造作为竞争优势的重要性，认为绿色生产是一种试图减少浪费的活动。纳德瑞（Naderi，1996）认为绿色制造与废物管理紧密相关，约瓦内等（Jovane et al.，2003）把可持续制造和绿色制造作为一种将来的商业范式，并认为这种范式迎合了消费者对环境友好型产品的需求。埃尔金顿（Elkington，1998）提出了企业在获取资源的时候要考虑到环境和社会的统一，即经济、社会和环境的平衡统一，也就是所谓的三重底线（triple bottom line，TBL）[①]。伯克和洛克伦（Burk and Goughran，2007）等学者在此基础上进行了扩展。

从企业实施绿色制造的途径或工具方面，米尔尼克等（Melnyk et al.，2001）提出了绿色MRP（material requirements planning）工具，用于在管理工业废物等活动中最小化环境影响；菲克赛尔（Fiksel，1996）探讨了LCA（life cycle analysis）、DfE（design for the environment）等绿色制造中的产品设计研究工具；克里希南等（Krishnan et al.，2004）提出了半导体生产工艺中评估环境绩效的环境价值体系分析工具。

产业和国家层面，对绿色制造战略研究的主要目的包括两个方面：一是适应世界范围内环境保护和可持续发展要求，提高产业竞争力；另一方面是为了改变传统的高污染、高能耗的生产方式，实现发展方式转变和结构调整，促进供给侧

---

① John Elkington. *The Triple Bottom Line of 21st Century Business*, New Society Publishers, *1998.*

结构性改革。傅志寰等（2015）从工业发展的内涵、我国"十二五"期间工业绿色发展的基础和成效出发，提出了我国工业发展中面临的问题，给出了工业绿色发展的重点任务和推进绿色发展的对策建议。埃尔金顿（1994）关注了可持续发展中的绿色制造问题。弗洛瑞达（Florida, 1996）对美国产业发展中的环境意识制造进行了评估。阿佐内和诺奇（Azzone and Noci, 1998）研究了绿色制造绩效测度指标和绿色制造战略的分类。朗迪勒里和贝里（Rondinelli and Berry, 2000）则关注了跨国公司的环境公民身份。蒂格尔沃等（Digalwar et al., 2017）认为绿色制造是制造业企业在高度竞争的动态环境中获取竞争优势的重要战略①。

2015年，国务院印发了《中国制造2025》，提出了要全面推行绿色制造，构建高效、清洁、低碳、循环的绿色制造体系。2016年9月，工业和信息化部等单位联合发布了《绿色制造工程实施指南（2016—2020）》，给出了到2020年绿色制造水平明显提升、绿色制造体系初步建立的目标，提出了传统制造业绿色化改造、资源循环利用绿色发展示范、绿色制造技术创新、绿色制造体系构建等主要任务。为了具体落实绿色制造体系构建的任务，工业和信息化部又下发了关于开展绿色制造体系建设的通知，从绿色工厂、绿色产品、绿色园区和绿色供应链等方面给出了相应的发展目标。"中国工程院绿色制造发展战略研究"课题组在分析绿色制造内涵、目标和评价体系的基础上，提出了我国绿色制造的成绩和存在的问题，提出了"十三五"时期绿色制造工程科技战略方向为能效提升、循环发展、低碳转型和绿色智能制造，"十四五"时期的主要战略方向是绿色园区、绿色供应链、绿色智能工厂、绿色智能装备和绿色制造体系等②。

可见，在今后一段时期，绿色制造战略中的微观、产业和宏观层面的相关问题研究，将成为制造战略研究中的热点问题。

（四）供给侧结构性改革背景下先进制造业的结构调整与产业组织模式创新

改革开放以来，中国制造业得到了快速发展，并成为制造业第一大国。但是，长期以来，中国制造业的发展是以资源消耗为代价的低附加值的发展，一方面造成了环境的破坏；另一方面出现了部分行业的产能过剩。所以，当前我国制造业的产业结构调整、过剩产能的市场退出、先进制造业的集群式发展和产业组

---

① 转引自傅志寰、宋忠奎、陈小寰、李晓燕：《我国工业绿色发展战略研究》，载于《中国工程科学》2015年第8期，第16~23页。

② "中国工程院绿色制造发展战略研究"课题组：《推进绿色制造，建设生态文明——中国绿色制造战略研究》，载于《中国工程科学》2017年第3期，第53~60页。

织模式创新已经迫在眉睫。

在产业结构优化方面，主要集中于信息技术条件下高技术产业的发展、"互联网+"背景下的商业模式创新以及传统制造业的绿色化改造；在过剩产能的市场退出方面，首先要搞清楚过剩产能演化的内在机理以及过剩产能的市场退出壁垒和退出效应，其次要分析过剩产能市场退出的主要路径和政策支持体系。

先进制造业的集群化发展是实现产业规模经济和范围经济、促进产业内技术联盟发展、提高产业绩效的重要途径。在中国经济发展由高速发展转向高质量发展的背景下，建设现代经济体系必然要求先进制造业的集群化发展以及传统产业集群的转型升级。同时，虚拟产业集群、临空产业集群、创意产业集群、会展产业集群等新的产业组织模式正在出现。特别是在信息技术条件下，先进制造业集群的网络化、平台虚拟化和联盟化发展趋势愈加明显，集群边界已经打破了传统的地理边界，区域间虚拟产业集群将逐步取代传统的产业集群。

另外，先进制造业发展的产业组织模块化创新对于促进中国制造业的供给侧结构性改革、创新能力提升以及绿色化发展也有重要的促进作用。这主要是因为模块化产业组织具有优化系统结构、实现替代经济、提升价值创新和创造选择价值等方面的优势，能够在竞争日益激烈的市场环境下与其他组织模式相比表现出更高的绩效。

总之，基于供给侧结构性改革的结构优化、虚拟产业集群发展、产业组织模块化创新也将成为先进制造业发展战略的重要组成部分。

（五）先进制造业发展战略研究的全球视角

当前，一个国家和地区在制定先进制造业发展战略的时候，已经不再仅仅立足于自身产业的发展现状，而是立足于世界范围内的产业竞争。同时，制造业的竞争战略也不仅仅是我们认为的全球价值链的嵌入和升级问题，战略制定已经超过行业和市场本身，正逐步走向市场竞争与国家竞争之间的融合。

泰奇（Tassey，2010）认为，美国制造商已经不仅仅是和国外的制造商自身进行竞争，而是和背后有着整个国家技术、经济和政治体系支持的制造商进行竞争。惠普公司的全球战略大学客户关系总监韦恩·约翰逊（Wayne Johnson）说，"我们发现我们自己不仅仅面临着个体、公司和私有机构的竞争，我们同时还面临着政府以及政府和私人部门联合体的竞争"[①]。例如，包括美国在内，很多国家都试图通过货币操纵、标准操纵、排挤性的政府采购、不利于国外竞争者的竞争政策的使用等来保护本国制造业，同时通过税收优惠、政府R&D投入、促进

---

① Richard McCormack, The Plight of American Manufacturing, *American Prospect*, December 21, 2009.

大学和产业间的技术转换、基础技术投入和创新网络构建等方式促进本国制造业的发展。

从全球视角来看，先进制造业发展战略研究主要侧重于三个方面：一是全球范围内基于先进制造的国家竞争战略研究。这主要是因为从国家竞争战略角度来说，不管是我国的《中国制造2025》，还是德国的《工业4.0》，还是美国的《振兴先进制造业》，都是根据世界先进制造技术的发展趋势，重塑自身的制造能力，都表现出了谋求全球范围内竞争优势的特点。二是基于全球价值链的先进制造业价值链网络研究。该问题近年来一直是研究热点，每个国家的制造业企业、行业或地区都在谋求全球范围内的产业价值链嵌入和升级，从而提升自身的产业竞争力和创新能力。三是先进制造技术融合研究。各个国家都是在现有信息技术前沿领域寻求大数据、云计算、工业物联网等领域的先进制造技术的创新与突破，在技术全球化条件下和各个国家先进制造战略的指引下，必将最终实现世界范围内的先进技术融合和收敛。

第二节　发达国家制造业发展战略演进

一、美国制造业发展战略演变

（一）战略演变

1. 18世纪末期建立工业体系的初步设想

美国工业化初期，美国财政部长亚历山大·汉密尔顿关于制造业的战略构想对美国制造业的发展起到关键性作用。1791年12月5日，汉密尔顿向美国国会提交《关于制造业的报告》的时候，美国是落后于西欧诸强国的农业国，所以美国发展制造业必须依靠政府的保护。汉密尔顿参考西欧各国制造业政策的制定，提出促进美国铁、铜、煤炭、棉纺、玻璃、枪械等制造业行业发展的措施。由于当时条件不成熟，这份报告并没有立即获得批准，但是它被视为美国工业化的鼻祖，被称为"美国工业化的宪章"。直至19世纪30年代后，美国开始重新重视《关于制造业的报告》，从中寻求政策指导并付诸实施。

2. 20世纪40~80年代国家专项计划对制造业的影响

（1）曼哈顿计划（1941~1945年）。1942年6月美国在纽约曼哈顿区正式实施原子弹研制计划（曼哈顿计划）。为了先于纳粹德国制造出原子弹，该工程集中了当时西方国家（除纳粹德国外）最优秀的核科学家，动员了10万多人参加，历时3年，耗资20亿美元，于1945年7月16日成功地进行了世界上第一次核爆炸，并迅速按计划制造出了两颗实用的原子弹，最后投在日本，迫使日本法西斯投降，最终结束了"二战"[①]。"曼哈顿计划"的成功带动美国科学技术达到了一个新的顶点，核装置制造能力达到了世界一流水平。

（2）阿波罗计划（1961~1969年），即美国太空和登月计划。工程历时约11年，耗资255亿美元，先后完成6次登月飞行，把12人送上月球并安全返回地面。在工程高峰时期，参加工程的有2万家企业、200多所大学和80多个科研机构，总人数超过30万人。阿波罗计划不仅实现了美国赶超苏联的政治目的，其科研成果还带动了20世纪六七十年代美国和全世界计算机技术、通信技术、测控技术、火箭技术、激光技术、材料技术、医疗技术等高新技术的全面发展，把科技整体水平提高到了一个全新的高度。整个阿波罗登月计划共获得了3 000多项专利。

（3）星球大战计划（1983~1985年），即在太空部署反弹道导弹防御系统。美国国会先后拨出数百亿美元用于研制各种高新技术武器，总共动员了1万多名科学家参与研究、设计和武器制造工作。全部耗费预计为1万亿美元。此项计划带动了全世界，特别是美国信息技术、航天技术、计算机技术、遥感技术等迅速发展。这些技术不仅能用于改进和更新战略进攻性武器和常规武器，而且还能广泛地应用于一般工业和农业，为振兴经济打下坚实的基础。

3. 20世纪90年代到21世纪初期的先进制造技术发展阶段

从20世纪90年代开始，美国实施了一系列促进先进制造技术发展的政策措施，具有代表性的政策措施如《先进技术计划》（1990）、《促进美国经济增长的技术：增强经济实力的新方向》的倡议（1993）、《重振美国制造业框架》（2009）、《美国制造业复兴计划——促进经济增长的四大目标》（2011）、《振兴美国先进制造业》（2014）、《国家制造创新网络纲要的战略计划》（2015）。这些政策措施促进了美国先进制造业的快速发展，同时增加了就业机会和增强了国家实力。例如，在20世纪90年代美国实施了信息高速公路发展战略。这项战略使美国的计算机网络建设更加完善，应用也更加广泛，通过进一步开放市场、普及民众，推动了技术向新的阶段发展，进而达到了实现全球互联互通的目的。到2000年，美国为信息化建设投资了大约2 000亿美元，其中联邦政府和地方均有投资。以

[①] 《美国开展曼哈顿计划》，新浪网，历史上的今天，网址：http://history.sina.com.cn/today/2011-06-10/1554287454.shtml。

网络化为中心的信息技术、网络技术、超级计算机技术、多媒体技术和软件技术的发展，为美国后期发展工业互联网打下了坚实的基础。

4. 21 世纪以来美国重振制造业阶段

进入 21 世纪初期，美国经济进入了周期性衰退。特别是 2008 年的金融危机，使美国认识到了重振制造业的重要意义。在这期间，美国出台了一系列振兴制造业的政策措施，战略计划主要表现在 2009 年的《重振美国制造业框架》、2011 年的《先进制造业伙伴关系计划》和《美国制造业复兴计划》。政策措施主要体现在税收政策、贸易政策、基建政策方面。美国国家科学技术委员会于 2012 年 2 月正式发布《先进制造业国家战略计划》，客观描述了全球先进制造业的发展趋势及美国制造业面临的挑战，明确提出了实施美国先进制造业战略目标，规定了衡量每个目标的近期和远期指标，而且指定了参与每个目标实施的主要联邦政府机构，展现了美国政府振兴制造业的决心和愿景。同时，2012 年发布的《国家制造业创新网络（NNMI）计划》，则为美国工业互联网的发展打下了坚实的基础。2009~2018 年美国制造业主要发展战略与政策如表 3-2 所示。

表 3-2　　2009~2018 年美国制造业主要发展战略与政策汇总

制造业发展战略	出台年份	目标及核心内容
美国复苏与再投资法案	2009	计划在 2009 年到 2019 年投入 7 872 亿美元，主要针对减税、政府财政纾困、健康医疗和教育科研投入以及交通运输和房屋城市发展
美国创新战略：促进可持续增长和高质量就业	2009	首次正式提出"美国创新战略"（a strategy for american innovation）的概念，优先发展绿色能源、先进交通技术、医疗卫生、解决 21 世纪难题的科技
重塑美国制造业框架	2009	通过制定国家创新战略、法律框架等举措，促进制造业创新、研发和劳动力技术提升
五年出口倍增计划	2010	通过扩大出口增加美国国内就业，从美元汇率、区域贸易协议、出口控制、税费政策等四个方面入手
国家出口倡议	2010	在未来五年内将美国出口额翻一番，为美国创造 200 万个就业机会
制造业促进法案	2010	通过暂时取消或削减美国制造业在进口原材料过程中需付的关税，来重振制造业竞争力并恢复在过去 10 年中失去的 560 万个就业岗位

续表

制造业发展战略	出台年份	目标及核心内容
能源安全未来蓝图	2011	开发和保证美国的能源供应；为消费者提供降低成本和节约能源的选择方式；以创新方法实现清洁能源未来
"高端制造合作伙伴"计划	2011	提高美国国家安全相关行业的制造业水平、缩短先进材料的开发和应用周期、投资下一代机器人技术、开发创新的、能源高效利用的制造工艺
选择美国倡议	2011	目的在于为美国境内商业投资提供便利，以实现创造就业岗位、刺激经济增长和提升美国竞争力
先进制造业国家战略计划	2012	政策目标：加速对先进制造的投资，特别是对中小型制造业企业；开发一个更加适应岗位技能要求的教育和培训系统；优化联邦政府对先进制造R&D投入；增加公共和私营部门对先进制造R&D投入；加强国家层面和区域层面所有涉及先进制造的机构的伙伴关系等①
国家制造创新网络（NNMI）	2012	完善美国制造业创新生态系统，以及建设制造业不同细分领域的专业创新研究中心
获取先进制造业的国内竞争优势	2012	被美国政府采纳，2012年奥巴马政府提出了建立"15个制造业创新中心"计划。当年8月，美国政府出资3 000万美元建立首家制造业创新中心——国家制造业创新中心，即3D制造创新中心②
振兴美国先进制造业	2014	为美国的先进制造业发展总结了3大支柱：加快创新、保证人才输送管道及改善商业环境
国家制造创新网络计划战略计划	2016	战略目标：提升竞争力、促进技术转化、加速制造劳动力、确保稳定和可持续的基础结构
税收体系改革	2017	主要目标是通过简化原来复杂的税法；降低美国中产家庭的税务压力扩大中产群体；降低过高的公司税率以释放企业能量来刺激经济增长，创造上百万就业，增加美国人民的个人收入
贸易政策	2016	退出"跨太平洋伙伴关系协定"（TPP）

续表

制造业发展战略	出台年份	目标及核心内容
基建政策	2018	2018年发布了美国未来10年的基础设施建设方案：增加总费用超过1.5万亿美元的基础设施建设投资方案，主要用于道路交通、机场、学校和医院等；要求联邦教育系统完善相关职业技术培训等培养事项

资料来源：①《美国制造业兴衰史：美国的制造业复兴政策》，https://baijiahao.baidu.com/s? id=1607677255123688933&wfr=spider&for=pc。②程伟力：《主要国家经济增长点、政策动向及启示》，http://www.sic.gov.cn/News/456/7194.htm。③笔者根据相关资料整理。

奥巴马政府打造的经济复兴战略过程主要有三个阶段：短期目标——遏止企业大面积破产、员工大批失业等经济下滑颓势；中期目标——实现振兴实体经济尤其是制造业，让美国人快速回到工作岗位，引领经济进入复苏轨道；长期目标——需要加大投资和创新力度，发展新兴制造业，抢占未来国际竞争制高点，并以此为基础构建全新、强劲、更具竞争力的美国经济。而美国特朗普政府2017年1月20日在白宫网站上公布的未来经济政策目标中首要提到的就是"重振美国就业和增长"和"让贸易协定惠及每个美国人"。其中，"重振美国就业和增长"的目标即未来10年内新增2500万个就业岗位，促进经济实现年增4%（张婉姝，2018）。

特朗普政府执政以来，"美国制造业再振兴"仍是其核心政策之一。其实从美国制造业整个发展历程来看，制造业并没有真正衰落，美国制造业每年创造的增加值超过了德国、日本和韩国这些所谓制造业强国的总和，且正在变得越来越高效。美国军工行业是美国制造业的核心，单是美国军费支出就已占到整个制造业的1/3。这还没有算上美国军工出口，在全球每年超4000亿美元的军火市场上，美国军工企业销售额占超半壁江山。仅航天军工一项对GDP的贡献就在2%以上，高于整个汽车产业。2015年美国制造业创造增加值2.17万亿美元，比日本、德国、韩国制造业的总和还多①。如果将美国的制造业当作单一产业部门来看，制造业是全美第一大产业。

5. 美国制造业国家战略简要剖析与启示

美国依靠其强大的互联网能力，提出以"互联网＋"制造为基础的再工业化

---

① 《特朗普"振兴"美国制造业，军工业是重中之重》，华尔街见闻，ZAKER网，http://www.myzaker.com/article/58b79b5e1bc8e0976300000b/。

道路。在 2011 年提出"先进制造业伙伴关系"——APM2.0，以期通过政府、高校、企业的合作来强化美国的制造业。在 2012 年 2 月正式发布《先进制造业国家战略计划》，描述了全球先进制造业的发展趋势及美国制造业面临的挑战，明确了三大原则，即能够应对市场变化和有利于长期经济投资的创新政策、建设制造商共享的知识资产和有形设施的产业公地、优化联邦政府和机构的投资。同时也提出了实施美国先进制造业战略的五大目标：即加快大小企业投资，提高劳动力技能，建立健全伙伴关系，调整优化政府投资，加大研发投资力度和实现再工业化之路。

美国在 2016 年 2 月发布的《国家制造创新网络计划》中描述了该计划的历史和现状，以及各个制造创新机构的详细情况，并提出 4 个战略计划目标的子目标。目标一，提升美国制造的竞争力。两个子目标：支持更多美国本土制造产品的生产和美国在先进制造研究、创新与技术上的领导地位。目标二，促进创新技术向规模化、经济和高绩效的本土制造能力转化。三个子目标：让美国制造商能够使用经验证的制造能力和资本密集型的基础设施、促进用于解决先进制造挑战的最佳实践的共享与书面化、促进支持美国先进制造的标准与服务的发展。目标三，加速先进制造劳动力的发展。五个子目标：为科学、技术、工程等相关工作培养未来工人、支持、扩展与交流相关的中等和高等教育途径，包括资格鉴定与认证、支持州、地方教育和培训的课程体系与先进制造技能组合要求的协调、先进知识工人——研究人员和工程师、确认下一代工人所需的能力。目标四，支持和帮助制造创新机构稳定、可持续发展的商业模式：计划的输入来自国家制造创新网络各个利益相关方的反馈与建议，它表达了国防部、能源部等计划参与部门和波音、洛马、GE 等工业领袖对该计划未来至少 3 年该如何发展的共识。《国家制造创新网络计划》识别了实现这些目标的方法和手段，以及评价该计划的标准[①]。

（二）政策简要评价

1. 美国制造业政策的亲和体现

根据亨普希尔和佩里（Hemphill and Perry，2012）的研究，奥巴马政府在 2009～2012 年期间推出了一系列振兴美国制造业的战略措施。他们通过对美国 11 个部门战略报告的分析，给出了关于美国制造业相关促进政策中出现两次以上的政策亲和表（见表 3-3）。首先，鼓励 STEM（科学、技术、工程、数学）教育和技能培训（3.1）的人力资本政策排到了首位，有 9 个部门重点关注。其

---

① 胡成飞等：《智能制造体系构建》，机械工业出版社 2017 年版，第 26 页。

次，鼓励开发新能源与清洁能源等绿色技术（1.1）的环境政策、在基础和应用研究中保障充足的公共投资（6.1）的创新政策、实施公司税改革以减轻企业税收负担（8.1）的税收政策有7个部门重点关注。最后，创建国家基础设施银行以促进基础设施建设（4.2）的基础设施政策、构建促进增长的规制环境（7.1）的规制政策、制定持续的研究和实验税收抵免政策以鼓励企业投资于长期研发活动（8.2）的税收政策、实施国际贸易法律（9.1）的贸易政策有6个部门重点关注。

表3-3　　　　　　　　　　政策亲和表

政策类型	1	2	3	4	5	6	7	8	9	10	11	合计
1.1	√	√			√		√	√	√	√		7
1.2		√			√		√			√		4
2.1			√		√	√					√	4
2.2	√		√					√		√		5
2.3								√	√	√		3
2.4						√		√	√	√		4
3.1	√		√		√		√	√	√	√		9
3.2			√		√		√			√		4
4.1	√	√								√		5
4.2	√				√		√		√	√	√	6
5					√		√					2
6.1	√				√		√	√		√	√	7
6.2	√							√		√		4
7.1			√	√	√		√			√		6
7.2			√				√					2
8.1	√				√	√	√	√		√		7
8.2	√		√		√		√			√	√	6
9.1	√	√					√		√	√	√	6
9.2					√	√	√		√	√		5
9.3					√	√	√			√		4
合计	10	5	12		12	10	15	8	5	16	7	

资料来源：依据上述所涉及的政策编码，笔者汇总分析。

2. 美国制造业政策的重点及创新点

第一,发布相关法律条文,设立相应政府机构。例如,奥巴马宣布成立隶属于总统经济委员会的"白宫制造业政策办公室",以解决政府各部门之间关于制造业产业政策在制定和执行中产生的问题,并致力于推动美国制造业的复苏和出口。

第二,出台国内政策,形成政策合力。例如,美国的税收政策改革包括简化税制、降低企业所得税税率、减少税收漏洞等内容,目的是运用税收杠杆来减轻企业税收负担并促进国内就业岗位的增加。

第三,强势对外,力挺美国制造。为应对来自欧洲发达国家和新兴工业化国家的竞争,美国凭借其在国际上的主导地位,在国内实施量化宽松的货币政策的基础上,对主要贸易逆差国施加压力,迫使其货币升值,为美国产品出口创造有利条件。例如,在中美贸易和汇率问题上,奥巴马采取强硬态度,2011年10月11日,美国参议院不顾中国的坚决反对,程序性通过了《2011年货币汇率监督改革法案》立项预案,以立法方式逼迫人民币升值。

第四,多方积极参与,美国的社会组织和企业以及美国民众的集体参与。如2016年3月,包括美国铝业协会、美国纤维制造商协会和美国钢铁协会等制造业协会宣布组成新联盟"制造商贸易执法联盟"(manufacturers for trade enforcement),意在通过对中国和其他贸易逆差国的所谓不公平贸易行为进行调查和维权,维护本国制造业市场份额。为吸引民众参与,美国政府为制造业打造了一个"变革的、高端的、可持续发展的"公众形象。并且,美国为鼓励企业和个人的创新活动,进一步加强了知识产权的保护措施(欧阳乐,2017)。

二、德国制造业发展的战略演变

1871年之前,德国制造业主要是以水力、蒸汽机技术为核心的工业1.0时代,以铁路为代表的交通运输业的发展带动了钢铁、煤炭和机器制造行业的发展。1871年之后,在工业革命和英、美等国技术的影响下,德国工业体系逐步完善,制造业技术水平逐步提升。

(一)战略演变

德国制造业的发展阶段如图3-1所示。

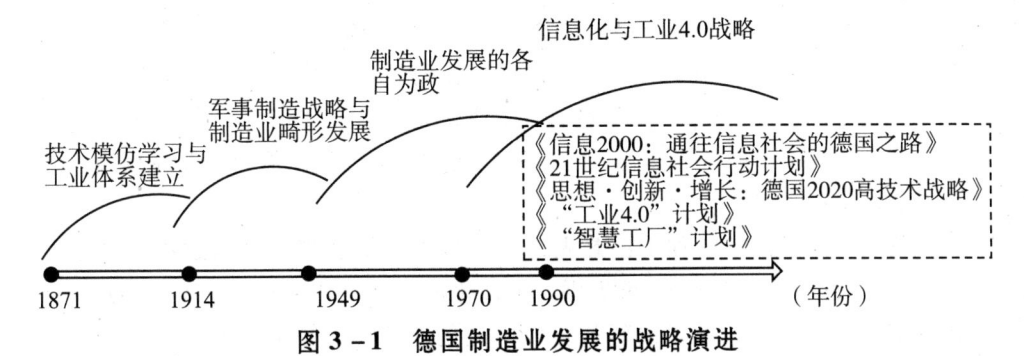

```
                              信息化与工业4.0战略
                    制造业发展的各
                    自为政
         军事制造战略与
         制造业畸形发展
 技术模仿学习与                        ┌─────────────────────────────┐
 工业体系建立                        │《信息2000：通往信息社会的德国之路》│
                                    │《21世纪信息社会行动计划》          │
                                    │《思想·创新·增长：德国2020高技术战略》│
                                    │"工业4.0"计划                      │
                                    │"智慧工厂"计划                     │
                                    └─────────────────────────────┘
 ●────────●─────────●─────────●────────●──────────────────→
 1871     1914      1949      1970     1990                    （年份）
```

图 3-1　德国制造业发展的战略演进

资料来源：笔者通过查阅文献后绘制。

1. 技术模仿学习与工业体系建立（1871~1914年）

1871年德国统一以后，经济快速发展，以电力出现为代表的第二次工业革命促进了德国制造业的发展，加上当时从法国获得巨额的战争赔款和铁矿资源，为德国的制造业技术引进、模仿学习提供了良好的条件。这个阶段，德国建立了完整的工业体系，制造业达到了世界领先水平。这也是德国所谓的工业2.0时代。

2. 军事制造战略与制造业畸形发展（1914~1949年）

1914~1949年，两次世界大战导致的制造业畸形发展。这个时期，德国制造业的发展一波三折，既经历了"一战"后制造业的重整旗鼓，也经历了纳粹政权统治下以汽车工业为代表的军事制造业的发展。

3. 制造业发展的各自为政（1949~1989年）

1949~1989年，德国分裂时期的各自发展。在这个时期，联邦德国的制造业发展是在美国、英国统治下进行的。特别是在科尔连续16年的领导下，联邦德国的经济得到了前所未有的发展。在美国的支持下，联邦德国从"和平工业化"下的民用制造逐步转向了高技术要求的机械工业生产，电子信息产业和汽车产业得到了快速发展。民主德国制造业的发展则是在苏联的统治下进行的，其制造业主要集中在机械、制药、电气、纺织、造纸和木材加工等传统工业部门。

4. 信息化与工业4.0战略（1990年至今）

德国统一以后，在区域经济发展战略方面是促进东部地区的发展，制造业的发展大致可以分为1991~1996年去工业化导致的下降阶段、1997~2008年制造业的重视和制造业回归阶段以及2009年之后创新能力提升和制造业振兴阶段。在德国制造业振兴的过程中，出台了以技术创新为核心的一系列发展战略规划和指导性方针，极大地促进了德国制造业的发展。

具体来说，从20世纪90年代以来，与制造业相关的德国的发展战略主要是国家总体的高技术战略。该战略指导着其他子战略的制定和实施，与此相关的子战略有著名的"工业4.0计划""智慧工程计划"以及中小企业创新集中计划等。另外还有1996年发布的德国科研重组指导方针以及2007年发布的职业教育现代化与结构调整方略等，为德国基础科研能力、基础创新能力以及应用型人才培养奠定了基础。

工业4.0的主要特征如下：首先是灵活性，主要表现为制造过程的动态优化、自组织，以及动态循环、可识别、个性化定制以及灵活的工作环境。其次是模式创新，主要是商业模式创新和合作模式创新。再次是工作方式和环境的变化，也就是虚拟和移动的工作方式更加凸显。最后是新的平台的出现。这种平台是一种新的信息物理系统平台，所有的参与人、物体和系统将会融合为一体，通过移动终端和互联网实现整个流程的运作。

（二）德国制造业发展战略特点

第一，计划具有持续性，执行时间长，不断更新。2006年制定的高技术战略一直实施，历经两次修改，同时在高技术战略下，实施了包括"工业4.0计划"、"智慧工程计划"、中小企业创新集中计划等在内的多项子战略规划。比如，"智慧工程计划"2005年实施至今，中小企业创新集中计划2008年实施，2015年更新。

第二，发展战略（规划）以技术创新为核心。从德国不同发展阶段的战略来看，都是围绕技术创新这条主线展开的，1996年的"科研重组指导方针"是为了提高基础创新能力；1998年的"信息2000：通往信息社会的德国之路"是为了促进信息技术产业的发展；2006年实施的高技术战略，在两次更新中都重点提到了创新问题。

第三，对中小企业技术创新有专门的资金支持规划。

第四，德国制造在一定程度上得益于完善的职业教育体系，特别是"双元制"职业教育为德国制造业培养了大批技能型人才。

（三）德国先进制造业政策重点及创新点

德国的国家创新体系的最大特点就是政府、企业和人的统一，科研人员出成果，企业出资本，政府出政策，并负责与科技界、产业界进行沟通。完备高效的国家创新体系将企业界、科研界和教育界的力量更有效地组织起来，以科研密集型商品占领国际市场。

科研创新是"德国制造"的核心发动机。德国发达的科技水平表现在发明创造、技术创新、知识转化三个方面。德国采用了创新集群政策，注重发挥多元主体的作用,将政府、企业界、科技界以及其他社会力量全部纳入创新网络,通过紧密合作和信息共享实现创新知识的产品转化。同时,德国非常重视研发投入,德国制造业的研发投入占GDP比重已经超越美国,位列世界第二。

创新人才培养是制造业高质量发展的保障。高质量的技术工人是帮助德国制造摆脱"抄袭者"标签的关键因素。德国的职业教育体系完善,涵盖各个专业,对应300多个职业岗位。一是以产业为导向,职业资格标准、课程开发会针对产业变化调整,根据"职业资格早期检测监测系统"和经济部颁布的《国家承认的职业培训》的名称和数量进行监控。二是校企合作,学生进入职业学校之前,要与一家企业签订职业培训合同,在工厂接受培训,在学校学习理论知识,学习内容由企业和学校共同制定。三是重视学生实践能力的培养,工厂培训和在校学习时间比例为2:1,且企业培训指导员必须是经验丰富的高级技工。

工会组织及其他服务型组织为企业提供保护和支持服务。德国前总理施密特曾高度评价德国工会:没有工会富有责任感的、以全体人民福利为目标的态度,我们国家今天就不可能这么好地屹立在世界上。德国其他服务性组织也会通过广泛的出版物、经验交流活动和培训项目为其会员提供支持服务。以德国工商会为例,德国工商会在地方以及全国代表公司的利益,他们是中小企业组织的基础,同时代表中小企业的利益。法律规定,每家企业都必须成为地区商会的会员。这些商会在"双轨制职业培训系统"中扮演着至关重要的角色,这个培训系统是德国工业一个无可争议的重要优势。该培训系统可以为几乎所有的企业活动提供各种培训课程,比如创建企业、会计、营销等,他们甚至还为小企业探寻数字化带来的机会提供咨询。

三、战后日本制造业发展的战略演变

战后日本的制造业发展战略与其经济发展阶段紧密相关。从其经济发展阶段来看,战后的日本大致经历了战后恢复阶段(1945~1960年)、快速增长阶段(20世纪60年代)、调整转型时期(1971~1990年)、经济泡沫崩溃和科技立国时期(1991年至今)。与此相对应,我们可以把战后日本制造业发展战略的演进归结为以下几个阶段:产业复兴和产业合理化战略、制造业扩张战略、制造业转型战略与制造业的创新驱动战略,如图3-2所示。

```
产业复兴和          制造业扩张战略    制造业转型战略    制造业创新
合理化战略                                            驱动战略
```

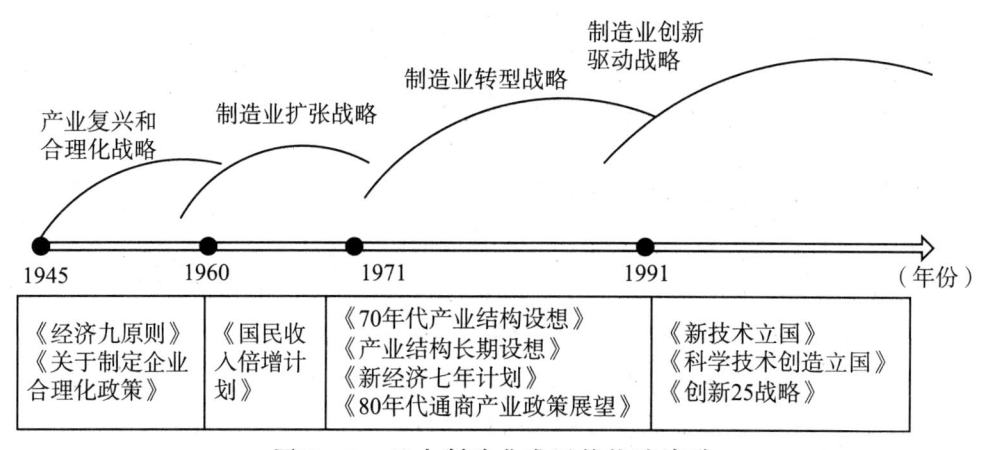

图 3-2　日本制造业发展的战略演进

资料来源：笔者通过查阅资料后绘制。

（一）战略演变

1. 产业复兴和合理化战略（1945~1960年）

在产业合理化阶段[①]，为了奠定制造业发展的基础，煤炭、钢铁、电力和造船行业得到了快速发展。产业合理化的主要政策标志是吉田（茂）内阁1948年12月在"经济九原则"指令基础上发布的《综合施策大纲》。其中一项政策为促进企业合理化，主要内容包括重点产业设备技术的改进、合理化产生的资金支出的复金贷款和设备更新技术引进资金的政府贷款支持、就业和税收的优惠、促进竞争等。1949年9月，日本通产省制定的《关于制定企业合理化政策》正式给出了产业合理化的4项原则和10条意见，标志着产业合理化政策基本形成。后来，朝鲜战争对日本工业产品的巨大需求以及政府的贷款、税收优惠以及技术引进等政策进一步促进了日本产业的合理化[②]。

2. 制造业扩张战略（20世纪60年代）

制造业扩展阶段也就是日本经济在20世纪60年代到70年代初的快速发展阶段。在这个阶段，技术的引进、模仿、消化吸收和创新在制造业发展中发挥了重要作用。从技术创新角度来说，日本在每个战略演进阶段都十分关注技术创新。"二战"以后，日本的技术水平差距与国际先进技术的差距一度达到

[①]　日本实行产业合理化政策的背景在于1948年美国占领政策重点的转变，由原来的非军事化和民主化转变为了稳定和完善经济，为将来美国"远东工厂"做准备。

[②]　杨栋梁：《论日本战后经济复兴时期的产业合理化》，载于《日本学刊》1992年第3期，第28~49页。

了30年①。日本在产业合理化政策中通过奖励和补贴鼓励技术研发和技术引进，从而提高了生产效率和劳动生产率，为后续技术革新打下了坚实的基础。到了20世纪60年代，日本进一步加强了技术的引进和模仿创新，用10年时间赶上了当时二三十年的技术差距，制造业技术达到了当时世界先进水平，促进了经济发展，实现了经常性的贸易顺差。这个阶段的技术主要为模仿学习美国。另外，为了提升本国产业竞争力，日本还通过法律和产业政策手段积极促进企业的兼并重组，实现了规模化发展。

这个阶段的主要政策就是日本经济企划厅制定的"国民收入倍增计划"（1961~1970年），迎来了经济的高速发展②。该计划重点解决社会资本充实问题、产业机构优化与升级问题、国际经济合作、科学研究等内容。

3. 制造业转型战略（1971~1990年）

制造业转型战略阶段对应日本经济的调整转型期。经过20世纪60年代的制造业的快速发展，日本经济在70年代增速放缓，同时出现了一些问题。国内问题主要表现在资源消耗、环境污染、人口老龄化等，这是经济高速增长过程中经常出现的问题；国际上面临的问题主要是日益增加的贸易摩擦和石油危机的挑战。

针对资源消耗和环境问题，1971年日本发布了《70年代产业结构设想》，提出"从生产、速度第一向劳动环境改善、教育、研究开发转变""减少政府干预，发挥市场机制""从资本资源密集向知识密集转变"等政策目标。同时，面对国际贸易竞争日益剧烈以及国际石油危机的影响，1974年日本又提出了《产业结构长期设想》，进一步完善了相应的政策③。

进入20世纪80年代以后，日本主要面临国际贸易摩擦日益加剧、第二次石油危机、1985年的日元升值等不断变化的国内外环境。针对这种情况，日本经济发展战略在延续前期解决环境污染、资源消耗和粗放式增长问题的基础上，更加重视国际分工中的比较优势原则、国内需求和公共投资。主要的政策依据是《新经济七年计划》（1979）和《80年代通商产业政策展望》（1980）。

在一系列转型政策的作用下，日本的转型战略取得了初步的成功，制造业逐步向绿色化、高加工度化、知识集约化方向发展，集成电路、电子、计算机、飞机等新兴产业得到了发展。

---

① ［日］工业技术厅，《技术白皮书》，工业新闻社1949年版，转引自杨栋梁：《论日本战后经济复兴时期的产业合理化》，载于《日本学刊》1992年第3期，第28~49页。
② 靳伟：《日本通产省组织机构及50~80年代的产业、流通政策》，载于《国外物资管理》1990年第2期，第36~38页。
③ 李晓：《七十年代以来日本产业结构政策的调整与变革》，载于《现代日本经济》1994年第1期，第22~27页。

4. 制造业的创新驱动战略（1991年至今）

制造业的创新驱动战略阶段对应于日本1991年以来的科技立国时期。这个时期既是20世纪七八十年代制造业转型的延续，也是把科技创新提到了前所未有的高度时期。由于股市和房地产泡沫的破灭，使日本充分认识到了实体经济的重要性。但是，从总体经济增长情况来看，日本经济在20世纪90年代以来长期处于低迷状态，制造业也不例外。在经济持续低迷的情况下，日本提出了技术立国的发展战略，相继出台了《新技术立国》（1994）、《科学技术创造立国》（1995）和《创新25战略》（2007），寻求持续经济低迷情况下的促进制造业发展的路径。在所有的政策当中，由于"创新计划"① 是提高生产率、维持经济增长以及全球竞争力的关键，所以在所有计划中居于核心地位。另外，寻求日本政府科技战略路线图与制造业竞争战略之间的连接与协调，促进人力资源的培育，建立政府与大学、企业与大学之间的联盟关系等，也在日本这个时期创新驱动战略中发挥着重要作用。2015年6月，日本在制造业白皮书中进一步提出要"重振日本制造业"，主要表现在制造业人才培养、企业跨国转移中的"母体机能"保留、信息技术在制造业中的渗透以及制造业中的行业间融合等方面②。

为更详细地说明日本在这个时期的战略核心，我们具体分析一下日本的《创新25战略》。该战略主要包括：（1）把全球环境问题作为经济增长和国际贡献的引擎；（2）加大教育投资和改革大学；（3）加大科技投资；（4）进行能够促进创新的制度改革；（5）政府内部建立一种机制，推动日本成为一个创新型国家。同时，在《创新25战略》指导下，还实施了相应的专项计划。比如，日本教育科学技术部（MEXT）2007年实施了"世界级国际研究中心计划"，对五个世界级研究机构进行为期10～15年的资助；另外，MEXT还实施了"21世纪卓越中心计划"，对274个中心进行为期五年的资助③。

（二）日本先进制造业发展采取的主要政策措施

1. 强大的政策导向

日本政府历来主张政府干预经济，通过制定产业政策引导先进制造业的发展。日本将制造业作为产业政策的核心，2015年发布了《制造业白皮书》提出要开发信息家电、环境与能源、纳米与新材料医疗与生物工程等新兴产业领域，提高制造业的附加值；日本注重解决能源与环境的问题，提出建立"逆向工厂"

---

① 创新计划不仅包括技术创新，也包括社会转型和变革。
② 《日本提出重振制造业目标》，载于《经济日报》2016年6月18日。
③ Jane Corwin, Rebecca Puckett, Japan's Manufacturing Competitiveness Strategy: Challenges for Japan, Opportunities for the United States, U.S. Department of Commerce, International Trade Administration, 2009.

处理废料并把它作为新的能源，实现制造业进化；日本在 2008 年提出《低碳社会行动计划》为未来的太阳能发展确立目标；在研发和教育领域，日本在 2006 年开始实施《创新 25 战略》，提出"技术革新战略路线图"。

2. 积极培育新兴产业领域

日本曾多次实施新兴产业项目或工程，2013 年实施《超精密 3D 造型系统技术开发项目》，2014 年实施《新策略工业基础技术升级支援计划》《机器人开发五年计划（2015—2019）》《3D 打印制造革命计划》，通过这些项目，日本制造业进入了机器人、新能源汽车、再生医疗、3D 打印等具有高附加值的尖端领域。

3. 重视基础性制造技术

日本政府于 1999 年推行了《振兴制造业基础技术基本法》，表示未来制造业始终是日本的基础战略产业，因此必须持续加强制造业技术基础的发展。该法案通过改善税收政策、提高技术工人福利待遇等方式，确保留住熟练技术工人。2000 年日本经济产业省制定了《国家产业技术战略》，这一战略的核心是研制新材料和开发新的制造工艺，着重研究离子束、同步加速器辐射光、激光、电子束等基础技术，将这些基础技术应用到制造业。

（三）日本先进制造业政策的重点及创新点

1. 高度重视制造业信息化

日本经济产业省曾设置"尖端制造技术研究中心"，负责把模具制作等各种制造技术和技巧储存在数据库里，形成系统软件。2013 年日本提出工业 4.1J 计划，它是攻关制造业信息化的技术要素。工业 4.1J 源于德国 4.0，4.1J 代表工业技术比德国更高一级，意图将分散在世界各地的日企工厂或大楼连接起来，以实现一个可综合进行安全的资产管理、消耗部件订购管理、远程服务、高级控制技术支持等的环境，将制造业与云系统等结合在一起，实现制造业的信息化。

2. 注重政策的法制化

日本在进行产业政策的制定时，重视政策的法制化，使政策的实施过程有法可依。1995 年日本实行《事业革新法》促进制造业向新兴产业进军并在同年颁布了有关科技的根本大法即《科学技术基本法》。2013 年，日本政府通过了《产业竞争力强化法案》促进企业集中开展重组和设备投资。此外，日本针对中小企业的发展颁布了 50 多部法律，比如《中小企业指导法》（1963）、《中小企业现代化资金助成法》等。

3. 不断创新生产模式

日本在发展先进制造业方面最为成功的地方是对生产模式的创新，比如精益生产模式、作业站生产模式和以人为本的经营管理模式等。精益生产模式是当前世界公认的最佳的生产组织体系和生产方式之一,它来源于丰田生产模式,其核心理念是消除浪费、持续改善、聚焦客户和尊重人性。日本各大公司普遍实行终身雇佣制、企业内工会制、合作型管理等制度,他们把员工的利益和企业连为一体,可减少人才和技术的流失。

四、英国制造业发展的战略演变

英国工业发展历程具有明显的特点,主要表现在第一次工业革命中快速的崛起,第二次和第三次工业革命机会的错失,以及对去工业化的反思和制造业发展战略的制定几个方面。具体的战略演进如图3-3所示。

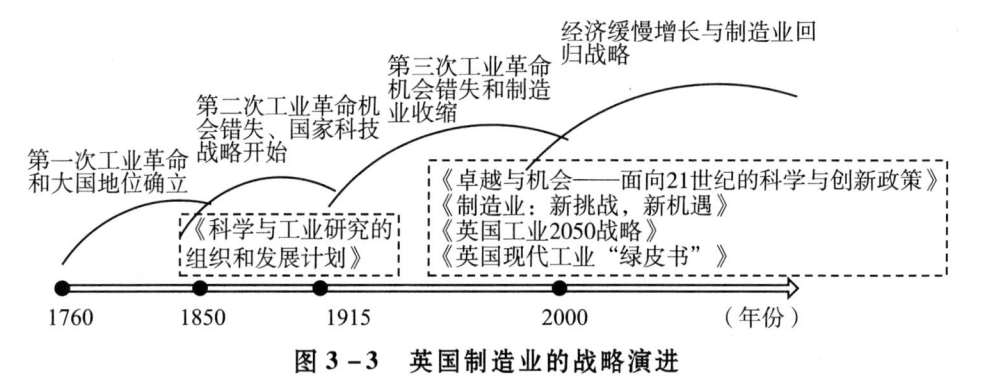

图3-3 英国制造业的战略演进

资料来源:笔者通过查阅资料后绘制。

(一) 18世纪60年代到19世纪50年代:大国地位的确立

封建专制制度向资本主义制度的转型、资本积累下巨额财富的形成、圈地运动下劳动力的积累、工场手工业和自然科学的发展等都为英国成功进行第一次工业革命打下了坚实的基础。在第一次工业革命中,实现了科技和产业的完美结合,巨大地释放了生产力,工业生产率稳定增长,使英国成为当时世界上独一无二的科技经济大国(见表3-4)。

表3-4 18世纪60年代到19世纪50年代英国生产率变动情况 单位:%

时期	总体经济	工业
1760~1800年	0.2	0.2
1801~1830年	0.7	0.3

续表

时期	总体经济	工业
1831~1855 年	1	0.8
1856~1873 年	0.8	1

资料来源：N. F. R. Crafts, *British Economic Growth during the Industrial Revolution*, Oxford: Clarendon Press, 1986, P. 159.

（二）19世纪60年代到20世纪初期：第二次工业革命机会的错失和国家科技政策的开端

尽管英国在第一次工业革命中发展迅速，但却没有抓住第二次工业革命的机遇，以至于到20世纪初期工业平均增长率接近于0。其主要原因就是经济发达的英国没有注意到制造业发展战略的重要性，没有实时制定与工业发展相关的科技政策和发展战略。

直到20世纪初期，英国开始把发展科学教育事业作为国家目标，从而开启了国家科技政策，相继成立了第一个科学顾问委员会（1905）和帝国科学院（1909）。1915年7月，英国发布了《科学与工业研究的组织和发展计划》白皮书，明确了成立科学研究组织管理机构和基金会，以及成立专门委员为对科学研究进行资金支持和奖励。该文件的出台标志着英国国家科技政策的开端（贺淑娟，2011）。

（三）20世纪20年代到20世纪末期：第三次工业革命机会的错失

这个时期的科技政策基本延续了20世纪初期的科技政策，主要表现为枢密院科学与工业研究委员会出台的一系列报告，核心是科学技术在生产中的运用。同时，一系列专业委员会也相继成立，例如，1919年的大学拨款委员会、科学与工业研究专业协会，1920年的医学研究理事会，1923年的百万基金委员会，1925年的民用研究委员会等（贺淑娟，2011）。制造业发展主要表现为第二次世界大战期间军事工业的发展。但是，由于第二次世界大战和西方国家20世纪30年代爆发的经济危机使英国经济出现停滞局面，制造业的发展也停止不前。尽管这个时期国家在科技发展方面付出了很大的努力，但由于战争和经济危机问题，导致科技经费预算缩减并向军事领域倾斜，使得英国错失了第三次工业革命的机会，制造业发展水平被美国和其他部分西欧和东欧国家超越。

（四）2000年至今经济缓慢增长与制造业回归

进入21世纪新的10年，英国经济处于缓慢增长的状态，制造业平均收缩

1.2%，服务业出现了年均增速2.6%的较快增长①。在这个时期，英国政府逐步认识到了制造业发展和科技创新的重要性。2000年7月，英国政府发表了《卓越与机会——面向21世纪的科学与创新政策》白皮书，从知识经济创新链各环节之间的关系出发，给出了基础研究、校企合作、科学的公共服务等方面的政策②。2002年，英国政府设立了一家制造业咨询机构（MAS），为先进制造业领域的中小企业提供咨询帮助和商业建议。2007年，英国政府创立了企业主导的英国技术战略委员会。该委员会扮演的角色是政府与大学科研机构以及企业的桥梁，通过资助合作研发、支持知识转移网络等方式促进英国先进制造业的发展。2008年5月，英国技术战略委员会推出了2008~2011年发展战略，该战略主要是基于"未来的挑战是一种创新机会"的理念而进行的"高价值制造"关键技术领域的发展战略③。2008年9月，英国商业、企业及管理改革部和创新、大学与技术部联合工业界和政府共同制定了新版制造业战略《制造业：新挑战，新机遇》，以便能够帮助英国企业掌控全球制造业的变革趋势④。在全球都在致力于应对气候变化的背景下，低碳经济的发展成为潮流，英国在2009年制定了低碳工业发展战略。为此，政府还通过增加对制造业专业咨询机构的资助，期望进一步促进低碳工业的发展。由英国贸易投资总署与英国工商组织协商制定战略目标，帮助企业增加国际销售，并吸引更多的高附加值先进工程来英国投资。在人力资本培育和投资方面，英国政府在2009年出台了一系列措施，具体包括人才图谱（talentmap）的普及，高等教育框架的构建，国家技能战略的实施，高等教育科学、技术、工程和数学计划（STEM）的制定，增加工程技术领域高等教育的培养规模，增加产品制造和设计的相关学位、成立相应的制造业观察机构等措施。2008~2009年金融危机之前，英国一直存在着去工业化的倾向，制造业对GDP的贡献逐步下降。金融危机之后，英国重新认识到制造业在国民经济发展中的重要性。在2011年英国春季预算报告中，英国政府科技办公室推出了《英国工业2050战略》，通过分析英国制造业面临的问题，提出制造业是英国经济复苏的核心，并对制造业未来发展给出了相应的规划。2017年1月公布了《英国现代工业"绿皮书"》，目的在于振兴工业生产，提升民众生活水平和经济增长率。其包括的内容主要有科研和创新投资、关键技能提升、基础设施升级、初创企业

---

① 《英国经历1940年来增速最慢10年》，新浪国际财经转发自新华网，网址：http://finance.sina.com.cn/world/ggjj/20091229/20427171470.shtml。

② 陈友平、童亚丹：《英国面向21世纪的科技政策》，载于《安徽科技》2001年第9期，第34~35页。

③ 马蕾：《以创新撬动制造业转型——金融危机下英国高价值制造关键技术领域发展战略对我们的启示》，载于《技术经济与管理研究》2009年第6期，第41~43页。

④ 《英国出台新的制造业战略》，http://www.spacechin，2008年9月12日。

的支持、政府采购、鼓励贸易和对内投资①。

五、欧盟制造业发展的战略演变

欧洲是世界上经济最发达的地区之一，是现代工业的发源地。在第二次世界大战之前，欧洲一直是世界制造业的中心。"二战"以后，欧洲制造中心的地位逐步被美国取代，但欧洲仍然是世界先进制造业的重要组成部分，特别是以德国为代表的装备制造业和汽车工业，一直是世界领导者。

（一）制造业现状

欧盟企业通过削减成本、提高生产力、创新其产品和流程，努力提高竞争力，带动了欧洲经济的发展。2008年经济危机中，欧盟制造业已经设法降低了劳动力成本，并提高了生产力。特别是高技术产业，成为制造业增长的主要引擎。因为生产力较高，并且对能源的依赖有限，所以高技术产业对金融危机具有更高的耐受力。由于欧盟能源成本很高，因此向高技术、低能源密集型产业的过渡，对于在全球价值链中取得战略地位是至关重要的。

创新对生产力的整体提高有着高于平均水平的贡献，并且也促进了实际收入的增长。然而欧盟很多高技术产业领域的专利申请数量与世界总量相比依旧较低，特别是与美国相比。随着制造业和服务业互相依赖程度的提高，制造业对服务业具有的"载体功能"对创新和服务活动的质量提升产生了促进的影响。通过与其他部门之间的联系，制造业生产力的提高能够带动其他部门的发展。这是相当重要的，特别是针对这样一个事实：在2001~2010年，只有服务业的就业增长。

当然，一部分就业岗位从制造业转向服务业，是由于制造业企业越来越多地使用了外包服务。很多以前在室内进行的工作（如清洁、营销）等，现都被外包给了专业公司。对于消费方式的分析显示，对工业产品的需求较服务显著下降。因此，欧洲产业需要适应这种结构性的变化，并且做出足够的投资决策。有关数据显示，这种转化已经开始：在1997~2012年，对无形资产的投资出现了最大规模的增长。

在欧盟制造业中，占市场份额最高的行业是印刷和记录媒介的复制、烟草、饮料、药品、造纸及纸制品和汽车制造，这些都是欧盟拥有最高显性比较优势的

---

① Building Our Industrial Strategy，https://www.gov.uk/government/consultations/building-our-industrial-strategy.

行业。中国是欧盟进口的主要来源国，占家具进口的比例为58%，皮革鞋类52%，计算机、电子和光学设备47%，电气设备45%，服装44%，非金属矿产品43%，金属产品42%，其他工业品37%，纺织品35%。①

（二）政策措施

欧洲制造业的先进性不仅仅是由于长期发展和积累，更重要的是欧洲各国政府出台了一系列有利于制造业创新的政策。20世纪80年代初，欧洲在新技术的某些领域已处于先进行列，如高能物理、空间技术、热核聚变和光纤通信生物技术等方面。

欧洲各国在经历了一段时间的磨合之后发现，技术创新必须通过系统的自觉合作才有出路。在这样的背景下，欧洲开始全面地组织起来，一系列重大的科学技术合作开发计划开始付诸实施②。

1984年2月28日，欧洲共同体工业部长会议正式批准了欧洲信息技术研究发展战略计划（ESPRIT），该计划为期10年，分两期进行，第一期从1984年1月起5年，总投资为15亿欧元，其中一半由共同体资助，另一半由参加计划的单位承担。第二期从1988年开始，总投资32亿欧元，合作范围扩大到了奥地利、瑞士等欧共体之外的一些国家。欧洲力求通过信息技术合作研究推动技术发展，刺激对欧洲信息技术产品和系统的需求，促进合作，使西欧的信息技术工业在20世纪90年代能赶上美国和日本。这样，"欧洲技术共同体"1987年7月正式实施，进一步促进了欧洲范围内更充分地挖掘它们的科研潜力，避免重复科研活动，提高了制造业乃至全行业的竞争力。同时，一项由法国政府提议并开始实施的欧洲跨国高技术联合研究计划也进一步促进了各国至今的合作。该计划以大公司和托拉斯为主、科研院为辅，参加单位自筹资金、共担风险、共享成果。这项计划的市场导向性强，是直接为振兴欧洲高技术产业、振兴欧洲工业服务的研究开发计划。

1987年，为了推进新技术在制造业中的应用，欧洲共同体实施了欧洲工业技术基础计划（BRITE计划）。这一计划促进了新技术（激光、计算机设计等）在汽车、化学、纺织、航空等制造业等领域的应用。

1991年11月，欧洲共同体委员会在一份"开放和竞争经济环境中的工业政策"文件中提出，高技术部门的发展必须享有特别的优先权。

1996年，欧盟通过了第一个欧洲创新行动计划，引导投资者在创新项目上开办新企业并提高其效率。欧盟还开展了具有战略性和前瞻性的研究活动，确定

---

① Competing in Global Value Chains, EU Industrial Structure Report 2013, European Union, 2013.

② 宫长顺：《欧洲共同体的科技政策与合作》，载于《中外科技信息》1990年第2期，第7~12页。

未来一定时期的重点产业和关键技术，促进高新技术产业的发展。

2000 年，欧盟的高层领导机构为了实现"建立最具活力的，以知识为基础的经济体"，在进一步强化创新与创业，努力创建新一代技术型企业及进一步提高欧洲先进制造业国际竞争力诸方面已达成了高度的共识，并在里斯本高峰会议上通过"里斯本战略"明确了技术创新的战略地位。

2002 年 3 月 15 日举行的巴塞罗那高峰会议上，欧盟再一次把技术创新列入重要的讨论议题，力争到 2010 年将欧盟各级的 R&D 投入占 GDP 的比重从 1.9%提升到 3%，并向各成员庄严宣告：要想缩短欧洲与其竞争对手的差距，提高欧盟的国际威望，就务必要重视研究与创新工作，必须把两者有机地结合起来，并有效运用于制造业发展，集中全民智慧，加大技术创新力度，努力创建新一代技术型企业，尤其要把创建高新技术企业作为重中之重。

2004 年 11 月，专家组提交了一份远景报告——《未来制造业：2020 年展望》。在这份报告中，对欧盟制造业的优势、劣势、机遇、挑战进行了分析，指出欧盟制造业未来的发展目标，即提高制造业的智能化和先进水平，加速制造业的转变，确保在知识经济条件下，欧盟制造业能够在世界制造业中占有较大份额。为此，欧盟的制造业必须调整结构、加速转型，实现从资源密集向知识密集的转变，实现基于知识的"创新生产"。

第三节 我国先进制造业发展的战略实践

一、国家层面的战略规划

2015 年以来，国务院、国家发改委、工信部等部门相继出台了有关我国制造业发展一系列规划文件。从顶层设计角度来看，国务院办公厅于 2015 年 6 月发布了成立国家制造强国建设领导小组的通知，建立了推进制造强国战略的顶层组织机构，进行统筹规划和政策协调。该组织机构是 2015 年 5 月我国发布《中国制造 2025》之后的重要举措。2017 年 2 月，为了进一步推动落实《中国制造 2025》，突破制造业发展瓶颈，制造强国领导小组又发布了"1+X"规划体系，进一步明确了 11 个配套的实施指南、行动指南和发展规划指南。

（一）战略规划的分类

2015 年以来，我国关于制造业相关的战略规划（指南）主要可以分为两个方面：一是适用于整个制造业的突出未来发展趋势的发展规划，二是针对特定行业的发展规划。从未来趋势来看，主要包括制造业绿色发展、制造业信息化发展和制造业服务化三个方面。

制造业绿色发展是我国工业绿色发展的长期规划。《"十三五"节能环保产业发展规划》的目标是到2020年，节能环保产业快速发展、质量效益显著提升，高效节能环保产品市场占有率明显提高，一批关键核心技术取得突破，有利于节能环保产业发展的制度政策体系基本形成，节能环保产业成为国民经济的一大支柱产业。在工信部发布《工业绿色发展规划（2016—2020）》的引领下，落实《国民经济和社会发展第十三个五年规划纲要》和《中国制造2025》的战略目标是到2020年，绿色发展理念成为工业全领域全过程的普遍要求，工业绿色发展推进机制基本形成，绿色制造产业成为经济增长新引擎和国际竞争新优势，工业绿色发展整体水平显著提升。《绿色制造工程实施指南（2016—2020年）》的发展目标是到2020年，绿色制造水平明显提升，绿色制造体系初步建立。企业和各级政府的绿色发展理念显著增强，绿色制造市场化推进机制基本形成。制造业发展对资源环境的影响初步缓解。

制造业信息化发展是我国制造强国的关键举措，"十三五"时期我国出台制造业信息化发展的一系列政策举措，预计"十四五"时期，制造业信息化发展将成为更加重要的战略选择，信息化水平是衡量一国制造业发展水平的关键指标。信息化包含的范围和内容十分广泛，加快制造业信息化发展是对我国先进制造业向全球产业链跃升的技术支持，也是我国传统制造业转型升级发展的战略保障。《"十三五"国家信息化规划》的目标是到2020年，"数字中国"建设取得显著成效，信息化发展水平大幅跃升，信息化能力跻身国际前列，具有国际竞争力、安全可控的信息产业生态体系基本建立。信息技术和经济社会发展深度融合，数字鸿沟明显缩小，数字红利充分释放。信息化全面支撑党和国家事业发展，促进经济社会均衡、包容和可持续发展，为国家治理体系和治理能力现代化提供坚实支撑。《云计算发展三年行动计划（2017—2019年）》的战略目标是到2019年，我国云计算产业规模达到4 300亿元，突破一批核心关键技术，云计算服务能力达到国际先进水平，对新一代信息产业发展的带动效应显著增强。《信息通信行业发展规划（2016—2020）》的战略目标是到2020年，信息通信业整体规模进一步壮大，综合发展水平大幅提升，"宽带中国"战略各项目标全面实现，基本建成高速、移动、安全、泛在的新一代信息基础设施，初步形成网络化、智能化、服务化、协同化的现代互联网产业体系，自主创新能力显著增强，新兴业态和融合应用蓬勃发展，提速降费取得实效，信息通信业支撑经济社会发展的能力全面提升，在推动经济提质增效和社会进步中的作用更为突出，为建设网络强国奠定坚实基础。《机器人产业发展规划（2016—2020年）》的战略目标是经过五年的努力，形成较为完善的机器人产业体系。技术创新能力和国际竞争能力明显增强，产品性能和质量达到国际同类水平，关键零部件取得重大突破，基本满足市场需求。

服务业创新发展、制造业服务化发展是未来制造业企业发展的趋势。《服务业创新发展大纲（2017—2025年）》的阶段性目标是到2025年，服务业市场化、社会化、国际化水平明显提高，发展方式转变取得重大进展，支撑经济发展、民生改善、社会进步、竞争力提升的功能显著增强，人民满意度明显提高，由服务业大国向服务业强国迈进的基础更加坚实。第四次科技革命和产业革命正在进行时，软件和信息技术的日新月异是这个时代的特点，《软件和信息技术服务业发展规划（2016—2020年）》的短期目标是到2020年，产业规模进一步扩大，技术创新体系更加完备，产业有效供给能力大幅提升，融合支撑效益进一步凸显，培育壮大一批国际影响力大、竞争力强的龙头企业，基本形成具有国际竞争力的产业生态体系。

（二）《中国制造2025》的路线图

《中国制造2025》是2015年发布的我国实现制造业强国的第一个十年的行动纲领。包括了总体的强国路线图和具体的技术路线图。强国路线图包括三个阶段：第一个十年（2025年）进入世界制造业强国行列，基本实现工业化；第二个十年（2035年）达到世界制造强国中等水平，创新能力大幅提升；第三阶段到新中国成立100周年，综合实力进入世界制造业强国前列，建成全球领先的技术体系和产业体系。在技术路线图方面，主要是在一系列的战略支撑和保障措施下，依托五项重大工程①，实现十个重点领域②率先突破，在创新能力提升、信息化与工业化融合、强化工业基础、品牌塑造、绿色制造、结构调整、制造业与服务业融合、国际化等方面有所突破和发展，最终实现第一个十年的阶段性目标③。

按照不同方面之间的逻辑关系，可以给出技术路线如图3-4所示。

---

① 这五大工程分别是制造业创新中心建设工程、智能制造工程、工业强基工程、绿色制造工程、高端装备创新工程。

② 这十个重点领域分别是新一代信息技术产业、高档数控机床和机器人、航空航天装备、海洋工程装备及高技术船舶、先进轨道交通装备、节能与新能源汽车、电力装备、农机装备、新材料、生物医药及高性能医疗器械。

③ 参见《中国制造2025》重点领域技术路线图。

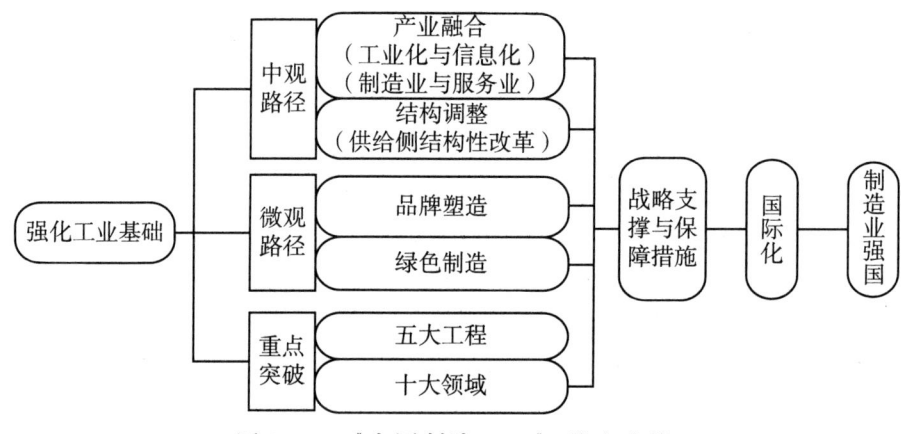

图 3-4 《中国制造 2025》技术路线

资料来源：笔者根据相关资料整理绘制。

（三）战略规划中的 SWOT 分析对比

下面通过对每个规划中关于中国制造业发展现状及存在问题的分析，给出中国先进制造业可能的战略定位，为后续战略定位分析打下基础。从表 3-5 的分析可以看出，与不同战略规划对制造业发展环境及其存在的问题分析相对应，先进制造业战略定位应该关注的重点主要包括：国际市场地位和市场份额的增加、全球价值链的嵌入与升级、先进制造业发展的绿色化定位、产教融合与先进制造业人才培养、产业融合（信息产业与制造业的融合以及制造业服务化）、先进制造业创新能力提升（效率/转化率提升；共性技术突破）与创新生态系统构建、需求侧与供给侧改革（结构调整与升级）、先进制造业品牌化、高端先进制造业发展、国际化、重点战略性新兴产业支持（见表 3-5）。

表 3-5　战略规划中现状及问题的 SWOT 分析及对应的可能战略定位

序号	规划名称	分析视角	发展环境	优势	劣势	机遇	挑战	战略定位
1	《中国制造 2025》	历史演化	制造业兴衰与国家兴衰相伴而生					
2	《中国制造 2025》《工业强基工程实施指南（2016—2020 年）》	国内环境	独立齐全的工业体系	√				定位的全面性
3	《中国制造 2025》	国际环境	发达国家和其他发展中国家"双向挤压"				√	国际市场地位/份额

续表

序号	规划名称	分析视角	发展环境	优势	劣势	机遇	挑战	战略定位
4	《中国制造2025》	国际环境	国际产业分工和全球产业竞争格局的重大调整			√	√	全球价值链嵌入与升级
5	《绿色制造工程实施指南（2016—2020年）》《工业绿色发展规划（2016—2020年）》	国际环境	资源与环境问题是人类面临的共同挑战，可持续发展日益成为全球共识			√	√	绿色化
6	《绿色制造工程实施指南（2016—2020年）》	国际环境	清洁、高效、低碳、循环等绿色理念不断提升			√	√	绿色化
7	《制造业人才发展规划指南》	国际环境	在全球新一轮科技革命和产业变革中，世界各国把人才作为实施制造业发展战略的重要支撑，加大人力资本投资，改革创新教育与培训体系			√	√	人才战略/产教融合
8	《中国制造2025》《智能制造工程实施指南（2016—2020年）》《信息化和工业化融合发展规划（2016—2020）》	国际环境	信息技术与制造业深度融合，智能化、数字化、网络化成为未来制造业发展的主要趋势			√		产业融合
9	《"十三五"国家信息化规划》	国际环境	信息化代表新的生产力和新的发展方向，已经成为引领创新和驱动转型的先导力量			√	√	信息化
10	《制造业创新中心建设工程实施指南（2016—2020年）》	国际环境	全球制造业创新体系发生转变：创新载体从单个企业向跨领域多主体协同创新网络转变，创新流程从线性链式向协同并行转变，创新模式由单一技术创新向技术创新与商业模式创新相结合转变			√	√	创新生态体系
11	《中国制造2025》	国内环境	国内超大规模内需潜力不断释放	√		√		需求结构

续表

序号	规划名称	分析视角	发展环境	优势	劣势	机遇	挑战	战略定位
12	《中国制造2025》	国内环境	经济新常态（资源和环境约束强化，生产要素成本上升，投资和出口增速放缓）			√	√	转化率/效率提升、绿色化
13	《中国制造2025》	国际环境	自主创新能力弱		√			自主创新
14	《中国制造2025》《促进装备制造业质量品牌提升专项行动指南》	国际环境	缺乏世界知名品牌，整体质量较低		√			品牌化
15	《中国制造2025》	国际环境	资源能源利用效率低		√			效率提升
16	《中国制造2025》	国内环境	环境污染问题较为突出		√			绿色化
17	《中国制造2025》	国内环境	产业结构不合理，高端装备制造业和生产性服务业发展滞后		√			结构调整与升级/供给侧改革
18	《中国制造2025》	国内环境	信息化水平不高，与工业化融合深度不够		√			产业融合
19	《中国制造2025》	国内环境	国际化程度不高		√			国际化
20	《发展服务型制造专项行动指南》	国际环境	服务型制造，是制造与服务融合发展的新型产业形态，是制造业转型升级的重要方向			√	√	制造业服务化
21	《高端装备创新工程实施指南（2016—2020年）》	国际环境	高端装备作为制造业的高端领域，一直是国际竞争的焦点			√	√	高端化（自主创新）
22	《高端装备创新工程实施指南（2016—2020年）》	国际环境	我国高端装备制造业取得了快速发展，但与世界先进水平相比，我国高端装备制造业仍存在较大差距		√			高端化
23	《工业强基工程实施指南（2016—2020年）》	国内环境	核心基础零部件、关键基础材料严重依赖进口，共性技术缺失；产业技术基础体系不完善		√			产业基础技术/共性技术（自主创新）

续表

序号	规划名称	分析视角	发展环境	优势	劣势	机遇	挑战	战略定位
24	相关专项规划	战略性新兴产业	新材料、软件和信息产业、生物医药工业、半导体照明、新能源汽车、云计算、大数据产业、机器人产业、节能环保产业等			√	√	重点行业突破

资料来源：笔者根据相关资料整理。

二、区域层面的战略实践

当前，我国先进制造业发展战略规划可以划分为国家整体战略和区域（省级）战略两个层级，也有部分地市级的先进制造业发展规划。这种纵向的战略层级，既是一种自上而下的纵向政策执行和任务安排，也是对国家战略规划的贯彻执行。但是，省级层面的发展战略制定，既缺乏国家层面的总体协调，也缺乏区域之间的战略沟通。在《中国制造2025》中，明确提出了优化制造业发展的区域布局，要求根据国家区域总体战略规划和主体功能区规划，综合考虑各种因素，制定实施重点行业布局规划；建设国家产业转移信息服务平台，引导产业合理有序转移，促进区域协调发展和经济板块之间的协同发展①。在《国家"十三五"规划纲要》中，强调了区域总体发展战略中产业发展的作用，西部地区主要立足于特色产业发展和承接产业转移；东北地区侧重于创新要素集聚、产业转型升级和先进装备制造业基地以及重大技术装备战略基地建设；中部地区侧重于现代物流、先进制造业、现代农业发展，促进战略性新兴产业和高技术产业基地建设；东部地区的发展目标则是打造全球先进制造业基地。在东部地区发展中，特别强调了京津冀协同发展和长江经济带的绿色发展，革命老区的基础设施建设和特色产业发展、民族地区的优势产业和特色经济发展、边疆地区的对外开放、困难地区的转型改造和过剩产能退出等。另外，对于沿海地区，指出了对海洋生物医药和海洋装备制造的扶持。

可见，《中国制造2025》侧重于制造业本身的发展问题，《国家"十三五"规划纲要》中的区域发展战略侧重于区域本身特点的发展。如果在认真分析区域资源禀赋和市场潜力的基础上，从整体上把先进制造业发展战略与区域经济协调发展战略有机融合起来，结合国家主体功能区规划，给出切实可行的先进制造业

---

① 具体参见《中国制造2025》第三部分（战略任务和重点）中的第七个问题（深入推进制造业结构调整）。

区域布局和协同发展战略,既是对当前先进制造业发展战略的补充,同时对区域经济协调发展也具有重要的现实意义。

(一) 不同区域先进制造业发展战略实践

1. 长江三角洲地区

长江三角洲地区的发展规划主要表现为 2010 年 5 月发布的《长江三角洲地区区域规划》和 2016 年 6 月发布的《长江三角洲城市群发展规划》。在《长江三角洲地区区域规划》中,在先进制造业方面的战略定位是全球重要的现代服务业和先进制造业中心,战略目标是形成服务业为主的产业结构,重要科技领域接近或达到世界先进水平,对经济发展的引领作用和支撑作用显著增强[①]。在先进制造业发展与布局方面,主要是以上海、南京、杭州为中心并沿沪宁、沪杭甬线集中布局发展电子信息产业和装备制造业,依托上海和江苏大型钢铁企业发展钢铁产业,依托上海化工区、南京化工区宁波—舟山化工区发展化工产业,以上海为中心发展生物医药、新材料、新能源等新兴产业。在生产性服务业方面,主要是建设上海国际航运中心、上海国际金融中心,同时培育发展工业设计、战略咨询、技术服务、咨询评估等行业。在技术创新方面,主要是区域创新体系和平台建设、加快关键领域与核心技术的创新、共建产业技术创新链等方面。在技术创新链方面,主要表现为高技术产业以上海为龙头的研发、设计,以南京、苏州、杭州等城市为依托的测试和制造;先进装备制造侧重于上海为中心的自主知识产权、核心技术研发,南京、苏州、无锡等城市与上海在设计研发环节上的对接;在纺织服装等传统特色产业方面,发挥上海科研优势,苏南等地区加强与上海对接。

在《长江三角洲城市群发展规划》中,其总体战略定位为建设面向全球辐射亚太、引领全国的世界级城市群。其中,建设全球重要的现代服务业和先进制造业中心是其战略定位的重要组成部分。在主导产业关键领域创新方向方面,给出了电子信息、装备制造、钢铁制造、石油化工、汽车、纺织服装等产业的重点创新方向,并把基于创新链的新兴产业发展方向确定为新一代信息技术、生物产业、高端装备制造、新材料、北斗产业和光伏产业。

2. 珠江三角洲地区

作为我国改革开放的先行区,珠江三角洲地区的发展规划主要表现为 2008 年 12 月国家发展和改革委员会发布的《珠江三角洲地区改革发展规划纲要

[①] 参见《长江三角洲地区区域发展规划》(2010)中的战略定位与目标部分,该规划的规划年限到 2020 年。

（2008—2020）》、2010年7月广东省政府印发的《珠江三角洲产业布局一体化规划（2009—2020）》、近年来广东省政府依据该规划纲要印发的实施规划纲要的年度重点工作任务、《广东省"十三五"发展规划纲要》以及《广东省先进制造业发展"十三五"规划（2016—2020）》。

在《珠江三角洲地区改革发展规划纲要（2008—2020）》中，明确了打造世界先进制造业和现代服务业基地、形成双轮驱动的现代产业群。先进制造业基地侧重于资金技术密集、关联度高、带动性强的现代装备、汽车、钢铁、石化、船舶制造等产业，培育世界级企业和品牌；现代服务业侧重于实现与港澳地区现代服务业的深度融合，重点发展金融、会展、物流、信息服务、科技服务、商务服务、外包服务等生产性服务业，以及文化创意、总部经济和旅游业等。在《珠江三角洲产业布局一体化规划（2009—2020年）》中，先进制造业布局主要表现为珠江口东西两岸和沿海产业发展轴的"三轴"联动和协同发展，同时与先进制造业紧密相关的现代服务业的布局思路为以广州、深圳为核心，多基地支撑，辐射全省的发展布局。近10年来，根据这两个中长期规划，广东省政府认真分解了年度重点工作任务，大大促进了珠三角地区先进制造业的发展。在《广东省"十三五"发展规划纲要》中，基于现代服务业、先进制造业和战略性新兴产业的发展，提出了基本建立具有全球竞争力的制造业新体系的基本目标。把只能制造装备、船舶与海洋工程装备、轨道交通、航空制造、卫星应用、精细化工、精品钢材作为先进制造业发展的重点；把金融、现代物流、电子商务、商务会展、信息服务、科技服务等作为现代服务业发展的重点，把物联网、大数据、云计算、智能机器人、3D打印、可穿戴设备作为新兴培育产业，推动高端新型电子信息、生物医药、半导体照明、新材料和新硬件成为新的支柱产业。结合《中国制造2025》和《广东省"十三五"发展规划纲要》，广东省政府制定了《广东省先进制造业发展"十三五"规划（2016—2020）》，进一步明确了建成国内领先、具备国际竞争力的先进制造业基地的目标，以先进装备制造、先进材料制造、新一代信息技术产业、生物医药产业为发展重点，逐步形成珠江西岸先进装备制造产业带、珠江东岸高端电子信息产业带、沿海先进材料制造产业带、粤东西北产业配套集聚区"三带一区"的总体布局。

3. 京津冀地区

京津冀地区发展的战略规划主要包括2015年制定的《京津冀协同发展规划纲要》、2016年2月发布的《"十三五"时期京津冀国民经济和社会发展规划》。该地区规划的一个主要特点是疏散北京非首都功能，实现三地协同发展。在《京津冀协同发展规划纲要》中，京津冀协同发展的基本定位是"以首都为核心的世界级城市群、区域整体协同发展改革引领区、全国创新驱动经济增长新引擎、生态修复环境改善示范区"。从先进制造业发展角度，北京市定位为科技创新中心，天津市定位为全国先进制造的研发基地，河北省定位为全国商贸物流基地和产业转型升级试验区。在《京津冀协同发展规划纲要》的基础上，发布了《"十三五"时期京津冀国民经济和社会发展规划》。该规划强调了北京的科技创新中心地位和功能，推动生产性服务业的专业化和高端化，提升制造业发展水平。

4. 东北地区

2016年11月，国家发展和改革委员会发布了《东北振兴"十三五"规划》，从完善体制机制、结构调整、创新驱动等方面提出了基本要求，提出了自主创新和科技成果转化能力大幅提升、初步建成具有国际竞争力的先进装备制造业基地和重大技术装备战略基地、国家新型原材料基地等与先进制造业发展紧密相关的发展目标，要把东北老工业基地打造成"中国制造2025"的先行区。从具体措施来看，创新驱动方面主要侧重于创新创业体系的构建，主要表现为重点产业与技术创新联盟、重点创新创业平台、创新创业人才引进培养与集聚等方面；现代产业体系构建方面主要侧重于装备制造业升级、结构调整和新产业培育、现代服务业的发展。在装备制造业发展方面，重点是发展高端装备制造业，实现信息化和工业化的融合以及军民产业融合；在新兴产业培育方面，国家战略性新兴产业布局重点向东北地区倾斜，在辽宁、吉林、黑龙江和蒙东地区打造各自的战略性新兴产业集群。在现代服务业发展方面，大力发展生产性服务业和推动制造业服务化转型。在区域产业联动方面，一方面是加强次区域合作，实现东北部经济带融合发展，东北三省西部地区和蒙东地区的一体化；另一方面是实现与京津冀地区的对接和承接产业转移，以及与其他发达地区的交流与合作。

5. 中部地区和西部地区

2016年12月，国家发展和改革委员会发布了《促进中部地区崛起"十三五"规划》，对先进制造业发展的战略定位是"全国重要先进制造业中心"。在现在产业体系构建中，主要实施制造业重大技术改造升级工程、战略性新兴产业发展重大行动、推动产业集聚向产业集群转型升级、推动生产性服务业向专业化和价值链高端延伸等方面。

2017年1月，国家发展和改革委员会发布了《西部大开发"十三五"规划》，确定了工业发展的主要目标：产业竞争力显著增强，工业化和信息化深度融合，先进制造业和战略性新兴产业加快发展①。具体表现为新型制造业体系的构建、制造业绿色化、数字化、网络化和智能化改造、"互联网+"协同制造行动的实施等。在战略性新兴产业发展方面，主要是结合地区传统优势，培育符合

---

① 2017年国家发展改革委文件。

地区实际的战略性新兴产业,促进新的主导产业形成。

(二) 我国先进制造业发展的区域性战略

根据上述长江三角洲、珠江三角洲、京津冀、东北地区和中部地区先进制造业发展战略实践的简要分析,可以看出不同区域都结合自身发展基础和资源禀赋给出了先进制造业发展的战略定位(见表3-6)。

表3-6　　　我国不同区域先进制造业发展的战略定位

序号	地区	战略定位	互动关系
1	长江三角洲地区	全球重要的现代服务业和先进制造业中心	
2	珠江三角洲地区	世界先进制造业和现代服务业基地	
3	京津冀地区	全国创新驱动经济增长新引擎,天津市定位为全国先进制造的研发基地	
4	东北地区	"中国制造2025"的先行区、具有国际竞争力的先进装备制造业基地和重大技术装备战略基地	区域合作
5	中部地区	全国重要先进制造业中心	承接产业转移,区域合作
6	西部地区	先进制造业的进一步发展	承接产业转移,区域合作

资料来源:笔者根据相关资料整理。

三、产业层面的战略案例

(一)"走出去"战略:我国高铁产业发展的战略实践

1. 中国高铁产业的技术演进轨迹

2003年至今,中国高铁产业经历了从技术引进消化吸收到具有自主知识产权的技术开发两个阶段,经历了单个环节的局部试水到产业链的"整体出海"[1],取得了世界瞩目的成绩。当前,不管是从综合国力、外交形象,还是从国家支持和发展环境角度,中国高铁"走出去"都面临着重要的战略机遇期[2]。

---

[1] 吕铁、黄阳华、贺俊:《高铁"走出去"战略与政策调整》,载于《中国发展观察》2017年第8期。
[2] 徐飞:《中国高铁"走出去"战略:主旨·方略·举措》,载于《中国工程科学》2015年第4期。

从 2003 年开始到 2015 年，中国高铁技术的发展大概经历了技术引进、消化吸收和自主创新三个阶段（见表 3-7）。2003~2008 年为技术引进与消化吸收阶段，从 2003 年铁道部装备现代化领导小组研究技术引进的操作方式开始，中国铁路装备的技术引进正式拉开序幕。2004 年 4 月，国务院召开专门会议研究了"技术引进、联合设计生产、打造中国品牌"的战略方针，进一步明确了从技术引进、消化吸收到自主创新能力提升的路径和方法。在这一段时间内，中国从加拿大庞巴迪、日本川崎重工、法国阿尔斯通和德国西门子引进技术，联合设计生产高速动车组①，通过消化吸收再创新，逐步提升了创新能力。

2008 年之后为自主创新阶段。2008 年 2 月，铁道部和科技部联合签署的《中国高速列车自主创新联合行动计划》和中国第一条高速铁路——京津城际铁路正式开通，标志着中国高铁产业自主创新行动的正式开始和创新能力的显著提升。2015 年 6 月，中国首列标准动车组下线，标志着中国高铁跨入中国标准时代②，也说明了中国高铁具有了自主创新能力。

表 3-7　　　　　　　　　　中国高铁技术的演进

序号	时间	事件	备注
1	2003 年 8 月 23 日	装备现代化领导小组研究技术引进项目的操作方式与实施策略	铁道部实施
2	2003 年 11 月 29 日	《加快机车车辆装备现代化实施纲要》审议通过	铁道部发布
3	2004 年 4 月 1 日	明确了"引进先进技术、联合设计生产、打造中国品牌"的基本战略方针	国务院召开专门会议形成了《研究铁路机车车辆装备有关问题的会议纪要》
4	2004 年 7 月 29 日	《大功率交流传动电力机车技术引进与国产化实施方案》和《时速 200km 动车组技术引进与国产化实施方案》③	国家发改委、铁道部发布实施
5	2005 年 10 月	向西门子公司采购动车组，西门子公司向唐山机车车辆厂全面转让设计和制造技术	铁道部实施

---

① 余谋昌：《实施科学技术创新驱动发展战略——以"海稻86"繁育成功和中国高铁的创造为例》，载于《桂海论丛》2016 年第 2 期。

② 徐飞：《坚持走中国特色自主创新道路——中国高速铁路的成功实践》，载于《求是》2017 年第 4 期。

③ 梁成谷：《探寻铁路装备现代化轨迹》，载于《中国铁路》2007 年第 2 期。

续表

序号	时间	事件	备注
6	2008 年 2 月	《中国高速列车自主创新联合行动计划》	铁道部和科技部联合签署
7	2015 年 6 月	中国首列标准动车组下线	跨入中国标准时代

资料来源：笔者根据相关资料整理。

2. 中国高铁"走出去"的战略实践

2009 年，中国高铁"走出去"战略正式提出，并确定了欧亚、中亚、泛亚三个战略方向①。同时，铁道部也针对不同的战略方向和国家设置了不同的工作组。近年来，尽管面临着日本、德国等国家高铁公司的激烈竞争，中国高铁"走出去"战略还是取得了显著的成绩。中国高铁企业与土耳其、俄罗斯、印度、伊朗、印度尼西亚等国家都开展了相应的高铁业务，如表 3 - 8 所示。

表 3 - 8　　　　中国高铁"走出去"战略的标志性事件

序号	时间	事件
1	2014 年 7 月 25 日	土耳其安卡拉到伊斯坦布尔的高铁二期工程通车②
2	2014 年 10 月	国家发改委和俄罗斯交通部签署高铁合作备忘录
3	2014 年 11 月	中国为马来西亚生产的世界最高运营速度米轨动车下线③
4	2015 年 6 月	中俄双方就中标的"莫斯科—喀山高铁"项目的勘察设计部分正式签约④
5	2015 年 9 月	印度"德里—金奈"高铁可研工作稳步推进
6	2016 年 2 月 7 日	德黑兰—马什哈德铁路电气化改造项目开工⑤
7	2016 年 4 月 21 日	中国企业设计承建的印度尼西亚雅加达至万隆高铁开工建设

资料来源：笔者根据相关资料整理。

---

① 《中国高铁"走出去"路线图》，中国铁道网转引中国产经新闻报，http://www.peoplerail.com/rail/show - 456 - 251088 - 1. html。

② 刘今：《浅析中国高铁"走出去"的优势与战略价值》，载于《辽宁经济》2017 年第 3 期。

③ 《马来西亚　中国产高速米轨动车组下线》，中国高铁网，http://news.gaotie.cn/guoji/2014 - 12 - 04/201689. html。

④ 徐飞：《坚持走中国特色自主创新道路——中国高速铁路的成功实践》，载于《求是》2017 年第 4 期。

⑤ "伊朗总统出席德黑兰—马什哈德铁路电气化改造项目的开工仪式"，中研网，http://www.chinairn.com/news/20160214/082917965. shtml。

3. 中国高铁"走出去"战略需要注意的问题

首先，注意理顺项目主导中的管理体制问题。由于高铁项目的规模较大，涉及企业较多，环节复杂，根据中国高铁行业的现实情况，一般采用政府主导或者核心企业主导的方式。如果项目带有公益或援助性质，应该以政府为主导，承建企业参与，多方协调，与其他国家战略相结合的方式。比如，政府主导高铁援助项目的时候，一方面要与我国"一带一路"倡议相结合，从长远发展角度思考国家间的资源合作以及促进我国供给侧结构的调整。另外，政府部门之间也要加强协调，同时也要有利于促进承建企业的积极性。对于纯商业性质的高铁项目，应该以中国铁路总公司等核心企业为主导，形成"走出去"的战略联盟，抱团发展，资源共享，合力推进，避免出现恶性竞争和单个力量不足的问题。

其次，注意标准化问题。当前，世界范围内还没有形成一个统一的高铁标准，中国高铁企业应该国内高铁标准化的基础上通过"走出去"战略，逐步推动中国标准的世界实践。具体可以分为层次进行。比如在高铁标准空白的发展中国家和欠发达国家，通过项目推动的方式直接采用中国标准；在已经拥有一套本国标准的发达国家和地区，主要目标在于实现中国标准和东道国标准的兼容，逐步渗透中国标准。同时，还要加强与国际铁路合作组织（RCO）、国际铁路联盟（UIC）以及国际标准组织（ISO）等国际组织的合作与交流，推动中国标准的国际化[1]。

第三，优化创新投融资模式。高铁海外投资项目除了需要大量的资金以外，还会面临汇率风险、东道国政治风险、社会文化风险、政策法律风险等，所以优化创新投融资模式，降低各种风险带来的损失，是高铁海外投资面对的重要问题。具体来说，可以充分发挥中国进出口银行、国家开发银行、亚洲基础设施投资银行、国家外汇储备等在海外投资中的作用，充分利用东道国金融机构和政策优势，探索建立"海外投资风险基金"等规避风险的基金组织[2]，探索 BT、BOT、EPC、PPP 等模式之外的新模式，规避投融资风险，破解中国高铁"走出去"战略的资金瓶颈。

第四，中国高铁"走出去"战略与轨道交通国际人才战略相结合。由于高铁项目的建设、运营和维护需要大量的技术人才，所以高铁项目"走出去"需要东道国大量的技术人才支撑。所以，在高铁项目建设的同时，在东道国启动轨道交通国际人才的培养具有重要的意义。一方面东道国对轨道交通技术的掌握可以进一步深化对中国高铁技术的认识，有利于进一步推动中国技术标准的国际化；另一方面轨道交通技术国际人才的培养可以进一步深化国际教育合作，通过高等教

---

[1] 徐飞：《中国高铁"走出去"的十大挑战与战略对策》，载于《学术前沿》2016 年第 7 期。
[2] 刘强：《新形势下中国高铁"走出去"战略探析》，载于《理论学习与探索》2017 年第 4 期。

育合作项目、留学访学计划项目、科研合作项目等形式促进国际人才交流，促进教育的国际化。

第五，中国高铁"走出去"战略需要与其他产业"走出去"战略相结合。因为高铁经济效应的一个重要的方面就是能够拉动铁路沿线经济的发展，促进铁路沿线产业和劳动力的转移。很多国家和地区都把高铁建设与地方产业发展结合起来，中国高铁在"走出去"的同时，同时还要研究东道国铁路沿线产业布局，同时推动中国国内产业的国际投资。另外，把高铁"走出去"战略与"一带一路"倡议紧密结合，推动中蒙俄经济走廊、新亚欧大陆桥经济走廊、中国—中亚—西亚经济走廊、中国—中南半岛经济走廊、中巴经济走廊、孟中印缅经济走廊等六大经济走廊的发展。

（二）自主创新战略：我国航空航天制造业的战略实践

从1956年10月8日中国第一个导弹火箭研究机构（国防部第五研究院）成立以来，中国航空航天事业经历了60多年的发展，取得了举世瞩目的成绩。中国航空航天的发展史，实际上也是中国战略性新兴产业中成功实施自主创新战略的典型案例。同时，航天技术是20世纪中叶发展起来的新兴技术，凝结了世界科学技术的许多最新研究成果，是先进制造业的重要组成部分，是衡量一个国家综合国力的重要标志，是国家间技术竞争力的核心领域[①]。所以，航空航天制造业从一开始就是在自力更生过程中不断进步的。如果把自主创新分为集成创新、原始创新、技术引进消化吸收再创新三个方面的话，那么中国航空航天制造业的自主创新主要体现在集成创新和原始创新方面。

1. 中国航空航天制造业的技术演变

中国航空航天制造业的技术演变可以划分为两弹一星、载人航天、月球探测三个里程碑式的阶段。两弹一星阶段是指1960年和1964年的中国第一枚导弹发射成功和第一颗原子弹爆炸成功、1967年中国第一颗氢弹爆炸成功以及1970年中国第一颗人造卫星发射成功。该阶段是中国在技术薄弱的艰苦条件下依靠自己力量进行的尖端突破。

根据中国航空航天的系统工程理念，载人航天工程是一个复杂的系统，主要包括航天员系统、飞船应用系统、载人飞船系统、运载火箭系统、发射场系统、测控通信系统和着陆场系统等七个主要系统。主要的结构关系如图3-5所示。

---

① 丁常彦：《立足自主创新，促进中国航天事业发展——访中国航天科技集团公司总经理张庆伟》，载于《中国制造业信息化》2006年第1期。

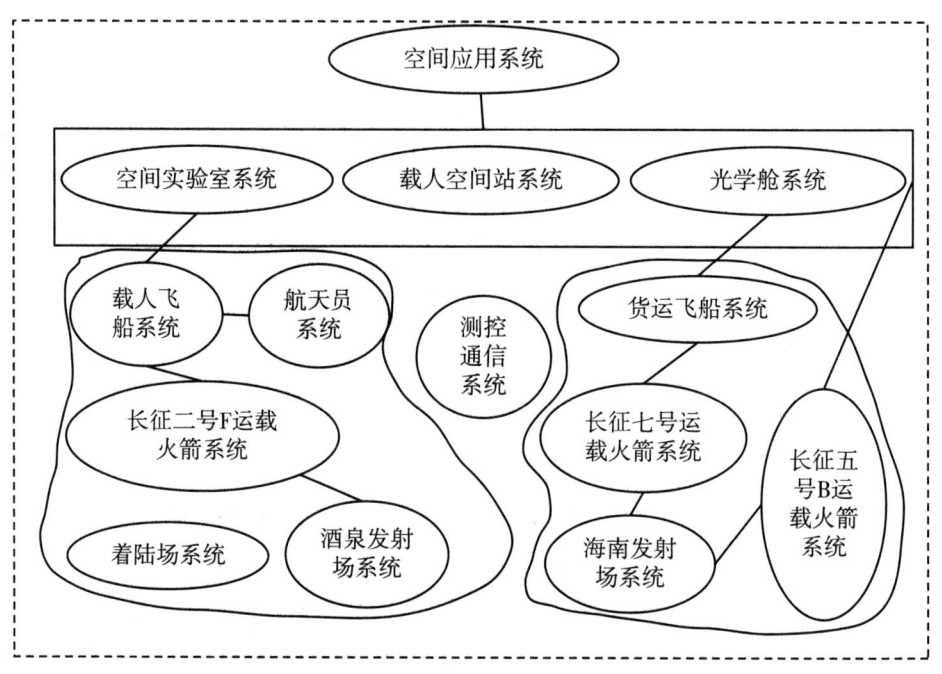

```
                    ┌─────────────────┐
                    │  空间应用系统    │
                    └─────────────────┘
┌─────────────────┬─────────────────┬─────────────────┐
│ 空间实验室系统  │ 载人空间站系统  │   光学舱系统    │
└─────────────────┴─────────────────┴─────────────────┘
```

图 3-5　中国航空航天的系统工程示意图

资料来源：中国载人航天网站，http://www.cmse.gov.cn/constitutes/。

从 1970 年第一颗人造地球卫星发射到 2018 年 2 月 2 日长征二号丁运载火箭发射"张衡一号"以及其他 6 颗小卫星，中国共发射火箭 266 次。从 1992 年中国载人航天工程起步，经过四年的论证、测试、模拟演练等环节，于 1999 年 11 月 20 日神舟一号飞船发射成功，正式拉开了载人航天的序幕，到 2013 年 6 月 11 日神舟十号的成功，完成了载人航天的阶段性任务（见表 3-9）。

表 3-9　　　　　　　中国载人航天历次任务

序号	发射时间	任务名称	简况
1	1999 年 11 月 20 日	神舟一号	考核火箭性能和可靠性等
2	2001 年 1 月 10 日	神舟二号	实验第一艘正样无人飞船
3	2002 年 3 月 25 日	神舟三号	搭载有效载荷设备，完成多项实验
4	2002 年 12 月 30 日	神舟四号	航天应用系统、航天员系统、飞船环境控制和生命保障系统全面实验
5	2003 年 10 月 15 日	神舟五号	实现了一人一天飞行
6	2005 年 10 月 12 日	神舟六号	实现了两人多天飞行
7	2008 年 9 月 25 日	神舟七号	实现了航天员出舱活动和小卫星伴飞

续表

序号	发射时间	任务名称	简况
8	2011年11月1日	天宫一号与神舟八号	空间交会对接技术实现重大突破
9	2012年6月16日	天宫一号与神舟九号	载人航天工程第二步任务取得重大成果
10	2013年6月11日	天宫一号与神舟十号	为后续载人航天空间站建设奠定了基础

资料来源：中国载人航天网站，http://www.cmse.gov.cn/col/col449/index.html。

2017年4月20日，天舟一号货运飞船圆满发射成功，这是我国发射的首艘货运飞船，也标志着2016年9月15日天宫二号空间实验室成功发射后进行空间实验室实施阶段后我国空间实验室任务的完成，使空间站的建设更进一步。

2. 中国航空航天制造业的战略实践

60年来，中国航空航天制造业基本形成了以技术发展战略为统领，以技术发展路线图为红线，以航天系统工程理念为指导，以集成创新、原始创新、产品创新、军民融合创新为创新行动重点，以国际竞争力作为技术创新的重要标尺的自主创新战略实践框架①（见图3-6）。

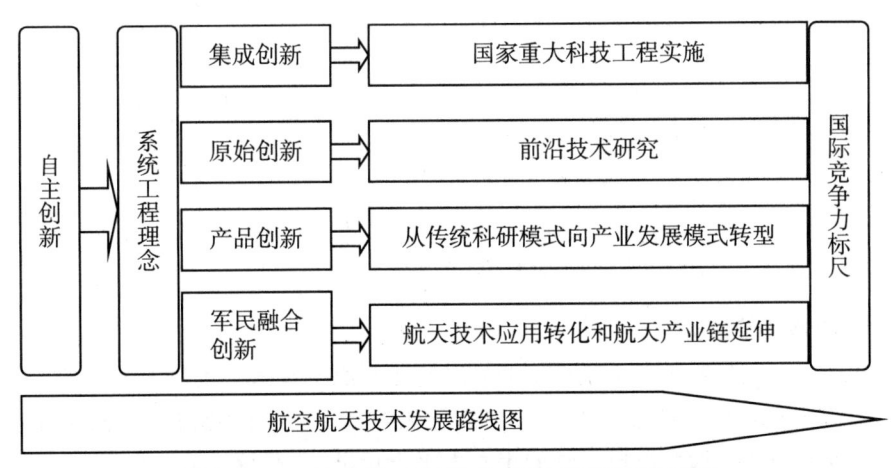

图3-6 航空航天制造业发展战略实践框架

资料来源：马兴瑞：《坚持自主创新为战略基点，牢牢把握发展主动权，努力推动中国航天事业又好又快发展》，中央企业、地方国资委负责人研讨班报告，2011年7月28日。

（三）产业融合战略：中国工业互联网发展战略

根据技术百科（Techopedia）的解释，工业互联网是大数据、分析工具和无

---

① 马兴瑞：《坚持自主创新，推动中国航天事业又好又快发展》，载于《中国航天》2011年第8期。

线网络与物理工业设备的连接和一体化①。该定义最早是美国通用电气公司提出的。2014 年，IBM、AT&T、GE、Intel 和 Cisco 五家企业发起成立了工业互联网联盟（IIC）②，认为工业互联网是物品、机器、计算机、人通过网络连接起来，通过数据分析和智能操作，提高工业产出和效率的一种网络。同时，近年来全球工业企业和软件企业都在快速布局工业互联网的技术与产品（见表 3－10）。中国工业互联网的发展受到了国家的高度重视并得到了部分企业的积极响应，这里从战略政策演变和战略实践两个方面进行分析。

表 3－10　　　　　　　国内外典型工业互联网企业及产品

序号	工业互联网企业及产品	企业性质
1	GE Predix 平台	设备制造商
2	MindSphere 平台	工业设备制造商
3	ABB Ability	传统工业生产商
4	Amazon AWS IoT	互联网巨头
5	IBM IoT Foundation	传统 IT 厂商
6	PTC ThingWrox	信息化厂商
7	Uptake Technology	设备制造商
8	三一树根物联平台（三一重工）	工程机械
9	COSMO 平台（海尔）	自建工业大数据平台
10	航天云网平台（航天科工集团）	复杂装备

资料来源：王建民：《工业大数据与技术与应用》，中国工业技术软件化产业联盟（中国工业 APP 联盟）成立大会主旨报告，2017 年 12 月。

1. 战略政策演变

从产业发展战略角度来说，工业互联网战略源于我国信息技术产业的发展及其对制造业的影响。经历了工业化和信息化相互促进、两化融合、两化深度融合、工业互联网等四个阶段。党的十六大报告指出，"坚持以信息化带动工业化，以工业化促进信息化，走出一条科技含量高、经济效益好、资源消耗低、环境污

---

① 参见技术百科（techopedia）互联网词典，https://www.techopedia.com/definition/30044/industrial-internet。

② 目前，美国的工业互联网联盟的成员包括了大小技术创新企业、纵向的市场领导者、研究者、大学和政府组织。其主要目标是推动创新、影响全球互联网和工业系统的标准过程、促成开放论坛、建立信任等。这也是在 2013 年德国提出工业 4.0 战略和美国提出国家制造业创新网络计划之后美国企业界的一个重要的回应。

染少、人力资源优势得到充分发挥的新型工业化路子。"① 党的十七大报告进一步提出了"两化融合"发展。到了党的十八大，进一步提出了"四化同步发展，两化深度融合"，作为我国工业转型发展的重要路径。

随着互联网的发展，两化融合主要表现为互联网与制造业的融合，人们的思维也就需要从工业化思维转向互联网思维。2015 年 5 月，中国发布了《中国制造 2025》，在指导思想中把加快新一代信息技术与制造业深度融合作为实现战略目标的主线，把智能制造作为主攻方向，深化互联网在制造业领域的应用，在加强互联网基础设施建设的基础上推动工业互联网的发展。

2016 年 2 月，中国工业互联网产业联盟成立大会在北京召开。这是在工业和信息化部指导下，由工业、信息通信、互联网等领域的 400 多家单位共同发起成立的联盟组织。其主要目的就是落实《中国制造 2025》和"互联网＋"行动，促进中国信息技术产业与制造业的深度融合。

党的十九大报告指出："加快发展先进制造业，推动互联网、大数据、人工智能和实体经济深度融合……"②；2017 年 11 月 29 日，国务院发布了《关于深化"互联网＋先进制造业"发展工业互联网的指导意见》；2017 年 12 月 25 日，全国工业与信息化工作会议明确提出，2018 年的主要任务之一就是推动互联网、大数据、人工智能与制造业的深度融合，壮大数字经济③。可见，制造业数字化和互联网化将是未来中国乃至世界制造业发展的主要趋势。

可见，从党的十六大至今，中国从国家层面一直致力于信息化与工业化的融合与工业互联网的发展。

2. 中国工业互联网产业联盟的战略实践

中国工业互联网产业联盟是由工业、信息通信业、互联网等领域百余家单位共同发起的联盟组织。根据联盟章程，其主要工作内容为开展工业互联网总体、需求、网络、数据、安全、产业等架构及技术研究，开展工业互联网标准规范前期研究及标准化推进，开展工业互联网测试验证并推动技术产品及应用创新，开展工业互联网的试点示范并推动相关设备和应用的认证工作，开展工业互联网国际国内交流与合作④。从组织结构来看，该联盟主要由总体组、需求组、技术标

---

① 参见《中国共产党第十六次全国代表大会报告》，2002 年 11 月，http：//www. xinhuanet. com/reports/16da/index. htm。

② 参见《中国共产党第十九次全国代表大会报告》，2017 年 10 月，http：//www. xinhuanet. com/politics/19cpcnc/2017 - 10/27/c_ll21867529. htm。

③ "2018 年全国工业和信息化工作会议在京开幕"，工信部网站：http：//www. miit. gov. cn/n973401/n5977672/n5977712/c5980768/content. html。

④ 引自"中国工业互联网产业联盟章程"，http：//www. aii-alliance. org/index. php？m = content&c = index&a = show&catid = 16&id = 7。

准组、安全组、实验平台组、产业发展组、国际合作与交流组、频谱组等机构组成;从会员单位分布来看,包括了全国 31 个地区的 495 个单位,基本上包括了中国所有的知名企业,也有一些事业单位和行业协会。同时,该联盟还包括了部分国际企业,如 SAP、艾默生、毕马威、博时、欧姆龙、英特尔等国际知名公司。自成立以来,该联盟相继发布了《工业互联网体系架构(1.0)》《工业互联网安全态势报告》《工业互联网成熟度评估白皮书》《工业互联网平台白皮书》《工业互联网平台标准体系框架》《工业互联网安全框架》等报告,为我国工业互联网的良性发展提供了制度支撑。目前,中国工业互联网联盟成员中已经涌现出了包括机床云制造平台、工业互联网网络架构水平验证示范平台、软件定义可重构智能制造验证示范平台、基于安全可靠云平台的智能工厂验证示范平台等典型案例。

四、简要评价

总体来看,我国先进制造业发展要实现制造强国的目标最基本的就是要形成三层对接,也就是国家层面的先进制造业发展规划与区域发展规划的对接,制造业行业的创新实践与国家制造业发展规划以及区域发展规划的对接。所以,这就需要国家发展战略规划、区域发展战略规划、行业发展战略规划、企业发展战略规划之间形成自上而下、自下而上的融合互动。

具体来说,国家层面的战略规划除了整体上规划先进制造业的发展目标以外,还需要与区域层面的战略规划进行对接,结合各地区资源禀赋和制造业行业优势,具体指导地区先进制造业的发展战略,并在全国范围内进行平衡。对于先进制造业行业来说,一方面应该从全国层面制定与全球价值链有效对接的总体战略规划;另一方面也要兼顾各个地区之间的平衡。对于企业来说,战略规划的制定需要结合行业现状、国家政策和区域政策,制定阶段性战略目标。也就是说,各个层级的战略规划应该避免"各自为政",真正实现长期互动和联动发展。

第四节 我国先进制造业发展的战略定位与路径选择

一、我国先进制造业的战略定位:理论演变

从定位的角度来说,杰克·特劳特和艾尔·里斯在 1969 年率先给出了"定

位"的概念,就是实现差异化并建立认知优势。1972年,他们结合商品零售领域的产品定位进行了具体的分析。后来,特劳特与其合作者连续出版了《定位》与《重新定位》两本书,从把定位理解为"在潜在顾客的心智中实现差异化"转到了面对3C时代(竞争、变化、危机)的如何调整认知(包括自身和竞争对手)①。迈克尔·波特(Porter,1996)在《哈佛商业评论》11月号上发表了什么是战略一文,认为战略是独特的价值定位的创造,包括一个不同的活动集合。战略定位源于三个不同的方面:服务于众多顾客中的少数需求,服务于少数顾客的广泛需求,服务于狭小市场中很多顾客的广泛的需求②。实际上这也就是在竞争中选择自己特有的策略和方法。杰克·特劳特(Jack Trout,2004)在其《什么是战略》一书中认为,战略就是让你的企业和产品与众不同,形成核心竞争力③。

上述关于定位及其战略定位的研究都是基于微观企业和产品本身的,主要关注的是竞争市场中的产品独特性和差异化,从而获取产品市场竞争中的优势。从方法角度来说,特劳特和瑞维金(2011)认为,定位需要经过外部环境(竞争对手)分析、产品定位、定位的证明、移植到顾客的心智等几个阶段。菲利普·科特勒(2003)提出了战略定位的STP分析方法,即市场细分(segmenting)、选定目标市场(targeting)和定位(positioning)。李庆华(2004)通过企业战略定位的理论沿革,分析了安德鲁斯的SWOT战略理论框架的不足之处,从企业"做什么""如何做""谁来做"三个维度给出了战略定位理论的构架④。唐拥军和蒋艺(2011)对战略定位的方法进行了分析,认为菲利普·科特勒的定位方法仅仅适用于面向消费者的最终产品,并不能适用于其他中间产品,进而引入了产业链市场,提出了ISTP分析方法。于波和范从来(2011)则在传统SWOT战略分析的基础上嵌入了PEST(政治、经济、社会文化和技术)因素进行了交叉分析,给出了各种组合下的先进制造业战略选择矩阵。胡卫(2016)则从宏观层面分析了习近平同志的战略定位思想,包括基于全局观和差异化的功能定位,基于政治组织、政府与市场关系以及经济体制的性质定位,基于国际关系和区域发展的目标定位。

上述文献中,不管是关于战略定位的微观市场研究、关于产业战略的中观研究,还是关于国家整体政治经济问题的宏观研究,其战略定位都具有以下核

---

① 杰克·特劳特、史蒂夫·瑞维金:《重新定位》,谢伟山、苑爱冬译,机械工业出版社2011年版,第4页。
② Porter, M., What is Strategy? *Harvard Business Review*, 1996, 74 (6), pp. 61–80.
③ 杰克·特劳特:《什么是战略》,中国财政经济出版社2004年版,第64页。
④ 李庆华:《企业战略定位:一个理论分析框架》,载于《科研管理》2004年第1期。

心特征：

第一，战略定位的最终目的是实现战略目标。

第二，战略目标的实现过程便是竞争地位不断提升的过程，所以战略定位的核心是提高竞争力。

第三，战略定位需要进行外部环境和内部环境分析。

第四，战略定位要有自身的特点。

二、基于 HETP 的先进制造业发展的战略定位

根据上述关于战略定位的研究文献分析以及各国不同时期的战略规划实践，我们可以看出先进制造业发展战略定位应该关注以下几点：第一，先进制造业战略定位是为了实现战略目标，根据现有产业内外环境分析而确定的实施领域。这些领域可以是产业内部的重点技术和重点行业，也可以是产业发展的未来趋势和组织模式等。第二，先进制造业发展战略定位的核心是在一定的市场范围内提高产业竞争力。第三，战略定位要具有延续性，是过去产业战略定位的进一步拓展。先进制造业战略定位还要兼顾与相关产业的协调发展关系。先进制造业战略定位的核心在于"先进技术"，所以技术创新在先进制造业发展中发挥着重要作用。

在战略管理中，战略分析的流程一般包括四个方面，即"我从哪里来""我在哪里""我到哪里去""我如何去"。"我从哪里来"重点是认识清楚我国制造业的发展历程，"我在哪里"重点是搞清楚我国先进制造业的在国内外市场中地位，"我到哪里去"就是确定先进制造业的战略目标，"我如何去"就是确定战略定位和战略路径的选择。根据上述关于战略定位的文献梳理以及不同国家制造业发展战略的特点，根据我国"十三五"发展规划和《中国制造2025》，不难发现我国先进制造业发展的长期战略目标就是建设世界制造业强国，其核心就是提升我国先进制造业在国际市场上的竞争力。这实际上是解决了"我到哪里去"的问题。另外，《美国制造：从离岸到回岸，如何改变世界》（利伟诚，2012）、《制造繁荣：美国为什么需要制造业复兴》（加里·皮萨诺、威利·史，2014）、《美国制造：国家繁荣为什么离不开制造业》（瓦拉科夫·斯米尔，2014）对美国的分析表明，美国制造业兴衰的历史也是整个国家兴衰的历史，一个国家的兴衰与制造业紧密相关。所以，我国先进制造业制造强国的战略目标确定的基本逻辑（见图3-7）。

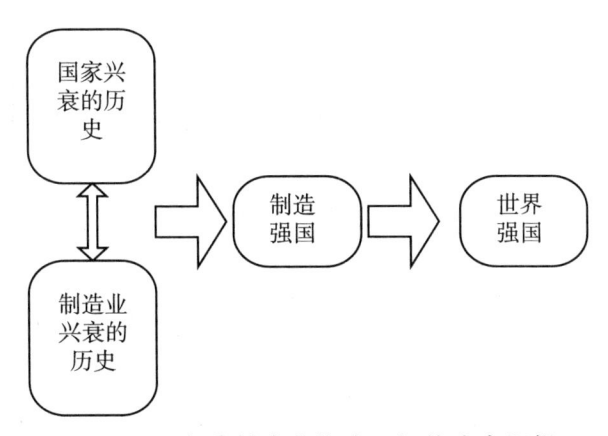

图 3-7　先进制造业战略目标的确定逻辑

资料来源：笔者根据相关资料整理绘制。

关于战略定位，则可以采用 HETP 的战略定位方法。H 代表历史（history）分析，主要是对我国先进制造业的发展历程、政策演变进行详细的分析，为战略定位提供参考；E 代表环境（environment）分析，包括内部环境和外部环境，内部环境主要分析当前我国先进制造业的现状、存在的问题和解决办法，外部环境主要分析我国先进制造业在国际市场上的地位以及在全球价值链中的地位；T 代表目标（target）分析，主要结合我国建设制造业强国的长期目标和三个十年的发展目标，分析先进制造业发展应该达成的目标；P 是目标定位（position），主要是在历史分析、环境分析、目标分析的基础上确定目前优先发展的产业、重点提升的能力以及急需进行的组织和模式变革和创新。具体的分析框架如图 3-8 所示。

从图 3-8 可以看出，国家层面的战略目标是从制造业大国迈向制造业强国，在历史分析（H）、环境分析（E）、战略目标分析（T）基础上，确定战略定位（P）。战略定位具体表现为各地区依据自身要素禀赋和优势先进制造业行业制定的区域发展战略，产业层面的结构调整、行业品牌塑造、产业自主创新、产业组织创新、产业融合、全球化与全球价值链嵌入六个方面，以及企业层面的竞争性进入和退出、企业品牌塑造、企业自主创新、企业在产业组织中的定位、企业生产活动服务化和信息化以及企业在行业价值链中的嵌入等。整体战略目标的实现需要国家、区域、产业、企业四个层面战略的互动。

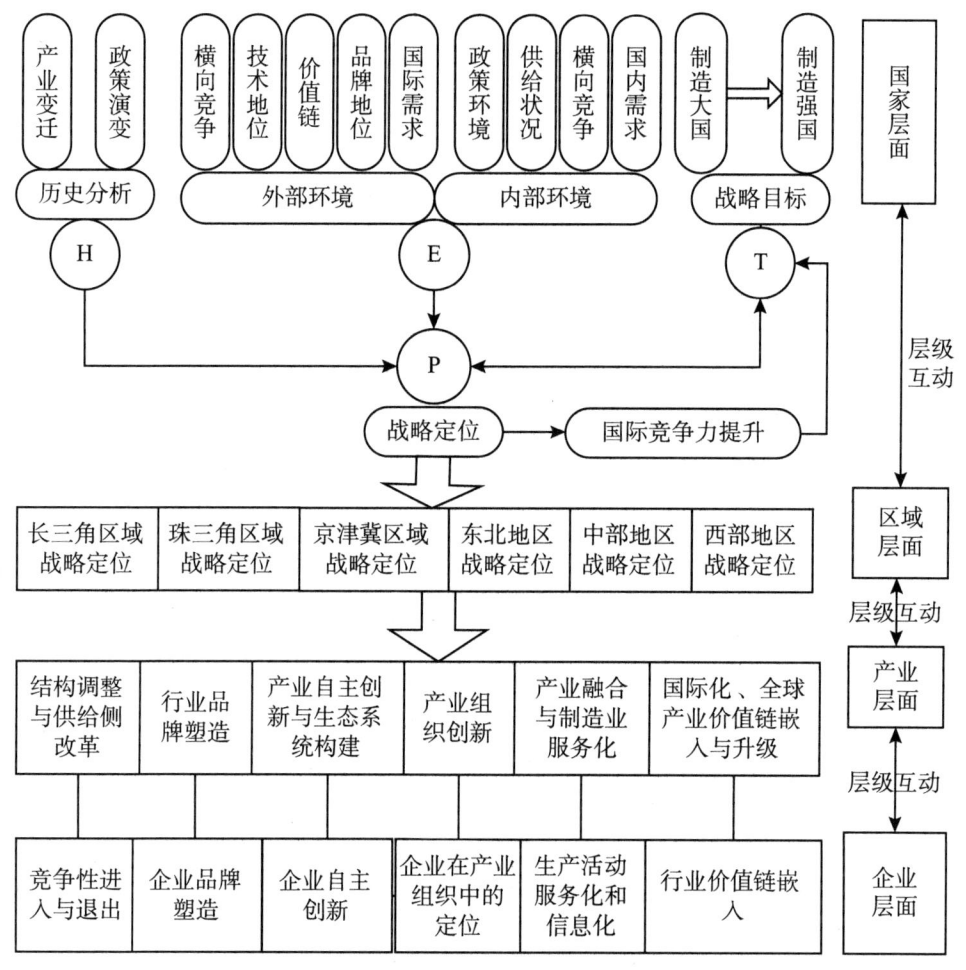

图 3-8 先进制造业发展战略定位框架

资料来源：笔者根据相关资料整理绘制。

三、先进制造业发展的战略路径：产业价值链的重构与升级

我国先进制造业发展的战略路径可以结合上述战略定位和战略目标，从总体上对战略路径进行分析。

如果我们把我国先进制造业的战略定位归结为五个方面，分别就是技术创新、产业组织与模式创新、产业结构调整与升级、产业融合与制造业服务化以及国际化五个方面。技术创新主要是指自主创新能力的提升，包括了信息化、数字化、绿色化技术创新、产业技术效率的提升以及创新生态系统构建等方面，是先进制造业发展的内生动力；产业组织与模式创新包括了集群化发展、全球价值链嵌入与升级等方面，是先进制造业发展的组织支撑；产业结构调整与升级包括供给侧结构性改革、产业边界日益模糊条件下产业产出效率的提升等方面，是先进制造业发展的结构支撑；产业融合与制造业服务化包括信息产业与制造业的融合、现代服务业与先进制造业的融合以及教育与产业的融合，是信息化条件下制造业发展过程中新的商业模式的出现而导致的新的业态融合，是未来先进制造业发展的基本逻辑和转型升级的方向；先进制造业的国际化主要包括国际产业分工快速变化和国际制造业竞争日益加剧的条件下，我国如何突破"双重挤压"，实现国际分工中的主导地位，实现制造业品牌的国际化，这是先进制造业发展的外部拉力。

先进制造业发展的总体战略路径主要是基于五个方面的战略定位和建设制造业强国的战略目标以及传统产业微笑曲线双向移动的综合。如图3-9所示，一个国家的制造业在产业价值链中的地位决定了产业附加值和国际竞争力的大小。在微笑曲线的左端，是产业研发、创新设计领域，是产业发展的内生动力；在微笑曲线的右端，是产业品牌影响力，是影响顾客认知和忠诚度的重要因素。在产业价值链中，一个国家的制造业越接近于微笑曲线的两端，其先进程度就会越高，其产业附加值和国际竞争力就越高。一个国家的制造业沿着产业价值链向两端移动的过程实际上也就是一个升级的过程。

另外，产业价值链本身也会随着社会整体的技术进步、产业组织模式的创新、产业结构的调整与升级、新兴产业的出现以及产业融合等外部因素的作用而向上平行移动，这就是产业价值链的重构和价值链本身的升级过程。具体来说，在产业组织创新方面，模块化产业组织在价值创造和创新方面相对于其他产业组织形式具有明显的优势（陈立等，2007），能够进一步促进产业价值链中企业附加值增加和创新能力提升；在信息技术条件下，先进制造业产业结构优化与升级主要表现在先进制造业与信息产业的融合发展和信息技术贡献率的提高，以及先进制造业本身技术、管理水平的上升，这对先进制造业沿着产业价值链向高端移动以及价值链本身向上移动都有积极的促进作用；先进制造业集群化有利于产业内部的资源协同和创新网络的形成，这对于先进制造业快速发展和创新能力提升都具有促进作用，从而促进了先进制造产业价值链的升级；先进制造服务化不仅能够提高产业本身的附加值，同时先进制造业中研发、工业设计服务以及科技管理咨询服务也会进一步促进先进制造业价值链向高端延伸，促进了价值链的重构与升级；先进制造业国际化战略会强化和提升我国先进制造业在国际产业分工中的地位和主导权，同时也会扩大先进制造业品牌的知名度和国际影响力。

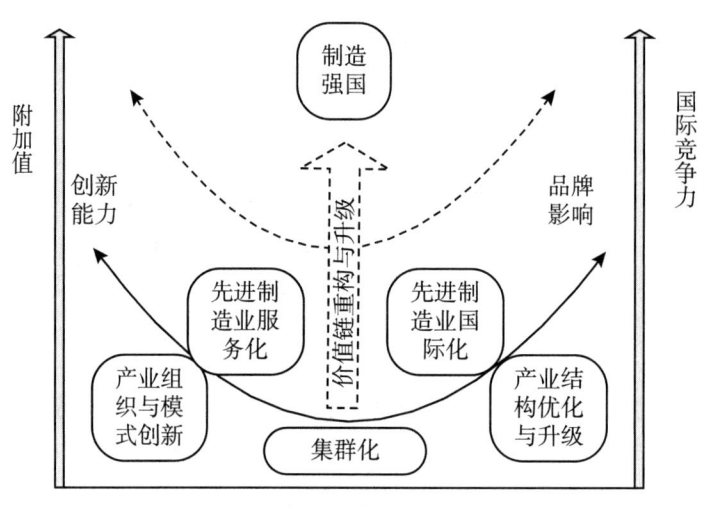

图3-9 先进制造业发展的总体战略路径

资料来源：笔者根据相关资料整理绘制。

总之，从战略定位角度来看，创新能力提升和国际化战略促进了先进制造业企业向产业微笑曲线的两端移动，而产业组织与模式创新、产业结构优化与升级、集群化、先进制造业服务化等战略定位对于促进沿着产业微笑曲线向两端移动以及价值链的重构和升级等，都具有重要意义。这也是实现制造强国的基本战略路径。

第四章

我国先进制造业自主创新能力研究

20世纪80年代以来，以互联网技术为代表的信息技术风起云涌，并加速与制造业的深度融合，推动制造业发生巨大的产业变革，形成了现代先进制造业。先进制造业是传统制造业嵌入使能技术群、战略技术群以及共性技术群的新兴领域，成为世界各国提升综合国力的战略必争领域。

先进制造产业作为新时期产业转型和经济发展的先导力量，在系统集成、智能装备、制造基础和先进制造等领域的技术创新发展迅速，正在成为世界制造中心竞相争夺的领域。我国围绕上述领域也展开了积极部署，包括增材制造、激光制造、智能机器人、极大规模集成电路制造装备及成套工艺、新型电子制造关键装备、高档数控机床与基础制造装备、智能装备与先进工艺、制造基础技术与关键部件、工业传感器、智能工厂、网络协同制造、绿色制造、先进制造科技创新示范工程等。在资源配置全球化与产业价值网络化的双重驱动下，以人工智能为代表的新一轮先进技术发展正在深刻地变革着传统的产业—技术—经济体系。面对日益复杂的国际竞争格局和变化迅速的先进制造技术创新特点，如何寻找中国先进制造产业技术创新路径，实现动力变革、效率变革和质量变革，构建支撑与引导现代化经济体系的先进制造产业发展生态，显得尤为紧迫。

第一节 我国先进制造业创新能力现状分析

一、我国先进制造业自主创新能力总体情况

(一) 我国制造业企业与高技术企业科技活动情况

随着经济全球化和改革开放的不断推进,中国的制造业迅速崛起。当前我国已经成为世界制造业大国,但与制造业强国的目标仍有距离。我国应尽快加大对信息技术、生物技术、机器人技术、新材料技术、航天飞行器技术等先进制造业的研发力度,通过发展先进制造业推动中国由制造大国向制造强国转变。中国科学院院士路甬祥认为,随着信息化时代的来临,先进制造业仍将是国家发展的基础性和战略性支柱产业。作为先进制造业的重要组成部分,高技术产业具有知识和技术密集,资源、能量消耗少,增长速度快的特点,对社会生活和国防安全方面发挥着难以替代的作用。1995年开始,我国陆续出台重点产业政策扶持高技术产业,将高技术产业摆在我国发展规划的优先位置。

2015年5月19日,国务院正式印发了我国实施制造业强国战略的第一个十年行动纲领——《中国制造2025》,将创新驱动作为建设制造业强国的重要方针之一。在国家相关政策的支撑下,制造业企业和高技术企业不断加大创新投入力度,拥有自主知识产权的创新成果不断涌现。

对比制造业与高技术产业科技创新活动情况(见表4-1、表4-2),R&D经费内部支出、R&D人员等指标可以很好地衡量制造业企业与高技术企业的自主创新投入情况。专利申请数、新产品开发项目数及新产品销售收入等指标较为清晰地反映出制造业创新产出。

表4-1　　　　规模以上制造业企业科技活动情况

指标名称	2011年	2012年	2013年	2014年	2015年
企业数(个)	300 555	317 580	342 143	350 850	357 139
有R&D活动的企业数(个)	36 621	46 247	53 730	62 432	72 151
R&D经费内部支出(亿元)	5 692	6 846	7 950	8 880	9 640

续表

指标名称	2011 年	2012 年	2013 年	2014 年	2015 年
R&D 人员（人）	2 381 135	2 875 224	3 181 923	3 444 520	3 469 780
专利申请数（项）	374 112	469 343	534 927	601 711	631 402
发明专利数（项）	130 898	169 410	195 598	228 042	240 355
新产品开发项目数（项）	261 564	317 317	351 682	371 719	313 261
新产品销售收入（亿元）	99 031	108 642	126 545	141 572	149 449
新产品出口（亿元）	20 133	21 815	22 798	26 866	29 013

资料来源：国家统计局、科学技术部：《中国科技统计年鉴（2010—2016）》，中国统计出版社。选取其中38个细分行业中的30个制造业细分行业对规模以上工业企业科技活动的统计数据。

表4-2　　　　　　　　高技术企业科技活动情况

指标名称	2011 年	2012 年	2013 年	2014 年	2015 年
企业数（个）	21 682	24 636	26 894	27 939	29 631
有 R&D 活动的企业数（个）	6 787	8 498	9 519	10 774	12 373
R&D 经费内部支出（亿元）	1 441	1 734	2 034	2 274	2 626.659
R&D 人员（人）	618 354	774 054	840 824	893 959	923 455

资料来源：国家统计局、国家发展和改革委员会、科学技术部《中国高技术产业统计年鉴（2012—2016）》，中国统计出版社。

由图4-1可知，从科研经费支出情况来看，我国制造业与高技术产业科研经费投入均呈逐年上升趋势。R&D经费投入是衡量一个国家科技活动规模及研发投入情况的重要指标。我国经济综合实力的不断攀升，使得制造业领域研发资金投入占所有产业比重逐年增加，我国制造业研发经费内部支出从2011年的5 692亿元增加到2015年的9 640亿元，增长了近2倍，年均增长率为14.07%。相比于制造业企业，我国高技术产业研发经费内部支出也逐年增加，从2011年的1 441亿元增加到2015年的2 627亿元，也增长了近2倍。高技术产业研发投入结构中的研发经费内部支出年均增长率为16.20%，比制造业研发经费内部支出年均增长率高2.13个百分点，说明我国高技术产业研发经费投入比制造业研发经费投入增长快。

（亿元）

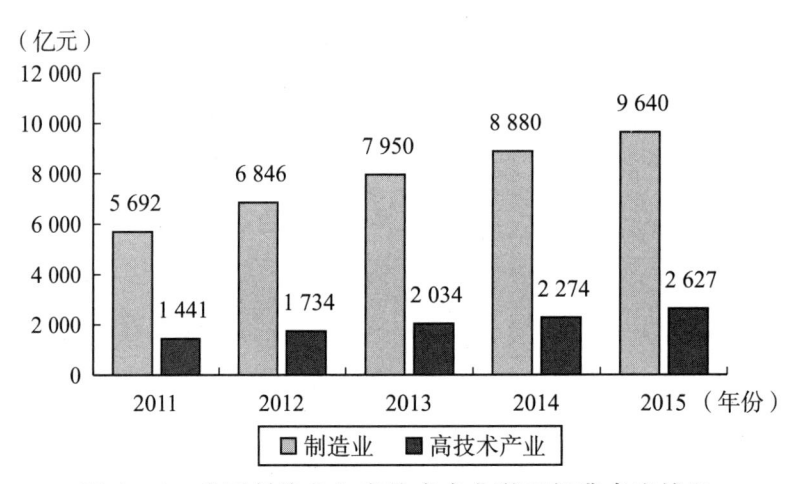

图4-1 我国制造业与高技术产业科研经费支出情况

资料来源：国家统计局、科学技术部《中国科技统计年鉴（2010—2016）》，中国统计出版社。选取其中38个细分行业中的30个制造业细分行业对规模以上工业企业科技活动的统计数据。

由图4-2可知，从企业科研人员数量上来看，制造业企业与高技术企业科研人员数量均呈上升趋势。人才是推动经济技术进步的核心力量，是产业创新过程的主体。我国规模以上制造业企业的科研人员数量从2011年的2 381 135人上升到2015年的3 469 780人，年均增长率为9.87%。虽然制造业企业科研人员数

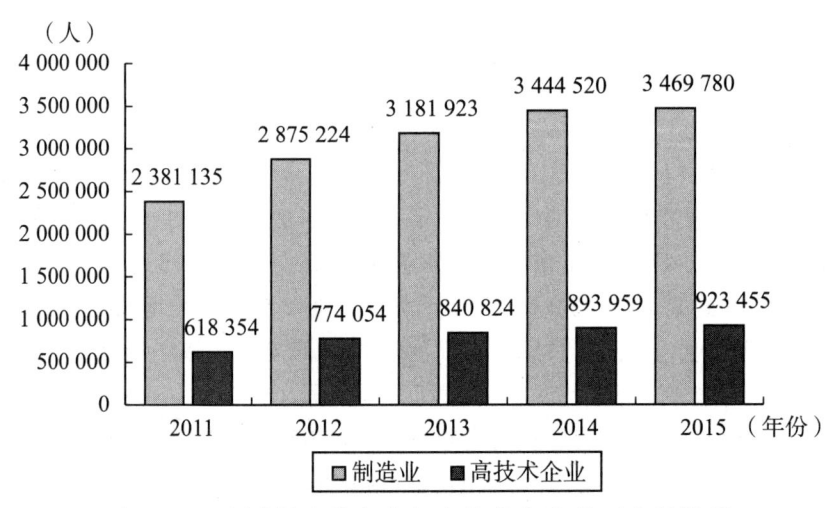

图4-2 我国制造业企业与高技术企业科研人员数量

资料来源：国家统计局、科学技术部《中国科技统计年鉴（2010—2016）》，中国统计出版社。选取其中38个细分行业中的30个制造业细分行业对规模以上工业企业科技活动的统计数据。

量整体呈上升趋势，增长率逐年下降，且下降趋势较为明显。2011年的增长率为20.75%，而2015年则降为0.73%。我国高技术企业科研人员数量从2011年的618 354人增长到2015年的923 455人，年均增长率为10.55%。同制造业企业类似，我国高技术企业科研人员数量虽然整体呈上升趋势，增长率从2011年的33.44%降到2015年的3.30%，增长率明显下降，但仍高于制造业企业科研人员数量增长率。

由图4-3可知，从专利申请数量上来看，我国制造业专利申请数量逐年递增，发明专利增长率稳定。专利可分为发明专利、实用新型专利和外观设计专利三种类型。专利申请和授权的数量是反映产业自主创新能力的重要指标。2011年我国规模以上制造业企业专利申请数量为374 112件，2015年这一数量已经达到631 402件，年均增长率为13.98%。其中，发明专利占专利申请数量的比重不断上升。2014年我国规模以上制造业企业发明专利申请数量占专利申请总数的38.07%，年均增长16.41%。相比于制造业，我国高技术产业专利申请数量从2011年的101 267件增长到2014年的166 709件，2015年专利申请数量略有下降，为158 463件，年均增长率为11.84%，略低于制造业专利申请数量年均增长率。2011~2015年期间我国高技术企业发明专利申请数量占专利申请总数的比重一直较高，均在50%以上。

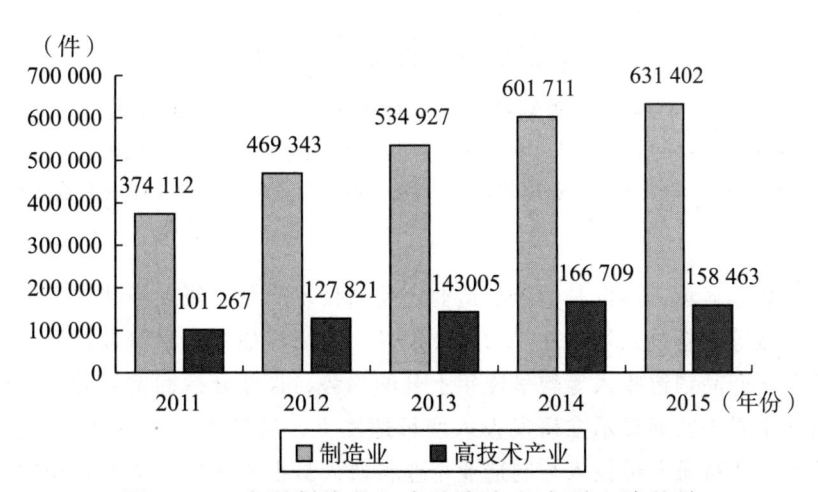

图4-3 我国制造业与高技术产业专利申请数量

资料来源：国家统计局、科学技术部《中国科技统计年鉴（2010—2016）》，中国统计出版社。选取其中38个细分行业中的30个制造业细分行业对规模以上工业企业科技活动的统计数据。

由图4-4可知，从新产品销售收入和出口情况来看，我国规模以上制造业企业新产品销售收入和出口均逐年上升。我国规模以上制造业企业新产品销售收入由 2011 年的 99 031 亿元增加到 2015 年的 149 449 亿元，增幅达 50.91%。新产品出口交货值也呈现逐年递增趋势，2015 年已达到 29 013 亿元，年均增长 9.56%。我国高技术产业新产品销售收入和出口也均呈逐年上升的趋势。新产品开发项目数由 2011 年的 66 606 项上升到 2015 年的 77 167 项，增幅 15.86%。同制造业新产品开发项目情况一样，2015 年我国高技术产业新产品开发项目数与 2014 年相比有所减少。我国高技术产业新产品销售收入由 2011 年的 22 473 亿元增加到 2015 年的 41 413 亿元，增长了近两倍。新产品出口交货值也呈现逐年递增趋势，2015 年已达到 16 758 亿元，年均增长 13.31%。

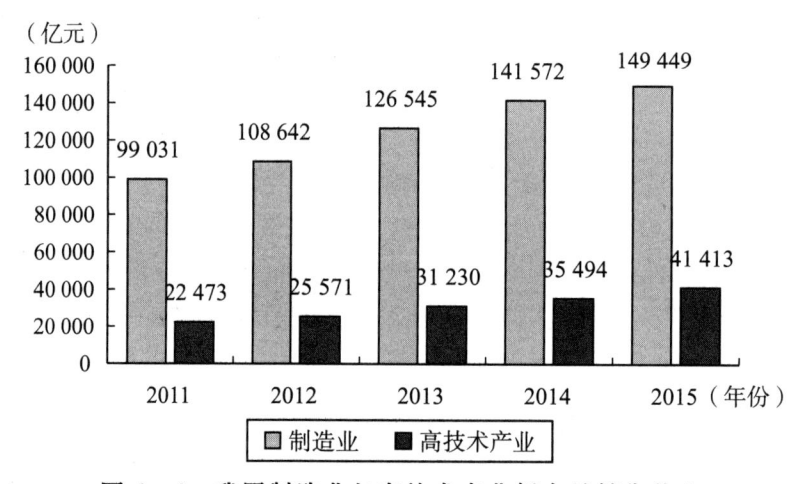

图 4-4　我国制造业与高技术产业新产品销售收入

资料来源：国家统计局、科学技术部《中国科技统计年鉴（2010—2016）》，中国统计出版社。选取其中 38 个细分行业中的 30 个制造业细分行业对规模以上工业企业科技活动的统计数据。

以上数据显示，不论是传统制造业还是高技术产业，研发经费内部投入、科研人员数量等创新投入均在逐年增加，创新产出指标如专利申请数、新产品开发项目数及新产品销售收入等均呈逐年上升的趋势，且部分指标增幅较大。从自主创新投入来看，数据显示在研发投入增长速度上，高技术产业明显优于制造业，而高技术企业科研人员投入与制造业企业科研人员投入变化趋势大致相同，但高技术企业科研人员增长率高于制造业企业。从自主创新产出来看，我国高技术产业专利申请数量增长率略低于制造业，但发明专利申请数量占专利申请总数的比重一直较高，各年份均在 50% 以上。我国高技术产业与制造业新产品开发项目数在 2011~2014 年期间均呈上升趋势，但 2015 年较 2014 年均有所下降，高技术产业与制造业新产品开发项目数变化趋势相同。在新产品销售收入方面，高技术产业新产品销售收入增长较快，2015 年高技术产业新产品销售收入是 2011 年的两倍。以上分析说明，我国制造业与高技术产业自主创新能力均逐渐增强。此外，还可以看出，我国高技术产业属于创新投入高，且创新产出也高的产业。虽然我国制造业自主创新能力逐渐提升，但仍面临很多因素的制约。

（二）我国先进制造业自主创新能力的制约因素

1. 研发投入少，创新能力弱

尽管近年来我国 R&D 经费投入强度逐步上升，但与主要发达国家相比，我国还存在着相当大差距。2013 年韩国、芬兰和日本的 R&D 经费投入强度都在 3% 以上，但我国 R&D 经费投入强度仅为 2.01%，制造业研发投入强度不足 1%[①]。从发达国家的经验来看，当一个国家 R&D 经费投入强度（R&D 经费内部支出占 GDP 比重）超过 2% 时，才具备一定的科研开发和自主创新能力。同时，我国制造业研发投入的来源结构和区域结构不够合理，研发经费主要来源于企业的科研经费内部支出，东部地区的研发投入强度远高于中西部地区。在我国超过 35 万家的规模以上制造业企业中，仅有 30% 左右有研发活动[②]，小规模企业中有研发活动的比例更少，这说明我国还有相当一部分企业没有开展研发活动，没有自主知识产权。

2. 科研成果转化缓慢

目前我国的科技成果转化率大约在 25% 左右，真正实现产业化的不足 5%，与发达国 80% 的转化率差距甚远[③]，也落后于许多发展中国家。高校的科研成果转化率则更低，大部分科研成果被"封存"。这一方面反映了我国科研院所与企业联系不紧密，科研人员对市场不了解，科研成果与制造业的市场需求匹配度不高；另一方面也反映了由于我国科技成果转化的渠道还不够畅通，没有真正形成以企业为主体、市场为导向、产学研用相结合的技术创新体系。制造业科研成果转化缓慢直接导致了自主创新活动难以得到相应反馈和价值实现，大大削弱了基础科研活动的现实激励。

3. 消化吸收能力有待提高

技术引进与消化吸收投入之比是衡量产业对引进技术的学习及二次创新能力的重要指标。根据《中国科技统计年鉴》数据，近年来，我国规模以上制造业企业的消化吸收支出有了较快的增长，消化吸收支出占引进技术支出的比重逐渐上升，2015 年该比值达到 0.26，我国吸收能力依然非常低。根据发达国家的经验，

---

① 《研发投入与经济增长关系的国际经验》，国务院发展研究中心网站，2013 年 10 月 31 日。
② 笔者根据《中国科技统计年鉴》数据计算得出。
③ 赵永新、王润国：《技术成果转化，难在哪儿》，载于《人民日报》2013 年 3 月 4 日 19 版。

这一比值大于3时,才能较充分地吸收利用从国外引进的先进技术。近年来日本和韩国制造业的迅速崛起,一个重要原因就是在技术引进的同时大幅度增加消化吸收支出。在引进技术时期,日本该比值约为7,韩国该比值约为5。如果重引进、轻消化,缺乏对引进技术的"再设计"和"二次开发",不仅会影响国外技术的本土化进程,还会影响国内制造业企业技术追赶的能力,有可能陷入"引进、落后、再引进、再落后"的困境,将严重影响我国制造业自主研发水平和自主创新基础能力的提高。

二、我国先进制造业区域投入产出效率差异性

"中国制造2025"是国家对未来十年中国制造业绿色发展质量和水平的重大战略部署,其目的是改变中国制造业"大而不强"的局面,如最近在中美贸易战受打击的"中兴",作为中国第二世界第四大通信制造业企业在美国贸易打击下,几近要停业的边缘。在此背景下,提升中国高端制造业的自主创新能力已迫在眉睫。中国作为制造业大国,中国先进制造业正成为中国经济发展的新引擎。2018年3月美国宣布拟对每年最多达1 000亿美元的中国进口商品征收关税的计划,特别把"航空航天、信息和通信技术"等先进制造业列为将要征收关税的行业①,与此同时,中国多家先进制造业企业也被列为美国贸易打击清单。

第四次工业革命的浪潮由几大工业强国共同发起,正在以惊人的速度席卷全球。德国与欧盟提出了"工业4.0",率先实现产品研发制造模式的个性化与智能化;美国提出了"工业互联网",通过打造高度智能化的信息系统,实现了大数据与智能生产的无缝对接;日本提出了"工业智能化",大量使用智能机器人,建成了遍布制造业各个领域的"无人工厂"。适应时代潮流,我国也提出了旨在推动制造业转型升级的《中国制造2025》行动纲领,正式开启制造业智能化升级国家战略,成为少数几个正在推进制造业智能化的国家之一②。

(一)我国先进制造业创新效率研究现状

从先进制造业企业自身出发,创新发展效率与企业的技术创新成果息息相关,如何提高企业自身的R&D效率、加速企业技术成果转化变得至关重要。许多企业将增加R&D投入量作为强化创新能力的重要途径,但创新的目的在于通

---

① 美国贸易代表办公室:《美国对华301调查报告》,IPRdaily中文网,2018年3月。
② 张建刚:《第四次工业革命浪潮与我国制造业的转型升级》,载于《光明日报》2018年1月23日。

过提高 R&D 效率增加创新产出，而非陷入重投入轻产出的研发误区（夏维力等，2011）。在企业 R&D 技术开发阶段，对创新效率产生正向影响的因素有企业内部资金充足、外部技术先进以及研发人员投入比重大；而引起负面影响的主要因素有研发人员数量与政府支持力度（李培楠等，2014）。影响先进制造业创新发展的最主要因素是 R&D 内部经费投入，但需要注意的是，增加政府投入需要考虑市场调节能力，过度加大政府投入反而会因为资源浪费而造成技术创新产出低下（张娜，杨秀云，李小光，2015）。从先进制造业企业规模角度考虑，政府应该鼓励高技术服务业以及中小型高技术企业发展（刘沛罡等，2016）。政府的财政补贴以及税收优惠政策是影响先进制造业创新发展效率的重要因素（卢方元，李彦龙，2016）。

在相关创新效率影响因素研究中，企业规模、劳动力投入、对外开放水平等具有正向显著影响，而工业化进程、政府支持程度、当地科技水平等因素无显著影响效果，资本投入则具有负面影响，但并不显著（桂黄宝，2014）。在先进制造业中各种集聚外部性效应和市场结构对就业增长的影响方面，本地化和城市化外部性似乎并不影响高技术产业增长（Andrzej Cieślik，2015）。中国经济已经进入了驱动效果十分明显的嵌入驱动阶段，先进制造业与中低技术产业间发展态势已经发生改变，呈现"收敛式"发展态势（王伟光，马胜利，姜博，2015）。在技术人员投入、R&D 内部经费投入、外商直接投资以及制度创新等条件相同的情况下，高技术产业聚集有利于加速高技术企业技术创新发展。而在基于区域视角下的研究表明，高技术产业聚集对技术创新的影响具有明显的空间特性，经济发达地区与不发达地区之间区域创新效率差异明显（杨浩昌，李廉水，刘军，2016）。我国先进制造业目前仍处于发展中阶段，企业规模、滞后期效率值等对知识创新效率具有显著影响（肖仁桥，钱丽，陈忠卫，2012）。

多数研究文献发现财政补贴、税收优惠政策、企业 R&D 投入效率、企业规模、地区因素、人力资本、外部技术、城市化外部性、产业组织、制度环境和技术溢出效应等对企业创新效率有显著影响，但是，大部分研究还没有充分考虑到外部环境变量调整对创新效率的影响。

（二）我国先进制造业投入产出效率模型选择与指标体系构建

1. 模型选择

数据包络方法（Data Envelopment Analysis，DEA）是一种非参数统计方法，有效地综合了多个投入产出数据的评价分析方法。CCR 模型和 BCC 模型是 DEA 两个最常用的模型，CCR 模型是规模收益不变的数据包络模型，BCC 模型是规模收益可变的数据包络模型。这里采用规模收益可变的 BCC 模型。假定有 m 个独立的决策单元（本部分研究的决策单元为全国各地 31 个省和地区的高技术产业），每个决策单元有 n 中要素投入和 k 种产出，建立模型：

$$\min[\theta - \varepsilon(\sum_{i=1}^{m} s_i^- + \sum_{h=1}^{s} s_h^+)]$$

$$\text{s. t.} \begin{cases} \sum_{j=1}^{m} \lambda_j x_{ij} + S_i^- = \theta x_{i0}, & (i = 1, 2, \cdots, n) \\ \sum_{j=1}^{m} \lambda_j y_{ij} - S_h^+ = y_{h0}, & (h = 1, 2, \cdots, k) \\ \sum_{j=1}^{n} \lambda_j = 1, & (j = 1, 2, \cdots, n) \\ 0 \leq \theta \leq 1, s_i^-, s_h^+ \geq 0 \end{cases} \quad (4-1)$$

其中，θ 为各地区高技术产业投入产出的效率值，λ_j 为常数向量，s_i^- 和 s_h^+ 分别为全国各地高技术产业投入和产出的松弛变量和径向变量。x_{i0} 和 y_{h0} 分别为各地区高技术产业投入和产出指标实际数据值。模型的经济含义为：当 θ = 1 且 $s_i^- = s_h^+ = 0$ 时，则称 DMU 为 DEA 有效；当 θ = 1 时，s_i^- 与 s_h^+ 不全为零时，各地区高技术产业为 DEA 弱有效；当 θ < 1 时，各地区高技术产业不是 DEA 有效，技术与规模都不是有效状态。当 $\sum_{j=1}^{n} \lambda_j = 1$，则 DMU 为规模报酬不变；当 $\sum_{j=1}^{n} \lambda_j < 1$，则 DMU 为规模报酬递增；当 $\sum_{j=1}^{n} \lambda_j > 1$，则 DMU 为规模报酬递减。

2. 基于规模收益可变模型的投入—产出指标选择

根据 BCC - DEA 分析经济原理，从全国各地区高技术产业投入产出效率角度分析，投入指标一般为企业数、从业人员平均人数以及固定资产投资等，产出指标一般反映着在盈利能力和偿债能力水平，如主营业务收入、利润总额和出口交货值等。根据规模收益可变模型对投入产出指标的要求，投入指标选取原则是越小越好，产出指标选取则是越大越好。在投入指标选取上，这里主要选取能反映各地区高技术产业经营投入的企业数、从业人员平均人数以及固定资产投资，固定资产投资是指高技术企业在生产经营中投入固定资产的成本。产出指标选择能体现全国各地区高技术产业盈利能力的主营业务收入、利润总额和出口交货值等指标。主营业务收入是指企业在从事销售商品，提供劳务和让渡资产使用权等日常经营业务过程中所形成的经济利益的总流入。这些投入—产出指标从根本上能体现出全国各地区高技术产业的基本投入产出效率情况（见表 4 - 3）。

表4-3　　　　　我国各地区高技术产业投入—产出效率指标

投入指标			产出指标		
企业数（个）	从业人员平均人数（人）	固定资产投资（亿元）	主营业务收入（亿元）	利润总额（亿元）	出口交货值（亿元）
X_1	X_2	X_3	Y_1	Y_2	Y_3

3. 决策单元、数据来源及数据处理

本部分将我国以华北、东北、华东、华中和华南、西南以及西北等六大区分类，选取了六大区共31省市的高技术产业作为决策单元，所有投入—产出指标数据来源于2017年《中国高技术产业统计年鉴》。数据包络方法要求投入和产出数据为正数，而一部分中国高技术产业的产出指标数据为负值，无法满足数据包络方法的要求，这里利用数据包络方法的线性变换不变性进行了处理。阿里、塞福德（Ali, Seiford, 1990）在研究成果中证明了数据包络方法在具备线性变换不变性时不改变有效前沿的功能。波斯特（Pastor, 1996）同样论证了产出型规模收益可变的数据包络方法可以对其产出数据进行变换，并且不会影响有效值。本文选取的在2016年中国各地区高技术产业样本指标原始数据如表4-4~表4-9所示。

表4-4　　　　　2016年高技术产业分区域指标原始数据值

区域	样本省（自治区、直辖市）	投入指标			产出指标		
		X_1	X_2	X_3	Y_1	Y_2	Y_3
华北地区	北京	795	262 933	6 617.5	4 308.5	321.0	645.4
	天津	533	222 311	4 194.3	3 762.5	296.2	1 224.2
	河北	633	208 689	2 191.8	1 836.1	162.6	191.3
	山西	133	140 679	1 343.3	997.4	47.1	619.5
	内蒙古	109	41 563	951.0	406.9	23.6	19.1
东北地区	辽宁	460	170 384	2 438.6	1 459.2	143.7	277.4
	吉林	442	154 449	1 695.9	2 067.8	190.0	27.5
	黑龙江	174	63 262	773.3	487.7	66.4	6.3
华东地区	上海	991	502 966	6 661.2	7 010.2	334.6	4 226.2
	江苏	5 007	2 341 650	21 714.1	30 707.9	2 059.9	12 196.3
	浙江	2 595	708 319	7 685.2	5 885.2	616.6	1 465.7
	安徽	1 398	288 690	3 610.4	3 587.6	238.7	800.3

续表

区域	样本省 (自治区、直辖市)	投入指标			产出指标		
		X_1	X_2	X_3	Y_1	Y_2	Y_3
华东地区	福建	858	388 338	3 900.7	4 466.0	328.8	2 002.5
	江西	1 064	400 743	3 207.2	3 913.6	282.4	398.3
	山东	2 207	750 189	8 091.8	12 263.5	952.7	1 934.7
华中与华南地区	河南	1 261	790 723	6 661.1	7 401.6	444.8	2 718.8
	湖北	1 063	352 588	4 390.8	4 211.9	259.8	766.3
	湖南	1 027	312 592	2 113.4	3 661.3	206.2	501.1
	广东	6 570	3 894 169	31 734.4	37 765.2	2 094.2	17 333.9
	广西	318	145 423	840.8	2 077.6	222.5	355.2
	海南	52	16 329	271.3	162.6	23.8	2.5
西南地区	重庆	678	297 977	2 902.1	4 896.0	210.8	2 340.3
	四川	1 107	479 109	5 600.0	5 994.4	393.5	1 781.5
	贵州	330	110 207	1 098.1	1 007.8	66.8	69.2
	云南	213	47 918	803.0	462.1	43.4	55.4
	西藏	9	1 243	33.2	9.7	3.5	0.0
西北地区	陕西	525	259 292	3 508.6	2 394.5	211.0	420.6
	甘肃	121	27 897	458.6	196.1	24.3	37.4
	青海	45	9 388	217.1	129.0	8.8	0.2
	宁夏	32	13 382	304.4	176.4	12.4	25.1
	新疆	48	14 783	323.8	90.1	11.6	2.4

资料来源：国家统计局社会科技和文化产业统计司：《2017 年中国高技术产业统计年鉴》，中国统计出版社 2017 年版。

(三) 我国先进制造业创新效率实证分析

1. 华北、东北、华东、华中与华南、西南和西北区域效率比较分析

根据规模收益可变模型 (4.1)，运用 Deap 软件数据进行运算求解，得出 2016 年不同区域的全国各地高技术产业综合效率、技术效率和规模效率值的对比情况，从投入产出效率角度反映了不同区域全国各地高技术产业的竞争力差异 (见表 4-5)。这里综合效率值 C_r^* 和技术效率值 T_r^*，规模效率由 $E_r^* = C_r^*/T_r^*$ 来进行计算。从 2016 年全国各地高技术产业综合效率、技术效率和规模效率值折线图看出 (见图 4-5)，31 省市规模效率变化差异较小，波动幅度在 0.2 范围以内,说明全国各地区高技术产业规模效率相近。而全国各地高技术产业综合效率、技术效率的差异相对明显,并且综合效率和技术效率变化趋势很相近,这说明综合效率未达到 DEA 最优主要是由技术效率未达到最优导致。其中,天津、山西、上海、山东、广西、重庆等区域综合效率和技术效率达到 1,说明这些地区高技术产业投入与产出相协调,达到 DEA 最优组合。

表 4-5　　　全国各省市高技术行业 2016 年效率值

区域	样本省 (自治区、直辖市)	综合效率(C_r^*)	技术效率(T_r^*)	规模效率(E_r^*)	规模报酬 递减性
华北地区	北京	0.968	0.976	0.993	drs
	天津	1.000	1.000	1.000	—
	河北	0.562	0.562	1.000	—
	山西	1.000	1.000	1.000	—
	内蒙古	0.578	0.586	0.987	irs
东北地区	辽宁	0.560	0.574	0.975	drs
	吉林	0.864	0.864	1.000	—
	黑龙江	0.627	0.680	0.923	drs
华东地区	上海	1.000	1.000	1.000	—
	江苏	0.884	1.000	0.884	drs
	浙江	0.579	0.704	0.823	drs
	安徽	0.752	0.752	1.000	—
	福建	0.843	0.889	0.948	drs
	江西	0.632	0.724	0.872	drs
	山东	1.000	1.000	1.000	—
华中与华南地区	河南	0.826	0.886	0.933	drs
	湖北	0.722	0.723	0.999	drs
	湖南	0.790	0.947	0.835	drs
	广东	0.812	1.000	0.812	drs
	广西	1.000	1.000	1.000	—
	海南	0.817	0.901	0.907	drs
西南地区	重庆	1.000	1.000	1.000	—
	四川	0.774	0.832	0.930	drs
	贵州	0.564	0.568	0.994	irs

续表

区域	样本省 （自治区、直辖市）	综合效率（C_r^*）	技术效率（T_r^*）	规模效率（E_r^*）	规模报酬递减性
西南地区	云南	0.613	0.623	0.984	drs
	西藏	1.000	1.000	1.000	—
西北地区	陕西	0.663	0.700	0.947	drs
	甘肃	0.502	0.554	0.907	drs
	青海	0.812	0.872	0.931	irs
	宁夏	0.780	0.987	0.790	irs
	新疆	0.450	0.482	0.933	drs
	Mean	0.773	0.819	0.945	

资料来源：根据《网易财经》数据通过 Deap2.1 计算得出。

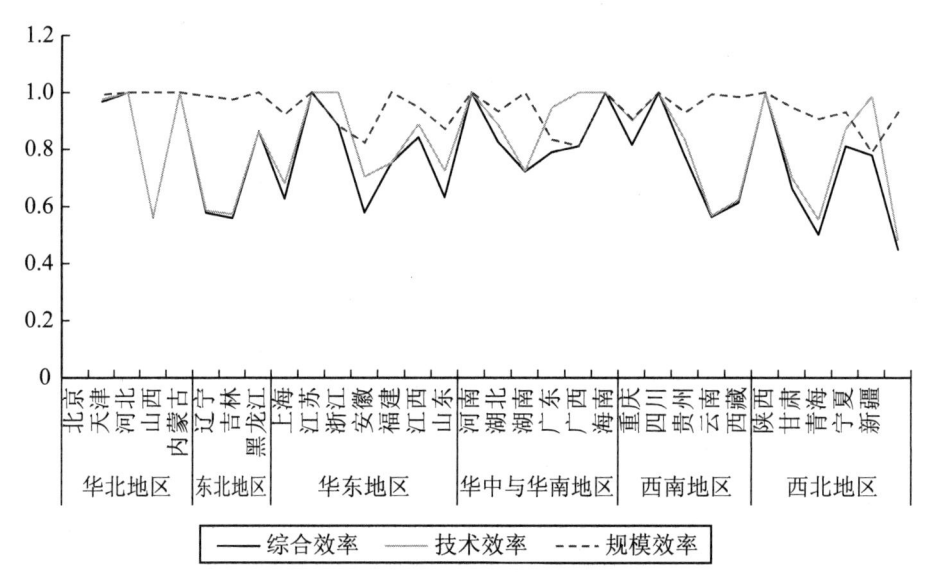

图 4-5　2016 年全国各地区高技术产业效率变动趋势

资料来源：根据《网易财经》数据通过 Deap2.1 计算得出。

从华北地区来看，高技术产业综合效率、技术效率和规模效率由高到低依次是天津、山西、北京、内蒙古、河北，其中天津和山西两地的综合效率值和技术效率值以及规模效率均等于1，达到 DEA 最优状态。整体规模效率相差微小，且都接近于1，而综合效率与技术效率数值非常接近，这说明北京、内蒙古以及河北三地未达到 DEA 最优是由于技术效率过低导致，三个地区高技术产业应该优化产业技术投入，在保持技术投入总量的同时，协调资源，实现产出最大化，致力于提升高技术产业技术效率。北京规模报酬呈递减阶段，说明这些区域高技术产业由于生产规模过大，使得生产的各个方面难以得到有效的协调，从而降低了投入产出效率。但是，内蒙古地区却呈现规模报酬递增趋势，说明内蒙古地区高技术产业呈现出效率上升趋势。

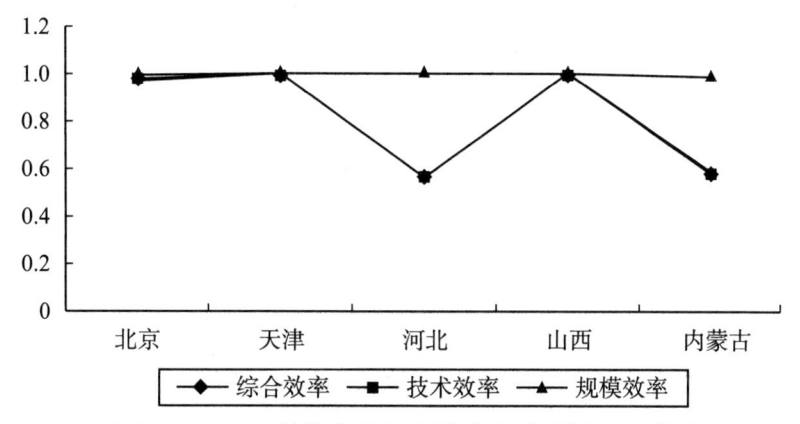

图 4-6 2016 年华北地区高技术产业效率变动趋势

资料来源：根据《网易财经》数据通过 Deap2.1 计算得出。

从东北地区来看，高技术产业综合效率由高到低依次是吉林、黑龙江、辽宁。从图 4-7 中数据可知，东北三省地区高技术产业的规模效率差距甚微且都接近于最优，其中吉林已达到最优规模效率。吉林省也是东三省中综合效率最高的省市，高达 0.864，而黑龙江与辽宁却只有 0.627 和 0.560。从变动趋势可以看出东北三省的综合效率与技术效率数值非常接近。这说明东北三省高技术产业 DEA 效率未达到最优主要原因也是由于技术效率过低导致，其次是规模效率略低。

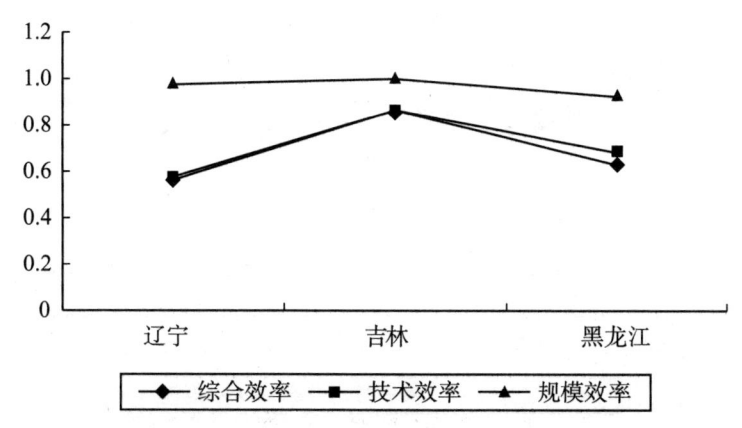

图 4-7 2016 年东北地区高技术产业效率变动趋势

资料来源：根据《网易财经》数据通过 Deap2.1 计算得出。

从华东地区来看，上海、山东两地区高技术产业综合效率、技术效率和规模效率最优，其次江苏、福建、安徽、江西、浙江等地由高到低依次排列。从图4-8可以看出，规模效率各地相距不大，在0.2范围内波动，而综合效率与技术效率波动范围较大，且走势相近，这说明江苏、福建、安徽、江西、浙江未达到DEA最优是主要原因也是由于技术效率过低导致，其次是规模效率略低，其中，江苏、浙江、江西、福建等地规模报酬呈递减趋势。

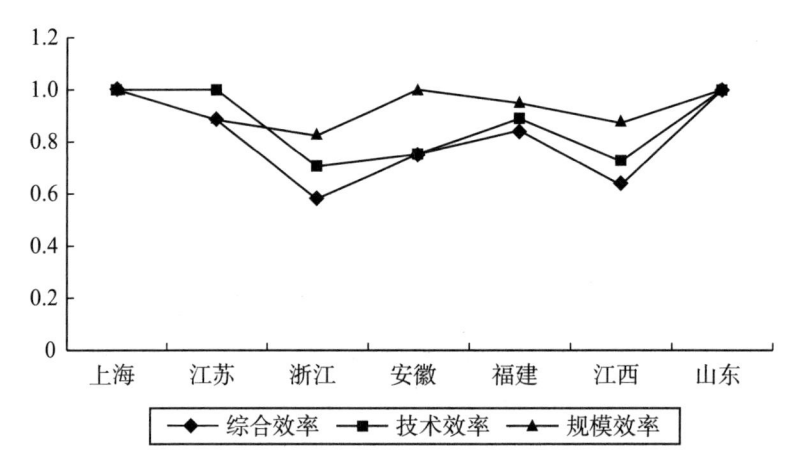

图4-8 2016年华东地区高技术产业效率变动趋势

资料来源：根据《网易财经》数据通过Deap2.1计算得出。

从华中与华南地区来看，广西高技术产业综合效率、技术效率和规模效率最优，河南、海南与广东等地由高到低依次排列且均超过0.8，综合效率略优。湖南、湖北紧随其后，也超过0.7。从图4-9可以看出，华中与华南地区各省市综

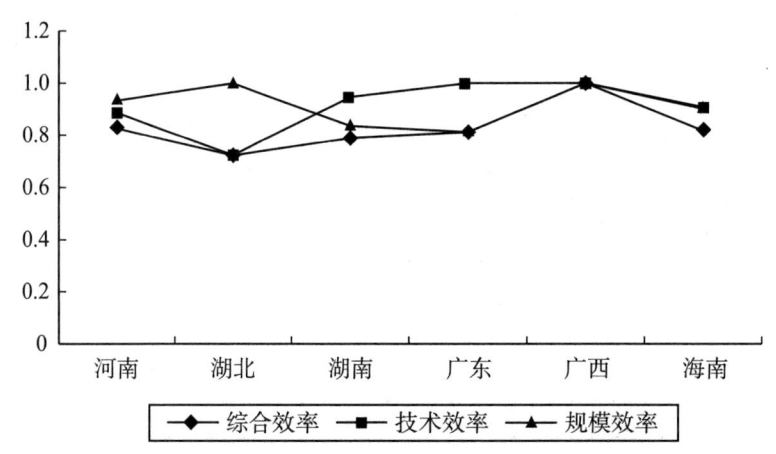

图4-9 2016年华中与华南地区高技术产业效率变动趋势

资料来源：根据《网易财经》数据通过Deap2.1计算得出。

合效率、技术效率以及规模效率在 0.2 范围内波动。这说明该地区高技术产业处于相对较优状态，但除广西外其余五省市均呈现规模报酬呈递减趋势。

从图 4-10 来看，高技术产业综合效率、技术效率和规模效率由高到低依次是重庆、西藏、四川、云南与贵州。重庆和西藏两地的综合效率值和技术效率值以及规模效率均等于 1，达到 DEA 最优状态。整体规模效率相差微小，且都接近于 1，综合效率与技术效率数值非常接近，这说明四川、云南与贵州三地未达到 DEA 最优是由于技术效率过低导致。贵州与云南两地综合效率相对较低，变化明显。四川和云南规模报酬呈递减阶段，贵州呈规模报酬递增。西藏地区虽然达到 DEA 最优，但是从西藏地区高技术产业原始数据可知，该地区资源投入相较于全国其他地区都相差甚远，这说明西藏地区高技术产业还处于落后状态，高技术行业在该地区未有实际生产规模效益。

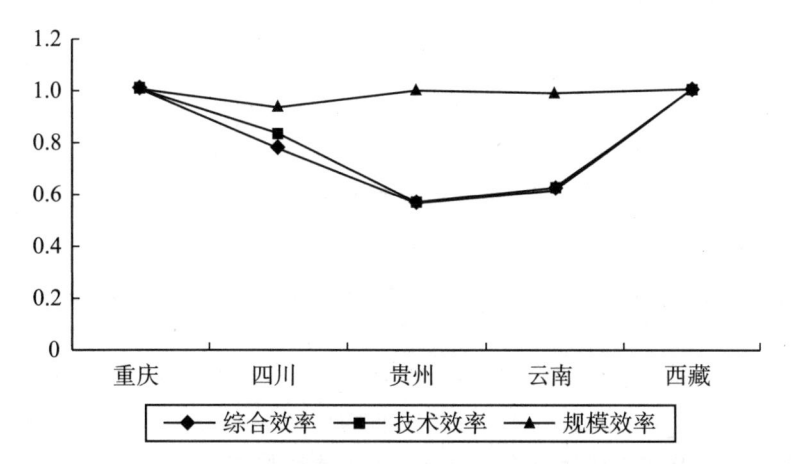

图 4-10 2016 年西南地区高技术产业效率变动趋势

资料来源：根据《网易财经》数据通过 Deap2.1 计算得出。

从西北地区数据观察可知（见图 4-11），该地区整体综合效率水平较低，从高到低依次为青海、宁夏、陕西、甘肃、新疆。而陕西、甘肃、青海、新疆四地整体规模效率相差微小，且都接近于 1，综合效率与技术效率走势相近，这说明这些地区的综合效率较低主要是由于技术效率过低导致。宁夏地区规模效率仅为 0.790，技术效率却高达 0.987。

2. 六大区域高技术产业效率最优化投入产出冗余分析

从华北区域来看，北京、河北、内蒙古等地高技术产业综合效率没有达到 DEA 有效，说明产业资源投入浪费，导致了经营成本有逐渐变高的趋势，因而产出没有达到最优的状态，存在投入产出冗余现象，通过冗余分析调整如表 4-6 所示。以北京为例，如果达到综合效率 DEA 有效，产出指标和投入指标都需要调

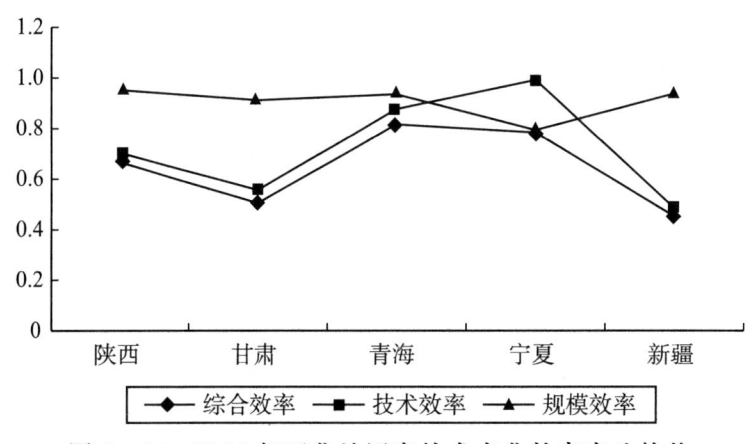

图 4-11　2016 年西北地区高技术产业效率变动趋势

资料来源：根据《网易财经》数据通过 Deap2.1 计算得出。

整。投入指标中，企业数的目标值应为 661.820 个，产出径向变量需要减少 133.180 个；固定资产投资的目标值应为 4 494.226 亿元，产出径向变量需要减少 2 123.274 亿元才能达到综合效率 DEA 最优。产出指标中，主营业务收入的目标值应为 4 416.681 亿元，投入径向变量需要增加 108.181 亿元。利润总额的目标值应为 346.720 亿元，投入和产出径向变量分别需要增加 8.060 亿元和 17.660 亿元，才能达到 DEA 有效。再从河北年平均投入产出来看，如果达到综合效率 DEA 有效，产出指标和投入指标都需要调整。投入指标中，企业数的目标值应为 529.406 个，产出径向变量需要减少 103.594 个。产出指标中，主营业务收入的目标值应为 3 266.267 亿元，投入径向变量需要增加 1 430.167 亿元。利润总额的目标值应为 289.252 亿元，投入径向变量需要增加 126.652 亿元，出口交货值的目标值是 652.634 亿元，投入和产出径向变量需要分别增加 149.007 个和 312.328 亿元才能达到 DEA 有效。内蒙古地区高技术产业冗余调整与北京类似，由于篇幅有限，这里不再赘述。

表 4-6　2016 年华北地区各省（自治区、直辖市）高技术产业投入产出冗余分析（s^-、s^+、p^*）

调整省市	指标	s^-	s^+	p^*
北京	Y_1	108.181	0.000	4 416.681
	Y_2	8.060	17.660	346.720
	Y_3	16.205	617.270	1 278.875
	X_1	0.000	-133.180	661.820

续表

调整省市	指标	s^-	s^+	p^*
北京	X_2	0.000	0.000	262 933.000
	X_3	0.000	-2 123.274	4 494.226
河北	Y_1	1 430.167	0.000	3 266.267
	Y_2	126.652	0.000	289.252
	Y_3	149.007	312.328	652.634
	X_1	0.000	-103.594	529.406
	X_2	0.000	0.000	208 689.000
	X_3	0.000	0.000	2 191.800
内蒙古	Y_1	287.263	0.000	694.163
	Y_2	16.661	16.624	56.885
	Y_3	13.484	190.694	223.279
	X_1	0.000	-4.429	104.571
	X_2	0.000	0.000	41 563.000
	X_3	0.000	-158.868	792.132

注：s^- 投弛变量，s^+ 径向变量，p^* 目标值。

资料来源：根据《网易财经》数据通过 Deap2.1 计算得出。

东北地区，以辽宁为例，投入指标中，企业数的目标值应为 393.063 个，产出径向变量需要减少 66.937 个；固定资产投资的目标值应为 1 420.615 亿元，产出径向变量需要减少 1 017.985 亿元才能达到综合效率 DEA 最优。产出指标中，主营业务收入的目标值应为 2 542.994 亿元，投入径向变量需要增加 1 083.794 亿元；利润总额的目标值应为 250.430 亿元，投入径向变量需要增加 106.730 亿元；出口交货值目标值应为 497.481 亿元，投入和产出径向变量分别需要增加 206.034 亿元和 14.047 亿元，才能达到 DEA 有效。吉林、黑龙江地区高技术产业冗余调整与辽宁类似，由于篇幅有限，这里不再赘述，数据如表 4-7 所示。

表 4-7　2016 年东北地区各省市高技术产业投入产出冗余分析
　　　　　　　(s^-、s^+、p^*)

调整省市	指标	s^-	s^+	p^*
辽宁	Y1	1 083.794	0.000	2 542.994
	Y2	106.730	0.000	250.430
	Y3	206.034	14.047	497.481
	X1	0.000	-66.937	393.063
	X2	0.000	0.000	170 384.000
	X3	0.000	-1 017.985	1 420.615
吉林	Y1	324.896	0.000	2 392.696
	Y2	29.853	0.000	219.853
	Y3	4.321	505.015	536.836
	X1	0.000	-72.822	369.178
	X2	0.000	0.000	154 449.000
	X3	0.000	0.000	1 695.900
黑龙江	Y1	229.915	181.591	899.207
	Y2	31.303	0.000	97.703
	Y3	2.970	143.519	152.789
	X1	0.000	-32.084	141.916
	X2	0.000	0.000	63 262.000
	X3	0.000	-392.711	380.589

注：s^- 松弛变量，s^+ 径向变量，p^* 目标值。

资料来源：根据《网易财经》数据通过 Deap2.1 计算得出。

华东地区，以浙江为例，从年平均投入产出来看，如果达到综合效率 DEA 有效，产出指标和投入指标都需要调整。投入指标中，企业数的目标值应为 2 007.986 个，产出径向变量需要减少 587.014 个。产出指标中，主营业务收入的目标值应为 11 347.635 亿元，投入和产出径向变量需要分别增加 2 471.229 亿元和 2 991.206 亿元。利润总额的目标值应为 875.514 亿元，投入径向变量需要增加 258.914 亿元，出口交货值的目标值是 2 081.156 亿元，投入径向变量需要增加 615.456 亿元才能达到 DEA 有效。其他地区分析同上（见表 4-8）。

表4-8　　2016年华东地区各省市高技术产业投入产出冗余分析
（s⁻、s⁺、p*）

调整省市	指标	s⁻	s⁺	p*
浙江	Y1	2 471.229	2 991.206	11 347.635
	Y2	258.914	0.000	875.514
	Y3	615.456	0.000	2 081.156
	X1	0.000	-587.014	2 007.986
	X2	0.000	0.000	708 319.000
	X3	0.000	0.000	7 685.200
安徽	Y1	1 180.193		4 767.793
	Y2	78.524	0.000	317.224
	Y3	263.270	405.172	1 468.743
	X1	0.000	-652.108	745.892
	X2	0.000	0.000	288 690.000
	X3	0.000	0.000	3 610.400
福建	Y1	556.103	310.102	5 332.205
	Y2	40.942	0.000	369.742
	Y3	249.350	0.000	2 251.850
	X1	0.000	-47.979	810.021
	X2	0.000	0.000	388 338.000
	X3	0.000	0.000	3 900.700
江西	Y1	1 488.219	0.000	5 401.819
	Y2	107.388	71.017	460.804
	Y3	151.461	320.917	870.678
	X1	0.000	-129.515	934.485
	X2	0.000	-57 951.601	342 791.399
	X3	0.000	0.000	3 207.200

注：s⁻松弛变量，s⁺径向变量，p*目标值。
资料来源：根据《网易财经》数据通过 Deap2.1 计算得出。

华中与华南地区，以河南为例，投入指标中，从业平均人数的目标值应为 586 240.863 人，产出径向变量需要减少 204 482.137 个，才能达到综合效率 DEA 最优。产出指标中，主营业务收入的目标值应为 8 356.099 亿元，投入径向变量需要增加 954.499 亿元；利润总额的目标值应为 502.161 亿元，投入径向变量需要增加57.361亿元；出口交货值目标值应为3 740.151亿元，投入和产出径向变量分别需要增加350.612亿元和670.739亿元，才能达到DEA有效。湖北、湖南、海南等地冗余调整与河南类似不再赘述，数据如表4－9所示。

表4－9　　2016年华中与华南地区各省市高技术产业投入产出冗余分析（s^-、s^+、p^*）

调整省市	指标	s^-	s^+	p^*
河南	Y1	954.499	0.000	8 356.099
	Y2	57.361	0.000	502.161
	Y3	350.612	670.739	3 740.151
	X1	0.000	0.000	1 261.000
	X2	0.000	-204 482.137	586 240.863
	X3	0.000	0.000	6 661.100
湖北	Y1	1 613.431	0.000	5 825.331
	Y2	99.520	24.671	383.991
	Y3	293.543	759.124	1 818.967
	X1	0.000	-156.132	906.868
	X2	0.000	0.000	352 588.000
	X3	0.000	0.000	4 390.800
湖南	Y1	203.995	0.000	3 865.295
	Y2	11.489	132.966	350.655
	Y3	27.920	103.393	632.413
	X1	0.000	-377.468	649.532
	X2	0.000	-61 028.438	251 563.562
	X3	0.000	0.000	2 113.400
海南	Y1	17.863	45.608	226.071
	Y2	2.615	0.000	26.415
	Y3	0.275	34.391	37.166
	X1	0.000	-10.668	41.332
	X2	0.000	0.000	16 329.000
	X3	0.000	-153.598	117.702

注：s^-松弛变量，s^+径向变量，p^*目标值。

资料来源：根据《网易财经》数据通过Deap2.1计算得出。

(四) 我国先进制造业创新效率政策启示

从第四次工业革命来看,技术革命是工业革命的先导和基础。每一次工业革命到来之前,技术领域必发生重大变革与进步,为新的生产方式的出现提供技术支持和保障。从中国各地区先进制造业技术效率水平来看,区域间发展仍不均衡,各地区应大力提升先进制造业的技术效率水平,推动我国先进制造业数字化、网络化和智能化发展。如何定位政府补贴,激励高技术企业提高自主创新能力?地方政府应积极将高技术产业的高速发展放在重要位置,鼓励发展前景良好、资源环境损耗较小、经济效益较高的先进制造业相关项目,引导传统制造业结构调整与升级。特别是先进制造业中产业关联度大、能够带动全局的优势行业,应该继续加大投资的力度,营造更加良好的发展环境,更要对"弱势区域"发展加以积极引导,积极形成产业化发展合作,共同发展;在制定相关政策时要扶持鼓励那些当下发展总量并不大,但是具有很好发展前途的行业。在中部与西部地区,更应该加大投入,加强与发达地区的区域间合作,积极引导那些欠发达地区的经济结构调整,并及时进行产业结构升级,进一步实现我国高技术产业全面协调可持续发展。

中国不同区域先进制造业创新效率的提高,需要加强区域技术研发联盟合作,共同推动产业技术升级。以大数据、人工智能为核心的新技术成了新经济时代的主要特征,中美贸易战中,美国主要征收中国高新技术制造业相关产品,而中国制定了《中国制造2025》,其主要目的是在新经济形态下,加强中国新兴技术核心竞争力,实现中国制造业的技术升级,引导和带动其他制造业的发展。中国是一个人口优势大国,各类高技术人才层出不穷,应加强与先进国家和企业技术联盟,在人工智能等领域通过需求驱动,成为强有力的经济实体制造业大国。

三、东北地区先进制造业自主创新能力分析

(一) 东北地区高技术产业创新能力现状

经过多年发展,东北地区高技术产业综合实力不断提升,产业体系不断完善,创新能力逐步增强,集聚效应初步显现的态势,但产业发展也面临着"地位持续下降、发展活力不足、带动作用较弱、创新能力不强"等有待进一步完善的问题。创新成果本地转化、"融资难、融资贵"、政策举措、产业发展环境等关键

因素制约仍比较突出,而国内市场需求扩大、技术创新加快、政策环境优化也成为东北地区先进制造业创新发展的机遇。

在创新驱动战略推动下,东北地区各类创新平台建设顺利推进,高技术产业创新能力逐步增强。在高技术领域,东北地区拥有大批科研机构,创建了国家重点实验室、国家工程实验室、国家工程技术中心等一批国家级研发平台,拥有大连化学物理研究所、沈阳金属研究所、长春光学精密机械与物理研究所等8所中科院院所,哈尔滨工业大学、吉林大学、大连理工大学、东北大学等4所"985"高等院校,应用光学国家重点实验室、机器人技术与系统国家重点实验室、汽车动态模拟国家重点实验室等29所国家重点实验室。

从R&D经费投入来看,东北地区创新投入增长迅速。2015年东北三省高技术产业R&D经费内部支出达到68.7亿元,比2006年增长了2.6倍左右,2006~2015年10年间的年均增长率达11.2%,黑龙江、辽宁、吉林三省的高技术产业R&D经费内部支出年均增长率分别为14.3%、11.9%、5.1%;黑龙江增长最快,2015年高技术产业R&D经费内部支出达到20.2亿元,比2006年增长了3.3倍左右;辽宁次之,2015年高技术产业R&D经费内部支出为39.1亿元,比2006年增长了2.7倍左右;吉林增长较为缓慢,2015年高技术产业R&D经费内部支出为9.4亿元,比2006年增长了1.6倍左右(见图4-12)。

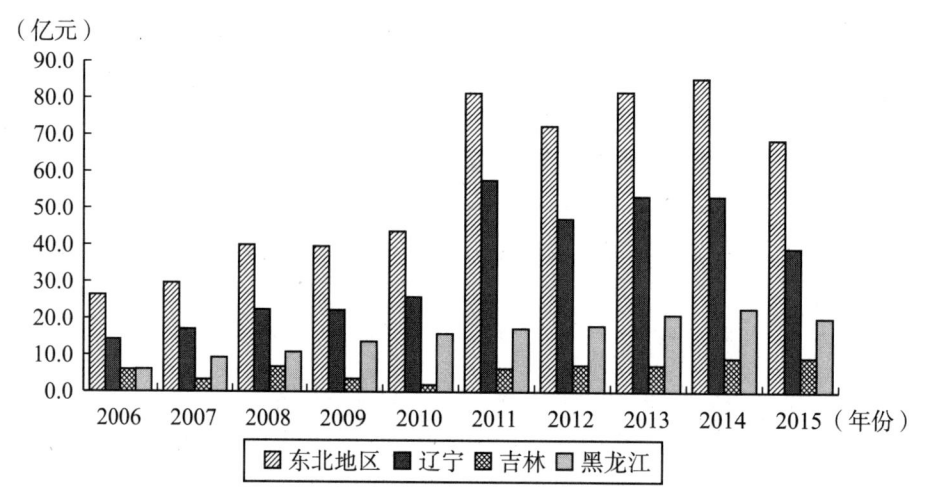

图4-12 东北地区历年R&D经费内部支出

资料来源:国家统计局、国家发展和改革委员会、科学技术部:《中国高技术产业统计年鉴》(2007—2016),中国统计出版社。

随着创新投入的不断增加,东北地区创新产出也实现了快速增长,且增长速度高于创新投入。从创新成果最终转化来看,东北地区2015年高技术产业新产品销售收入达到 575.7 亿元，比 2006 年增长了 3.9 倍；其中，吉林增长最快，2015 年新产品销售收入达 128.3 亿元，比 2006 年增长了 8.1 倍；黑龙江次之，2015 年新产品销售收入达 76.1 亿元，比 2006 年增长了 4.4 倍；辽宁虽增长较慢，但其新产品销售收入额一直较吉林、黑龙江两省高很多，2015 年新产品销售收入已达 371.2 亿元，比 2006 年增长了 3.2 倍（见图 4-13）。吉林省创新投入增速虽然较为缓慢，但其创新产出增速是辽宁的近三倍，是黑龙江省的两倍多，说明该省高技术产业的创新投入资金利用效率较高。

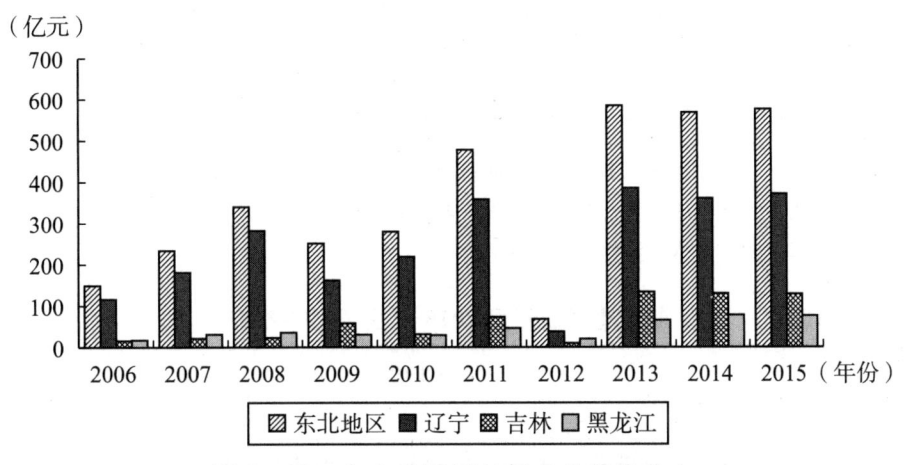

图 4-13　东北地区历年新产品销售收入

资料来源：国家统计局、国家发展和改革委员会、科学技术部：《中国高技术产业统计年鉴》（2007—2016），中国统计出版社。

专利数量能够充分体现一个地区的自主创新能力。从高技术产业有效专利数量上来看，东北地区近 4 年来高技术产业有效专利数量呈逐年上升的趋势，年均增长率达 19.7%。辽宁、黑龙江两省的有效专利数量增长最快，2015 年有效专利数量分别为 3 018 件和 922 件，年均增长率分别为 24.1% 和 14.9%，两省的有效专利数量均较 2012 年增长了 2 倍多（见图 4-14）。从有效专利数量增长情况也可以看出，东北地区创新产出实现了快速增长，高技术产业自主创新能力正逐步提高。

东北地区通过加强产业科学布局，集聚了大批专业人才，吸引了一批企业入驻，初步形成了沈阳、大连、长春、哈尔滨等多个高技术产业集群。国家级高新区逐步成为东北地区高技术产业发展的主要载体。目前东北地区已建成了 16 个国家级高新区，2015 年实现总产值 19 199.0 亿元，出口总额超 181.4 亿美元（见表 4-10）。

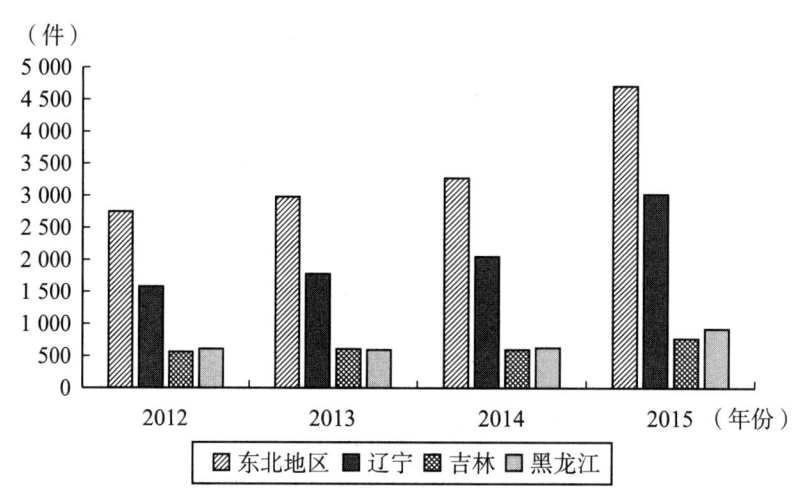

图 4-14　东北地区历年有效发明专利数

资料来源：国家统计局、国家发展和改革委员会、科学技术部：《中国高技术产业统计年鉴》（2007—2016），中国统计出版社。

表 4-10　　东北地区高新区 2015 年主要经济指标

省份	名称	企业数（个）	从业人员（人）	总收入（万元）	出口总额（万美元）
辽宁	沈阳高新技术产业开发区	653	91 138	10 019 287	87 712
	大连高新技术产业开发区	879	179 977	18 406 863	424 749
	鞍山高新技术产业开发区	549	93 136	22 195 402	117 835
	营口高新技术产业开发区	269	40 864	5 128 251	108 874
	辽阳高新技术产业开发区	48	39 291	10 083 869	205 901
	本溪高新技术产业开发区	107	14 770	1 363 577	5 394
	锦州高新技术产业开发区	71	23 749	3 884 109	40 083
	辽宁阜新高新技术产业开发区	170	19 866	1 472 274	5 313
吉林	长春高新技术产业开发区	789	165 554	45 752 785	522 066
	吉林高新技术产业开发区	429	67 208	7 858 213	35 688
	延吉高新技术产业开发区	194	12 905	2 798 436	429
	长春净月高新技术产业开发区	784	128 395	10 204 770	106 543
	通化医药高新技术产业开发区	61	76 273	7 188 446	971

续表

省份	名称	企业数（个）	从业人员（人）	总收入（万元）	出口总额（万美元）
黑龙江	哈尔滨高新技术产业开发区	337	155 034	19 758 573	100 858
	大庆高新技术产业开发区	517	112 141	24 459 209	28 568
	齐齐哈尔高新技术产业开发区	62	29 470	1 416 312	23 287
合计		5 919	1 249 771	191 990 376	1 814 271

资料来源：国家统计局社会科技和文化产业统计司、国家发展和改革委员会高技术产业司：《中国科技统计年鉴（2016）》，中国统计出版社 2016 年版。

（二）东北地区高技术产业创新能力与全国其他地区对比情况

国民经济的高速发展，带动了东北地区高技术产业的发展，不仅生产能力不断增强，包括专利申请数量、新产品销售额、新产品占总产品数量比例等指标也都不断提升。但从全国范围来看，东北地区高技术产业自主创新能力不强，市场竞争力仍有待进一步提高，与本地区经济社会发展要求还有一定的距离。虽然 2006 年以来东北地区高技术产业 R&D 经费投入在数量上呈逐年上涨的趋势，但 R&D 投入强度①仍显不足。2006 年，东北地区高技术产业 R&D 投入强度为 1.17%，略高于全国 R&D 投入强度（1.10%），但与 R&D 投入强度较高的广东省还有一定差距（1.22%）。此后东北地区高技术产业 R&D 投入强度逐年上涨，到 2011 年达到最大（2.47%），之后又不断下降。到 2015 年，东北地区高技术产业 R&D 投入强度降到 1.60%，低于全国 R&D 投入强度（1.88%），而此时广东省的 R&D 投入强度已增加到 2.48%，差距逐渐拉大。

东北地区与国内外部分先进地区相比，在创新产出方面差距也比较大。2015 年，东北三省高技术产业 R&D 经费内部支出和 R&D 人员折合全时当量分别为 68.7 亿元和 20 600.6 人·年，占全国的比重分别为 2.6% 和 2.8%，与主营业务收入占全国的比重（3.06%）大致相当。从有效发明专利数来看，2015 年东北地区有效发明专利数仅占全国的 2.0%，与其创新投入比重大致相当（见表 4-11）。总体而言，东北地区尽管创新资源丰富，创新投入较大，但能够对经济发展起到实际支撑作用的创新产出却相对较少。

---

① R&D 投入强度是指 R&D 经费支出占主营业务收入的比重。

表 4-11　东北三省 2015 年高技术产业研发投入与产出情况

项目	R&D 人员折合全时当量（人·年）	R&D 经费内部支出（亿元）	有效发明专利数（件）
辽宁	10 094.5	39.1	3 018.0
吉林	3 036.9	9.4	769.0
黑龙江	7 469.2	20.2	922.0
东北地区	20 600.6	68.7	4 709.0
广东	203 116.5	827.2	125 471.0
全国	726 983.3	2 626.7	241 404.0
辽宁所占比重	1.4%	1.5%	1.3%
吉林所占比重	0.4%	0.4%	0.3%
黑龙江所占比重	1.0%	0.8%	0.4%
东北所占比重	2.8%	2.6%	2.0%
广东所占比重	27.9%	31.5%	52.0%

资料来源：国家统计局社会科技和文化产业统计司、国家发展和改革委员会高技术产业司：《中国科技统计年鉴（2016）》，中国统计出版社 2016 年版。

(三) 东北地区高技术产业创新成果转化情况

东北地区虽然科研单位与高校数量相对较多，科技创新成果丰富，但这些成果就地转化较少，难以支撑高技术产业发展。以中科院沈阳分院驻辽 5 个研究机构[①]为例，在东北三省共建了 15 个科技成果转化平台，而在全国其他 13 个省市区中共建了 39 个，尤其是在江苏省共建了 13 个转化平台。从 2011 年开始的三年时间内，全国共完成成果转化 1 053 例，技术转移合同总价值 171 345 万元。东北地区在本地完成科技成果 224 项，占比 21.3%；科技合同额 27 850.2 万元，占比 16.3%。而在其他省市自治区转移转化科技成果 829 项，占比 78.7%；科技合同额 143 494.8 万元，占比 83.7%。另外，以中科院系统转化率排在首位的大连物化所为例，过去 5 年大连物化所在全国共实现技术转移转化合同数位 872 项，合同金额达到 9.1 亿元，而在辽宁转移转化项数为 94 项，金额为 3 663 万元，分别仅占 10.78% 和 4%[②]。

东北地区缺乏促进高技术产业创新成果就地转化的有效激励机制，奖励机制不健全，难以形成对科技人员的激励作用，极大影响了科研人员将创新成果就地

---

① 分别为大连化物所、沈阳金属所、沈阳生态所、沈阳自动化所和沈阳计算所，内部调研资料。
② 资料来源：杨威：《大力推动东北地区科技成果就地转化》，中国论文网，2018 年 4 月 6 日。

转化的意愿和热情。近年来，尽管陆续出台了一些鼓励科技成果转化的政策，但由于教师及科研人员创业往往得不到其所属单位的鼓励与支持，严重影响了教师及科研人员就地转化创新成果的积极性。东北地区创新成果转化渠道不畅，在创新成果就地转化的一些关键环节存在障碍。与南方一些经济发达省份相比，东北地区科技中介服务机构和服务体系也不够健全，也在一定程度上制约了东北地区科技成果的就地转化。

（四）提升东北地区高技术产业创新能力的对策建议

1. 构建以企业为主体的技术成果转化机制

加快推进科技成果转化中介服务结构建设，构建企业与高校和科研单位合作的桥梁和纽带。在中介服务机构的帮助下，使企业能够按照发展规划和市场需求与相关的高校或科研机构精准对接，加快推进项目研发进程。加强与社会资本的合作，用于创新成果就地转化的前端环节的投入。出台相关政策，扶持东北地区科技型中小企业增强承接创新成果转化的能力，为东北地区高技术产业的发展提供动力。

为提高东北地区创新成果就地转化能力，可在东北地区沈阳、大连、长春、哈尔滨等重要城市设立高水平知识产权保护机构，充分保障创新成果就地转化过程中供需双方的合法权益，维护东北地区创新成果就地转化市场秩序。除法律保障机制外，还应探索建立创新成果转化保险体系，提升参与科技成果转化主体的信心，降低科技成果转化风险。

2. 强化开放式产业创新体系建设

重点建立以企业为主体的产业创新体系，提升高技术企业创新能力。在企业与高校间建立有效沟通渠道，鼓励企业通过协商以合适的方式参与高校及科研单位的早期研发活动，提升创新效率和科技成果的时效性。推动企业与高等学校及科研院所合作，共同建立研发、检测、设计中心等机构，完善人才培养机制，为企业后备人才提供保障。此外，鼓励东北地区高校及科研院所创新成果就地转化。鼓励高校及科研院所在东北地区设立技术转移机构，引导企业孵化器、大学科技园等向专业化、市场化方向发展。

3. 建立完善的创新人才成长机制

针对近年来东北地区人才的大量外流，东北地区高技术产业就业人员逐渐减少的问题。首先，要营造有利于凝聚人才的发展环境，建立完善的人才引育机制。随着社会的发展，良好的人文环境对优秀人才有着较强的吸引力。东北地区应着力凸显地域特色文化，完善市场文化和企业文化，为高端人才打造舒适的工作和生活环境，让高端人才深切感受到留在东北地区发展的价值和意义。其次，要完善高端人才的服务机制。设立专门的高端人才服务机构，主要负责结局高端人才的家人工作、子女入学等具体问题，解决高端人才的后顾之忧，使他们能够安心在工作岗位中发挥重要作用。再次，要完善高端人才的管理机制。建立完善的人才发展和晋升机制，形成人尽其才、开放透明、充满活力的用人环境。改善高端人才的工作条件，制定明确的科研项目开发奖励政策，对有突出贡献的科研人员和单位给予物质奖励，提高科研人员的创新积极性，如技术入股、个税返还等灵活多样的政策，让他们能够充分展现自己的能力，体会到自己的价值，为东北地区高技术产业的发展注入新鲜血液。

第二节 国内外先进制造业技术发展趋势和政策

关于先进制造技术，国内外学者一般认为，它是传统制造技术与微电子、计算机、自动控制等现代高新技术相交叉融合的结果，集中了传统机械制造、电子信息、光学、生物学、管理学等学科领域，依托知识之间的溢出与交汇，通过跨界融合不断发展先进制造业。先进制造技术克服了传统制造技术在学科、专业的片面性和单一性，更加重视各学科和专业间的相互融合、交叉和渗透，因而具备更强的系统性、集成性、广泛性、精确性特点。依托关键的核心制造技术，先进制造业相较于传统制造业在效率、安全、能耗、质量等方面有了明显提升，提高了对动态、多变市场的适应能力和竞争能力。

一、先进制造业技术发展趋势

随着信息技术和网络技术的飞速发展，当前国内外先进制造技术的发展，虽仍处于以机器为特征的传统制造类技术范式向制造与信息技术交叉融合式技术范式转变，尤其从制造技术时代转向互联网、信息传导等技术的融合时代，但交叉融合速度明显加快，数字化制造、智能制造、精密制造、制造服务化、制造技术"专而精"、机械科学和生命科学深度融合、绿色制造等成为先进制造产业重要的技术发展趋势。

（一）数字化制造成为先进制造技术的核心

数字化制造不同于传统制造，是使信息被数字化编码、保存、表征、加工以及传递，从而体现在数字空间中的完整制造过程。相对传统制造技术，数字化制造融合了数字化技术和制造技术，是一种基于工程科学的前沿性制造技术创新。数字化制造是先进制造技术的核心技术，是实现智能制造的基础。数字化先进制造主要包括制造全流程的建模、建模的系统仿真模拟、基于模拟结果的网络化设计和虚拟产品开发等核心技术。

采用建模与仿真技术，能够在产品从工艺设计到产品市场化实现全过程的模拟实验测试，避免现实中实验花费巨额投入和大量时间投入。美国国家研究委员会发布的战略报告将建模技术与仿真模拟技术作为六项核心技术。而未来制造报告（NGM）也将模拟、建模技术作为十大未来发展重点之一。网络化敏捷设计有利于企业形成成熟的技术体系从而改善对外在市场环境迅速变化的反应能力，这种技术被广泛应用在美国企业中。虚拟产品开发技术经过不断的探索与创新，推动了制造类技术形成新一轮的技术变革，即应对市场变化的快速成型、柔性化、系统化制造技术集成。人们所熟知的波音777飞机，是世界上第一台无图纸飞机上线的典范，全部用计算机设计。

（二）智能制造成为制造业转型的重要方向

智能制造技术核心是智能芯片，而智能芯片的技术是来自制造技术、统筹规划、自动化技术、系统工程和人工智能等学科互相交织和渗透的一门综合技术。智能设计、智能装配、智能加工、智能控制、智能工艺规划、智能调度与管理、智能测量与诊断等都属于智能制造技术的范畴。相比较于传统的制造技术，智能制造融合智能化感知技术、人机交互系统、制造装备智能化设计等环节，形成更为高级、更为高效、更为人性化的新技术领域。智能制造系统具有人机一体化、自律能力强、自组织与超柔性、学习能力与自我维护能力、类人思维能力等特点。

"工业互联网战略"和"工业4.0战略"意味着，美国和德国已经将未来眼光落在未来智能制造领域。美国基于其强大的互联网技术以及在消费产业的广泛应用经验，将大数据采集、分析、反馈以及智能化生活的全套数字化运用引入工业领域。德国"工业4.0"的本质，是通过智能制造技术的运用，实现以智能制造为主导的第四次工业革命。目前，随着机器人技术和全自动生产线的全产业推广，使得"机器替人"成为解决人口红利消失，用工荒的重要解决路径。

（三）精密制造技术成为产业先进性的主要标度

精密制造技术是先进制造技术的基础，包括精密加工和超精密加工、微细加工和超微细加工、微型机械等。微型机械是机械技术与电子技术在纳米级水平上相融合的产物，其加工精度从10微米、0.01微米到现在的仅为0.001微米（即

1 纳米）。微细和超微细加工是一种特殊的精密加工，它不仅加工精度极高，而且加工尺寸十分微小。大规模集成电路芯片上的图形是用电子束、离子束刻蚀的方法加工的，线宽可达 0.1 微米。国外一些专家将纳米技术与微型机械视为对自然的认识已从宏观层面进入到微观层面的标志。纳米制造科学技术群也被认为是最能改变人类生活的前瞻性技术之一，称之为"21 世纪的核心技术"。

（四）制造服务化成为产业高端发展的重要途径

由于技术进步和先进管理理念的应用，当前先进制造业的生产、制造与研发、设计、售后的边界已经越来越模糊，服务化成为助力制造业转型升级的重要推动力量，也是制造业趋向现代化的主要标志。制造业服务化主要体现在投入服务化和业务服务化，即服务要素在制造业的全部投入、服务产品在制造业的全部产出中，占据着越来越重要的地位。

目前，工业发达国家的制造业无不体现着"服务化"的特点，将非核心的生产业务向外剥离，追求制造业总成本的最小化，生产行业中的服务化部分将构成制造业增值盈利的重要环节，服务能力、服务水平已成为决定企业成败的重要环节。早在 2005 年，美国的生产性服务类岗位所创造经济价值就达到经济总量的 47.7%，制造服务技术的影响力已越来越大。以美国通用电气公司（GE）、IBM 公司和耐克公司为例：GE 公司传统制造业产值所占的比例不断降低，70% 以上的业务是由与主业密切关联的"技术＋管理＋服务"构成；IBM 公司成功地由制造业企业转型为信息技术和业务解决方案公司，其咨询服务遍布 160 多个国家，是世界上最大的咨询服务组织；耐克公司目前仅掌握研发设计和营销创新部分，除此之外生产制造都外包给生产成本低的海外工厂，事实上已经成为生产性服务类企业。

（五）先进制造技术加快向"专而精"方向发展

在全球经济一体化及信息网络化的背景下，制造业的产业制高点不再是以往的全面制造，而是基于掌握核心技术和价值增值环节的有选择制造，即已从"大而全"向"专而精"方向发展，实现利润和附加值最大化。各跨国公司利用其掌握的技术、市场、标准、品牌和销售渠道，牢牢控制着产业价值链的关键环节，占领价值链高端，而把处于价值链非核心环节和低端的加工、组装、制造等产业环节转移外包。以波音 787 飞机制造为例，其设计和制造是由波音牵头，众多供应商协同的大规模研发与生产协作。在整机中大约 400 万配件中，波音公司自己生产约占仅仅 10%，剩余配件通过外包等手段交由日本、意大利、韩国等国家的航空制造类企业负责。

德国和日本的制造业技术发展以秉承工匠精神闻名。德国制造的支柱是中小企业，这些企业产品的特色就是专、精、尖、特，并能够与时俱进，不断突破创新，不少企业是世界某一工业领域的"隐形冠军"。日本的日东电工企业，以贴、涂、粘技术作为基础，持续50多年开展"三新活动"（开发新产品、开发新用途、创造新需求），智能手机的触摸屏技术早在20世纪80年代就已经被其开发出来。

（六）机械科学和生命科学将实现深度融合

当前，生命科学技术发展十分迅速。国内外学者普遍认为，21世纪将进入"生命科学"世纪。机械科学和生命科学将进入更深层次的交叉融合阶段，为突破产品设计及制造过程等一系列技术障碍提供系统解决方案，诸如"智能仿生结构"这类的全新概念产品也将问世。

机械仿生与生物制造的研究内容涉及生长成型工艺、制造系统、智能仿生机械和仿生设计等领域，是机械科学与生命科学、信息科学等多学科领域的交叉融合。目前，国外已经展开快速原型制造技术与人工骨骼技术等相关研究，为部分骨骼的人工修复和康复医学提供了完善的解决方案。美国、日本和印度等国在人体仿生方面，美国和欧洲在视觉方向特别是视觉识别方面已经分别做出了比较深入的研究，也有不少产品问世。

（七）绿色制造技术发展得到广泛关注

绿色制造技术以绿色理念为指导，是一种综合考量环境影响和资源效益的现代模式，以较少产品从设计、制造、包装、使用到报废处理的整个生命周期对环境的负面影响为目标，能够有效提高资源利用率。该技术使技术标准、技术规范、应用模式的形式得以实施和推广，正在成为发达国家构筑新型贸易壁垒的重要手段。

在欧美和日本等发达国家和地区，绿色制造技术逐渐得到普及，产品设计理念也深受大众喜爱，制造业的绿色化发展目标已经成为制造业的共识。美国、英国、德国、日本等发达国家都已推出了以保护环境为主题的"绿色计划"。德国有60种类型3 500个产品被授予环境标志[1]。全世界已有20多个国家对产品实施环境标志。

---

[1] 《环球时报·德国制造：尖端技术变产品 百姓发明受重视》，人民网，2004年12月1日。

二、工业发达国家发展先进制造业的做法

尽管进入 21 世纪以来,由于全球产业结构的不断调整,制造业受到巨大的挑战和冲击,但 2008 年发生世界经济危机发生以后,以美国、日本和德国为代表的工业发达国家重新将目光转向制造业,纷纷积极采取措施,大力推动先进制造业发展。

(一)加强国家战略制定,积极抢占新一轮制造业发展先机

发展先进制造业是保持国民经济持续增长、提升国家整体竞争实力的有效途径。尤其是金融危机过后,各国政府重新认识到发展包括制造业在内的实体经济的重要性,特别是认识到掌握制造业技术的高端环节,将对经济和就业产生巨大的拉动效应。各国纷纷制定了国家制造业战略,试图在未来全球制造业新格局中抢占有利位置。

为应对金融危机对制造业的影响,美国于 2009 年发布了《再振兴美国制造业框架》,主要是利用新的创新战略和法律法规调整促进先进制造业在技术研发、人才技术提升。在 2012 年及 2014 年又分别推出《先进制造国家战略计划》和《加速美国先进制造计划》,持续从促进科技创新、人才技能培养和改善商业环境等方面,构建先进制造生态体系,促进产业发展。为了促进制造业科技创新和成果转化,美国联邦政府设立先进制造合作伙伴计划,并出台了《振兴美国制造与创新法案》,使国家制造创新网络(NNMI)正式成为法定计划,通过工业界、学术界和政府形成强大的公私合作伙伴关系(PPP),促进社会其他金融机构和资金的合理注入,为美国先进制造业发展带来新活力的同时提升美国在全球制造价值链的控制权。

德国政府也明确提出了振兴制造业计划。2010 年,德国政府对《国家高技术战略》进行调整,推出了《德国高技术战略 2020》,依靠研究、新技术、扩大创新,激发德国科技和经济的巨大潜力。2013 年将"工业 4.0"战略确定为未来十大发展项目之一,并公布了"工业 4.0"标准化路线图。2015 年为了推动德国工业战略的实施,德国"工业 4.0"战略升级为"工业 4.0"平台,以扩大德国在制造业领域的比较优势。

日本通过新战略性工业基础技术升级支撑计划,巩固优势产业,推动制造业升级;英国在航空、汽车等领域出台了一系列政策,推进制造业基础和应用研究密切合作;法国推出《新工业法国战略》,试图通过创新重振法国制造业地位;韩国以智能工厂为抓手,制定了"制造业创新战略 3.0",推动制造业发展。新

兴国家也通过政府政策大力推动先进制造业发展，抢占未来先进制造业市场的有利位置，如巴西制定了"工业强国计划"，印度出台了"国家制造业政策"等等。

（二）加强财税政策支持，引导产业不断提高创新能力

各国政府通过加大对先进制造业研发投入，建立新型研发机构、鼓励产学研合作、促进技术转移转化等，加快先进制造技术创新。在研发投入方面，美国2016财年预算提案中，将先进制造业作为投入重点，呼吁政府将共计24亿美元的联邦研发经费直接投向先进制造业，与国家战略计划目标建议保持一致。在建立新型研发机构方面，美国政府投资10亿美元创建15个制造业创新研究所，组成国家制造创新网络，缩短新技术从研发到推广的时间，降低采用新技术的风险[1]。在鼓励产学研合作方面，英国政府则通过与企业联合设立"英国研究合作投资基金"，支持大学、研究机构和先进制造业企业长期合作研究。在促进技术转移转化方面，英国推出了"改善人机交互可行性研究"计划，帮助中小型和微型企业将初步产品提供给用户体验，促进企业改进新技术和产品实用性。

税收优惠、加快固定资产折旧、研发活动税收减免等也是发达国家鼓励企业增加技术创新投入的重要举措。美国能源部通过先进能源制造抵税计划，先后为清洁能源设备制造商提供总额高达24.5亿美元的税收减免。通过税收体系改革，比如将美国制造业中的企业税降低10个百分点，同时取消企业海外外包业务税率相关的优惠政策，来吸引制造业企业向美国投资。为了鼓励企业对新型设备的投资，2011年4月开始，英国政府对使用寿命为4~8年的设备转让实行更为优惠税率和折旧政策，加快企业削减资产成本税负。

（三）加强人才培养和引进，促进产业实现快速发展

人才是促进产业快速发展的重要因素，发达国家通过设立专门人才培养计划、改革签证制度，为先进制造业发展输送所需人才。美国针对智能制造领域已经开始在教育体系率先布局，加强了对包括中小学、大学、社区研究机构在内的整体教育制度改革，为美国先进制造业未来发展储备科技人员和熟练劳动力。英国则在《科学与创新增长规划》中规定，在数字产业、风能和先进制造等关键领域建立新的高校；对学位授予制度进行独立审查；推出支持研究生的大额贷款制度。

美国还通过增加 H–1B 签证，简化具备企业家精神、工匠精神、劳模精神的人才在签证方面的程序，借此吸引海外优秀人才。英国政府为了把伦敦东区的

---

[1] 《美国政府宣布建立制造业创新研究所》，财新网，2012年8月17日。

科技城打造成科技企业聚集区，推出了"企业家签证"，通过降低签证申请难度，吸引人才来英国创办企业。韩国政府制定了"理工科人力培养、支援基本计划"，通过对理工科人才的系统性培养和改善待遇等，帮助提升国家的整体竞争实力。日本在《机器人新战略》中提出了培养软件、系统集成等专业人才培养综合措施。

（四）加强技术标准作用发挥，力求形成技术垄断优势

利用标准化规范企业间技术研发和创新，是发达国家促进研发成果转化，提高新产品进入市场速度，抢占国际市场的一个重要途径。美国、德国、英国、日本等国家在原有市场规制下，基本构建了一个社会意见反馈、政府管理、机构授权的体系化运行准则，不仅能满足各方需求而且保证了标准制定的公正性和透明度。德国非常重视标准化对产业发展的作用，在"工业4.0"战略提出的八个优先行动策略中，第一条就是针对所有行业相关产品、服务以及技术系统的标准化和参考框架。2014年，英国发布的《2014—2018新兴技术产业发展战略》也通过建立技术示范、应用示范和商业化示范等各种类型的资助项目，制定新兴技术标准，推动新兴技术的市场化进程。

国外大公司均充分利用标准化战略掌握先进技术标准制定的主导权。西门子公司以PROFIBUS标准为手段，抢占自动化控制系统产业发展的先机和市场。美国高通公司将CDMA申请为世界移动通信标准，并将标准与专利相结合，占领产业链顶端。此外，实力雄厚的跨国公司通过构建技术转移联盟的方式，形成"共享专利平台"，打造"国际技术标准"，借构建技术垄断、建立持续竞争优势，使得发展中国家将更加难以突破发达国家跨国企业的技术垄断地位和获得有利的贸易地位。

（五）加强关键技术保护，制定外商投资异质性政策

发达国家对于先进制造业的尖端产业发展通常采取谨慎态度，通过制定外商投资异质性政策，保护本国仍处于萌芽期、技术水平有较大差距的产业发展，为本国企业创造更大的成长空间。

美国是对外资限制较少的国家。但是，无论《1950年国防生产法》还是2007年通过的《外商投资与国家安全法案》，都针对与美国技术水平相当或高于美国技术水平的行业进行外商投资限制规定，尤其是对于先进制造业等尖端产业规定限制更严。近期，美国国会当前正在审议《外国投资风险审查现代化法案》，在之前的基础上扩大审查范围，增加安全考量因素，优化审查流程，扩大总统授权，继续强调对国有资本的审查，以维护美国的技术领先地位与国家安全利益。

日本对于先进制造业外商严格限制投资范围和出资比例。根据产业国际竞争力，日本将本国产业划分为三类，对于与本国各方面差距较小的第一类自由化产业，外商投资者可拥有100%股份；而对于有相当国际竞争力的第二类自由化产业和对国家经济、能源产生重大影响的非自由化产业，外商投资者只能控股50%以下，或者规定出资比例上限，从而控制外资的介入。同样，英国也出台了相关政策，规定外国投资者必须获得当地政府批准才能收购大型企业或者对经济有重要影响的英国企业。

三、案例分析：我国工业机器人产业技术发展研究

工业机器人是应用于工业领域的能自动执行工作的多关节机械手或多自由度的机器装置，是靠自身动力和控制能力来实现各种功能的一种机器。随着制造业转型升级的不断推进，作为制造业"皇冠"上"明珠"的工业机器人，得到了工业企业的青睐，各个国家正积极发展本国的工业机器人产业，迎接"无人工厂""数字生产"时代的到来。

（一）我国工业机器人产业专利技术情况

1. 专利申请优先权年分布

从图4-15可以清晰地看出，中国工业机器人产业专利申请量呈现稳定高速增长的态势，尤其在2011年之后，年专利申请量突破1 000件。截至检索日期，工业机器人产业专利总量为6 917件，占全国总量的22.47%。早在1984年，中国就申请了第一件工业机器人专利，但在这之后的十年专利申请进度十分缓慢，部分年份甚至没有申请工业机器人专利；直到1994年，专利申请开始逐步走向持续发展阶段，每年都会有新的专利申请。从申请数量上来看，每年的工业机器人专利申请数量逐年递增；2010年之后，申请量以更快的速度增长，从2006年的140件增长到2013年的1 951件。

2. 专利申请机构分布

通过对中国专利权人的类别进行分析，可将中国专利权人划分为四类：高校、研究所、企业、个人。高校专利、研究所、企业、个人申请数量占总量的比例分别为29.56%、5.39%、54.23%和10,82%；平均每个高校申请专利的数量为10.40，平均每个研究所申请专利的数量是4.07，平均每个企业申请专利的数量是2.91，平均每个人申请专利的数量是2.54（见表4-12）。

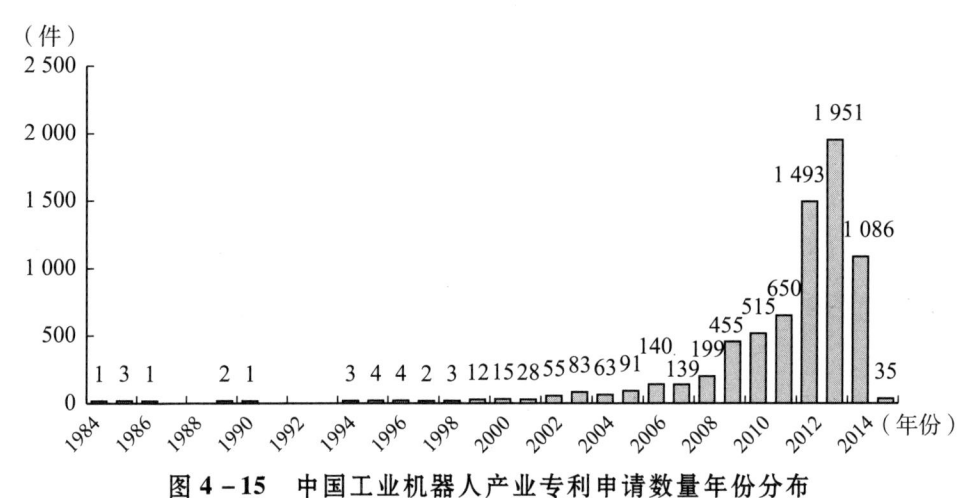

图 4-15 中国工业机器人产业专利申请数量年份分布

资料来源：国家知识产权局数据，笔者整理。

表 4-12 中国专利权人分类

专利权人	统计量	
	占比（％）	平均值
高校	29.56	10.40
研究所	5.39	4.07
企业	54.23	2.91
个人	10.82	2.54

资料来源：国家知识产权局数据，笔者整理。

专利申请数量排行前 15 名的专利权人如表 4-13 所示。通过计算发现，前 15 名申请专利总量占到全国总量的 18.75%。中国的申请机构中，高等院校及研究所占绝对优势，清华大学、上海交通大学、北京科技大学在高等院校中位列前三，而企业仅仅包括鸿富锦精密工业、鸿海精密工业、国家电网、沈阳新松机器人四家公司，四家公司的专利申请量约占前 15 总量的 24.82%。

表 4-13 我国专利申请机构分布

排序	机构	申请总量
1	清华大学	155
2	鸿富锦精密工业	125

续表

排序	机构	申请总量
3	上海交通大学	116
4	北京科技大学	112
5	广西大学	101
6	哈尔滨工业大学	88
7	苏州工业园区职业技术学院	84
8	鸿海精密工业	76
9	上海大学	69
10	国家电网	65
11	天津大学	64
12	中国科学院沈阳自动化研究所	63
13	华南理工大学	63
14	燕山大学	60
15	沈阳新松机器人	56

资料来源：国家知识产权局数据，笔者整理。

以高等院校及研究所为主的创新主体，一方面说明本土企业缺乏专利布局观念，申请专利的积极性不高；另一方面说明本土企业研发投入强度不够，而高校具备人才、技术和科研经费的优势，技术创新活动相对频繁。根据欧盟委员会发布数据来看，在2012年全球企业研发投入排名世界前50的企业中，尚未见到中国企业的身影。虽然本土高校专利申请数量可观，但将其广泛应用到工业生产过程仍然需要时间。

3. 专利关键技术识别

对中国所有申请专利的IPC小类进行分类统计，得出排名前20位的IPC小类，如表4-14所示。专利申请量分布最多的IPC分类号是B25J和B23K，分别占总量的52.46%和15.52%，其他小类占比较小。

表 4-14　　　　　　　　中国 IPC 小类分类分布及含义

IPC 小类	申请量	占比（%）	含义
B25J	4 214	52.46	机械手；装有操纵装置的容器
B23K	1 247	15.52	钎焊或脱焊；焊接；用钎焊或焊接方法包覆或镀敷；局部加热切割，如火焰切割；用激光束加工
B65G	560	6.97	运输或贮存装置，例如装载或倾斜用输送机；车间输送机系统；气动管道输送机
B23Q	276	3.44	机床的零件、部件、或附件，如仿形装置或控制装置；以特殊零件或部件的结构为特征的通用机床；不针对某一特殊金属加工用途的金属加工机床的组合或联合
B23P	213	2.65	金属的其他加工；组合加工；万能机床
B05B	207	2.58	喷射装置；雾化装置；喷嘴
B21D	156	1.94	金属板或管、棒或型材的基本无切削加工或处理；冲压
B29C	151	1.88	塑料的成型或连接；塑性状态物质的一般成型；已成型产品的后处理，如修整
B65B	151	1.88	包装物件或物料的机械，装置或设备，或方法；启封
B24B	123	1.53	用于磨削或抛光的机床、装置或工艺；磨具磨损表面的修理或调节；磨削，抛光剂或研磨剂的进给
B05C	113	1.41	一般对表面涂布液体或其他流体的装置
B22D	92	1.15	金属铸造；用相同工艺或设备的其他物质的铸造
B65H	44	0.55	搬运薄的或细丝状材料，如薄板、条材、缆索
B07C	42	0.52	邮件分拣；单件物品的分选，或适于一件一件地分选的散装材料的分选
B21C	29	0.36	用非轧制的方式生产金属板、线、棒、管、型材或类似半成品；与基本无切削金属加工有关的辅助加工
B21J	28	0.35	锻造；锤击；压制；铆接；锻造炉
B25B	28	0.35	其他类不包括的用于紧固、连接、拆卸、或夹持的工具或台式设备
B23B	26	0.32	车削；镗削
B22C	25	0.31	用非轧制的方式生产金属板、线、棒、管、型材或类似半成品；与基本无切削金属加工有关的辅助加工
B05D	24	0.30	一般对表面涂布液体或其他流体的工艺

资料来源：国家知识产权局。

B25J 申请年份在 2012 年及以后呈井喷态势，2012 年相对于 2011 年增长率高达 122.2%。B25J 小类中主要包括的 IPC 小组有：B25J - 009/08；B25J - 019/00；B25J - 009/00；B25J - 011/00；B25J - 013/0；B25J - 009/16；B25J - 017/00。

B23K 申请量激增的年份是 2012 年，比 2011 年增长 151.5%，主要包括的小组有 B23K - 037/02；B23K - 037/04；B23K - 037/047；B23K - 009/12；再次是 B65G，占总量的 6.97%，主要包括的小组有 B65G - 061/00；B65G - 047/90；B65G - 047/91；B65G - 057/00。

表 4-15 描述了将专利申请量的 IPC 小类按年份分解后 IPC 小类的年份分布情况，可以发现部分技术小类在近些年才开始申请，且近些年份专利申请量逐年递增，起步阶段的专利申请数量为零，因此可以判断出这些技术是新兴的技术。近些年新兴的技术有：B23P、B05B、B65B、B05C、B07C 等。

表 4-15　　　　　　　中国 IPC 小类年份分布

年份	B25J	B23K	B65G	B23Q	B23P	B05B	B21D	B29C	B65B	B24B	B05C	B22D	B65H	B07C
2015	24	3	3	0	2	4	2	0	0	0	0	0	0	0
2014	539	218	129	40	60	30	41	32	23	23	16	17	1	7
2013	1 218	367	165	58	64	53	33	30	47	33	27	18	6	21
2012	789	332	156	70	52	51	48	22	39	29	18	15	19	4
2011	355	132	47	41	16	22	10	9	19	20	12	12	4	1
2010	322	83	33	12	11	25	11	11	5	10	15	15	6	3
2009	344	51	10	7	6	14	9	18	12	1	13	4	1	2
2008	156	28	8	8	3	7	2	25	2	1	7	4	3	0
2007	104	14	9	1	5	1	2	7	3	4	3	5	5	2
2006	126	5	5	5	4	1	4	3	2	0	2	0	0	0
2005	77	6	1	16	2	0	2	1	0	2	0	2	1	0
2004	52	7	1	1	0	1	2	1	0	0	1	0	1	0
2003	70	2	1	1	0	0	0	7	0	1	0	1	0	1
2002	44	3	2	10	0	0	0	1	0	1	0	0	0	1

资料来源：国家知识产权局。

从中国的技术类别分布情况来看，专利所属 IPC 小类分布较为不均，大量的技术集中在少量的 IPC 分类号中。然而有些 IPC 小类专利的申请量少，但是呈缓慢增长趋势，说明中国在近些年已经实现小范围的技术突破，且有持续增长的趋势。

4. 专利应用领域识别

如表 4-16 所示，我国的排名前 15 位的德温特分类号组合量占总额 48.17%，其中第一位分类号组合 P62 的数量为 1448，排名第 15 的组合 P62、V06、X25 分布量仅为 54。排名第一的分类号组合是 P62（手持工具——切割）单独组合，占总量的 20.93%，其次是 P62（手持工具——切割）与 X25（工业电气设备）组合，占总量的 5.72%，其余的占有量均不足 5%。若单独看每一个分类号，P62（手持工具——切割）占据绝对优势。前 15 位的排名中，P62（手持工具——切割）的频数占前 15 位总量的 43.46%，其次是 X25（工业电气设备），占 15.33%，第三位的是 P55（金属焊接），占 7.5%，第三位及以后的分类号占比较小，均不足 10%。前 15 位的组合中，5 组分类号为单分类号组合，说明其技术应用领域较为单一，单分类号组合占总量的 29.4%；另外，两种分类号组合的有 4 组，三种分类号组合的有 4 组，四种分类号的组合有 2 组。我国工业机器人专利技术应用领域集中在少数方向上，除此之外的专利数量较少，说明未来工业机器人有较大的应用扩张空间。

表 4-16　　　　我国排名前 15 位分类号组合

德温特分类号组合	中文解释	数量
P62（hand tools, cutting）	手持工具——切割	1448
P62（hand tools, cutting）； X25（industrial electric equipment）	手持工具——切割； 工业电气设备	396
M23（soldering, welding）； P55（soldering, welding metal）	焊接； 金属焊接	180
P62（hand tools, cutting）； T06（process and machine control）； X25（industrial electric equipment）	手持工具——切割； 机器控制及处理； 工业电气设备	171
Q35（refuse collection, conveyors）	垃圾收集，传送带	166
P62（hand tools, cutting）； T01（digital computers）； T06（process and machine control）； X25（industrial electric equipment）	手持工具——切割； 电子计算机； 机器控制及处理； 工业电气设备	137
M23（soldering, welding）； P55（soldering, welding metal）； X24（electric welding）	焊接； 金属焊接； 电子焊接	134

续表

德温特分类号组合	中文解释	数量
P56（machine tools）	机床	132
P42（spraying, atomising）	喷涂，雾化	131
P52（metal punching, working, forging）	金属冲压，工作，锻造	87
M23（soldering, welding）； P55（soldering, welding metal）； X24（electric welding）； X25（industrial electric equipment）	焊接； 金属焊接； 电子焊接； 工业电气设备	86
A88（mechanical engineering, tools, valves, gears, conveyor belts）； P62（hand tools, cutting）	机械工程，工具，阀门，齿轮，输送带； 手持工具——切割	74
P56（machine tools）； P62（hand tools, cutting）	机床； 手持工具——切割	74
P62（hand tools, cutting）； Q35（refuse collection, conveyors）	手持工具——切割； 垃圾收集，传送带	62
P62（hand tools, cutting）； V06（electromechanical transducers and small machines）； X25（industrial electric equipment）	手持工具——切割； 机电传感器和小型机器； 工业电气设备	54

资料来源：国家知识产权局。

（二）专利技术生命周期预测与热点技术预测

从中国工业机器人的专利技术地图分析中可发现，清晰地展现了中国工业机器人专利技术现状。本部分内容基于前文对工业机器人专利的深入探讨，分层次对未来机器人产业技术选择方向进行预测，从技术周期预测和热点技术预测两部分内容进行展开。

1. 专利技术生命周期预测

工业机器人专利技术周期预测的基础数据是每年的专利申请量，依次计算出每一年专利申请累计量，作为因变量，年份作为自变量，用 Matlab 软件将各年份累计量作 logistic 模型回归，得出 S 曲线方程。技术周期预测分为世界总体范围的技术周期预测以及单独将中国作为考虑对象所做出的预测。

（1）世界范围内工业机器人专利技术生命周期预测。根据世界范围内的专利申请量年份分布作回归，进而得出 logistic 模型曲线，即技术周期预测的趋势图。根据回归曲线的斜率变化，可将技术周期分为四阶段（见表 4-17）。1980 年之前，每年全球专利的申请数量很少，且每年增加的数量不过几十件，发展缓慢，因此这个阶段为技术发展的萌芽期，即技术引入期；1980~2017 年期间，专利申请数量处在激增阶段，且增长速度越来越快，是技术快速发展阶段；2017~2030 年期间，专利申请量仍然在增长，但是增长速度减缓，说明技术逐渐走向成熟期；2030 年后，专利申请量处于饱和状态，增长率近乎为 0，处于专利技术生命周期中的衰落期。

表 4-17　　　　　　　世界专利技术生命周期四个阶段

技术引入期	技术发展期	技术成熟期	技术衰落期
1963~1980 年	1980~2017 年	2017~2030 年	2030 年~

（2）中国工业机器人产业专利技术生命周期预测。根据中国工业机器人专利申请量的年份分布作回归，得出 logistic 模型曲线，即预测技术周期的趋势图，进而根据模型曲线斜率变化，得出中国工业机器人专利技术周期（见表 4-18）。1984~2001 年期间，每年申请数量较少，且存在部分年份无专利申请，截至 2001 年专利的累计申请量为 79 件；2001~2015 年，是专利量高速增长期，这一阶段平均年增长率为 39%；2015~2023 年，增长速度减慢，但是仍然维持增长的状态；2023 年之后，增长速度接近于 0，进入专利技术衰落期。

表 4-18　　　　　　　中国专利技术生命周期四个阶段

技术引入期	技术发展期	技术成熟期	技术衰落期
1984~2001 年	2001~2015 年	2015~2023 年	2023 年~

对比中国与世界的工业机器人专利技术周期发现，周期四阶段特征较明显，中国专利技术周期从属于世界专利技术周期，存在部分阶段时间重合。

中国专利申请起步晚，世界总体已进入发展期；技术发展期经历世界总体时间比中国长 20 年左右，各个国家发展不同步，部分国家起步晚或发展较慢，从而影响世界整体的发展速度；中国的成熟期较短，专利技术生命周期曲线在这一段时间的坡度远远大于世界。中国近几年研发投入越来越大，技术成熟速度快于世界，2009~2013 年年均增长率为 99.0%；中国的衰落期进入得更早。在专利申请量高速增长后，技术空白的领域大大缩小，出现专利饱和的现象，专利技术的衰落期并不意味技术落后，此时是工业机器人市场走向成熟的时期。

2. 热点技术预测

基于专利技术生命周期分析进一步预测中国未来热点技术发展方向，要确定预测的时间节点、热点技术。使用 CiteSpace 软件对专利文献进一步文本挖掘，对突发性的技术进行探测，找到突发技术。统计突发性最强的前 100 件技术专利，被引用时间跨度均值约为 7.9 年，按时间排序后，统计 2001～2006 年的突发技术数据，得出该时间跨度为 5.7 年。因为数据库的时滞性，2013 年以后的专利文献不完整，因此使用 2010 年、2011 年、2012 年为基期，预测 2018 年的热点技术及 2025 年实现社会化的工业机器人技术。

中国的技术从发明到走向市场化的时间跨度大约为 7 年，大约 2020 年工业机器人技术成熟。2025 年可能实现市场化的技术是：CN102079089 - A、US5161847 - A、US5337732 - A、JP2012187687 - A、JP2014018850 - A、CN202317409 - U、CN201855764 - U、CN203125529 - U，跨国公司和少量高校研究所仍然是掌握核心技术的主要机构。

（三）促进中国机器人产业发展的政策建议

从产学研、技术生命周期等理论视角研究，加速推进机器人产业发展的目标建议如下：

1. 发挥高校、研究所技术创新优势

高校和科研院所是我国实施科技创新战略、科技强国战略实施的领头羊。在"工业 4.0"的背景下，充分发挥高校和科研院所技术创新或者研发领头羊作用，关注全球的工业机器人技术的技术热点，扬长避短、寻求新的技术突破，在局部范围内率先取得世界领先技术水平。

2. 推进产学研合作

取长补短、积极合作，兼顾双方利益，完善相关法律法规。政府应为协同合作出台可落实、有实质帮助的政策。综合运用多种经济鼓励政策鼓励高校、研究所把更多精力投入到应用研究、技术开发、成果转化上来，大力促进科技成果产业化和知识资本化。

3. 重视技术的生命周期

技术有生命周期性，从国际经验看，常以 7 年为周期，如欧盟支撑创新欧盟建设的旗舰行动地平线计划（Horizon 2020）。我国现行许多科技和创新规划期，常以 5 年为周期。虽无研究表明，7 年规划期是技术可行到社会实现的时间规律，从规划自身编制实施过程看，因规划编制本身需要 1～2 年时间，以 5 年为周期，还没有实施的空间，就进入了下一个规划期。因此，需要适度延长我国的科技和创新领域规划和评估周期，考虑不同领域和技术类型的一定差异性。

4. 加强对大型企业的技术创新引导

基础理论研究或重大技术突破，需要依赖大型公司，它们更有实力突破也更容易被市场接收，更能承担长期投资的成本和风险。因而，重要技术突破支持对象，也应该是跨国公司等类型的国际化大公司。提高企业的技术创新能力，要建立政策导向引导大型企业，鼓励技术创新活动，树立专利布局意识，在未来的经济活动中得到更多的经济效益和社会效益。

第三节 提升我国先进制造业自主创新的相关政策

我国对先进制造业的发展十分重视。党的十八大以来，国家密集出台了一系列振兴制造业加快发展先进制造业的政策、办法和规划。党的十九大更是将加快建设制造强国，大力发展先进制造业，推动互联网、大数据、人工智能和先进制造业深度融合作为重要战略支点。系统梳理从2009年至今国家支持先进制造业发展的重要政策后，重点从加强产业发展顶层设计、提高产业技术创新能力和促进产业融合发展等七个方面进行系统分析和介绍。

一、加强产业发展顶层设计的政策

国家将智能制造、机器人、高端装备等先进制造业作为支撑和引领国民经济创新发展的重要战略支撑，并将其列为未来重点支持发展的战略性新兴产业，超前部署先进制造国家发展战略，科学制定战略规划和进行顶层设计。为了应对国际金融危机和美国"再工业化"的冲击，于2009年颁布实施了《装备制造业调整和振兴规划》及其《实施细则》。2010年出台《国务院关于加快培育和发展战略性新兴产业的决定》，提出重点发展以高端装备制造业和新能源汽车等为代表的先进制造业。2015年发布了《中国制造2025》战略规划，提出了三个十年战略布局，指出依靠科技创新引领我国迈向制造强国战略目标，成为新时期指引我国先进制造业发展的行动纲领。2017年制定了《智能制造发展规划（2016—2020年）》《"十三五"先进制造技术领域科技创新专项规划》和《国务院关于印发新一代人工智能发展规划的通知》等战略规划。初步形成了从国家战略层面配套支持我国先进制造业发展的政策体系。

二、提高产业技术创新能力的政策

制定提高产业技术创新能力政策，重点围绕支持产业研发组织（机构）建设、支持产业技术基础研究、抢占产业技术制高点等。一是鼓励研发机构建设。鼓励境内、外企业和科研机构在我国设立全球研发机构发布了《国务院关于加快培育和发展战略性新兴产业的决定》《中国制造2025》。二是加强产业技术基础研究，强化前瞻性基础研究，着力解决影响核心基础零部件（元器件）产品性能和稳定性的关键共性技术等。发布了《国务院关于全面加强基础科学研究的若干意见》，要求要大力推进智能制造、信息技术等重点领域应用技术研究，衔接原始创新与产业化。三是抢占产业技术制高点。出台《国务院关于深化"互联网＋先进制造业"发展工业互联网的指导意见》（2017年）等政策，发布高端装备制造、（新一代）人工智能、机器人、智能制造等产业发展规划。积极加强智能设备、机器人等高端产业核心技术的研发，为生产高端产品和装备，引领产业相关技术发展奠定坚实基础。

三、促进产业融合发展的政策

重点围绕"完善融合发展机制、促进产学研融合发展、先进制造与信息技术融合和军民融合发展"等方面，构筑促进产业融合发展的政策体系，促进科技成果转移转化。一是健全协同发展机制体制。《国务院关于深化"互联网＋先进制造业"发展工业互联网的指导意见》和《国务院关于深化制造业与互联网融合发展的指导意见》指出，要培育国有企业融合发展机制，建立有利于国有企业与互联网深度融合的机制。二是促进产学研深度融合发展。《中国制造2025》指出，要引导政产学研按照市场规律和创新规律加强合作，鼓励企业和社会资本建立一批从事技术集成、熟化和工程化的中试基地。《制造业人才发展规划指南》要求加快实现产业和教育深度融合，加快产学研用联盟建设。三加强信息技术、人工智能与产业深度融合。《国务院关于深化"互联网＋先进制造业"发展工业互联网的指导意见》《国务院关于深化制造业与互联网融合发展的指导意见》《"互联网＋"人工智能三年行动实施方案》和《工业和信息化部关于印发〈高端智能再制造行动计划（2018—2020年）〉的通知》等强调，要加快推动以互联网、大数据为代表的新一代信息技术与制造技术融合发展，把智能制造作为两化深度融合的主攻方向，积极发展共享经济。四是加强军民融合发展。《关于经济建设和国防建设融合发展的指导意见》等强调，要推进军民技术联合研发，促进国防科技成果转化和产业化进程，建设军民融合发展创新示范区，实现军民双向转移转化。

四、完善产业配套支持的政策

积极发挥政府对产业发展的引导作用，重点围绕"国家财税与金融支持、国家重大专项、首台套政策"等配套政策的广泛实施来扶持和促进我国先进制造业的快速发展。一是制定财税支持政策。《国务院关于深化"互联网+先进制造业"发展工业互联网的指导意见》和《国务院关于深化制造业与互联网融合发展的指导意见》等文件规定：要强化财政资金导向作用，利用中央财政现有资金渠道，鼓励地方设立产业发展专项资金；要全面落实相关税收优惠政策，推动固定资产加速折旧、企业研发费用加计扣除、软件和集成电路产业企业所得税优惠、小微企业税收优惠等政策落实。二是强化金融扶持政策。《增强制造业核心竞争力三年行动计划（2018—2020年）》等文件规定，要积极发挥政策性金融和商业金融的优势，利用贷款贴息、担保等方式，引导各类金融机构加大对行动计划实施的信贷支持，合理确定贷款利率。三是设立国家重大专项。《国家中长期科学和技术发展规划纲要（2006—2020）》确定了大型飞机等16个重大专项中就包括数控机床、集成电路装备、大飞机、揽月工程等先进制造领域重大专项。四是落实首台（套）支持政策。工业和信息化部关于印发了《首台（套）重大技术装备推广应用指导目录（2017年版）》，财政部、工信部、中国保监会联合印发了《关于开展首台（套）重大技术装备保险补偿机制试点工作的通知》，《高端智能再制造行动计划（2018—2020年）》规定对符合条件的增材制造装备等高端智能再制造装备，纳入重大技术装备首台套予以支持。

五、加强产业人才培养的政策

加强人才对先进制造业发展的支撑作用，重点围绕产业发展所需的多层次人才培养、专业技术技能人才和高端人才等的多层次人才培养，引领产业创新发展。一是合理布局多层次人才培养。《中国制造2025》《制造业人才发展规划指南》和《智能制造发展规划（2016—2020年）》等文件要求，加强制造业人才发展统筹规划和分类指导，组织实施制造业人才培养计划，加大专业技术人才、经营管理人才和技能人才等的培养力度。二是加强专业技能人才培养。《中国制造2025》鼓励开展现代学徒制试点示范，形成一支门类齐全、技艺精湛的技术技能人才队伍。《制造业人才发展规划指南》要求加强人工智能劳动力培训，建立适应智能经济和智能社会需要的终身学习和就业培训体系。三是加强高端人才培养。《新一代人工智能发展规划》和《智能制造发展规划（2016—2020年）》要求加强智能制造高层次人才培训，培养一批能够突破智能制造关键技术、带动制造业智能转型的高层次领军人才。此外，《国务院关于加快培育和发展战略性新兴产业的决定》《高端装备制造业"十二五"发展规划》《机器人产业发展规划（2016—2020年）》等文件，也对先进制造业在加强复合型人才、管理人才、服务业人才、领军人才等方面从不同侧面给予政策支持。

六、制定产业标准化发展的政策

通过制定行业规范标准化发展战略，提升我国先进制造业参与国际竞争的核心竞争力，掌握产业发展话语权。一是鼓励行业标准的研究和制定。《国务院关于加快培育和发展战略性新兴产业的决定》中，鼓励我国企业和研发机构参与国际标准的制定，同时也支持外商投资企业参与我国的一些技术示范应用项目，从而共同形成国际标准。《机器人产业发展规划（2016—2020年）》支持企业发挥参与制修订标准的积极性，研究制定一批机器人国家标准、行业标准和团体标准。《新一代人工智能发展规划》要求，逐步建立并完善人工智能基础共性、互联互通、行业应用、网络安全、隐私保护等技术标准。《智能制造发展规划（2016—2020年）》提出建设智能制造标准体系。二是促进产业标准化政策落实。《装备制造业标准化和质量提升规划》要求加大科技研发对标准研制的支持，深化国家科技计划与标准化紧密结合机制，加快军用标准向民用领域的转化和应用。《中国制造2025》强调，改革标准体系和标准化管理体制，组织实施制造业标准化提升计划，在智能制造等重点领域开展综合标准化工作。

七、积极开辟国际市场的政策

重点包括对外交流合作、支持出口升级、限制国外同业冲击等方面的政策。一是鼓励对外交流合作。《中国制造2025》强调提高制造业国际化发展水平。提高利用外资与国际合作水平；深化产业国际合作，加快企业"走出去"。《高端装备制造业"十二五"发展规划》鼓励企业加强国际交流，通过联合开发、合资合作、人才交流、兼并重组等多种方式与国外企业和研发中心进行合作。二是支持出口参与国际竞争。《高端装备制造业"十二五"发展规划》鼓励企业由产品、技术出口向资本、管理输出转变，鼓励企业实施海外投资并购，鼓励建立制造业对外投资公共服务平台和出口产品技术性贸易服务平台。《中国制造2025》

强调提升制造业跨国经营能力和国际竞争力。支持发展一批跨国公司，通过全球资源利用、业务流程再造、产业链整合、资本市场运作等方式，加快提升核心竞争力。支持企业境外并购和股权投资、创业投资，加快发展国际总承包、总集成；融入当地文化，增强社会责任意识，加强投资和经营风险管理，提高企业境外本土化能力。三是加强对外资的异质性政策。《中国制造2025》要求建立外商投资准入前国民待遇加负面清单管理机制，落实备案为主、核准为辅的管理模式。此外，《制造业人才发展规划指南》《装备制造业标准化和质量提升规划》《国务院关于加快培育和发展战略性新兴产业的决定》等文件，在引进海外高层次人才、参与国际标准制修订、加强境外专利布局等方面也给予了不同程度的政策支持。

第四节 提高我国先进制造业自主创新能力的政策建议

发展先进制造业、加强创新驱动力和优化产业结构是提升我国经济实力的必经之路。在全球再工业化的发展背景下，我国必须发展自己的先进制造业体系，建立适宜的创新生态环境。在对先进制造业创新驱动发展现状和创新要素关系的分析基础上，对先进制造业创新的外部环境、内部动力、内外部平台网络构建和创体系治理等方面提出以下政策建议。

一、构建创新生态环境，培育创新生态文化

（一）创新生态文化

文化是凝结在物质之中又游离于物质之外的，人类之间进行交流的普遍认可的一种能够传承的意识形态。文化内容广泛，涉及价值观、态度和行为模式是等诸多方面，虽然没有统一的定义，但学者对其传承性和意识形态认同较为统一。企业创新文化是具有企业家的创新精神特质的企业文化，它会影响企业创新行为，开发企业价值的生态系统。创新文化是能够激发并促进企业创新思想、创新行为和创新活动，是有利于创新实施的一种组织内在精神和外在行为表现的综合体，主要包括价值观念、行为准则和制度等。创新文化作为一种可以传承的意识形态，能够最大限度地激励企业创新，一旦形成便会根植于整个企业环境中，是非物质的刚性存在。在构筑和培育企业创新生态系统过程中，除了打造创新的外

部环境，对于创新的软环境建设也尤为重要。因此，营造创新文化氛围和环境，培育新创新生态，有助于企业进行科技创新、生产创新、管理创新、市场创新，有助于形成推动企业创新和科技进步的内在动力。

（二）培育创新文化建设

先进制造业企业应形成自己的独特企业文化。先进制造业企业应在企业内部着力营造创新氛围，鼓励全员创新，同时通过鼓励营销创新，提升员工团队意识，促进知识共享等，塑造企业创新文化，提升企业创新能力。冒险、开发、变革和行动性是企业家精神的重要组成部分，制造业企业发展为创新型企业，应具有富有企业家创新精神的技术团队、管理者团队、营销团队等实现全员创新。企业应培育与领导者风格相一致的企业文化。合理的制度是政策实施的保障，企业创新文化传承需要制度保障。企业要结合自身特点，制定相应的人才培养计划，完善引进人才、留住人才的相关措施和制度安排。

二、加强研发机构建设，增强企业发展内生动力

（一）发挥企业创新主体地位

企业是创新应用的直接载体，加强企业创新主体地位有利于创新成果应用，提高创新效率。从创新价值链理论可以看出，创新分为创意产生、创意生产、创意实现三个部分，企业是在创新实现价值的最重要一环，也是对市场最敏感的一个部门。因此，需要加强企业的创新主体地位，将客户需求与技术创新有机结合，也是先进制造业定制化、差异化发展的必然要求和根本途径之一。

（二）合理增加技术投资资金强度

先进制造业由于其高技术属性，企业产品技术门槛性是企业盈利的主要来源。适当提高企业技术研发资金是企业保持技术领先性的前提条件。企业需根据自身能力和行业发展水平，加强技术投资以保证企业长期发展。技术投资是企业用于研发投入的最直接表现，能够直接提高全要素生产率水平（吴延兵，2006），有效提高制造业（毛德凤，2013）企业生产效率。在重大技术研发上，国家应给予政策上的倾斜和资金上的支持，适当放开应用性技术限制，交由市场进行自然选择。

（三）加强校科研院所合作，联合培养企业技术人才

完善教育培训体系，提升人力资本水平。先进制造业与传统制造业不同，以服务业为例，企业面向现代物流、电子商务、金融租赁、在线维护、研发设计、成套集成等高端服务，专业化生产服务和中介服务所占的比例越来越高，这要求整个企业系统具有高新技术的特点，同时应当具有现代经营和组织方式。先进制造产业具有知识密集型和技术密集型的特点，但我国现有的教育体系还是主要面向传统制造业的。高等学校设立的相关专业不能满足制造业服务化发展的需求，课程设置与先进制造产业实际需求存在不匹配问题，高校毕业生毕业离校前缺乏相关实习实践经历，无法实现与用人单位精准对接。因此，我国应逐步在高等教育和职业教育等方面推进改革，与用人单位建立良好的沟通机制，合作建立实训基地，根据社会需要及时调整课程设置和教学模式，争取实现人才培养与社会需求无缝对接，为制造业服务化提供充足的可用人才。

三、加强创新系统建设，打造先进制造业创新平台

（一）依托大企业构建创新系统平台

大型企业有其规模大、市场占有率高、品牌效应好等优势，既有企业对市场的敏锐性，也有对行业技术的预估性，因此，由大企业主导建立创新系统平台，对未来中长期行业技术储备、规划行业发展方向具有不可替代的作用。在发展先进制造业企业过程中，应优先发展大企业主导创新平台，通过这一微观主体发展，辅以政府鼓励、企业规划、企业家决策等手段方式，把握未来行业发展脉络，促进行业健康发展。

（二）加强先进制造业生产服务一体化建设

随着产业边界的模糊，推进制造业的生产服务一体化是行业发展趋势。在先进制造业不断发展的过程中，制造业对服务业有较强的拉动作用，而服务业的发展也有力地推动了制造业转型升级，制造业与服务业的边界越来越模糊。消费者需求仅依靠制造或服务已无法满足需求，制造和维修的高度专业化，让生产者必须提供后续服务才能获得市场。实施制造业与服务业协同发展的战略，能够更好地满足市场需求，在企业实现价值增值的同时，实现客户最优体验。

(三) 建立多主体、多层级综合创新网络平台

加大政府投入，建设一批高水平创新主体，扶持创新中介服务机构，借鉴国外创新组织的经验，吸纳多方创新资源，广泛吸引海内外创新型人才，通过技术联盟的方式从国家层面、产业间以及企业之间建立共性基础型技术的供给体系和专业性技术供给体系，以及辅助型产业配套供给体系。以政府为主导，形成一批先进制造业中的基础型产业，以行业为主导，孵化一批先进制造业中的高精尖技术企业，市场主导形成一批投资、金融、中介等配套企业，构建多主体、多层级综合创新网络平台。

四、加强先进制造业技术创新体系治理

(一) 培养企业家精神，促进体系内部治理

发展先进制造业需要培育一批具有技术市场前瞻性的企业家。由于企业家可连接科研院所与企业形成有效的沟通和连接。企业家拥有敏锐的市场洞察力和沟通协调能力，可通过建立与科研院所技术制造业创新的有效关联合作，提升适用性技术的有效供给水平。培育制造业适用性技术的重点依然应该落在企业身上。通过企业家决策、企业家冒险精神和企业家的行动力，促进制造业创新网络内部结构优化，从而促进先进制造业整体可持续发展。既要培养适合引领大企业发展的战略性企业家，也要培养适合小企业成为隐形冠军的战术性企业家，使得各级别的企业创新主体全面发展，形成良好的生态发展基因。

(二) 完善地区协同配套体系治理机制

完备的配套体系是先进制造业发展的有力保障，能够在产品研发、生产、销售等诸多环节为先进制造业的发展提供支撑。因此，区域创新创业政策的设计应该充分考虑地区先进制造业发展的外部市场环境，因地制宜，在配套企业培育、引入等方面给予政策支持。区域的创新创业政策还应在为配套企业搭建交流平台方面发力，促进配套企业之间技术、知识等的流动和扩散，减少配套企业间的恶性竞争，提升配套体系整体实力和综合竞争力。政府针对先进制造业出台相关创新创业政策时，应充分考虑政策间的关系，构建以推动先进制造业发展为目的配套、协调的政策体系。

区域创新政策的高效落实，应注重加强行业管理部门之间的有效协调和沟通

基础之上，以降低行业发展需求和地区发展需求间的差异，促进各部分需求融合。使用一体化平台服务，解决因我国的金融、商务、制造等产业的行业主管部门不同，而产生的相关产业的支持、监管政策的不同的问题。在高技术产业边界模糊化、产业相互融合加速的现实情境下，整合行业管理部门的职能，制定相互协调融合的行业监管机制和持续稳定的支撑政策，使其形成合力，推动先进制造业发展。

（三）加强创新生态治理

政府应主导完善创新生态系统的外部政策环境治理，从税收制度、融资服务体系、科技支持政策体系、产业政策体系等方面，降低产业交易成本，促进市场经济的发展，建立健全法律体系，推进先进装备制造业的技术标准的建立，促进产业内形成稳定的合作关系。

政府应重点扶持一批具有比较优势和发展潜力的战略性先进制造细分产业，并根据我国先进制造业中的比较优势，布局一批前沿关键性技术，形成先进制造业中的引导型企业。在占据产业制高点的决策上，尤其是前沿关键性技术研发方面，广泛吸纳新兴科技成果和创新理念，尝试有效技术跟随和探索技术突破，培育一批先进制造业中的引导型前沿型企业。加强数字化、网络化、智能化、信息化等支撑型产业的发展，促进我国制造业的数字化、网络化转型。信息通信技术与制造业整合的广度与深度决定了制造业升级的速度和质量。在产业整合方面需要加强供需对接和技术分享，亦需要政府和产业界从战略高度明确制造业数字化、网络化、智能化发展方向以及人才、资本等创新资源的支撑。

第五章

我国先进制造业产业组织模块化发展战略研究

模块化产业组织的特征与效应可以有效促进先进制造业的发展，但从目前的情况来看，我国先进制造业模块化的程度不高，限制产业组织模块化发展的问题仍旧突出。按照系统理论，系统结构因为外部环境作用限制被看作满足系统环境过程中的自适应、自组织的结果。产业组织也是特定经济环境下的复杂系统，因此产业组织的形成与发展必受经济环境变化的影响。当外部经济环境变化时，产业组织结构必然会做出适应性的变革来适应此种变化。因此，我国先进制造业产业组织模式朝向模块化产业组织的方向发展，也是在后金融危机的经济新常态环境下的必然趋势。

首先，供给侧改革要求我国先进制造业发展模块化产业组织，增强灵活性与柔性。为适应后金融危机时代下的经济新常态，我国必须进行经济结构的重大调整，首当其冲的是供给结构的调整。供给侧改革与经济转型升级是我国"十三五"时期乃至更长时间段内的重要经济发展战略。供给侧改革于产业层面表现出来的是产业组织效率的提升、产业内部结构的优化和完善产业之间的发展。发展先进制造业模块化产业组织可以提升产业组织的柔性和灵活性，使我国先进制造业快速响应多样化、个性化的需求，顺应供给侧改革的经济战略。

其次，自主品牌的缺乏、创新能力的低下要求我国先进制造业发展模块化产业组织。模块化产业组织已经成为发达国家提升创新水平的路径。奥巴马政府在经历金融危机以后确定了全新的实体产业部署，提出重振制造业战略，并推出国家先进制造领域计划安排，日本、欧盟等发达经济体也纷纷抢占科技、经济发展的制高点，开始大力发展新兴产业，使得新兴产业的发展在全球范围内掀起了一场全新的技术革命风暴。西方和日本等发达国家经过多年的发展，组织模块化前提条件相对成熟，产业组成实体已经处于稳定状态。而反观中国，能够促进创新的先进制造业模块化产业组织并未建立，所以，发展模块化产业组织，才可以进一步提升我国先进制造业技术创新能力、打造属于我们自己的民族品牌，提升我国先进制造业同外国先进制造业竞争的能力。

最后，日益严重的环境问题、绿色经济的发展，要求我国先进制造业发展模块化产业组织。在中国获得经济增长显著效益的过程中，付出的代价也很惨重，先进制造业发展过程中不可忽视的隐性成本是日益枯竭的资源与环境的恶化，这一问题对我国先进制造业未来的发展到下一步国家的战略计划部署都形成了束缚。为实现可持续发展，未来经济发展的基本趋势与方向势必是绿色经济。我国先进制造业在快速发展的同时，某些行业存在着严重的高能耗、高排放和高污染的问题，但以消耗资源和环境恶化为代价的增长是不可取的。绿色经济实质上是通过不具备污染性的清洁能源整体替代非清洁能源，用低能耗的高新技术替代传统技术，这些都与创新和技术研发有着必要的内在联系。模块化产业组织能够创造选择价值，帮助企业获得创新效应与协同效应，是技术创新的有效组织载体，因此，绿色经济的发展，要求我国先进制造业发展模块化产业组织。

在供给侧改革压力增大、世界经济环境变化加快、资源与环境问题日益严重的背景下，以传统产业组织模式来发展先进制造业，发展的隐性成本会日益加大，传统的产业组织模式不再适应新的经济环境，这就要求我国先进制造业发展模块化产业组织。

第一节　我国先进制造业产业组织模块化水平

产业组织模块化对我国先进制造业发展战略影响十分巨大，厘清我国先进制造业模块化产业组织的发展水平与特征，对于我国先进制造业产业组织模块化机制设计的意义重大。

目前，我国先进制造业产业组织模块化现状的研究较少，程文、张建华（2011）利用四个维度对中国产业组织模块化总体水平进行了描述，四个维度分别是产品模块化、市场模块化、企业模块化、产业模块化。我国先进制造业有其特殊的产业特性，但基本特征与情况应该与中国产业组织模块化的整体特征相符。

一、中小企业越多的产业，产业组织模块化程度越高

大、中、小型企业在产品模块化、市场模块化和企业组织模块化三个方面存在显著差异，中小企业的模块化程度要显著高于大企业。各类企业在产业组织模块化上未呈现显著差异，均处于较低水平。造成这种差异的原因在于，通过模块化，中小企业更容易实现对大规模企业的生产及配套服务，因为模块化能帮中小企业获得更多收益，从而包含较多中小企业的产业更有动力发展模块化组织并进行产品创新。

二、产业内三资企业越多，产业组织模块化程度越高

三资企业在衡量模块化水平的四个指标上，均明显高于国有企业及民营企业。形成这种状况的原因在于，三资企业在我国投资建厂时，通常直接沿用母公司的先进技术、生产及管理理念，其中就包括模块化设计及组织生产理念，但是由于严格的管理及技术控制，三资企业向本地企业模块化技术的外溢却并不显著，从而形成了相对于本土企业的"飞地"。这种情况造就了中国模块化组织发展的"二元结构"，技术先进的外资企业模块化组织程度较高，与此同时内资企业模块化组织发展滞后。就本土企业的模块化情况来看，在产品模块化和产业组织模块化两个指标方面，民营企业和国有企业不分上下；而在市场模块化方面民营企业领先于国有企业。这与民营企业与国有企业相比通常更多地利用市场采购生产所需中间产品和服务有关；而在企业组织模块化方面国有企业优于民营企业，主要原因在于经过多年的机制体制改革，国有企业正在通过构建企业内的模块化组织来强化内部激励。

三、产业内系统集成商越多，产业组织模块化程度越高

系统集成商的模块化发展水平在各个衡量指标上均显著高于专用模块供应商和通用模块商。原因在于，系统集成商是界面规则的制定者，同时对生产好的各模块进行组装，因此系统集成商对模块化的应用程度最高。而专用模块供应商与通用模块供应商相比，在产品模块化、市场模块化及企业组织模块化方面发展水平较高，因为专用模块商与系统集成商的关系比通用模块商与系统集成商的关系更为紧密，系统集成商会将关键部件的生产外包给专用模块商，专用模块商甚至

会参与系统集成商的部分研发工作,所以对模块化的应用程度较高。通用模块商则大多生产系统集成商外包的标准化的简单零部件,因此对模块化的掌握程度相对较低。通用模块商与专用模块商在组织模块化方面差异不大。

四、东部地区产业组织模块化水平显著领先

东部地区企业的模块化发展水平在模块化发展的四个衡量指标上均显著高于中西部地区。造成这种现状的主要原因首先是与外资企业的地理分布紧密相关的,东部沿海地区是具备较高模块化水平的外资企业的地理聚集区,这势必造成东部和中西部地区模块化发展的差异。其次是就交通及信息基础设施发展情况来看,中西部地区与东部地区相比相对落后,这种发展的不平衡造成中西部地区的企业在进行模块化分工协作时,由模块化带来的运输成本和交易费用居高不下,较高的模块化成本制约了西部地区模块化组织的进一步发展。

第二节 我国先进制造业模块化产业组织的特征

一、我国先进制造业模块化产业组织最主要的形成动因是国外直接投资

国外直接投资(FDI)对产业组织发展的直接影响体现在对东道国产业集群及国际化水平的提升。国外直接投资首先推动了投资所在地的区域性产业集群的形成与发展。进行国外投资的先进企业将其在投资国所构建的产业集群通过全球化的经营行为纳入全球化的生产网络中,并且东道国企业通过引进和吸收外国先进企业先进的管理理念和技术从而提升自身产业集群的国际化水平。中国很多先进制造业企业,如汽车、电子等企业是由外国先进企业在华直接投资所建立的。为了减少国外直接投资在我国建立的先进制造业企业的技术学习成本,并在企业间建立标准形成协同效应,跨国公司会直接将其在母国所具备的资本、技术、市场渠道等引入在中国所设立的企业。在输入资本、技术的同时,为获得规模经济与范围经济效应,投资企业往往会在中国某特定区域复制其母国业已形成的生产网络结构并进行延伸,从而在我国形成区域性的先进制造业产业集群,并将其直接投资的先进制造业企业纳入跨国公司所构建的全球性生产网络,使之成为其中

的一个节点。纳入全球生产网络的先进制造业产业集群是我国先进制造业模块化产业组织形成的组织基础，因此国外直接投资是我国先进制造业产业组织模块化最主要的动因。

二、我国先进制造业形成了基于地域相邻的产业集群，其模块化产业组织属于关系型生产网络

我国先进制造业模块化产业组织在20世纪90年代初开始形成，是在产业集群的基础上逐步发展起来的，发展到现在已经初步形成一种基于邻近地域的关系型生产网络。我国先进制造业企业最初为追求生产、运营过程的规模经济和范围经济，价值链上众多企业积聚在特定范围的地理区域形成区域性的先进制造业产业集群。先进制造业产业集群形成后，集群内企业为减少企业间的交易成本，并获得生产网络带来的学习效应和技术溢出效应，以企业信用、声誉、长期合同、战略合作等正式和非正式的规则作为纽带来建立企业间的紧密关系，并逐渐形成关系型生产网络。在网络内，生产既可以由企业独立进行也可在企业间协商完成，先进制造业产业集群内的企业之间建立的紧密联系，使得技术可以在整个网络内被企业学习并快速传播，帮助企业获得规模经济优势和成本优势，从而增强了产业的竞争能力。但与此同时，我国先进制造业所形成的关系型生产网络也具备一定的风险，如企业间密切关系所带来的网络僵性，产业内企业与外界联系较少等。更为重要的一点是，在中国二元经济结构体制下发展起来的先进制造业产业集群，在地域分布上呈现出极不均衡的特点，所形成的产业积聚区往往集中在东部沿海地区，这些地区对外开放较早并且市场化程度较高，如环渤海地区、珠江三角洲、长江三角洲等。这些地区基础配套设施建设完善，地理位置优越，海陆空交通网络发达，优惠政策力度大，配套服务产业齐全，良好的外部环境有利于先进制造业产业集群的发展，仅广东、浙江、江苏、福建、山东五省就占据了我国先进制造业产业集群总量的一半以上。这种区域的环境优势在吸引外国直接投资和引进国外先进技术方面起到了十分重要的作用，通过产业集群的发展又带动了区域经济的发展，强化了各个产业集聚区的经济实力。但另一方面，这样的集群发展模式也存在着隐患，特别是对于我国先进制造业的产业升级有潜在的不利影响。因为我国的先进制造业产业集群的发展最初是以国外直接投资为基础的，跨国企业是资本、技术以及市场渠道的主导方，因此可以通过所掌握的技术及市场渠道控制以其为主导的产业集群，进而将我国先进制造业产业集群打造成低成本的世界组装、加工工厂，帮助外国先进企业实现全球模块化生产网络的建立，而中国的先进制造业则成为网络中的一枚棋子。

三、我国先进制造业产业集群为资本密集型、技术密集型产业

我国先进制造业不仅仅体现出技术密集型特点，同时也体现出资本密集型特点。先进制造业的产业特性决定了其产业集群是高度的资本与技术的集聚，并具有规模经济和范围经济的效应，因而我国先进制造业的产业集群具有非劳动密集性，并且劳动密集度对我国先进制造业产业模块化是负向影响的，后面的实证检验也证明了这一点。

四、我国先进制造业模块化产业组织已经融入全球制造网络，但在全球价值链中的位置较低，竞争力不强

我国先进制造业产业集群是在特定的经济背景和制度条件下形成的，主要推动力是外国直接投资。从20世纪80年代以来，以美国电子产业为代表的欧美先进制造业认识到产业组织模块化的优势与重要性，并开始实施战略措施来构建全球化的模块化生产网络的。跨国公司纷纷实施发展核心竞争力的"技术归核化"与"生产集约化"战略，跨国公司进行的外国直接投资主要集中在其产业链中非核心环节，通过在劳动要素相对丰裕的发展中国家设立工厂，将制造、加工等业务转移或外包，自身将资源与精力集中于高附加价值的业务环节，如R&D、市场营销、品牌管理等。在全球模块化生产网络的构建活动中，依靠技术和市场优势，欧美等国的跨国公司成为网络中的系统集成商，而以中国为代表的发展中国家的企业则成为接收生产转移或外包业务的模块供应商。我国先进制造业通过为系统集成商提供模块融入全球模块化生产网络，并成为网络中的一个节点，但我国先进制造业主要从事于接受初加工与装配制造等活动的外包，处于全球价值链中附加值较低的环节。跨国公司构建模块化生产网络，形成了以其自身为主导的全球性的专业化分工体系，并通过模块化网络享受外部规模经济和成本优势。跨国公司的归核化战略使其将资源和精力集中于高附加值的核心业务，并通过专利等方式控制技术的使用与传播，依靠行业地位设定标准，控制市场渠道等方式，将国外的模块供应商牢牢地锁定在价值链的低端。当然，我国先进制造业产业集群虽然被锁定在价值链低端，但由外国直接投资驱动并形成的我国先进制造业产业集群形成于特殊的经济环境与初始条件，通过引进外国先进技术我国先进制造业获得了相对稀缺的资本，通过融入国际化生产网络获得了国际贸易的收益，并切实带动了经济的快速增长。但是，我国先进制造业出口导向型增长模式主要依

靠廉价资源和人口红利，此种增长模式有不菲的代价和成本，已经呈现出如过度的资源消耗、对环境造成的污染、经济结构不均衡等弊端。在产业层面也体现出了此种增长模式的弊端，如产业结构不合理、产业竞争力不强、产业升级困难等问题，具体地表现为我国先进制造业技术效应不显著，无知名品牌依靠低价进行竞争，必须服从他人制定的标准，低劳动报酬与低劳动生产率并存等，具有比较优势的低劳动力成本并没有转化为产业的竞争优势。第四节的实证分析也显示出我国先进制造业产业标准、竞争强度、劳动密集与模块化产业组织的形成为显著直接负相关，并且技术创新对模块化产业组织形成的影响不显著的结果。

总而言之，我国先进制造业的模块化产业组织是以外国直接投资作为主要驱动因素，具体的组织形式是区域性的产业集群，是一种关系型生产网络，中小企业则是构成先进制造业产业集群的主体，具备资本、技术密集性特征。

第三节 产业组织模块化基本理论

组织竞争力被视为产业竞争的核心与根本，理解这一主题，便能够快速读懂为何我国先进制造业无法成为国际竞争中的主角。企业纵向一体化、分散化的中小企业与产业集群并存的市场格局，是我国先进制造业产业组织模式所表现出的普遍形式。先进制造业传统产业组织模式表现出的特征是"规模大、实力弱""规模小、业务杂"。所以，我国先进制造业不管是在产品研发、拓展国际市场及打造知名品牌上都极度缺乏市场竞争力。从产业组织层面而言，发展先进的产业组织模式——模块化产业组织，是提升我国先进制造业产业竞争力的一条路径。

一、制造业产业组织模块化发展理论

（一）模块化发展理论的提出

21世纪初期，美国研究者托夫勒发表著作《第三次浪潮》，其中指出以标准化制造体系为标志的工业化时代即将过去，全球制造业将迎来一次新的变革，以信息化为主导的模块化生产方式将替代传统标准化体制为主导的生产方式。托夫勒预言的历史环境是经济全球化，信息技术飞跃发展，传统制造业力求高度专业化、大批量、少品种的大规模生产方式在发达国家的制造业企业中正发生着转变，先进的制造业企业开始纷纷追求以客户为中心、小批量、多样化的大规模定

制生产灵活个性化的生产方式。就本质来说，传统的大规模定制生产具有持续创新与敏捷制造相结合的特征。传统管理组织理论中所论述的现代化大企业采用的纵向一体化模式不能适应多元化的市场需求。传统企业侧重于采取在企业内部汇集上、下游各项业务活动的策略，这种规模扩展的战略对于现代市场快速变革的创新环境很难适应。巨大的市场竞争压力迫使企业纷纷放弃传统"一体化战略"，"归核化"战略是企业战略发展的主要趋势。"归核化"战略强调的是增强核心竞争力。为此企业应当将所有的资源集中到核心业务中，企业的相关运营活动应当仔细剔除非核心业务，而产业组织就此出现纵向解体的态势。产业组织的纵向解体，并不是单纯将产业组织模式由传统的一体化变化回到分散的原子型市场，而是逐渐发展出以模块化为特征的产业组织模式。在这种产业组织模式下，企业之间通过开展大量交易和密切合作实现共赢，产业内企业间紧密的协作关系形成了模块化产业组织。

目前模块化研究的前沿集中于如何快速推进模块化组织的形成。标准化技术是一种先进的技术，有利于系统快速有效地完成模块化。模块化采用的标准化具有自身的特点，与大批量生产技术所运用的工艺标准化特点进行比较，两者存在明显的不同，前者采用标准化设计规则，也叫作"设计规则透明化"。规则设计过程中应用标准化，可实现系统的模块化，模块化减少了系统外部环境变化给系统带来的不确定性。

我们可以通过三大要素实现"标准化"，分别是"界面""结构""标准"。

（1）界面。模块化系统中模块间的交互作用必须通过界面来实现。界面是模块间相互衔接的介质。界面的性质决定了模块之间如何组合、如何链接以及模块间信息交换的方式。构成复杂系统的要素必须具备可链接的界面，这样复杂系统才具备转化为模块化系统的基本条件。界面的特征决定了模块之间链接耦合的程度，能量、空间、物质、信息是界面设计时考量的基本要素。模块的界面要满足当模块互相链接时能量可以通过界面在模块间传输，有足够的空间供模块链接或分散，物质可通过界面在模块间交换，模块可通过界面传递信息。

（2）结构。描述模块化系统内模块间的具体联系形式，结构由模块数量、种类、属性及功效决定。

（3）标准。标准是指确保独立模块相互联系兼容的基础和规则。标准规定了模块链接和分解时的协议，并且是用来检测模块链接后效果与功能的标准。

（二）模块化概念界定

日本学者青木昌彦给模块下的定义是：系统下具有半自律化特性的子系统，这些子系统相互联系，按照一定的规则形成更加复杂的系统。模块的分解和模块的整合两个过程构成模块化，模块的分解是将复杂系统分解为具有半自律性并且能够各自进行独立设计的子系统的过程；模块的整合是将各自独立的子系统按照一定的界面规则整合起来，从而形成更大的、更复杂的系统的动态过程。[①] 对模块及模块化定义持系统观点的还有鲍德温和克拉克，他们从系统的角度定义模块化。系统具备分解与再组合过程，从系统的这一特点出发，他们认为模块就是大系统当中结构相互独立的单元，这些单元相互联系共同发挥作用，但是结构上相互独立。模块化则是利用更小的并且每个都是可以独立设计的子系统来构筑复杂的产品和业务过程，最终这些子系统能够发挥整体作用。国内持系统观点的学者张伟认为模块化是把一种复杂系统向下分解的动态过程，分解后将形成数个各自独立的子系统。

本节定义模块是：在标准界面条件下，系统所属的各子系统与要素可以通过标准界面实现较好的链接，其功能独立又可以互为替代。以此可以推断出，系统所属的各模块都具备不同于其他模块的独立功能，系统产生的交互行为发生在各独立模块之间，模块之间标准界面可相互组合或链接，不同的链接或组合模式会形成具备不同结构及整体功能的系统。本书认为，仅仅将模块定义为系统当中独立单元是不够的，并不能描述模块的基本特性。构成系统中的要素有很多，并不是每种要素都可称之为模块，只有系统中分解出来的要素具备独立性、可重用性、可重组性和可扩充性时才可称之为模块。因此，模块是系统结构中相对独立的要素或单元，有相对独立的功能，必须依赖系统所属的相关其他要素方可发挥对应的功能，这是其他单元及要素无法具备的基本属性。

基于复杂系统的特征，我们可以采取模块化来处理复杂性系统。本书给出模块化的定义：模块化是整体型系统向分解型系统转换的动态过程，其较好地呈现出系统内部的各要素具备的可分解与再组合的连续性。首先，模块化可以被用来处理具备复杂系统特性的问题。如果所属系统的构成要素的复杂程度远远大于某一界限时，那么可以抽象剥离出这种复杂要素，构建成新的标准界面的要素，并且这一要素具备独立性，要素的复杂特性完全在分离与简化中被隐藏，同时标准界面直接决定着各独立要素的相互关系并使得独立要素与原有复杂系统有效兼容。其次，模块化与整合化并非是绝对的，具有相对性，其动态过程属于由整体型系统转变为分解型系统，该过程要求各独立的子系统应当遵循界面规则整合起来，从而形成更大更复杂的系统的动态过程。最后，模块化决定了系统内部各要素具备可分解与再组合的连续性，并且要素之间耦合的强度直接赋予模块化系统

---

① 参见［日］青木昌彦、安藤晴彦：《模块时代：新产业结构的本质》，周国荣译，上海远东出版社2003年版，第67页。

的可分性，再组合性由系统结构规则及界面的标准性决定。绝大多数系统都是由不同子系统或要素互相联系而形成的，只不过子系统或要素间的关联程度不同，几乎没有系统的结构是完全不可分解、不可再组合的，因此，大部分系统都有模块化的特征，只不过程度不同。如果一个系统的构成要素能够实现被分解与再组合，得到新系统的有效程度较高，那么可以判定该系统具备较高的模块化程度，反之则模块化程度较低。

二、产业组织模块化发展的模式

（一）产业组织模块化的基本模式

（1）根据组织处理显性信息的方式可将模块化组织归纳为三种基本模式，分别为金字塔型分割、信息同化型联系与信息异化型、进化型联系。①

①金字塔型分割。在这种模式中，"舵手"的主要职责是处理专业的、排他的系统信息。模块的联系规则——设计规则或界面规则，是事先决定的，即在设计、生产各模块之前先决定好规则。"舵手"起着系统设计师的作用，各模块的活动开始后，也只有"舵手"有权决定改变联系规则。当系统环境具有明显的改变时，导致了以前的规则存在价值不大，要不要优化规则，其决定权在"舵手"手中。当"舵手"对显性信息进行解决后，各模块将对相对应的隐性信息也进行解决。

②信息同化型联系。在这种模式中，系统内各模块在"舵手"的领导下，显性信息会随时根据"舵手"来改变。模块在进行工作时，模块间联系规则会随着显性信息的变化作细微的调整。

③信息异化型、进化型联系。这种模式中，模块化系统中有多个"舵手"并存，且系统内多个模块主体间存在反复性交互活动。因美国硅谷的模块化具备此种特性，因此青木昌彦和安藤晴彦将这种系统叫作"硅谷模式"，而鲍德温和克拉克则将这种模式称为"模块集约地"。在处理显性信息时，"舵手"是独立的。系统中的不同模块处理的隐性信息来自于各"舵手"所传递的不同的系统信息。于是在处理显性信息时，"舵手"对系统进行响应后，其相对应的显性信息可能不一样。如果某个"航手"及时地了解到该异化的信息，并且对"舵手"存在的系统环境进行全方位的观察，就可以从对方的立场来描述异化信息，再以解释

---

① 参见［日］青木昌彦、安藤晴彦：《模块时代：新产业结构的本质》，周国荣译，上海远东出版社2003年版，第106页。

过后简约的形式反馈到整个系统。这个过程就像提出对模块之间的界面技术规格的建议，会考查不同的情景。在产生异化的系统信息的情况下，各子系统的模块就必须处理各"舵手"所传递的不同的系统信息。对异化的系统信息的处理包括对异化信息进行比较、解释、选择等活动。单一的（有时是多数的）模块之间的联系规则，可以通过对异化信息处理、传达、交换来进行不断的筛选，这个规则筛选的过程就是系统进化的过程。

（2）从全球制造业模块化组织发展的态势来看，比较有代表性的是日本、欧洲及美国三种模式。

①日本——控制型生产网络。日本的汽车产业被认为是典型的控制型生产网络。日本的汽车产业采用的"及时生产""精益生产"就是依靠控制型生产网络实现的。在日本汽车产业中，如丰田、日产等领导企业负责创新，并和为其配套的小企业保持密切的合作关系。通过严控中小供应商以及对中小供应商提供帮扶，领导企业可以在外部形成稳定的生产能力，因此领导企业可专注于创新和研发，并将资源和精力全部投入于此。正是依靠不断的技术进步和创新，日本汽车产业才能不断进步并带动了经济发展。

在控制型生产网络中所存在的成员是领导企业、模块化供应商，它们的关系为控制关系且关系紧密。领导企业通过长期稳定地控制模块化供应商，形成以下优势：第一是使得模块化供应商具有很高的生产效率，第二是方便模块化供应商开展全面的技术升级，有利于进行"及时生产"和"精益生产"，因此当市场发生波动时领导企业可以获得足够的组织柔性。这种控制关系是建立在利益互助的紧密关系下的，当市场低迷领导企业面临市场需求不足时，领导企业会主动协助接受其管理的模块化供应商进一步降低成本，并且还能帮助其减少产出，采用这些措施，领导企业与模块化供应商能顺利地渡过难关；处于需求旺盛的景气市场时，领导企业会对供应商进行投资，帮助其扩大生产能力。控制型生产网络中，领导企业与模块化供应商共同面对市场的波动、风险共担、利益共享，是关系紧密的结合体。在日本，之所以"及时生产"与"精益生产"能够实现，其基础就是所形成的组织内各成员关系密切的控制型生产网络，并且这种组织形式对日本汽车产业取得的成功有重大作用。

②欧洲——关系型生产网络。在欧洲的意大利、德国等国家，很早就出现了关系型生产网络的概念，主要来源于其产业园区。经过多年的发展，典型代表是德国的中小企业网络，中国的家族企业网络也被认为具备关系型生产网络的特征。关系型生产网络亦被称为"集聚网络"或"社会网络"，其通常是由规模差不多且地理邻近的众多中小企业，在平等地位关系下构建而成的。与控制型生产网络相比较，在关系型生产网络中，企业规模相差不多，同时企业间的关系平

等，不存在占优势地位的"领导"企业。企业之间往往通过共同的行为规范和社会关系联系在一起，这些行为包括诸如信任、互助、信誉、家族关系等，并且这种社会关系是在合作基础上建立的长期稳定关系。关系型生产网络治理的基本规范是企业存在着平等且相互合作的竞合关系，并且竞合关系也是关系型生产网络企业间联系的桥梁。

关系型生产网络通过社会关系增强了组织内企业间的信任继而有效地减少交易成本，同时这种社会关系增强了组织的灵活性，使得组织可以快速地适应变化的市场环境。信任、网络内个人或家族关系可以促使当市场环境和条件发生变化时，个人或企业灵活的针对市场变化来调整自身的角色定位。在关系型生产网络中，终端产品的生产制造不仅分散于制造流程的某一特定阶段，并且常常由许多小的专业化的子合同制造商来承担，同时产业内的分工细化到某一特定阶段下的某一特定的子制造流程。为适应不断变化的市场需求，小企业通过精细分工和高度专业化可以快速地进行集聚和重组，这种灵活性塑造了整个生产网络的组织柔性。小批量定制生产、物流和市场进入等这些快速变化的市场环境所提出的要求，皆可以通过关系型生产网络高度分散的组织结构所带来的柔性来实现。

③美国——模块化生产网络。在全球范围内，美国电子产业是模块化生产网络的典型代表。模块化生产网络中的企业可以被划分为系统集成商和模块供应商。其中系统集成商是非垂直一体化的领导企业，具有很强的创新能力；而模块供应商又被称为交钥匙供应商，其特点是高度的功能专业化。系统集成商作为领导企业主要的市场行为是推动新产品的开发和营销，因此在网络中系统集成商的主要职责是技术创新和市场开发。网络内其余的市场活动由交钥匙供应商承当，如设计生产工艺流程、包装、售后服务等，其活动涵盖全方位的生产服务。

模块化生产网络治理的基本规则是产业标准，系统集成商与模块供应商进行合作也是执行共同的产业标准。系统集成商与模块供应商之间的信息交流严格依照编码化与标准化的产业标准，因此模块化网络内全部的生产活动只需依靠指令的发送和接收，系统集成商一旦给出生产指令，简单地讲，就是"生产什么"（What），接下来就可以由交钥匙供应商决定"在哪里生产"（Where）以及"如何生产"（How）。交钥匙供应商依靠产业标准化和信息与知识的编码化，可以在全球范围内建立拥有通用标准技术的基地和制造网络。在网络内，模块供应商的生产能力将会被系统集成商企业使用，模块供应商可以面向全球的客户企业随时随地提供顶尖的生产和制造服务。由于采用统一的产业标准，系统集成商可以在众多的模块供应商中来选择，还能花费较少的资金与模块供应商展开合作或者随时停止业务联系。由此可见，模块化生产网络与控制型生产网络及关系型生产网络最大的区别在于网络内企业之间的相互关系。模块供应商可以不必像控制型生产网络中那样紧紧依附于领导企业,因为模块化生产网络中,模块供应商可以面向众多而非唯一的客户企业提供服务,具备"商人"特质。而系统集成商也不必像关系型生产网络中那样与各合作企业努力维持紧密的社会关系,只需与合作企业维持平等的交易关系,因为模块化网络中存在数量众多且可互换的模块供应商。

(二) 模块化产业组织的优势与效应

模块化产业组织被认为在面对竞争日益加剧的市场环境和需求变化更为快速的市场时与传统的产业组织相比可以表现出更好的经济绩效,是继原子市场组织、一体化企业之外发展出的另一种新的产业组织治理结构。现将模块化产业组织的优势与效应进行总结,如表 5-1 所示。

表 5-1　　　　　　　　模块化产业组织的优势与效应

序号	模块化产业组织优势	序号	优势引起的各种效应
1	优化系统结构	(1)	模块化结构既可以良好地兼容差异、实现规模、网络经济,还可以在市场选择机制中提供"最好"的价值模块,更可以在该机制中实现"最快"的创新效率,是一种开放的网络式结构
		(2)	经济系统经过多种重要的资源完善,进入信息时代后,就出现了模块化。模块化系统是一个新型发展模式,因为它能实现系统集成商的激励机制和风险化解机制,还可以实现模块商独特、独特的创新机制
2	实现替代经济	(1)	模块化的兼容性非常强,自由地进行新旧模块的切换,把新模块完美的增加到系统内,发挥其技术特点,来代替原来的旧模块功能,但其他模块的功能没有改变
		(2)	模块的可再使用性能够把目前存在的知识和能力再一次利用、可以进行多次使用的部件不必要开发的检测程序、与可以进行多次使用的部件有联系的资本设备与生产流程也没有必要进行更新。当系统没有可升级性,需要再一次设计系统功能时,由于它采用自下而上的创新,模块化系统的创新成本远远小于系统性创新成本
		(3)	系统可以进行模块化升级,减少产品开发周期,也能促进前期投资,还能便捷的为客户实现所需求的服务

续表

序号	模块化产业组织优势	序号	优势引起的各种效应
3	提升价值创新	(1)	模块化系统的创新效率在于以提高创新效益、降低创新成本的制度创新
		(2)	模块化组织存在着明显的价值创新，它体现在以下方面：第一是价值体系网络化；第二是价值报酬递增化；第三是模块边界动态化
4	创造选择价值	(1)	在系统完整性不变的条件下，模块化能实现技术系统的可分解，也可以实现它的再组合，并且其独立部件分离生产，还可以进行交互使用，用界面来构造多种产品形态
		(2)	为了满足产品多样化的要求，可以通过模块混合搭配的功能来实施，达到客户多样化的需求。客户可按照实际需求，在多个公司购买部件，并且组装成符合要求的产品

第四节　我国先进制造业产业组织模块化发展机制实证检验

对于产业组织模块的机制，学术界有不少理论研究，但其中绝大部分为理论性的描述，对于机制的实证研究则触及较少。席琳（Schilling）和斯蒂尔曼（Steerman）是比较系统地建立理论模型对产业组织模块化机制进行论述并进行实证检验的学者。席琳和斯蒂尔曼的研究从产业组织结构与经济环境之间的动态关系入手，应用系统论的思想和方法，对产业组织模块化机制进行研究。他们认为"产业作为一个复杂系统，驱动其产业组织模式的形成主要因素是产业所处的具体经济环境"。席琳和斯蒂尔曼深入探讨了"驱动产业组织模块化的因素为什么样的经济环境条件"这一模块化机制问题，基于此研究，一个一般性的模块化理论被该学者提出，接着，理论模型得以构建，以此来对产业组模块化机制进行进一步阐释，并实证检验美国制造业产业组织模块化机制是否能用其一般性理论假说进行解释。席琳和斯蒂尔曼认为产业组织模块化的驱动因素主要为：产业投入和需求的多样性、是否具有产业标准、产业技术创新的频率及市场竞争的强度。①

一、利用席琳—斯蒂尔曼模型的实证检验

（一）席琳—斯蒂尔曼产业组织模块化机制的理论假说与理论模型

席琳—斯蒂尔曼以产业组织与经济环境间相互作用的关系作为指导，建立了一个解释产业组织模块化的一般因果理论模型，如图 5-1 所示。

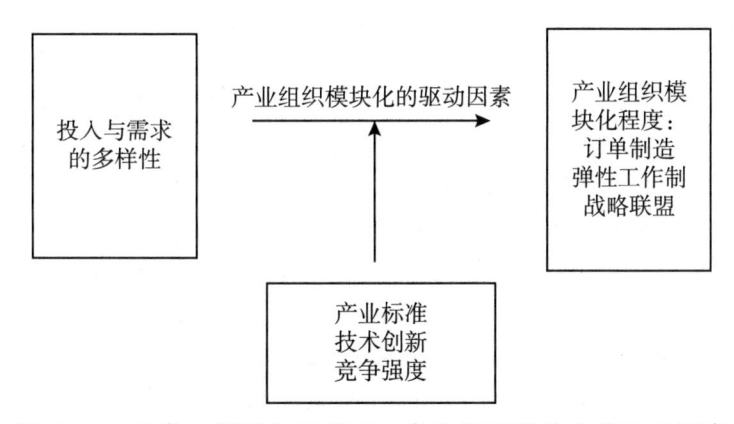

图 5-1 席琳—斯蒂尔曼模型：产业组织模块化的驱动因素

产业组织模块化程度是席琳—斯蒂尔曼模型中的主要因变量。模型界定了三个指标描述产业组织模块化程度：一是弹性工作制；二是订单制造；三是战略联盟。而下述四个变量则是模型中的自变量：一是投入和需求的多样性；二是产业标准；三是竞争强度；四是技术创新。模型认为在所有驱动因素中起决定性作用的因素是投入与需求的多样性，一个产业的投入与需求的多样性特征越明显，越拥有较高的产业组织模块化程度。而另外三个因素则是通过影响投入与需求的多样性来驱动产业组织模块化。

由此，我们给出席琳—斯蒂尔曼理论假说，如表 5-2 所示。

---

① Melissa A. Schilling and H. Kevin Steevma. The Use of Modular Organizational Forms：An Industry - Level Analysis, *Academy of Management Journal* [J]. 2001, Vol. 44, No. 6, pp. 1149 - 1168.

表 5-2　　　　　　　　　　席琳—斯蒂尔曼理论假说

序号	模块化驱动因素	模块化驱动机制
1	投入与需求多样性	投入与需求多样性是驱动产业组织模块化形成的直接因素
2	产业标准	完善的产业标准以及标准在产业的推广应用会有效促进产业组织模块化的形成
3	技术创新程度	技术创新对产业组织模块化的影响是间接的,技术创新程度越高对产业组织模块化的形成越有效
4	市场竞争强度	市场竞争间接驱动产业组织模块化的形成,有效的市场竞争有利于产业组织模块化

投入与需求多样性为最重要的驱动因素,对产业组织模块化产生直接影响。产业标准、技术创新速度、市场竞争强度,这三个变量除了对产业组织模块化产生直接影响外,还与投入与需求多样性产生交互效应从而驱动产业组织模块化。我们建立两阶段线性回归模型来分别考察驱动模块化产业组织形成的直接与间接因素。在对投入与需求多样性进行检验的过程当中,主要采用限制线性回归模型对其进行分析检验,下面我们将其称为限制模型:①

$$\text{Modularity} = \beta_0 + \beta_1 \text{heterogemity} + \beta_2 \text{standard} + \beta_3 \text{technology} + \beta_4 \text{competition} + \beta_5 \text{labor} + \varepsilon \quad (5-1)$$

式(5-1)中,Modularity 是模型的被解释变量——产业组织模块化,heterogemity(投入与需求多样性)、standard(产业标准)、technology(技术创新程度)及 competition(市场竞争强度)均为模型的解释变量。

$$CM = \beta_0 + \beta_1 \text{heterogemity} + \beta_2 \text{standard} + \beta_3 \text{technology} + \beta_4 \text{competition} + \beta_5 \text{labor} + \varepsilon \quad (5-2)$$

$$AWA = \beta_0 + \beta_1 \text{heterogemity} + \beta_2 \text{standard} + \beta_3 \text{technology} + \beta_4 \text{competition} + \beta_5 \text{labor} + \varepsilon \quad (5-3)$$

$$ALL = \beta_0 + \beta_1 \text{heterogemity} + \beta_2 \text{standard} + \beta_3 \text{technology} + \beta_4 \text{competition} + \beta_5 \text{labor} + \varepsilon \quad (5-4)$$

其中,CM 表示订单制造,弹性工作制用 AWA 进行表示,战略联盟用 ALL 进行表示。

然后再通过完整线性回归模型,此模型在下面简称完整模型,对机制2、3、4 进行检验:

---

① 模型来自对席琳相关理论的整理。

$$\begin{aligned}
\text{Modularity} = &\beta_0 + \beta_1 \text{heterogemity} + \beta_2 \text{standard} + \beta_3 \text{technology} + \beta_4 \text{competition} + \beta_5 \text{labor} \\
&+ \beta_6 (\text{heterogemity} \times \text{competition}) + \beta_7 (\text{heterogemity} \times \text{standard}) \\
&+ \beta_8 (\text{heterogemity} \times \text{technology}) + \varepsilon
\end{aligned} \quad (5-5)$$

式（5-5）中，heterogemity × standard 用二者的乘积表示投入与需求多样性之间同产业标准的交互效应。当投入与需求多样性与产业标准之间存在正向的交互效应时，参数的检验结果应显著为正，表明产业标准对产业组织模块化产生直接影响。类似地，heterogemity × competition 表示投入与需求多样性与竞争强度之间的交互效应，heterogemity × technology 表示技术创新速度同投入与需求多样性之间的交互效应，看其参数检验结果的正负，结果为正表示对产业组织模块化有驱动作用，结果为负表示对产业组织模块化有抑制作用。

为进一步考察产业标准、技术创新、竞争强度对如下几类模块化产业组织形式造成的影响：第一，战略联盟；第二，弹性工作制；第三，订单制造。我们以这三个子变量为因变量，建立完整模型：

$$\begin{aligned}
\text{CM} = &\beta_0 + \beta_1 \text{heterogemity} + \beta_2 \text{standard} + \beta_3 \text{technology} + \beta_4 \text{competition} + \beta_5 \text{labor} \\
&+ \beta_6 (\text{heterogemity} \times \text{competition}) + \beta_7 (\text{heterogemity} \times \text{standard}) \\
&+ \beta_8 + (\text{heterogemity} \times \text{technology}) + \varepsilon
\end{aligned} \quad (5-6)$$

$$\begin{aligned}
\text{AWA} = &\beta_0 + \beta_1 \text{heterogemity} + \beta_2 \text{standard} + \beta_3 \text{technology} + \beta_4 \text{competition} + \beta_5 \text{labor} \\
&+ \beta_6 (\text{heterogemity} \times \text{competition}) + \beta_7 (\text{heterogemity} \times \text{standard}) \\
&+ \beta_8 (\text{heterogemity} \times \text{technology}) + \varepsilon
\end{aligned} \quad (5-7)$$

$$\begin{aligned}
\text{ALL} = &\beta_0 + \beta_1 \text{heterogemity} + \beta_2 \text{standard} + \beta_3 \text{technology} + \beta_4 \text{competition} + \beta_5 \text{labor} \\
&+ \beta_6 (\text{heterogemity} \times \text{competition}) + \beta_7 (\text{heterogemity} \times \text{standard}) \\
&+ \beta_8 (\text{heterogemity} \times \text{technology}) + \varepsilon
\end{aligned} \quad (5-8)$$

（二）我国先进制造业行业选取分析

就目前而言，国内制造业板块主要有传统制造业与结合新技术所形成的新产业两大板块内容。先进制造业的发展，不仅融入了新的信息技术，同时还将原有传统制造业进行吸纳并入，并结合其他高新技术对原有产品进行突破提升。较为先进的产品有：（1）航空装备；（2）航天装备；（3）海洋工程装备；（4）数控机床等。除此之外，以新技术成果为技术前提、能够自主研发新产品的制造业也正在不断发展。较为突出的产品有：（1）微纳制造；（2）生物制造；（3）增量制造。

根据先进制造业的定义及性质，我们在国家统计局颁布的《中国工业经济统计年鉴（2015）》中选取行业进行检验，具体行业如表5-3所示。

表 5-3　　选取的我国先进制造业具体行业

编号	先进制造业行业类别	所属大类
1	生物药品制造	医药制造业
2	光学玻璃制造	玻璃制品制造
3	特种陶瓷制品制造	陶瓷制品制造
4	内燃机及配件制造	锅炉及原动设备制造
5	汽轮机及辅机制造	
6	水轮机及辅机制造	
7	风能源动设备制造	
8	泵及真空设备制造	泵、阀门、压缩机及类似机械制造
9	液压和气压动力机械及元件制造	
10	照相机及器材制造	文化、办公用机械制造
11	石油钻采专用设备制造	采矿、冶金、建筑专用设备制造
12	海洋工程专用设备制造	
13	电工机械专用设备制造	电子和电工机械专用设备制造
14	电子工业专用设备制造	
15	医疗诊断、监护及治疗设备制造	医疗仪器设备及器械制造
16	口腔科用设备及器具制造	
17	机械治疗及病房护理设备制造	
18	假肢、人工器官及植（介）入器械制造	
19	环境保护专用设备制造	环保、社会公共服务及其他专用设备制造
20	社会公共安全设备及器材制造	
21	汽车整车制造	汽车制造业
22	改装汽车制造	
23	汽车零部件及配件制造	
24	飞机制造	航空、航天器及设备制造
25	航天器制造	
26	微电机及其他电机制造	电机制造
27	电力电子元器件制造	输配电及控制设备制造
28	光伏设备及元器件制造	
29	计算机整机制造	计算机制造
30	光电子器件及其他电子器件制造	电子器件制造

注：具体行业选取自《中国工业统计年鉴（2015）》，中国统计出版社 2015 年版。

因美国和中国的统计指标与统计口径的不同，就目前国内现行统计体系而言，模型变量的样本数据并不能够直接、轻易地获取到，本书中所运用到的第一手数据为根据各变量的实际经济意义，采用相应的核算方法对一手数据进行转换，然后对转换后的数据进行标准化处理转换为检验所采用的样本数据，由此解决了变量样本的可获得性及不同变量间所存在的非一致性问题。

（三）计量与检验结果分析

使用 WLS 方法对模型式（5-1）~式（5-8）进行估计，结果如表 5-4 所示。

表 5-4　　　　式（5-1）~式（5-8）的统计结果一览

自变量	因变量							
	产业组织模块化		订单制造		弹性工作制		战略联盟	
	限制模型 (5.1)	完整模型 (5.5)	限制模型 (5.2)	完整模型 (5.6)	限制模型 (5.3)	完整模型 (5.7)	限制模型 (5.4)	完整模型 (5.8)
多样化	0.216	0.053	-0.426	0.175	0.348	0.087	0.767	-0.134
产业标准	-0.341	0.815	-3.236	-0.274	2.374	3.615	0.145	0.498
技术变革	0.028	-0.245	0.714	-0.056	-0.538	-0.762	-0.064	0.013
竞争强度	-0.083	-0.029	-0.567	-0.146	-0.038	-0.040	0.261	0.079
多样化 产业标准		0.212		0.272		0.153		0.114
多样化 技术变革		-0.107		-0.205		-0.088		-0.026
多样化 竞争强度		0.116		-0.214		0.175		0.463
劳动密集度	-2.372	0.476	3.038	0.541	-4.152	-1.326	-3.665	2.547
常数项	-0.229	0.411	0.254	-0.261	-0.178	0.529	-0.146	0.613
决定系数 R^2	0.999	1.000	0.999	0.999	0.999	0.999	0.999	0.999
修正的决定系数 Adj. R^2	0.999	1.000	0.999	0.999	0.999	0.999	0.999	0.999
F 统计量的收尾概率	0.000	0.000	0.000	0.000	0.000	0.000	0.000	0.000
样本容量	30	30	30	30	30	30	30	30

注：数据由 EViews 软件生成。

我们通过计量结果给出各自变量对模块化产业组织形成所产生的直接与间接效应，如表5-5所示。

表5-5　影响产业组织模块化的直接效应及间接效应分析

自变量	因变量							
	产业组织模块化		订单制造		弹性工作制		战略联盟	
	直接效应	间接效应	直接效应	间接效应	直接效应	间接效应	直接效应	间接效应
多样化	正向显著		负向显著		正向显著		正向显著	
产业标准	正向显著		负向显著		正向显著		不显著	
技术变革速度	不显著		正向显著		负向显著		不显著	
竞争强度	正向显著		负向显著		负向显著		正向显著	
多样化产业标准		正向显著		不显著		不显著		不显著
多样化技术变革		负向显著		负向显著		负向显著		不显著
多样化竞争强度		正向显著		负向显著		正向显著		正向显著
劳动密集	负向显著		正向显著		负向显著		负向显著	

资料来源：分析由回归结果整理得出。

（1）席琳和斯蒂尔曼提出的产业组织模块化机制1认为，需求和投入多样性是驱动模块化产业组织形成的直接动因，正如表5-5中的结果分析所示，投入与需求的多样化能够产生出较好的也较为明显的直接正向作用，其对弹性工作制与战略联盟的形成也都有显著正效应，仅直接负向影响订单制造。因此除订单制造外，产业组织模块化机制1得以检验通过。

（2）席琳和斯蒂尔曼提出的产业组织模块化机制2认为，产业标准将与投入与需求多样性产生交互效应，并且这种交互效应是正向的，产业标准通过正向影响投入与需求的多样性对模块化产业组织的形成产生正向的间接影响。从实证检验的结果可知，我国先进制造业模块化产业的形成受到产业标准与投入与需求多样性的交互效应的间接影响，此种影响是正向显著的。但对以下三种模块化产业组织实现形式所产生的具体影响并不十分明显，它们分别是：①弹性工作制；②订单制造；③战略联盟。因而，就模块化产业组织的整体形成来看，产业组织模块化机制2可以通过检验，就具体表现形式来看未通过检验。

（3）单独分析产业组织模块化机制 3，可认为技术创新程度与投入与需求多样性产生交互效应，并且这种交互效应是正向的，技术创新通过正向影响投入与需求的多样性对模块化产业组织的形成产生正向的间接影响。从实证检验的结果来看，在间接影响订单制造与弹性工作制的形成上，技术创新程度与投入与需求多样性之间的交互效应是负向显著的，且对战略联盟的间接影响上无显著效应。

（4）单独分析产业组织模块化机制 4，可认为竞争强度与投入与需求多样性产生交互效应，竞争强度通过影响投入与需求的多样性对模块化产业组织形成产生正向的间接影响。实证检验中竞争强度与投入与需求多样性之间的交互效应的间接影响为正向显著，除订单制造之外，产业组织模块化机制 4 通过检验。

二、中美实证检验结果的比较与分析

（一）席琳—斯蒂尔曼模型中美两国实证检验的结果比较

中美两国产业组织模块化机制实证检验结果的比较，如表 5-6 和表 5-7 所示。

表 5-6　　　　　　　　中美实证检验结果对照

自变量	因变量							
	产业组织模块化				订单制造			
	中国		美国		中国		美国	
	限制模型	完整模型	限制模型	完整模型	限制模型	完整模型	限制模型	完整模型
多样化	0.216	0.053	0.27	0.12	-0.426	0.175	-0.00	-0.00
产业标准	-0.341	0.815	0.34	0.27	-3.236	-0.274	0.00	0.00
技术变革	0.028	-0.245	12.45	3.71	0.714	-0.056	-0.31	-0.43
竞争强度	-0.083	-0.029	-0.03	-0.02	-0.567	-0.146	0.00	0.02
多样化 竞争强度		0.116		0.00		-0.214		-0.01
多样化 产业标准		0.212		11.15		0.272		0.00
多样化 技术变革		-0.107		-0.210		-0.205		0.23

续表

自变量	因变量							
	产业组织模块化				订单制造			
	中国		美国		中国		美国	
	限制模型	完整模型	限制模型	完整模型	限制模型	完整模型	限制模型	完整模型
劳动密集	-2.372	0.476	-4.07	-8.51	3.038	0.541	0.27	0.52
常数项	-0.229	0.411	-0.25	-0.16	0.254	-0.261	-0.04	0.05
样本容量	30	30	330	330	30	30	330	330

资料来源：中国数据来源于本书实证检验结果可见表 5-4，美国数据来源于 Mellisa A Schilling, The Use of Modular Organization Forms: an Industry-level Analysis, *Academy of Management Journal*. Vol. 44, No. 6, 2001, pp. 1149-1168。

表 5-7　　　　　　　　　　　中美实证检验结果对照

自变量	因变量							
	弹性工作制				战略联盟			
	中国		美国		中国		美国	
	限制模型	完整模型	限制模型	完整模型	限制模型	完整模型	限制模型	完整模型
多样化	0.348	0.087	0.00	0.00	0.767	-0.134	0.03	0.01
产业标准	2.374	3.615	0.00	0.00	0.145	0.498	0.04	0.03
技术变革	-0.538	-0.762	0.09	-0.02	-0.064	0.013	3.10	2.63
竞争强度	-0.038	-0.040	-0.00	-0.01	0.261	0.079	-0.01	-0.04
多样化 竞争强度		0.175		0.01		0.463		0.01
多样化 产业标准		0.153 -		-0.00		0.114		0.03
多样化 技术变革		0.088		0.12		-0.026		0.39
劳动密集	-4.152	-1.326	0.07	-0.03	-3.665	2.547	-2.64	-4.12
常数项	-0.178	0.529	0.02	-0.03	-0.146	0.613	0.08	0.08
样本容量	30	30	330	330	30	30	330	330

资料来源：中国数据来源于本书实证检验结果可见表 5-4，美国数据来源于 Mellisa A Schilling, The Use of Modular Organization Forms: an Industry-level Analysis, *Academy of Management Journal*. Vol. 44, No. 6, 2001, pp. 1149-1168。

如表 5-6、表 5-7 所示，在美国和中国的不同经济环境下，席琳—斯蒂尔曼模型中投入与需求多样性的参数的取值不存在负数，均为正值，从此也可反映出，促成模块化产业组织形成的驱动要素之一是投入与需求的多样性，这一理论命题在我国先进制造业与美国制造业的经济实践中得到有利证实。

另外，我们对表5-7分析可知，除需求与投入多样性变量对我国先进制造业与美国制造业模块化产业组织的形成机制影响相同，几乎其他所有的自变量都有着截然不同的影响。产业组织模块化驱动因素之一的产业标准，在我国先进制造业产业组织模块化中表现为显著负相关，而美国制造业呈现出截然相反的正相关情况，两国存在根本性差异。技术创新程度在我国先进制造业产业组织模块化中表现为相关性不显著，在美国制造业中表现为显著正相关。而竞争强度对我国先进制造业模块化产业组织产生的影响为显著负相关，在美国制造业中的相关性却不显著。劳动密集度在我国先进制造业模块化产业组织形成过程中表现为显著负相关，在美国制造业中的相关性也不显著。也就是说，对我国先进制造业产业组织模块化而言，虽然投入与需求的多样性对我国先进制造业模块化产业组织的形成影响为正效应，但产业标准的设定对我国先进制造业模块化产业组织的形成产生负向影响，同时竞争强度对我国先进制造业模块化产业组织的形成有负向的间接影响。实证检验表明，我国先进制造业模块化产业组织的形成受劳动密集度的直接影响是负向的，也就是说，形成我国先进制造业模块化产业组织的动力随劳动密集度的增大而减小。

中美两国不同的模块化产业组织类型和不同的经济体制环境，使得两国市场的外部条件各不相同，这是形成不同结果的重要因素。单从模块化产业组织的类型来说，我国先进制造业以中小企业集群为基础，形成的模块化产业组织类似于意大利的关系型生产网络；而美国制造业的典型代表为电子产业，其所形成的模块化产业组织类型是模块化生产网络。中美两国不同的实证检验结果充分印证了本书的观点：产业组织模块化机制与关键的驱动因素，在不同的经济运行环境、不同的产业技术经济特征下是完全不同的。

（二）席琳—斯蒂尔曼产业组织模块化机制对我国先进制造业检验结果的分析

（1）就产业标准这一驱动因素来说，我国先进制造业模块化产业组织是在基于地理区域集中的产业集群基础上形成的关系型生产网络，集群内企业常常对地理积聚和企业间关系产生依赖，资产专用性以及地域的有界性是关系型生产网络的显著特点。而模块化生产网络因产业标准的设立和传播而形成，从而使得模块化生产网络在全球范围内实现资源配置。由于过于依赖地域性及企业间关系，我国先进制造业的关系型生产网络过于僵化和保守，在这样的模块化组织中，产业标准的设立和采纳会产生较大阻力，因此我们的实证分析便得到产业标准对于我国先进制造业模块化产业组织的形成产生负向影响的结果。

（2）就技术创新程度这一驱动因素来说，由于我国先进制造业一直以来为粗放式的发展模式，并且被牢牢锁定在全球价值网络的低端，在技术创新能力方面我国先进制造业关系型生产网络还比较薄弱。因此，我国先进制造业模块化产业组织的形成受技术创新速度的影响不大，在实证分析上便得到我国先进制造业模块化产业组织的形成与技术创新程度无显著相关性。

（3）从竞争强度所引起的驱动作用来分析，国内的先进制造业产业集群或生产网络具有典型的区域经济的特征。在这种情况下，企业间竞争强度的增加将促进需求的多样性，会强化消费者主权，这既促进我国先进制造业模块化产业组织的形成，但同时也带来阻力。就我国先进制造业关系型生产网络而言，区域性产业集群在市场竞争强度的加大下将被打破，现有产业集群将受到更大冲击。市场竞争对我国先进制造业关系型网络造成较大的影响，使现有组织模式向模块化生产网络的方向发展。

（4）虽然劳动密集度在模型中作为控制变量，但对我国先进制造业产业组织模块化的影响是显著的。就劳动密集度这一因素来说，一方面，中国的劳动密集型产业具有低劳动生产率与低劳动力价格并存的"双低"特点，主要从事装配组装与初级加工等低技术含量的业务，由于地理空间跨度较大，使得产业集群难以形成。另一方面，对于先进制造业来说，国内产业集群的形成，初期主要依靠国外直接投资来驱动。就先进制造业而言，较易形成产业集群的产业一般外资比重较高，技术密集和资本密集是集群内的主要特征。劳动密集度因素与产业集中因素基本呈负向关系。一旦劳动密集度因素降低，则技术因素、资本因素则会发挥出更大的作用。因此，在我们的检验结果中，我国先进制造业关系型生产网络的形成受劳动密集度的影响为显著的负效应。

三、我国先进制造业产业组织模块化动力机制

（一）我国先进制造业产业组织模块化机制的假设

通过对我国先进制造业产业组织的特征分析及实证检验能够看到，国外直接投资、市场需求与供给的多样性在诸多因素中，直接驱动我国先进制造业模块化产业组织形成，中小企业是参与产业组织模块化形成的市场主体。我国先进制造业产业集群的形成与劳动密集度、产业标准及市场竞争三个因素直接负相关。由于我国先进制造业在全球模块化网络中被锁定在价值链的低端环节，因此技术扩散效应在我国先进制造业产业集群内并不显著，也就是说，对我国先进制造业模

块化产业组织的形成，技术创新影响并不显著。

基于以上分析，以中国经济运行环境的现实特点以及我国先进制造业模块化产业组织的特点为出发点，本书提出我国先进制造业在中国当前经济环境下产业组织模块化机制的假设（见表5-8）。

表5-8　　　　我国先进制造业产业组织模块化机制假设

序号	驱动因素	驱动机制
1	外资比重	驱动我国先进制造业模块化产业组织形成的直接动因是外国直接投资（FDI），外资投资金额较重，对应的形成模块化产业组织的动力越高；外资投资金额较轻，对应的形成模块化产业组织动力较低
2	企业规模	中小企业是驱动模块化产业组织形成的市场主体，先进制造业产业内企业拥有的规模扩大，对应的模块化产业组织动力越弱；企业规模拥有的规模缩小，对应的模块化产业组织能力越高
3	劳动密集度	劳动密集度高的先进制造业形成模块化产业组织的动力较小，而劳动密集度低的先进制造业形成模块化产业组织的动力较强

（二）我国先进制造业产业组织模块化模型

我国先进制造业产业组织模块化机制理论模型的构建，是在席琳—斯蒂尔曼模型基础上的扩充。本书提出的观点是，促进我国先进制造业模块化产业形成的直接动因是投入与需求多样性。除此之外，我国先进制造业所处的特殊经济环境也是模块化产业组织形成的主要成因，使我国先进制造业模块化产业组织的形成受行业标准、竞争强度、劳动密集度的负向影响。对于间接效应来说，我国先进制造业模块化产业组织的形成受竞争强度与投入与需求多样性之间的交互效应的间接影响为负效应；同样，我国先进制造业模块化产业组织的形成受技术创新程度与投入与需求多样性之间的交互效应的间接影响为负效应，而我国先进制造业模块化产业组织的形成受产业标准与投入与需求多样性之间的交互效应的间接影响为正效应。劳动密集度不再作为模型中的控制变量，而是影响我国先进制造业产业组织模块化特征的解释变量。对于特定经济环境下我国先进制造业模块化产业组织形成的国情特征的度量，我们采用外国直接投资和企业规模两个指标。其中，驱动我国先进制造业区域性关系型生产网络形成的直接动因是外国直接投资，推动我国先进制造业产业集群形成的市场主体是中小企业。

建立我国先进制造业产业组织模块化线性模型如下：

$$Modularity = \beta_0 + \beta_1 FDI + \beta_2 scale + \beta_3 labor + \varepsilon \qquad (5-9)$$

式（5-9）中，Modularity 是模型的被解释变量，表示模块化产业组织；FDI、scale、labor 均为模型的解释变量，分别代表外资比重、企业规模、劳动密集度；为常数项，β_1 至 β_3 为待估参数，ε 为随机误差。

（三）计量检验结果

我们通过加权最小二乘法对式（5-9）进行回归分析，得到的计量结果如表 5-9 所示。

表 5-9　　　　　　　式（5-9）回归检验结果

自变量	模块化产业组织
外资比重	0.564
企业规模	-2.671
劳动密集度	-3.326
常数项	0.375
决定系数 R^2	0.999
修正的决定系数 Adj. R^2	0.999
F 统计量的收尾概率	0.000
样本容量	30

注：数据由 Eviews 软件生成。

结果显示，外资比重对我国先进制造业模块化产业组织的形成为正效应，而对企业规模的影响为负效应，即中小企业的集聚更有利于我国先进制造业模块化产业组织的形成。劳动密集度越高对我国先进制造业产业组织模块化的阻力作用越明显，而劳动密集型越低就越能促进我国先进制造业模块化产业组织的形成。就是说，非劳动密集型我国先进制造业相对于劳动密集型我国先进制造业而言，模块化产业组织发展程度更高，假设机制得以通过检验。

站在经济实践的角度看来，国内先进制造业表现出来的模块化产业组织的特点主要为外国投资驱动的，以中小企业为主体，非劳动密集型产业的区域集聚，属于关系型生产网络。国外直接投资在为我们带来资本与技术的同时，由于国外先进企业对于核心技术和市场渠道的严密控制，也将我国先进制造业锁定在全球化的模块化生产网络价值链的低端。在这种环境下，我国先进制造业产业集群的特征表现为企业对于产业标准的设立不积极或没有话语权，集群内技术传播无明显的扩散效应，劳动力禀赋优点也不明显，产业集群为地域关系的集聚，集而不强。我国先进制造业产业集群并未获得相应的组织竞争力，在全球化的模块化生产网络构建中沦为"世界加工集聚地"。并且劳动密集型企业基本上属于独立的分散作业，很难与上下游企业产生密切联系从而融入产业集群，使得劳动密集型产业存在低劳动工资与低劳动生产率共同存的两低劣势。因此，我国先进制造业表现出两方面弊端，劳动密集型产业未获得我国劳动力禀赋优势，而非劳动密集型产业技术效益亦不显著，表现出"大而不强""小而不专"的特点。可以说，在我国经济转型发展的背景下，我国先进制造业目前的产业组织模式与现状，对于我国经济结构转型升级的内在要求已经完全不能适应，其产业组织模式必须优化。

第五节 我国先进制造业产业组织模式比较分析

模块化产业组织的特征与效应可以有效促进先进制造业的发展，我国完全具备先进制造业模块化产业组织发展的基础和条件，但从目前的情况来看，我国先进制造业产业组织模块化程度不高，存在着限制产业组织模块化发展的问题，因此有必要进一步促进我国先进制造业产业组织模块化，带动我国先进制造业的发展和升级。按照系统观点，系统结构受外部环境作用的限制，产业组织是特定经济环境下的复杂系统，因此，产业组织的形成与发展必受经济环境变化的影响。当外部经济环境变化时，产业组织结构必然会做出变革来适应此种变化，也是在后金融危机的经济新常态环境下的必然趋势。

一、我国先进制造业产业组织模块化进程中存在的问题

（一）我国先进制造业产业组织模块化结构问题

我国先进制造业产业集群发展严重依赖地域性，产业发展水平落后，结构不合理。我国先进制造业产业集群发展具有严重的不充分性和区域不均衡性，我国先进制造业发达地区在东南沿海，并集中分布在东南沿海的惠州、东莞、温州、晋江、宁波等地区，而这样的发展格局体现的是我国先进制造业的结构性失衡。东南沿海以外的发达的大中城市，经过多年的建设与经济发展也具备了发展先进制造业产业集群所需的基础条件和经济环境，如东北地区的沈阳、长春，但这些地区传统国有企业"大而全"的生产运营模式导致了这些城市产业组织格局仍然

是传统的纵向一体化。这些国有企业在改制中的重组又形成了更大型的垄断企业，政府为保护国有企业通常使用的手法是利用权力垄断设置进入壁垒，限制了先进制造业产业集群在该地区的经营。另外，中小城市由于存在基础设施不发达、社会服务与生产服务及保障等配套体系不健全、政府产业政策不明确等情况，通常的产业结构是建立在劳动密集型的加工制造行业基础之上。因为这样的产业不存在技术含量，地区相对分布较广，企业间的竞争手段为价格战，因此，劳动力禀赋优势不仅未能形成产业竞争力，反而造成劳动生产率与劳动工资"双低"的局面。而在东南沿海地区所形成的先进制造业产业集群，更多是为了享受当地政府提供的政策红利。企业在经济开发区、产业园区的积聚一方面获得了产业集群所带来的规模经济、范围经济与网络经济效应，但另一方面是欲获得政策红利，比如一条龙服务、土地优惠和租税优惠等。由于受到地域和行政限制，我国的地域经济具有明显的地域隔离性，在各地的先进制造业产业集群形成后，不同区域集群间往往缺乏联系，各自为政，甚至相互竞争，不能形成全国统一的大市场体系，造成我国先进制造业产业集群"集而不强""群而不合"的发展现状。这种现状造成了我国先进制造业产业组织中人才、资本、技术的流动性不足，阻碍先进制造业进一步的发展。

（二）我国先进制造业模块化产业组织创新能力问题

我国先进制造业模块化产业组织对企业创新能力带动不足，使得产业缺乏国际竞争力，处于全球模块化生产网络的低端。我国先进制造业产业集群建立的基础是外国直接投资，而外国资本的目的是利用我国的资源和劳动力禀赋获得较低的生产成本，导致我国很多先进制造业企业经营的业务范围附加值相对较低，一般都是加工组装和配件组装等，被定性为"全球制造工厂"，初始就被锁定在全球价值链的低端。并且，由于外国企业对技术的封锁和控制，我国先进制造业企业"一流设备、二流管理、三流产品"的现象比较普遍。随着利润空间和生产制造空间的不断降低，留给我国先进制造业的发展空间日益狭小，这进一步造成了我国先进制造业无法掌握产业标准及规则设定的话语权、技术创新能力薄弱、劳动生产率低、缺乏自主品牌等一系列问题。由于我国先进制造业缺乏核心竞争力，在产业发展过程中往往被外国先进企业所主导，因此在国际化市场竞争中缺乏抗风险能力。2008年国际金融危机发生后，浙江一带主营业务为对外出口加工的企业出现了大面积的倒闭潮，外部环境变化对我国先进制造业的影响由此可见一斑。

(三) 我国先进制造业生产要素整合能力问题

中国的生产性服务业不发达，缺乏对先进生产要素的整合能力，阻碍了先进制造业的发展。站在国际制造业的角度来看，先进制造业的发展和升级路径是首先形成规模经济，随着产业的发展而细化分工，继而实现模块化。而先进制造业产业组织模式的演化路径是首先形成以单体企业为主的原子型市场，到具备完整产业链条的产业集群，再到模块化生产网络。一般的看法是当前阶段的模块化生产网络被认为是产业组织模式的最高级别，处于全球化经济环境下，产业形成和保持动态的持续的竞争优势的基础是先进生产要素，主要囊括人才、知识、信息、技术等，构建全球的模块化生产网络的基础和前提条件是能够在全球范围内对先进生产要素进行优化配置。哪个国家或产业能对这些先进生产要素进行整合和优化配置，哪个国家或产业就形成核心竞争力。模块化产业组织形成与发展的潜力与动力取决于所具备生产要素水平的先进性和对其配置及整合的能力的强弱。促进国家或产业发展的公共服务平台的建设，及配套的社会服务体系的完善则极大地影响生产要素水平的先进性和产业对其配置和整合的能力，对模块化生产网络的构建产生重大影响。对我国先进制造业来说，生产性服务业、社会公共服务网络、中介服务组织、自律性行业协会等是促进产业组织模块化，体现模块化生产网络竞争力的关键。从当前我国先进制造业的发展态势看来，我国先进制造业主要表现出政府主导的特性，不同地区的政府所站的角度都是以利益为出发点，行政主导规划出对应的开发区和工业园区等。这一方面是地方政府为推动经济发展招商引资的需要，同时也是提升政绩的需要。这种依靠政府主导而非市场机制驱动的先进制造业产业组织发展模式效率较低。另外，支撑我国先进制造业发展的社会服务网络不健全、缺乏自律性行业协会或行业协会不作为、社会诚信体系落后等问题，阻碍了各类先进生产要素的自由流动，对其配置缺乏效率，制约了我国先进制造业产业模块化产业组织的形成。

综上所述，第一，我国先进制造业产业组织模块化程度不高；第二，模块化产业组织的效应不明显，先进制造业企业未能有效利用模块化效应增强其竞争力；第三，我国先进制造业模块化产业组织虽然融入了全球化的生产网络，但仍处在全球价值链低端，在全球竞争中缺乏话语权。

二、案例分析：中国高铁产业组织模式分析

(一) 中国高铁技术引进政策

2004年，铁道部决定引进国外先进技术发展我国高速铁路事业，在制定技

术引进的具体政策时,铁道部要求国外企业不能单独投标,而必须与国内企业合作投标。同时要求外方合资企业只有在与中国国内机车车辆企业签订了技术转让合同的前提条件下才具备投标资格。为了有效落实这一政策,铁道部设置了一个叫作"技术转让实施评价"的考核措施,由铁道部成立的动车组联合办公室为评价者对中国投标企业进行考核。具体的考核办法是,即使国内外企业联合中标,但铁道部却并不付款,要由动联办考核国内企业是否真正掌握了高铁列车生产的核心技术,只有国内企业通过了动联办考核,铁道部才向国外企业支付采购款。

在这种采购政策下,国外高铁巨头不得不严格按照技术转让协议将高铁核心技术全面转让给国内合作企业。由此,国内南车集团和北车集团全面掌握了全球四大高铁供应商的技术特性,为自主研发中国标准动车组打下了坚实的基础。

(二)和谐号动车组的技术引进、消化与吸收

CRH 是 China Railways High-speed 的首字母缩写,意为中国高速铁路。所有通过引进国外技术、联合设计生产的 CRH 动车组列车均被铁道部命名为"和谐号",这一品牌名称是中国铁路总公司为中国高速铁路系统所特别创立的。和谐号动车组是中国铁路所取得的重大成果,标志着我国高速铁路装备自主创新能力的巨大提升,表明我国高速铁路客运装备的技术水平已经处于世界领先,中国也由此成为世界上少数几个能够自主研制时速 380 公里动车组的国家。

CRH1 型列车于 2004 年开始生产,由南车四方集团与加拿大庞巴迪进行合作。该型动车组在 2007 年开始在广深线上使用,之前的新时速、蓝箭动车组随即被取代。庞巴迪为瑞典铁路提供的 Regina 列车是 CRH1 型列车的原型车,该车型最高时速 200 公里,更适合于短途使用,目前在珠三角城市圈的广深铁路、广珠城轨等线路上被选用。

CRH2 列车最早由四方机车与日本川崎重工合作研发生产,之后四方机车独立研发了后续车型。该车型于 2008 年在京津铁路上创造了每小时 370 公里的时速,之前由我国自主研发的中华之星号动车组保持的我国最高速度终于被打破,由此,CRH2 型成为中国最快列车。该车型被广泛运用到京沪、京广等长距离主力运输线上。

CRH3 型动车组由北车唐山引进西门子公司技术在国内生产,该车型的原型车为德国铁路的 ICE-3 列车(西门子 Velaro)。该车型又细分为 CRH3A 和 CRH3C 两个型号,其中,CRH3A 型以 CRH380BL 技术平台为基础,设计运营速度为 250 千米/时。CRH3C 型为 4 动 4 拖,最高运营速度达 350 千米/时。自此,中国北车拥有了高速动车组和城际动车组全系列、谱系化的研发、设计能力和产品平台。

CRH5 型动车组是长春机车与法国阿尔斯通合作，生产的适用于高寒地区的列车。根据中国铁道部与阿尔斯通于 2004 年 10 月 10 日正式签订的总值 6.2 亿欧元的合同，阿尔斯通在高速列车上的 7 项关键技术转移给中国，采用该技术生产的动车组列车为 CRH5 型。

（三）复兴号动车组中的技术创新与中国标准

由于不同型号的"和谐号"动车组是基于不同平台研发出来的，因此技术标准并不统一，由此带来的弊端是显而易见的，主要表现在增加了运营难度的同时提高了运营和维护成本。2012 年，"复兴号"的研制被提上日程，该型动车组将成为具有完全自主知识产权，各项技术指标达到世界先进水平的中国标准动车组列车。由"复兴号"中国标准动车组所构建的技术标准体系完整、结构合理、先进科学，在 10 多个技术领域达到国际先进水平，中国标准在动车组全部 254 项重要技术标准中的份额达到 84%。通过"复兴号"的研发与生产，中国高速机车产业具备了完全的自主研发能力和完全的自主知识产权。

（四）"引进—消化—吸收—再创新"战略的适应性产业组织模式

中国高铁在十几年的时间里就完成了对世界主要供应商的赶超，尤其是在高铁核心技术的"引进—消化—吸收—再创新"上实现了重大成功。但是，我们不难发现，中国高铁的成功在我国诸多"以市场换技术"的行业中却并不普遍，诸如家电、汽车、手机等发展了几十年的产业，核心技术仍由外资把控。我们认为，最为关键的因素是在合资合作过程中，外方是否把核心技术向中方进行了全面转让。当然，没有企业会主动将自己的核心技术拱手让人，起到决定作用的是合作双方在技术转让中的议价能力。我们认为，这种议价能力由产业组织模式决定，从我国高铁的成功经验看，能够使"引进—消化—吸收—再创新"战略成功实现的产业组织模式应具有如下特点：

（1）垄断买方。尽管四大高铁企业可以在南车和北车的多个下属企业间选择合作伙伴，但在我国高铁行业中，中铁总公司是唯一的采购者，这就构成了买方垄断。然而，在传统的议价模型中，决定买方议价能力的重要决定因素之一是它对商品价格的敏感程度。然而，在本案例中，作为买方的中铁总公司实际上对价格是不敏感的，否则它不会同时与四家国外高铁企业同时签订招标协议，而只会选择价格最低或性价比最高的企业。可见，即使买方对价格不敏感，但垄断地位却能够赋予买方提出最后通牒的能力，在技术转移谈判中取得绝对优势地位。

（2）拥有巨大的市场空间。中国是世界上最大的高铁市场，截至 2016 年年底，全国铁路营运里程达 12.4 万公里，其中高速铁路 2.2 万公里以上，高铁营运里程比所有其他国家的总合还要大。取得如此巨大的成就，中国仅仅用了十余年。因此，在2004年铁道部就高铁项目的第一次招标中，西门子、阿尔斯通、庞巴迪和日本川崎重工都应对中国未来高铁的发展形势有所判断，它们都会知道第一次招标虽然只有140列动车组订单，只是针对当时的铁道部对中国铁路进行的第六次大提速。但是，国外企业更为关注的是《中长期铁路网规划》所规划的"四纵四横"客运专线网络，这为全球竞争者描绘了一个巨大的高铁市场，没有任何高铁企业能够忽略这个市场。因此，要在这个巨大的市场中有所斩获，就不能轻视这次招标，因为它是未来市场竞争的一次预演。外资企业要进入中国高铁市场就只能找合作伙伴，并最大限度地接受中方提出的技术转让条件，否则将会错失中国提供的发展机会。

（3）国外合作方存在竞争。如上所述，在2004年，全球范围内掌握高铁核心技术的企业共有四家，即德国西门子、日本川崎重工、法国阿尔斯通和加拿大庞巴迪。四家企业在全球市场内展开寡头竞争，尽管彼此间的技术存在差异性，但由于产品间在速度、能耗、维修保养费用等产品性能指标上不存在显著差异，导致四个企业的产品存在较强的可替代性。因此，四家企业面对中国市场的唯一买家，陷入了伯川德式的寡头竞争，不得不尽可能满足垄断买方的要求以进入中国广阔的市场。

第六节　我国先进制造业产业组织模块化发展战略

一、我国先进制造业产业组织模块化发展战略分析

（一）模块化发展战略的总体思路

我国先进制造业产业组织模块化的发展需战略要一个详细全面的思考，因为这涉及众多的影响条件，首先是内外部经济、社会、政治环境的影响，其次受技术因素的约束也较大，另外，配套服务体系的建立也会产生直接影响。而众多的市场主体与产业组织模块化的发展都息息相关，身处于时代大环境的这些市场经济主体自身的繁荣发展离不开产业的发展。

产业组织的形成受环境变化的影响明显，尤其是受经济因素的波动影响，经济主体与市场环境是互相影响的关系。首先，企业为了实现自身经济目标必须要

充分地利用所有经济要素,来保证自身的发展,而企业的发展又能反过来促进产业的发展。基于这样的认识,我们才能更好地探讨我国先进制造业产业组织模块化发展的道路,也才能更加全面客观地思考这一问题。

(1) 我国先进制造业因为所处的社会环境和经济环境比较特殊,产业表现出来的特点与别国有着明显的不同,因此,我国先进制造业模块化产业组织的形态以及形成的动因有着自身鲜明的特点,这决定了我们需要在清楚认识自身基本国情的基础上来分析我国先进制造业产业组织模块化的发展。我国先进制造业模块化产业组织不能照搬国外的发展模式,要找出一条适合中国社会发展的道路并且能够与时代的发展潮流相一致,这样才能够最大限度地促进我国先进制造业的发展。当今是全球化的经济时代,中国市场体制的各方面在不断完善,这无疑为我国先进制造业模块化产业组织的形成和加速发展提供了有益条件。中国的经济受时代和国情的双重影响,使得非劳动密集型成为我国先进制造业产业集群的主要特点。从实际情况分析可以发现,我国先进制造业产业集群的形成并未受到技术创新的有效推动,我国先进制造业在国际生产网络中所处的地位是在价值链底端的,很多先进制造业没有掌握核心的技术和管理经验,在国际市场上处于被动地位。我们应该化被动为主动,积极地抢占市场上的优先权,并且通过自身有利条件来构成一个全面的先进制造业模块化产业组织体系,要实现这样的目标就需要各种因素相互配合。首先是市场竞争机制必须完善,其次创新技术服务体系应该不断建立健全,社会服务网络也应该逐步构建,这样才有利于中国市场经济的不断提升,经济区域的分布才会更加平衡。只有具备这些要素,我国先进制造业模块化产业组织的发展才有基本条件,而这样的目标一旦达成,我国先进制造业的发展才能在国际竞争中凸显自身优势,并获得突破性发展。

(2) 市场主体在一定程度上能够适应经济环境的变化,并且根据环境的不同变化做出相应的调整和变革来适应新的环境。从这个层面来说,我国的先进制造业企业应该顺应这种经济环境的变化,而不是保持传统的方式去抗拒变化。为了顺应这种变化的形势,我国的先进制造业企业应在提高自主创新能力、建设自主品牌和提高产品的劳动生产率等方面占据优势。良好稳定的市场环境调节有助于产业组织的发展和运营,只要组织结构和市场环境之间的矛盾还没到难以共存的地步,原有的组织结构就不会完全消失。而且组织结构也可以影响市场环境,如利用政府的规制机构来改变市场竞争环境差、恶性竞争的情况。但是,并不是全部的企业都有着这种能够适应变化的创新能力,对于某些已经僵化的旧企业来说,它们已经完全适应了传统的技术,难以跳出原有的机制约束去适应新的环境,相比于新兴的企业,它们的创新能力屡弱不堪。所以,在这种背景下,我们只能将核心的生产力转移到新兴企业中来,而原来旧时代中的老旧企业只能退出竞争的舞台。在我国先进制造业产业组织模块化进程中，中国的先进制造业企业不论规模大小、不论类型，都应该将建立有效的市场竞争环境作为最重要的目标，让所有企业在市场中优胜劣汰，自由发展，这样才能突破我国先进制造业旧有的组织形态，最终实现我国先进制造业产业组织模块化的发展目标。

（3）市场主体和经济环境的共同影响造就了产业组织的发展，不同的经济制度和环境会造就出不同的产业组织模式，两者总是相关联又相互适应的，相同的产业组织模式处于不同的经济环境中也有可能表现出同样的生产效率。基于这种情况，产业组织模式本身没有所谓的优劣之分，仅仅是这种模式是否适应当前的经济制度和环境，从而发挥出这种模式应有的组织效率。我国先进制造业的发展也是依赖于经济制度和环境，两者息息相关，难以分割。但是这种发展也不是千篇一律的，一个民营企业和一个外资企业或者是一个国有垄断企业存在着不同的利益诉求，而且在企业文化、自身优劣势、核心能力以及具备的各种资源上都有着差别，甚至在企业所处行业的技术、经济特征上都是存在差异的，这种差异最终会导致企业对经济环境产生不同的适应性，从而形成多样化的组织模式。当前我国先进制造业产业组织模式就是基于这样的情况，由主体和市场环境共同影响协同作用发展出来的。在经济新常态下，我们应当从系统动态发展的角度来探索当前形势下我国先进制造业产业组织模块化的发展道路和战略方向。对于三种模块化产业组织来说，不管是模块化、关系型还是控制型生产网络，其组织效率的发挥都离不开市场主体和产业组织之间的匹配程度，组织模式的最终形成依赖于市场主体自主地去适应当前组织模式，而且这种组织模式的形成还必须以特定的经济环境为基础。所以，产业组织想要发挥效率的基础和前提就是经济环境和市场主体之间存在着相互适应性。由此，我国先进制造业产业组织模块化发展的关键问题就能够总结出来：我国先进制造业企业如何去营造出一个适应产业组织的经济环境；企业如何通过调整自身的战略方针来主动适应新的变化；经济环境和市场主体之间要通过怎样的相互影响和作用才能形成一个适当的产业组织模式。这三个问题关乎着我国先进制造业模块化产业组织模式能否提升我国先进制造业的产业竞争力，能否真正适应不断变化的经济环境和形势。

（二）模块化发展战略的基本目标

（1）从组织战略上来看，模块化产业组织中的领导企业通过制定标准从而掌握规则制定权达到控制整个产业网络的目的。许多发达国家先进企业的组织模式都由传统的层级关系及职能关系向具有柔性的企业间共生的网络组织进化。网络组织的效率和竞争力取决于网络内部依靠界面和标准进行链接的模块，传统产业组织模式下企业内部的"权力治理"和市场的"价格机制"不再适合模块化产业组织，网络内的领导企业通过采用"标准治理"来实现对生产网络的控制。正是因为 1995 年推出的 Java 语言成为计算机网络的开发标准，使得 Java 语言的开发者太阳微系统公司成为当前开放式计算机网络行业的标准发布者及治理者。

（2）从生产战略上来看，模块化产业组织中的企业采取了纵向解体及横向兼并的归核化战略。当前，大型跨国公司广泛实施归核化战略，对原有业务链进行纵向分离，将附加值较低的业务模块如组装、生产制造等外包给其他企业，将主要资源和精力集中于产品研发设计、市场营销等具有高附加值的核心业务，企业的有形业务职能呈缩小趋势，虚拟业务不断放大。如耐克公司的生产制造业务几乎全部外包，仅进行产品研发设计及全球化的营销；IBM 公司将竞争激烈利润率低的个人 PC 业务出售给联想，专注于大型服务器及系统解决方案业务。在专注于核心竞争力的同时，部分企业实施横向一体化并购专业企业，企业的有形边界呈扩大趋势。德国的博世公司通过并购无锡威孚等企业，取得了销售渠道的控制权，占据中国发动机电喷模块市场的半壁江山。

（3）区域布局战略上，模块化产业组织中的众多企业采取了可以加强企业间协作的以相邻地域为基础的集群化战略。模块组织的网络性特征表现为区域经济中形成的以相邻地域为基础的产业集群，企业业务既可以独立完成也可以企业协商完成，相近的地域企业间的交易成本得到降低，模块化产业组织里，独立工作的各企业进行同类生产和研发活动，促进了信息流通和价格发现，减少了信息不对称造成的交易成本。日本汽车产业集群和美国硅谷的 IT 产业集群是利用模块化产业组织取得成功的典型代表。

（4）创新战略上，模块化产业组织内企业广泛采取了开放式的集成创新战略。传统产业的企业研发模式为内部封闭式，这种模式将企业与其他企业及市场割裂开来，企业往往受限于自身意识。当今市场的需求多样化、个性化要求企业更为迅速地对市场作出响应，企业能够通过开放式的集成创新方式整合全球资源，增强对环境变化的适应性及柔性。实施集成创新的企业，重要的能力是对模块的整合技术，并一定要发展出自主的产品及品牌。如华硕公司"易PC"，作为一款"上网本"产品与当时普通笔记本电脑相比只是缩小了重量和体积并集成了窄带网络模块，但因此形成了价格优势，简约、时尚、小巧的外观及便携性受到了大量女性及商务人士的青睐，成为风靡一时的产品。

（5）全球化战略上，企业战略为通过全球性生产网络优化其全球的资源配置形成竞争优势。模块化产业组织形成之后，产品生产的专业化分工由原来的紧密联系变成相对独立的环节。在由多个环节组成的产业链中，不同环节的附加值是不同的，产业链低端环节如组装、生产加工等其附加值低，产业链高端环节如市场营销及产品设计研发等其附加值高。跨国公司一般将研发、营销等环节留在本国，充分利用其品牌、技术的禀赋优势，而在发展中国家则充分利用当地低廉充裕的劳动力资源进行加工生产。我国虽然在 2009 年成为世界销量第一的汽车大国，但我国汽车产业的形成是以众多外国投资所建立的合资企业为基础，主要部件的技术和生产牢牢控制在外国企业手中，中国成为跨国公司的汽车生产装配工厂，企业的自主研发能力并未获得太大的提升。

(三) 模块化发展战略的阶段设计

第一阶段，通过模块化改变我国先进制造业企业大而全、小而全的组织特征，提升企业组织效率。

模块化生产网络的出现，将原属于一个企业内部完成的生产经营的全部功能，划分成多个相对独立的模块业务单位，生产过程的实现依靠各模块商分工协作，各企业专注于具有核心竞争力的优势领域。我国先进制造业企业特别是国有企业组织结构大部形成于计划经济时代，虽然在市场经济体制下经历了多年的改革，仍然有很多企业的组织模式是"大而全""小而全"，此种组织模式已经不适应当今快速变化的市场环境，严重阻碍了我国先进制造业企业做大做强。模块化产业组织模式则要求进行企业组织结构具备柔性，对于提高我国先进制造业企业组织效率是难得的机遇。

第二阶段，通过模块化促进我国先进制造业的供给侧改革。

在传统的产业发展模式下，地方政府可能为了追求单纯的规模和发展而对同一产业进行重复的投资和建设，不考虑产业链上企业之间的分工与协作。不少产业集群只是同类企业地理上的简单集聚，没有形成产业集群内上下游企业之间分工和互补性，造成生产效率较低、产品单一、供给过剩。在未来发展先进制造业过程中，若政府在区域规划时，能按照模块化分工的思想对产业进行合理布局，促进企业间分工，使之互相补充，延伸产业链条，模块化产业组织将可以改变我国先进制造业产品功能单一、竞争力低下的局面，促进供给侧改革。

第三阶段，通过模块化为我国先进制造业企业提供技术创新的新路径，并促进我国先进制造业企业开展全面创新。

我国先进制造业企业创新能力总体不强的一个重要原因为企业专注于产品技术的创新与而忽略了全面创新。除了技术创新，模块化组织也强调企业商业模式创新与系统集成创新的能力。我国先进制造业企业的创新战略为传统的自主研发战略，缺乏全面创新战略。融入全球性的生产网络为我国先进制造业企业提供了新的技术创新路径，可以通过并购国外先进企业获得先进技术，经过消化吸收成为自主技术，创建并购与开发的技术创新模式。要适应模块化产业组织的灵活性并在竞争中取得优势，要求企业除了技术创新外还要进行管理创新、商业模式创新及系统集成创新，我国先进制造业恰巧缺乏全面创新战略。全面创新战略可以通过建立适应市场需求的商业模式来实施，并进行集成创新，带动我国先进制造业的发展和升级。

第四阶段，通过模块化发展标准设计和系统集成能力使我国先进制造业企业在竞争中掌握话语权。

与传统产业模式下企业间单纯的产品成本竞争不同，在模块化产业组织中，企业的竞争为两阶段的博弈：第一阶段是决定产业标准、界面及设计规则；第二阶段是产业标准及设计规则下的模块竞争，其中模块竞争又分为系统集成竞争和子模块间竞争。产业标准与设计规则的竞争决定市场控制权的归属，而集成环节的竞争直接决定了产品是否被市场接受。这给予中国具有标准设定及系统集成能力先进制造业企业更大的发展空间和更好的发展机遇，但对于长期依赖外部先进技术及低廉劳动力开展生产外包业务的先进制造业企业是巨大的挑战。

二、我国先进制造业产业组织模块化的发展路径

（一）我国先进制造业产业组织模块化发展路径的设计

我们在探索研究我国先进制造业产业组织模块化的具体发展路径时，应该从实际出发，以当前的经济制度和环境为出发点，基于我国先进制造业产业组织发展的具体特征、发展现状以及面临的困难，分别在市场主体和经济环境两个层面上进行同步推进中国先进制造产业模块化产业组织的发展。

我国先进制造业模块化产业组织的发展涉及很多方面，包括社会服务体系的建设、政府相关政策的扶持、市场经济制度的健全以及相应辅助产业的跟进等，这些都是走上产业组织模块化这条发展道路所必须具备的前提条件和必要基础。当然，我国先进制造业产业组织模块化还有着更多的艰难险阻需要进一步克服，需要我国先进制造业企业在复杂多变的市场环境中主动将自身重心投入到技术创新、强化自身市场竞争力以及完善产业标准中去，构建自我的技术创新驱动力、市场竞争驱动力和产业标准驱动力，在市场主体微观角度做到有效推动我国先进制造业产业组织模块化。与此同时，在这个发展的过程中，要协调企业、政府、中介、行业协会等各方利益，促成良性互动在各大主体之间的形成；对非劳动密集型产业和劳动密集型产业之间的共存发展进行协调，促进产业的共同融合，推动整个进程的加速发展，从而提升我国先进制造业在国际市场中的核心竞争力。

我们还应该认识到，在实际的经济发展中，产业组织模块化是一个持续的、

动态的、长时间的变化过程,而且经济环境和产业组织之间的匹配程度往往难以到达完美,而产业组织也很难根据经济环境的变化做出最合适的反应。所以,根据经济环境影响主体活动,主体活动又塑造产业组织发展的思路,提出了我国先进制造业产业组织模块化的三个具体阶段。

(1) 第一个阶段必须在社会服务体系的建设、政府相关政策的扶持、市场经济制度的健全以及相应辅助产业的跟进四个方面下功夫,优化产业所处的经济环境、完善市场经济制度。这个阶段在整个发展过程中是不可或缺的基础和前提。具体来说,在完善市场经济机制方面,应该综合发展全国技术市场、产权市场、信息市场和劳动力市场,构建出一个全国统一的整体大市场,同时做到协调区域经济的同步发展,让各层次的生产要素在国内市场中合理流动。当然还要加强建立完善的市场合理竞争机制,打破垄断行为,促进公平竞争,实现产业的有序竞争、自由发展。社会服务体系的建设需要包括企业、政府、中介、行业协会在内的各方主体进行通力合作,为企业提供筹资融资、创业教学、人力资源、信息收集咨询、市场开拓等各项服务,最终建立起一个完善的健全的体系,帮助产业组织模块化发展奠定基础。关于辅助产业的支持,我们应该做到合理引导产业网络中企业的服务需求,促进先进制造业与生产性服务业的协调发展,同时鼓励网络内企业信息共享和资源分享,在技术和人力资本、创新、融合发展等方面投入精力,着力提升我国先进制造业发展水平,最终为我国先进制造业产业模块化建立支撑网络。最后,在政府的政策支持方面,要明确政府的定位和具体职能,强化政策扶持,优化服务意识,制定合理的目标,推进服务型政府的建设,为我国先进制造业产业组织模块化提供发展的土壤。

(2) 在我国先进制造业产业组织模块化发展的第二阶段,市场所有参与商品制造的企业应开展充分的竞争与合作,以提升优质企业的实力,淘汰不适应市场的企业。劳动密集型企业应与科技含量高的企业形成协同发展之势,充分满足社会生产的需求,实现先进制造业的全面化发展,实现产业的高度分工化。先进制造业企业的市场使命是通过改良产品提升企业的核心竞争力,再保持较高的市场占有率。我国先进制造业产业组织模块化的核心为提升先进制造业的核心竞争力,这要求企业不断进步,保持技术的先进性。实力较强的先进制造业企业应逐步将非核心业务如加工、装配等剥离,将业务进行外包处理,着重提升技术含量、改进产品、设定标准、开拓市场,保持产品的先进性。为了保证市场的占有率,我国先进制造业企业需不断提升技术实力,争取在某些行业领域拥有制定标准的权力,从而获得行业的话语权,使企业站在行业的顶峰,引领行业的潮流。在劳动密集型先进制造业中,尽管在生产过程中的科技含量不高,但是也可以通过竞争促进企业提高产品生产质量与效率,减少生产成本,淘汰落后企业,使社会资源得以充分整合，流向高标准、高效率、高质量的企业，促进社会资源的合理分配，促进先进制造业企业的优胜劣汰，提升先进制造业整个行业的科技水平。

（3）在我国先进制造业产业组织模块化发展的第三阶段，企业产品的生产从小的模块化生产，转为大模块化生产。原来的模块化生产是指产品的生产进行了分包，技术实力强的企业负责研发、整合，生产由劳动密集型企业负责，大的模块化生产是指产品集成商、模块生产商、生产性服务企业、科研院校、政策制定部门等进行共同整合，实现产业的网络化、集成化发展。生产性服务产业是先进制造业的辅助产业，其为大模块化网络集成生产提供辅助支持，科研院校等其他单位则为大模块化生产提供其他社会保障。生产企业之间进行有机整合，形成互联合作的平台，从而从整体上提升我国先进制造业的产业竞争力。我国先进制造业的模块化发展可以提高产业抗风险能力及适应经济环境变化的能力，先进制造业模块化产业组织中子模块的创新使得企业之间的合作协同得以强化，生产制造成本显著降低，企业创新成本也随之下降。如何选择我国先进制造业模块化生产网络形式应根据实际情况来决定，若是某个网络形式有利于经济的发展、有利于提高生产效率、有利于提高管理效率、有利于促进产业升级、有利于提升企业的创新能力，则此网络形式即是合理的，具有实际发展潜力的组织形式。具体来说，控制型生产网络适用于产品模块生产商实力较弱，而产品系统集成商实力较强，模块生产商对产品集成商依赖程度较高的情况。关系型生产网络适用于产品生产的各个企业处于平等状态，企业之间的互助十分普遍的情况。在产品生产的过程中若是有十分标准的规范，企业间的信息，技术交换畅通无阻，且企业在空间上处于离散分布状态，则模块化的生产网络对于企业的发展的作用十分巨大。

（二）我国先进制造业产业组织模块化发展路径的实施对策与建议

1. 建立全国市场，完善有利于先进制造业产业组织模块化的市场体制

建立全国统一大市场势在必行，意义重大。中国人才进步和技术发展以及信息的传递在很大程度上受到了经济发展不平衡的制约，市场竞争也存在着畸形发展，主要是因为地方及保护主义的泛滥。经济全球化下，世界各国都需要进行专业化分工和各种优质资源的重新分配，只有这样才能构建以集约化战略和归核化战略为基础的生产网络，只有建立全国统一的大市场，我国先进制造业模块化产业组织才可得以持续发展。

目前，中国经济存在着许多现实问题，市场分割和区域垄断以及缺乏竞争力等现实问题制约着全国大市场的统一，若要推动以先进制造业模块化产业组织的形成和发展，必须要着手解决好以上所述的现实问题。在现阶段下仍然过多地将优质资源推往一线城市和较繁华的二线城市以及沿海城市是一种错误的发展道路，应该均匀分配优质资源，统筹城乡经济可持续发展，创立公平公正的市场环境及良好的市场竞争氛围，促进市场经济的发展以及信息的自由流通，逐渐建立全国统一的大市场体制。

2. 建立有效促进先进制造业产业组织模块化的公平公正的竞争环境

市场经济的发展离不开公平公正的竞争，正是合理的竞争，优质企业才会发展，才会给人们提供质优价廉的产品以及服务。纵观世界经济，日本汽车企业之所以迅速发展，正是因为政府引导形成合理的竞争环境，日本汽车企业才会逐渐发展壮大。另外，美国的电子产业以及意大利劳动密集型产业的持续发展壮大都离不开良好的竞争环境。我国先进制造业存在着较为复杂的问题，经济发展不平衡、缺乏良好竞争环境、行业及区域垄断等问题严重阻碍了我国先进制造业的发展，中国若想大力发展先进制造业，就要引导形成合理的市场竞争机制，有效分配资源。政府部门要实时监督区域经济的发展和市场的合理竞争，深入改革垄断行业，打破国有行政垄断机制，建立高效的市场经济体制。

3. 完善社会服务体系，优化我国先进制造业外部环境

我国先进制造业产业组织模块化涉及多个发展领域，不仅需要政府完善基础设施建设，还需要中介组织以及行业协会的力量，是众多组织及因素共同作用的结果。企业在良好的社会服务体系中能够得到很多帮助，如资金的筹集、行业信息的咨询、创新创业的培训，等等，这些都是影响一个企业发展的关键因素，也是企业生存的基础保障。这些基础性服务有利于发挥各类市场主体的优势，形成产业核心竞争力。在良好的外部环境下，我国先进制造业模块化产业组织内，各个企业间可以广泛地交流、影响和融合，企业效率得到提高，协调成本减少，企业的经济效益就会增加。在我国先进制造业模块化产业组织的发展过程中要搭建信息交流平台，通过平台的信息分享传播更多技术。将产学研相结合作为我国先进制造业企业高素质人才培养的重要途径；另外，根据我国先进制造业企业的用人需求，企业可以与专业的服务机构合作，定向培养企业需求的人才。如此一来，通过信息化、平台化、人才化的环境建设就能达到促进我国先进制造业的模块化产业组织发展的目标。

4. 大力发展生产性服务业，为先进制造业产业组织模块化发展的提供支持

生产性服务业对于先进制造业的发展意义重大，其不仅可以优化资源分配还可以促进产品的质量提高，减少成本支出。中国的生产性服务业发展水平与发达国家相比有较大差距，如与先进制造业发展息息相关的物流业、工业设计等。资本转化、信息共享、科技发展等因素都从不同的方面和程度影响着我国先进制造业模块化产业组织的发展。先进制造业模块产业组织的发展离不开生产性服务业的支持，在我国先进制造业的发展中需要对二者的协同做出规划。我国制造业企业需要实施"归核化"与"集约化"的战略，做好生产的专业分工。对于先进制造业产业组织内不同的生产模块，要做好模块之间的对接和整个产业的协同，突出强调各个企业之间的协作分工和资源信息的共享有助于促进我国先进制造产业模块化产业组织的发展。发展生产性服务业要引进先进的生产技术，不断强化企业的创新理念，利用知识和技术打开竞争市场，不仅要提高生产性服务的水平，更要促进我国先进制造业产业组织模块化，二者互相促进才能共同发展。

5. 有效发挥政府职能，保障我国先进制造业产业组织模块化的发展

著名学者林毅夫在其《发展战略与经济制度选择》一文中提道："一个好的经济制度会促使每个人想要发挥自己的才能去创业，通过自己的努力或者付出资金以及技术而取得相应的回报，这种制度体系是非常健康和积极的，非常有利于一个国家的经济发展，但是这种情况没有政府作为背后的强大支持是实现不了的，因为仅凭个人能力或者个别企业的努力是不行的"。[①] 产业组织模块化发展是自然的经济现象，是经济发展到一定的程度以后出现的一种新的产业组织模式，其产生也是依赖于大的社会背景环境和国家政府的经济制度的合理性，因此，对于政府在经济领域发挥的作用需要做好明确的定位。虽然政府对于某项经济或者某个领域的经济有推动作用，但是要充分认识到政府经济职能的两面性，政府对于经济合理的管理模式应是前瞻性和引导性而不是具体参与经济的运行。因此，政府应明确自身的工作范围，不要越位，建立高效率政府，为促进我国先进制造业的发展而努力。政府对于经济的影响作用虽然很大，但是就当前我国经济发展形势来说主要是对于经济环境的影响和某些经济制度的制定。此外，政府部门还负责法律的制定和普及，一个良好的经济环境不能缺少法律的保护，公平公正一直是我国先进制造业所追求的行业环境。政府还需要对自由竞争的市场做出良性的判断，对于不良的经济发展态势需要及时调整，进而促进我国先进制造业的产业组织模块化的发展。

---

① 林毅夫、龚强：《发展战略与经济制度选择》，载于《管理世界》2010年第3期，第5~13页。

第六章

我国先进制造业产业结构调整研究

党的十九大报告对中国未来的长期发展作出了明确的战略安排：从现在到2020年，是全面建成小康社会决胜期；再用15年时间即2020～2035年，基本实现社会主义现代化；再用15年时间即2035～2050年，把中国建成富强民主文明和谐美丽的社会主义现代化强国。这个战略部署是研究中国产业结构长期变动趋势的基本指导框架。以中国经济发展进入新常态或新时代的重大转变为依据，总的来看，"十三五"时期是中国产业结构调整升级的初步推进期，2020～2035年可能是中国产业结构调整升级的加速推进期，而2035～2050年将是中国产业结构调整升级的相对稳定期。[①]

为推动中国特色社会主义事业稳步发展，党中央作出"五位一体"总体战略布局，该布局不仅将经济活动、政治活动与生态环境进行协同，而且将中国产业结构优化提上一个更高的层次。从国际经济发展历程看，优化制造业特别是先进制造业的产业结构在各国经济稳定发展呈现出深远而又重要的意义，是国际经济得以复苏和转型的制胜法宝。回顾中国经济发展，过去20年的爆炸式增长造成了大量如环境质量恶化、能源短缺以及严重的结构失衡等问题。在"新常态"经济背景下，这些突出问题难以利用已有研究方法和思路进行解决，因而探索在新背景下如何促进先进制造业的产业结构优化具有重大的理论价值和现实意义。

---

① 郭克莎：《中国产业结构调整升级趋势与"十四五"时期政策思路》，载于《中国工业经济》2019年第7期。

第一节 供给侧结构性改革背景下中国制造业产业结构调整特征及主要问题

中国经济进入"新常态"以来,由于经济发展整体放缓,中国制造业产业整体出现大面积的产能过剩,技术水平整体亟待提高,这使得传统制造业面临巨大的转型压力。为应对这些重重问题,国家先后提出"一带一路"倡议等一系列重大举措,使得"新常态"形势下的中国经济逐渐出现新增长点。新一代信息、生物技术、高端制造业都在这样的背景下崭露头角,因而归纳出新背景下先进制造业产业结构的新趋势,发现转型期仍然面临的困境具有深远的实践意义和理论价值。

一、新背景下中国制造业产业结构优化调整特征

(一)高端先进制造业快速增长,重塑中国制造业比较优势

高端先进制造业在国家《中国制造2025》战略强势推动下,出现高速高质量增长态势。工信部新闻发言人、运行监测协调局副局长黄利斌指出,从宏观层面和指数效果看,先进制造业被社会广泛看好。据统计,中国2018年第一季度的制造业采购指数(PMI指数)连续20个月超过枯荣线,2018年3月相对2月更有5.3个百分点的扩张势头。2018年1~3月,中国制造业领域的战略性新兴产业增加值增速同比增长9.6%,快于整体工业增速2.8个百分点。符合产业转型升级方向的智能、绿色、高端产品快速增长。其中,新能源汽车、集成电路、工业机器人的产量增速分别为139.4%、15.2%和29.6%,高技术制造业投资增长7.9%,城市轨道交通、工业机器人、通信设备等中高端制造业的投资增速均超过70%。[1]

同时,高端先进制造业的份额比重出现空前的转变,使得中国制造业产业结构高度化得到显著性的提高。据统计,中国高端装备制造业2012年的销售收入约为2.58万亿元。到2015年,我国高端装备制造业销售收入超过6万亿元,在装备制造业中的占比提高到15%;2011~2015年我国高端装备制造业的销售收入复合增长率达到32.3%。预计到2020年,中国高端先进制造业销售收入在装

---

[1] 黄鑫:《一季度工业通信业好中育新,智能高端产品快速增长》,载于中国经济网《经济日报》2018年4月26日。http://www.ce.cn/xwzx/gnsz/gdxw/201804/26/t20180426_28950655.shtml。

备制造业中的占比将提高到 25%，工业增加值率将比"十二五"末提高 2 个百分点。高端先进装备制造业将被培育成为国民经济的支柱产业。①

（二）原材料工业持续疲软，化解产能过剩工作深入推进

正如 2013 年习近平在中央经济工作会议上指出，化解产能过剩的根本出路就是创新②。在制造业结构性调整的改革中，新的产业和新的技术将是持续发展的动力。之后，国家六部委③联合印发了《关于做好 2018 年重点领域化解过剩产能工作的通知》，部署如何进一步推进消除制造业产能过剩工作。以产能过剩比较严重的钢铁行业为例，2016 年化解粗钢产能 6 500 万吨，超额完成化解 4 500 万吨粗钢产能的年度目标任务。2017 年化解粗钢产能 5 000 万吨以上，超额完成年度目标任务，1.4 亿吨"地条钢"产能全面出清。2018 年目标压减粗钢产能 3 000 万吨左右。从 2016~2018 年的去产能情况来看，若圆满完成任务，我国化解过剩产能将达到 1.45 亿吨，并且还将完成"地条钢"的清理。整体去产能的进程是超预期的。④ 可见，"十三五"期间的工作任务是对"十二五"时期的进一步推进和深化，淘汰落后产能、保证制造业工艺技术、提高制造标准及优化制造业产业结构将作为中国长期的工作重点。

（三）工业互联网将成为制造业结构优化升级新引擎

工业互联网利用互联网技术、服务、思维和工业技术工艺将制造业和互联网有机结合，推动制造业转型升级，实现制造业高端化发展，成为构建现代化经济体系的重要抓手。据统计，2015 年 1~9 月，电子信息产业新开工项目 7 330 个，同比增长 18.2%，高于 1~8 月 0.5 个百分点，比 2014 年同期高 20.6 个百分点。分行业看，电子计算机行业、通信设备行业、电子元件行业、电子工业专用设备行业的新开工项目数分别同比增长 34.1%、32.5%、22.2% 和 21.8%，增势突出；电子信息机电行业、家用视听设备行业、广播电视设备行业、电子器件行业、电子测量仪器行业新开工项目数分别同比增长 17.2%、13.7%、7.1%、7% 和 2.2%，各个领域新开工项目数都呈现正增长态势。⑤ 此后，工业和信息化部

---

① 资料来源于前瞻产业研究院：《高端装备制造产业发展前瞻与投资战略规划分析报告》。
② 《习近平关于科技创新论述摘编》，中央文献出版社 2016 年版，第 93 页。
③ 六部委分别为国家发展和改革委员会、工业和信息化部、国家能源局、财政部、人力资源和社会保障部、国务院国资委。
④ 资料主要由卓创资讯钢铁分析师海敏提供，http://www.cien.com.cn/2018/0503/17872.shtml。
⑤ 资料来源于工信部，仅提供 2015 年数据在于官方更新发布截至 2015 年，实属无奈之举，http://www.miit.gov.cn/n1146290/n1146402/n1146455/c4624238/content.html。

在 2018 年 6 月 7 日公布的《工业互联网发展行动计划（2018—2020 年）》。该行动计划提出，到 2020 年年底，初步形成各有侧重、协同集聚发展的工业互联网平台体系，将分期分批遴选 10 个左右跨行业跨领域平台，培育一批独立经营的企业级平台，打造工业互联网平台试验测试体系和公共服务体系，推动 30 万家以上工业企业上云，培育超过 30 万个工业 APP。① 由此可见，制造业产业结构进一步的优化新驱动在于工业互联网工具的应用，说明我国在先进制造业产业结构调整的过程中，充分重视制造业与信息服务业的相互融合。

（四）区域合作与对外开放将加快推动国内外产业转移

2015 年，"一带一路"倡议以及长江经济带建设和京津冀一体化发展战略稳步实施，成为中国政府工作中拓展区域发展新空间的重要抓手，并已经显现出一定成效。2016 年，重大空间发展战略将加快推进，并加快国内外产业转移的步伐。在吸引外资方面，2015 年 1~10 月，在来自日本、美国和中国台湾地区的投资分别下降 25.1%、13.6% 和 19.3% 的同时，来自"一带一路"沿线国家的投资增长 14%；在长江经济带区域新设立外商投资企业 9 859 家，同比增长 7.8%，占全国新设企业总数的 47%。在对外投资方面，2015 年 1~9 月，中国企业共对"一带一路"沿线的 48 个国家进行了直接投资，合计 120.3 亿美元，同比增长 66.2%。2018 年，针对京津冀协同发展，工信部制定了京津冀产业转移指导目录，河北、天津等地纷纷抓紧落实、精准承接产业转移，2018 年和 2019 年两年呈现实质性进展。"一带一路"倡议、长江经济带建设和京津冀一体化战略的实施不仅推动了产业转移承接地的园区升级，优化了当地的产业结构，更促进了中西部与东部开发区的联动发展，通过区域协同扩展了更大的发展空间。②

二、先进制造业产业结构仍亟待解决的问题

（一）区域性制造业产业政策及规划同质化严重

制造业经过多年发展，国家先后提出各种有利于制造业发展的发展纲要，逐步形成了完善的规划体系。例如，国家先后提出《软件和信息技术服务业"十三

---

① 工业和信息化部：《工业互联网发展行动计划（2018—2020 年）》，http://www.miit.gov.cn/n1146290/n1146402/n1146455/c4624338/content.html，2018 年 6 月 7 日。
② 工信部赛迪研究院产业结构调整形势分析课题组：《调整产业结构 重塑我国工业比较优势》，载于《中国工业报》2016 年第 3 期。

五"规划》《工业绿色发展"十三五"规划》《大数据产业"十三五"规划》《新材料产业"十三五"规划》《战略新兴产业"十三五"规划》等多个产业规划①。但是,针对国家层面发展规划的分解,各地区性发展纲要同质化相对严重,同质化竞争和重复建设使得发展规划难以体现地区性发展特点和优势。各省(自治区、直辖市)及地方政府出台的相应"十三五"发展纲要,有超过50%的将国家提出的所有新兴行业作为其发展重点行业,这种缺乏差异性的规划会形成全国"一盘棋"的局面,容易造成"新"的产能过剩等问题出现②。以新能源企业为例,国务院于2016年印发的《节能与新能源汽车产业发展规划(2012—2020年)》,预计到2020年,纯电动汽车和插电式混合动力汽车生产能力将达到200万辆。之后,全国各省纷纷跟风上项目,截至2017年6月,新能源企业整车项目2年期间新增项目已经超过200余项,按照已有车企产能规划的能力看,预计到2020年将实现新能源汽车产量在2 000万辆左右,这将是国务院规划产能的10倍③。与新能源汽车行业类似,目前中国大量的战略性新兴行业均呈现或多或少产能过剩的苗头,这将严重影响先进制造业的健康发展。

(二)先进制造业发展存在终端全面连接、信息化"硬"转型问题

先进制造业的产业结构成功转型不仅需要通过内部优化,更需要借助外力促进和激励。工业互联网作为先进制造业的生态位基础,可以实现终端全面连接,实现真正意义上的"互联网+"工业结构升级。但是,从中国的工业设备联网率看,距全面终端互联还有相当距离。据统计,2017年我国生产设备数字化率为44.8%,关键工序数控化率为46.4%,数字化设备联网率为39%,企业资源管理(ERP)、产品全生命周期管理(PLM)、制造执行系统(MES)普及率分别达到55.9%、16.4%、20.7%。④ 这反映了我国制造业的主要利润并非来源于数字化、信息化技术,相反,制造业产业结构主要还是以传统制造业为主,传统制造技术相对封闭难以实现线上市场服务和技术自由交易。同时,融合了数字技术的先进制造业目前还存在商业模式不清晰、边际成本较高、预期回报不确定等内在问题。为实现中国制造业的强国之梦,制造业在信息化和数字化方面的困境将是今后亟须解决的难题。

---

① 文件整理主要从工信部等部委网站进行收集。
② 赵芸芸、程楠:《中外制造业核心竞争力比较》,http://www.sohu.com/a/234286707_485170。
③ 中国流通协会,http://www.cada.cn/Trends/info_92_5687.html。
④ 《2017中国数字经济发展报告》,2018年3月26日。

（三）制造业产业结构失衡，环境污染仍亟待解决[①]

中国经济进入"新常态"，最为主要的特征便是"稳增长"，意味着以往"以环境换增长"的格局已走到尽头，但制造业产业结构严重失调和环境污染这对相伴的问题仍广泛存在。据世界银行估计，环境污染给中国带来相当于3%~8%的GDP损失[②]。几十年来，我国工业累计产生约55亿吨废物和上亿吨有害废物；在造成环境污染的排放废物中，有70%来源于制造业[③]。同时，我国制造业仍然是以粗放式发展方式为主，每生产一单位工业增加值消耗能源相较于发达国家差距仍然较大。2012年，我国GDP占世界总量的11.4%，但消耗了全球23%的能源、11.7%的石油、30%的煤炭、25%的钢铁、40%的水泥。2012年，我国全社会能源消费36.17亿吨标准煤，其中工业消费约占69.8%。[④] 产业结构调整是合理进行资源配置、提高经济效益的关键手段，但我国的产业结构调整往往以政府为主导，难以有效内部激励和保证市场灵活性，从而缺乏产业结构调整的长期激励机制。而环境规制从外部给企业施加有效约束，进而通过市场机制对产业结构进行优化调整，实现了政府和市场两只"手"共同作用。

第二节 新背景下环境和资源对中国先进制造业产业结构优化的影响

先进制造业产业结构优化是切实解决传统制造业所带来的产业结构严重失调、环境污染和能源过度消耗等问题的重要手段，环境约束和能源约束又是制造业整体优化调整的外在动力。因此，在环境和能源双重约束下研究中国先进制造业产业结构如何优化显得格外重要和关键。

[①] 该部分为本书的阶段性研究成果，但内容略有不同。具体请参见唐晓华和刘相锋2018年1月发表于《政府管制评论》辑刊的《环境规制对中国制造业产业结构优化影响研究——基于行业人均收入差异的检验分析》一文。
[②] 世界银行1997年的一项统计报告分析，中国每年仅空气和水污染造成的经济损失就高达540亿美元，相当于国内生产总值的3%~8%。
[③] 环境保护部政策法规司司长杨朝飞提出，http://www.news.sohu.com/20091019/n267516093.shtml。
[④] 《中国能源统计年鉴（2013）》，中国统计出版社2013年版。

一、制造业能源消耗和碳排放现状①

制造业是人类结合市场的生产或生活需求，将可利用的资源经过整合、加工以及装配过程，生产出可供人们利用的工业品或消费品的工业部门的总称。一直以来，制造业为国民经济的发展提供了物质基础，是世界各国经济增长的重要支柱，也是社会进步与富民强国的根本保障。《中国制造2025》发展战略中明确提出：制造业是国民经济的主体，是立国之本、兴国之器、强国之基。自18世纪全球进入工业经济时代后，无论是发达国家还是发展中国家在工业化进程的过程中无不认识到，作为工业主体产业的制造业，是国家兴旺、民族强盛、人民富足的根本保障，若想在竞争激烈的经济全球化过程中在世界工业舞台上占得一席之地，就必须大力打造具有国际竞争力的制造业，这也是未来中国提升综合国力、保障国家安全、建设世界强国的必由之路。

中国制造业在世界范围内的影响都是举足轻重的。作为世界制造业的第一大国，"中国制造"作为一种符号渗透到各国人民的生产和生活中。新中国成立后尤其是改革开放以来，在党和国家领导人的高度重视下，中国制造业形成了持续快速发展态势，产品种类齐全，产品质量不断提升，产业结构日趋合理，已经形成了独立完整的产业体系。中国制造业的发展水平不仅是工业发展历程的缩影，还是中国经济总体走势的写照。近年来，制造业在国内生产总值中的比重基本维持在30%以上。制造业不仅为GDP和税收的增长做出了巨大的贡献，而且在为城市和农村务工人员提供就业岗位问题上也做出了突出贡献。但是，在我们为制造业所带来的高产出、高就业而庆幸的时候，必须清醒地认识到，与世界发达国家或世界制造的先进水平相比，中国制造业的发展仍然存在大而不强等问题；中国制造业的产量和增长率世界第一，但是核心部件的生产还大量依靠进口；中国制造业企业在自主创新能力方面有待加强；高投入的粗放式发展使得制造业的资源利用效率较低；产业结构还有待优化；制造业总体信息化程度不高。这些都与世界顶尖行业发展存在较大差距，因而摆在中国制造业面前的转型升级的任务紧迫而艰巨。尤其在资源利用效率方面，中国制造业在能源消费方面是高投入、高消耗、高排放、低效率的模式。这种模式导致制造业的发展一直是粗放式、资源消耗式的发展，是不可持续的发展模式。纵观中国制造业近年来的能源消费量和二氧化碳排放量不难看出，从1995年至2013年，制造业能源消费量占总量的比

---

① 该部分为本书的阶段性研究成果，具体内容略有不同。请参见唐晓华和周婷婷2016年5月发表于《生态经济》期刊的《低碳经济视角下我国制造业能源利用效率评价研究》一文。

例基本维持在54%左右。二氧化碳的排放量从1995年的5.48亿吨标准煤增长到了2012年的17.37亿吨标准煤,增长了217%。制造业在全部工业行业中的能源消耗量最多,成为第一大高碳行业。

面对不能回避的环境污染问题、日趋严重的资源枯竭问题和生态环境的恶化等困境,党的十八大报告将节约资源和环境保护作为基本国策,提出应着力推进绿色发展、循环发展和低碳发展。低碳发展的前提是要有低碳的工业做保障、低碳的城市做背景和低碳的观念做灵魂。作为第一大高碳行业,制造业有必要也有义务开启低碳发展之路,研究如何实施节能减排战略,实现从要素驱动向创新驱动的转变,比起发展速度要更注重发展质量,从供给侧对制造业的生产进行彻底的变革,提高制造业的核心竞争力,创新低碳技术,生产附加值较高的低碳环保产品,为推动中国由"制造大国"向"智造强国"转变贡献力量。

(一) 制造业能源消耗现状

1. 制造业能源消费总量

众所周知,制造业是能源消费大户。从表6-1可以看出,从1995年到2013年这18年间,制造业的增加值有了明显的提高,占国内生产总值的比重约1/3,换句话说我国GDP的1/3都是由制造业创造的。在制造业产值不断增加的背景下,观察制造业的能源消费总量不难发现,1995~2013年我国制造业的能源消费也在剧烈地增长,从1995年的77 134.5万吨标准煤增长到2013年的239 053.40万吨标准煤,涨幅达210%。制造业终端能源消费量占全国比重也逐渐攀升,由最初的59%左右一度下降到50%左右又重新上升到59%左右。而观察制造业增加值占国内生产总值的比重变化可以看出,制造业总体的增长速度趋于平稳,基本维持在33%左右,且制造业增加值占比与能源消费占比呈同方向变动,在制造业增长较快的年份,能源消费量的增长也较为显著,而在制造业发展速度放慢的年份,能源消费量占比也略有减少。只有2013年的数据出现了突变,制造业增加值占比在30.1%,比上一年度略有下降,但能源消费量占比却比上一年度有了较大提高。因此,我们必须承认制造业的快速发展为我国工业化进程的加快做出了突出的贡献,但我们也不得不承认,制造业在发展过程中存在盲目投资等问题,各地区重复建设的现象时有发生,直接结果就是带来了产能过剩和市场的恶性竞争。这也是为什么今天我们要把去产能作为制造业供给侧改革的一个重要手段的原因。未来制造业的发展脚步不会停止,但是应该采取怎样的发展方式以适应经济新常态对制造业的发展需求,是值得深入思考的问题。

表6-1　　　　　中国制造业1995~2013年能源消费总量

年份	增加值（亿元）	制造业增加值占当年GDP比重（%）	能源消费总量（万吨标准煤）	能源消费量占比（%）
1995	20 457.1	33.7	77 134.5	58.8
1996	23 851.3	33.5	79 891.9	59.1
1997	26 203.2	33.2	76 383.01	56.2
1998	26 873.7	31.8	72 540.96	53.3
1999	28 329.0	31.6	69 510.34	49.4
2000	31 867.7	32.1	73 824.29	50.7
2001	34 694.9	31.6	75 710.21	50.3
2002	37 808.5	31.4	80 365.02	50.4
2003	44 617.8	32.9	94 880.15	51.6
2004	51 748.5	32.4	115 261.44	54.0
2005	60 118	32.7	129 291.33	54.8
2006	71 212.9	33.8	151 274.67	58.5
2007	87 465	32.9	164 951.1	58.8
2008	102 539.5	32.7	172 106.52	59.1
2009	110 118.5	32.3	180 595.97	58.9
2010	130 282.5	31.9	188 491.85	58.0
2011	153 062.7	31.6	200 403.37	57.6
2012	165 652.8	31.0	205 667.69	56.9
2013	177 012.8	30.1	239 053.40	63.7

资料来源：笔者根据《中国统计年鉴》和《中国能源统计年鉴》计算整理得到。

2. 制造业能耗结构

根据我国制造业终端能源消费统计数据，制造业能源消费种类分为煤炭、焦炭、原油、汽油、煤油、柴油、燃料油、天然气和电力等9类燃料。通过计算各类能源消费量在制造业全部能源消费中的比重可知从2008年到2013年间制造业的能耗结构（见表6-2）。从图6-1可以看出，煤炭、焦炭、原油和电力是我国制造业能源消耗的主要来源，而煤炭的消耗在全部能源消耗中所占比重非常高，平均达到64%，并且2013年有明显上升的趋势。制造业能源消耗的结构几乎没有太大的变化，各化石燃料所占比重基本持平。毋庸置疑的是，煤炭在燃烧过程中产生的二氧化碳是制造业碳排放的主要来源。据中国煤炭工业协会常务副会长乌荣康预计,到 2020 年中国煤炭缺口将达到 7 亿吨①。同时,中国煤炭进口量也在不断增长,这意味着制造业的发展受到煤炭资源短缺的制约。

表 6-2　　　　中国制造业 2008~2013 年分类能源消费量

年份	能源消费总量（万吨标准煤）	煤炭消费量（万吨）	焦炭消费量（万吨）	原油消费量（万吨）	汽油消费量（万吨）	煤油消费量（万吨）	柴油消费量（万吨）	燃料油消费量（万吨）	天然气消费量（亿立方米）	电力消费量（亿千瓦/时）
2008	172 106.52	108 176.79	29 538.48	34 027.78	492.78	43.46	1 688.64	1 604.91	337.92	18 588.88
2009	180 595.97	112 005.84	31 572.03	36 891.89	571.16	27.28	1 596.84	1 268.49	321.14	19 685.98
2010	188 497.85	118 821.50	33 381.02	41 692.62	590.92	35.75	1 501.33	2 220.15	357.70	22 870.00
2011	200 403.37	128 297.11	37 791.36	42 857.70	504.66	30.96	1 120.39	2 186.41	483.07	25 526.84
2012	205 667.69	132 542.86	39 003.74	45 482.98	489.14	29.37	1 037.70	2 202.55	572.72	26 822.46
2013	239 053.40	173 152.33	45 401.13	47 441.96	437.57	24.41	1 001.40	2 371.00	715.74	28 987.01

资料来源:《中国统计年鉴》(2009~2015),中国统计出版社。

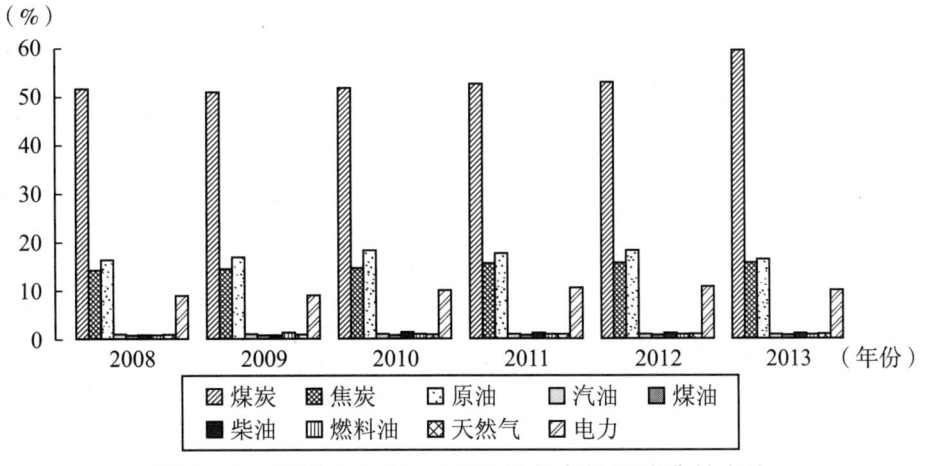

图 6-1　制造业 2008~2013 年各类能源消费量占比

资料来源:笔者根据 2009~2015 年《中国统计年鉴》计算绘制。

为此,政府已经出台了一系列政策应对能源消费结构的长期失衡状况,比如"北气南下""西气东输""海气上岸""LNG 登陆"等政策的实施都是试图增加天然气等清洁能源的投入和使用,以优化制造业的能源消费结构。从结果看来,这些清洁能源在制造业行业中的使用总量呈现上升的趋势,并且伴随着节能改造工程和余热回收利用工程等促进工业节能减排的政策实施,加之制造业自动化水平的提高,采用电力替代煤炭的企业数量日趋增加,电力消费总量占制造业能耗

---

① 《2020 年缺煤 7 亿吨?》,2004 年 1 月 5 日,煤炭网,http://www.coal.com.cn/News190157.htm。

总量比由 2008 年的 10.8% 增加到了 2013 年的 12.13%（见图 6-2、图 6-3）。当然，必须意识到，在政府政策支持和行业自身发展需要的驱动下，虽然制造业的能耗结构得到了一定程度的优化，不再单一地以煤炭为主，但是煤炭消耗量占比仍居高不下的现实并没有改变，而且这种情况还将持续很长时间。

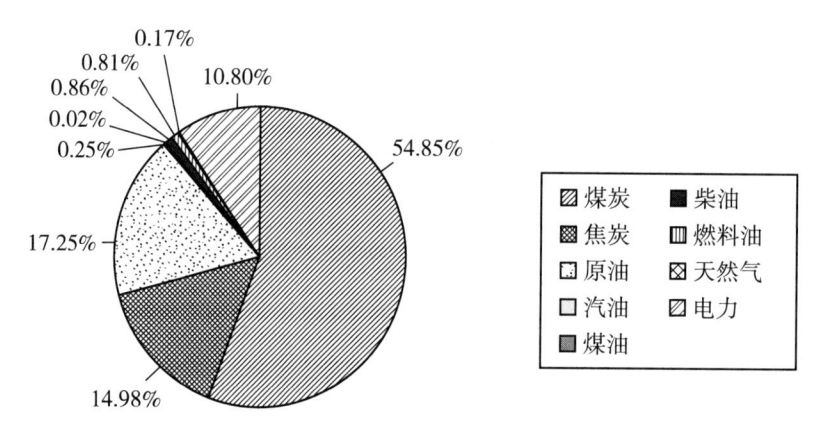

图 6-2　2008 年制造业各类能源消费结构

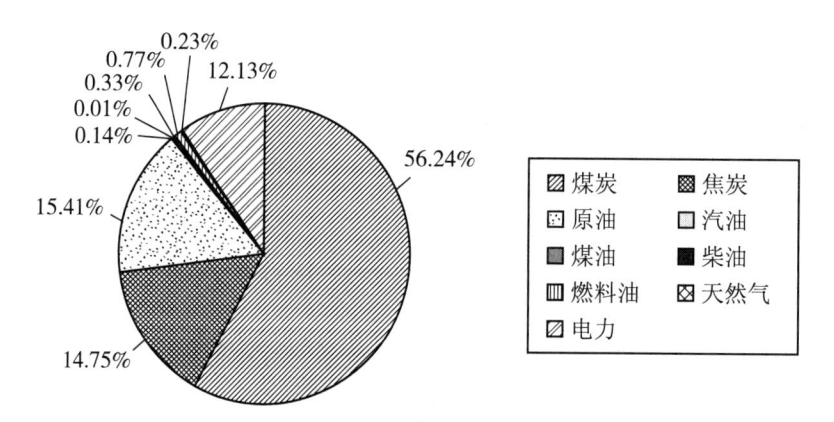

图 6-3　2013 年制造业各类能源消费结构

资料来源：笔者根据 2009~2015 年《中国统计年鉴》计算绘制。

3. 制造业能耗强度

能源消费强度（或称能源消耗强度）是指单位经济产出所消耗的能源量。能源强度实际上是能源经济效率的倒数，能源强度越高代表单位产出消耗能源量越大，其能源经济效率就越低。现阶段常用的有单位 GDP 能耗、单位增加值能耗、单位产品能耗、单位服务量能耗等。讨论制造业的能耗强度，应该采用衡量行业的单位增加值能耗。

从图 6-4 可以看出，我国制造业的能耗强度得到了明显的降低，从 1995 年的 3.77 下降到了 2013 年的 1.35，呈现整体下降的趋势。能耗强度的降低意味着能源利用效率在不断提高，制造业每创造一个单位的增加值所需要消耗的能源数量在减少。但是，观察能源消耗强度的变化率可以发现，虽然整体的能耗变化率呈现负增长的变化趋势，但是 2003~2005 年期间出现了能耗强度不降反增的情况，这与当时的盲目投资、产能过剩、市场恶性竞争不无关系。因此，研究制造业的低碳发展路径，从提高能源利用效率或者说降低能源消耗强度的角度来提出相应的对策建议，具有战略性的意义。

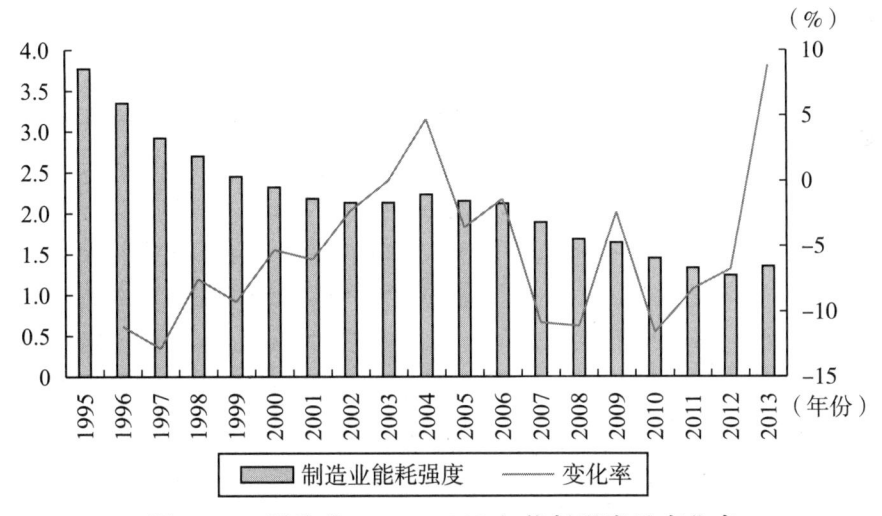

图 6-4 制造业 1995~2013 年能耗强度及变化率

资料来源：笔者根据 1996~2014 年《中国工业统计年鉴》计算绘制。

（二）制造业碳排放现状

1. 碳排放总量

中国经济发展的现状决定了中国目前并将在较长一段时间内都处于工业化和城市化进程的发展阶段，推进工业化和城市化的重要支柱就是制造业的快速发展。这一发展规律已经被世界各发达国家所证实，任何一个国家在工业发展的过程中都要经历制造业在国民经济产业结构中占比较大的阶段，因为工业化和城市化进程要求基础设施的不断完善，这些基础设施所必需的金属制品、化学制品、机械制品等产品均来自制造业，且这些产品都为高耗能产品，因此，制造业中高耗能行业的比重相对于其他行业要更高，且以更快的速度发展以满足社会进步对物质文化的需要，因而大量的能耗必然带来较高的碳排放量。

目前，尚未有专业的统计数据对二氧化碳排放量进行分类统计，绝大多数学者都是依据政府间气候变化专门委员会（IPCC）修订的《2006 年 IPCC 国家温室气体清单指南》(以下简称《指南》)进行核算(见表6-3)。

表6-3 各类能源碳排放系数

能源种类	煤炭	焦炭	原油	汽油	煤油	柴油	燃料油	天然气	电力
碳排放系数	0.7559	0.855	0.5857	0.5538	0.5714	0.5921	0.4483	0	0

资料来源:《2006年IPCC国家温室气体清单指南》,由国家温室气体清单计划编写。

对制造业的分行业进行核算时,选取中国《国民经济行业分类》(GB/T4754-2002)中制造业(产业类别序号C,包括13-43产业大类序号)中前28个两位数行业(分类序号为13-41)作为研究和估算对象。需要说明的是,虽然2011年已经更新了《国民经济行业分类》,将其中的一些行业进行拆分和合并,但之前年份的数据都是按照2002年的版本对行业进行分类的,因此这里也采用原来的分类方式进行数据统计,后面进行短期分析时再采用新的行业分类方式进行统计分析。将《中国能源统计年鉴》中1995~2013年制造业不同种类的能源标煤消费量与对应碳排放缺省因子代入《指南》中,估算出中国制造业各行业年度的二氧化碳排放量,经累计得到制造业年度二氧化碳排放总量。1993年数据缺失,选取前后1992年、1994年两年相应的能源数据平均值作为补充,2010年能源相关数据取自《中国能源统计年鉴(2011版)》。如表6-4所示,制造业的二氧化碳排放总量虽呈波动状态,但总体趋势是增长的,入世后增长更快。

表6-4 制造业二氧化碳排放总量

年份	二氧化碳排放总量(万吨)	增长率(%)	年份	二氧化碳排放总量(万吨)	增长率(%)
1995	54 822.24	—	2005	80 170.59	9.12
1996	54 638.2	-0.34	2006	87 609.93	9.28
1997	54 600.18	-0.07	2007	95 562.64	9.08
1998	54 876.7	0.51	2008	103 834.6	8.66
1999	55 666.16	1.44	2009	112 286.7	8.14
2000	57 180.64	2.72	2010	120 823	7.60
2001	59 610.64	4.25	2011	129 392.8	7.09
2002	63 101.99	5.86	2012	139 324.67	7.68
2003	67 730.02	7.33	2013	173 655.22	24.6
2004	73 467.64	8.47			

资料来源:笔者根据历年《中国能源统计年鉴》计算整理得到。

从表6-4中可以看出，1995~2013年，我国制造业的二氧化碳排放情况总体呈现出逐年增长的态势。从1995年的5.48亿吨标准煤，增加到2013年的17.37亿吨标准煤，增幅达到216.76%。就二氧化碳排放总量的增长率来看，除了1996年、1997年两年呈现出负增长的趋势外，其余各年的碳排放均呈增长趋势。尤其是2003年起增长率超过7%，2005~2007年增长率更是突破9%，说明这一时期中国制造业的碳排放量增加得较为迅速，这与前面所分析的盲目投资、产能过剩、市场恶性竞争有很大关系。

2. 碳排放强度

碳排放强度是二氧化碳排放量与国内生产总值之比，反映了经济增长的质量和效率。碳排放强度越高，则说明伴随着单位产出所带来的碳排放量越多，经济增长以产生温室气体为代价，生产的质量和效率都偏低。相反，如果碳排放强度越低，说明单位产出所产生的碳排放量越小，经济发展具有较高的质量和效率。对于制造业来说，碳排放强度表示为单位增加值所产生的碳排放量。为方便比较，将制造业的行业增加值以1995年为基年进行了标准化处理，如图6-5所示。从中可以看出，虽然制造业碳排放量总体呈增长趋势，但是碳排放强度呈现下降趋势，即单位增加值所产生的碳排放量趋于减少，经济增长的效率得到了提升。与制造业二氧化碳排放总量相比，碳排放强度更能说明制造业低碳发展的方式特征。这是因为虽然碳排放总量增加，但相应年份的行业增加值也同步增加，这仅说明经济快速发展带来了更多碳排放，但却无法客观反映经济增长的质量和效率。

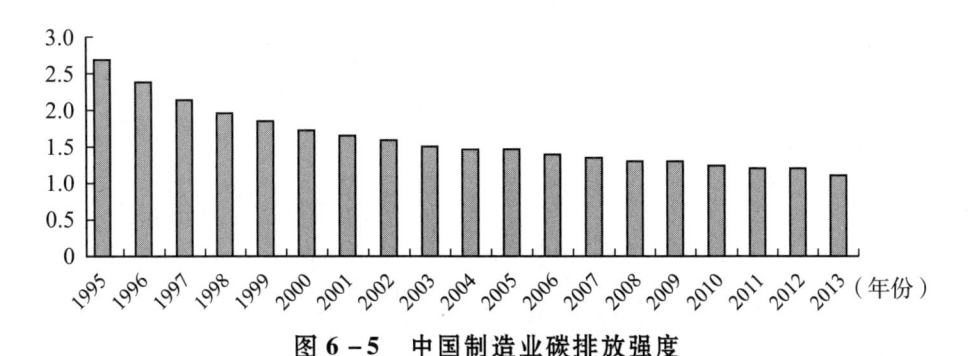

图6-5 中国制造业碳排放强度

资料来源：笔者根据1996~2014年《中国环境统计年鉴》计算绘制。

3. 碳排放结构

制造业作为国民经济的物质基础和工业化的产业主体，由许多行业构成，不同行业有自身的行业特征和能源消费特点，因此不同行业的碳排放量也不相同。从图6-6看，对比分析制造业分子行业的碳排放量可以发现，排名靠前的几个行业都属于资源加工类的行业，都属于资本密集型的制造业行业。

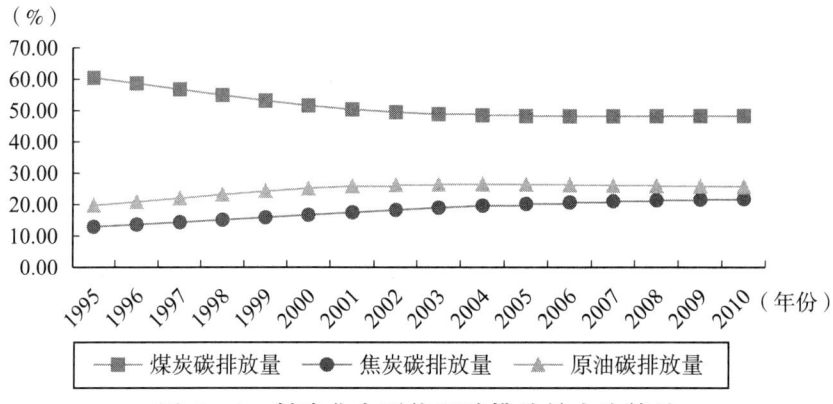

图 6-6 制造业主要能源碳排放量占比统计

从碳排放的能源结构来看，煤炭的碳排放量在全部能源中所占比重最多，年均占比达51.4%，原油和焦炭的碳排放量占比次之，分别为年均24.7%和18.1%。就目前情况看，中国制造业的能耗方面煤炭是最主要的能源来源，因此，想进行低碳制造就必须想办法改变能源结构进而降低碳排放量。

4. 碳生产力

碳生产力指的是单位二氧化碳排放所产出的国内生产总值。碳生产力的提高意味着经济的发展是以较少的温室气体排放为代价，说明社会经济增长的效率较高。碳生产力以碳排放量所带来的产出增加量来判断低碳发展过程中碳的生产能力，所以经常被用来作为评价低碳经济发展水平的指标。

从图6-7中可以看出，我国制造业的碳生产力总体呈现递增的趋势，从1995

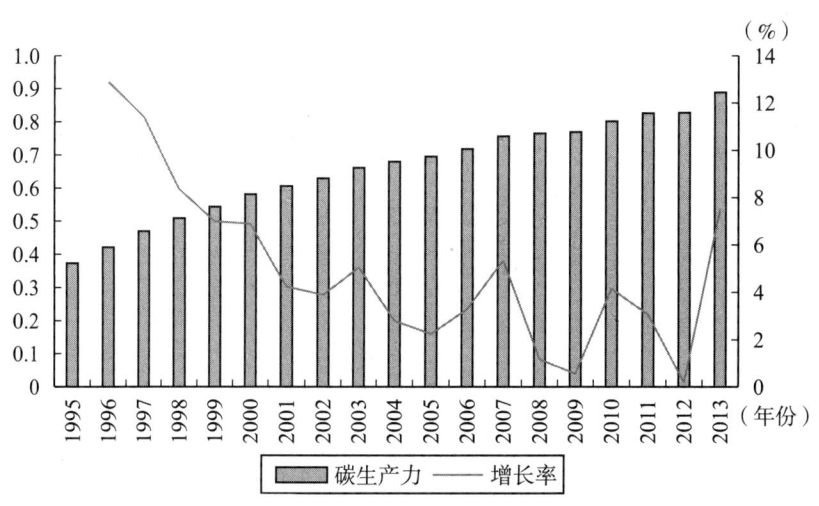

图 6-7 制造业碳生产力及增长率

资料来源：笔者根据1996~2014年《中国环境统计年鉴》计算绘制。

年的 0.37 上升到 2013 年的近 0.9，整整增长了 143%，虽然个别年份有所回落但并不影响制造业单位二氧化碳带来制造业产出逐渐增加的趋势。这让我们清楚了中国制造业在经历高能耗、高排放的发展过程中，碳生产力也是在不断提高的，节能减排的效果也是较为显著的，只不过距离我国制定目标还有一定的距离，需要进一步加快节能减排、低碳经济发展的步伐，以适应人类日益上升的对洁净空气和环境的需求。

（三）有关碳排放的政策措施

目前，我国已出台一系列应对气候变化的政策性文件，对国内各省市及主要耗能行业的节能减排提出了指导意见和具体要求。目前已有自 2003 年开始实施的《清洁生产促进法》和 2009 年实施的《促进循环经济法》两部法律作为我国发展低碳经济的基本法律保障。2007 年 6 月 3 日，国务院发布《中国应对气候变化国家方案》，是我国第一部从国家层面应对气候变化，开展节能减排工作的全面政策性文件，也是发展中国家积极应对全球气候变化而颁布的第一部国家方案。2008 年 10 月 29 日，国务院发布《中国应对气候变化的政策与行动》白皮书，全面地介绍温室气体的产生及气候变化对中国经济和环境的影响，并介绍了中国为减缓和适应气候变化所要采取的政策和行动，以及为保障政策和行动的落实中国进行的体制机制建设。2010 年颁布的《能源法（草案）》中提出未来中国的能源供应要实行准入制度，尤其提出要促进制造业产业结构优化升级等各项举措，对制造业的低碳转型发展有着重要的指导意义。2010 年 7 月 19 日，发改委发布《关于开展低碳省区和低碳城市试点工作的通知》，提出要在全国设立低碳试点城市，为全面推进低碳化改革奠定基础。2011 年 10 月 29 日，发改委办公厅正式发布《关于开展碳排放权交易试点工作的通知》，批准北京、上海、天津、重庆、湖北、广东和深圳等七省市开展碳排放权交易试点工作，这是全国建立碳排放交易市场进程中的重要里程碑。2011 年 12 月 1 日，国务院发布《"十二五"控制温室气体排放工作方案》，明确提出温室气体排放的工作目标，提出要综合利用多种措施有效控制温室气体排放，加快产业结构调整，大力推进节能降耗，并通过低碳试验试点形成一批典型的低碳省区、低碳城市、低碳园区和低碳社区等，从而全面提升温室气体控排能力。2013 年 10 月 15 日，国家发展改革委办公厅发布《关于印发首批 10 个行业企业温室气体排放核算方法与报告指南（试行）的通知》，具体包括发电、电网、钢铁、化工、电解铝、镁冶炼、平板玻璃、水泥、陶瓷、民航等行业。2014 年 1 月 13 日，国家发展改革委发布《关于组织开展重点企（事）业单位温室气体排放报告工作的通知》，旨在进一步掌握主要耗能部门温室气体排放的情况，形成重点耗能部门对温室气体排放及时报告制度，建立和完善从国家到地方再到行业的三级统计核算体系，以对温室气体排放进行全面系统的管控，为今后开展节能减排和碳排放权交易以及碳税制定等工作提供基础数据。2014年9月19日，国家发展改革委发布《关于印发国家应对气候变化规划（2014—2020年）的通知》，提出全球气候变化对我国的影响，应对气候变化面临的形势等问题，并提出了到2020年应对气候变化工作的主要目标，包括单位国内生产总值二氧化碳排放比2005年下降40%～45%，非化石能源占一次能源消费的比重到15%左右等。2014年11月12日，中美两国联合发布《中美气候变化联合声明》，这是两国首次公布2020年后各自的行动目标，双方均表示为应对全球气候变化这一人类面临的巨大威胁，为了共同利益建设性地一起努力。双方达成温室气体减排协议，美国承诺到2025年减排26%，中国承诺到2030年前停止增加二氧化碳排放。2014年12月10日，国家发展改革委气候司发布《碳排放权交易管理暂行办法》，对碳排放交易权的主管部门、排放配额的分配方案、排放交易主体等做了具体的安排，推动碳排放交易权的市场化进程，使资源配置达到最优状态，对温室气体进行有效控制，规范碳排放交易市场的建设和运行。2015年9月25日，习近平主席和奥巴马总统联合发布《中美元首气候变化联合声明》，这是两国再次携手共同发布应对气候变化的联合声明。在该声明中，中国政府明确提出将于2017年全面启动覆盖重点工业行业和高耗能行业的全国碳排放交易体系，同时表示将支持其他发展中国家应对气候变化，包括增强其使用绿色气候基金资金的能力。2016年1月11日，发改委办公厅发布《关于切实做好我国碳排放权交易市场启动重点工作的通知》，明确提出碳排放权交易包含的行业由原来的"6+1"细化为"15+3"组合，扩大了碳排放权交易的行业覆盖范围，在对拟纳入全国碳排放交易体系的企业名单进行公布，并对其历史碳排放数据进行核算、报告与核查，为下一步确定碳排放配额奠定基础。

二、环境约束对中国先进制造业产业结构优化影响[①]

据世界银行估计，环境污染给中国带来相当于3%～8%的GDP损失[②]。几十年来，我国工业累计产生约55亿吨废物和上亿吨有害废物；在造成环境污染的

---

① 该部分为本书的阶段性研究成果，具体内容略有不同。请参见唐晓华和刘相锋2018年1月发表于《政府管制评论》辑刊的《环境规制对中国制造业产业结构优化影响研究——基于行业人均收入差异的检验分析》一文。

② 世界银行1997年的一项统计报告分析，中国每年仅空气和水污染造成的经济损失就高达540亿美元，相当于国内生产总值的3%～8%。

排放废物中，有70%来源于制造业①。同时，我国制造业是以粗放式发展方式为主的，每生产一单位工业增加值消耗能源相较于发达国家差距仍然较大。2012年，我国GDP占世界总量的11.4%，但消耗了全球23%的能源、11.7%的石油、30%的煤炭、25%的钢铁、40%的水泥。2012年，我国全社会能源消费36.17亿吨标准煤，其中工业消费约占69.8%②。可见，环境规制的重要监管对象便是制造业行业，从而凸显研究和分析环境约束的结构效应的重要性。

（1）环境规制的结构优化效应研究。波特（Poter，1995）认为环境规制作为外部压力约束会促进产业加大对技术、管理方面创新的投入，在弥补生产和创新成本基础上提高了产业竞争力，使得产业结构和规制技术手段上都呈现高级化调整。此观点提出后，学者们从规制手段和规制直接/间接效应层面对其进行验证，他们认为环境规制对产业结构优化存在倒逼机制。赖尤和曼迪（Lanjouw and Mody，1996）通过对德、日、美三国的以专利发明为代表的技术创新对环境的研究发现，技术进步能够显著地促进企业的节能减排。贝尔曼（Berman）等对美国炼油行业的分析中发现，环境规制促进了企业的全要素生产率的提升，满足"波特假说"。马赞提（Mazzanti，2009）对意大利的29个部门进行分析，发现环境规制对绝大多数部门有着显著的促进作用。肖兴志、李少林（2013）把环境规制的作用细分成三种传导机制，用中国1998~2010年省际动态面板数据进行分析，发现环境规制强度与产业升级的方向和路径产生了积极的促进作用。查建平（2015）基于经济增长分解视角的实证研究，对2003~2010年省际工业数据的分析亦得出相似的研究结论，即支持"波特假说"。另外一些学者却并不认同该观点。布鲁兰迪等（Brannlund et al.，1998）对比瑞典造纸业的环境规制前后的收益情况，提出严格的环境规制并不有利于产业升级的观点。格瑞等（Gray et al.，2003）在研究严格环境规制对美国产业结构的影响时发现，环境规制强度过大使得生产效率明显下降。

（2）环境规制与制造业产业结构关系研究。一些学者认为环境规制和产业结构之间存在简单的线性关系，并利用这种线性关系判断环境规制对产业结构优化的正向影响。但是卡斯瑞拉（Kathuria，2006，2007）通过对安格莱什沃尔和印度的研究发现，两者之间呈现出非线性关系。闫文娟（2012）在研究环境规制、产业结构升级以及就业效应三者关系时，也印证了此观点。因此，简单利用线性关系对两者进行刻画是不准确的。另一些学者在认识到线性关系的缺陷基础上，将对两者研究扩展到非线性关系。宋马林、王舒鸿（2013）将环境规制的影响因

---

① 资料来源：环境保护部政策法规司司长杨朝飞提出，http://www.news.sohu.com/20091019/n267516093.shtml。
② 马晓河：《结构转型、困境摆脱与我国制造业的战略选择》，载于《改革》2014年第12期。

素进行分解，并用非径向 SBM 模型对环境效率影响研究显示，环境规制有着较强的区域性，东部区域能够促进环境技术的进步，优化产业结构，进而推动环境效率整体的提升，中部区域却并不显著，而西部区域有着较为显著的负面影响。熊艳（2011）对 2004~2008 年的省际面板数据的实证分析研究结果显示，环境规制和经济增长之间存在着"U"型非线性关系，环境规制对经济增长的作用和经济的发展阶段有关。原毅军等（2014）将环境规制拆分为直接和间接方式，并利用面板门槛模型分别对产业结构调整的驱动影响加以剖析。钟茂初等同样利用门槛模型对环境规制三条路径即微观成本路径、产业转移路径以及产业结构本地升级路径进行分析，认为环境规制对产业结构的变迁存在三个阶段，并且不同的环境规制方式具有不同的产业结构效应。谢涓等（2012）、李斌（2013）、王小宁和周晓唯（2015）分行业分地区对环境规制与经济增长的关系区域性研究发现，在经济发达的东部地区环境规制能够优化地区的产业结构，对经济增长有着较为显著的促进作用，中部地区环境规制对经济增长的作用并不明确，而西部地区却有着较为显著的负面作用。可能的原因是东部地区的环境保护导致的技术创新能够显著地降低企业生产成本，而中西部地区企业创新能力不足，更偏向于对发达地区先进技术的引进，以降低企业成本。此外，中西部地区的政府为发展经济，主动或被动地接收东部地区高能耗、高污染企业，成为"污染避难所"。

本书基于上述已有研究，利用中国制造业 2003~2013 年的相关数据进行分析，整体上得出以下结论：环境规制对制造业不同行业的结构优化效应具有行业差异性，因此，实施环境规制的强度也应呈"橄榄"型分布，以行业人均收入划分行业区间，环境规制结构合理化效应呈现"U"型关系，而环境规制结构高级化效应则呈现倒"U"型关系。具体如图 6-8 所示。

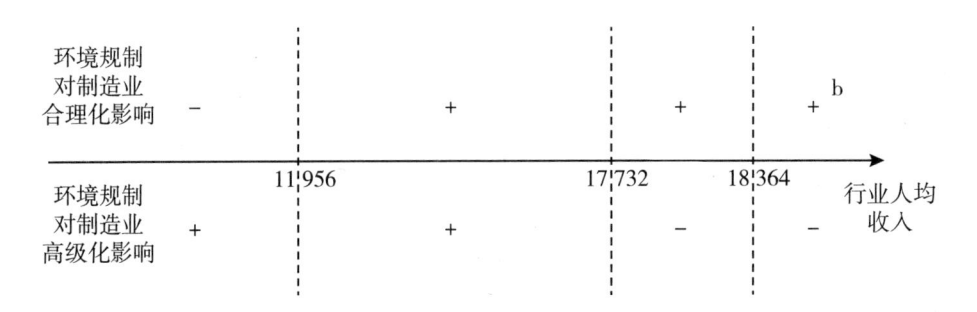

图 6-8 环境约束对制造业结构优化形成差异性影响

从图 6-8 整体来看，环境规制对产业结构优化的两个方面都具有显著的促进作用的是处于人均收入为 11 956~17 732 元，其他区间实施环境规制呈现出此消彼长的关系。这一发现为环境规制的结构优化效应方面拓展了新空间，即环境规制对制造业结构优化效果在制造业内部存在差异，这种差异体现为：

第一，在低收入行业，环境规制会使其生产成本加大，利润减少。而处于该区间的行业附加值较低，只能由利润来支撑持续上升的生产成本，因而导致行业内部企业大量破产和被重组兼并，从而造成区间内行业的规模扩大，由此，承担创新的能力和动力将大幅度提高，因此，环境规制将促使制造业整体结构向高级化发展趋势加大。但是这部分低人均收入制造业均为基础或原材料加工制造业，该部分制造业处于生产链的上游，直接与原材料或第一产业相关联，所以，大面积的破产会造成社会失业率增加，而析出的劳动力若进行行业转移会产生学习时间滞后性，因此势必对制造业整体的行业和劳动双重结构协调程度影响较大，由此导致制造业整体结构合理化程度下降。

第二，相比低人均收入行业，高人均收入制造业多数为具有行政垄断性质的制造业，环境规制对这类行业进行规制会使其实施内部成本调整。而这类行业的企业大多数是规模以上企业，具有一定的成本承担能力，因而环境规制将促使这类行业采用相应的设备、资金和人才来换取技术，使得制造业内部的要素和资源利用效率得到提高，并能够提高相应就业岗位，从而提高制造业产业结构整体合理化程度。但是，这类行业大多为带有行政色彩的国有垄断企业，故其通常使用过度的人财物等资本替代技术，导致企业以高投资换取利润而并非技术创新和技术进步，对技术创新产生负面影响，从而不利于制造业产业结构向高级化方向发展。此外，该区间的环境规制的结构合理化效应并非十分显著，其原因在于创造的就业岗位能力和要素利用效率受到产业垄断性质的影响，协调程度大打折扣。但结合实际情况，出现该问题的原因更为复杂，本书认为可以从多个角度进一步研究。

第三，相比前两者，人均收入中等区间行业受环境规制影响可以使得制造业整体结构得到优化①。该区间的制造业主要以高新技术制造业、装备制造业及传统深加工制造业行业为主体，产业间通过相互投入和产出建立彼此联系，一般可形成前向和后向关联。环境规制的外部约束若能够直接作用于此，势必将放大环境规制成本约束能力和快速扩散其波及范围。表6-5显示了区间内各行业的产业影响力、感应度以及关联度情况，从中可以发现，所选取的行业的产业影响力系数均远大于1，表明其较制造业其他行业均具有更强的波及影响力。从现实情况看，在环境规制作用下，该区间行业为达到利润最大化（边际收益与边际成本相匹配），必然将环境成本通过高强度关联度进行各行业分摊，以促使制造业整

---

① 从统计结果看，该区间环境规制作用促使制造业产业结构合理化和高级化两个方面都产生正向影响。

体的要素形成新的有效分配,继而在环境约束下提高制造业整体的协调程度。同时,所列产业都具有一定规模性①,且具有相当程度上的技术性壁垒,如通用设备制造业内部的数控机床行业、3D 打印制造业行业等。这使得该行业既有承担创新风险的能力又具有技术创新的基础。并且其产品所处市场多数为垄断竞争性质,附加环境外部条件后,垄断竞争市场对技术、产品创新驱动更为明显,将促使产品类型向多样化环境友好型方向发展。因此,环境规制在该区间实施后,由于产品垄断竞争市场和行业较高关联度的双重作用,制造业产业结构优化程度可以得到两方面共同的提高和改善。

表 6 - 5　环境约束下实施规制的制造业的关联度情况（以 2010 年为例）

产业名称	产业影响力系数	产业感应度系数	产业关联度正规化值
化学原料及化学制品制造业	1.213	3.517	1.000
黑色金属冶炼及压延加工业	1.162	0.917	0.746
通用设备制造业	1.226	2.588	0.391
电气机械及器材制造业	1.279	0.987	0.297
金属制品业	1.258	1.644	0.228
非金属矿物制品业	1.336	1.100	0.186

资料来源:①2002 年、2005 年、2007 年以及 2010 年产业关联度正规化 4 年制造业全行业值为 0.162。②由于 2012 年投入产出表未正式发布,因此采用中国投入产出协会公布的 2010 年《42 部门生产者价格投入产出表》提供的相关数据;投入产出表与中国工业统计年检统计口径尚不统一,因此仅列出 6 个子行业情况,实乃无奈之举。③产业关联度正规化值是对变量进行 [0, 1] 之间去量纲化处理。

综合行业人均收入形成的区间段情况看,环境规制与制造业产业结构合理化呈现出"U"型关系,而与制造业产业结构高级化呈现出倒"U"型关系。结合上一节环境规制强度的研究结果,本书认为环境规制强度应以其结构效应的区间特点进行分布,形成两头松中间紧的"椭圆形"分布。从具体行业看,本书认为最佳规制实施行业应该包括:化学原料及化学制品制造业、医药制造业、化学纤维制造业、非金属矿物制品业、黑色金属冶炼及压延加工业、金属制品业、通用设备制造业、专用设备制造业、电气机械及器材制造业。中等区间行业由于其较强的产业关联度,可将环境规制结构优化效应进行快速传递,利用市场信号和产业特性传递可以减少政府干预产生的扭曲。由分析可见,政府在实施以命令形式为主的环境规制过程中应该找准"着力点",发挥市场机制和产业关联特性,才能在有效提高环境质量的同时促进产业结构优化调整。

---

① 如表 6 - 5 所示,行业的感应度系数平均值显著高于 1。当经济增长时,这类产业发展速度相比其他行业较快。在中国经济高速增长中,这类产业快速形成大量的资本积累,其规模也随之快速扩大。

第四，从全国区域特征看，四大经济区①呈现的特征存在显著的差异性②。从环境规制对经济增长影响的直接效应来看，环境规制对经济增长产生滞后效应，即滞后一期对东部地区经济增长产生促进作用，滞后一期对东北、中部以及西部地区的区域经济发展均产生抑制作用；环境规制与经济发展之间呈现非线性关系，在经济相对发达的东部地区呈现倒"U"型关系，在经济相对欠发达的东北、中西部地区，环境规制与区域经济增长呈现正"U"型关系。从环境规制对经济增长影响的间接效应看，产业结构高级化对区域经济增长均产生促进作用，且环境规制通过产业结构高级化对经济增长的影响产生促进作用；产业结构合理化对区域经济增长存在区域异质性，对东北地区及东部地区的区域经济增长产生抑制性，对中西部地区的区域经济增长产生促进作用，而环境规制通过产业结构合理化对区域经济增长的间接作用也表现出异质性，在东北地区及东部地区环境规制通过产业结构合理化的提升抑制区域经济增长，中西部地区则相反。

三、资源约束对中国制造业产业结构优化调整的影响③

三次科技革命使得能源已经成为各国的经济命脉，两次石油危机已经给各国敲响了警钟。为此，世界各国纷纷将大量人力财力投入到能源消耗的研究工作中。作为高速成长的中国，能源问题也将是今后发展的重要研究课题。中国的能源消耗绝大部分来自工业消耗，而自 2000 年以来，工业能源消耗中制造业占据了 80% 以上并伴随上升的趋势。因此，研究中国的工业能源消耗问题，重点在于研究如何能够使得制造业的能源强度良性下降，同时又能够促进产业健康发展。

（1）关于制造业产业结构与其能源利用效率之间的关系，国内外学者普遍认为产业结构对能源利用效率起到关键性作用。斯蒂格利茨（Stiglitz，1974）最早注意到能源和产业结构的互动影响，并指出长期的均衡发展路径和能源开采量的关系。阿烈斯（Ayres，2007）则加深了对产业结构与能源效率的认识，并指出，产业结构在没有良性调整的前提下，各种改善能源利用效率的其他手段均不能达到良好的效果。史丹（1999）则分析了中国的实际情况，并通过分析能源的回弹

---

① 将 30 个省份划分为四大经济区即东北地区、东部地区、中部地区以及西部地区。
② 具体的统计结果参见唐晓华、孙元君在 2019 年发表于《首都经济贸易大学学报》中的《环境规制对区域经济增长的影响——基于产业结构合理化及高级化双重视角》一文。
③ 该部分为本书的阶段性研究成果，具体内容略有不同，请参见唐晓华、刘相锋在 2016 年发表于《中国人口·资源与环境》中的《能源强度与中国制造业产业结构优化实证研究——基于 Geweke 因果分解方法》一文。

效应及弹性系数支持了阿烈斯的观点。其认为结构效应在能源效率中起到不可估量的作用。刘洪、陈小霞（2010）测算了中国中部六个省市的能源情况，认为能源效率受产业结构因素的影响最大。

（2）关于两者关系的研究方法，学者们则普遍采用如格兰杰（Granger）因果关系检验法（VAR模型）等常规统计分析手段。屈小娥（2009）利用面板数据对中国东中西部进行比较分析，认为产业结构发挥了重要作用。王玉燕（2011）利用格兰杰因果检验模型（VAR）发现中国产业结构优化对能源效率具有显著正向作用，并且长期看产业结构的贡献程度最大。然而，近些年伴随空间计量方法的兴起，空间因素逐渐被引入分析框架中，如关伟等（2014）利用空间计量测度了辽宁省能源效率和产业结构的关系，发现产业结构优化能够显著改善能源效率，并形成"π"形、"二"字形、"工"字形等空间结构特征。

本书则突破以往方法，采用Geweke统计方法进行分析。采用1993~2013年20年的数据，对中国制造业产业结构优化与制造业能源利用效率之间的关系进行统计和分析。研究发现，中国制造业产业结构合理化调整可以通过结构效应即时影响制造业的能源利用效率，不断积累的短期作用将改善能源利用效率的技术效应，进而长期促进制造业产业结构向高级化方向调整和发展，形成闭合横"8"字均衡循环，但该循环具有长期和短期两种不同的反馈过程①。具体结论如下：

首先，采用能源强度分解方法（LMD方法），以环比指标形式表现，因而能够清楚地刻画能源强度影响因素的各期动态变化和趋势。该部分将制造业能源强度进行分解②，分为技术效应和结构效应。图6-9中的SE表示结构效应，TE表示技术效应，AE表示总效应。可以看出，中国整体能源效应受到技术效应的影响较大，结构效应则起到辅助性作用。

其次，通过Geweke因果分解③，发现制造业产业结构内部优化过程时间相对能源强度变化的技术效应和结构效应之间的反应要较为滞后，这是因为产业结构内部优化调整均以格兰杰长期因果关系为主，而制造业能源强度两个效应却以即时关系为主。

---

① 具体分析过程不一一赘述。

② 多数学者将两个方面归结为结构效应和技术效应，并指出能源效率的提高程度首先是因为技术水平的改善使得能源的使用出现精细化的趋势；其次是因为在同一产业内，其结构出现调整，能源密集型产业在整体生产中所占份额降低，能源强度相应降低。相应地，能源强度分解采用的方法按标准形式被定义为分解分析指数法（IDA），但是具体的分解指数又可分为五种，即Laspeyre指数、Paasche指数、Fisher指数、AMD指数和LMD指数。其中，Laspeyre指数、Paasche指数、AMD指数三种方法测算的结构包含残差项，因此含有未被解释项，Fisher指数和LMD指数并不包含，亦被称为理想指数。

③ 具体的实证分析结果可参见唐晓华、刘相锋在2016年发表于《中国人口·资源与环境》期刊中的《能源强度与中国制造业产业结构优化实证研究——基于Geweke因果分解方法》一文。

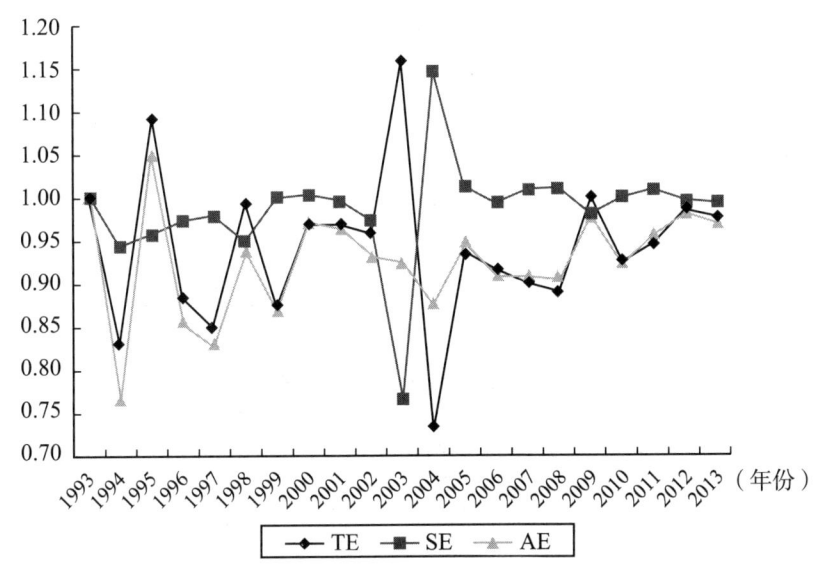

图 6-9　基于 LMD 指数的能源强度变化分解情况
（中国制造业能源消费：1993～2013 年）

资料来源：唐晓华、刘相锋：《能源强度与中国制造业产业结构优化实证分析——基于 Geweke 因果分析方法》，载于《中国人口·资源与环境》2016 年第 10 期。

再次，为更好地分析其内部关系及时间关系，我们绘制了如图 6-10 所示的制造业能源强度和产业结构优化内部关系图。该图很好地诠释并分离了长短期因果关系。图 6-10 中单向黑色箭头表示格兰杰长期的因果关系，并且箭头的方向表示作用方向；图中双向箭头则表示短期即时因果关系。由关系图得出结论，产业结构合理化在短期可直接影响制造业能源强度的结构效应和技术效应，继而影响制造业整体的能源利用效率。这是因为，制造业产业内部合理化调整的目标是达到资源配置更加合理，进而影响制造业能源强度的结构效应。本书采用的 LMD 指数算法对制造业能源强度进行分解，而 LMD 指数分解是一种理想分解指标，因此被解释因素在同期具有相互影响的关系，因而统计分析的结构呈现在图 6-10 中为制造业产业结构合理化指数与制造业能源强度的分解两个因素即技术效应和结构效应具有短期直接因果关系。这意味着产业结构优化中合理化调整可以短期直接影响制造业能源利用效率；相反，制造业能源利用效率的变化也会在短期影响产业结构合理化程度。

最后，本书研究发现长期的因果关系的起点为制造业能源强度的技术效应，其受到技术革新以及结构效应或其他因素影响。制造业能源强度的技术效应发生变化，长期影响制造业产业结构高级化水平，促使制造业产业结构中高技术含量产业的比重逐渐加大。一方面是由于高技术所产生的作用促进了产业间的协调程

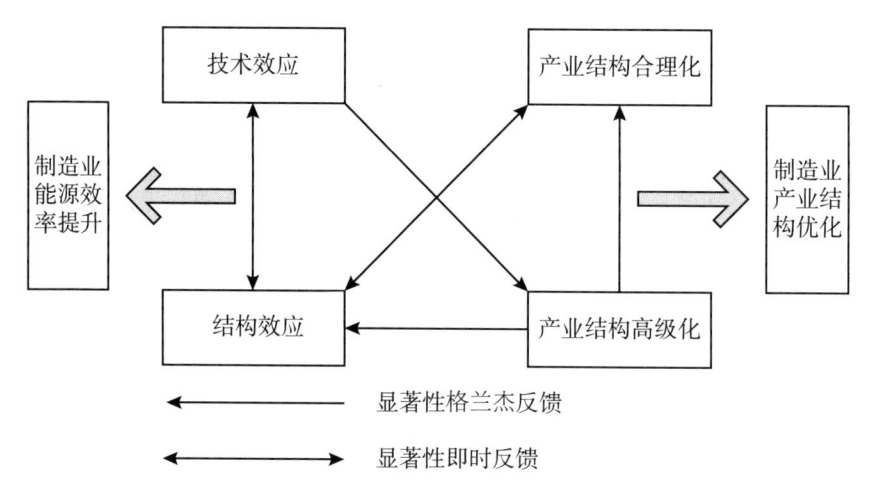

图 6-10　基于 Geweke 因果分解的能源强度和产业结构优化内部关系

资料来源：唐晓华、刘相锋：《能源强度与中国制造业产业结构优化实证分析——基于 Geweke 因果分析方法》，载于《中国人口·资源与环境》2016 年第 10 期。

度和资源的配置能力；另一方面由于结构调整形成了一定程度的能源强度结构效应。格兰杰长期因果关系反映了技术在制造业能源利用和产业结构优化中的重要作用，但这种作用并不像结构作用那样具有短期即时的反馈效果，而是具有长期反复的积累和变化才能有所体现。由此说明，学者们争论的制造业技术效用和结构效用的作用程度实质上体现为不同时间维度，即制造业能源利用效率主要体现为两种效用的即时因果关系，而制造业产业结构优化的合理化和高级化程度间呈现出长期因果关系。

从现实意义看，制造业能源利用效率与制造业产业结构优化调整之间存在着不同脉络。一方面，技术进步是产业结构优化的根本动力，其中一些来自能源利用效率方面的技术进步是一种长期动力，另一些来自产业自身的技术进步。这两种技术进步都作用于产业结构的高级化调整，可以说制造业产业结构的高级化是技术进步的集中体现。这给政策制定者一个重要的启示：将技术进步和提升作为提高能源利用效率和产业结构优化的根本抓手，同时要求执行者具有一个中长期目标及计划，不能急功近利。另一方面，制造业产业结构的合理化具有改善能源的技术和结构效应的短期效果。产业结构合理化调整的目标是在满足经济发展的前提下保证资源、能源不超出其承载能力，促进资源配置更为合理。因此，产业结构合理化调整需要不断权衡产业结构和能源结构之间的协调性。当其出现失衡时，这种合理化基于其目标促使偏离方进行调整，该调整类似于一种帕累托改进，需要两种结构之间进行权衡调整前后的损益情况，若出现一方受损来弥补另一方的行为，合理化的目的将不会被满足。研究发现，这种产业结构合理化调整将会即时影响能源效应两个方面,使得能源强度的技术效应不断累积从而长期影响产业结构优化。因此,产业结构优化调整的重点在于产业结构合理化调整,其不断进行量的累积使得技术效应出现质的飞跃,长期以来,使得制造业自身的高级化得以提高,进而做到短中长期都能够使产业得以优化,从而形成良性循环。

综上所述,制造业产业结构优化与制造业能源利用效率之间的作用关系表现为长期和短期因果关系相结合。具体而言,长期因果关系体现为制造业能源利用效率单向对制造业产业结构的影响。这种影响说明制造业产业结构优化过程肯定了制造业能源利用效率的技术革新的根本性作用,并且集中体现在产业结构的高级化调整方面。另外,短期因果关系表现在制造业产业结构合理化和能源利用效率的结构效应之间,这种短期因果关系将产业结构优化的作用不断反馈于能源利用效率方面,使得能源利用效率在技术和结构两个效应形成即时性的累积,在技术效应这个出口得以释放,并通过长期关系再次作用到产业结构优化中去。这些关系形成一个闭合的横"8"循环。

第三节 我国先进制造业产业结构调整机理分析[①]

对于先进制造业升级和结构调整的动力,不仅要考察升级前所处市场的结构和企业性质特点,还要顾及目标行业的结构特点。因此,在进行理论探讨和论证时,应该按两个事前进行分别讨论:升级前所处行业市场结构及企业性质特点;目标升级行业市场结构特点。

一、模型构建及探讨:基于企业升级选择模型

(一)模型构建

假设在一个经济中存在利润不同的异质性行业,因而处于异质性行业企业也具有差异,并设定行业的累计分布函数为 $\phi(\pi)$,密度函数为 $\varphi(\pi) = \phi'(\pi)$。企业预先了解行业分布情况,但是对具体的行业细节并不了解,必须依靠行业分布信息对行业具体细节进行选择。企业的行为假设定义为:从下一时刻开始,企

[①] 该部分为本书的阶段性研究成果,具体内容略有不同,请参见唐晓华和刘相锋在2016年发表于《广东财经大学学报》中的《市场结构、企业性质与产业升级动力》一文。

业可以保留目前的行业不变或继续搜寻行业。本节对产业升级的定义为企业在考虑扩大自身原有利润情况下选择新行业或新环节[①]，使新行业利润现值的期望达到最大。其中，假设贴现率为 r，而折现因子为 $\delta = \dfrac{1}{r+1}$，并且所搜寻的新行业或新环节必须利润为正[②]。因此，本节构造了相应的贝尔曼方程：

$$V_t(\pi) = \max\{\pi(1-\delta^t)/(1-\delta),\ \pi_0 + \delta E[V_{t+1}(\pi)]\} \quad (6-1)$$

其中，π_0 为企业的初始利润。而下期的期望利润为：

$$E[V_{t+1}(\pi)] = \int_0^\infty V(z)\varphi(z)dz \quad (6-2)$$

对于这样的泛函方程若存在一个均衡值，本节定义为保留利润 π^*，此时 $V_t(\pi)$ 和 $V_{t+1}(\pi)$ 将无限趋近于 $V(\pi^*)$。因此，对泛函数求解为：

$$\pi^*\phi(\pi^*) - \pi_0 = \dfrac{1}{1-\delta}\int_{\pi^*}^\infty (\delta z - \pi^*)\varphi(z)dz \quad (6-3)$$

对于上面的解，本节只要对分布函数进行赋予分布设定即可得出保留利润。因此，本节假设所寻找的利润服从指数分布，该分布体现为非负值域的分布情况，符合经济实际意义[③]。其中，指数分布特点为 $\phi(0) = 0$；$\phi(\infty) = 1$；$\phi'(\pi) > 0$。由此，将式（6-3）改造为：

$$\pi^* - \pi_0 = \dfrac{\delta}{1-\delta}\int_{\pi^*}^\infty (z - \pi^*)\varphi(z)dz = f(\pi^*) \quad (6-4)$$

设等式右边为一个关于利润的函数 $f(\pi)$，对该可微函数进行求一阶导和一阶导，则：

$$f'(\pi) = -\dfrac{\delta}{1-\delta}[1 - \phi(\pi)] < 0 \quad (6-5)$$

而：

$$f''(\pi) = \dfrac{\delta}{1-\delta}\phi'(\pi) > 0 \quad (6-6)$$

这说明 $f(\pi)$ 为递减的凸函数。对等式（6-4）右面进行再次整理，得到：

$$\pi^* - \pi_0 = \delta(E\pi - \pi_0) + \delta\int_0^{\pi^*}\varphi(z)dz \quad (6-7)$$

此时，设定 $g(\pi) = \int_0^\pi \varphi(z)dz$，则发现 $g(\pi)$ 为递增的凹函数，则式子变形为：

$$\pi^* - \pi_0 = \delta(E\pi - \pi_0) + \delta g(\pi^*) \quad (6-8)$$

绘制公式（6-4）和公式（6-8），可以得到图6-11和图6-12。

[①] 本节结合经济学经典假设：企业行为必须为理性行为，即企业发展的核心目的为扩大利润。
[②] 根据古典市场理论，新行业有利润可图就会有企业选择进入。
[③] 根据理性人假设，企业不可能选择一个利润为负值的行业进入。

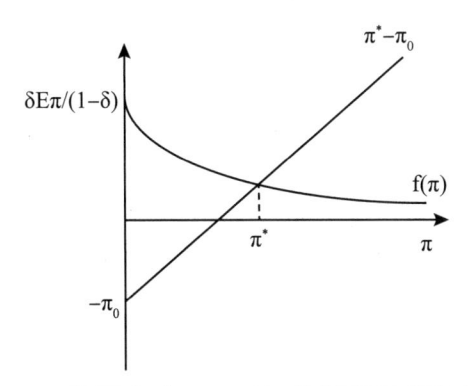

图 6-11　根据公式（6-4）绘制保留利润确定图

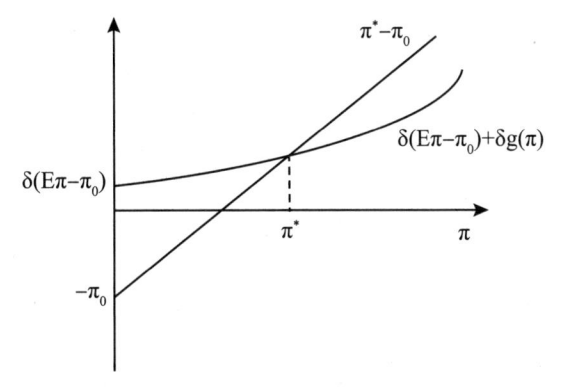

图 6-12　根据公式（6-8）绘制保留利润确定图

（二）描述与分析说明[①]

本节假定的保留利润反映企业在选择行业过程中会比较和衡量，当所选行业的利润高于保留利润才会选择进入，否则会继续进行选择和搜寻。比较图 6-11 和图 6-12 可以发现：图 6-11 中，$f(\pi)$ 不会随着企业的初始利润变动而变化，因而保留利润会与企业的初始利润相关，当企业初始利润越大，保留利润就会变大。这使得企业越拥有利润，其选择升级的动力会越小，因为难以满足其保留利润。从实际情况看，处于竞争性行业的企业往往更容易或更有动力进行升级，这是因为长期竞争会使得所有企业获得经济利润（利润为零），其保留利润相对较小；相比较垄断性越强的行业更加难以进行升级，因其具有较高的垄断利润，保留利润也相应较高。图 6-12 中，控制住企业的初始利润，则图中的曲线将会因为企业对利润的期望产生保留利润。这说明，企业对找寻行业进入时，其利润风

[①] 该部分为本书的阶段性研究成果，具体内容略有不同，请参见唐晓华和刘相锋在 2016 年发表于《广东财经大学学报》中的《市场结构、企业性质与产业升级动力》一文。

险期望也会加大保留利润,使得企业缺乏升级动力。以私营企业和国有企业为例,私营企业往往具有单一的利润目标,往往会形成具有利润风险偏好的特点。相反,国有企业由于经济目标以外还伴随着如社会目标等多项非经济目标或在任者为保证政策性稳定等原因,往往为利润风险规避型。在相同的利润组合下,风险规避者往往具有更高的利润期望值,因此造成保留利润也相应偏高。此外,影响期望利润偏高的原因也在于企业对预期进入行业的具体信息和细节不甚了解,造成利润预期值增加。本节认为这种预期受到两种因素所制约:一是要素投入分配信息不明确,主要体现为行业的特性不同。例如,企业最初的行业以劳动密集型为主,但是由于考虑最终获得经济利润因此进行升级,但是搜寻行业的劳动份额信息或可能为资本密集型,因此企业会产生进入顾虑从而增加保留利润。二是行业的技术累积程度信息。行业在长期生产过程中产生一定的技术累积程度,如长期进行加工的行业对加工工艺技术就有一定积累。若处于不同行业的企业进行升级,需要克服行业技术累积程度,即克服形成技术壁垒。

二、产业升级策略及探讨①

上面分析了升级前市场结构和企业性质对产业升级的影响。那么,目标升级行业市场结构对产业升级又有何影响呢?本书认为产业升级的影响效果除了与上面分析的原行业的市场结构和企业性质有关以外,还与目标行业市场结构更为息息相关。因此,本书对目标升级行业市场结构按照竞争程度划分,分为竞争性市场结构和具有垄断性质市场结构。

(一) 目标行业为竞争性市场结构

若升级企业的目标行业为竞争性市场结构行业,升级转型企业预计达到均衡状态时利润将会为正常利润,即 $\lim_{t \mapsto T} \prod(t) = 0$。因此,预升级企业将会出现两种策略:一是会考察目标行业所处的生命周期阶段,当一个高利润产业的生命周期处于"尾部"时,企业将会重新搜寻,这可以使企业保持经济效益;二是当产业生命周期处于"头部"时,企业进入行业发挥了先动优势,由于行业具有竞争性特点,因此行业中多数为小规模或有一定相关技术经验的企业,升级企业目标是将其利润长期保持在保留利润之上,即 $\lim_{t \mapsto T} \prod(t) \geq \prod^*$。因此,预升级企

---

① 该部分为本书的阶段性研究成果,具体内容略有不同,请参见唐晓华和刘相锋在2016年发表于《广东财经大学学报》中的《市场结构、企业性质与产业升级动力》一文。

业会在产业生命周期的伊始进行相关技术研发工作，使得企业形成暂时性技术垄断①，来用于延迟目标产业到达正常利润的时间②。综上，升级企业在目标行业具有竞争性特点时，往往具有动力进行经济效益提升或创造新技术形成暂时性技术壁垒以保持保留利润，从而企业更有动力进行经济效益的提升或技术创新方面的"首发"和更新。

（二）目标行业为具有垄断性质的市场结构

目标行业若具有垄断性质特点，情况更为复杂③。结合上述动态搜寻模型分析关于市场结构和企业性质的结论，进一步利用斯宾塞（Spence）和迪克希特（Dixit）构建的简约利润博弈模型进行分析：市场结构和企业性质不同导致企业搜寻行为对产业升级动力的影响。

假设在一个经济体中存在两个企业，一个企业处于某一利润较高的行业中，另一个企业处于利润相对较低的行业。利润较高行业中企业 1 的资本水平为 K_1，利润相对较低行业的企业 2 资本水平为 K_2，这种构建可以将资本水平看成生产能力的一种体现（Spence，1977，1979；Dixit，1979，1980）。则两个企业的利润分别为：

$$\prod{}^1(K_1, K_2) = K_1(1 - K_1 - K_2)$$
$$\prod{}^2(K_1, K_2) = K_2(1 - K_1 - K_2) \qquad (6-9)$$

此时，利润较高行业中的企业会面临两种策略：一种是允许利润较低行业的企业进入；另一种为阻止其进入。

（1）那么，若利润较高行业的企业采用第一种策略时，该模型就具有斯塔克尔伯格均衡，即形成一种序贯博弈，其中低利润行业企业的最优收益为：

$$\prod{}^2 = 1/16 \qquad (6-10)$$

出现这种收益，企业 2 将会对其与上述分析的保留收益 $\prod{}^*$ 进行衡量。①若进入后的收益低于保留收益，则企业会继续搜寻，企业 1 将获得市场全部收益，即 $\prod{}^1 = 1$。此类情况将造成企业无法进行产业经济效益的提升。结合上述分析，这里将得出两个结论：垄断行业（具有垄断市场结构）之间虽然具有利润

---

① 形成暂时性技术垄断是因为在竞争性市场结构下，其技术容易被模仿或形成扩散，因而该壁垒会逐渐消失。
② 克雷恩（Klein，1977）以自动化产业、航空航天产业的发展历史为例，证实了这一情况出现的过程。
③ 这是因为竞争性市场中的企业无法对市场进行控制，因而难以形成对进入者进行打击的策略。然而垄断性质的市场结构并非如此。

高低之分，但是垄断行业更难以形成企业之间的变更和流动，产业即使没有进入壁垒也难有产业升级的动力；同时，风险规避性企业（如大规模企业或国有企业）更加缺乏动力进入具有垄断性的高利润行业①。②若进入后的收益可以满足保留利润，则企业2将和企业1共同分割收益。但随着时间的推移，企业2逐渐壮大，其对逐渐扩大的市场份额将增加对市场的控制权，从而形成新的古诺均衡。这使得企业1的利润大幅度地受损。因此，企业1采用允许进入策略变得不可信。据此，本书认为利润较高企业并不会冒风险②采用允许进入策略。

（2）若利润较高行业的企业采用第二种策略时，企业1将构建流动性壁垒③阻止企业2进入（Caves and Porter，1977）。这里对企业2引入一个固定的进入成本 $C_{entrands}$。则上述假设的企业2的利润函数将变成：

$$\prod\nolimits^2(K_1, K_2) = \begin{cases} K_2(1 - K_1 - K_2) - C_{entrant} & K_2 > 0 \\ 0 & K_2 < 0 \end{cases} \quad (6-11)$$

此时，假设企业1会设置一个阻止进入的生产水平，即 K_b，这个阻止进入的生产水平体现为一种阻止进入能力。阻止进入能力的提高主要来自在位企业对项目的投资，如研发技术投资等。则企业2的最优策略为：

$$\frac{\partial[K_2(1 - K_2 - K_b) - C_{entrant}]}{\partial K_2} = 0 \quad (6-12)$$

由此可得出 $K_b = 1 - 2\sqrt{C_{entrant}}$，说明企业1至少保证其生产能力为 K_b 就能够完全挤出企业2，同时企业1的生产能力显著提升④。在企业的固定进入成本小于1/16的条件下，固定成本高于1/16时企业1将无须采取任何遏制策略。从中可以看出，预升级企业难以进入自然垄断等行业，这是因为固定进入的成本要远超进入后的获得利润，从而难以满足企业进入的保留利润，因而自然垄断行业总为限制进入行业，并不需要政府的政策性壁垒，仅需要政府对其固定进入成本形成有效控制即可。此外，本书也发现自然垄断行业以外的垄断性质行业引入较有活力的经济成分将有利促进垄断行业的研发技术投入，从而形成"鲶鱼效应"。

---

① 出现这种情况的原因在于：垄断行业或风险规避性企业相对具有较高的保留利润，具体分析请参见上述动态分析。
② 这是因为在位企业不可能了解进入者的保留利润，因而不采取任何策略与进入者共存并不现实。
③ 最早该概念由卡乌斯和波特（Caves and Porter）提出。本书的流动性壁垒指企业1阻止企业2进入时，企业1设置一个挫败进入生产能力水平或设置较高的固定进入成本。
④ 允许进入时，K_1 为1/2，此时企业2的收益仅为1/16，若进入成本小于企业2的利润，则 K_b 大于1/2。这说明生产能力必须显著提升才能够提升阻止进入能力。

三、市场结构、企业性质对产业升级动力影响的综合分析[①]

结合上述情况可以看出，产业升级动力从企业角度去分析必须把握升级前后的行业和企业的异质性特点。以往分析以政府或经济整体为基点，这并没有把握企业的升级根本动力。中国一直提倡合理发挥市场机制作用，而分析企业升级行为将对政府如何"伸手"以及手伸到何处提供有利依据。

综合上述观点，可得出表6-6。从汇总结果来看，升级前的行业市场结构特点和企业性质具有相似性。这是因为企业自身状况和市场环境影响着预升级企业的保留利润，因而形成不同的升级难度，即达到保留利润的难度具有差异性。同时，本书分析也发现目标产业由于市场结构不同，会使得进入或升级的难度出现差异化。具体为：（1）处于竞争性较强市场结构或具有风险偏好的企业，目标产业为竞争性行业或环节时，产业升级将获得双重动力。一方面会为经济效益不断搜寻，另一方面部分预升级企业会为了维持保留利润，通过进行技术创新来延迟产业生命长度。（2）处于竞争性较强的市场结构或具有风险偏好的企业，目标产业为垄断性行业或环节时，会因为垄断行业的阻止进入行为而进行项目的投资，进而提高技术水平，形成"鲶鱼效应"。（3）处于垄断市场结构的企业，都难以有动力进行产业升级。这是因为垄断市场具有超额利润，使得保留利润过高因而并不会关注竞争性行业；同时，进入垄断性市场会受到在位企业挤出，难以形成有效收益。因此，从现实情况看，垄断性市场或行业之间很少有企业的替代和流动。（4）风险规避性企业对竞争性市场结构的行业具有一定的逐利性，但是这种逐利性是否会带来一定程度的升级动力，尚不确定。例如，国有企业进入房地产行业仅仅是一种利用范围经济的逐利行为，是否能够带动房地产业的产业升级尚无定论。（5）风险规避型企业进入垄断性市场对垄断性市场具有一定的升级动力，这是因为若风险规避型企业当前利润不足时，企业会进入垄断性市场，但因为其规模庞大将对在位企业形成足够的威胁，使得在位企业只能大规模进行项目投入，因而使得产业形成快速的进步和升级。

那么，当产业中同时存在不同的市场结构和不同性质的企业，如何配置能够有效激活产业升级动力呢？若区域经济完全受垄断市场结构和风险规避型企业（如国有企业）控制，则区域经济将明显动力不足（如东北地区经济增速明显疲软）。若区域经济完全由竞争性市场结构和风险偏好企业控制，虽然产业升级动

[①] 该部分为本书的阶段性研究成果，具体内容略有不同，请参见唐晓华和刘相锋在2016年发表于《广东财经大学学报》中的《市场结构、企业性质与产业升级动力》一文。

力十分强劲,但已存在的垄断市场由于各种原因(如战略考虑等)不能够完全消失,因此这样并不现实。据此,本书认为具有竞争性结构和利润风险偏好企业比例相对较高的组合,发挥双重升级动力和"鲶鱼效应",更能够激活垄断市场技术创新的动力。

表6-6 产业升级动力分析

升级前		目标			
		市场结构		企业性质	
		竞争性	垄断性	风险偏好	风险规避
市场结构	竞争性	双重动力	缺乏动力	双重动力	逐利
	垄断性	"鲶鱼效应"	封锁	"鲶鱼效应"	单一动力

资料来源:笔者基于上述分析编制。

第四节 我国先进制造业产业结构调整手段及战略[①]

先进制造业在中国经济发展中具有重要的战略地位,特别是在中国经济进入新常态下,是实现"一带一路"倡议和进行国际产能合作的重要支撑。调整中国产业结构合理性是经济持续增长、健康发展的关键。那么,适应新常态,如何合理调整中国装备制造业产业结构,使其充分发挥其产业优势,并带动相关产业的持续健康发展,则是我们当前必须给予关注和本书研究的当务之急。何种手段对先进制造业结构进行调整成为今后先进制造业产业结构调整的工作和研究重点。

一、我国先进制造业产业结构调整手段

(一)合理引入外资,确定引入方向[②]

政府在制定外资引进产业政策时应基于产业结构合理化考虑到行业的人力资本禀赋的差异性,引导外资介入人力资本禀赋较高的行业中,这样才能够合理发

[①] 该节为本书的阶段性研究成果,具体内容略有不同,请参见刘相锋(导师:唐晓华)在2016年的毕业论文《环境与资源双重约束下的中国制造业产业结构优化研究》。

[②] 该部分为本书的阶段性研究成果,具体内容略有不同,请参见唐晓华和刘相锋在2016年2月发表于《数量经济技术经济研究》中的《中国装备制造业产业结构调整中外资修复作用的实证研究》一文。

挥要素作用。具体而言，其既可以利用外资对经济注入新的动力，又可以避免产业结构失调带来的对经济增长的抑制作用，还能够产生技术溢出效应。当前，中国产业结构不合理已经成为共识，而且中国也处在产业结构优化调整的关键阶段，产业结构合理化是中国产业面临的迫切问题。为此，我们结合本书的分析提出以下几点政策建议：第一，重新认识产业结构合理化的重要性。产业结构合理化对产业经济稳定持续增长起到关键性的作用，自中国提出"中国制造2025"的发展战略后，各地政府纷纷出台相应的产业政策给予响应，但是中国装备制造业的子行业发展水平存在巨大的差异化。一些较为落后的产业一味地将产业高度化作为首选目标，对产业发展极其不利。因此，地方政府应该从产业特征出发，因地制宜地制定产业政策以更好地促进产业结构的合理化。第二，重新认识外资对中国装备制造业产业结构合理化的正向结构效应。在制定产业政策时，各地政府应重新认识外资的作用，在招商引资的同时，要看到外资的短期和长期结构效应，不能"一刀切"，错误地认为外资对所有行业都有良好的效果，诸如人力资本禀赋较低的装备制造业过度引进外资，会产生结构负效应。第三，正确看待外资的长期和短期结构效应。外资在短期介入时会形成一定的结构效应，起到资本流入的示范作用，但是单纯依靠外资就会适得其反。这就给政府以启示，应建立多层次金融融资体系，使得多种类型资本能够流向需要大量资本注入的地方。第四，引导外资介入人力资本禀赋较高的装备制造业中的资本密集型行业中去，而对于禀赋较低的装备制造业，应该加强基础设施改善和人才引进，实现人力资本的快速积累。所以，政府一方面要科学引导外资到资本密集型人力资本禀赋较高的装备制造业中去，发挥其有效的正向结构效应；另一方面要大力改善传统装备制造业的基础设施，吸引人才就业，这样不仅可以增进劳动与资本的耦合，而且促进了人力资本快速积累，进而促进产业结构合理化，走出简单模仿低端生产的怪圈。

（二）制定具有较为长效激励机制的能源政策和产业政策[①]

首先，通过产业结构调整达到能源"节流"的目的。加快制造业产业转型步伐，合理协调产业结构优化的内容，即以制造业产业结构合理化和高级化调整作为结构优化的短期、长期的手段和目标；降低制造业中能源消耗较大的子产业比重，通过产业结构合理化调整手段，促进能源结构和产业结构的协调程度，利用

[①] 该部分为本书的阶段性研究成果，具体内容略有不同，请参见唐晓华、刘相锋在2016年发表于《中国人口·资源与环境》期刊中的《能源强度与中国制造业产业结构优化实证研究——基于Geweke因果分解方法》一文。

产业结构的合理优化降低能源使用强度，起到"节流"的作用。

其次，通过技术水平提升到达"开源"的目的。加大能源、产业的技术水平研发投入，提高能源的利用效率，将能源清洁程度以及使用力度作为能源计划和产业政策考核的重要指标；增加新能源、替代能源及清洁能源的开发力度，通过技术长期进步优化制造业的产业结构和能源结构，实现能源经济协调发展的目的。

最后，差别性地制定制造业的产业政策和能源政策。产业政策的重点在于产业结构优化，然而无论从产业结构合理化还是高级化角度看，这种结构优化都是一种螺旋渐进的长期过程。相比之下，能源政策的核心在于能源利用效率，影响利用效率的结构效应和技术效应之间存在的是一种短期效果。这就要求，政策的制定应打破以往"一刀切"的模式，实行在时效和重点方面的差异策略，即制造业产业转型政策的执行过程较长，其效果相对较慢，因而长期的目标应作为政策始终明确基线；而制造业能源政策主要以短期为主，因而以技术突破为重点。

（三）差别性推行环境规制政策，发展相应融资渠道和适当控制贸易规模[①]

首先，推行具有差别化的环境规制政策。实施环境规制不能全行业一概而论，需建立以产业结构优化为顶层目标的差异化政策，这是实现环境约束下制造业产业结构最为优化的关键。政府应该以本书的划分标准为参考对制造业行业进行科学划分。在此基础上，以产业结构最优化为目的进行环境规制侧重安排，即不同区间的行业施以不同强度的环境规制。当产业结构出现合理化或高级化单一情况的偏差时，可以加大对低或高人均收入制造业环境规制强度；当产业结构出现整体合理化和高级化均不良时，应该提高中等人均收入制造业的环境规制强度。实际操作过程中，政府应该加强环境规制的实施对象筛选，严格把控环境规制的实施过程。对于以转移劳动福利方式提高人均收入以达到绕过严格规制的企业，应将其列入负面清单，对清单内企业或行业进行高频次、高强度规制处理。需要说明的是，若从长期环境规制强度的分配比重来看，政府应以两头强度较低中间强度较高的原则来进行规制侧重。

其次，适应产业创新需求，构建完善多层次产业融资渠道体系。环境规制要有效促进产业结构优化调整的主要难题在于企业承担环境成本后，可分配利润空间难以支撑后续技术、管理和环境创新。同时，不完善的融资渠道体系又增加了

---

① 该部分为本书的阶段性研究成果，具体内容略有不同，请参见唐晓华和刘相锋在2018年1月发表于《政府管制评论》辑刊中的《环境规制对中国制造业产业结构优化影响研究——基于行业人均收入差异的检验分析》一文。

融资成本，导致企业资金链断裂，使原有创新活动停止，创新动力大大受挫。这一系列不利因素使其要素配置效率下降的同时，创新能力也难以得到良性提升。因此，政府应该对产业融资渠道体系做进一步完善，确定重点扶持的领域。具体而言，政府应促进和鼓励银行进行金融创新，鼓励银行转变抵押担保方式，扩大无担保贷款的覆盖范围和力度，如 2015 年政府联合兴业银行推出"连连贷"业务；政府联合建设银行依托大数据技术创新推出的"税易贷"产品，以专门解决企业外部环境多变造成临时资金短缺难题。同时，政府须加强非银行融资机构的培植。银行融资渠道难以满足企业"短、小、贫、急"流动性贷款的需求，因而对如融资性担保公司、商业信用以及设备租赁等非银行融资机构重点扶持，有效扫清银行融资渠道的需求盲点。

最后，适度控制贸易出口规模，促进制造业产业结构高级化调整。政府应适度控制贸易出口规模扩大速度，防止过度低端加工阻碍产业结构高级化发展。近五年以来，美国政府实行"去工业化"战略对我国制造业提供了一种思路，去工业化的实质并不是去除工业本身，而是在保证工业先进的基础上对信息等高附加值产业的扶持。中国制造业实施出口导向型模式使得贸易出口规模快速扩张，经济快速发展，但是长期看其造成的过度低端加工和高附加值产业滞后的负面影响越发凸显。政府应对生产性等服务业进行合理引导，根据国际市场形式改变制造业的导向模式。

（四）明确私营经济与国有经济作用及定位，发挥政府服务性职能[①]

首先，加大私营经济对垄断性产业或市场竞争性边界介入。垄断性产业或市场由于经济环境或技术革新如"互联网＋"时代到来使得一些原本垄断的市场出现边界模糊化。该模糊的边界以往被垄断势力锁定，由于缺乏竞争难以进行技术或管理方面的创新。加大私营经济对该区域的进入，一方面可以保证该区域的经济效益，因为没有经济效益的区域私营经济并没有动力进入；另一方面，由于其进入会促使原有在位垄断企业出现危机意识，产生"鲶鱼效应"。

其次，强化国有经济在自然垄断或战略性领域的地位。自然垄断领域往往需要大规模地投入建设，但是由于这种建设往往短期内难以发挥经济效应，因而利润风险偏好型企业难以形成强有力的进入动力，但这些领域却又往往是涉及民生的领域，因而该部分需要国有经济掌控。另外，战略性领域一般关乎到国家的长远目标如航空航天产业，这部分领域需要大量的人才和风险承担能力，利润风险

---

① 该部分为本书的阶段性研究成果，具体内容略有不同，请参见唐晓华和刘相锋在 2016 年发表于《广东财经大学学报》中的《市场结构、企业性质与产业升级动力》一文。

偏好型企业难以有能力或愿意长期在该行业进行经营。但利润风险规避型企业如国有企业则考虑的是综合目标问题，相对更具有更强的优势。

再次，加强政府服务性职能，增强行业信息的传递，减少企业的搜寻成本。政府在引导企业进行转型升级时发挥信息传递的关键作用。许多企业在寻找新的升级空间时，由于大量的搜寻成本使得企业难以有效找准方向。虽然企业在市场信号方面具有天然的优势，但是一些国际项目或科研院所的优秀项目企业却难以捕捉，这方面的信息是对企业造成额外信息成本和负担，因而政府可发挥服务性作用，提供有效信息，减少企业信息搜寻成本。

最后，充分重视国有及集体所有制企业在环境治理方面的作用，并在招商引资过程中加强企业准入的环境标准，避免重复"先污染后治理"道路。由于近些年的国有企业改革进程的提速，盲目崇拜外资企业或私营企业、盲目追求效率的思想滋生，使得我们并没有充分重视国有及集体所有制企业在环境治理方面的作用，一味承接高污染的转移企业和行业，造成各地区走向了一条"先污染后治理"道路。从意识上看，本书认为首先应该肯定国有及集体所有制企业在环境治理方面的先进作用，不能仅仅以生产效率为唯一的考察指标，还应该将环境和生态等外部成本考虑其中，从而重新明确国有及集体所有制企业在经济发展中的作用和地位。此外，地方政府汲取以往经验基础上，提高企业的准入环境标准，防止一些高污染和生态破坏类企业寻找到"污染避难所"，造成污染的梯度性转移[1]。

（五）地方政府补贴中专项补贴力度亟待加强，科学设置补贴门槛[2]

本书在分析过程发现大型规模企业和小规模企业均对政府补贴的不敏感，这主要基于两个方面的原因：一是由于政府补贴的专项性较差，专项力度较弱；二是由于政府补贴门槛设置问题导致大规模企业常年获得，部分中小规模企业被排除在外，因而不同规模的企业对补贴的作用均不敏感，进而难以发挥其引导和示范作用。本书认为政府应该首先集中资金设置力度较大的专项补贴，实施过程中需要被补贴企业定期向社会公布补贴的使用状况，确保政府补贴环境效应的专款专用性。再则，重新审视补贴政策的门槛设置问题，将企业规模较大常年受到补贴的企业进行跟踪监测，起到示范引领作用。

---

[1] 污染避难所主要由污染避难所假说提出，本书通过微观数据证实的确存在该现象。

[2] 该部分为本书的阶段性研究成果，具体内容略有不同，请参见刘相锋在2019年发表于《经济理论与经济管理》中的《地方政府补贴能够有效激励企业提高环境治理效率吗？》一文。

二、我国先进制造业产业结构调整战略

（一）大力推进新一代信息技术产业发展

在信息化和智能化不断升级的今天，广泛覆盖的共享信息网络体系逐步成为了生活必需品，也是判断一个国家信息化程度的重要指标。在这样的宏观背景下，中国应当在工业信息化的道路上开辟出一条安全、可靠、普惠和性价比高的新路径。具体而言，从硬件上看，要加速建设宽带光纤接入网络设施，使其在现有服务领域基础上覆盖更广泛、不同网络的融合度更高、更加安全可靠，着力推进第四代移动通信（4G）网络向广度和深度发展，在有条件的地区推进第五代移动通信（5G）网络的示范应用，推动 TD-LTE 系统的商用示范规模化进程，充分发挥技术优势，以中国专利技术打造国际标准；着力推进以 TFT-LCD 为代表的新型平板显示面板的研发和生产，加速改造智能化领域的重要基础设施。从软件上看，要构建新一代信息技术领域的科技生态环境，以打造新型网络体系为总体目标，以配套技术的升级完善以更好地为新型网络体系服务为宗旨，提高移动智能终端的使用率，升级网络安全防护体系，并加快推进互联网技术标准的研发力度，实现科技成果转化；以符合中国现代化发展、满足人们物质文化生活需求的多网融合模式推动广播电视数字化改造，从技术研发到设备更新，从网络建设到业务应用，进行全方位的协调与监督管理；促进物联网技术和云计算领域的研发与示范应用，以中国制造的核心芯片为突破口提高科技产品的竞争力，强化国产软件与芯片的集成应用；加大在新型无线射频识别、微纳器件、智能仪表和智能信息处理等产业链的技术研发投入，突破云计算领域的关键核心技术，整合现有各类计算资源实现云储存、云安全及云计算应用支撑平台的示范应用；大力支持 PDP 高光效及高迁移率 TFP 驱动基板等技术的研发。从服务上看，要通过支持形式多样的创意文化产业发展来增强网络增值及软件服务的能力，大力发展数字虚拟技术等实现网络增值；着力开展后 IP 时代技术研发，以提高网络服务的质量和效率为重点加大技术研发力度。

（二）持续发展生物产业

生物医药产业关系民生健康，关乎基因遗传。中国传统医学博大精深，但中国的传统医学优势并未充分发挥出来，若想提高中国生物医药产业在国际上的综合竞争力，就必须将传统医学与生命科学前沿理论结合起来。具体而言，从医药

的研发上看，药物品种既包括用于疾病预防的疫苗研发和供应，也包括疾病治疗的生物技术药品，但提升生物医药产业发展水平的关键是从预防和治疗普通疾病向重大疾病上转化。若能将现代中药在重大疾病领域的预防和治疗上体现中国传统医学的精髓和特色，克服纯化、质量控制、高效筛选方法等环节的技术瓶颈，则中国的生物医药产业的竞争力和知名度会逐步增强。从设备的研发上看，搭建具有国际领先水平的高性能医学影像诊疗设备研发平台，建设技术集成平台，加速推进医疗设备研发与成果转化并推进临床试验及应用。从技术的研发上看，重点对后基因组、再生医学以及生物医学工程及远程等技术进行研发，尽早实现研发成果的临床转化，重点进行航天领域育种、转基因产品培植、胚胎工程等生物育种技术。从市场管理上看，要对生物医药产业园区进行整体规划及合理布局，对研发能力强并拥有自主知识产权的模范带头企业进行扶持，以骨干企业的示范效应带动园区其他企业提升竞争力；将维护并规范生物技术药品的市场秩序作为重点工作推进，鼓励并采用多种方式支持企业加入到质量安全的国际认证体系中，达到国际认证标准；采用多种激励方式促进医用材料与先进医疗器械设备等产品的研发及产品转化。从生物科技人才的培养上看，注重对高级生物技术研发人员的挖掘与培养，注重对一线生产技术人员的培训，从资金、场地、设备及政策等多方面为创新创业人才提供支持，为其实验成果转化提供便利条件，营造良好的生物产业创新环境。

（三）加速发展高端装备制造业

高端装备制造业现已成为衡量一国综合竞争力的重要标志。中国若想在世界制造业强国的队伍中占有一席之地，就必须拥有领先的高端装备技术，也就是要用中国创造取代中国制造，用中国装备来装备中国。具体来说，在高端装备技术开发领域，中国应当加强对核心单元技术、光机电一体化技术以及传感器技术的研发投入，促进微机电系统与机器人技术的融合，特别是要对国产数控机床技术进行重点研发，推进智能制造技术与装备的研发，发挥在关键零部件、工业机器人、自动控制系统的开发领域的示范应用，实现成果转化。在高端装备设施制造领域，重点建设城市、城际轨道交通及客运专线、多功能高效率工程及大型养路机械设备，提升现代轨道交通装备关键技术的创新能力，在列车制动、磁悬浮、通信信号等方面进行技术和装备的整体升级。在配套设施建设领域，建设24小时、一年四季不间断的对地观测卫星系统及天地一体的地面配套设施，扩大全球导航定位系统的应用领域，开发空间环境监测卫星系统，研发高端卫星平台等核心技术，推进先进领域卫星系统应用示范，推动卫星研发及应用产业的发展，推进高端航空领域的大国重器进一步升级完善，切实增加通勤航空试点，扩展支线飞机市场应用，进一步推动航空支援、租赁、维修等产业配套体系建设及航空航天产业的发展。有序推进重点资源、重点领域及重点区域的高端装备发展。以海洋资源为突破，建设海洋航空装备及新型装备总装制造平台，建设完善设计建造体系，加快推进观测与监测、半潜式平台、环境探测等装备及相关配套设备与系统。以高端智能装备制造业为重点发展领域，提高基础设施的配套能力，提升智能化、数字化以及柔性化水平。以环渤海地区、长三角和珠三角为重点发展区域推动高端装备制造业的发展，体现区域特色，引领其他地区协同发展。

（四）着力发展新能源产业

能源的储备和利用是影响一国可持续发展的重要因素。据统计，中国一次性能源的人均可采储量与世界平均水平相距甚远，将清洁能源和可再生能源作为主线的新能源产业发展势在必行。具体而言，清洁能源和可再生能源主要有核能、太阳能、风能、生物质能和电能几种类型。核能产业领域，应当推进核反应堆的换代升级与先进核能技术的研发，通过对轴资源的保障与战略储备，研制出具有自主知识产权的CAP1400C机型。太阳能产业领域，首先应实现对太阳能大规模储能技术突破，充分利用太阳能输电技术，升级电池组件技术，进一步拓宽太阳能光伏发电市场服务范围。在风能产业领域，提高风电技术，提升装备水平，扩大装机容量，顶层设计好进入大电网的容量配额及技术标准，确定好风电产业规模化发展的技术路线，加快建设并推进智能电网的应用示范，使其更好地为生产生活服务。在生物质能产业领域，以生物燃料技术开发为重点，既能节能环保又能降低生产成本，加快发展沼气的综合循环利用，逐步实现新能源对传统能源的替代。过去中国煤炭的使用方式以粗放式为主，能源消耗量大，碳排放量也居高不下，为了实现中国对世界的承诺，应有计划地实施传统煤炭使用改造方案，短期要实现对煤炭的合理、高效、清洁的利用，中长期要实现多联产技术的突破升级。在电力产业领域，也要注重节能减排和绿色环保，电力本身作为清洁能源是对传统能源的替代，但生产电力的过程往往消耗了较大能源且排放较多的污染物，应着力加强电力开发集中区域，选定部分电力建设系统作为示范点，分区域实行电力系统改造计划；在清洁能源和可再生能源资源丰富且适合对传统能源进行改造的地区，推进新能源技术的综合应用示范；在清洁能源和可再生能源相对匮乏但具备多元化利用条件的中小城市及偏远农牧区，建设新能源微电网系统，促进新能源装备产业化。

（五）重点发展新材料产业

在国际市场上，像钢铁、水泥等传统生产加工材料产业的生产能力排名中，中国企业的生产能力居于世界各国前列，同时中国在新材料某些领域的科学研发水平也跻身国际先进行列。但是，综合看来，中国在新材料产业领域的整体实力与世界发达国家相比还有一定差距，若想在新材料领域拥有发言权，不受其他国家的限制，实现由材料大国向材料强国的转变，核心关键就是研究开发生产关键性器件和原材料。其中包括对人工智能、超细纳米等材料以及超导等器件的基础材料的研究与开发，这些材料的应用范围广，实用性高，不断提高高精尖工程塑料的质量，保障高精尖工程的安全可靠，加大高品质特殊钢材和新型复合材料等一系列材料的研发力度，尤其是加强对半导体照明材料和高性能外膜材料、特种玻璃纤维、功能性陶瓷材料以及稀土材料等领域的探索，加大对超高分子量聚乙烯纤维、碳纤维等纤维复合材料的研究力度，不断拓展先进材料与技术产业的结合领域，大力开展产业示范应用，科学规划先进材料的认证体系和标准，鼓励先进材料参与认证，促进先进材料产业链的不断聚集和整合，提高材料附加值，积极倡导和鼓励多领域的产业融合，从而形成集研发和生产功能于一身的具有核心竞争力的大型国际化的新材料产业集群。同时，改造传统原材料产业，取其精华，去其糟粕，探索传统原材料与先进新材料融合的发展道路。

（六）优先推进新能源汽车产业发展

动力电池续航、电子元件控制和传动电机等核心部件是新能源汽车研发生产的核心关键领域。政府应该对当前燃料电池汽车的技术研发建立公共测试平台，不断完善产品研发和生产的数据库，完善充电配套体系和综合运用测试系统，推动插电式混合动力汽车和纯电动汽车研发生产，提高国产电动汽车的质量，完善电动汽车的功能，解决电池等技术瓶颈，重点突破"卡脖子"关键技术。同时，要合理利用政策，鼓励私人购买电动新能源汽车的补贴以及试点城市的范围和模式，用新型商业化经营模式，推动节能环保绿色新能源汽车产业的快速发展。

第七章

我国先进制造业集群转型升级研究

产业集群是现代产业发展的重要组织形式，不仅是地区经济发展的主导力量，而且是国际经济竞争的战略性力量。培育先进制造业集群是新时期推动制造业高质量发展的重要举措，更是实现先进制造业转型升级的关键依托。从空间布局的角度看，不同区域间的区域联动性增强、信息流通速度加快，加之相同的宏观经济环境和相似的经济景气变化周期，使得我国制造业企业的集中分布不仅局限在单一地区，而是更多地呈现出跨越行政边界的"块状"或"片状"分布的态势。虽然我国制造业产业集群的发展取得了长足的进步，但是仍然存在着诸多的不足：第一，制造业集聚内部价值链条较短，且以加工制造为主，缺少研究开发、品牌设计等高层次生产活动的支撑；第二，集聚企业水平参差不齐，缺少龙头企业的引领，国际化企业的辐射范围不足，品牌效应不显著；第三，集聚内中介服务能力、投融资咨询水平、互联网平台建设等软环境建设滞后，无法满足先进制造业发展要求；第四，跨越行政边界的制造业集聚存在同质化竞争现象，低效率、加工制造环节的企业成为先进制造业企业集聚的主线；第五，政府在资源配置过程仍然占据主要地位，市场手段配置效率相对较低。在这些因素的共同作用下，我国先进制造业产业集群的建设仍滞后于世界先进产业集群的要求，发展质量亟待提升。

第一节 先进制造业产业集群前沿理论与辨析

互联网经济下，虚拟转型使产业集群的发展直接超越了地理空间的边界束缚，进入其中的企业遍布全球，而其能够容纳的企业数量和规模不再有极限约束。虚拟产业集群先天性的全球化属性及其成员在地理空间上的分散化分布直接颠覆了传统理论基于地理空间对产业集群的定义①。"互联网+"、大数据等新技术的不断推广，助推了先进制造业集群理论的重生和发展，产业集群的实践形式呈现多样化色彩。

一、先进制造业产业集群前沿理论

随着"互联网+"、大数据等新技术的深入推广、产业结构调整步伐加快，精密机械、信息技术等高技术、高附加值的战略新兴产业取得快速发展，这些产业的产品具有"体积小""附加值高"和"运输方便"等特点，尤其适于航空运输。同时，产业结构也呈现了"分工愈加细化""产业链延伸"以及"中间品需求广泛"等趋势②，使得产品生命周期大为缩短，所以为减少高技术产品运输的时间，更多的企业倾向于选择航空运输。这些显著变化使得先进制造业的产业集群形式逐渐由"地理集中"形式向"虚拟化产业带"集中，形成现代所谓的虚拟化产业集群形式，即"虚拟集聚"③，在线产业带、临空产业集群及以工业设计为代表的创意产业集群成为发展前沿。

（一）在线产业带

随着科学技术进步水平的加快，信息化水平大幅提升，互联网技术应用的幅度、深度和广度在不同层面得到了深化。在产业集群附近建立专业性的批发市场是产业集群的传统销售模式，但在"互联网+"的冲击下，批发市场具有的辐射能力正在减弱、辐射范围逐渐缩减，传统产业集群亟须转型，这也成为"在线产业带"形式取代传统产业集群并逐渐成为主流形式的主要原因④。由于工业互联网、"工业4.0""中国制造2025"等概念在本质指向性、战略层次性方面具有相似性，使得"互联网+"在先进制造业产业集群中得到广泛应用。在互联网与传统制造业融合过程中，企业能够通过开放数据和共享资源，实现企业的应用创新和虚拟集聚。随着"互联网+"应用下形成的"零边际成本"趋势加强，使

---

① 陈小勇：《产业集群的虚拟转型》，载于《中国工业经济》2017年第12期。
② 张帆：《金融产业虚拟集群知识溢出效应的理论研究》，载于《科研管理》2016年第S1期。
③ 王如玉、梁琦、李广乾：《虚拟集聚：新一代信息技术与实体经济深度融合的空间组织新形态》，载于《管理世界》2018年第2期。
④ 鄢章华、刘蕾：《产业集群的"零边际成本"趋势及其引导策略》，载于《科技管理研究》2017年第1期。

得传统的基于专业化分工的产业集群逐渐转型为"在线产业带"形式,先进制造业的虚拟性特征加强。与1688平台合作的织里童装产业带、义乌在线产业带等都是互联网与传统产业集群融合而成的一种新业态,是线下传统产业集群在互联网平台上的一种映射与延伸。

(二) 临空产业集群

临空产业集群作为临空经济的基本形态之一,在临空经济发展过程中扮演着重要角色。临空经济发展会表现出一定的特点。航空运输指向性的产业,首先会加速机场周边的物流集群、制造业集群以及与航空运输相关联等的其他集群的形成。随着这些临空集群的不断壮大发展,其将优先带动机场周边的经济发展,进而形成所谓的临空经济走廊、临空经济区等形式,最终演变成一种最高形态的临空产业集群。临空产业的集群化,实现了非集群形态的性质变化或概念转变,实现了量变引发质变的过程。临空产业集群的特殊之处在于,多层次的历史演进过程、空港指向型集群、高程度的地区依托性、面向全球的导向性、复合型的产业类型、集群企业主体的多维互动。航空产业链、临空产业链、区域经济产业链等产业链条的协同发展,助推了临空产业集群的快速发展。

(三) 创意产业集群

世界级先进制造业集群都不是单一的生产制造基地的集群,还需要产业链上下游环节的协同集聚,特别是需要与以生产性服务业为主的现代服务业融合发展。以工业设计为代表的"创业产业集群"的迅猛发展就会打破偏向先进制造业的"单一化发展",转变为注重先进制造业与现代服务业的"融合化发展"。创意产业存在很多优势,不仅需要文化资源和创新氛围等支撑,还需要高层次创意人才的输入,所以具有文化底蕴和创意人才的大都市成为集中的首选,这也与绿色工厂和绿色制造的城市型聚集趋势高度一致。鉴于创意型企业的规模较小,其一般集中于城市中心位置以获得便利条件[1]。此外,创意型企业、研发机构、高等院校、金融机构、行业协会等不同层面的组织集中,其存在着相互联系、相互影响的深层次互动关系,从而形成了一个关系紧密的网络化体系[2]。

不同先进制造业产业集群理论突出了新时代制造业发展的先进性,融合了信

---

[1] 钟琴、葛家玮、黄明均、唐根年:《创意产业集群、外部性与城市创新——基于空间杜宾模型》,载于《科技与经济》2017年第6期。

[2] 葛东霞、高长春:《创意产业集群价值网络模块化研究》,载于《海南大学学报(人文社会科学版)》2017年第6期。

息技术革命的要求，虚拟化、智能化、信息化成为先进制造业产业集群理论的突出特点。但是应当明确的问题则是产业集群存在显著性的区域色彩，即空间异质性特征，即使相同或相似的先进制造业企业在不同地区集中，也会由于地区间存在的资源禀赋、技术水平、产业结构等要素的不同，而导致相同或相似产业集群产生的经济效应存在巨大差异。先进制造业产业集群的发展需要充分考虑地区异质性特征，比如区域分工定位、本地市场化规模、集群结构以及企业所有制形式等要素，并积极探讨产业集群效应的非均衡性问题，完善先进制造业产业集群理论的分析框架。

二、先进制造业产业集群相关概念辨析

产业集群所带来的竞争优势以及区域经济的增长，使其成为学术界研究的热点。但是由于不同学者研究方向以及侧重点不同，至今仍没有一个被各界公认的产业集群内涵的定义，与此同时也涌现出了大量相关概念。概念名词的不同定义往往会造成理解以及运用上的不精确，也容易引起歧义和理解上的不对称，一定程度上影响产业集群研究的推进和发展。本书试图通过对先进制造业产业集群相关概念进行辨析，以期对先进制造业产业集聚概念进行准确理解。

（一）产业集群

在《经济学原理》著作中马歇尔（Marshall，1920）最早提出"产业区位"理论，并逐渐为后来的产业集群理论的延伸奠定了基础。产业集群主要是指在特定地理范围内，存在竞合关系、有关联性的企业、供应商、中介服务机构、物流运输、金融咨询、法律服务等组成的群体。产业集群拥有差异性的纵深程度，代表着介于市场和等级制之间的一种新的空间经济组织形式①。产业集群可以看作是产业集聚在内部产业关联程度、价值链联系上的升级。产业集群要求其内部企业必须处于一条特定的价值链中，并且产业之间要存在一定的产业关联。显然，产业集群在内部产业间具有更加精密的关联度，产业之间在地理集中这一基础上到逐步扩张稳定的过程中始终保持着密切的产业联系。与之相区别的是，产业集聚内部产业显然缺少了固定的联系，产业总体的发展则是分散的，是没有密切联系的不稳定发展，因此区域内的创新绩效以及持续发展趋势上相对较弱。可以说，产业集群在一定程度上就是产业集聚，而产业集聚却不能等同于产业集群。

---

① 严含、葛伟民：《"产业集群群"：产业集群理论的进阶》，载于《上海经济研究》2017年第5期。

（二）产业园区

产业园区作为一个具备功能布局合理、结构层次优化、产业特色鲜明的工业集聚发展区域，是工业化进程带来的特定产物。世界上第一个真正的产业园区是成立于1951年的美国斯坦福工业园，也就是后来知名的硅谷，产业园区经历了从起步到转型再到快速发展的三个阶段，成为推动区域经济增长的重要力量。根据联合国环境规划署（UNEP）的定义，产业园区是指大量企业在区域范围内的集中。生产加工和/或商贸服务是所有产业园区均拥有的基本功能，而其存在的支撑基础为价值链中的物流及其增值服务环节[1]。第一，生产加工功能。依靠物流运输、仓储、流通加工、装卸搬运等物流环节实现原材料的流入，以及半成品和成品的及时输出。第二，商贸服务的功能。主要依托于金融、保险、法律咨询、会展、餐饮等增值服务的适时输入。所以，产业园区的完善加快了资本和劳动等要素的流入，提升了产业集中程度，但其又需要物流运输和增值环节的保障。产业园区正从依靠传统政策、行政化、硬基础等要素驱动，向制度、融合化、软环境等创新驱动转变。从组织模式看，产业园区正从传统的"大而全"产业集聚发展向定位明确、专业特色鲜明的产业链式协同发展转变[2]。

（三）产业生态圈

生态圈来源于生物学概念，主要是指生态系统的整体。随着社会发展和学术研究的不断深入，生态圈的概念不断延伸到社会经济、文化教育、信息交流等不同领域的应用，所以在经济学里产业生态圈的概念应运而生。产业生态圈的内涵主要是指某一地理范围内以特定产业为主导行业形成的具有较强竞争力和高质量发展形态的产业多维化生态体系，是一种新的产业发展模式和地理集中分布格局[3]。作为一种特殊的人工复合生态系统的产业生态圈，其发展高度依赖于自然界提供的资源和经济社会配置的服务水平，其拥有着实物、能量和信息流通的特定分布特征，主要核心功能在于模仿自然生态系统的运行规则，推动主导产业以及配套行业的可持续发展，从而形成一个协同发展的复合产业链体系。构建产业生态圈能够实现产业的高质量、可持续发展，是推动新时代经济发展的重要实践工具。

---

[1] 侯雪、康萌越、侯彦全：《中国制造2025背景下产业园区的分类与发展模式》，载于《开发研究》2017年第6期。

[2] 陶经辉、王陈玉：《基于系统动力学的物流园区与产业园区服务功能联动》，载于《系统工程理论与实践》2017年第10期。

[3] 汪传雷、张岩、王静娟：《基于共享价值的物流产业生态圈构建》，载于《资源开发与市场》2017年第7期。

(四) 块状经济

块状经济是在一定地理区域内集中的优势产业以及组织形式，是由中小企业集中形成的专业化产业区，是集成产销一体化的基地。块状经济主要以某一产品为主导，由生产、加工、销售、服务等不同环节集成形成的特色化产业分布格局，这些环节同处一个价值链，呈现出投资主体明确、产品趋同、专业化分工协作的特点，是不同组织主体的结合体①。从块状经济的不同层次来看：第一，生产同一产品的企业的集中分布，比如，浙江省委政策研究室所认定的10家左右的企业生产相同或相似产品，产值在亿元以上的集中区，这属于初级集中阶段；第二，企业分工协作生产某类产品的集中区域，属于高级阶段；第三，生产、销售等环节集于一体，具有纵向一体化分工体系的企业集中构成的产供销基地，这属于产业集聚的范畴②；第四，以纵向产业链为主，差异化但具有关联关系的企业间形成的紧密分工、合作与竞争关系的企业集中，这属于向高级集聚演变阶段。

(五) 先进制造业产业集群概念辨析

在兼顾产业集群、产业园区、产业生态圈和块状经济等概念共性的基础上，先进制造业产业集群的概念应主要突出"虚拟化"和"联盟化"的特征。首先，虚拟化特征使得先进制造业企业突破地理范围限制，不单单集中于单一地理范围，而且能够通过信息流、资金流、互联网等构成虚拟化的制造业企业集中形式；其次，联盟化的特点使得先进制造业产业集群汇集了制造商、供应商、物流服务商等传统企业，同时汇集信息技术服务商、咨询公司等企业提供服务。所以本书认为先进制造业产业集群为特定行业内，基于产业价值链支撑关系，具有关联性的企业、供应商、技术提供商、金融机构、中介服务商等组成的虚拟化群体。

第二节 全球先进制造业产业集群演进趋势及规律分析

随着"互联网+"、大数据等新一代信息技术的发展，在全球化发展进程中，美、日、德等工业发达国家的产业集群演变特征明显。因此，明晰先进制造业国

---

① 汪彩君、方晓贤、郑梦宇：《城镇空间结构演化助力产业结构调整》，载于《浙江经济》2018年第7期。

② 任家华：《浙江块状经济的生态转型与升级策略分析——基于商业生态系统视角》，载于《科技管理研究》2010年第22期。

家的产业集群演变趋势对于我国先进制造业产业集群发展具有重要的借鉴意义和指导价值。

一、全球先进制造业产业集群演进过程

(一) 美国产业集群——高端化引领行业发展

美国依靠技术水平的发展,形成了数量众多、类型多样,且特点突出、技术水平先进的制造业产业集群,大多数州都具有一个技术水平相当高的产业集群。随着新知识经济的不断强化,在美国的加利福尼亚州,形成了技术引领的高技术产业集群,即以航空制造、娱乐和电子通讯业为主的南加州经济区;以生物技术、软件、多媒体和互联网服务业为主的旧金山海湾经济区;以高产农业为主的中央流域经济区;以高科技制造、计算机服务业为主的萨克拉门托经济区。美国的产业集群特色各异、自成体系。依赖于先进技术的引领、高素质人才的会集、技术水平更新速度加快等优势,美国产业集群保持了强劲、持续的竞争力,成为引领世界先进制造业发展的典范集群①。美国的先进制造业产业集群不仅依靠高技术企业的汇集,而且依赖于中介配套服务能力的提升,两者形成了良性互动产业生态系统,集群内的虚拟化的知识交流网络为集群发展创造了持续动力。以先进生物技术集群为例,由于不断增加的研发投入,美国在旧金山、波士顿、华盛顿、北卡罗来纳和圣迭戈形成了五大生物技术产业区,五大集群不但聚集了典型的先进技术生物公司,而且更加注重研究院所、技术转移服务中心、金融机构、投资和服务等中介体系的建设,实现了先进制造业集群的可持续发展。

(二) 德国产业集群——技术工人支撑的高程度的技术渗透

德国依靠"双元制"教育体系②为先进制造业的持续发展源源不断地输送了高质量技术人才,使其逐渐成为制造业领域的强国。据西蒙调研统计,在全球3 000多家"隐形冠军"③企业中,德国就有1 300多家,其次是日本,而我国只有68家。德国的中小企业存在着明显特征:第一,家族企业,历史悠久;第二,

---

① 杨张博、高山行:《生物技术产业集群技术网络演化研究——以波士顿和圣地亚哥为例》,载于《科学学研究》2017年第4期。
② 整个培训过程是在工厂企业和国家的职业学校两个地方进行。
③ 隐形冠军,是指企业在某个细分市场绝对领先,并在自身领域成为世界前三之一,但年销售额不超过50亿美元,公众知名度比较低的企业。

长期的发展战略支撑；第三，着眼于高端"缝隙市场"，拥有全球领先的技术。以德国柏林 Adlershof 科技园为例进行说明。德国柏林 Adlershof 科技园的设置为：首先完善技术基础设施，并将6个自然科学部门和7所非大学研究机构迁到科技园附近；之后完善中心管理机构，并建立若干专门商业孵化器，起步企业能够在金融、技术、管理支持，配套服务设施等领域得到有效强化；最后，确立重点支持的高技术行业，比如光子学与光学，材料及微系统技术，环境、生物及能源技术，信息与媒体技术等。在雄厚技术工人支撑的德国先进制造业产业集群中，"工匠精神"在产业集群发展过程中体现得极为显著，是在职业教育、行业技术等"生态系统"基础之上形成的制造业产业集群，通过自主创新能力的提升，巩固和加强其在制造业领域的地位。

（三）日本产业集群——政府干预的"自上而下"的产业集群

丰田汽车产业集群、日产产业集群、大田机械制造产业集群、筑波科学城等典型的产业集群，代表着日本产业集群的发展特点。日本政府采取"中央主导、地方配合"的制造业集群发展模式，并通过"地方主动、中央补助"的集群辅助模式，实现了产业集群的最大化经济效益。随着制造业的不断演变发展，日本的产业集群形成了几种典型模式：第一，大企业为核心、中小企业聚集的产业集群；第二，大量中小企业集中的产业集群；第三，高新技术引领的产业集群。日本典型产业集群具有明显的"自上而下"特点，政府在产业集群发展过程中具有显著的干预色彩，政府通过鼓励技术创新、知识密集化、中小企业发展的扶植政策，推动了不同层次集群的持续发展。日本的产业集群干预色彩浓重，产业集群发展规划选择20年，共分三个阶段实施，分别为产业集群启动阶段（2001~2005年）、产业集群发展阶段（2006~2010年）、产业集群自主成长阶段（2011~2020年）。在日本产业集群规划政策推动下，政府干预促进了研究机构、产业间的良性互动，构建了良好的产学合作网络化创新体系，提高了产业创新能力和科研机构的科技转化能力，推动了产业集群的可持续发展。

（四）英国产业集群——有效网络化体系下的产业集群

英国作为最早的工业化国家，制造业产业集群经历了较长时间的发展和演变。英国形成了不同类型的集群，比如，伦敦的金融区，剑桥工业园，斯塔福德郡的陶器产业集群，贝德弗德郡的草帽产业集群和谢菲尔德的刀具产业集群等，这些产业集群不仅对英国经济发展贡献大，而且在世界制造业集群演进过程中也占据重要地位。英国的产业集群呈现明显的"新老交替"的现象，逐渐由传统产业集群转向高新技术产业集群，尤以剑桥工业园区最为出名。剑桥工业园区在

1969 年建立，在 20 世纪 70 年代后期和 80 年代初期，剑桥工业园区得到了快速发展，只是受累于英国经济的不断衰退，剑桥工业园区发展逐渐陷入停滞。此时，政府大力扶植生物技术的发展，加速生物、电子、医药等新兴产业的集聚和发展，剑桥工业园区依托剑桥大学一跃发展成为典型的在科研资源集中的先进制造业产业集群。

（五）意大利产业集群——竞争—合作良好环境营造集群发展氛围

20 世纪 70 年代末，意大利东北部和中部地区（"第三意大利"）在整体经济衰退背景下，仍然呈现出较强的发展势头，"第三意大利"地区经济发展的特征在于大量中小企业的集中，形成了地理位置上的互动发展，构筑起区域产业生态圈格局，也被称作"第三意大利经济"。意大利在产业集群化发展过程中不断构筑的制造业结构升级中的竞争优势，是推动资源匮乏、企业规模小的意大利经济总量排在世界前列的主要原因[1]。意大利集聚的组织结构具有企业生产网络的纵向和横向生产链构建的特征，集群企业各处不同价值链位置但是彼此间有着竞争或合作的不同联系形式。但是对于意大利产业集群中以分工合作关系构建的企业网络来看，集群企业的稳固供求关系大大降低了集群企业的生产和交易成本，规避了企业的商业风险。意大利产业集群内以相互了解与良好人际关系为纽带形成的良好社会资本，也减少了集群企业在运营、协调生产、物流等不同环节产生的各种费用。共同的市场促使集群企业不断进行技术创新，即使应用相同技术生产的同类产品也会存在产品外观上的差异。

美国、德国、日本等制造业强国的制造业集群演变各具特色，既有政府干预特色浓厚的集群，也有技术先行引领发展的集群。但是不管制造业集群的演变如何，都具有三大特点：第一，高技术引领产业集群发展。美国、德国、日本等制造业强国均对技术研发或技术引进高度重视，并且对技术应用范围、程度、价值进行全面考量，以获得产业集群内的技术推广效应的最大化。第二，金融、培训等中介机构平台日益完善。产业集群内部不仅有制造业企业的集中，还有一些后向关联企业的汇集，政府特别重视中介服务能力的提升，组建不同类型的咨询机构、政策优惠宣传服务等一系列服务体系，以达到集群内知识溢出效应的最大化。第三，跨区域性产业集群引领的要素空间重塑。单一地理空间的要素供给不足、集群拥挤效应凸显等不利因素，使得产业集群企业出现向空间范围内其他地区转移的倾向，使得产业集聚愈加呈现出跨区域的集中，实现生产要素在更大地理范围内的配置，重塑要素流动机制。制造业产业集群作为一个生态圈，必须拥

---

[1] 于蓬蓬：《基于全球视野的产业集群创新升级思考》，载于《企业研究》2016 年第 12 期。

有一个先进技术引领者,再有一个生态圈良好运转的氛围,两者相互作用、互动调整。技术引领吸引先进水平企业、高素质要素集中,为营造良好氛围提供细胞支撑;良好的氛围为技术溢出提供流畅的通道,加速技术创新要素的流动,增强技术研发成功性。

二、全球先进制造业产业集群演进规律分析

(一) 强化空间信息知识平台建设

先进制造业产业集群的发展需要技术创新的支撑,同时集群知识的管理能够使集群得到不可复制的竞争来源。传统的制造业集群主要通过企业合作实现不同形式的创新,以维持集群企业的不断发展和生存,但是随着"互联网+"、大数据等信息技术应用深度和广度的扩展,极大限度地改变了传统制造业集群服务平台的管理模式,不断更新的知识服务平台才能满足先进制造业集群对知识创新的要求[1]。随着计算与网络技术的发展,集群的知识服务由文本文档逐渐转变为以Web为基础的网络平台,进而演化到基于云计算和本体演化的高端知识集群服务平台,而云计算和本体演化技术等新型技术不断提高知识服务平台的运行效率。现代化产业集群平台的建设为先进制造业集群企业提供了从技术研发、信息推广到人员培训、政策支持等不同环节的服务,集群企业作为知识服务平台的使用者、建设者、维护者,能够建立起完善的、良好的空间信息知识在内部的交流[2]。集群平台建设为深度整合市场相关信息、获取制造业市场信息、处理材料提供了良好的指导。传统制造业产业集群在知识搜寻与获取过程中,需要花费较高的人力、资金等成本,结果却不甚理想,这就是造成现代化、融合信息技术的先进制造业服务平台更多依靠企业主动获取、匹配知识以实现知识畅通的主要原因。

(二) 网络关系嵌入的协同创新网络化

网络关系嵌入度是指网络间主体的信任和密切联系程度等,制造业企业在一定范围内聚集形成产业集群,这将形成高度联系的企业间的网络关系。"资源和才能、需求条件、关联和辅助性的行业、竞争企业的表现"成为决定集群竞争力的

---

[1] 熊媛:《浅析大数据服务产业集群的公共服务平台构建——以贵安新区电子信息园大数据服务产业集聚区为例》,载于《现代经济信息》2017年第16期。

[2] 孟亮:《辽宁葫芦岛泳装行业首创"产业集群海外仓"的效应及经验做法》,载于《对外经贸实务》2017年第7期。

主要因素。基于此，对于实现先进制造业产业集群的高质量发展，需要构建一个集群创新系统，这个创新系统需要从核心层、辅助层、支撑层三大不同层面开展。先进制造业集群创新主体在于核心层，这一层主要有物流企业、制造商、供应商、金融、咨询等不同企业，核心层企业需要消除企业墙，破除集群企业的知识黏滞性，加快创新资源在不同集群企业间的共享和交流。物流硬件设施、信息平台、公共服务机构等部分成为辅助层面的主要要素[①]。在这一层面中硬件设施成为基础性功能要素，需要集群中的大企业加入，不断升级设备改造落后设施，通过共享硬件设施降低企业成本，实现设施的良性循环利用。支撑集群创新的外部环境成为支撑层面，主要有社会文化、地理区位、政府政策、外部市场和技术环境等不同要素。

（三）集群中介服务升级步伐加快

产业集群的发展需要时代性、适应性、可持续的集群中介机构的配套服务，支持园区的后续发展，将集群打造成为中介配套服务的示范区。产业园区积极开展企业与高等院校、科研院所等不同机构全方位合作，建立起广泛的合作网络化体系，培养在技术、资金、人才等中介服务的集合能力，从而整合中介服务链体系，实现集群的集成能力与整合功能的统一，从而将产业园区打造成为产业协调发展和中介服务整合的示范基地。借助软件和硬件环境的优势不断吸引高端中介机构的进驻，从而持续提升和优化先进制造业产业集群的中介服务结构和能力，为更好地发挥集群的辐射力和示范效应提供良好的保障。释放集群的技能培训实习基地、中介服务业孵化基地等潜力，积极培育集群中的龙头企业，改变先进制造业产业集群存在的中介服务企业"小、散、弱"的不利局面，为更好地发挥中介服务对集群中生产型企业的带动作用提供后勤保障。

（四）集群发展对服务型政府提出了更高要求

政府在先进制造业产业集群创新和发展过程中扮演着重要角色。在经济层面上，政府的任务首先在于保持经济稳定，其次在于改善微观经济主体的一般能力。而在这一过程中，政府经济政策将会影响制造业集群的发展过程。先进制造业产业集群存在技术创新外溢、路径依赖、结构惯性等问题，而这些问题需要政府持续采取措施进行改善[②]。因此，政府作为产业集群发展的重要"抓手"和集

---

① 周灿、曾刚、辛晓睿、宓泽锋：《中国电子信息产业创新网络演化——基于 SAO 模型的实证》，载于《经济地理》2018 年第 4 期。

② 阮建青、石琦、张晓波：《产业集群动态演化规律与地方政府政策》，载于《管理世界》2014 年第 12 期。

群内外部有机协调的纽带,不仅要通过体制机制的创新、管理体制的实施、多元化投入机制的落实、市场化机制的运作等举措营造产业集群发展的良好环境,解决产业集群面对的主要问题,而且还应通过提供多层级、全方位的政策制度设计,改善和解决先进制造业产业集群存在的不足和缺陷,从而提高先进制造业产业集群的整体创新水平。此外,在集群政策领域,中央和地方政府之间应当协作分工,避免出现越位干预、错位发展的问题,中央更多地倾向于协调能力的展现,而地方政府尽可能地采取举措实施集群政策,实现不同级别政府在产业集群政策层面的差异化分工,平衡发展。

三、全球先进制造业产业集群新趋势

(一)先进制造业集群发展环境的协作一体化

由于先进制造业对于技术要求较高,使得先进制造业企业不得不进行持续的技术创新,以保持企业竞争力。但是从企业层面来看,不同形式的创新,比如,产品创新、工艺创新、管理创新等,均需要大量的资金支持;或者进行技术的引进、消化、吸收等。大量的创新投入存在较高的风险,因而先进制造业产业集群必须得到金融业的支持,以保证企业自主创新的资金支持、企业规模扩张的需要、完善企业销售网络等一系列经济活动。同时,对于集群内部企业间的沟通、交流和交互等商业环节,需要政府部门提供完善的服务,对于科技转化生产力的中介服务机构的要求更高。信息化水平的提升对于先进制造业的发展越来越重要,使得信息化技术的应用程度和应用范围亟待拓展和提升,而这也是政府部门提供公共服务的主要方向。

(二)先进制造业集群竞争力的技术先行性

先进制造业的先进技术应用程度明显高于传统制造业,尤其是随着科技革命盛行,云计算、"互联网+"、大数据等先进技术应用范围的扩大,使得先进制造业产业集群的形成、发展、扩张更加依赖于技术进步,特别是先进技术的应用。产业集群作为一种特殊的创新生态网络,集中了大量的科研机构和中介服务机构,比如大学和科研院所、企业、政府以及中介服务机构等,彼此之间的分工协作,以及与其他创新资源的组合和配置都会影响集群创新活动的进行[1]。先进制

---

① 寸晓宏、巩福培:《高新技术产业高端化与产业集群升级》,载于《学术探索》2017年第11期。

造业产业集群由于对技术水平的要求较高，使得其不断向科研水平较高、科研资源丰富、技术人才雄厚的地区或产业集中，形成了典型的技术指向型的产业集群类型。

（三）先进制造业集群组织的虚拟化

虚拟化趋势主要包含两个方面：第一，实体制造业部门与科技资源等机构的分离；第二，在线产业带的兴起。先进制造业对于技术要求较高，但是并不是所有企业都具有自主创新的能力和资源，然而技术先进性使得企业不得不持续进行产业技术创新，尤其是先进技术的应用。在面临巨大创新风险的时候，企业寻求技术创新合作的模式，与大学、科研机构、科学院所等不同创新机构合作，就造成了先进制造业实体与创新活动的分离，形成先进制造业集群第一层次的虚拟化趋势①。随着"互联网+"、大数据、云计算等先进技术的流行与应用，先进制造业逐渐借助于互联网、大数据、云计算等信息技术，拓展企业经营范围，形成了所谓的在线产业带形式。在线产业带的集群形式从一定程度上摆脱了不得不邻接与某一特定地理位置的限制，形成全国范围内相同或相似产业的集中。

（四）先进制造业集群结构的联盟化

先进制造业产业集群本身作为一个产业生态圈，拥有制造业企业、科研院所、政府培训部门、科技中介机构等不同的组成部分。集群形成的生态圈越来越表现出一种联盟化的特征，尤其是先进制造业对不同服务机构要求水平较高、网络联系度较高等。对于先进制造业产业集群联盟化趋势的加强，其能够加速集群内先进制造业企业的合理产业布局，不断完善先进制造产业链和生态圈，加快构建新型先进的制造业体系②。同时，通过集群内不同企业、中介机构、培训机构等单位通力协作、集聚力量，先进制造业产业集群可以加强对先进制造关键共性技术和核心技术的攻关，提升技术创新能力；丰富的资源集中，能够使得集群内企业、机构充分吸收各方意见和建议，使得集群能够更好地发挥沟通桥梁和服务平台作用；利用集群内人才资源的优势建立完善的人才储备体系，为先进制造业的发展提供参谋指导和智力支撑。

---

① 宋华、卢强：《基于虚拟产业集群的供应链金融模式创新：创捷公司案例分析》，载于《中国工业经济》2017年第5期。

② 张丹宁、刘永刚：《产业集群社会责任建设模式研究——基于共生视角的分析》，载于《商业研究》2017年第7期。

第三节 我国先进制造业产业集聚水平研究

随着我国城镇化建设、工业化进程的不断深化,一大批工业园、高新技术园区和产业集聚区纷纷兴起,加之各级政府所制定的产业集聚发展规划与纲要,使产业集聚逐渐成为优化产业结构、促进转型升级、实现区域链条式发展的重要战略举措。比如,2015年12月23日,国务院批复《中德(沈阳)高端装备制造产业园建设方案》,使中德沈阳装备制造产业园区成为"中国制造2025"与"德国工业4.0"对接的重要平台和合作试验区,国际化、智能化、绿色化的高端装备制造业园区的集聚效应日益凸显。然而,产业集聚所具有的规模效应与拥挤效应在产业与地区生产率提升过程中的作用并不具有一致性,因而各级政府之间应当合理统筹产业布局、有效配置产业资源、切实开展区域合作,真正发挥产业集聚在提升传统产业、培育新兴产业、扶持高端制造业中的作用[①]。

我国不同省市在经济发展、人口规模、外商投资环境、资源禀赋状况等方面存在的差异是制造业空间集聚的影响因素。工业作为我国经济增长的主要部门,一直是劳动生产率持续提升的推动力之一,成为联系不同地区产业要素交流、经济活动集聚效应发挥的有效载体。我国产业结构中的劳动密集型、能源化工、资源密集型等行业在发展过程存在着典型的"不均衡"发展现象,在我国经济新常态形势要求下,为加快"中国制造2025"的转型步伐,适时进行制造业的产业结构转型升级、实现产业在地区间的转移成为必要环节。因而,有必要深入研究我国制造业在空间地理范围内的分布状况,为先进制造产业在不同地区间的调整提供依据。

本节将从三个方面进行说明:首先,从总体上对制造业的集聚水平进行解析,并对制造业的空间分布格局进行分析;其次,对不同省市的制造业发展水平以及集聚状况进行探究;最后,根据先进制造业的发展要求,对制造业的生产效率进行说明。

一、我国制造业集聚——阶段化特征

现有测量产业地理集聚的方法主要有赫希曼—赫芬达尔系数、胡佛区位系

---

① 唐晓华、陈阳、张欣钰:《中国制造业集聚程度演变趋势及时空特征研究》,载于《经济问题探索》2017年第5期。

数、熵指数、区位基尼系数等。由于上述方法测算结果具有高度相关性①,因而本节主要采用区位基尼系数,测度产业集聚水平。区位基尼系数的计算公式为:

$$G_i = \frac{1}{2n^2\delta} \sum_t \sum_k \left| \frac{x_{it}}{X_i} - \frac{x_{ik}}{X_i} \right| \qquad (7-1)$$

式中,x_{it} 和 x_{ik} 是产业 i 在城市 t 和 k 的就业人数;X_i 为产业 i 的就业人数的总和;n 表示为地区数量,此处 n = 30;δ 为产业 i 在各地区就业人数的均值。G_i 的取值范围为 [0,1],若产业在地理空间分布上集中在一个或少数区域,则区位基尼系数越接近于 1,反之越接近于 0。

根据式(7-1)计算 2004~2015 年我国制造业的空间基尼系数结果可知,2004~2015 年我国制造业集聚水平呈现波动上升趋势,由 2004 年的 0.4088 增加到 2015 年的 0.5252,增长了 28.44%,并且在 2014 年达到我国制造业集聚程度的最大值 0.5268。这表明我国制造业地理集聚现象显著,地区发展之间存在梯度差距,存在较为严重的非均衡分布。但是在不同时期我国制造业的集聚变化并不一致,呈现出典型的阶段性特征,这与产业发展、政府政策、资源禀赋等因素具有密切相关的关系。通过分析,可以将制造业集聚过程大致划分为三个时期。

第一阶段:快速增长期(2004~2010 年)。此阶段,东部沿海省市地区受惠于国家全方位的改革开放政策以及加入 WTO 等国内外宏观政策刺激,开放程度进一步提高、投资环境得到明显改善、外商直接投资活跃,吸引中西部地区的资本、劳动力不断向东部集中,使得东部地区的技术密集型、资本密集型、知识密集型等制造业行业的发展水平得到快速提升,是造成我国制造业整体集聚水平快速增长的拉动力量。这一阶段的集聚水平由 2004 年的 0.4088 增加到 2010 年的 0.4853,增长了 18.70%,增长幅度最大。

第二阶段:政策刺激期(2010~2012 年)。此阶段是金融危机之后的"四万亿"政策刺激期与经济新常态时期,国家为应对金融危机在全国范围内进行的投资和政策刺激,主要集中于铁路、公路、机场等基础设施,而这些投资建设领域与制造业密切相关,使制造业领域重复建设和投资现象加重,导致我国制造业的集聚水平下降。同时,在国家经济出现下行趋势之前,制造业的衰退迹象显现,一些高耗能、高污染的制造业行业出现衰退趋势,这也加速了制造业集聚水平的下降。这一阶段的集聚水平由 2010 年的 0.4853 下降到 2012 年的 0.4712,下降了 2.90%,与国家宏观经济刺激明显相关。

第三阶段:调整转型期(2012 年至今)。此阶段我国正在适应经济新常态所

---

① 唐晓华、陈阳:《中国装备制造业全要素生产率时空特征——基于三种空间权重矩阵的分析》,载于《商业研究》2017 年第 4 期。

带来的挑战。新常态使得我国经济处于增长速度换挡期、结构调整阵痛期、前期刺激政策消化期的"三期"叠加时期，要求我国必须由粗放式经济增长模式转型为集约式经济发展模式，产业结构转型调整的步伐加快，导致我国东部沿海地区的资源型产业、重化工产业等传统产业向中西部地区转移，这使我国制造业集聚水平出现增长态势。这一阶段的集聚水平由 2012 年的 0.4712 增加到 2015 年的 0.5252，增长了 11.44%，并且在 2014 年达到最大值 0.5268，但是增长幅度明显低于前期增加幅度。

综上来看，我国制造业的集聚程度不断增强，说明我国制造业的空间分布越来越不均衡，越来越集中于少数几个省市；同时，我国制造业集聚水平的阶段性特征显著，呈现出"上升—下降—上升"的变化过程。

二、我国制造业空间集聚——空间结构化分异显著

区位基尼系数测度的是产业总体发展的不均衡程度，无法区分产业集聚的区域是否在地理空间上存在邻接关系。空间自相关可以用来衡量区域属性值的集聚程度，即地理邻接的省区是否具有相似的产业属性值，是测算地理属性值空间关联性的重要方法。

（1）全局自相关。由于产业间存在的投入产出联系、区域间形成的专业化劳动力市场共享、区域间的交通通讯技术改善等因素，使得某一区域产业发展明显受到其他邻近区域产业条件的影响，致使产业越来越表现为区域性集聚，而不是单一省市的集聚，从而形成区域间的产业链一体化。这里运用空间统计中的莫兰指数来衡量区域之间产业发展的相关程度。莫兰指数计算公式为：

$$M = \frac{\sum_{i=1}^{n}\sum_{i \neq j}^{n} W_{ij}(x_i - \bar{x})(x_j - \bar{x})}{s^2 \sum_{i=1}^{n}\sum_{i \neq j}^{n} W_{ij}} \quad (7-2)$$

式（7-2）中，i 和 j 为空间区域，M 表示制造业产业的全局莫兰指数（Moran's I）；X_i 表示区域 i 的属性值；均值 $\bar{x}$ 的计算公式为 $\bar{x} = \frac{1}{n}\sum_{j=1}^{n} X_j$；方差 $S^2 = \frac{1}{n}\sum_{j=1}^{n}(X_j - \bar{x})^2$，n 为省市数量，此处 n = 30；$W_{ij}$ 为空间权重，本书主要采用邻接权重，邻接权重分为一阶邻接和高阶邻接两类，一阶邻接的赋值原则为邻接空间区域有赋值为 1，否则为 0。本书将选用一阶邻接权中的车式（rook）空间邻接方式，车式邻接规则仅把存在共同邻接边界的空间区域定义为邻接单元，公式为：

$$W_{ij} = \begin{cases} 1 & \text{区域 i 与 j 存在共同边界} \\ 0 & \text{区域 i 与 j 无共同边界或者 i = j} \end{cases} \quad (7-3)$$

莫兰指数主要用来解释区域属性值的空间相关性，取值范围为[-1,1]，当 Moran's I >0 时，表示空间正相关，具有相似属性值（高高或低低）的区域空间集聚；当 Moran's I <0 时，表示空间负相关，说明异质性数据（高低或低高）空间集聚；当 Moran's I =0 时，表示不存在空间相关性，属性值处于随机分布状态。Moran's I 的绝对值大小衡量的是空间相关程度，绝对值越大表示相关程度越大，反之亦然[①]。

(2) 局域自相关。全局莫兰指数只能说明我国不同省市制造业整体集聚状况，不能明晰某一省市制造业具体的集聚特点，因而需要采用局域莫兰指数来分析每个省市的局部空间依赖性和异质性程度，以弥补全局空间自相关可能存在的缺陷。局域莫兰指数公式为：

$$M_I = \frac{(x_i - \bar{x})^2}{\dfrac{\sum_i (x_i - \bar{x})^2}{n}} \sum_j W_{ij}(x_j - \bar{x}) \quad (7-4)$$

除局域自相关指数外，莫兰散点图通过四个象限，以揭示不同省市之间制造业发展的空间关联关系。第一象限为 H-H 类型，表示该省市自身与周边省市的制造业发展水平均较高，不同省市之间的差异程度较低，属于制造业高水平省份；第二象限为 L-H 类型，表示该省市自身制造业水平较低，而周边省市的制造业水平相对较高，形成一个"盆地"值；第三象限为 L-L 类型，表示该省市自身与周边省市制造业发展水平均较低，即使省市之间差异程度较小，但属于制造业低水平省市；第四象限为 H-L 类型，表示该省市自身制造业水平相对较高，而周边省市制造业水平较低，形成一个典型的"孤岛"值。第一、第三象限的空间自相关关系表示制造业发展水平相似省市集聚，而第二、第四象限的空间自相关关系表示制造业发展水平具有异质性的省市集聚[②]。

(一) 制造业空间不平衡特征逐渐增强

利用式 (7-2) 获得我国制造业在 2004~2015 年期间的 Moran's I。在 2004~2015 年期间，利用邻接计算的我国制造业发展水平的全局自相关 Moran's I 指数均为正值。这反映出我国制造业在不同省市层面上存在显著的空间正相关关系，发展水平相似（高高或低低）的省市在空间分布上存在集聚现象，并且这

[①] 田毕飞、陈紫若：《FDI 对中国创业的空间外溢效应》，载于《中国工业经济》2016 年第 8 期。
[②] 陈阳：《东北地区制造业空间集聚时空特征研究》，载于《区域经济评论》2017 年第 3 期。

种趋势存在着增强的迹象。正的空间相关性也说明相似的文化背景、社会经济条件、制造业发展基础等区域性集聚一直存在，随着我国不同省市之间的交通基础设施建设加快、劳动力跨区域流动频繁等区域交流现象的加强，不同省市间制造业发展的相互影响程度也不断增强；同时，制造业发展水平相似省市形成了紧密的投入产出、劳动力市场共享、技术知识溢出等方面的联系，使得相互间的产业依赖性增强，产业通过经济纽带形成了溢出效应。

从时间演变趋势来看，2004~2015年我国制造业莫兰指数呈现波动性增长趋势，由2004年的0.1340增长到2015年的0.2346，增长了75.12%[①]，这说明我国制造业在不同省市间的分布是非均衡的，制造业在地理空间上的分布加剧了不平衡，但是在2004~2015年期间依然可以将增长阶段划分为三个不同的变化阶段：

第一阶段：缓慢增长期（2004~2009）。此阶段虽然存在2006年的高点0.2188，但是从总体上来看，我国制造业总体的莫兰指数从2004年的0.1340增长到2009年的0.1717，增长了28.14%[②]，此阶段增长的主要原因在于我国于2001年加入WTO之后出现的机遇，加工出口型的制造业行业迅猛增长，导致我国不同省市的制造业出现均衡性发展，使得总体的莫兰指数增长幅度不大。

第二阶段：快速提升期（2009~2012）。此阶段我国制造业的莫兰指数由2009年的0.1717增长到2012年的0.2566，增长了49.42%[③]，并且在2012年达到最大值。此时的制造业在我国不同省市的分布达到最不均衡状态，高水平、低水平的制造业发展省市趋于集聚，两极分化严重。主要原因在于金融危机之后，国家实行的"四万亿"刺激计划，使得特定行业、特定地区的制造业发展迅猛，这就造成了制造业分布的不均衡。

第三阶段：波动变化期（2012~2015）。这一阶段我国面临着增长速度换挡期、结构调整阵痛期、前期刺激政策消化期三期叠加带来的挑战，使得我国制造业发展出现短期的波动，在空间范围内的表现为莫兰指数的波动变化。这一阶段莫兰指数首先下降，之后出现增长，且2013年成为这一阶段的转折期。总体来看，我国制造业在这一阶段的非均衡性减弱，均衡性发展加强。

从上述分析可以看出，我国制造业在地理范围内的分布是趋于非均衡，这使得制造业发展在不同省市的地位具有异质性。这就需要具有优势地位的省市积极进行制造业的转型升级，淘汰高耗能、高污染的落后产能，成为先进制造业发展的领先者；对于制造业发展落后的省市，需要积极提升产业发展环境、改善产业基础设施、提高产业配套能力，为下一步承接产业转移创造良好环境和基础，形成分工合理的产业体系。

[①②③] 资料来源：笔者计算得出。

(二) 制造业东部沿海地区愈加集中

上述分析已经证实，我国制造业在不同省市之间表现出一定的非均衡性特点，高水平与低水平之间存在显著的结构性特点，但并未说明我国制造业具体的区域分布状况以及演变趋势，因而本部分将对我国制造业的空间地理分布状况进行探究，并对演变趋势规律进行总结。地理统计学中的局域空间自相关指标主要用来衡量某一地理区域与其存在不同程度空间关联区域的依赖性或异质性程度。

1. 制造业空间分布格局——静态角度

由于全局自相关 Moran's I 指数无法反映局部地区的空间集聚特征，需要利用局域自相关进一步探究我国不同省市制造业集聚的空间布局特征。根据局域自相关式 (7-4) 得到我国制造业 2015 年的 LISA 集聚情况：2015 年，我国制造业空间分布格局以 H-H 和 L-L 类型的省市居多①，这说明我国制造业呈现典型的空间集聚特征，即制造业发展具有优势的省市（H-H）或处于落后水平（L-L）的省市在空间上集聚，这与全局空间分析结果相一致。我国制造业 H-H 类型分布的地区主要集中在以北京、上海为中心的东部沿海地区②，且这些城市连接成"片状"分布，并具有"多中心"发展模式特点。L-L 类型主要分布在黑龙江、内蒙古、吉林、新疆、甘肃、宁夏、青海、云南等偏远地区，也呈现"片状"分布，同样具有"多中心"发展模式特点。从上述分析可以看出，2015 年我国制造业空间地理分布格局呈现典型的由东向西递减的阶梯状分布，即使在产业区域发展互动性增强趋势下，分布格局依然具有一定的稳定性，地理分布的空间连续性特征显著。

我国以"H-L 和 L-H"为发展类型的省市数量较少，这从侧面反映出我国制造业发展水平空间依赖性较强，城市制造业发展的异质性较弱，区域间地理联系或经济联系频繁，形成了区域产业链一体化。H-L 类型代表省市自身制造业发展在区域范围内具有一定优势，而与其区域邻接或经济发展水平相似的城市制造业发展相对较低，属于"孤岛"值，制造业发展成为典型的"局域"式；L-H 类型代表省市自身制造业发展在区域范围内不存在优势，但是其区域邻接或经济发展水平相似的城市制造业发展相对较高，属于"盆地"值，制造业发展成为典型的"卫星"式。2015 年，我国制造业发展属于 H-L 类型的省市为陕西、四川、广东、辽宁，属于 L-H 类型的省市为北京、山西、贵州、广西、海南。这些 H-L 和 L-H 类型省市都成为制造业空间溢出效应发挥不足的典型，区域间劳动力资源流动性较差、产业技术知识或隐性知识传播途径不畅等因素，使得高

---

① 2015 年 H-H 类型的省市为 13 个，占比 43.33%；L-L 类型为 8 个，占比 26.67%。
② 包括山东、河北、河南、江苏、安徽、湖北、浙江、重庆、江西、湖南、福建、天津、上海 13 个省市。

水平发展福利不能辐射周边或低水平区域吸收先进经验途径不足，不利于推动自身或区域制造业的发展。

2. 制造业空间分布演变趋势——动态角度

通过对不同时期我国制造业空间集聚格局进行分析，可以得出制造业集聚格局演变规律，为下一步的政策制定提供借鉴。

第一，我国制造业地理分布愈加呈现两极分化。2004年H-H和L-L类型的省市数量分别为14个和6个，共计20个，而H-L和L-H类型总共为10个；到2015年H-H和L-L类型的省市数量为21个，H-L和L-H类型总共为9个。同时，我国制造业H-H类型的省市愈来愈集中在东南沿海地区，L-L类型集中在西北地区，这说明我国制造业的空间地理分布格局两极化现象加剧，并且出现"结构化"趋势，但是区域间的溢出效应并未得到强化。①

第二，我国制造业空间集聚的地理分布格局相对稳定，空间分异化明显。2004~2015年期间我国制造业空间集聚演变过程中，未发生集聚类型变化的省市数量为20个②，占总数的比重为66.67%。H-H类型未发生变化的地区为10个，形成以天津、山东、江苏、浙江等为稳定中心的热点区域，由热点区域向周边地区辐射；L-L类型未发生变化的为新疆、甘肃、宁夏、青海、云南5个地区；H-L类型未发生变化的主要是四川、广东、辽宁3个地区；L-H类型未发生变化的为广西、海南2个地区。2004~2015年，我国制造业集聚水平较高的区域越来越集中在东南部地区，而低水平区域则向西北地区集聚，且这种趋势有强化迹象，空间分异化格局明显加剧。③

第三，我国制造业不同空间集聚类型之间存在跨越现象。北京、安徽、江西、陕西、内蒙古、黑龙江、吉林、贵州、重庆、山西10个地区均发生了不同类型间的跨越。这些城市受制于自身经济发展资源、政府政策、机制体制等因素限制，同时，又受到周边核心城市极化效应的影响，自身地区劳动力、资本等大量生产要素流失，制造业发展面临巨大挑战。由于地区制造业发展相对滞后，使得区域产业转型困难、产业结构调整缓慢。加之低水平地区由于土地、劳动力、资本等要素的有限性，或是政府政策在某一时期的偏指向性不同，导致制造业在占用资源、享受优惠政策等方面出现了相互排挤现象，从而使得一个产业的发展阻碍了另一个产业的发展，致使出现空间集聚类型跨越的现象。④

第四，我国制造业空间集聚地理分布格局的"多中心"模式形成且强化趋势

---

①③ 《中国工业经济统计年鉴》（2005~2012）和《中国工业统计年鉴》（2013~2016）。
② 这20个省市为：山东、河北、河南、江苏、湖北、浙江、湖南、福建、天津、上海、四川、广东、辽宁、新疆、甘肃、宁夏、青海、云南、广西、海南。
④ 《中国工业经济统计年鉴》（2005~2012）和《中国工业统计年鉴》（2013~2016）。

明显。2004~2015年期间，我国制造业空间集聚空间分布的"多中心"模式以浙江、江苏、上海、天津、山东等省市为中心，且制造业集聚中心演变具有稳定性特点。浙江、江苏、上海、天津、山东等省市除了具备老工业基地雄厚产业基础的优势外，还在科研教育水平、产业配套能力、政策支持力度等方面有所提升，使得中心地位得到强化，逐渐成为制造业空间集聚的中心区域。同时，"多中心"的发展模式得到强化，主要体现在依附于中心区域周围的省市逐渐增加。中心区域所具有的空间溢出效应，使得周围区域能够最大化地发挥中心区域的经济辐射作用、承接产业转移、享受中心城市基础设施建设的福利，逐渐形成高水平集聚区域的块状分布。①

（三）时空演变影响因素探析

1. 历史发展基础

任何事物的历史基础条件都在其产生和演变过程中发挥着至关重要的影响，新的经济地理格局一般都是对旧的经济格局的继承、吸收与发展，因而，历史发展基础成为我国制造业空间集聚分布格局演变的主要驱动机制之一。2004~2015年期间，我国制造业空间集聚区域在地理分布上表现出一定的随机性和跳跃性特征，北京、安徽、江西、陕西、内蒙古、黑龙江、吉林、贵州、重庆、山西等10个省市发生空间集聚类型变化，但浙江、江苏、上海、天津、山东等20个省市及周围区域表现出一定的H-H类型集聚的稳定性倾向。其原因之一在于这些地区不仅具备老工业基地良好的历史发展基础，而且在产业基础条件及配套设施、科研教育水平、基础设施建设等方面具有明显的优势。

2. 政策环境

产业政策实际上是一种优先权，是政府综合分析之后形成的对主导产业选择、产业结构转型升级、产业合理布局等的政策支持方式。区域产业政策在产业发展过程中扮演着十分重要的角色，是区域产业发展差异演变的重要推动力之一。比如，2015年12月23日，国务院批复《中德（沈阳）高端装备制造产业园建设方案》，使中德沈阳装备制造产业园区成为"中国制造2025"与"德国工业4.0"对接的重要平台和合作试验区，国际化、智能化、绿色化的高端装备制造业园区的集聚效应日益凸显。当以沈阳为中心的经济区上升为国家战略之后，这种政策因素所存在的积极效应必将继续放大。

3. 地理区位条件

古典经济学的观点认为，地理区位条件是影响区域产业发展的重要因子之

---

① 《中国工业经济统计年鉴》（2005~2012）和《中国工业统计年鉴》（2013~2016）。

一，不仅影响到区域开发的优先次序与产业发展机遇，而且还关系到区域经济布局、产业转型升级和结构优化时机的选择。2004~2015年期间，我国制造业空间集聚分布格局主要分布在内蒙古、吉林、新疆、甘肃、宁夏、青海、云南等西部地区，这些地区表现出产业发展相对落后的集聚稳定性特征。西部地区地理区位条件较差，开发时间较短，产业发展基础与配套设施不足，交通、通信等基础设施远不及其他地区完善，这就导致了这些地区在政策支持力度、区域开发次序、招商引资强度、主导产业选择等方面的劣势，使得产业发展后劲不足、经济发展活力不够，成为协同集聚的落后区域。

4. 空间溢出效应

根据地理学第一定律的观点，任何地理事物之间均具有关联性且地理距离邻近的事物总比较远的关联性要高。空间溢出效应是区域内各种经济活动之间、各区域之间空间位置关系对其相互联系所产生的一种影响。从我国制造业空间集聚空间格局来看，空间溢出效应十分明显。2004~2015年期间，与浙江、江苏、上海、天津、山东等高水平区域地理距离比较近的区域，能够最大化地利用中心城市的经济辐射作用、承接产业转移、享受中心城市基础设施建设的福利，这些区域的协同集聚水平要明显高于其他较远地区，并且这些地区与浙江、江苏、上海、天津、山东等中心城市逐渐演变成块状集聚区。

三、制造业区域性集中加重，水平参差不齐

根据上述研究可以看出，我国制造业总体上呈现明显的集聚特征，但是我国经济发展具有的典型区域性特征并无明显体现，因而需要对不同经济区进行分析，以更加全面地明晰制造业集聚特征与演变趋势。

根据国务院发展研究中心的报告，我国共分为八大经济区，分别为东北综合经济区，包括辽宁、吉林、黑龙江三省；北部沿海经济区，包括北京、天津、河北、山东两市两省；东部沿海经济区，包括上海、江苏、浙江一市两省；南部沿海经济区，包括福建、广东、海南三省；黄河中游经济区，包括陕西、山西、河南、内蒙古三省一自治区；长江中游经济区，包括湖北、湖南、江西、安徽四省；西南经济区，包括云南、贵州、四川、重庆、广西三省一市一自治区；大西北经济区，包括甘肃、青海、宁夏、西藏、新疆三省两自治区。

从表7-1可以看出，制造业集聚水平高于全国水平的经济区主要有三个，分别是东部沿海经济区、南部沿海经济区和北部沿海经济区。这三个经济区都属于我国经济发达省市，而且是我国制造业转型升级、化解产能过剩的先进省市，这说明供给侧结构性改革的政策实施彻底，能够有效适应经济发展的趋势与变化，并且利

用生产效率促进经济的集约化发展，实现从粗放型经济发展方式向集约式的转变。而低于我国制造业集聚水平的经济区主要有大西北经济区、黄河中游经济区、西南经济区、东北综合经济区和长江中游经济区，这些经济区主要位于我国中西部地区，虽然自然资源丰富，但交通不便、基础设施落后等，这些因素成为这些地区产业发展的优势与劣势。过度依赖资源型而导致的产业发展路径依赖问题，使得产业转型升级、全要素生产率提升出现了结构性限制因素。特别对于老工业基地的东北地区而言，其出现了明显的制造业集聚程度不足等问题，与东部沿海发达省市相比，丧失了传统的制造业优势。对东北老工业基地而言，由于机制体制因素导致的经济"断崖式"下跌就需要东北老工业基地积极进行传统产业改造、发展高端装备制造业、扶持战略新兴产业等战略，这样才能实现东北老工业基地的再次全面振兴。

表 7 - 1　　　　　　　中国八大经济区制造业集聚水平比较

地区	大西北	黄河中游	西南	东北综合	长江中游	北部沿海	南部沿海	东部沿海	全国
集聚水平	0.6407	0.7119	0.7182	0.8106	0.8560	0.9863	1.1497	1.3039	0.8972
排名	8	7	6	4	5	3	2	1	*

资料来源：笔者根据《中国工业经济统计年鉴》（2005～2012）和《中国工业统计年鉴》（2013～2016）整理所得。

四、制造业微观集聚差距显著，产业发展不均衡性较强

上述分析虽然已经对我国先进制造业总体的集聚状况进行了说明，但无法区分制造业在不同省市的集聚水平以及特征，因而本部分将对我国先进制造业在不同地区的集聚特征进行探究。

（一）东部沿海地区集聚程度高，中西部相对较低

产业集聚水平测算方法主要采用地理集中度、区位基尼系数、区位熵、EG 指数等传统方法。上述测算方法获得的集聚结果具有高度相关性（贺灿飞、潘峰华，2009）[①]，因而不同地区制造业集聚水平主要利用区位熵（LQ）表示，公式为：

$$LQ_{it} = \frac{x_{it} / \sum_{i} x_{it}}{\sum_{s} x_{it} / \sum_{i} \sum_{s} x_{it}} \quad (7-5)$$

---

① 贺灿飞、潘峰华：《中国城市产业增长研究：基于动态外部性与经济转型视角》，载于《地理研究》2009 年第 3 期。

其中，i 表示省市；t 表示时间；x_{it} 表示省市 i 制造业的就业人数；$\sum_i x_{it}$ 表示制造业的总就业人数；$\sum_s x_{it}$ 表示省市 i 的总就业人数；$\sum_i \sum_s x_{it}$ 表示全国总就业人数。该指标表示在省市范围内，省市制造业比重与全国制造业平均水平的差异，若 LQ>1，说明该省市制造业的发展水平高于全国平均水平，制造业在该省市产业结构中具有优势地位；反之，低于全国水平，成为典型的省市产业中的劣势产业。

利用式（7-5）计算 2004~2015 年我国不同省市制造业的区位熵水平，具体见附表 1，不同省市制造业区位熵的平均值如表 7-2 所示。

表 7-2　　　　　　　不同地区制造业平均集聚水平

省（自治区、直辖市）	北京	天津	河北	山西	内蒙古	辽宁	吉林	黑龙江	上海	江苏
平均值	0.5486	1.3432	0.8048	0.6196	0.5813	0.9761	0.8512	0.6044	1.2100	1.4191
省（自治区、直辖市）	河南	湖北	湖南	广东	广西	海南	重庆	四川	贵州	云南
平均值	0.8348	1.0735	0.7525	1.5043	0.6960	0.3568	0.7899	0.8032	0.6532	0.6487
省（自治区、直辖市）	浙江	安徽	福建	江西	山东	陕西	甘肃	青海	宁夏	新疆
平均值	1.2827	0.7174	1.5881	0.8805	1.2486	0.8118	0.6729	0.7335	0.5994	0.5569

资料来源：笔者根据《中国工业经济统计年鉴》（2005~2012）和《中国工业统计年鉴》（2013~2016）整理所得。

从表 7-2 可以看出，我国制造业集聚水平在不同省市之间具有显著性差异，2004~2015 年不同省市制造业区位熵平均值大于 1 的主要有福建、广东、江苏、天津、浙江、山东、上海、湖北 8 个省（市）。制造业成为优势行业的省（市）主要分布在东部沿海地区，只有中部的湖北成为区位熵大于 1 的非东部省（市）。这些省（市）在我国先进制造业发展过程中具有优势地位，是辐射和影响区域发展的中心。小于 1 的主要有辽宁、江西、吉林、河南、陕西、河北、四川、重庆、湖南、青海、安徽、广西、甘肃、贵州、云南、山西、黑龙江、宁夏、内蒙古、新疆、北京、海南 22 个省（自治区、直辖市）。这 22 个省（自治区、直辖市）中属于东部的只有北京、海南以及东北三省，其余省（自治区、直辖市）均为中心部省（自治区、直辖市），这些省（自治区、直辖市）成为先进制造业发展的落后城市，区域辐射作用不足。从地理分布来看，我国制造业空间集聚具有典型的阶梯状分布，由东向西逐渐递减，而且东部沿海省市的集聚水平要远远高于中西部省（自治区、直辖市）。其中，制造业区位熵水平最高的省（自治区、直辖市）为福建的 1.5881，最低的为海南的 0.3568[①]，前者是后者的 4.45 倍，两者差距显著，说明我国不同省（自治区、直辖市）的先进制造业处于不同的发展地位，对不同省（自治区、直辖市）制造业发展的作用具有异质性。这是由于我国加入 WTO 之后，东部沿海省市借助优越的地理位置，使得其对外开放程度进一步提高、投资环境得到明显改善，优良的经济发展环境吸引中、西部地区的资本、劳动力不断向东部集中，使得东部地区的劳动密集型、资本密集型、市场指向型等制造业行业的发展水平得到快速提升，导致制造业集聚水平提升。2012 年，虽然我国宏观经济发展面临增长速度换挡期、结构调整阵痛期、前期刺激政策消化期"三期"叠加的挑战，加之东部地区的土地资源紧张、环境污染、劳动力成本上升，但是东部沿海省市及时进行产业结构转型升级，大力推进先进制造业发展，并将劳动密集型、资本密集型等传统制造业行业向中西部地区进行转移，因此，伴随着技术密集型、知识密集型等制造业行业在东部沿海省市的集中，东部沿海省市的制造业集聚水平并未出现明显下降。然而，对于中西部地区而言，地理位置偏僻、交通不便、基础设施不足等劣势限制了高端制造业的发展，同时，依赖于丰富的自然资源大力发展资源密集型制造业行业导致这些区域的制造业集聚水平不高；尽管在经济新常态下，中西部地区大量承接了东部沿海省市的劳动密集型、资本密集型等制造业行业，但是与东部沿海省市相比，其制造业发展水平、发展规模、发展质量还是存在一定程度的差距。

尽管制造业在各省（自治区、直辖市）层面上存在明显的集聚特征，但是由于地方利益的存在、制度性交易成本的上升、行业垄断程度的提升，使得制造业区域合作、资源自由流动、产业统筹规划等区域性方针只停留在政策和管理互动上，区域之间的产业溢出效应无法得到有效发挥，产业的生产要素、高新技术或管理经验等只能被限定于某一特定区域或产业。所以，为推进先进制造业发展，不同省市之间应当增强产业间联系、充分发挥先进制造业的集聚效应。

（二）制造业集聚程度逐渐减弱，多数省（自治区、直辖市）集聚水平剧烈下降

我国先进制造业 30 个省（自治区、直辖市）集聚程度的横向比较结果证实了先进制造业在我国空间范围内的分布非均衡性特点，但没有体现出我国制造业集聚的演

---

① 资料来源：笔者根据《中国工业经济统计年鉴》（2005~2012）和《中国工业统计年鉴》（2013~2016）整理所得。

变趋势。因而,根据我国30个省(自治区、直辖市)制造业区位熵水平变化幅度比例特征,可将其分为平稳型、波动型、上升型、下降型4种类型,如表7-3所示。

表7-3　　　　　　　我国不同省市制造业变化幅度　　　　　单位:%

省 (自治区、 直辖市)	2004~ 2009年	2009~ 2015年	2004~ 2015年	省 (自治区、 直辖市)	2004~ 2009年	2009~ 2015年	2004~ 2015年
黑龙江	-30.21	-17.85	-42.67	内蒙古	-39.99	42.71	-14.36
海南	-13.88	-31.98	-41.42	河北	-9.74	-3.73	-13.10
甘肃	-17.83	-24.33	-37.83	浙江	18.18	-25.32	-11.74
贵州	-18.10	-23.20	-37.10	宁夏	23.97	-28.19	-10.98
新疆	-9.09	-29.70	-36.08	广西	-6.98	-3.51	-10.24
北京	-11.29	-25.05	-33.52	山东	-0.13	-5.91	-6.03
山西	-13.34	-18.30	-29.20	天津	-10.81	5.48	-5.91
福建	-4.14	-24.58	-27.70	江苏	9.15	-8.69	-0.34
上海	-1.75	-21.06	-22.44	湖北	-4.34	6.52	1.90
陕西	-13.43	-10.00	-22.08	湖南	1.38	1.02	2.42
云南	-8.06	-15.22	-22.05	安徽	-8.14	12.31	3.17
辽宁	-6.56	-13.73	-19.40	吉林	-9.86	16.64	5.14
四川	-8.59	-8.46	-16.33	江西	3.53	25.70	30.14
青海	6.55	-20.24	-15.01	广东	6.91	22.11	30.54
重庆	-9.23	-5.96	-14.64	河南	-7.10	50.36	39.69

资料来源:笔者根据《中国工业经济统计年鉴》(2005~2012)和《中国工业统计年鉴》(2013~2016)整理所得。

"平稳型"是指在研究期间内制造业区位熵保持平稳水平,变化幅度不大。其中属于制造业"高水平平稳型"的有山东、天津、江苏、湖北4个省市,它们在2004~2015年期间区位熵水平大于1,且变化幅度保持稳定,多数属于我国制造业发达地区,依靠前期积累的产业基础能够积极开展产业转型升级,实现落后产业转移,高耗能、高污染行业淘汰等产业重构,制造业在全国依然处于领先地位。属于制造业"低水平平稳型"的只有湖南,主要特点为制造业区位熵低水平稳定,变化幅度极小。平稳性城市由于制造业发展政策、社会基础设施条件、交通通讯配套设施等因素相对稳定,使得制造业发展比较平稳,不容易出现大幅度变化;同时,良好的制造业产业体系,能够使得这些省市具备抵御外部风险冲击的能力,不易受到国际产业需求下降、国内投资下降、产能过剩等因素的影响,因而成为平稳型发展模式。

"波动型"是指制造业区位熵在研究期间变化幅度剧烈。其中属于制造业

"高水平波动"的只有浙江1个省,其区位熵平均水平大于1,且围绕平均值剧烈波动。浙江作为制造业发展发达地区,制造业政策优势明显、地理位置优越、受到上海经济中心的辐射作用强烈,使得制造业发展速度加快,但受到环境规制准则提升、经济发展方式转变、制造业发展要求提高等因素的限制,使得产业发展呈现波动状态。属于制造业"低水平波动型"的主要包括青海、内蒙古、宁夏、安徽、吉林5个省(自治区、直辖市),其制造业区位熵平均值小于1,且具有明显的波动倾向。这些省(自治区、直辖市)大多位于地理位置偏僻的中西部地区,制造业发展水平落后,与东部沿海省市相比,制造业集中水平较低,任何产业发展环境变化都可能对制造业发展产生重大影响,因而出现波动趋势。

"上升型"是指制造业区位熵在研究期间具有明显增长倾向。其中属于制造业"高水平上升型"的为广东省,其区位熵的平均水平大于1,处于我国制造业发展的领先地位,高端装备制造业、先进制造业等行业突飞猛进,但是其仍然表现出明显的增长趋势。这主要是由于广东省毗邻香港的优越地理位置条件、丰富的科研院所资源、高素质的劳动力资源等优势,能够实现制造业价值链的升级,大力发展战略新兴产业,始终处于我国制造业发展的领导地位。属于制造业"低水平上升型"的主要是江西和河南两个省份,其制造业的主要特点就是区位熵水平逐年增加,并且制造业发展水平有望成为全国的领先地区。这两个省份由于制造业过去集约化程度不高、生产方式粗放等因素导致的产业约束,使得制造业发展缓慢;但是近年来得益于国家宏观政策的支持、承接东部沿海地区的产业转移、自身制造业发展定位准确等综合因素影响,其制造业发展水平得到了迅猛增长。如图7-1所示。

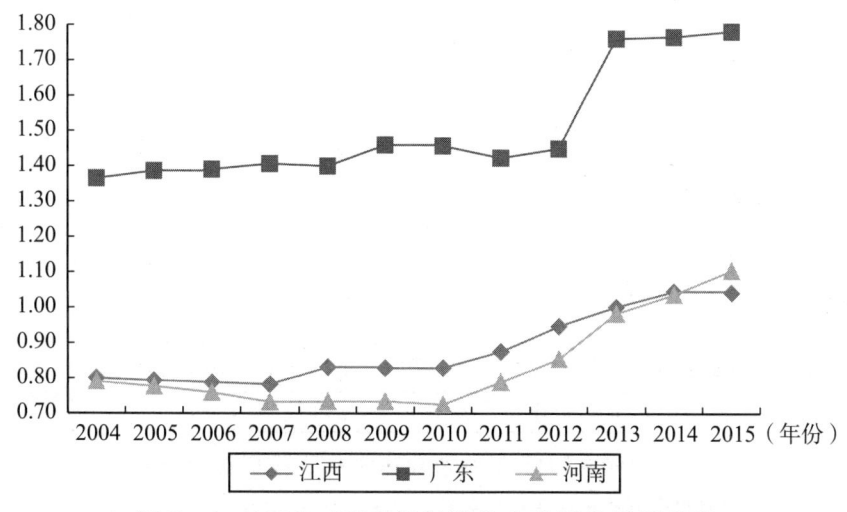

图7-1 2004~2015年制造业上升型省份区位熵

资料来源:笔者根据《中国工业经济统计年鉴》(2005~2012)和《中国工业统计年鉴》(2013~2016)整理所得。

"下降型"是指制造业区位熵在研究期间出现显著降低趋势。其中属于制造业"高水平下降型"的主要包括福建、上海、辽宁3个省(直辖市),其制造业区位熵出现下降趋势,但是其水平仍然保持在较高水平。上海、福建两省积极将生产性服务业从制造业中分离出来,使得制造业就业人数流失,但是其依赖于历史形成的雄厚产业基础,仍然在我国制造业发展进程占据有利地位;辽宁受制于"新东北现象"的影响,价值体制机制矛盾加深、国企比重过高,使得制造业优势地位下降。属于制造业"低水平下降型"的主要包括黑龙江、海南、甘肃、贵州、新疆、北京、山西、陕西、云南、四川、重庆、河北、广西13个省(自治区、直辖市),其主要特点为制造业发展水平较低,且有发展地位下降的迹象。这些省(自治区、直辖市)出现下降的原因复杂,比如甘肃、贵州、新疆、云南、广西、陕西等省(自治区、直辖市)是由于地理位置偏僻、区域经济发展水平落后等因素,使得产业劳动力资源出现逐年流失现象,严重制约了这些地区制造业发展;黑龙江、山西受制于资源型产业的衰退,产业发展后劲不足,同时体制机制改革滞后,无法满足经济发展的需要等原因,使得制造业整体发展下降;海南、北京、重庆、四川由于产业发展战略的转变,积极发展先进制造业、第三产业、高技术行业等产业,使得传统制造业的地位下降;河北受到国家供给侧改革的影响较大,钢铁、煤炭等行业的影响使得制造业发展水平下降,如图7-2和图7-3所示。

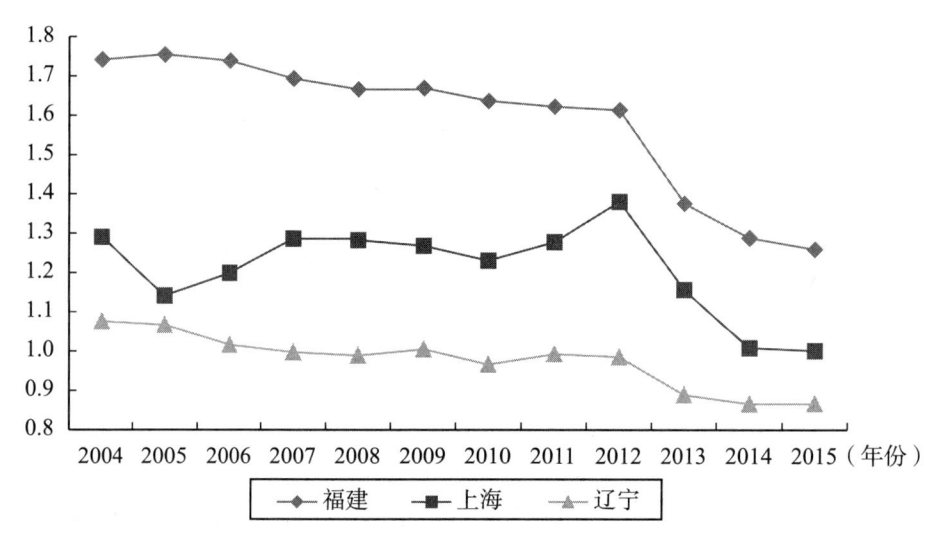

图7-2 2004~2015年制造业高水平下降型省(直辖市)

资料来源:笔者根据《中国工业经济统计年鉴》(2005~2012)和《中国工业统计年鉴》(2013~2016)整理所得。

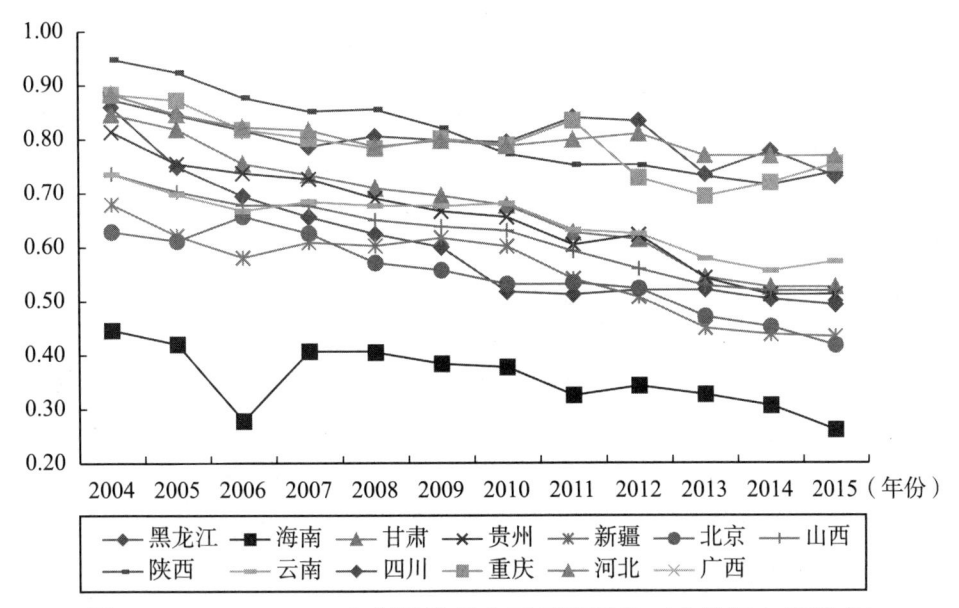

图 7-3　2004~2015 年制造业低水平下降型省（自治区、直辖市）

资料来源：笔者根据《中国工业经济统计年鉴》（2005~2012）和《中国工业统计年鉴》（2013~2016）整理所得。

五、我国先进制造业空间集聚化特征——基于全要素生产率视角

数据包络分析（DEA）是基于决策单元（DMU）间相对比较的非参数技术效率分析方法，其在分析多投入多产出情形中具有独特的优势。Malmquist 指数法现已被广泛用于全要素生产率（TFP）的测度分析。该方法的基本思路是采用投入—产出数据构造出生产前沿面函数，通过 DEA 的非参数线性规划模型求解距离函数，即计算每个决策单元分别在 t 和 t+1 时期与生产前沿的距离，表示在两个不同时段的生产率变化，从而得出相对效率的变动。

Malmquist—Luenberger 指数如下所示。

$$TFP(x_{t+1}, y_{t+1}; x_t, y_t) = \sqrt{\frac{E^t(x^{t+1}, y^{t+1})}{E^t(x^t, y^t)} \frac{E^{t+1}(x^{t+1}, y^{t+1})}{E^{t+1}(x^t, y^t)}}$$

$$= \frac{E^{t+1}(x^{t+1}, y^{t+1})}{E^t(x^t, y^t)} \times \sqrt{\frac{E^t(x^t, y^t)}{E^{t+1}(x^t, y^t)} \frac{E^t(x^{t+1}, y^{t+1})}{E^{t+1}(x^{t+1}, y^{t+1})}}$$

$$= TEC(x_{t+1}, y_{t+1}; x_t, y_t) \times EFF(x_{t+1}, y_{t+1}; x_t, y_t)$$

式中，下标 t 和 t+1 分别代表不同的时期；x 表示的是投入，这里包含就业人数和资产合计；y 表示的是产出，产出为工业销售产值。当 TFP＞1，表明 TFP

呈增长趋势；当 TFP < 1，表明 TFP 呈下降趋势。

本部分在借鉴相关研究文献基础之上，选取的投入指标主要为：（1）劳动投入，采用的指标主要是行业全部从业人员平均人数；（2）资本投入，选取的指标主要是固定资产净值和流动资产相加得到的资产合计，以 1999 年为基期分别利用固定资产投资价格指数对资产合计进行平减，消除价格因素的影响；（3）由于 2012 年之后，不再发布工业生产总值指标，因而本部分的产出指标选取的是行业工业销售产值，并利用工业企业出厂者价格指数进行平减，以 1999 年为基期。

（一）制造业生产效率区域性差异特征明显，高低水平差距较大

利用 Malmquist—Luenberger 指数，测度 2004~2015 年我国 30 省区市制造业的全要素生产率，计算结果如表 7-4 所示。2004~2015 年，我国 30 省区市制造业的全要素生产率表现出显著的区域差异性，全要素生产率最高的是北京（1.042），最低的是青海（0.883）[①]，两者存在显著差距。从平均值上来看，我国制造业的全要素生产率超过 1 的省（自治区、直辖市）主要是北京、重庆、广东、江苏、四川、湖南、山东、河南、浙江、天津、云南、上海、福建、贵州、安徽、辽宁 16 个地区，这说明 2004~2015 年期间，我国制造业保持了生产效率的持续提升，主要实现由依靠规模投资拉动的效率提升转向了集约化发展道路，技术创新、管理创新、模式创新等形式推动了我国制造业技术效率的不断提升；低于 1 的省市有湖北、河北、江西、广西、内蒙古、山西、陕西、宁夏、吉林、新疆、黑龙江、甘肃、海南、青海 14 个地区，这说明这些省（自治区、直辖市）制造业效率在此阶段内出现了下降，与其他省市之间的变化轨迹出现偏离。

表 7-4 2004~2015 年各省（自治区、直辖市）制造业全要素生产率变化趋势

地区	2004 年	2008 年	2011 年	2015 年	均值	地区	2004 年	2008 年	2011 年	2015 年	均值
北京	1.082	1.035	1.023	1.049	1.042	辽宁	1.115	1.055	0.980	0.915	1.000
重庆	1.013	1.063	1.008	1.135	1.041	湖北	0.998	0.982	1.211	0.903	0.998
广东	1.183	1.054	0.995	1.039	1.040	河北	1.005	0.973	0.994	0.906	0.995
江苏	1.064	1.077	1.001	0.994	1.029	江西	1.047	1.056	1.010	1.000	0.995
四川	0.956	1.048	0.923	1.033	1.028	广西	1.047	1.008	0.857	1.043	0.994
湖南	1.054	1.030	0.977	0.966	1.016	内蒙古	0.990	1.123	0.829	0.855	0.991
山东	1.007	1.042	1.020	0.945	1.012	山西	0.886	0.943	1.050	1.040	0.987

① 资料来源：笔者根据《中国工业经济统计年鉴》（2005~2012）和《中国工业统计年鉴》（2013~2016）整理所得。

续表

地区	2004年	2008年	2011年	2015年	均值	地区	2004年	2008年	2011年	2015年	均值
河南	1.024	1.130	0.934	0.962	1.010	陕西	0.907	1.134	0.932	0.987	0.987
浙江	1.076	0.982	1.003	0.993	1.009	宁夏	0.962	0.899	0.925	0.997	0.984
天津	1.071	0.957	0.940	0.954	1.009	吉林	1.101	1.025	0.906	0.952	0.984
云南	1.000	0.914	0.820	1.027	1.008	新疆	0.796	1.084	0.866	0.722	0.967
上海	1.183	1.048	1.062	1.001	1.008	黑龙江	0.890	0.946	0.864	0.985	0.967
福建	1.009	0.963	1.097	1.020	1.005	甘肃	0.831	0.928	0.947	0.900	0.957
贵州	1.057	1.117	1.031	0.974	1.003	海南	1.026	1.034	0.911	0.769	0.916
安徽	1.043	1.024	0.967	0.970	1.001	青海	1.043	0.936	1.155	0.836	0.883

资料来源：笔者根据《中国工业经济统计年鉴》（2005～2012）和《中国工业统计年鉴》（2013～2016）整理所得。

从上述分析可以看出，我国制造业全要素生产率的高、低生产效率分布在不同地区，东部沿海地区主要以增长为主，中西部大部分省市以下降为主，这是由于东部地区的效率水平高于中部和西部地区。究其原因：一方面，东部沿海地区借助于优越的地理位置条件，不断吸引高素质人才流入，使得人力资本质量不断提高，其作为技术知识的载体，是制造业效率水平处于领先位置的源泉。同时，东部地区的经济结构、制度创新、社会环境、跨国企业进驻等方面更加先进和完善，为产业发展提供了良好的外部环境。另一方面，相较于东部地区，中、西部地区经济发展水平较为落后、技术条件不足、产业配套不完善、人才流失严重，为了追求经济的发展，地方政府偏向于发展资源密集型产业，削弱了制造业发展的政策支持。

由表7-4可知，从变化趋势上看，我国30省（自治区、直辖市）制造业的全要素生产率增长率提高的省市主要为山西、重庆、黑龙江、陕西、四川、甘肃、宁夏、云南、福建；全要素生产率增长率下降的主要是广西、北京、江西、河南、山东、江苏、安徽、新疆、浙江、贵州、湖南、湖北、河北、天津、内蒙古、广东、吉林、上海、辽宁、青海、海南等。这说明欠发达地区的产业发展潜力巨大，亟须从政策支持、产业配套能力完善、提升区域协调能力等方面推动制造业的效率提升；同时，发达地区的产业效率下降也需要得到重视，应积极做好产业转型升级、结构优化、产业转移等方面工作，防止效率水平的进一步下降。2009年之前，国家全方位的改革开放政策，使得东部沿海的开放程度进一步提高，中、西部地区的资本、劳动力不断向东部集中，使得东部地区制造业的全要素生产率处于平稳增长时期；但是2009年之后，国家处于经济结构调整、产业转型时期，金融危机的一系列刺激政策使得全要素生产率的提升受到抑制，短期内经济转型升级所带来的资源配置效率提升还不足以抵消经济刺激政策对生产率的抑制作用[①]。西部地区制造业全要素生产逐渐赶上中部地区,并有超越迹象,这说明在国家西部大开发战略指引下,西部地区制造业的要素投入配置效率逐渐合理,技术效率明显提升。中部地区一直受到冷落,制造业的全要素生产率有被西部地区超越的倾向,不过随着"新十年中部崛起规划"的即将实施,中部地区的状况必将得到改善。从整体上看,我国制造业全要素生产率存在较大范围的提升空间,需要采取不同措施保障产业效率提升[②]。

(二)制造业与全要素生产率契合度较高,集聚带动生产率改善

利用我国制造业 2004~2015 年就业人数和全要素生产率的平均值,可以对制造业就业人数和全要素生产率空间集聚状况进行比较,以区分制造业就业人数空间集聚与全要素生产率集聚的关系。我国制造业空间集聚与制造业全要素生产率空间集聚的比较如表 7-5 所示。

表 7-5　　　　制造业就业人数与 TFP 空间集聚模式

省(自治区、直辖市)	就业人数	TFP	省(自治区、直辖市)	就业人数	TFP
北京	H-H	H-H	河南	H-H	H-L
天津	H-H	H-H	湖北	H-H	H-H
河北	H-H	L-H	湖南	H-H	H-H
山西	L-H	L-H	广东	H-L	H-L
内蒙古	L-L	H-L	广西	L-H	L-H
辽宁	H-L	L-H	海南	L-L	L-L
吉林	L-L	L-L	重庆	H-L	H-L
黑龙江	H-L	L-H	四川	H-L	H-L
上海	H-H	H-L	贵州	L-L	L-L
江苏	H-H	H-H	云南	L-L	L-L
浙江	H-H	L-H	陕西	H-L	H-H
安徽	H-H	H-H	甘肃	L-L	H-L
福建	H-H	H-H	青海	L-L	L-L
江西	H-H	H-H	宁夏	L-L	L-H
山东	H-H	H-H	新疆	L-L	L-L

资料来源:笔者自行整理所得。

---

① 李汝资、刘耀彬:《1978 年以来中国省际全要素生产率时空演变特征研究》,载于《华东经济管理》2016 年第 7 期。
② 唐晓华、陈阳:《中国装备制造业全要素生产率时空特征——基于三种空间权重矩阵的分析》,载于《商业研究》2017 年第 4 期。

我国制造业空间集聚与生产效率集聚表现出明显的空间偏离，制造业空间集聚呈现由东向西的递减趋势，生产效率集聚表现为制造业高效率省市沿东北—西南一线分布；安徽、北京、福建、湖北、湖南、江西、山东、天津、重庆成为制造业空间集聚和生产效率集聚的双高省市；新疆成为双低地区；广西、海南、山西成为区域性低水平省（自治区、直辖市）；广东和四川成为区域性高水平省份；其余省市出现制造业空间集聚和生产效率集聚的偏离。

第四节 我国先进制造业产业集群发展的特色与挑战

一、第四次工业革命背景下制造业产业集群发展特色

（一）先进制造业产业集群技术应用范围广泛、技术先进化程度高

先进制造业产业集群与传统产业集群之间的最大区别在于先进技术的运用程度。受到劳动力成本上升、品牌建设低、产业链条短、创新能力不足、信息化水平低、产能过剩等一系列因素的冲击，粗放式发展的传统产业集群出现衰退趋势。先进制造业顺应"互联网＋"发展趋势，推进电子信息、计算机、机械、材料以及现代管理技术在先进产业集群中的应用，培育和发展了一批智慧型产业集群，增强了产业发展新动能。同时，先进制造业的表现不仅在技术水平，而且也在先进制造模式与营销模式的结合。低成本、快速化、个性化、低碳性成为先进制造业制造模式追求的目标，而传统制造模式主要以价格便宜、质量平稳的产品提供为目的。结合产业发展趋势，先进制造业模式主要为敏捷制造、绿色制造、大规模制定、精益生产等不同模式。

以位于珠三角国家自主创新区核心区的广州高新区为例，其在先进制造业领域构建起一套"创客空间—孵化器—加速器—科技园"的全链条孵化器集群模式，走出了一条投资主体多元化、孵化生态平台化、孵化体系链条化、资源链接全球化的产业集群发展道路。其中，以电子及通信设备制造业中的瑞松科技为典型代表，该企业充分运用先进制造技术——异型电子元器件智能柔性插件系统、手机屏幕卡扣装配生产线、跟随式高速涂胶检测系统、全自动高速高精度传输系统、激光视觉寻位跟踪系统、机器人搅拌摩擦焊系统等一系列数字化技术，打造行业企业一体化的集群体系。2016年，广州高新区中的电子及通信设备制造业

企业 106 家，实现产值 2 302 亿元①。

（二）先进制造业企业、培训结构、中介服务业等机构的联盟化印记加重

随着我国区域协调发展战略的实施和第四次科技革命的深入，不同层面的工业园区、经济技术开发区等产业集群形式涌现，但是产业结构趋同的问题使得行业之间的"同质化竞争"愈发严重。同时，先进制造业凭借先进技术、先进管理模式和新技术的革新成为改善企业绩效、增强产业竞争力、释放区域经济发展潜力的有效渠道。在先进制造业企业面临的复杂外部环境中，市场竞争程度加剧、技术复杂难度加大、技术生命周期缩短，这就迫切需要传统制造业企业和先进制造业企业持续进行技术创新，以保持行业竞争活力。但是由于先进制造业企业面临复杂的竞争环境、局限于自身科技力量的薄弱性、技术创新持续性的迫切性，使得其依靠自身科研资源与能力进行科技创新活动愈加困难，因而许多企业寻求更加有效的途径来加快技术创新发展。因此，一系列不同层面的产业联盟建立，先进制造业产业集群中的"联盟化"特征得到进一步强化。

截至 2015 年年底，辽宁省风能行业总装机容量达到 4 322 万千瓦，其中风电装机达到 639 万千瓦，占比 14.8%，排名第二位；风电发电量完成 111.9 亿千瓦时，占比 6.9%，排名第三位；辽宁省风电总装机规模在全国排名第六位。国家新能源行业发展机遇和辽宁省巨大的风能资源，使得 2016 年辽宁省的风电建设规模达到 100 万千瓦，实现风电装备制造业产值增长了 200 亿元②。在此背景下，2016 年 8 月，以大连华锐风电、沈阳远大和华创风能等兆瓦级风电整机制造业企业为代表的 33 家风电产业链企业，组建了以产学研共促共融、分工协作、资源共享等方式的辽宁省风电装备产业联盟，实现风电配套产业链的集群化发展。

（三）"互联网+"、大数据等概念化融合使得先进制造业集群虚拟化特征加重

苹果公司的 APP Store 和 Google 公司的 Play Store 将来自世界不同地方的各种公司以 APP 的形式聚集在他们的平台上。淘宝、京东、Amazon 等公司通过其网络平台聚集了无数生产性、流通性和其他各类服务性的企业，以及数不清的用户。这些基于虚拟空间的产业集群实践，已经颠覆了传统产业集群的定义。巴西圣保罗大学、墨西哥蒙特雷技术大学、德国亚琛大学、瑞典 Saint Gallen（圣加伦）大学、意大利威尼斯大学和英国纽卡斯大学等 7 所大学于 1997 年承担的关

①② 资料来源：笔者计算得出。

于网络化研究课题组将在虚拟空间集聚的产业称为虚拟产业集群,并定义为:虚拟企业的运作平台,特色化企业的集合体,主要作用在于通过核心企业的协作分工实现虚拟企业的运作,从而实现虚拟成员之间分享市场机遇,而且更有利于促进资源跨地区、跨行业的高效率整合①。

我国经济存在的一个显著特征就是产业集群众多,不同地区都有自己的产业集群,例如,虎门的女装、南通家纺、温州鞋帽等。在产业集群附近建立专业性的批发市场成为我国集群的传统销售模式,但在"互联网+"的冲击下,批发市场具有的辐射能力正在减弱、辐射范围逐渐缩减,传统产业集群亟须转型,这也成为我国先进制造业"在线产业带"形成的基础,强化了产业集群发展的虚拟性特征。由于工业互联网、"工业4.0"、"中国制造2025"等概念在本质指向性、战略层次性方面具有相似性,使得"互联网+"在先进制造业产业集群中得到广泛应用。在互联网与传统制造业融合过程中,企业能够通过开放数据和共享资源,实现企业的应用创新和虚拟集聚,随着"互联网+"应用下形成的"零边际成本"趋势加强,使得传统的基于专业化分工的产业集群逐渐转型为"在线产业带"形式,先进制造业的虚拟性特征加强。2016年我国电子商务市场交易规模20.2万亿元,同比增长23.6%②,庞大的市场规模助推了我国"互联网+"的应用范围扩张。

二、我国先进制造业产业集群发展面临的挑战

(一)产业链尚未形成或者链条较短,恶性竞争远远多于互利协作

国外发达制造业强国产业集群的特征之一就在于,拥有从产品设计到营销等不同环节的高水平产业链。但是对于我国现阶段先进制造业产业集群来说,产业链尚未形成或者链条较短,集群内企业之间缺乏有效的分工协作。先进制造业集群的产业链条过短或不足,导致集群内企业间的协作水平能力不足,导致分工和合作能力仍然处于低层次阶段,缺乏对高层次协作分工形式的构建,产业协作网络的服务能力不强,集群企业的恶性竞争远远多于互利协作。先进产业集群并不是企业简单的聚集或行业简单的集中,重要特点在于集群企业或行业之间形成网络化的协同关系,成为规模效应的来源。

---

① 宋华、卢强:《基于虚拟产业集群的供应链金融模式创新:创捷公司案例分析》,载于《中国工业经济》2017年第5期。

② 资料来源:笔者计算得出。

（二）产业集群内龙头企业大而不强、品牌效应不显著

美国、日本、德国等制造业强国的产业集群内拥有一些龙头企业，这些企业在资本输出、技术输出、工程成套等方面具有很强的能力，而且这些集群中的大企业通过外包形式带动了其他中小企业的可持续发展，形成了以龙头企业为主的分工合作网络、完整的产业链体系。但是对于我国先进制造业产业集群而言，集群内企业形成了"星星多，月亮少"的局面，龙头企业大而不强、品牌效应不显著，这主要是由于产业集群的产业链结构不完善、科研人员不足、集群吸引力不足等因素造成的。比如，广州的汽车制造产业集群中，中小企业数量接近100万家，结构仍然处于"星星多、月亮少"的局面。

（三）产业集群内配套公共平台建设相对滞后

产业集群能够确保企业通过共享公共基础设施，降低企业交易成本、利用科研创新资源、开放平台等优势来促进集群企业发展。由于技术先进性要求使得科技创新要求更高，这就使得先进制造业产业集群更加需要公共平台的支撑，形成集群内良性创新生态圈，以发挥集群资源效用共享的最大化。受区域经济增长视野的局限性，先进制造业集群公共平台的建设缺乏统一的发展规划与布局，政府政策更加注重集群整体的规划设计而缺少基层政策制定，使得平台的网络化构建不足，这一系列的原因导致了先进制造业产业集群内行业协会、信息网络、技术研发、质量检测等公共平台建设相对滞后，使得市场、信息、物流、检测、研发、金融服务等集群发展要素不足，制约了整个产业集群的进一步提升和发展。

（四）区域间产业集群定位同质化引起的区域协同发展迟缓

根据工业和信息化部的数据，我国机器人企业在2017年的数量超过了800家，但这些企业仍然以组装加工的代加工环节为主，处于高端行业中的低端价值链环节；与之形成对比的是，国外企业在多关节机器人市场上占据90%的国内份额。同时，我国机器人园区超过40个，但园区低端化、同质化发展的倾向明显。一直以来我国区域发展的产业结构同质化问题比较突出，成为制约区域协调发展的重要因素之一。而在转型升级压力下，很多地方政府跟风追逐机器人行业、新能源行业、轨道交通、工程机械等先进制造业行业，加剧了低端化、同质化发展的倾向。同时，由于我国行政等级制度的存在，地方政府一味追求经济发展，使得地区间的制度性壁垒加重，先进制造业具有的辐射带动、上下游联系等作用发挥受限，使得区域协同发展迟缓。

(五) 政府在产业集群不同发展阶段功能错位

政府在促进先进制造业产业集群发展过程中的主要作用在于维护市场秩序、提供公共服务，但是地方政府为追求经济发展，往往采取"拔苗助长""自上而下"的行政措施来发展产业集群，这导致政府忽略先进制造业发展规律，并没有将职能聚焦于产业集群中介服务体系、劳动力教育培训机构等服务的提供之上。归根结底在于政府功能的错位，从而造成了产业园区的"大而全"，大企业较少、小企业众多，园区同质化严重。

第五节 我国先进制造业产业集群发展战略与对策建议

一、我国先进制造业产业集群发展战略

(一) 智能制造，寻找先进制造业产业集群之"心"

新一轮科技革命是信息技术与制造业深度融合，以数字化、网络化、智能化为核心，建立在物联网和服务联网基础之上，结合新能源、新材料等方面的突破而引发的新一轮产业革命。美国政府重视先进制造业发展，并建立全国制造创新网络是为了保证新一轮产业革命首先发端于美国。德国提出"工业4.0"战略，也是为了在新一轮产业革命中占领高端制造业的制高点。我国通过实施"中国制造2025"推进信息化和工业化的深度融合，在新一轮产业革命中实现制造业的跨越式发展。对我国而言，制造业向高端转型升级至关重要，但不能以放弃广大传统产业的优势为代价，而是在培育发展新兴产业的同时，还要以智能制造和绿色制造对传统产业调整升级，提升传统制造业的竞争力。

我国先进制造业产业集群应当以智能制造为核心，积极推行绿色制造、实现两化融合，完善先进制造业的价值链体系。从制造到"智造"的转变，这将是我国经济各产业的一次脱胎换骨，这么大的转变需要新技术的推动，更需要体制改革的配合，智能化的先进制造业需要智能化的政府服务，需要科技体制改革的深化支撑，需要现代企业的管理模式。从中国制造顺利实现中国"智造"，自主创新不可或缺，同时实现制造业高端化和智能化需要进一步开放，进一步改进招商

引资的环境;推进我国创新系统建设和新兴产业的区域布局的合理化;加强企业、高校与地方政府之间的协调合作,最终让后者在开发和应用高端制造技术方面发挥主角作用。

(二) 机器换人,开启先进制造业产业集群发展新时代

工业机器人作为智能化的代表,3D 打印作为数字化的代表,均被列为转型升级和智能制造的重点方向,正在成为经济的新增长点。特别是工业机器人,得到了各级政府的大力支持,2015 年我国工业机器人市场销量继续增长,全年累计销售 68 459 台,同比增长 18%[①],成为全球第一大工业机器人市场。工业机器人的发展,离不开"世界工厂"崛起的大背景,2010 年,我国制造业成为世界第一,占全球的比重达到 19.8%。"机器换人"为先进制造业产业集群的发展带来了技术红利。首先,有效缓解了集群中企业的劳动力紧张状况;其次,加快了集群行业转型升级的步伐,劳动生产率得到很大的提升;最后,"机器换人"带来的自动化、智能化水平提升可以大幅降低集群内的资源消耗。

要实现"中国制造 2025"任务,必须调整制造业内的产业结构。制造业在我国转型为"智能"制造的关键在于推动以工业机器人和 3D 打印为龙头的智能制造。先进制造业的现代化和自动化水平是我国先进制造业发展的基石和先进制造业集群的发展方向。为提高自动化、智能化、数字化水平,我国机械替代型技术创新将巩固综合成本优势,这是先进制造业集群发展的唯一可能性。要做好"机器置换"公共服务平台建设和维护工作,充分发挥我国先进制造业的产业优势,瞄准机器人应用的发展,满足先进制造业企业的需求,吸引国内外工业机器人制造及关键部件领域的龙头企业,以沟通为平台,促使相关行业聚集形成较为完整的产业链。

(三) "互联网+"为翼,助力先进制造业产业集群高质量发展

互联网的发展使得产业的跨界整合非常方便,同时也促进了经济和社会运作模式的整体转变。行业的集聚方式和机制也发生了变化。价值链中的产业集聚表现为相关公司的空间集聚。制造业集聚是发达国家和发展中国家最常见的组织形式。在新工业革命的背景下,互联网和制造业的结合已经引起了生产和组织形式的颠覆性变革。"互联网+制造"不仅仅是两者的总和。相反,它运用互联网技术和思维整合资源,在价值链中进行分工合作,适应产品定制化的市场趋势,引导制造业转型升级、互联网和制造业的深度整合。"互联网+"的背景也为传统

---

① 资料来源:笔者计算得出。

制造业的调整和发展带来了机遇。"互联网+"背景下的物联网和云计算技术为传统产业特别是传统制造业带来了新的技术发展方向。

对于先进制造业集群来说,"互联网+"的本质在于将基于互联网技术的新一代信息技术融入制造业,引发制造模式、生产方式和组织形式发生转变。随着"互联网+"的深度融合,制造业将形成以智能工厂为载体,以互联网为驱动的新产品、新模式、新格局的智能制造生态系统。对于先进制造业集群来说,如何整合"互联网+"深度转型将成为未来集群发展的关键任务之一。一是依托集群自主技术和产品研发实现集群产业链升级;二是加强产业,高校和科研院所的集群研发,实现集群技术水平的功能升级;三是再次深入挖掘客户需求和集群产品升级;四是大力实施集群内的开源和节流,实现集群产品生产过程的升级等。

(四) 智能化手段重塑先进制造业集群企业的价值链

制造业是传统发达国家的核心产业,也是经济繁荣的基石。近年来,我国制造业总体规模增长迅速。根据美国研究机构 IHS 的数据,2010 年我国占全球制造业产出的 19.8%,超过美国制造业产出的 19.4%。它已成为世界最高的制造业产值。根据 2009 年的数据显示,由于缺乏自主品牌和核心技术,90% 的中国出口商品属于 OEM 或 OEM 生产,产品附加值仅相当于日本的 4.37%,美国的 4.38%,德国的 5.56%。尽管我国的制造业规模很大,但其中大部分都处于"微笑曲线"(生产和制造)的中间,投入大量的劳动力、资金和其他生产要素,只获得较少的利润。

在传统思路下,如果要摆脱传统制造业的低附加值,就必须延伸到"微笑曲线"的研发和服务端,通过高新技术实现产业升级,发展周边服务业的制造业。但是这样的路径设计并不能有效地摆脱"微笑曲线"的底层,而且在短时间内也无法摆脱"微笑曲线"的底层。然而,在"互联网+"时代,数字化和智能化引致了传统价值创造和分销模式的发展。已经涉足利益相关方的企业和客户可以参与价值创造、价值传播和价值实现,从而产生新的价值创造和共享模式,创造一种全新的共享经济。

(五) "创新+创意"双驱动,探寻产业集群发展新模式

以"创新"和"资本"为驱动力,以孵化器为载体,以高端产业集群定位为目标,加速成果转化的产业集群发展模式成为先进制造业产业集群发展的新趋势。华夏幸福打造的产业新城就是典型代表。

在创新驱动上,华夏幸福提供全球招商、产业载体、行业圈层、政策以及企业等多维服务,同时通过"全球技术资源整合—华夏加速—中国创造"的发展战

略，建立了包含孵化器、校企合作平台和研发机构多层次的成果转化体系。在资本层面，可以联动多方金融资源，加速从天使、孵化、加速到并购、上市的全价值链和多层次的产业投资体系，为企业提供全生命周期的资金支持。

二、我国先进制造业产业集群发展对策建议

（一）释放"互联网+"潜能，助推产业集群虚拟化转型升级的步伐

国家提出的"互联网+"与"中国制造2025"等相关发展战略为通过互联网升级产业集群提供了良好的政策环境。但关键在于如何将这些计划和战略落实到产业集群转型升级的过程中。第一个需要明确的问题是要科学辩证地认识"互联网+"的价值和作用，准确把握产业集群互联互通与升级的规律。一方面，要了解互联网技术和互联网思维的重要价值，积极加强"互联网+"的跨界整合，同时也要防止"互联网+"概念过度炒作，谨防"互联网+"的夸张风格和泡沫。另一方面，我们必须认识到"互联网+"的"+"是互联网和各行业发生的"联合响应"，反应物和产品存在差异；这需要进一步研究产业集群产业化的动力、规律和模式，细分为不同的行业和类型，有效地把握"互联网+"带动我国产业集群的历史性转型升级与转弯超车机会。

面向未来，必须打破地方和部门的切身利益，创造良好的跨国经营和创新创业环境。在通过互联网升级产业集群的过程中，区域边界和产业边界日益模糊。地方政府需要了解跨境商业模式的新运行机制，特别是要突破地方和部门的短期利益约束。一方面，要从国家和长远利益最大化的战略高度加强政策研究，探索如何简化审批监督程序，建立更加开放的数字化市场；另一方面，我们需要探索如何充分利用数字资源配置市场。决定性的角色是为公司的数字运营和公众创造一个更好的环境，利用数字资源进行创新和创业。

（二）强化集群服务平台建设，合理规划集群企业数量

加强产业集群的宏观指导，政策扶持和全面协调，形成共同发展。深化行政审批制度改革和投融资体制改革，加快政府管理职能和服务职能分离，逐步消除各种政策约束和制度障碍。努力解决重点制约因素，确保土地、能源、资本和环境容量指标向产业集群倾斜。鼓励集群企业通过发行公司债券、短期融资券和中期票据来扩大公司债券融资。积极培育和引进集群所需人才，建立和完善科研人才和产业技术人员的教育培训体系。结合大众创业和创新，支持海外人才、高校

研究人员和大学生创新创业。支持金融服务平台，企业配套服务平台，科技服务和科技创新平台，物流信息平台，人力资源服务平台建设，为集群发展提供服务。

政府积极鼓励创新，促进先进制造业国际核心竞争力的形成。如果想在国际先进制造业市场占据制高点，形成世界级的产业集群，就需要不断创新、加大研发投入。为促进我国具有一流世界水平的先进制造产业集群的发展，政府不仅需要鼓励企业创新，激发企业的创新意识和积极性，同时也应鼓励企业在技术吸收的基础上进行再创新。因此，政府应该努力减轻企业税负，加强知识产权保护，促进创新体系的形成。更重要的是，要建设和完善世界一流的创新平台，释放科研院所和大学的创新活力，促进生产、学习和研究结合起来，加快形成中国制造业国际核心竞争力。

（三）注重联盟中介服务平台建设，为集群企业的技术型人才释放潜力创造良好环境

积极搭建各类公共创新服务平台，满足集群内企业的公共需求，为集群内更好地利用人力资本提供便捷、快捷、有效的平台。例如，集群公共检查平台可以使集群内的企业降低测试成本，提高检测质量和水平。公共研发平台可以为集群内企业特别是中小企业提供技术支持；教育和培训等公共服务平台可以开展专业培训和产业规划。引导集群企业的发展方向，坚决推进上述各类公共创新和服务平台建设，使研发型和技术型人力资本得到有效利用，提高整个集群的创新水平和可持续发展能力。

企业运行机制的优势在于决策机制和激励机制。这是产业集群内各种专业平台系统建设的关键。引导平台建立灵活独立的企业运作机制，消除行政色彩，强化市场和企业功能。有效对接企业的实际需求，实现专业平台发展的良性循环，在实现自身经济效益的同时促进中小企业公益服务的社会效益。此外，健全的企业运作体系不仅是各专业平台健康稳定发展的保证，而且有利于典型的驱动作用，吸引和刺激更多的社会主体和民间资本参与建设产业集群中的中小企业平台。我们要实现各方协调发展。

（四）构建创新融合型产业组织，通过人才潜力的挖掘提升集群的价值链升级

强化人力资本意识，加强人才的培养、引进、集聚和利用，消除人才引进、流通、使用和作用中的障碍，加强人才管理制度和政策的改革，进一步激发各类创新创业人才的热情。充分发挥人力资本在集群创新中的关键作用，为加快集群创新发展提供强有力的智力支持和保障。首先要关注人力资本投资。各级政府要

加大教育投入,大力发展各级各类教育。特别是要利用高校和科研院所的资源,积极支持职业技术学院和各类技术培训机构,加强产业集群发展,在人才、技术、培训等方面提供配套支持。其次是鼓励企业家加强创新信心、增强创新勇气,并积极支持企业家按照现代市场经济的要求,实行产权制度、组织体系和管理制度创新,引导民营企业建立多维产权、管理科学、现代企业制度运作体系转型。最后是优化环境和条件,发挥专业型人力资本在推动集群创新中的重要作用。创造各种条件,并为专业技术人员提供有针对性的技术,加速知识更新。管理人员可以通过交流、轮岗、培训等方式提高管理型人力资本水平,加强资源配置,协调内外部资源整合能力。

积极推动产业集群内部的专业分工。专业化分工合作是产业集群竞争力和活力的主要来源,也是产业集群蓬勃发展的根本原因。一是纵向拓展,围绕先进龙头企业,形成一批专业化配套企业、专业村、专业镇。二是横向发展,围绕重点领先产品,形成技术优势,规模优势,区域品牌优势。三是围绕新项目做好完善补充,扩大和拓展产业链。四是搞分工合作,形成与地方支持密切全面的内在关系和合作关系。五是加强综合服务,注重产业发展,构建支持产业集群发展的公共服务平台。通过开辟专业化分工的路子,让企业与企业,企业与物流,企业与科研单位,企业与支撑系统之间建立起明确的分工。

(五)以城市群作为制造业集群的载体,整合区域产业价值链条,构建制造业错位集中发展的格局

在城市群和都市圈的框架下,进行城市产业空间布局的宏观调控,积极利用和提高制造业集聚效率的空间溢出效应。政府建立不同规模城市的功能等级,巩固城市间制造业发展的战略地位,避免重复建设和城市恶性竞争,积极采取集聚、错位、创新型制造业发展战略。国家级中心城市或区域核心城市应积极为周边中小城市提供知识和技术支持,使其成为区域经济增长乃至国民经济发展的"技术库"或"智库区";对于中心城市,要根据城市的资源禀赋和比较优势,积极进行制造业转型升级,同时与邻近城市形成制造业相辅相成的分工。根据区域制造业价值链的特点和结构调整的趋势,积极引导制造业各个部门在城市群内部进行梯度发展,形成更有效的产业协同集聚格局。具体而言,在制造业发展规模较大的城市,以高端投入为特征的技术、知识等高端制造业将成为产业结构调整的主要方向。这将使制造业有更快的空间溢出效应。对于制造业相对落后的城市,要重视生产性服务业发展,完善制造业发展的服务保障,形成良性互动;同时,我们必须避免劳动力资源的竞争,确保富余劳动力身份的行业错位发展。

第八章

我国先进制造业"走出去"战略研究

党的十八大以来,以习近平同志为核心的党中央总揽战略全局,推进对外开放理论和实践创新,确立开放发展新理念,实施共建"一带一路"倡议,加快构建开放型经济新体制,倡导发展开放型世界经济,积极参与全球经济治理,对外开放取得新的重大成就。党的十九大报告从统筹国内国际两个大局的高度、从理论和实践两个维度,系统回答了新时代要不要开放、要什么样的开放、如何更好推动开放等重大命题。报告提出的全面开放内涵丰富,既包括开放范围扩大、领域拓宽、层次加深,也包括开放方式创新、布局优化、质量提升,是习近平新时代中国特色社会主义思想和基本方略的重要内容。

进入新时代,我国经济发展进入新常态,劳动力成本持续攀升,资源约束日益趋紧,环境承载能力接近上限,开放型经济传统竞争优势受到削弱,传统发展模式遭遇瓶颈。全国政协主席汪洋指出,加快培育竞争新优势成为我国开放型经济的发展方向。随着我国的资本、劳动力、技术、产品、服务、管理、品牌等全方位地走向了世界各国,融入国际市场。我国对外直接投资总额不仅已持续超过同期吸收外资的总量,且跃居世界第二,但是,在我国企业走出去的步伐加快、手段增多的同时,所显现的问题也愈加严重,如投资领域不正确、投资结构不合理、投资政策不清晰、投资方式不完善、投资手段不科学、投资风险加大等。这些问题的显现会成为我国企业"走出去"参与国际竞争的绊脚石,同我国"走出去"发展战略的初衷有些相悖。

本章在全面分析新经济背景下我国先进制造业为什么要"走出去"、如何"走出去"、如何可持续"走出去"的基础上,研究了先进制造业"走出去"的战略选择与实施，提出了针对发达经济体、针对"一带一路"沿线发展中国家、针对所有经济体，以及立足国内的国际化产学研用等"走出去"战略模式与路径。在全面振兴东北老工业基地的战略背景下，针对辽宁省先进制造业如何把握机遇，借助"一带一路"东风，有效实施"走出去"战略，进行了全面系统的战略定位与战略实施研究。

第一节 "走出去"战略理论追溯及其前沿

"走出去"战略具有深厚的理论渊源。各个时期理论立足当时的社会经济实际，从国际贸易、世界生产、世界市场、全球资源等不同视角对"走出去"必要性和本质进行了论述。所有这些都为"走出去"战略奠定了理论基础，为"走出去"战略实践提供了理论支持。

一、马克思关于"世界市场"和"全球的生产"理论[①]

马克思用"世界生产""世界市场"等概念，从资本主义生产方式产生和发展的条件上着重分析了世界市场和国际贸易的发展及其本质，为近代经济全球化理论奠定了坚实基础。随着世界市场总体的形成和当代经济全球化的演进，马克思的世界市场和全球化生产理论仍具有强大的生命力，是我国"走出去"战略重要的理论根源。

（一）世界市场是资本主义生产方式存在的必要前提和一般条件

近代经济全球化是以世界市场为特征的。对世界市场的分析，在马克思经济理论中占有重要地位。世界市场是资本主义生产方式存在的必要前提和一般条件。因为世界贸易和世界市场在16世纪揭开了资本的近代生产史，并且对于资本主义生产来说，非常重要的是产品发展成为商品，而这同市场的扩大，同世界市场的建立，进而同对外贸易有极为重要的联系。

从本质上看，资本主义生产方式是发展物质生产力并且创造同这种生产力相适应的世界市场的历史手段。以机器大生产为标志的社会化大生产创造了世界市场以及新的世界交换关系和国际分工格局。世界市场和全球生产趋势从根本上讲

[①] 王志民：《论"走出去"战略与制度创新》，福建师范大学博士学位论文，2003年。

是生产社会化和分工专业化的产物。

（二）世界市场和国际贸易能提高资本的平均利润率

马克思认为，对于发达资本主义国家来说，与生产条件较为不利的其他国家所生产的商品进行竞争，发达国家可以按照低于国际价值的价格出口其产品，既能在竞争中压倒对手打开销路，又能获得超额利润。或者直接到殖民地进行对外直接投资，充分利用那里廉价的劳动力和自然资源，所获得的高额利润自然会提高全国国内的平均利润率。发达国家由于具有有利的生产条件和先进的科学技术，其产品的个别价值就低于国际价值，而落后国家刚好相反。这正是价值规律在国际市场上发挥作用的结果。

（三）世界市场促进了资本主义生产关系内在扬弃和国际分工

在世界市场总体内，生产以及它的每一个要素表现为总体，私人资本（它表现为生产资金、劳动力、技术、生产资料等实物形式的直接生产要素）向社会资本的转化以及这种资本的国际化和生产过程的国际化，使生产过程从一国范围内的历史发展到全球范围内，其标志是形成一些规模巨大的新的国际组织形式。并且，局部的地域性分工和交换随着生产过程的国际化也上升为国际分工和国际交换，并形成统一的世界市场网络和新的交换组织。

（四）"世界市场"和"全球的生产"的二重趋势及本质

世界市场和全球生产的发展造成双重趋势：一种是进步趋势，另一种是从属趋势。后者导致的消极结果是雇用劳动从属于资本、东方落后国家从属于西方发达国家。前者的积极成果是在客观上为未来新社会构筑物质基础，从而使世界市场总体成为新社会的历史前提、历史条件和过渡点。近现代经济全球化的实质是资本主义的全球化，而全球化的发展又增加了资本主义制度更替的条件。

（五）理论的历史地位与作用评述

马克思在19世纪40~60年代，站在世界历史观和全球化唯物史观的高度上，第一次科学地阐释世界市场总体的本质、全球化的两重趋势，并粗线条地逻辑地复制资本主义生产方式运动的全过程（世界市场总体正是它运动的终点和最高发展形态），从而初步建立起关于世界市场总体和经济全球化的分析框架。

二、国际经济学中的"走出去"战略

(一) 传统的对外直接投资理论[①]

传统的对外直接投资理论有两派观点：一是美国学者斯蒂芬·海默（Stephen Hymer）1970 年在其博士论文《国内企业的国际经营：一项关于对外直接投资的研究》中提出的垄断优势理论。基于厂商垄断竞争的原理，他研究了企业进行对外直接投资的原因，开创了对外直接投资理论研究的先河。该理论认为，跨国公司若想在国外市场进行投资，必须拥有一定的垄断优势，即独占性的生产要素优势，否则由于额外成本的存在，跨国公司将难以与当地企业进行竞争。因此，培育和提升各自的垄断优势成为对外直接投资的必要前提条件。

另一派是以英国里丁大学教授巴克莱（Peter J. Buckley）和卡森（Mark C. Casson）为代表的内部化理论。该理论的着眼点在于跨国公司生产经营的交易成本。该理论认为，市场信息的不完全性和中间产品（尤其是专有技术、专利、管理及销售技术等信息与知识产品）价格的不确定性，造成市场交易成本过高，因此跨国公司会通过建立海外分公司，将一些中间产品的生产和交易转入组织体系内部以降低交易成本。

英国经济学家邓宁（Cunning）在综合上述两个学派的基础上，融入东道国区位因素，建立了国际生产折衷理论（eclectic theory），又称为 OLI 范式（ownership-location-internalization paradigm）。该理论认为企业跨国经营需要具备三大因素：所有权优势（O）主要来源于企业在技术、品牌、组织管理、规模经济等方面特定的优势及跨国公司海外子公司在东道国市场管理和经营实践中积累的新所有权优势；内部化优势（I）是指具有产品多阶段生产特点的跨国公司，特别是从事技术密集型产业，通过 FDI 把其特殊的工艺或功能安排到国外，可以把母公司特定的所有权优势保留在国际生产纵向系统内部，得以充分利用；区位优势（L）是指东道国在市场规模、资源禀赋、政府政策等方面的优势。归纳而言，所有权优势是 FDI 的基础，内部化是实现所有权优势的途径，区位优势是发挥所有权的条件，只有同时具备这三种优势时企业才会实施 FDI。

该理论的历史局限性：

传统的对外直接投资理论及其折衷理论的研究对象仍是发达国家的跨国公

[①] 洪俊杰、黄薇、张蕙、陶攀：《中国企业"走出去"的理论解读》，载于《国际经济评论》2012 年第4期。

司，很难解释那些并不具备各种优势的发展中国家企业的对外直接投资行为，对发展中国家企业的对外直接投资行为无法做出科学、全面的解释。

从范畴上来看，都把跨国并购作为对外直接投资的一种形式，而未强调跨国并购所特有的企业控制权转换和跨国产权重组性质；从方法论上来看，同属于经济学的分析范式，即以价格机制为基础，阐述企业国际化经营中如何通过境外投资实现要素最优配置，都是对外部环境如何引起跨国并购的静态均衡分析；从研究角度上来看，基本都是考察影响跨国经营的产业、技术和东道国投资环境等外部因素，而忽略了企业作为一种动态发展的组织形态中的各种内生因素①。

（二）关于"走出去"战略的国际贸易理论

1. 关于"走出去"战略的新古典贸易理论

垂直型国际直接投资理论建立在新古典贸易理论的框架下。赫尔普曼（Helpman）在传统的贸易理论 H-O 模型的基础上，在完全竞争和规模报酬不变的基本假设下，加入了跨国公司，建立了垂直型跨国公司的对外直接投资理论。该理论认为，不同的生产阶段具有不同的要素密集度需求，而国际间要素禀赋的差异导致同一要素价格的国际差异。因此，在生产过程的不同阶段，选择相对成本最低的区位，对企业是有利的。该理论的核心在于在国际化过程中，充分利用各国的要素禀赋差异，因此属于资源寻求型对外直接投资的范畴。

2. 关于"走出去"战略的新贸易理论

水平型国际直接投资理论建立在新贸易理论的框架下。在规模效益递增、不完全竞争和生产差异化基础上，马库森（Markusen）提出了水平型对外直接投资理论。当公司在包括母国在内的多个国家同时从事相同产品的生产，并在当地市场销售时，就构成了水平型对外直接投资。与垂直型对外直接投资的根本区别在于，企业进行对外直接投资的最终目的是服务于东道国当地市场而不是第三国国际市场，因此属于市场寻求型对外直接投资的范畴。水平型国际直接投资在当代发达国家中占有重要地位。

3. 知识资本论

马库森在允许总部和实际生产活动具有不同的要素密集度的前提下，把垂直型国际直接投资理论和水平型国际直接投资理论纳入统一的框架下，建立了对外直接投资的知识资本模型。在该模型中，知识资本是跨国公司总部所创造的各种知识性资产，包括研发、管理、营销、财务等总部行为。企业既可以选择多工厂

---

① 阎大颖：《企业能力视角下跨国并购动因的前沿理论述评》，载于《南开学报》（哲学社会科学版）2006 年第 4 期。

生产（HFDI），也可以选择总部和唯一工厂地域上的分割（VFDI）。企业的决策过程遵循两阶段博弈：第一阶段，企业决定总部区位和工厂数目，选择 FDI 的类型；第二阶段，根据同质产品古诺竞争模型决定企业产量。知识资本的不同特性组合决定了跨国公司的类型，在不同的市场情况下企业会选择不同的生产经营模式。

三、产业组织角度关于"走出去"与跨国并购的理论前沿[①]

20 世纪 90 年代以来，随着国际市场竞争日趋激烈、产业技术迅速更新，跨国公司的经营也处于动态调整中。而且，跨国并购作为以企业微观产权市场交易为载体的国际资源配置现象，必然与国际市场价格机制和企业内在战略管理机制同时相关。因此，跨国并购的分析重点逐步向企业的国际化发展战略、人文和技术整合能力、国际经营经验、组织学习能力、资源禀赋特征等内生变量转移。这些企业能力变量与其国际竞争优势密切相关，并随着企业国际发展阶段的不同而不断内生变化，且与外部宏观和产业因素相互作用，对企业保持国际核心力发挥着关键作用。就此角度而言，跨国并购便是在企业能力变量的动态调整过程中，有助于培育国际竞争优势的组织变革。

（一）国际化战略与组织形态论

企业的国际化战略包括业务层和企业层两个方面。企业层国际化战略包括三种类型：国际本土化（multi-domestic strategy）、全球化（global strategy）和跨国战略（transnational strategy）。国际本土化就是将战略和业务决策权分散到各个国家的战略业务单元，由这些单元向本地市场提供本土化的产品。它注重每个国家内的竞争，认为每个国家的市场需求、行业结构、政策法律和社会意识都不相同。实施国际本土化战略能够对每个市场的需求特性做出更准确的反应。全球化战略则认为不同国家市场的产品更趋于标准化，应采取由母国总部集中控制的国际化战略，即不同国家的业务单元互相依靠，由总部进行一体化管理。跨国战略是国际本土化和全球化的结合，试图实现全球化协调性和本土化的灵活性统一。

战略管理学认为，企业层面国际战略的选择依据是目标战略资源的特性。拉格曼（Rugman）和韦贝克（Verbeke）定义了两种企业专属优势：一种是地域限制性的，顾名思义，这种资源优势限于某一地区不可流动，如营销网络、

[①] 阎大颖：《企业能力视角下跨国并购动因的前沿理论述评》，载于《南开学报》（哲学社会科学版）2006 年第 4 期。

品牌优势等；另一种是非地域限制性的，如技术知识、管理能力等，它们不受地域限制，但在不同企业之间可能难于整合，或本国企业为保持垄断优势不愿扩散给合作者。若企业国际化是为了寻求东道国某种地域限制性资源，则倾向于国际本土化战略，赋予国外子公司较大的独立性，使其能灵活适应东道国的市场环境，充分发挥该地域限制性资源优势。反之，若企业具有并想保持自身某种非地域限制性优势，则会实施全球化战略，以保证本国母公司对分公司的控制力度。

近期另一些研究将系统论和组织形态学的异质同形（isomorphism）范畴运用到跨国公司的国际组织结构中，并以此成为分析跨国并购成因的切入点。异质同形是指任何组织无论基本功能和行为目标如何，都必须不断变更自身结构，内化各种外部制度要求，借此合法生存，从而形成不同组织与周围制度环境的同构化趋势。从系统论角度看，跨国公司母公司与国外子公司可视为相互关联的一系列组织的集合。戴维斯（Davis）等指出，跨国公司子公司面临着内部与外部双重同形化的压力，前者是指要与其母公司的组织行为协调，后者则是指要与东道国相关利益群体相融，两种压力的重要性根源于企业选择的国际化战略。他们认为如果实施全球化战略，则主要受母公司组织模式的影响，如果是国际本土化，则与东道国制度的同形化更为重要。

布罗瑟斯（K. D. Brouthers）对 136 家日资企业的考察发现，日本在 20 世纪 80 年代开辟欧洲市场时主要采取了国际本土化战略，由于与当地文化差异较大，它们更青睐于收购，因为其比新建投资更容易取得东道国的合法地位。

（二）动态能力与组织学习论

蒂斯（Teece）、皮萨诺（Pisano）和舒恩（Shuen）把企业动态能力定义为企业在复杂多变的经营环境中，能够迅速适应制度惯例的变革、灵活调整经营模式、及时整合和重组内外部资源、补充资产技能，从而自我更新竞争优势的能力。从本质上讲，组织学习能力反映了企业为适应外部社会生态环境变化，周而复始地积极积累经验所形成的长期生存方式。

早期观点认为，考虑到潜在整合难度，文化差异越大，实施合资或新建企业的可能性就越大，而文化相似性国家之间的收购会更为频繁。然而哈默（Hamel）将动态能力与组织学习论引入进入方式的决策分析，得出了不同结论：并购可以促进跨国企业向东道国合作者吸取和补充经营经验，还有助于获取竞争对手的更多信息；而绿地投资只是在利用企业既有的知识和经营模式，比并购更容易形成认知学习惰性和日常运作的路径依赖，因此不利于企业增强动态能力。

第二节 全球制造业"走出去"与跨国并购的演进及趋势分析

一、全球制造业"走出去"与跨国并购的演进分析

(一) 发达国家的国内并购与扩张阶段一:市场垄断并购

1. 简要情况

诺贝尔经济学奖得主,前芝加哥大学教授乔治·斯蒂格勒(George Stigler)将第一次和第二次并购浪潮对比称为"为了垄断的并购"和"为了寡头的并购"。在第二次并购浪潮中,一些不同的行业被合并。并购的结果常常是形成了寡头而不是垄断的行业结构的同时,在第一次并购浪潮中形成的合并模式,在第二次并购浪潮中继续存在。

2. 促成因素

(1) 追求规模经济。一些经济学家从规模经济角度分析第一次并购浪潮的原因:扩大企业规模,降低单位成本,提高经济效益。

(2) 市场范围的扩大。美国完善的交通系统是另一个激发第一次并购浪潮的原因:主要铁路系统的建设,使公司的服务对象从区域内到全国内。

(3) 反托拉斯法的执行不力。在当时联邦的反托拉斯法不严,一些州的公司法案放宽规定,这为公司实施并购提供了良好的宽松环境。

(4) 由于少数银行家控制着并购所需的绝大多数资金,使得银行家在并购中发挥着关键作用,他们对企业领导者的影响使得他们容易达到控制效应。

(二) 发达国家的国内并购与扩张阶段二:市场多元化并购

1. 简要情况

第三次并购浪潮(1965~1969)表现出高水准的并购特征,主要原因在一定程度上归为当时经济的繁荣发展。在这一时期较多地出现"小鱼吃大鱼"现象,前两次并购很少出现被并购企业规模大于并购企业。这一期间形成的综合性企业在不同的行业内都拥有大量的生产业务。

2. 结果与效果

对于许多混合并购而言,几乎没有证据可以证明它们的合理性。事实证明许

多公司并购后的业绩并不佳,据有关数据显示,在 1970~1982 年的并购企业有 60% 的企业出现再次被并购或者被剥离现象,这一混合并购使得专注于专业化的程度大幅度减少,与一些专注于经营某一产品或者某一部门的管理者相比,多元化经营者对所处行业的知识知之甚少,对运用专业知识方面的劣势更加明显。

(三) 发达国家间的国际并购阶段:科技驱动型并购——以通讯设备制造业为例[①]

第四次并购浪潮的一个显著特征就是科技进步既作为原因又作为结果成为制造业并购的一种关键因素。

1. 科技进步与市场自由化相结合促进并购

1945 年,美国研制成功世界上第一台电子计算机——"ENIAC",从而开创了一个科技新时代,也为电信领域又一次新的技术革命提供了契机。1962 年,美国研究成功了晶体管 24 路脉码调制设备,用于电话的多路化通信。这一技术进展与计算技术进步相结合,使通信数字化具备了技术上的可行性。20 世纪 70 年代之前,全球通讯设备市场由许多联系微弱的子市场组成,较大的西方国家都由多个国内生产商控制国内市场,而出口主要面向那些没有国内生产商的国家。20 世纪 70 年代政府放松采购规制与通讯市场自由化相结合,全球通讯设备市场走向整合,R&D 支出较高的企业具有进入国外市场的优越性,因而增加 R&D 支出所对应的市场收益预期显著增大,导致企业通过研发投资实现产品升级的动机显著增强[②]。

2. R&D 行为与全球并购交互作用促进产业升级

20 世纪 70 年代,伴随着美国的市场开放趋势,几家大型通讯设备供应商开始扩大投入研发新一代的数字转换设备。全球通讯设备市场整合引致了 20 世纪 80 年代异常急剧的 R&D 支出升级,自 1984 年开始的 5 年期间,产业中数字交换系统的 R&D 年支出翻番,从 125 亿美元增至 250 亿美元。由于企业需要增加现金流以支持 R&D 支出的不断升级,价格竞争更加激烈,因而导致了大规模的兼并和重组。

在升级过程的第一轮收购中,被收购的对象是曾经作为国内市场第二供应源的较小生产商。第二轮收购影响到产业内某些最大的公司。20 世纪 90 年代初期,全球通信设备市场演变为仅由六个公司控制,市场份额的新格局为:美国电话电报公司(AT&T)和阿尔卡特(Alcatel)各占全球市场份额的五分之一,西门子

---

① 赵丰义、唐晓华:《萨顿内生性产业升级理论的局限性、改进及应用研究——基于我国装备制造业的分析》,载于《产业组织评论》2012 年第 3 期。

② Sutton. J., *Technology and Market Structure*. Cambridge,MA:MIT Press,1998.

（Simens）大约占 15%，北方电信（NorthernTelecom）、爱立信（Ericsson）和日本电气公司（NEC）各占 10%（见图 8-1）①。

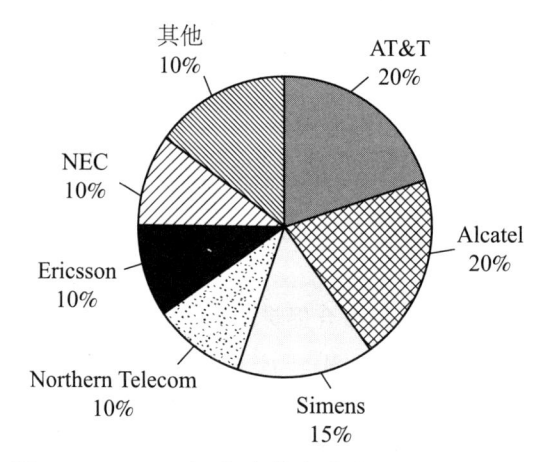

图 8-1 1992 年全球数字交换设备市场份额

资料来源：Sutton. J., *Technology and Market Structure.* Cambridge. MA：MIT Press，1998.

（四）发达国家主导全球并购阶段——战略驱动型并购

1. 简要情况

第五次浪潮（20 世纪 90 年代初至 21 世纪初）并购主要以大型并购为主，更多地体现在为了寻求全球化市场进行的战略并购，敌意并购占比相对较少，经济在 20 世纪 90 年代初衰退后出现复苏。各国公司为了寻求扩张，扩大市场影响力，并购作为最快捷和最有效的方式成为扩张的主要手段。这次并购不仅仅是获得财务收益，更重要的关注企业的战略意义。

第五次的并购是一场真正意义的全球化并购浪潮，从最初的美国开始逐渐遍布开来，美国的交易额和交易数量在 1996 年迅速增长；紧接着，在 1998 年激起欧洲并购浪潮，英国交易规模最大，紧随其后的是德国和法国，到 1999 年其交易额基本与美国持平；亚洲的交易数量和金额从 1998 年显著增长，除了日本外，还包括亚洲的所有大国。

2. 主要特征：发达国家企业的全球资源配置战略——以跨国公司在华并购为例

跨国公司的战略目标决定了跨国公司全球战略变革，在全球战略的统一部署下，跨国公司将进行在华战略调整，而此时并购行为与跨国公司战略选择具有高

---

① Sutton. J., *Technology and Market Structure.* Cambridge，MA：MIT Press，1998.

度的一致性。跨国装备企业在华战略的发展可分为战略布局、本地化和全球协同三个阶段。所处战略阶段不同，在战略导向、战略措施、组织形式等方面也会表现出不同的特征（见表8-1）。

表8-1　　　　　　　跨国装备企业在华战略阶段特征

阶段	战略导向的调整	资源配置的调整	组织的调整	战略措施特点	在华组织形式特点
阶段一：战略布局	快速进入市场	分散性和重复性的资源	分散的子公司	快速进入，价值链的接入	合资或独资，例如早期的合资
阶段二：本地化	占领并巩固当地市场地位	在当地的分支机构内将传统的重复性资源合理化，并扩展现有资源	建立国家或区域性总部	价值链的区域延伸和整合	独资化，例如，目前对国内骨干企业的并购
阶段三：全球协同	纳入全球经营体系，全球效率提升	全球资源的整合利用，以及知识的共享	纳入一体化网络组织体系，全球化、本地化和全球范围学习的统一	价值链的全球整合	以独资为主

资料来源：王钦：《跨国公司并购中国装备制造业企业的公共政策选择》，载于《北京师范大学学报》（社会科学版）2007年第1期。

（五）新兴市场力量崛起的全球并购阶段

2004年以来，随着新兴经济体的不断崛起，全球的第六次并购浪潮拉开了序幕，并在2006年时达到一个高潮。第六次并购的典型特征主要体现在"新兴市场力量的日益崛起"。随着新兴市场经济体的兴起，越来越多的并购活动涉及新兴市场经济体，成为第六次并购浪潮的一大重要特点，其中来自拉美、亚洲等新兴市场的并购活动受到了很大的关注[①]。

2008年国际金融危机中欧美实体经济的冲击导致中国制造业参与海外并购的成本大幅降低，这些国家和地区的装备制造业在很多领域的技术都具有巨大的领先优势，为中国制造业"走出去"参与海外并购提供了更多的机遇。中国制造业借此机遇，走出去获取的先进技术和管理经验，实现了竞争力的显著提升。

---

① 赵静：《第六次并购浪潮中的资源型并购研究》，载于《浙江大学》2007年第6期。

二、不同国家政府在企业"走出去"过程中的战略支持

为了鼓励和促进本国企业更好地"走出去"参与国际市场竞争,推动本国的经济持续稳定的发展,各国尤其是西方发达国家无一例外地都采取了积极的政策来推动本国的企业"走出去"积极参与经济全球化的进程。而不同的国家针对于不同的形势和不同的行业甚至不同的地区采取了略有不同的政策。

(一)美国政府对企业"走出去"的支持[①]

作为世界最强大的经济体,为了保持其经济的持续强大、世界领先的地位和国家与能源的安全,美国政府一直重视对企业的海外投资的支持,甚至不惜动用战争等极端的手段。

首先,强大的法律保护和支持。"二战"以后,美国在对外投资方面专门制定了《经济合作法》《对外援助法》《共同安全法》等有关法律,不断扩大本国对外投资的安全和利益。除了在国内法律方面给予支持和保护之外,美国政府还积极与发达国家及欠发达国家签订双边或多边协议,保证了本国企业在东道国获得投资经营的非歧视待遇以及投资受保护的权利,保障了本国投资的安全和利益。

其次,提供金融和税收等方面的支持。在金融支持方面,美国进出口银行和海外私人投资公司起着极其重要的作用。美国进出口银行的对外贷款业务中,有两项贷款是专门支持跨国公司对外直接投资的:一项是开发资源贷款,用于开发某个国家的资源,尤其是战略物资的资源,按企业成交额的45%提供贷款;一项是私人对外直接投资贷款,即对跨国公司给予贷款,帮助它们扩展业务,提高在国外的竞争力。在1971年成立的海外私人投资公司主要有两项业务,一是为海外投资企业提供投资保险,另一项是对私人投资者提供融资活动,尤其是鼓励美国中小企业在发展中国家进行海外直接投资。在税收方面,除了与许多国家签订双边协议避免双重征税外,美国公司国外投资收入的税率一般要比国内投资收入的税率低15%~20%。

最后,提供完善的信息咨询服务。美国是全球信息咨询最发达的国家,美国政府不仅建立了大量的各个领域的官方半官方的情报信息中心、研究所,而且还每年拨付专项巨款支持民间的情报调查机构,为美国的政治经济文化提供全方位的信息情报服务,对于企业的海外投资也不例外,如海外私人投资公司除了提供

---

① 董翠玲:《发达国家政府在对外投资中的积极作用及启示》,载于《商业时代》2008年第2期。

资金、海外业务保险外,还定期发行新闻通讯和专题报道等,提供投资情报,同时帮助企业交流海外投资经验,协助进行投资分析、把握投资机会以及负责咨询等服务。这些服务无疑促进了企业的跨国发展。

(二) 日本政府对企业"走出去"的支持①

由于日本政府在国际上政治经济的独特性,日本政府在企业"走出去"的支持方式上与其他国家略有不同。

首先,通过建立资助海外直接投资的政府开发援助(ODA)和海外经济合作基金(OECF)来引导企业参与跨国的投资与合作。在日本,政府开发援助和海外经济合作基金虽然不直接或不完全直接插手海外直接投资,但其在海外的援助和投资活动却对日本海外直接投资的投向、投量发挥着诱导和资助作用。ODA是发达国家政府对发展中国家乃至国际机构的"援助",主要援助形式有赠款、借款、赔偿、技术援助等。ODA 在日本企业援助发展中国家的经济活动中占有重要地位,很多 ODA 项目都与日本的企业产品或技术联系起来,而最后这笔钱又回到日本的企业手里。这种政府开发援助带有鲜明的政治色彩和利益指向,服务于日本政府的经济政策和发展战略。在复杂的国际经济环境变动中,日本政府由"贸易立国"实现向"资本输出立国"战略转变。

其次,为了更好地为本国企业"走出去"参与国际竞争,日本政府成立了海外直接投资的官民联合投资机构。在日本的海外直接投资体制中,官民联合投资机构是一支不可忽视的力量。日本国际发展组织成立于 1989 年,是由日本海外经济合作基金控股 1/3,其他 98 家私人企业投股 2/3 而组建起来的官民联合出资的海外投资促进机构。其成立目的是对有经济合作关系的发展中国家的制造业建设项目进行股份投资,以促进发展中国家产业结构建设计划的实现,对那些风险大、私人企业独立承办难度大的项目给予大力支持。此外,日本还在一些国家建立了由双方政府和经济团体等参加的促进投资机构,如 1991 年 6 月建立的日中投资促进组织,专门致力于保护和促进对这些国家的直接投资活动。

再次,在金融服务方面,日本专门有进出口银行致力于海外直接投资信贷。尤其是从 1986 年《日本进出口银行法》修改以后,进出口银行扩大了对日本企业海外投资的信贷。

最后,为了鼓励和保证企业海外投资活动的利益,减少投资风险,日本政府还建立了海外直接投资风险的新贸易保险体制,即建立了"海外投资损失预备金制度"和"海外投资保险制度"。而且为了保障这两项制度的实施,日本通商产

---

① 伊文媛:《论实施"走出去"战略中政府的作用》,南京师范大学硕士学位论文,2004 年。

业省贸易局专门设立了"海外投资保险部"负责这两项业务的审批工作。这两项业务的主要服务对象是中小企业。企业投资海外欠发达国家和地区的制造业、矿业、农林水产业、建设业项目假如发生亏损或损失,"海外投资损失预备金制度"将对企业进行补贴,补贴金额为项目累计投资融资总额的12%。"海外投资保险制度"为企业投资所在国碰到战争、社会动乱等非常风险提供投资保险服务;对因海外合作伙伴破产造成的损失提供信用保险。两项保险补偿率分别为95%和40%。企业投保的费用可申请由政府贷款解决。

(三)德国政府对企业"走出去"的支持[①]

首先,在法律上支持。德国政府由经济劳工部主导专门成立了由德经济劳工部、财政部、经济合作部和外交部组成的部际联合委员会(Inter Ministerieller Ausschuss – IMA),制定了详细的《对外投资担保条例》。条例中详细规定了有关投资担保中涉及的原则问题、成立条件、申请程序以及担保的损害处理等内容,是PWC与赫尔姆斯公司提供担保咨询、受理和审核申请以及IMA进行担保批复的依据。现行担保条例是1993年制定为了更好地适应企业的需求和境外投资的形势发展进行不断修改和完善而来的。

其次,为了支持企业"走出去"开拓国际市场,德国政府还建立了一整套的对外投资担保体系,其主要目的在于保护本国企业对外直接投资在遭遇政治风险时免受损失或最大程度降低损失。德国对外直接投资担保是德国联邦政府根据预算法的授权,对需要扶持的德国企业境外直接投资提供的政治风险担保[②]。

再次,在金融财政上支持,德国政府直接投资设立或参股设立各种投融资机构,如德国复兴信贷银行、德国投资开发公司、德国技术合作公司及德国能源署等,为德国政府促进贸易或投资发挥重要作用。同时,德国政府还与德国工商总会共同出资建立工商总会的海外机构,发挥德国对外经贸的重要枢纽作用,促进海外投资:一方面通过向海外投资的企业提供咨询和各种中介服务,减少其投资风险;另一方面凭借对当地法律法规的熟悉,协助企业解决投资过程中出现的矛盾与纠纷,保护企业的利益。近年来,德国经济部每年还预计向部分德国海外商会提供3 700万欧元财政支持,进一步提高这些商会的海外投资促进保护作用。

最后,德国政府还采取了一些向企业提供海外投资技术信息支持服务的措施。德国经济部不仅向德35个驻外使领馆派驻了商务专员,为德国企业产品

[①] 杨海龙等:《一带一路与国际产能合作》,机械工业出版社2017年版。
[②] 韩师光:《中国企业境外直接投资风险问题研究》,吉林大学博士学位论文,2014年。

出口和对外投资提供咨询帮助，降低出口和投资风险；还设立了隶属于经济部的贸易与投资促进署这一专门机构，主要向企业提供对外经济信息和咨询服务。

（四）国外政府对企业"走出去"的经验启示

综合前面四个发达国家的经验可以看出，各个发达国家政府在促进企业"走出去"的过程中，更多地集中在对本国企业海外投资的扶持和保障上，根据本国的国情和企业的发展现状建立与自己国家发展战略相一致的支持体系，但基本上离不开以下几点：

（1）为企业"走出去"建立相关的法律保障体系，使企业投资活动有法可依，减少企业海外投资的不确定性因素。美国的法律注重建立市场行为规则，日本、韩国的法律则带有政策引导性[1]，而德国的法律更注重保护企业的投资利益。除了国内的立法保护和促进外，政府还会通过签订国际协议的方式保护本国企业的国外的投资活动，确保投资不受外汇、税收等方面的干扰[2]。

（2）为了促进企业"走出去"，保护企业海外投资的利益，政府一般会设立统一的治理机构，针对跨国直接投资制定战略规划、治理措施、政策。特别是与我国文化相近的日韩更为典型。美国和德国等因其文化差异和市场管理形式的不同，在海外投资治理上表现较弱，但仍然会有特定的部门来执行政府对企业海外投资的各项政策。

（3）为了保障企业"走出去"是海外投资的利益，减少投资风险，国家间都会建立相对完善的保险措施，通过国家的信用担保，减少企业对外直接投资过程中对风险的担忧。

（4）为了支持企业"走出去"对外投资资金方面的需要，各国政府都直接投资或参股投资设立了相应的金融机构，为这些企业提供必要的金融及相关服务。并在不同程度上为企业提供贷款或者减免税收的优惠政策，甚至对企业的经营亏损进行补贴。

（5）重视政府在技术信息方面的服务。各国政府一方面利用政府直属的各种情报部门与机构或咨询顾问公司为企业提供海外投资的技术信息咨询服务，另一方面还从财政预算中拨出专款资助各种商业调查机构或咨询公司，利用这些商业机构为本国的企业提供海外投资的各种信息和服务。

---

[1][2] 董翠玲：《发达国家政府在对外投资中的积极作用与启示》，载于《商业时代》2008年第2期。

第三节 我国制造业"走出去"历程及现状描述分析

"走出去"是经济发展的必然趋势。从改革开放算起,中国"走出去"经历了近40年的历程,从起初艰难尝试的萌芽阶段,到起步,到逐步发展,再到"一带一路"下的快速发展。本书从中国对外直接投资相关指标,从宏观层面解析我国对外投资整体以及制造业发展现状、存在的问题及根源,以促进中国"走出去"战略在"一带一路"下得到进一步发展。

一、中国"走出去"总体发展情况

中国开放市场环境后,引进外资与对外投资几乎是同阶段进行的,直到1997年12月24日,"走出去"一词才被正式提出于江泽民接见全外贸工作会议代表之时,而将"走出去"作为国家发展战略出现在2000年。从起初的限制对外投资到现在鼓励对外投资,其发展是显著的。图8-2显示了中国对外直接投资的历年流量及其增长率。2016年中国对外直接投资分别占全球当年流量、存量的13.5%和5.2%,流量承上年继续位列按全球国家(地区)排名的第2位,占比较上年提升3.6个百分点,存量由2015年的第8位跃至第6位,占比提升0.8个百分点。① 中国对外直接投资管制的改变以及比重的改变,根据中国对外直接投资增长率将其分为四个阶段。

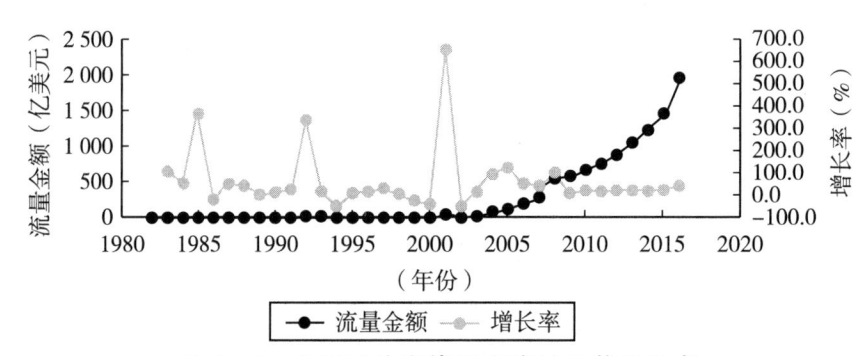

图8-2 中国对外直接投资流量及其增长率

资料来源:1981~2016年度中国对外直接投资统计公报(商务部、国家统计局和国家外汇管理局联合发布)。

---

① 对外直接投资数据系作者根据对外投资统计年报整理而成。

（一）起步尝试阶段：1979～1991年

改革开放以后，中国企业开始尝试对外直接投资，拥有外贸特许经营或者国际经济合作等资格的公司成为中国最早的对外直接投资的先行者。1982年以前由于外汇储备极为短缺所导致的，所有涉及对外直接投资相关项目均需国务院批准，并且主要以国有企业为主，随着改革开放的深化，以及中国对外直接投资尝试过程中取得的成绩，对"走出去"政策限制也逐渐被放宽，如在1985年7月，外经贸部在国务院授权下颁布的《关于在国外开设非贸易性合资企业的审批程序和管理办法的试行规定》，一些大型企业在国家战略指引下结合自身实力，逐渐将并购目标企业定位于全球市场。典型案例是1984年中银集团和华润联手组成新琼香港康力注资4.27亿港元获得67%的股权，为国内企业实行跨国并购开启征程。这一时期跨国并购案例较少，以经济实力雄厚企业为主，企业本身有跨国并购经验，其并购地多选择美国或者是中国香港地区①，使"走出去"企业从1979年开始的4家，逐渐发展到1991年的207家。

（二）探索发展阶段：1992～2000年

步入探索发展阶段的转折点出现邓小平南方谈话之后，将对外开放推向新高度。在这期间，中国企业每年平均设立境外非贸易性质企业数量为207家，对外直接投资地区也扩大到了120个国家和地区，投资开始由经济发达地区如中国香港、中国澳门、北美地区向经济发展中地区转移，如非洲、拉美等。图8-3显示了中国企业设立境外非贸易性企业数量的变化趋势。我国对外直接投资主体开始由贸易公司向生产企业转移，生产企业对外直接投资所占比重不断增加，特别是优秀企业以及行业标榜企业开始展开对外投资活动，到境外设立工厂并取得较好业绩。

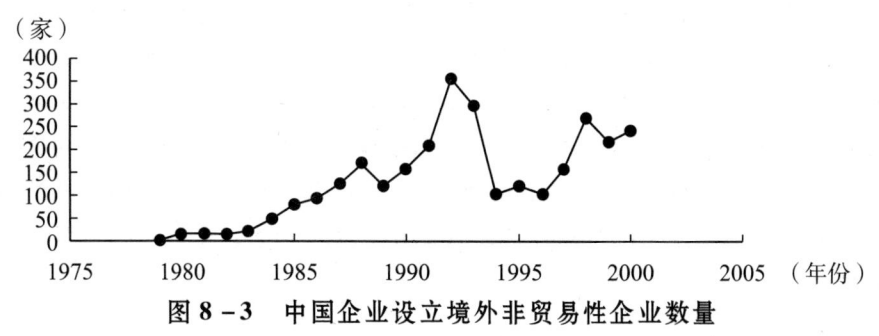

图8-3 中国企业设立境外非贸易性企业数量

资料来源：1979～2000年度中国对外直接投资统计公报（商务部、国家统计局和国家外汇管理局联合发布）。

---

① 廖超：《我国制造业跨国并购绩效测度及影响因素研究》，北京理工大学硕士学位论文，2015年。

(三) 高速发展阶段：2001~2009 年

2000 年 3 月，"走出去"首次作为国家战略出现。随后，国务院各有关部门开始分别从税收、信贷、外汇以及财政等多方面制定具体配套措施，鼓励中国有能力的企业"走出去"，充分利用国内、国际两个市场加强经济发展。2001 年加入 WTO 为中国企业走向世界提供了一个更加公平、高效、透明的国际环境。该阶段有大量具有代表性的企业并购行为，如在 2003 年发生的资源型并购行为有中石油对印尼油田及气田的并购、中海油对澳洲油田的并购，2004 年上汽集团收购韩国双龙汽车公司，联想集团收购 IBMPC 业务等，主要集中于制造业、高新技术产业以及资源型产业，并购范围从美国扩张到欧美等地。中国对外直接投资流量从 2001 年的 68.85 到 2010 年的 688.1，增长了近 10 倍，占全球其他国家和地区的 5.2%，位居全球第 5 位。从企业主体来看，国有企业占比逐年下降，但仍是"走出去"的主体。[1]

(四) 稳步推进阶段：2010 年至今

面对复杂的经济环境，应对危机、支持"走出去"方面，商务部在 2010 年初颁布对外投资合作工作的指导意见，在这一年中国对外直接投资增长率达到了 21.7%，对外直接投资存量全球排名稳步上升到 17 位。从流量上看，2010 年中国对外直接投资 600 多亿美元，已经超过日本、英国等传统对外投资大国。这期间代表性并购是 2012 年山东重工潍柴动力收购全球最大豪华游艇制造商意大利奢侈品牌法拉蒂。2016 年 1 月海尔并购通用家电，也是中国家电业最大一笔海外并购。从改革开放时期的用市场换技术到现在用资本和市场换国外的技术和品牌开始成为我国制造业走出去的主流路线。2016 年，中国对外直接投资净额为 1 961.5 亿美元，同比增长 34.7%。全球流量排名位居第二，并超过同期吸引外资水平，2016 年在 2015 年首次实现双向直接投资项下的资本净输出后再次实现净输出。社科院发布的报告指出，企业制造业成 2016 年中国企业海外并购的第一大行业，并且预计，2017 年中国对"一带一路"相关国家投资将继续保持快速增长。[2]

---

[1][2] 数据系笔者依据对外投资公报整理而成。

二、中国对外并购投资特点

(一) 投资数量指数化增长

中国对外直接投资数量从发展历程来看,呈阶段式增长,不同的发展阶段对外投资不管是从企业数量还是资金数量均存在较大差异。1984年以前对外直接投资流量不足1亿美元,"走出去"企业数量由1979年的3家到1984年累计超过100家,企业数量从1985年开始逐渐增加,中国对外直接投资逐渐达到一个稳定水平,无论是"走出去"还是"一带一路"的实施均将我国对外直接投资推向一个新的高度。2016年年末,中国对外直接投资企业达到2.44万家,中国境内投资企业共在全球190个国家(地区)设立对外直接投资企业(简称境外企业)3.72万家,较上年末增加6300多家,遍布全球超过80%的国家(地区)。2016年中国对外直接投资分别占全球当年流量、存量的13.5%和5.2%,流量承上年继续位列按全球国家(地区)排名的第2位,占比较上年提升3.6个百分点,存量由2015年的第8位跃至第6位,占比提升0.8个百分点。[①]

(二) 投资行业高端化

中国对外直接投资从流量看呈现两个特点:一是行业多样化;二投资行业结构进一步优化。从2003年中国对外直接投资统计公布数据来看涉及8个行业,对外直接投资占比最高的是采矿业占48.4%,其次是制造业占21.8%,然后是批发零售业占12.6%,其他行业占比均不足10%。2016年我国有五大行业对外直接投资规模达上千万美元,依次是租赁和商务服务、金融、批发和零售、采矿业和制造业,在总量中占比分别为34.9%、13.1%、12.5%、11.2%和8%,成为我国的主导产业(见表8-2)。根据中国对外直接投资公报数据,我国服务业对外直接投资总额截至2016年达10 360.4亿美元,占存量的76.3%,其中租赁和商务服务业、信息传输/软件和信息服务业、科学研究和技术服务业对外投资同比分别增长了81.4%、173.6%和26.7%,占对外投资总额的比重分别达到33.5%、9.5%和2.2%[②]。这反映出我国企业在构建全球创新网络、物流营销网络、金融网络、服务网络的能力快速提高。许多制造业企业通过在国外设立研发设计中心、运营中心、物流中心等不断完善全球价值链和供应链体系。

---

①② 数据系笔者依据对外投资公报整理而成。

表 8-2　　　　　　　　　中国对外直接投资行业构成

行业及指标		2003年	2004年	2005年	2006年	2007年	2008年	2009年	2010年	2011年	2012年	2013年	2014年	2015年	2016年
租赁和商务服务业	流量（亿美元）	2.8	7.5	49.40	45.2	56.1	217.2	205	302.8	256	267	270.6	368	363	657.8
	占比（%）	9.8	13.6	40.30	21.4	21.2	38.8	36.2	44	34.3	30.4	25.1	29.9	24.9	33.5
	存量（亿美元）	NA	164	165.53	195	305.2	545.8	730	972.5	1 423	1 757	1 957	3 224	4 096	4 740
	占比（%）	6	36.7	28.93	21.5	25.9	29.7	29.7	30.7	33.5	33	29.6	36.5	37.3	34.9
金融业	流量（亿美元）	NA	NA	NA	35.3	16.7	140.5	87.3	86.3	60.7	101	151	159	243	149.2
	占比（%）	NA	NA	NA	16.7	6.3	25.1	15.5	12.5	8.1	11.5	14	12.9	16.6	7.6
	存量（亿美元）	NA	NA	NA	156	167.2	366.9	460	552.5	673.9	965	1 171	1 376	1 597	1 773
	占比（%）	NA	NA	NA	17.2	14.2	19.9	18.7	17.4	15.9	18.1	17.7	15.6	14.5	13.1
采矿业	流量（亿美元）	13.8	18	16.80	85.4	40.6	58.2	133	57.1	144.5	135	248.1	166	113	19.3
	占比（%）	48.4	32.7	13.70	40.4	15.3	10.4	23.6	8.3	19.4	15.4	23		7.7	1
	存量（亿美元）	59	59.5	86.52	179	150.1	228.7	406	446.6	670	748	1 062	1 237	1 424	1 524
	占比（%）	18	13.3	15.12	19.8	12.7	12.4	16.5	14.1	15.8	14.1	16.1	14	13	11.2

续表

行业及指标		2003年	2004年	2005年	2006年	2007年	2008年	2009年	2010年	2011年	2012年	2013年	2014年	2015年	2016年
批发零售业	流量（亿美元）	3.6	8	22.60	11.1	66	65.1	61.4	67.3	103.2	131	146.5	183	192	208.9
	占比（%）	12.6	14.5	18.40	5.2	24.9	11.7	10.8	9.8	13.8	14.8	13.6	14.9	13.2	10.7
	存量（亿美元）	65.3	78.4	114.18	130	202.3	298.6	357	420.1	490.9	682	876.5	1 030	1 219	1 692
	占比（%）	19.7	17.5	19.96	14.3	17.2	16.2	14.5	13.2	11.6	12.8	13.3	11.7	11.1	12.5
制造业	流量（亿美元）	6.2	7.6	22.80	9.1	21.3	17.7	22.4	46.6	70.4	86.7	72	95.8	200	290.5
	占比（%）	21.8	13.8	18.60	4.3	8	3.2	4	6.8	9.4	9.9	6.7	7.8	13.7	14.8
	存量（亿美元）	20.7	45.4	57.70	75.3	95.4	96.6	136	178	269.6	341	419.8	524	785	1 081
	占比（%）	6.2	10	10.09	8.3	8.1	5.3	5.5	5.6	6.3	6.4	6.4	5.9	7.2	8

资料来源：2003~2016年中国对外直接投资统计公报（商务部、国家统计局和国家外汇管理局联合发布）。

（三）投资主体多元化

在近40年的"走出去"历程中，投资主体由最初的国有企业主导慢慢地到现在个体、私营企业的涉足，从侧面反映出改革开放所取得的成就。民营企业相对国有企业具备体制优势，随着市场化的发展、信息科技等一系列研发能力的提升，民营企业的实力日渐雄厚，在新兴产业各领域的发展都取得显著成绩，如新能源、电力、军工，等等。在我国对美投资总额中民营企业占比达80%以上。在"一带一路"的政策引领下，民营企业在"走出去"中快速健康发展，标志着我国对外投资市场化程度不断提高。如表8-3所示，2016年对外直接投资中有限责任公司占 43.2%，成为最活跃的投资主体；私营企业次之，占 26.2%；个体经济在 2011 年突破零占比。投资主体结构的变化表明我国在"走出去"及"一带一路"倡议指引下，成绩显著。

表 8-3　　　　　中国对外直接投资者按登记注册类型构成　　　　单位：%

企业类型	2003年	2004年	2005年	2006年	2007年	2008年	2009年	2010年	2011年	2012年	2013年	2014年	2015年	2016年
国有	43	35	29	26	19.7	16.1	13.4	10.2	11.1	9.1	8	6.7	5.8	5.2
集体	2	2	2	2	1.8	1.5	1.2	1.1	1	0.8	0.6	0.5	0.4	0.5
股份合作	4	3	4	9	7.8	6.5	4.9	4.6	4	3.4	3.1	2.5	2.3	2
外商投资	5	5	5	4	3.7	3.5	3.1	3.2	3.6	3.4	3	2.6	2.8	4.8
有限责任	22	30	32	33	43.3	50.2	57.7	57.1	60.4	62.5	66.1	67.2	67.4	43.2
股份有限	11	10	12	11	10.2	8.8	7.2	7	7.7	7.4	7.1	6.7	7.7	10.1
私营	10	12	13	12	11	9.4	7.5	8.2	8.3	8.3	8.4	8.2	9.3	26.2
港澳台投	2	2	2	2	1.8	1.8	1.8	2	2.4	2.2	2	1.8	1.9	3.2
其他	1	1	1	1	0.7	2.2	3.2	6.6	0.7	1.3	1	2.9	1.5	2.4
个体	0	0	0	0	0	0	0	0	0.8	1.6	0.7	0.9	0.9	2.4

资料来源：2003~2016 年中国对外直接投资统计公报（商务部、国家统计局和国家外汇管理局联合发布）。

（四）投资区域全球化

如图 8-4 所示，从对外直接投资洲际区域来看，亚洲一直是对外直接投资的主要地区，从 2007 年到现在占比都在 60% 以上。2016 年，流向亚洲地区的直接投资流量达到 1 302.7 亿美元，同比增长 20.2%，占当年对外直接投资流量的 66.4%。其中对中国香港地区的投资 1 142.3 亿美元，占对亚洲投资的 87.7%。流向拉丁美洲、北美洲的对外直接投资持续增加；流向大洋洲以及欧洲的投资趋势扭转；对非洲地区投资趋势持续下降，原因主要是文化、法律障碍导致。总体来看，中国对外投资流量位居全球第二位，但是产业结构以及企业实力等方面仍需要提高。随着"一带一路"的提升，我国与美国、欧盟、日本等国家和地区充分利用战略合作框架协议开展双边投资合作，增强对发达国家的投资。以"六廊六路多国多港"为主体框架，以东盟、中东欧等发展中国家为重点，推动"一带一路"互联互通、产能合作与金融合作，中国对沿线国家的投资力度将会进一步加大，中国"走出去"发展将会达到一个新高度。

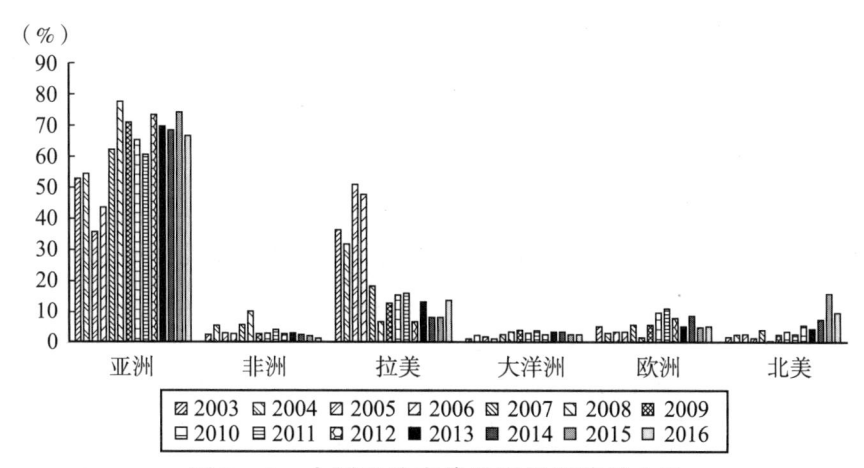

图 8 - 4　中国对外直接投资洲际流量占比

资料来源：2003~2016 年中国对外直接投资统计公报（商务部、国家统计局和国家外汇管理局联合发布）。

从国外区域来看，西南地区中西藏自治区和贵州省对外直接投资数据缺失，因此分析时暂不考虑。如图 8 - 5 所示，从流量增长率讲，2013 年之前六大地区均波动起伏较大，从 2013 年开始出现上升趋势。华东地区流量增长率波动相对平缓，发展较为稳定；东北地区流量增长率稳步上升，某种程度是由振兴东北老工业基地政策带动的。

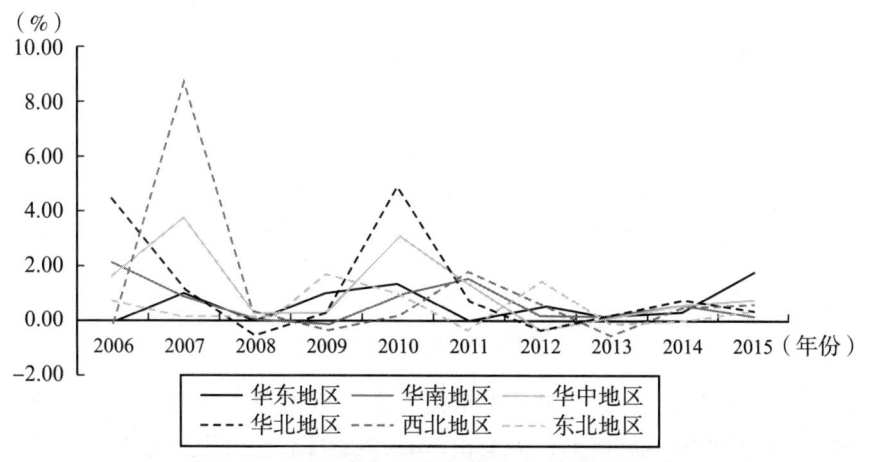

图 8 - 5　分区域对外直接投资流量增长率

资料来源：2005~2015 年中国对外直接投资统计公报（商务部、国家统计局和国家外汇管理局联合发布）。

（五）制造业"走出去"亮点化

"一带一路"提出以来，我国"走出去"的成效显著。制造业对外直接投资在2012年出现下滑趋势，但随着2013年"一带一路"的提出，本着共商、共建、共享以及开放平衡、互利共赢的原则，不仅加强了对沿线国家的合作，也促使本土企业同其他国家加强沟通合作，制造业对外投资有效实现了国内传统产业和过剩产能转移，同时带动了装备、零部件出口以及技术、标准、服务、品牌"走出去"。"十三五"时期是我国对外投资的黄金机遇期。高铁、核电、航天、装备、信息技术及钢铁、汽车、船舶、家电等一批在技术和规模上已经具备国际竞争优势的制造产业，为开展国际产能合作奠定了良好产业基础，对于拉动外贸出口、促进国内产业转型升级发挥了积极作用。2016年我国制造业投资额达290.5亿美元，同比增长45.3%，在对外投资总量中占比14.8%（见图8-6），其中装备制造业投资同比增长41.4%，占制造业投资的49.1%。

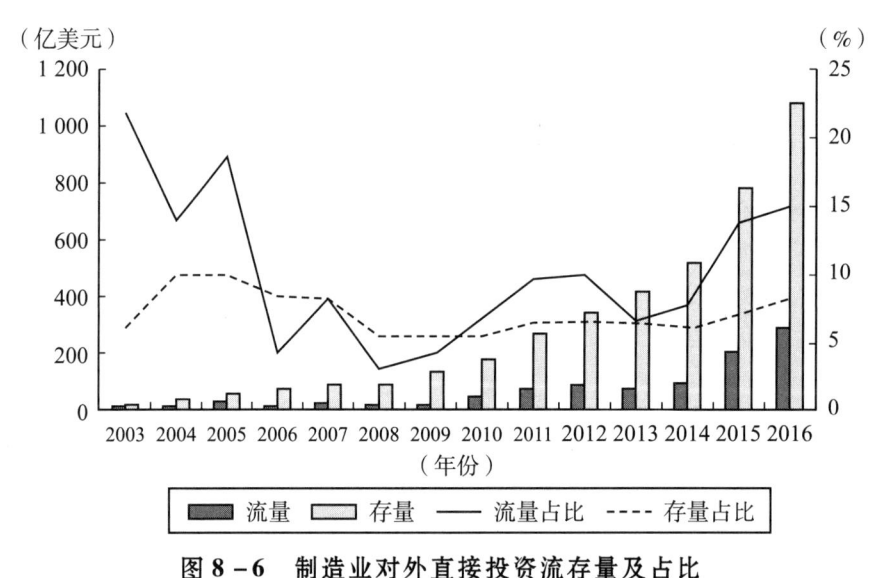

图8-6 制造业对外直接投资流存量及占比

资料来源：2003~2016年中国对外直接投资统计公报（商务部、国家统计局和国家外汇管理局联合发布）。

（六）与发达国家对外直接投资差距较大

在世界经济增长缓慢，贸易持续低迷，金融市场稳定性恶化的不利背景下，中国的对外直接投资逆风而上，甚至在2013年对外直接投资流量首次突破1 000亿美元，在2015年创下1 457亿美元的历史最高值，高于全球增幅，流量规模超过日本跃居世界第二位，仅次于美国，2016年年末，中国对外直接投资存量达13 574亿美元，较上年末增加2 595亿美元（见表8-4）。尽管流量占全球范围比重较高，但是其基础相对薄弱，存量占比位居第6位，从现有数据来看，法国早在2005年对外直接投资流量就超千亿美元，日本和英国分别是在2008年和

2007年对外直接投资流量达到千亿美元。

表8-4 中国与发达国家对外直接投资流量及存量对比 单位：亿美元

年份	英国		美国		日本		法国		中国	
	流量	存量	流量	存量	流量	存量	流量	存量	流量	存量
2000	9.16	277.7	1 774	9 259	316	2 784	1 426	26 940	2 334	8 978
2001	68.85	346.5	868	7 983	383	3 001	1 249	23 149	589	8 697
2002	25.18	299	504	6 388	323	3 042	1 349	20 226	503	9 941
2003	28.55	332.2	531	9 467	288	3 355	1 294	27 291	622	11 870
2004	54.98	447.8	567	11 538	310	3 705	2 949	33 628	910	12 472
2005	122.6	572.1	1 150	12 322	458	3 866	154	36 380	808	11 986
2006	211.6	733.3	1 107	16 098	503	4 496	2 242	44 703	863	14 549
2007	224.7	958	1 643	17 948	735	5 426	3 935	52 750	2 724	18 356
2008	521.5	1 479	1 550	12 678	1 280	6 803	3 083	31 024	1 611	15 311
2009	565.3	2 296	1 029	16 616	747	7 409	2 827	43 309	444	16 739
2010	680	2 976	841	15 230	563	8 311	3 289	48 433	110	16 893
2011	746.5	4 248	902	13 727	1 144	9 628	3 967	45 000	1 071	17 311
2012	878	5 319	NA	14 968	1 226	10 549	3 289	51 911	714	18 082
2013	1 078	6 605	NA	16 371	1 357	9 929	3 383	63 495	NA	18 848
2014	1 231	8 826	NA	12 791	1 136	11 931	3 369	63 186	NA	15 841
2015	1 457	10 979	NA	13 142	1 287	12 266	3 000	59 828	614	15 381
2016	1 962	13 574	573	12 594	1 452	14 007	2 990	63 838	NA	14 439

资料来源：2003~2016年中国对外直接投资统计公报（商务部、国家统计局和国家外汇管理局联合发布）。

三、中国对外直接投资的IDP检验

对发展中国家对外直接投资理论进行分析，主要分为两种观点：一是由邓宁等倡导的投资发展路径假说。该观点将对外直接投资纳入国家经济发展的长期进程来考察，对外直接投资发展水平无论在发达国家还是发展中国家均与其经济发展水平以及自然禀赋相关。二是利柯鲁（Lecraw）、韦尔斯（Wells）和拉尔

(Lall)等从定性的角度对发展中国家实施对外直接投资的企业的自身特点进行比较优势分析,根据发展中国家对外直接投资发展路径,总结出跨国公司能在激烈的国际竞争环境中生存并得以发展的原因以及对本国和东道国的经济影响。

以邓宁为代表的投资发展路径假说认为,一国的净对外直接投资(对外直接投资与外商直接投资之差)与一国的经济发展阶段以及经济结构禀赋相关。一些经济学家以不同的国家为研究对象进行实证研究,结果都不同程度地验证了这一假说。第二种观点中较早观点之一的"小规模经济论"由利柯鲁和韦尔斯提出,并且韦尔斯认为从发展中国家走出去的跨国企业在国际竞争环境中更多施行的是价格战而不是产品差异化竞争。针对韦尔斯的这一观点,拉尔并不赞成,他选取来自中国香港地区以及巴西、印度和阿根廷等发展中国家的数据进行实证研究,并指出"第三世界跨国公司在根本上就是与发达国家跨国公司相异的,并且在国际经济中扮演着特殊的角色"。

随着世界经济全球化的发展演进以及"一带一路"倡议的提出,中国对外直接投资开始从产业低端向高端转变,向实物资本与软实力协同"走出去"发展阶段迈进。由于相关数据和资料多来自历年对外投资统计公报和媒体报道,缺少跨国公司实地调研数据,较难从微观层面即企业进行特性分析。所以,本书利用现有数据,结合投资发展路径理论(IDP)从宏观层面进行实证分析,验证该理论在我国现阶段发展过程中是否成立,进而为我国现阶段对外直接投资探索最优发展路径。

(一)数据的选取

本部分选取 1983～2016 年共 34 年的数据。中国的 GDP 数据来源于《中国统计年鉴》,统一以当年的汇率换算成美元,但未去除通货膨胀因素;对外直接投资数据来源于历年《中国对外直接投资统计公报》。

(二)计量模型的设计

本部分使用 OLS 统计回归方法,分析 GDP 与中国对外直接投资和外商直接投资之间的关系。模型设定为经典的一元一次方程:

$$GDP = c + \alpha QI + \beta FDI + \varepsilon_1$$

其中,QI 是对外直接投资;FDI 是外商直接投资;ε_1 是随机误差项。回归结果如下:

$$GDP = -1352.513 + 51.108QI + 26.796FQI \quad (8-1)$$
$$(13.21) \quad (5.66)$$

从实证结果来看,无论是外商直接投资还是对外直接投资对经济都产生了积极影响,从调整的可决系数 R^2 为 0.9687 来看,模型的解释能力较好,括号内为

t 统计量分别为 13.21 和 5.66，自变量对因变量的影响比较显著。

之后对 GDP 与中国净对外投资之间的可能非线性关系进行分析，研究中国对外直接投资与 GDP 之间的发展模式，即随着经济增长中国净对外直接投资是一种怎样的变化趋势，选取两个自变量 GDP 和 GDP^2。

模型设定为：

$$NOI = T_0 + T_1 GDP + T_2 GDP^2 + u_t$$

其中，NOI 代表净对外投资额；u_t 是随机误差项。

回归结果如下：

$$NOI = -155.7612 - 0.196 GDP + 2.19E - 09 GDP^2 \quad (8-2)$$

从统计结果看，解释变量 GDP 和 GDP^2 的 t 值分别为 -5.64 和 6.79，判定系数 R^2 为 0.6462，有一定的拟合优度。自变量的系数 P 值为 0.000，说明对因变量的影响显著。

表 8-5　中国的 GDP 对外直接投资与吸收外国直接投资　　单位：亿美元

年份	QI	FDI	GDP
1983	0.93	22.6	3 047.477
1984	1.34	27.05	3 127.847
1985	6.29	47.6	3 098.342
1986	4.5	76.28	3 004.924
1987	6.45	84.52	3 268.746
1988	8.5	102.26	4 076.838
1989	7.8	100.6	4 565.191
1990	8.3	102.89	3 956.201
1991	9.13	115.54	4 142.224
1992	40	192.03	4 933.848
1993	44	389.6	6 191.114
1994	20	432.13	5 643.252
1995	20	481.33	7 345.216
1996	21.14	548.05	8 637.464
1997	25.62	644.08	9 616.034
1998	26.34	585.57	10 290.43

续表

年份	QI	FDI	GDP
1999	17.74	526.59	10 939.98
2000	9.16	593.6	12 113.46
2001	68.85	496.7	13 394.12
2002	27	550.1	14 705.5
2003	28.5	561.4	16 602.88
2004	55	640.7	19 553.47
2005	122.6	638.1	22 866.91
2006	211.6	670.8	27 526.84
2007	265.1	783.4	35 538.18
2008	559.1	952.5	46 005.89
2009	565.3	918	51 102.53
2010	688.1	1 088.2	61 013.41
2011	746.5	1 177	75 757.2
2012	878	1 132.9	85 602.76
2013	1 078.4	1 187.2	96 112.58
2014	1 231.2	1 197.1	104 834
2015	1 456.7	1 262.7	110 630.7
2016	1 961.5	1 260	112 028.5

资料来源：1983~2016年中国对外直接投资统计公报（商务部、国家统计局和国家外汇管理局联合发布）。

净对外直接投资与GDP之间呈现"U"型关系，随着经济的发展，净对外直接投资出现下降趋势，到达一个最低点后出现上升趋势，主要原因是随着改革开放政策的实施，大力引进国外现有技术的同时外资流入持续加快。但当时中国产业发展及经济技术水平不足以支撑中国企业实施"走出去"，在这一时期，净对外直接投资呈现下降趋势，数量以及质量都有待提升。随着我国经济实力的增强，技术水平研发能力在有些领域也达到世界先进水平，产业结构合理优化，富余生产力开始凸显,越来越多的企业开始实施"走出去"战略,进驻东道国开拓海外市场,扩展产品占有率。中国对外净投资对中国经济的影响将从负相关阶段过渡到正相关阶段,推动经济进一步发展,随着"一带一路"倡议的提出,将会激励更多中国有实力企业"走出去",开拓市场,增加东道国人口就业以及经济增长,推动我国经济平稳健康发展。

第四节 我国先进制造业"走出去"战略分析

一、中国先进制造业"走出去"战略的原动力

(一)资源获取与"走出去"[①]

以中国为代表的广大发展中国家,在经济及技术进步方面落后于发达国家。因此,发展中国家的企业与发达国家相比,并不具备传统定义的所有权优势,如库马尔(Kumar)指出印度跨国公司的竞争力体现在其价格而非技术优势上。中国企业亦是如此。已有研究表明研发并不是中国企业国际化的资源优势,如王洪、卡夫洛斯(Kavros)、博阿滕(Boateng)关于中国企业国际化的实证研究中,在控制了企业年龄、规模等一系列微观特征的基础上,从市场资源、技术资源以及企业能力三个角度来衡量企业的资源因素,实证结果表明,在中国"走出去"企业中并不具备明显的资源优势。这个实证结果的解释有两种可能:一是仅仅依靠传统定义的企业资源,无法促使中国企业克服跨国经营而产生的各种劣势;二是以中国为代表的新兴市场国家的国际化更可能是资源寻求型,即通过国际化学习东道国的技术优势,或者获取自然资源。

王碧珺(2013)运用2003~2011年293个大型海外投资项目的详细信息,对中国企业进行海外直接投资的动机进行识别。其研究结论表明,中国制造业企业开展对外直接投资的主要动机就是获取技术(数量上占比35%,数额上占比45.5%)。在实践中,不乏中国企业"走出去"获取品牌、技术的经典案例,例

[①] 洪俊杰、黄薇、张蕙、陶攀:《中国企业走出去的理论解读》,载于《国际经济评论》2012年第4期。

如，联想并购 IBM 的 PC 业务从而在品牌、技术、管理、产品、战略联盟和运营等各方面得到了巨大提升；北汽成功收购瑞典萨博汽车公司相关知识产权从而得到了先进的核心技术并取得了完整的质量与制造工艺体系；吉利汽车收购全球第二大自动变速器制造业企业澳大利亚 DSI 公司以及并购沃尔沃，等等。但是也有许多失败的案例，如中海油收购美国石油公司优尼科折戟、中铝增持澳大利亚力拓公司失利、华为在美投资受阻等[①]。

（二）产业结构升级与"走出去"[②]

针对中国企业"走出去"的问题，学术界的普遍观点认为，中国企业"走出去"是在国内产业还不具有结构高级化的先决条件下进行的，同发达国家的跨国企业相比，本土企业在"走出去"方面并不具有显著的"所有权优势"（陈漓高等，2007；赵春明等，2002；Wang et al.，2012）。因此，中国企业"走出去"不可能遵循与发达国家完全相同的发展路径。

发达国家企业实施"走出去"战略，更多的是为了本国产业结构升级，主要依托于经典的异质性贸易理论（Eaton et al.，2004；赫尔普曼等，2004；Castellani et al.，2007）所揭示的生产率优势开展对外直接投资，而中国企业"走出去"则更多应该考虑如何将国内产业结构高级化和技术进步变为"果"，其目的可能更多的是基于产业升级和技术学习的需要。

（三）制度促进与"走出去"[③]

身处中国特色社会主义市场经济制度环境中，中国企业受制度的影响与其他发展中国家的企业受本国制度的影响有着明显的差异。改革开放 40 年，中国企业经历了经济转型，政府在经济发展和结构调整中发挥着重要作用，包括政府政策在内的制度因素可能会影响到企业的"走出去"决策。已有研究表明，中国政府的"走出去"战略对企业进行海外扩张起到了重要的推动作用。与非国有企业相比，国有企业更倾向于与国家政策保持一致性，同时拥有较强的从国家获取资源的能力。我们认为具有较高国有属性的企业更有可能选择"走出去"。

---

①② 戴翔：《走出去——促进我国本土企业生产率提升了吗》，载于《世界经济研究》2016 年第 2 期。

③ 洪俊杰、黄薇、张惠、陶攀：《中国企业走出去的理论解读》，载于《国际经济评论》2012 年第 4 期。

另外，国家诸多关于对外直接投资的制度安排都带有指向性。例如，2007年，商务部、外交部和国家发改委联合发布的《对外投资国别产业导向目录》的解释性问答中就鲜明提出，国别的确定主要是根据以下原则确定：一是周边友好国家；二是与中国经济互补性强的国家；三是中国主要的贸易伙伴国；四是与中国建立战略伙伴关系的国家；五是世界主要区域性经济组织成员。投资领域的选择主要是结合中国产业结构和优势及所在国吸引外资重点领域和市场特点，根据国家鼓励境外投资的相关领域确定的。

二、中国"走出去"战略的提出、意义及其发展阶段

（一）"走出去"战略的提出及其重要意义①

党的十五届五中全会首次明确提出了"走出去"的思想；党的十六大报告指出，实施"走出去"战略是对外开放新阶段的重大举措；党的十七大报告则进一步强调了"走出去"的战略地位。

中国"走出去"战略的正式实施是从 2003 年 3 月中央政府机构调整开始的。当时合并了原对外贸易经济合作部和国内贸易部成立商务部，下设 25 个职能机构中，对外经济合作司的主要职能第一条即明确为组织、协调实施"走出去"战略，指导和管理对外投资、境外加工贸易和研发、境外资源合作、对外承包工程和对外劳务合作等对外投资和经济合作业务。

当前，中国的综合国力比过去大幅度增强，经济技术和科学文化水平显著提高，在技术、生产、管理、人才方面都已形成了一定的比较优势。利用这些优势，实施"走出去"的开放战略，已具备基本的条件。对于我国已具备国际竞争能力的优势企业来讲，"走出去"积极参与国际竞争、国际分工与合作，走国际化发展的道路，不断拓展自身的生存与发展空间，既是顺应当今世界经济发展趋势的战略选择，也是企业不断成长壮大，成为世界有实力的跨国公司的必由之路。

（二）"走出去"战略的发展阶段②

起步阶段（2001~2007 年）。早在 2001 年，"走出去"战略就写入《国民经济和社会发展第十个五年计划纲要》，标志着我国正式启动"走出去"战略。此

---

① 杨欢、吴殿廷、王三三：《中国"走出去"战略的阶段性及其策略研究》，载于《国际商务——对外经济贸易大学学报》2012 年第 6 期。
② 桑百川：《"走出去"战略：效果、问题与变革取向》，载于《国际贸易》2017 年第 5 期。

后，国务院和中央相关部委陆续发布了以下放对外投资核准权限、简化手续、引导对外投资为目标的一系列规定和文件：2003 年商务部下发了《关于境外投资开办企业核准事项的规定》《关于内地企业赴香港、澳门投资开办企业核准事项的规定》《在拉美地区开展纺织加工贸易类投资国别导向目录》《在亚洲地区开展纺织服装加工贸易类投资国别指导目录》等文件；2004 年，商务部、发改委下发了《对外投资国别产业导向目录》；2006 年七部委发布了《境外投资产业指导政策》；2007 年国务院下发了《关于鼓励和规范企业对外投资合作的意见》，财政、金融机构还通过资金补贴、政策性长期低息贷款的方式支持企业在海外建立工业园区。在"走出去"战略推动下，越来越多的企业谋求在海外投资设厂，开展国际投资，2007 年中国非金融类对外直接投资额比实施"走出去"战略前的 2000 年增长了 26 倍多。

稳健实施阶段（2008～2012 年）。2008 年，美国的次贷危机引发了全球金融危机，全球贸易保护主义抬头，国际贸易大幅度萎缩，我国以出口为目标的企业遇到了前所未有的困难，加剧了国内产能过剩。金融危机中，外国企业为了维持生产经营，不得不削减成本，大幅裁员，甚至出售公司资产或者股份，这也为我国企业对外直接投资提供了良好机遇。我国顺势而为，稳步实施"走出去"战略，一方面谋求"减顺差"，推进海外投资便利化，扩大对外投资；另一方面落实财政、金融、外汇、保险和产业政策，支持企业扩大对外投资。2008 年中国对外直接投资流量猛增至 1 083.12 亿美元，较上年增长 29.68%[①]。5 年间，中国非金融类对外直接投资增长了 2.1 倍。

快速推进阶段（2012 年至今）。2012 年党的十八大确立了实施创新驱动发展战略，以全球视野谋划和推动自主创新，继续推动企业"走出去"。2013 年习近平主席提出"一带一路"倡议，2015 年党的十八届五中全会明确了"创新、协调、绿色、开放、共享"五大发展理念，着力加强供给侧结构性改革。在落实"一带一路"倡议和加强供给侧结构性改革中，加大对外投资管理体制改革力度，行政审批制度朝着简化、便捷、高效方向演化，国际产能合作迅速发展，对外投资出现井喷式增长。我国对外直接投资规模从 2012 年全球第三位跃升至 2015 年的第二位，2016 年进一步巩固了全球第二的位置。2017 年党的十九大报告指出，要以"一带一路"建设为重点，坚持"引进来"和"走出去"并重，遵循共商共建共享原则，加强创新能力开放合作，形成陆海内外联动、东西双向互济的开放格局。

---

① 刘雪娇：《GVC 格局、ODI 逆向技术溢出与制造业升级路径研究》，对外经贸大学博士学位论文，2017 年。

（三）中国装备制造业企业海外并购战略实施重点

1. 重点一：供应链整合

企业并购无论涉及横向并购还是纵向并购，供应链优化的第一个环节便是整合供应商。若是纵向并购，企业应该将其视为两个相互独立的经济个体，按照模拟的市场价格进行交易，同时在有关部门的协调下与被并购企业实现高度协作，以降低沟通协作成本。若是横向并购，需要企业整合供应系统，在共享协议价格下实现合并采购，以降低采购成本。

2012年年初，三一重工联手中信产业基金收购混凝土技术全球领先企业普茨迈斯特。从供应链角度来看，三一重工奉行"全产业链"模式，普茨迈斯特则专注于最终产品的总装和制造，零部件对外采购的比率比较高。整合后，三一重工的供应链可以支撑普茨迈斯特的最终产品，并帮助其降低成本。双方也公开表示，普茨迈斯特的部分零部件采购和生产将转移到中国，三一重工也会要求普茨迈斯特优先采购他们的零配件。另外，由于普茨迈斯特采用全球零部件采购的高标准，三一重工也将按照此标准，提高质量门槛，达到供应要求，最终实现双方供应链的优化。

2. 重点二：产品与服务整合

将企业并购之前对市场机会的评估结果整合产品和服务，在此基础上，制定短期及长期策略。短期策略多为获取新的市场份额，或者一方的优势降低生产成本，或者是快速吸收技术改进产品，这些比较容易实施；但是长期策略更为重要，需要通过策略指导，有效地进行组织及资源分配，发挥协同效应。

中联重科是国内一家工程机械装备制造业的大型企业。2008年9月，中联重科与弘毅投资、高盛和曼达林基金组成的财团，以2.71亿欧元（人民币23.9亿元）的代价全额收购CIFA的股份，其中中联重科占有60%股权。相比于其他竞争对手，CIFA是唯一一家可以提供全部各类混凝土设备的公司，这将有助于中联重科在工程机械领域产品的升级以及市场的拓展。在收购完成后，中联重科致力于产品生产的整合，在其长沙总部设立了"厂中厂"，即将CIFA在欧洲的生产线完整地移植到中国。整合后，中联重科掌握了CIFA的技术研发，产品线进一步得到拓宽。同时，结合在中国生产的成本优势，中联重科成为拥有高端技术并能够以更低廉的成本生产各类混凝土设备的厂商，在中国及亚洲市场的份额短期内迅速增长。

3. 重点三：品牌策略调整

品牌策略需要在企业层面在调整产品和服务后进行布局，新品牌最能体现企业整合方向。收购方或者采用统一品牌策略或者采用多品牌策略。施行统一品牌策略，有益于降低新品牌的进入壁垒，同时降低了广告和宣传费用；采用多品牌战略，多是由于多个品牌同时拥有一定的知名度以及市场声誉，或者存在地域间的互补性。中国企业实施海外并购后，多沿用被并购品牌，希望借此实现产品及服务的海外拓展，同时在国内市场上继续保留自有品牌从而实施多品牌战略，实行两条主线和两个品牌的发展模式①。

　　2011年10月，海尔宣布并购日本三洋电机在日本本土的洗衣机和家用冰箱业务及其在东南亚四国的家用白色家电业务。2012年，海尔在日本推出了AQUA系列产品。AQUA原为三洋旗下的高端洗衣机品牌，具有全球领先的处理技术。而海尔品牌在2002年进入日本后，一直以中端品牌的形象作为其市场定位。收购三洋后，考虑到客户对品牌定位的接受，海尔采取了"双品牌"的战略，即一方面仍然坚持海尔的中端品牌定位，以高性价比的优势经营中端市场；另一方面利用AQUA高端品牌的形象，进军日本的高端家电市场。为此，海尔扩充了AQUA品牌的产品线，将其打造为涵盖洗衣机、冰箱等不同家电的综合性高端品牌。可以说，海尔的"双品牌"经营，充分利用了AQUA在日本本土已经拥有的客户基础，是中国企业进入成熟市场的品牌经营策略的一次尝试。

4. 重点四：无形资源整合

　　企业的并购后整合不但包括并购双方有形资源的整合，也包括双方无形资源的整合，如企业文化、人力资源、管理制度、财务等方面的内容。海外并购由于并购双方企业文化的差异、组织管理方式的不同、并购双方人员素质不同等方面的原因使得海外并购同国内并购相比，并购后整合给企业带来的挑战更加艰巨②。其中文化整合和人力资源整合是海外并购后企业面临的最大难题和挑战。

　　内部系统整合可以以部门为单位，或者跨部门来进行协同效应的确认。在产品研发以及客户关系管理（CRM）方面都有相应的成功案例。洛阳一拖集团和福田雷沃集团在中国农用机械领域分别位居第一和第二的位置。洛阳一拖是具有多年历史的国有企业，研发基础雄厚，在高端农用机械领域具有优势。福田雷沃为民营企业，特点为经营策略灵活，能为客户提供特色服务，其在中低端市场优势明显。在全球经济环境欠佳的大背景下，两家公司都试图通过海外并购低成本获取先进农机技术。在同时竞购法国一家著名农机企业时，一拖凭借政府背景和更优厚的条件在2011年获得成功，但并购后的整合却并非一帆风顺。被并购企业信息化程度比较高，制造技术和生产流程都依托信息系统，但被并购企业的资产中并不包含信息系统及相关内容，其所有权仍属于原先的母公司。一拖集团收

---

① 吴戴：《企业海外品牌并购三部曲》，载于《现代商业》2011年第3期。
② 王莉莉：《海外投资迅猛更需风险防控》，载于《中国对外贸易》2016年第7期。

购后，由于准备不充分，没有制定相应的系统迁移方案和计划，同时又担心系统的迁移和转换对业务造成风险，因此不得不长期向被并购企业的原母公司支付高昂的系统租赁费用，这加大了企业的成本负担。

（四）实施"走出去"战略存在的问题①

第一，实施"走出去"战略的国内经济环境发生变化，"走出去"战略与宏观经济目标之间缺乏有效协调。目前，国民经济步入"新常态"，劳动力等要素成本上升，传统优势削弱，出口增速放缓，超高速增长阶段已经结束，国内经济下行压力加大，2015 年和 2016 年 GDP 增长率分别下降到 6.9% 和 6.7%。在企业"走出去"扩大对外投资的同时，国内固定资产投资增速明显放缓，2016 年全国固定资产投资仅维持在略高于 8% 的水平，"走出去"与"稳增长"之间产生冲突。在国内投资增速放缓、经济增速下降的同时，就业压力增大，而"走出去"虽然带动了部分劳动力海外就业，但也加剧了国内就业机会流失。尽管城镇登记失业率维持在 4% 左右的低水平，但国有企业下岗未就业职工、未登记失业劳动力、潜在失业人数不容忽视，"走出去"与"降失业"之间存在矛盾。"走出去"战略推动对外投资超高速增长的同时，外汇储备迅速消耗，2016 年全年外汇储备减少近 3 200 亿美元，与企业加速对外投资、拉低经济增速，从而形成人民币贬值预期不无关系。外汇储备快速消耗与人民币贬值预期制约了人民币国际化的进程。

第二，对外投资的企业主体地位与政府监管服务角色的关系缺乏有机协调。在实施"走出去"战略中，我国不断改革对外投资管理体制，简化对外投资行政审批事项，并实行了"备案为主、核准为辅"的投资管理办法，强调企业作为对外投资主体的地位，强化政府事前服务和引导，加强事中、事后指导、监管和保障。但在对外投资运行过程中，既存在核准周期长、备案效率低、境外投资便利化水平不高的现象，也有地方政府为追求对外投资政绩、要求企业扩大对外投资、企业投资决策自主权落实不到位的现象。还有些地方政府部门单纯强调企业实施"走出去"战略、鼓励企业走出去，但是忽视了对企业投资区位、产业和项目事先的引导，对境外投资项目谈判、合同签署、产权交割、资本流动、项目运行和经营管理等活动的事中、事后监管，对境外投资企业的信息搜集、法律援助、劳工保护、职工培训等服务功能缺乏有效的制度体系保障。

第三，"走出去"战略的产业导向滞后于对外投资条件动态变化。我国在实

---

① 桑百川：《"走出去"战略：效果、问题与变革取向》，载于《国际贸易》2017 年第 5 期。

施"走出去"战略后的4个国民经济和社会发展五年规划中,都从原则上提出了引导对外投资的产业方向,总体上鼓励能够发挥我国比较优势的对外投资;鼓励有竞争优势的企业开发境外加工贸易,支持到境外合作开发国内短缺资源;鼓励企业利用国外智力资源,在境外设立研究开发机构和设计中心,推动国际产能和装备制造合作。但哪些产业具有比较优势、哪些具有竞争优势,不同国家和地区的经济和产业发展环境不断变化,比较优势和竞争优势都是动态变迁的,要保障对外投资产业政策调整与产业比较优势和竞争优势的变化高度一致的难度较大。在对外投资方面对国别、产业进行方向性指导,我国2004年发布《对外投资国别产业导向目录》以来多次修订,但由于政府和对外投资企业所掌握的信息都不完全,且政府总不能比企业掌握更充分的投资信息,所以,仍然难以适应具体投资项目条件的变化。在对外投资产业导向动态变化中,今年列举的鼓励类项目,明年就可能作废;今年不属于鼓励投资的项目,明年就可能成为鼓励项目。这对企业对外投资行为起到影响甚至是制约作用。

第五节 我国先进制造业"走出去"战略与路径选择

一、中国制造业"走出去"战略新的国际国内背景

(一)国际背景之一:发达国家的制造业回流与逆全球化

金融危机后经济全球化受到严峻挑战,美欧等发达国家在经济全球化中获得巨大贸易、投资利益的同时,国内财富增长中利益分配不均衡,经济增速放缓,就业压力增大,社会矛盾上升,民粹主义和逆全球化思潮暗流涌动,贸易保护主义势力抬头。美国总统特朗普上台后,提出一系列逆全球化的政策措施,退出TPP,谋求对主要竞争者进口产品加征关税和税收,推动制造业回流,重振制造业,势必导致全球价值链加速重构,离岸外包业务快速收缩。中国"走出去"战略推动企业扩大对外投资,不仅可应对发达国家制造业回流战略,而且会规避国外制造业、生产性服务业企业加速撤离中国市场、容易造成产业空心化的风险。

(二) 国际背景之二：发展中国家的工业化、城镇化

目前，新兴和发展中经济体对世界经济增长贡献率不断上升，已经成为世界经济增长主要动力。相关数据显示，新兴经济体的 GDP 已占全球的 50%，贸易量占 40%，外汇储备占 70%。随着金融危机爆发，欧美发达经济体纷纷进入衰退期，世界经济重心将持续向新兴经济体转移[①]。代表新兴经济体的"金砖国家"正在大规模加大城镇化及工业化发展进程，这些举措为中国制造业"走出去"提供了一个足够庞大的"新市场"和持续发展的"新空间"。国际新兴经济体大都处于大力推进工业化和城镇化的发展阶段，这一发展阶段的快速发展给中国制造业"走出去"提供了巨大的发展空间。新兴经济体拥有相对稳定的政治环境，富饶的自然资源，持续增长的劳动力人口，积极吸引海外资本投资以及日益扩大的消费市场等优势，成为全球企业实行产业转移的最优选择。

(三) 国内背景之一：中国制造业具有一定程度的"质+量"双重积累

中国制造业在"量"的发展上已经取得了相当大的业绩，目前正在向着先进、高端制造业的方向发展，必然随着转型升级而更加注重"质"的飞跃。中国制造业已经在很多中低端产业上发展足够成熟并积累了相当底蕴，而其向先进和高端发展的大趋势就决定着要有一个"释放"和"转移"已有相对落后产能的空间，如果不能够找到合适的释放和转移空间，既是对中国制造业已有产能的一种浪费，更是不能有效地将这些传统产品和产能置换成转型升级的资金积累和技术支持。但是，国际新兴经济体广阔的地域面积、丰富的自然资源、庞大的人口基数、蓬勃向上的经济发展态势，为中国制造业"走出去"，进行制造业中低端产业链的转移，提供了不可抗拒的吸引力。并且，中国制造业"走出去"利用国际新兴经济体相对廉价的人工成本和自然资源，必将产生更大的利润空间。

中国制造业在"质"的发展上已经取得了一定突破，具备在某些领域与发达国家合作和竞争的相对优势。我国先进制造业一批重大技术实现突破，企业国际竞争力明显增强，已经具备了大规模、高水平"走出去"的实力。我国制造业"走出去"的领域、区域、规模强劲拓展，面向全球要素、整合全球资源的能力不断增强，"走出去"的层次和质量显著提升，出口带动的联动作用日益凸显。

---

① 王炳春：《新兴经济体对世界经济格局的影响及中国的定位》，载于《黑龙江对外贸易》2011 年第 4 期。

高端装备制造业占比不断提升。载人航天与探月工程、"蛟龙"号载人深潜器已经取得重大突破,大型运输机和大型客机也已完成布局。百万千瓦级超临界火电机组、百万千瓦级核电机组、百万千瓦级水电机组、1 000 千伏特高压交流输电设备和±800 千伏特高压直流输电设备、8 万吨模锻压力机、高速龙门五轴加工中心、4 000 吨级履带起重机、自主品牌中高速船用柴油机、大功率交流传动机车、城轨 A 型车等一大批重大技术装备研制成功,并在市场上得到应用,高铁、特高压、4G 通信在全球拥有相当高的知名度,中国高铁迈出国门的脚步也在不断加快。2014 年,我国共出口铁路设备 267.7 亿元人民币,比上年增长 22.6%。从出口的主要市场看,东盟、阿根廷、澳大利亚和美国位居我国铁路设备出口的前四位,出口额分别为 38.4 亿元、34.5 亿元、33.5 亿元和 31.7 亿元,其中对东盟出口额增长了 1.2 倍。2014 年 10 月,美国马萨诸塞州交通局正式批准向中国北车采购 284 辆地铁车辆,装备波士顿红线和橙线地铁,中国轨道交通装备企业首次成功登陆美国。中国核电技术"走出去"也取得了初步成果①。2015 年 2 月 4 日,中国和阿根廷两国政府签订《关于在阿根廷合作建设压水堆核电站的协议》,中国自主研发的三代核电"华龙一号"成功出口阿根廷。截至目前,中国与巴基斯坦的核电合作已承建 6 台压水堆核电机组,总装机容量达 340 万千瓦。中国核电企业在加拿大、英国、罗马尼亚等地的布局也初见成效②。

(四)国内背景之二:"一带一路"下的重大机遇

2013 年,中国正式提出了"一带一路"倡议,即共建"丝绸之路经济带"和"21 世纪海上丝绸之路",在国际社会上引起广泛关注。"一带一路"为沿线国家发展与合作提供了一个开放包容的巨大舞台,在欧亚乃至全球经济的复苏中将会起到中流砥柱的作用。"一带一路"为中国经济的升级转型提供了重要路径。中国经济连续保持近 30 年的两位数增长,持续创造了世界经济史的奇迹。自 2010 年起,中国经济总量就已经跃升为全球第二,成为当之无愧的经济大国,在国际上的影响力越来越大,以中美为核心的新的世界经济格局正在逐步形成。

由于中国经济发展过快,一系列结构性问题已经开始凸现,如产能过剩、经济结构失衡、地区发展失衡,等等。破解结构性难题、实现产业升级、打造中国经济 2.0 已经成为摆在眼前的紧迫问题,也是本届政府执政改革的重要方向。经

---

① 朱强:《中国核电"走出去"战略研究》,中共中央党校博士学位论文,2015 年。
② 张金城:《中国装备制造业"走出去"战略研究》,载于《国际贸易》2015 年第 9 期。

济转型、产业升级是需要面对经济暂时下滑的阵痛，从而倒逼产业升级。中国经济转型面临的挑战巨大，稍不小心可能会带来全局性失速的危险。中国政府"一带一路"倡议的提出，为中国经济转型提供了保障，相当于买了"保险"，"一带一路"所创造的新的经济增长机会将有助于在中国产业升级前的真空期内把已经过剩的产能输出，为实现经济平稳过渡提供重要契机。这对于恢复全球各主要经济体对于中国经济的信心是至关重要的，因此，中国经济的稳定发展不仅对中国，对亚洲乃至全球经济的复苏都是具有决定性意义的①。

二、新经济背景下中国制造业"走出去"的战略再定位

（一）关于为什么"走出去"

1. 高级要素获取和产业结构升级动机 VS. 高水平产业结构能量释放与利润回馈

发达国家企业"走出去"更多是以国内产业结构高度化为"因"②，主要依托的所有权优势（O）来源于企业在技术、品牌、组织管理、规模经济等方面特定的优势及跨国公司海外子公司在东道国市场管理和经营实践中积累的新所有权优势；基于区位优势（L）是指东道国在市场规模、资源禀赋、政府政策等方面的优势；通过内部化优势（I）是指具有产品多阶段生产特点的跨国公司，特别是从事技术密集型的产业。通过FDI把其特殊的工艺或功能安排到国外，把母公司特定的所有权优势保留在国际生产纵向系统内部，得以充分利用。归纳而言，所有权优势是基础，内部化是实现所有权优势的途径，区位优势是发挥所有权优势的条件，只有同时具备这三种优势时企业才会实施FDI③。

中国企业"走出去"则应该更多地考虑如何将国内产业结构高级化和技术进步变为"果"，其目的可能更多的是基于产业升级和技术学习的需要④。中国企业不具备绝对的所有权优势，但是可能在某一方面具备非对称的相对优势，以这种个别方面的相对优势为杠杆，撬动国际先进资源为我所用，并在此过程中积累核心技术以及先进的管理能力，更好地推动我国产业结构转型升级。

---

① 于丽：《浅议欧亚新格局下的中日经济关系》，载于《经济问题探索》2016年第7期。
② 戴翔：《生产率与中国企业"走出去"：服务业和制造业有何不同？》，载于《数量经济技术经济研究》2014年第6期。
③ 洪俊杰、黄薇、张惠、陶攀：《中国企业走出去的理论解读》，载于《国际经济评论》2012年第7期。
④ 戴翔：《走出去——促进我国本土企业生产率提升了吗》，载于《世界经济研究》2016年第2期。

2. 基于传统要素的企业核心竞争力升级 VS. 全球化和知识经济背景下的知识创造过程与体系优化

知识经济的到来使得知识已经成为竞争优势的重要源泉之一，而单个组织拥有的知识库和知识生产能力远不能有效支撑其持续竞争优势。一条（Ichijo）和野中（Nonaka）2007 年明确指出，"二十一世纪一个公司的成功，将取决于其领导者能够通过基于全球的知识创造和知识共享而发展智力资本的程度"①。

新经济背景下，竞争优势的源泉已经逐渐由传统的有形要素转移至新型的无形要素。企业融入全球知识和创新网络的过程，参与甚至主导某一创新过程，成为企业走出去的根本宗旨和动因。在经济全球化的时代，知识管理构成了一种核心能力，跨越地理边界运营的公司尤其如此。丰田通过实施"Learn Local Act Global"战略，将一线管理、全球知识创造和使能的概念带入完美状态，掌控了运用知识型方法进行营销的挑战，因而它也掌控了"在跨国公司全球业务内识别、培育、重新部署知识资源的挑战"以及释放隐性（内部和外部）知识的挑战②。

（二）关于如何"走出去"

1. 针对发达经济体应采用非对称所有权优势的资源撬动战略与传统的绝对所有权优势能量释放战略

虽然当前中国制造业多数企业不具备整体的绝对所有权优势，但是在某一方面具备显著的相对优势，以此与国际先进企业进行博弈，达成合作共赢和"走出去"，从而撬动国际先进资源为我所用，是中国成功实施"走出去"的战略模式之一。

2010 年 3 月 28 日，吉利控股集团宣布在沃尔沃所在地瑞典哥德堡与福特汽车签署最终股权收购协议，以 18 亿美元的代价获得沃尔沃轿车公司 100% 的股权以及包括知识产权在内的相关资产。作为中国汽车业最大规模的海外收购案，吉利上演了一出中国车企"蛇吞象"的完美大戏。吉利之所以重金收购沃尔沃，看中的是沃尔沃的品牌价值和核心技术。在收购沃尔沃之前，吉利就已经开始了从低端品牌向中高端发展的战略转型。吉利提出了"生产世界上最环保、最安全的车"的主张，正是基于这一战略思想，沃尔沃成为吉利的首要购买对象。沃尔沃

---

① 赵丰义、唐晓华：《技术创新二元网络组织的理论与经验研究》，载于《中国工业经济》2013 年第 8 期。

② Kazuo Ichijol and Florian Kohlbacher, Tapping Tacit Local Knowledge in Emerging Markets-the Toyota Way. *Knowledge Management Research & Practice*, No. 6, 2008, pp. 173–186.

选择吉利其实是因为中国市场非常重要，尤其是中国高端豪华汽车市场潜力很大。

2. 针对发展中国家则采用经济现代化的合作共赢战略 VS. 传统的产品输出和资源获取战略

经过三十多年的发展，中国制造业实现了长足的发展，取得世界公认的进步。在此过程中积累了丰富的经验，形成了诸多体系完整的实践模式和路径，为发展中国家探索出一条可行的后发道路。"一带一路"沿线大多数国家和区域，经过多年的探索其发展水平仍然处于工业化进程中的初级阶段，他们急需寻找一套适合自己国情的发展模式。而在寻找可复制、可借鉴的成功经验时，越来越多的"一带一路"沿线国家将目光集中到了中国的发展经验上[①]。

推进"一带一路"建设，要在实现与发展中国家合作模式转变的同时创新合作模式，真正实现互利互惠。复旦大学教授赵华胜认为，中国与发展中国家合作的传统模式是输出廉价消费品，获取能源矿产资源。这种模式的潜力接近用尽，也越来越不受欢迎。"一带一路"旨在打造我国改革发展和对外开放的升级版，而以推销廉价商品和获取矿产资源为目标的合作模式也与之相悖。以新模式取代旧模式并不是停止输出消费品和放弃开发海外矿产资源，而是通过增加新的内容，改变合作的形式和内涵。新型合作模式应以推动"一带一路"沿路发展中国家的经济现代化为要义，这是我国与这些国家共同利益的真正契合点。新型合作模式不仅符合对方国家的利益和需求，还将提升中国经济存在的形式，从以商品存在为主进入实体经济，同时有助于改善我国的国际形象，提高我国的政治地位。"一带一路"建设只有对发展中国家的现代化诉求做出回应，才会为这些国家所真正接受[②]。

（三）关于如何使"走出去"取得可持续绩效

1. "走出去""稳下来""提上去"：培育一种新的核心能力——整合能力

"走出去"不是目的，最终要取得最终实效才是目的。将"走出去"相关能力尤其是整合能力作为企业的一种核心能力进行培育和构建，是企业"走出去"战略取得实效的关键。

由发展中国家墨西哥的 CEMEX 公司与发达国家美国思科公司（CISCO）成功实施并购成长战略的共同特征可以得出，二者皆将并购之后的整合作为一

---

① 曲建：《"一带一路"下，深圳输出"特区模式"的可行性选择：境外园区咨询服务》，载于《特区经济》2017 年第 6 期。

② 蒋希蘅、程国强：《国内外专家关于"一路一带"建设的看法和建议综述》，载于《中国外资》，2014 年第 10 期。

种关键能力进行建设,使得并购资源融入企业成长,形成良性循环,发挥协同效应。

2005年,墨西哥水泥生产商CEMEX以58亿美元收购英国最大的水泥生产商RMC,国际市场对此并不看好:发展中国家的企业有能力管好发达国家的企业吗? CEMEX用专业的并购整合能力回应了市场的质疑,该公司派出近400人的专业团队到英国的RMC进行深度整合,为了能长期推行并购整合战略,实现协同效应,他们带去了家属,在当地扎根。他们构建了持续提升效率的机制,在不断总结经验的过程中提高RMC的运营效率和协同效应,同时还建立了标准运作程序和实践数据库,将成功经验和失败教训转化为知识,储存在数据库中,在集团内部学习和分享。CEMEX并购后的整合大大提升了RMC的运营效率,并在一年后实现了近四亿美元的协同效应[①]。

思科公司于1984年年底成立,并将总部设立在加利福尼亚州圣何塞。思科公司以制造和销售单一的路由器设备起家。进入20世纪90年代,思科制定了通过并购迅速发展壮大的战略。稳中求快,借助外力,这是思科公司建造其王国的基本并购策略。从1993~2000年的8年时间里,思科公司有条不紊地并购了超过70家公司,把众多初出茅庐的公司统一在思科的旗帜下,思科股价就如搭上火箭般飞速上升。思科年销售额达数百亿美元,其中一半是由收购来的公司或技术产生的[②]。思科合并成功的秘诀就在于其整合能力。公司组织一个SWAT小组来研究并购后同化工作的每一个细节,这个小组在公司专管兼并同化工作的高管领导下,全力指导新来者适应新的工作[③]。

2. 立足国内非对称所有权优势的"隐形走出去"战略——集成国内外资源形成协同效应和系统优势

中小型企业具有某一方面的相对所有权优势,但是这种优势是立足于国内的,如国内市场需求,这种所有权优势不具备可移动性。在当前全球化背景下,可以立足国内,利用国内外先进资源,形成系统优势和协同效应。

盛瑞传动股份有限公司采用一种隐形的"走出去"战略,立足国内市场,抓住8AT自动变速器技术开发机会,建立国际化的产学研用体系,将国内资源、国际先进资源融入该系统中,协同发挥作用,成功研制了8AT自动变速器,并建立了相应的当地产业链。

---

① 卫一夫、利嘉伟、罗芙、原舒:《乘风破浪正当时,中国企业海外并购的势与谋》,波士顿咨询公司研究报告,2015年8月。
② 周敏:《后股权分置时代中国并购市场前景展望》,载于《山东教育学院学报》2006年第4期。
③ 袁学伦、孙文娟:《"蛇吞象"后如何不被撑死?》,载于《经理人》2005年第5期。

三、新经济背景下中国制造业"走出去"的路径选择

(一) 非对称所有权优势下的战略耦合:针对发达国家先进企业[①]

联想相对于国际巨头 IBM 并不具备绝对的所有权优势,但是在 PC 业务的某些方面如市场渠道等具有一定的相对优势,即非对称的所有权优势。联想以精准的战略耦合支持其成功"走出去"(由联想并购 IBM 的 PC 业务的成功经验得出):联想集团的战略是专注于 PC 业务发展,提升核心竞争力,而 IBM 的战略重点和核心能力发展则不再位于 PC 业务,二者的战略耦合促成了并购的成功。

联想"走出去"的成功案例表明,清晰的并购战略以及对目标企业的深入了解和全面评估是中国企业成功实现海外并购的不可或缺的因素。

2004 年联想集团大胆决定"蛇吞象",对 IBM 的个人电脑业务进行了并购整合,并在随后的 10 年中实现了 41% 的年收入复合增长率。联想并购成功的重要原因之一在于其并购逻辑清晰有力。联想在 2003 年确立了专注于个人电脑业务和国际化的战略,在全球范围内搜寻潜在并购目标,并对并购个人电脑业务的协同效应进行了全面深入的分析,认为 IBM 个人电脑业务与联想在品牌定位、市场渠道、技术开发、人力资源和成本结构方面存在巨大的潜在协同效应,最终果断决定将其收入囊中。

(二) 集成所有权优势下"走出去"的组团战略:针对所有经济体适用

中国高铁"走出去"的成功经验表明,国内企业和相关机构进行有效的资源整合,充分集成所有权优势,是"走出去"战略实施的另一种成功路径。

1. 具体案例[②]

土耳其安伊高铁项目是由中国铁建(牵头方)、中国机械进出口集团公司(以下简称"中国中机")以及土耳其的成吉思汗公司、土耳其伊兹塔斯公司组成联合体(以下简称"CCCI 联合体"),于 2006 年通过国际竞标方式承揽的第一条集"融资、设计、采购、施工"为一体的高速铁路工程项目,即"F +

---

① 卫一夫、利嘉伟、罗芙、原舒:《乘风破浪正当时,中国企业海外并购的势与谋》,波士顿咨询公司研究报告,2015 年 8 月。
② 刘延宏、刘玉明:《中国铁路产业"走出去"的经验与教训》,载于《建筑经济》2015 年第 12 期。

EPC"项目承包模式。该项目合同金额为12.7亿美元（第一标段6.6亿美元，第二标段6.1亿美元），资金来源为中国进出口银行提供贷款7.2亿美元，欧洲投资银行（EIB）提供项目剩余资金5.5亿美元，技术标准采用欧洲标准，满足ETCS-1级安全标准，设计时速为250公里/小时。安伊高铁项目线路全长158公里，为新建客货混运的双线电气化铁路。

中国土木工程集团有限公司与土耳其成吉思汗和伊兹塔斯2家公司组织完成的工程合同额比例约为40∶60。在项目实施过程中，CCCI联合体各成员具体分工：(1)中国土木工程集团有限公司代表中国铁建作为牵头方，负责项目总体实施管理，全面组织工程设计、采购、施工；(2)中国中机主要负责进行项目融资；(3)中铁五院为通信信号、电气化专业工程设计分包单位；(4)上海贝尔和中铁建电气化局为通信信号、电气化专业工程施工分包单位；(5)中土集团轨道事业部为轨道铺架专业工程施工分包单位；(6)土耳其成吉思汗和伊兹塔斯公司负责组织路基、桥梁、隧道和车站等工程施工。

2. 经验启示

其一，国家的大力支持帮助，增强了中国铁路产业"走出去"的国际竞争力。

中国铁路产业"走出去"涉及国家发改委、外交部、财政部、商务部、中国人民银行、国资委、税务总局、国家铁路局、中国进出口银行等相关部门，国家各相关部门的大力支持，尤其是提供优惠融资支持，是中国铁路产业"走出去"参与国际高端工程承包市场竞争的首要前提。

其二，建立资源整合、风险共担与利益共享的合作共赢体制机制，是中国铁路产业"走出去"的成功基础。

中国铁路产业"走出去"不仅涉及技术咨询、勘察设计、施工安装、装备制造、竣工验收、运行维护等全产业各环节要素，还涉及项目所在国的政治、经济、社会、技术、法律、自然等外部环境要素，是一个复杂的大系统。在这个复杂大系统中，大型铁路建设企业（如中国中铁、中国铁建等）、大型商务进出口企业（如中国中机等）和金融机构（如国家开发银行、中国进出口银行等）能否发挥各自优势、实施强强合作，对保证项目成功中标、顺利实施及进行有效风险管控等非常重要。例如，在土耳其安伊高铁项目这个大型工程建设企业、大型商务进出口企业和金融机构成功合作的案例中，中国铁建作为国际上最具实力的特大型综合建设集团之一，充分发挥了在铁路勘察设计、施工安装、项目建设管理、运营维护等方面具备为业主提供一站式综合服务的综合集成能力；同时，中机公司作为中国最早的以经营机电产品进出口贸易和国际工程承包业务为主的大型国有外贸公司，在项目信息跟踪、沟通谈判、融资安排、投标、合同签约与生效、风险管控等方面,充分发挥了较强的商务集成能力和资源整合能力;中国进出口银行作为国家对外出口的政策性金融机构,充分发挥了为中国企业"走出去"承揽国际大型工程项目提供强大金融支持的作用。建立"资源整合、风险共担与利益共享"的合作共赢体制机制是中国铁路产业"走出去"的成功基础。

其三,基于"本土化策略"的联合体合作模式是项目成功的重要保障。

"本土化策略"主要是指中国铁路企业要充分利用项目所在国的各种资源,与项目所在国的利益相关方结成利益共同体,彼此分工合作,共同保障项目的顺利实施,实现"双赢"或"多赢"结果。"本土化策略"有很多合作方式和实现途径,如利用项目所在国的建筑企业和劳动力、使用当地的建筑材料和设备、聘用当地的技术专家和咨询顾问、在当地设立子公司或技术研发中心、在当地设立建筑材料及配件生产厂等。"本土化策略"将会在项目所在国增加就业机会、提高当地劳工的技术水平和素质、增加收入和税收、拉动经济社会发展,从而会得到项目利益相关方的大力支持和合作。例如,中国中铁在承建的委内瑞拉迪阿铁路项目中,由于委方对中方劳务人员进入委方市场方面设定了严格的限制,中方人员基本为管理和技术人员,劳务人员必须全部在当地招聘。基于"本土化策略",中国中铁采取了多种措施和方法,如通过聘请当地律师,借助委方劳工部和参建单位所在州劳工部的力量,各参建单位传授关键工序的操作实践技术,对有潜力的委方劳工实施"传、帮、带"等,为委内瑞拉创造了 1 万余个直接就业岗位和 5 万余个间接就业岗位,受益人口达到 30 万人。因此,基于"本土化策略"的联合体合作模式是中国铁路企业走出去的重要保障。

(三) 绝对所有权优势下的"发展模式"输出:针对"一带一路"沿线发展中国家[①]

1. 由落后到先进的成功发展模式

"一带一路"的提出,给沿线国家带来了重大的发展机遇,各国纷纷根据自身的实力与发展阶段选择符合自己的角色。深圳作为改革开放的"试验田""示范区",经过 30 多年的发展,积累了诸多成功经验,更是在许多领域都形成了体系完整的实践理论。深圳怎样利用已有的经验优势在"一带一路"建设中发挥出最大的效能是非常值得关注和研究的问题。中国(深圳)综合开发研究院在充分发挥自身优势的基础上,首创"212"工程模式,并将其运用到境外园区咨询服务业务中,为深圳"特区模式""走出去"开辟了新领域,创新了新方式。

---

① 曲建:《"一带一路"下,深圳输出"特区模式"的可行性选择:境外园区咨询服务》,载于《特区经济》2017 年第 6 期。

"一带一路"贯穿亚欧非大陆，沿线涉及 59 个重要国家，这些国家中除了少数的发达国家，其余都是发展中国家，它们急需寻找一条适合自己国家或地区的摆脱贫穷、实现工业化和现代化的发展道路。经过 30 多年的发展，深圳不仅在经济建设方面取得了不错的成绩，也在区域规划、开发、建设和产业引进等领域形成了系统性的经验知识体系，探索出了一条发展中国家走出贫穷、以点带面推进工业化和城镇化的"特区发展模式"。深圳在积极参与"一带一路"建设中应如何利用好已有经验模式优势，让深圳"特区模式""走出去"影响更多的国家与区域，承担起新时代下的新使命，是一个值得研究的命题。

2. 输出"发展模式"的可能性

"一带一路"沿线大多数国家和区域经过多年的探索发展，其发展水平仍然处于工业化进程中的初级阶段，它们急需寻找一套适合自己国情的发展模式。而在寻找可复制、可借鉴的成功经验时，越来越多的"一带一路"沿线国家将目光集中到了中国的发展经验上，而以"特区模式"为基石的深圳速度更是成为这些国家特别关注的对象。

第一，"一带一路"沿线大多数国家有急需寻找出路的愿望与需求。"二战"后，"一带一路"沿线的发展中国家为发展本国经济做出了积极的探索，但是不管是借鉴纯计划的"苏联模式"还是纯市场的"华盛顿共识"都没能使它们摆脱贫困，突破发展困局。面对本国人口众多、人民生活水平低、国际竞争力弱的国情，它们急需寻找到一条摆脱贫困、提升综合国力、实现工业化和现代化的发展道路。

第二，"一带一路"沿线国家的国情和发展阶段与深圳早期的情况有颇多的相似之处。"一带一路"沿线的大多数国家虽然在历史、文化、制度方面存在着差异，但是它们面临的发展问题却是相似的：人口众多、面积广阔，能源资源丰富，有一定区位发展优势，然而工业基础薄弱，正处于工业化和城镇化进程中的初期阶段，经济发展面临着资本短缺、外汇不足、技术缺乏、投资环境落后、发展路径不明等一系列瓶颈制约，与我国 20 世纪 80 年代改革开放之初所面临的困境较为相似。现在的深圳已经成功走出了当时的困境，完全有经验、有能力为沿线国家提供借鉴。

第三，深圳经过多年的发展，积累了大量的实践与理论，形成了完整系统的发展体制。深圳是改革开放最早的特区之一，在"先行先试"方面积累了较多的实践经验，并形成了一套高效、完整、联动的发展体制：成功的开发模式，高效的运营体制，完整的投融资模式和与之相适应的人力资源管理方案、优惠政策体系等。多个体系相互联系，相互作用，共同推动深圳的发展。

在尊重对方国情，发掘共同需求的基础上，深圳完全有可能向"一带一路"

沿线国家输出"特区模式"。在技术上,可以通过实行"咨询服务、工程建设、融资安排、资源开发、产业转移"等多项目一体化运作的方式,向它们输出"特区模式"。中国(深圳)综合开发研究院就咨询服务这一方式进行了创新实践,首创了境外产业园区"212"前期规划工程模式,并将其运用到境外咨询服务中,积累了许多经验。

第九章

我国先进制造业服务化发展战略研究

随着中国制造业与生产性服务业两个产业间的互动关系越来越密切，基于此产生了很多新型互动或者融合模式，制造业和生产性服务业间的边界变得越来越模糊，中国制造业发展逐渐呈现出向服务化方向发展的趋势。经济发展方向逐渐由产品经济向服务经济的方向转变，服务经济的兴起又反过来促进了制造业生产结构的转变，使得制造业发展逐渐向服务化方向发展。许多生产性服务环节开始逐渐渗透到制造业生产的各个环节和领域中，成为制造业发展必不可少的中间环节。而且制造业服务化发展模式符合经济结构转型的要求，使得制造业服务化发展模式成为制造业转型发展的主要模式。

制造业服务化发展模式是制造业生产企业向生产性服务业领域的延伸和突破。这一延伸和突破更加重视制造业和生产性服务业的融合发展，制造业企业在满足客户需求目标导向的前提下，通过提高企业竞争力，进而获取更大的企业价值，制造业企业目标从制造实体产品向以客户为中心，为客户提供整体解决方案的方向转变，整体解决方案中包括了制造服务的各个环节从技术研发、技术咨询、产品设计、产品生产、设备集成、设备检验技术服务、技术培训以及产品的配套升级、产品维修等。在我国有很多制造业企业还在从事简单的产品生产销售活动，并未认识到制造业服务化发展已经开始成为制造业结构调整的重要环节，还没有将制造业服务化发展作为企业发展的重要途径和手段。但是值得欣慰的是有些制造业企业已经认识到服务化在企业发展中的重要作用，中国制造业企业中以服务型产品为主的企业的比重已经提高了很多。从种种迹象能够发现，制造业向服务业转变将成为我国制造业企业实现转型升级的重要途径，制造业服务化将成为制造业转型发展的重要途径和方法,制造业服务化战略已经成为先进制造业发展的重要战略。

第一节 制造业服务化内涵解读

一、制造业服务化产生的背景与动因分析

(一) 制造业服务化产生的背景

20世纪中后期,西方发达国家的产业结构发生了重大的变化,集中表现在制造业在国民经济增长中的比重逐渐下降,服务业所占的比重不断上升。这些国家的经济结构开始从产品经济向服务经济的方向转变,服务经济的兴起又反过来促进了制造业的产业结构调整,各国制造业逐渐呈现出制造服务密集化的趋势,很多的服务环节开始逐渐渗透到制造业企业生产制造环节中,服务化成为制造业发展转型必要的中间环节。同时,制造业企业面临的市场环境也发生了重大变化,原有的高耗能、高成本、低价值的生产模式已经很难满足新的市场需要,无法实现其可持续发展的目标。因此,制造业转型发展成为亟待解决的重要问题。制造业企业的发展不断向微笑曲线上下游两端进行渗透,通过重新整合企业全部资源进行产业升级,实现企业在价值链中的升级,制造业服务化就自然成为了实现这一目标的有效途径之一。

世界处于全球化的发展趋势中,中国制造业企业普遍都面临竞争压力逐渐提升、企业总体利润水平逐步下降的情况,制造业靠着以往简单增加企业的产能、压缩生产成本和依靠引入国外先进的技术等方式,想要实现企业的可持续发展目标已经很难了。制造业生产企业的管理者需要考虑面对当今飞速发展变化的市场环境,应该如何发挥企业的特点提高企业的竞争力,尤其是面对着现代知识经济飞速发展的局面,制造业企业的生产经营活动必须要向价值链的两端(上游和下游,尤其是价值链下游的生产性服务业)高附加值的方向发展,制造业企业的发展必须逐步向服务化的发展模式转变,制造业企业的这种发展和变化必须要通过制造业企业服务化的模式来实现。通过制造业服务化的发展能够有效地将制造业企业与他的竞争对手进行区分,企业能够向客户提供完整的制造服务和产品解决方案,区别于以往只简单提供一些产品。制造服务化产生于制造业价值链的不断

分解和变化过程中，大量的制造业企业逐渐开始从附加值低、技术含量低、利润水平低的生产制造业务，转向产品附加值更高、收入水平更高的整体解决方案和服务型业务，企业开始重视制造业服务的提供，尤其是在高端制造领域和高新技术的创新发展相结合，开始发展制造型服务，而提供这些服务的企业大多开始于制造环节的分离，在这些关键的服务环节上实现了企业产品价值的增值，同时还能够为产业链上的相关企业提供可以作为中间投入的服务，进而获得更大的回报。

（二）制造业服务化发展的动因分析

世界上的很多大型企业纷纷采取制造业服务化的战略实现了企业的转型发展。例如，通用电气、罗尔斯－罗伊斯公司、惠普、国际商业机器公司（IBM）、米其林等企业都通过向市场提供制造服务的方式成功实现企业的转型，企业的营业收入中服务化所占的收入已经超过来自产品制造方面的收入，这些企业通过服务化战略为企业带来了更大的利润。服务化已经成为制造业转型发展的重要途径和方法，服务化战略已经成为先进制造业发展的重要战略。在中国，仍然有很多制造业企业还在从事简单的产品生产销售活动，但值得欣慰的是，也有越来越多的企业已经认识到服务在企业发展中的重要性，中国提供的服务型产品的制造业企业所占的比重已经大大提升了，由制造向服务转变将成为我国制造业企业实现转型升级的必经之路。

1. 制造业服务化符合新时期经济结构的转型要求

西方经济发达国家服务业发展存在两个"70%"的形式，即当国家服务业增加值与GDP的比值达到70%的时候，该地区生产性服务业与服务业的比值通常也是70%左右。西方发达国家经济的发展基本实现了由工业经济向服务经济的转变，制造业与生产性服务业融合的趋势也愈发明显。发展中国家特别是中国在经济结构调整过程中，也应该向服务型经济发展转变，需要充分利用和发挥生产性服务业对制造业企业发展的促进作用，提高生产性服务投入在制造业企业发展中的比重，增加产品销售中制造服务化产品的比重，从而提高制造业企业整体利润水平。制造业企业向服务化方向转变，不仅能够提高制造业企业的竞争优势，同时有利于推动生产性服务业的发展。

2. 制造业服务化是制造业转型的主要模式

制造业服务化是制造业企业转型的必由之路，制造业企业通过服务化能够实现企业价值增值，提升企业核心竞争力，以满足客户对于制造业企业服务多样化的需求，将企业定位从生产制造中心转向生产制造服务中心方向，实现制造业企业在微笑曲线上的升级目标。制造业向制造业服务化方向转型，可以帮助制造业企业摆脱价值量上的低端锁定，从价值链上下游两端发展，实现企业在价值链的升级和企业核心竞争力的提高，进而实现制造业企业的核心价值和盈利能力的提升。

随着制造行业市场竞争的加剧，制造业企业的产品生命周期的逐渐缩短，很多制造业企业开始采取将一些非核心业务或生产流程包的方式实现社会化生产方式，将企业产品生产的全部或部分环节通过外包的方式转移给更加专业的制造业企业来完成，进而导致大量专业化的制造服务企业大规模发展。这些企业的目的就是为其他大型制造业企业提供专门化的生产、制造等生产性服务。数据显示，在全球500强企业所涉及的50多个行业中，属于服务业的企业所占的比重达到50%以上，在美国制造业中实现制造业服务化比重更是高达65%以上，发达国家总体服务业增加值占GDP的比重和生产性企业占整个服务业的比重都在70%以上。如今，欧美发达国家的制造业基本上摆脱了以产品生产为主的传统发展路径，已经进入"服务经济时代"，制造业企业从产品制造者转向综合解决方案产品提供者，依靠强大的研发设计能力、品牌经营以及全过程解决方案设计能力等服务化领域的优势占据全球先进制造业市场的主要份额。

二、制造业服务化的内涵

1976年，美国学者莱维特（Levitt）在研究发达国家和发展中国家的产业替代和竞争力优势分析时，发现美国制造业企业提供的服务部分的收入成为美国经济新的增长点和竞争优势。这一研究引起了很多研究人员的关注，于是服务是如何带动制造业企业发展和提高企业的价值就成为一个重要的研究内容。我们现在常用的服务化一词，是由范德默维（Vandermerwe）和拉达（Rada）两位学者最早提出的。他们认为很多制造业企业不再是简单的产品提供者，它们开始向提供"产品+服务"的模式转变。这些企业提供的服务化产品中包含产品、知识和服务等一系列的产品，其中服务所占的比重是最高的，提供的服务也构成了企业利润的最主要的来源。制造业企业不再单纯是产品的提供者，而是成为解决方案的设计者。在此之后，越来越多的学者开始对服务化的概念、发展进行研究，演变出了制造业服务增强型制造模式、整体解决方案模式、产品服务系统模式以及制造服务化等一系列的类似概念。这些概念的提出大多都是基于服务在制造业发展中所体现出来的作用的演变而不断出现的，总之都是强调了制造业和服务融合以及制造业服务化的重要性。怀特（White）等学者认为服务化是制造业企业通过为市场提供快速、灵活、便利的服务来满足市场对于产品的需要，企业从单纯的为市场提供产品为核心向为市场提供服务型制造为核心转变，企业注重客户对于产品的需求，以满足客户的需求为导向提供产品，将生产变成一种以满足市场产品需要为导向的动态生产模式。周国华和王岩岩（2009）系统阐述介绍了服务型制造的起源及其基本特征，他们把一般服务化模式引入制造业企业生产运行中，尝试建立了一种以客户为中心，体现企业"整体解决方案"的服务型制造模式。这种模式的核心是企业制造服务的全程化和客户的全过程参与。简兆权和伍卓深（2011）基于"微笑曲线"的理论，把制造业企业价值链作为研究核心，主要研究服务化发展过程中企业在微笑曲线上延伸发展的过程，通过分析国内外制造业企业服务化的案例，对中国制造业服务化发展的路径进行探讨。他们指出具有不同制造业企业实现服务化发展路径，系统阐述了各路径的特点、适用范围和服务化发展路径的发展规律。此后，刘建国等（2012）基于产业价值链视角，以产品服务系统的服务化转型模式为研究对象，将企业服务化转型分为两种模式：一是面向终端顾客的服务化模式，以企业产品为基础的服务化；二是面向企业生产过程的服务化模式，以企业生产流程为基础的服务化。他们提出制造业服务化可以分为自营性服务化、协作性服务化和生产性服务化，同时就制造业服务化转型升级所需的技术支持系统进行讨论，提出企业价值链和产品服务系统的差异导致了不同的服务化转型路径，并应在核心能力和竞争优势的基础上实现服务化转型。

服务化属于与传统产品销售模式相对应的一种新的业务模式。这种服务化的模式具有与传统模式不一样的特点：一是制造业企业向市场提供的是产品的使用功能而非简单的产品本身；二是产品的使用者根据产品的使用情况向制造业企业付费；三是制造业企业能够保留所提供的服务化产品的所有权，使用者仅获得产品的使用权，这与传统的产品销售有很大区别；四是制造商在后期维护服务中可以向购买者收费，也可以不收费用（将这种服务作为产品销售的一部分）。制造业的产品中除了一般的维修维护，还包括设计、融资租赁、安装、系统集成服务等方面的内容，作为依托于产品的无形服务部分，促进了产品的销售，提高了产品的价值。制造业服务化的发展过程主要经历了四个阶段[①]：

第一阶段，传统的制造业企业仅仅为客户生产、提供核心产品。制造业企业一般都将注意力集中在核心产品生产和产品质量提高上，虽然也会兼顾一些客户的特殊需求，但主要还是集中于相关产品质量要求上，对核心产品个性化需求考虑得较少，更没有将服务视为重要的部分。

[①] 范德默维和拉达等学者认为，制造业服务化经历了三个阶段：第一阶段，制造业企业只提供产品；第二阶段，制造业企业提供产品和附加服务；第三阶段，制造业企业提供"产品—服务包"。而怀特等学者则在范德默维和拉达的基础上，又提出了"基于产品的服务"（product-based services），将制造业服务化的演化理论扩展为四阶段演化理论。

第二个阶段，制造业企业向客户提供产品和少量的附加服务，比如运输、维护、维修等售后服务。这些服务仅是制造业核心产品的附加产品，服务一般情况下仅属于核心制造业产品的附加品，仅仅是为了更好地实现核心产品销售而附加的一种产品延伸而已。

第三个阶段，新型的制造业企业开始为客户提供"产品+服务"形式的产品。在这个阶段，制造业企业的服务化产品成为企业生产产品的组成部分，制造业核心产品和服务共同构成为客户提供的完整解决方案，用以满足客户对于综合产品和服务的需要。"产品—服务包"不仅包括核心产品的提供，还包括购买融资、运输、安装、系统集成、技术支持、产品维护和修理等服务集合。

第四个阶段，最先进的制造业企业已经开始为客户提供"基于产品的服务"的服务化产品，企业也将企业的产品作为平台，重点关注客户的个性化的需求，主要向客户提供基于制造业产品的关联服务化产品。这是制造业服务化的高级阶段，成为制造业转型升级到更好阶段的产物。制造业服务化使得产品最终都能类似于销售计算机硬件后提供长期的 IT 服务一样，甚至于可以随时根据客户的需求调整硬件的组合。这就可以适用于新的生产方式，达到真正的柔性生产制造目标。

从制造业服务化演进的四个阶段的分析能够发现，制造业服务化发展覆盖了制造业企业产品价值链的全过程。服务业与制造业企业的融合主要有两种形式：服务型制造和制造型服务。前者以企业生产过程中的中间投入的形式进入实体产品最终进入再生产的循环当中，主要内容包括制造业企业自身或者相关服务、制造业企业为制造业所提供的服务。这些服务主要包括制造业发展所需的产品设计、技术咨询、系统集成和服务外包等，也包括相关服务企业基于制造业企业的实体产品的前端、中端和后端服务等。后者以制造业企业加工制造环节为起点，向价值链的两端研发、设计、营销、物流、金融等高附加值领域延伸而出现的制造服务行为。这种服务化趋势弱化了企业实体产品的作用，使制造服务成为企业业务的核心，甚至到了更高阶段制造业企业能够脱离开实体产品的制造，成为纯粹制造服务型企业，通过生产外包或者采购的形式将生产过程转移到企业以外，企业自身只保留高附加值的产品服务部分。制造业服务化的过程，弱化了制造业企业生产、装配能力的作用，更加强调服务化的重要性，这一变化帮助制造业企业在转型升级过程中重新掌握了控制市场的主动权，成为提高制造业企业竞争力的新途径。

综合分析制造业和生产性服务业融合的两种模式（服务型制造和制造型服务）可知，制造业服务化应该包含这两种发展模式的特点，面对制造业与生产性服务业的界限日益模糊的特点,以及世界经济由"工业经济"逐渐向"服务经济"转变的趋势,制造业服务化终极目标应该是以制造业企业实体产品生产为基础,以生产性服务企业提供的功能性服务为保障,向客户提供成套解决方案以满足客户需求的发展模式。这是制造业企业由传统的制造商向系统服务制造商转型。制造业服务化更加重视制造业与生产性服务业的融合,同时这一融合应该是一个双向互动的过程,既可以是以制造业企业作为融合主体,打破制造业的边界向生产性服务业方向延伸,使制造业企业的服务功能愈加重要;也可以是以生产性服务业作为融合主体,借助技术、管理、渠道及品牌等优势进入制造业领域,通过贴牌制造等方式进入制造环节,这一形式将对制造业的发展带来巨大的冲击。

本章所述的制造业服务化(servitization of manufacturing)的概念,主要是指制造业生产企业向与之相关的生产性服务业领域的延伸和突破。这一延伸和突破更加重视制造业和生产性服务业的融合发展。制造业企业是以满足客户需求为核心,以获得企业价值最大化和企业竞争力提升为核心目标,制造业企业由以生产制造实体产品为中心模式转向以为客户提供整体产品解决方案的服务化发展模式转变。整体产品解决方案模式主要包括产品的技术研发、技术咨询、产品设计以及实体产品生产、成套集成、设备检验技术服务、技术培训和产品的配套升级、产品维修等方面。通过转变能够促进制造业企业提供功能更加完善的服务,进入更高的发展阶段,同时又能反过来为制造业实现产业升级创造良好的条件。

三、制造业服务化的特征

制造业服务化具有的"三高"特征,即制造服务化产品的高附加值、高技术含量、高知识含量水平。制造服务化产品的高附加值主要表现在制造业产业链上,提供制造服务的企业主要位于价值链曲线(微笑曲线)的两端,处于价值链上技术含量高、利润水平高,具有较高产品附加值的位置。一般情况下,这一类的制造服务化产品比一般的产品生产制造加工环节在技术、科技、品牌、金融等方面更具优势,对于制造业企业产品附加值的提高有更大的作用。制造业的产品大多属于资本和科技密集型生产方式,其产品加工制造难度较大、要求的技术水平高,而制造业服务化能够为制造业产品带来更高的科技含量和更佳的服务水平,对企业增强竞争力大有裨益。因此,制造业服务化要求的科技含量和服务水平非常高,特别是制造服务化过程中的研发、设计等对于先进科学技术的要求更高,而制造服务化要求的商务模式的转变、服务水平的提升对于技术方面也提出了较高的要求,正是由于这两个方面的原因就形成了制造服务化的高技术含量的特征。制造服务化的高知识含量特征，主要是因为制造业产品生产、销售复杂性和多样性决定的，这一特性决定了制造服务化对于相关行业知识积累的重要性，大多服务化产品（包括系统定制服务、金融、商贸、物流等）水平的提高都是在经过大量的知识积累后才能发展到更高的水平，这一要求就使得制造服务化相关服务产品呈现出了高知识含量水平的特征。

从制造服务化产品的产出分析，制造业提供的最终产品整体利润中由实体产品带来的利润所占的比重不断减少，而由无形的制造服务带来的利润所占的比重不断增加，甚至一些的制造服务化水平高的企业利润主要就来自于服务化的产品，实体产品的利润创造在这样的企业中显得越来越不重要了。制造业企业核心目标调整为向客户提供一个产品的定制方案或者整体的产品解决方案，企业通过这种服务化产品的提供反过来带动有形产品的销售，进而实现企业的最大化利润水平。传统的制造业企业主要以提供实体产品核心，而与之相关的服务则是处于一个产品附属的位置。随着中国制造业企业不断进行转型升级，制造业企业服务化发展模式逐渐越来越得到重视，现在很多制造业企业在实体产品以外开始增加服务化相关产品的提供，制造业企业服务化趋势也的确提高了制造业企业的竞争优势，增加了企业的市场份额。随着制造业企业转型发展水平的不断提高，制造业企业甚至可以单独把产品相关服务作为产品向客户提供，甚至可以在为企业提供相关方案后，再到别的制造业企业去购买实体产品或者通过实体产品生产外包形式获得产品。制造业服务化的最终目标应该是制造业企业主要以满足客户效用的制造服务化产品为主，而有形产品只是服务化产品的附属品。

从制造业服务化企业的产品和服务的形式看，制造业服务化具有主动向顾客提供产品及服务的特征，企业综合运用网络技术、信息技术和大数据等收集和分析客户的设备使用情况，甚至可以发现连客户自己都没有发现的需求，为客户提出这种需求，进而满足客户需求，达到一个更高的发展阶段。因此，制造业企业需要结合客户的生产特点、设备使用情况等对目标客户的真实需求不断深入地分析，特别是要识别客户的特殊需求，掌握相关的需求信息，及时发现企业提供的产品和服务在适应客户要求方面存在的问题。通过这种积极主动的客户分析方式，能够提前为客户设计出个性化的服务，为客户带来需要的优质化服务的同时能够将企业与客户更加紧密地联合在一起，甚至可以与客户成为战略合作伙伴，为客户长期供应相关的制造产品和服务。这样既可以节约成本，又可以为客户提供更加优质的服务，增加双方企业的满意度。

第二节　我国制造业服务化发展态势分析

一、制造业与生产性服务业互动发展现状

现阶段欧美等发达国家经济形态逐步呈现由"工业经济"向"服务经济"转化的趋势，依托高新技术高调提出"再工业化"的发展战略。其目的在于发展高附加值的先进制造产业，为服务经济的发展注入可服务的对象，从而对生产性服务业的就业增长产生乘数拉动效应，同时也为高级生产性服务业的快速发展提供了动力基础。中国生产性服务业的蓬勃发展正顺应时代所需为制造业突破现阶段的发展困境提供了良好的外部条件，是促进制造业实现全产业链精细化的有效依托。改革开放以来，沿海经济区内制造业与生产性服务业间呈现紧密发展的互动态势，并在生产性服务业的助力下使得制造产业的综合竞争实力得到有效提升。而更值得关注的是正处于经济结构调整关键时期的东北地区，其制造产业顶着经济下行的巨大压力始终未能摆脱产业转型升级的困境，暴露出制造产品技术储备薄弱、科技含量低、配套能力差等一系列问题，而生产性服务业与制造业间的有效互动则有助于东北制造业尽快摆脱产业颓势。

制造业与生产性服务业互动日渐频繁引起国内外学者的极大关注。程大中（2008）系统地检验了鲍莫尔—富克斯假说，得出关于中国服务业劳动生产率滞后、服务业各部门发展将会根据自身产业需求的收入与价格弹性的不同随着收入水平的升高而呈现差异性变化。王恕立和胡宗彪（2012）运用序列 DEA – Malmquist 方法测算了 1990~2010 年中国服务业各子行业的产业效率增长率的变动情况，指出服务业各子行业间 TFP 与技术效率的异质程度不断降低，而各行业间技术进步的差异性却逐渐增大。此外，程大中（2008）还指出生产性服务业的演进发展过程存在一定的规律性趋势，即由"非市场化"逐渐向"非市场化"或者由"内部化"逐渐向"外部化"方向演变。也就是说随着制造生产专业分工的不断细化，制造业企业逐渐将价值链中的非核心部分让渡给更加专业的生产性服务企业，为生产性服务业的快速发展拓展了空间。与此同时，生产性服务业在提高制造产品知识含量与附加值的基础上，能够进一步降低制造业价

值链中的相关成本，其反哺于制造业是实现价值链升级的有力支撑。可见，制造业与服务业间现阶段更多表现为相互作用、相互依赖、相互支持的双向互动关系。

二、制造业服务化发展总体趋势分析

本节参照 2015 年国家统计局对生产性服务业制定明确的分类标准以及《行业分类国家标准》①，同时也考虑到数据收集的可获得性以及与制造业互动的紧密程度，将生产性服务业界定在二位数代码在 51~63、65、68~78 区间内的（F）交通运输业、仓储和邮政业；（G）信息传输、计算机服务和软件业；（H）批发零售业；（J）金融业；（L）租赁和商业服务业；（M）科学研究、技术服务业。依据《行业分类国家标准》对制造业的分类标准，将制造业界定在二位数代码在 C13~C37、C39~C43 区间的行业。其所选择的行业范围已经非常广泛，足以为制造业服务化程度研究提供有力的数据支持。

研究中所选取的数据，分别源自 2008~2015 年的《中国第三产业统计年鉴》《中国工业统计年鉴》《中国税务年鉴》《中国统计年鉴》《中国金融年鉴》以及《中国制造业发展研究报告》的整理。研究本着以科学性、系统性、可测度性的原则，同时兼顾制造业与生产性之间的互动发展关系，为能够准确地反映出两个产业间耦合协调发展水平，研究分别从产业规模、经济效益、成长潜力、社会贡献这四个方面构建制造业与生产性服务业的发展水平指标体系②。其中"产业规模"指标能够衡量产业在一定时间范围内全部资产的规模总量，反映出该产业为实现自身发展而投入的生产资料水平；产业"经济效益"指标能够衡量各产业利用资源的既定产出效益，客观反映某一产业盈利能力以及产业经济质量；产业"成长潜力"指标能够从产业发展软实力方面着手进行整体性综合评价，是对产业未来发展能力及水平的有效测度；产业"社会贡献"指标能客观地反映出产业吸纳就业能力和对国家税收的贡献程度。其各产业具体评价指标构成如表 9-1 所示。

---

① 国家统计局生产性服务业分类（2015）范围包括：为生产活动提供的研发设计与其他技术服务、货物运输仓储和邮政快递服务、信息服务、金融服务、节能与环保服务、生产性租赁服务、商务服务、人力资源管理与培训服务、批发经纪代理服务、生产性支持服务。资料来源：http://www.stats.gov.cn/tjsj/tjbz/201506/t20150604_1115421.html。

② 对于制造业与生产性服务业指标体系的构建，基于本文主要研究制造与和生产性服业间耦合协调发展问题，并非侧重于产业竞争力分析，所以并未将节能、环保等可持续发展类的指标纳入指标体系当中。

表 9-1 制造业与生产性服务业综合发展水平评价指标体系

一级指标	一级指标	二级指标	指标解释	单位
制造业	产业规模	企业单位数	制造业企业数量总和	个
		固定资产投资额	制造业固定资产投资量总和	亿元
		工业销售产值	制造业工业销售产值总和	亿元
	经济效益	就业人员平均劳动报酬	制造业整体工资总额/制造业就业人员数量总和	元
		劳动生产率	制造业工业销售产值总量/制造业就业人员人数	元/人
	成长潜力	工业销售产值增长率	(当年制造业销售产值/上一年制造业销售产值 -1)×100%	%
		投资占全社会投资比重	(制造业固定资产投资量/全国固定资产投资量)×100%	%
	社会贡献	就业人数	制造业就业人员数量总和	万人
		利税总额	制造业税收收入总和	亿元
		产值利税率	(制造业税收收入/制造业工业销售产值)×100%	%

一级指标	一级指标	二级指标	计算公式	单位
生产性服务业	产业规模	企业单位数	生产性服务业企业数量总和	个
		固定资产投资额	生产性服务业固定资产投资量总和	亿元
		产业增加值	生产性服务业产业增加值总和	亿元
	经济效益	就业人员平均劳动报酬	生产性服务业整体工资总额/生产性服务业就业人员数量总和	元
		劳动生产率	生产性服务业工业销售产值总量/生产性服务业就业人员人数	元/人
	成长潜力	增加值增长率	(当年生产性服务业增加值/上一年生产性服务业增加值 -1)×100%	%
		投资占全社会投资比重	(生产性服务业固定资产投资量/全国固定资产投资量)×100%	%
	社会贡献	就业人数	生产性服务业就业人员数量总和	万人
		利税总额	生产性服务业税收收入总和	亿元
		产值利税率	(生产性服务业税收收入/生产性服务业产业增加值)×100%	%

注：生产性服务业分行业分地区产业增加值中除交通运输业、仓储和邮政业、批发零售业、金融业外，信息传输、计算机服务和软件业，租赁和商业服务业，科学研究、技术服务业的产业增加值均按"各地区第三产业分行业增加值"中的"其他"进行换算所得。

基于 2003~2013 年制造业与生产性服务业各子行业的面板数据，采用灰色网格关联度模型分析探究 11 年间两产业互动发展的演化轨迹，而两产业间的互动关联程度能够直接反映出制造业服务化程度的高低，其测算具体结果如图 9-1 所示。

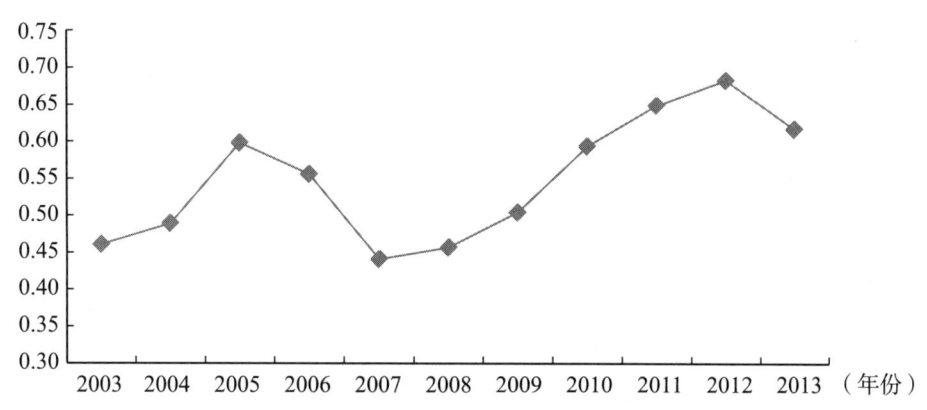

图 9-1 2003~2013 年制造业与生产性服务业关联度时间趋势变化

资料来源：笔者根据相关资料整理绘制。

2003~2013 年制造业服务化程度并不稳定，呈现"M"型波动趋势。随着两个产业间不断地反馈与协调，其总体呈现中度—高度—中度—高度的循环演化路径。波动期间共有过两次波峰，其大致时间为 2005 年和 2012 年，波谷的位置大致位于 2007~2008 年间。在 2008 年之后随着制造业与生产性服务业间的不断融合与互动发展，其呈现出反弹趋势，在 2012 年达到 11 年里最高值 0.683，但在 2013 年度却出现 11% 的降幅，回落至 0.617。在 2005 年两行业互动程度出现转折性变化，其原因可能在于自我国 2001 年入世以后，制造业随之嵌入全球化产业链条中，在国际开放性竞争环境中制造业迫于压力纷纷加大科研投入、加快技术升级。生产性服务业作为制造业升级的有效依托，制造业对生产性服务业的投入得到极大提高，在带动生产性服务业发展的同时增强了两者的相关性，使得制造业服务化程度增强。而在 2005 年之后制造业结束阶段性快速扩张期，对生产性服务业服务质量提出了较高要求，而该时期我国生产性服务业的行业基础较为薄弱，子行业能力与水平参差不齐，发展尚存在一些不合理与不完善的情况，因此在一定程度上影响其互动发展，使两产业关联发展程度逐步走低，制造业服务化程度降低。

在 2007~2008 年间，我国经济增长模式由主要依靠工业带动逐步转向三次产业协同发展带动的模式，这也在一定程度上促进了生产性服务业的发展与完善，为制造业服务化提供了有利契机。自 2008 年之后制造业与生产性服务业间的关联度则有了较大幅度的提升，说明生产性服务业在夯实产业基础、弥补行业短板的同时，也一定程度满足了制造业的生产性服务需求，使得两产业间的互动关系日益紧密，自 2010 年后两产业间均表现为中度性相关，制造业服务化程度逐年提高。

与此同时，随着我国工业化进程从中期向后期的推进，以制造业为代表的第二产业增速总体持续放缓，而第三产业呈现加速发展的良好态势。在 2013 年我国服务业增加值达到 262 204 亿元，占国内生产总值的比重达到 46.1%，服务业规模持续扩大并超过第二产业，这都表明随着我国产业结构的优化，生产性服务业得到了持续性的发展，自身产业能力强化较为明显。虽然生产性服务规模和能力不断优化，但 2013 年我国生产性服务业与制造业间的关联度略微下降至 0.617，呈现出局部波动的趋势。

三、制造业服务化行业差异性趋势分析

（一）制造业各子行业服务化差异性分析

采用灰色网格关联度模型测算制造业各子行业服务化程度，具体测算结果如表 9-2 所示，2003~2013 年，我国制造业与生产性服务业关联程度并不高，关联度波动在 0.104~0.833 范围内，总体平均值为 0.550 处于中度相关水平。由表中数据能够看出生产性服务业已然渗透到部分制造行业当中，部分制造业服务化程度较高。但制造业各子行业与生产性服务业联动发展水平仍存在一定差异。例如，C15 饮料制造业（0.606）、C14 食品制造业（0.603）、C34 金属制品业（0.603）在制造业中与生产性服务业联动最为密切，展现出较强的服务化特征。相比之下，生产性服务业在部分制造产业融合与升级中发挥的作用并不显著，例如，关联度排在末尾的是 C16 烟草制品业（0.332）、C42 工艺品及其他制造业（0.488）、C28 化学纤维制造业（0.496），这些制造产业服务化程度较弱。

表 9-2　　制造业各行业与生产性服务业各子行业关联度

行业分类	F	G	H	J	L	M	总和	平均值
C13	0.616	0.262	0.707	0.647	0.443	0.735	3.410	0.568
C14	0.617	0.261	0.708	0.730	0.487	0.816	3.619	0.603
C15	0.610	0.294	0.685	0.700	0.511	0.833	3.633	0.606
C16	0.387	0.104	0.364	0.425	0.191	0.523	1.994	0.332
C17	0.632	0.259	0.690	0.655	0.452	0.769	3.457	0.576
C18	0.678	0.238	0.701	0.675	0.483	0.825	3.600	0.600
C19	0.693	0.269	0.656	0.563	0.474	0.808	3.463	0.577

续表

行业分类	F	G	H	J	L	M	总和	平均值
C20	0.503	0.226	0.623	0.576	0.490	0.743	3.161	0.527
C21	0.556	0.220	0.675	0.686	0.445	0.764	3.346	0.558
C22	0.657	0.286	0.736	0.648	0.470	0.778	3.575	0.596
C23	0.622	0.268	0.570	0.625	0.461	0.754	3.300	0.550
C24	0.600	0.326	0.637	0.659	0.531	0.792	3.545	0.591
C25	0.644	0.316	0.547	0.525	0.453	0.721	3.206	0.534
C26	0.650	0.251	0.563	0.620	0.405	0.755	3.244	0.541
C27	0.615	0.211	0.634	0.676	0.506	0.819	3.461	0.577
C28	0.468	0.243	0.575	0.534	0.456	0.697	2.973	0.496
C29~30	0.639	0.261	0.661	0.495	0.493	0.828	3.377	0.563
C31	0.581	0.220	0.579	0.569	0.467	0.769	3.185	0.531
C32	0.531	0.257	0.592	0.460	0.447	0.714	3.001	0.500
C33	0.542	0.266	0.599	0.534	0.393	0.705	3.039	0.507
C34	0.633	0.262	0.743	0.684	0.494	0.800	3.616	0.603
C35	0.610	0.249	0.593	0.570	0.454	0.769	3.245	0.541
C36	0.584	0.224	0.726	0.673	0.431	0.678	3.316	0.553
C37	0.600	0.326	0.637	0.659	0.531	0.792	3.545	0.591
C39	0.662	0.285	0.725	0.671	0.480	0.780	3.603	0.601
C40	0.564	0.339	0.628	0.622	0.453	0.755	3.361	0.560
C41	0.638	0.251	0.651	0.514	0.443	0.749	3.246	0.541
C42	0.484	0.223	0.569	0.520	0.435	0.697	2.928	0.488
总计	16.616	7.197	17.774	16.915	12.779	21.168	92.449	15.408
平均值	0.593	0.257	0.635	0.604	0.456	0.756	3.302	0.550

资料来源：笔者计算。

为进一步挖掘隐没在关联数据中的内在规律，研究采用对数据结构假设较少的层次聚类方法辅助分析，并运用相对智能的轮廓图法确定最优分割类别数，从运用 Silhouette 函数绘制的轮廓图中更加直观地判断出合理的分类，其中轮廓平均值越大证明分类越合理。如图 9-2、图 9-3 所示，轮廓图平均值在类别数为 2 时最大，其次是类别数为 4 时，综合分类中的聚类个数，类别数确定为 4 时较为合理。

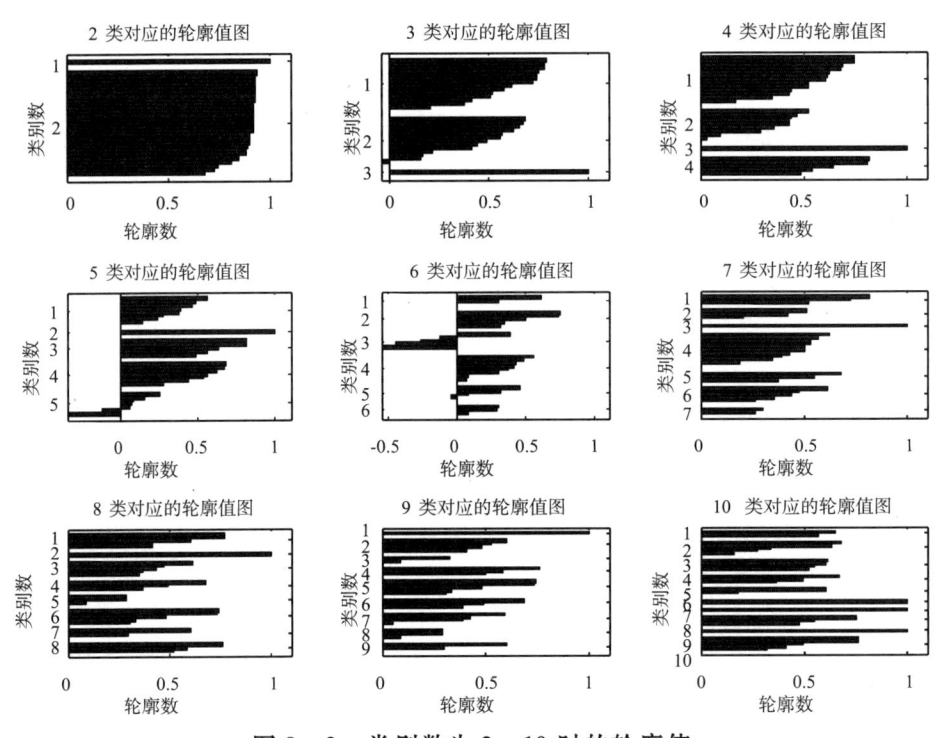

图 9-2 类别数为 2~10 时的轮廓值

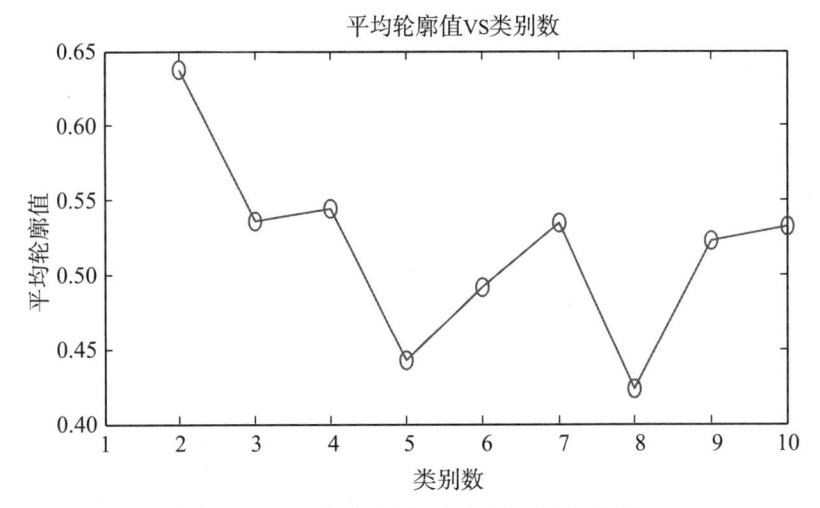

图 9-3 不同类别数对应的平均轮廓值

利用凝聚层次聚类方法 AGENES，制造业不同子行业的凝聚层次聚类结果如图 9-4 所示。根据聚类结果将制造业按与生产性服务业的互动关联度数值分为四类，第一类：C13 农副食品加工业，C14 食品制造业，C15 饮料制造业，C17 纺织业，C18 纺织服装—鞋—帽制造业，C21 家具制造业，C22 造纸和纸制品业，C24 文教、工美、体育和娱乐用品制造业，C27 医药制造业，C34 金属制品业，C36 专用设备制造业，C37 交通运输设备制造业，C39 电气机械和器材制造业，C40 计算机、通信和其他电子设备制造业；第二类：C19 皮革、毛皮、羽毛（绒）及其制品业，C23 印刷和记录媒介复制业，C25 石油加工、炼焦及核燃料加工，C26 化学原料及化学制品制造业，C29~30 橡胶与塑料制品业，C31 非金属矿物制品业，C35 通用设备制造业，C41 仪器仪表及文化办公用机械制造业；第三类：C20 木材加工和木、竹、藤、棕、草制品业，C28 化学纤维制造业，C32 黑色金属冶炼及压延加工，C33 有色金属冶炼及压延加工业，C42 工艺品及其他制造业；第四类：C16 烟草制品业。

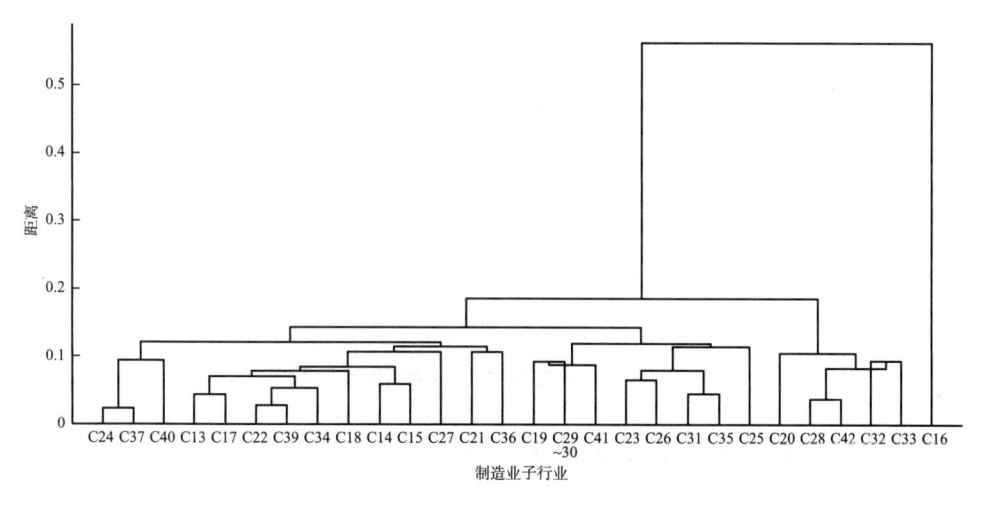

图 9-4 中国制造业各子行业关联度聚类图

从表 9-3 与图 9-5 可看出 2003~2013 年制造业各大类与生产性服务业各子行业的互动特征。第一类制造业行业除了在与（F）交通运输业关联程度略逊于第二类制造行业外，与其余 5 项生产性服务业的关联紧密程度均好于其他大类，并在（M）科学研究服务业、（H）批发和零售业、（J）金融业、（F）交通运输业 4 项服务业中展现出较强的产业关联性，这说明生产性服务业能够较好融入到第一类制造业生产链的各个环节中，第一类制造业呈现良好的服务化趋势。第二类制造业与生产性服务的关联度总体均优于第三类制造业，并与交通运输服务业呈现高度关联状态，这反映出此类制造业最具有借助外包物流业务来增加利润点和价值的优势。而第四类 C16 烟草制品业与生产性服务业各子行业均呈现出低度的关联特征，与生产性服务业并未形成良性互动，服务化程度最低。

表 9-3　　　　　各类制造业在生产性服务业中的均值

类别	聚类个数	生产性服务业中的平均值					
		F	G	H	J	L	M
第一类	14	0.616	0.271	0.688	0.670	0.480	0.781
第二类	8	0.635	0.261	0.603	0.560	0.456	0.769
第三类	5	0.506	0.243	0.592	0.525	0.440	0.711
第四类	1	0.387	0.104	0.364	0.425	0.191	0.523

资料来源：笔者计算。

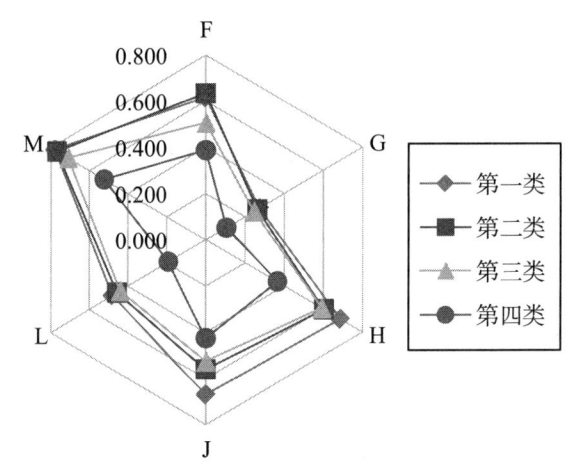

图 9-5　制造业各大类的特征分析

（二）各大类制造业服务化差异性分析

本节将 28 个制造业划分为劳动密集型、资本密集型和技术密集型三大类产业[①]。同样采用灰色网格关联度模型对各大类与生产性服务业关联度强弱经行测

---

① 综合罗胤晨（2014）和曹毅（2009）等人对制造业类型的分类 [15~16]，本节将劳动密集型产业划分为：C13 农副食品加工业，C14 食品制造业，C17 纺织业，C18 纺织服装、鞋、帽制造业，C19 皮革、毛皮、羽毛（绒）及其制品业，C20 木材加工制品业，C21 家具制造业，C22 造纸和纸制品业，C23 印刷和记录媒介复制业，C24 文教、工美、体育和娱乐用品制造业，C29~30 橡胶与塑料制品业，C31 非金属矿物制品业，C42 工艺品及其他制造业；资本密集型产业划分为：C16 烟草加工业，C15 饮料制造业，C25 石油加工、炼焦及核燃料加工，C26 化学原料及化学制品制造业，C28 化学纤维制造业，C32 黑色金属冶炼及压延加工，C33 有色金属冶炼及压延加工业；技术密集型产业划分为：C27 医药制造业，C34 金属制品业，C35 通用设备制造业，C36 专用设备制造业，C37 交通运输设备制造业，C39 电气机械和器材制造业，C40 计算机、通信和其他电子设备制造业，C41 仪器仪表及文化办公用机械制造业。

算,其服务化强弱顺序如表9-4所示。

表9-4　　　　制造业与生产性服务业子行业关联度分析

行业分类	F	G	H	J	L	M	总计	均值
制造业所有行业	0.593	0.257	0.635	0.604	0.456	0.756	3.301	0.550
劳动密集型制造业	0.606	0.255	0.655	0.619	0.472	0.775	3.382	0.564
资本密集型制造业	0.547	0.247	0.561	0.543	0.408	0.707	3.013	0.502
技术密集型制造业	0.613	0.268	0.667	0.634	0.474	0.768	3.424	0.571

资料来源:笔者计算。

2003~2013年,生产性服务业与技术密集型制造业关联度相对紧密为0.571,与劳动密集型制造业关联程度为0.564,与资本密集型制造业关联度最低,为0.502。技术密集型制造业与生产性服务业关联度最为紧密,其服务化程度最高。劳动密集型制造业与生产性服务业关联度最低,其服务化程度最高,侧面反映出我国劳动密集型、资源密集型制造业产品缺乏技术设计和研发优势。生产性服务业属于知识密集型产业,让生产性服务业与劳动密集型、资源密集型制造业有机结合能够有助于创新资源的相互注入,进而提升此类制造业价值链各环节中技术创新能力,促进劳动、资本密集型制造业企业转型升级。

第三节　我国制造业服务化发展模式分析

一、产业层面制造业服务化发展模式分析

本节借鉴物理学中的容量耦合系数模型,利用matlab在CPU主频2.00GHZ、RAM为2.00G的PC上进行求解,计算得出制造业与生产性服务业综合发展评价指数u_a和u_i,并测算出2007~2014年制造业与生产性服务业耦合协调指数D_{ai},具体结果如表9-5所示。从表9-5中可以看出,2007~2014年制造业与各生产性服务业协调度逐步提升,说明制造业服务化程度逐渐提高,但制造业服务化的增长幅度以及产业发展快慢程度却不尽相同,而产业间发展速度的不均衡也会在一定程度上导致制造业与不同生产性服务业间互动的差异。鉴于此,为进一步探究制造业与各不同类型生产性服务业的协调互动发展模式,本节以制造业与各生

产性服务业发展指数比（u_a/u_i）作为纵向衡量标准，以制造业与各类生产性服务业协调指数（D_{ai}）作为横向衡量标准，根据表9-5中的测算数据绘制制造业服务化的演进趋势，其制造业服务化模式大体归纳为3个类型，并逐一进行详细解析。第一类为波动同步型：科学技术服务业；第二类为衍化趋同型：交通运输业、金融业、信息服务业；第三类为单产业主导型：批发零售业、租赁和商业服务业，具体分类如图9-6～图9-8所示。

表9-5　　2007～2014年制造业与各生产性服务业协调度及各产业发展速度比值

指标	2007年	2008年	2009年	2010年	2011年	2012年	2013年	2014年
u_f	0.1665	0.2015	0.2402	0.3162	0.3587	0.4675	0.5781	0.6211
u_a/u_f	1.3239	1.2017	1.2286	1.2591	1.2626	1.1167	1.0198	1.0598
D_{af}	0.4377	0.47	0.5159	0.5956	0.6349	0.7028	0.764	0.7996
u_g	0.2796	0.3535	0.3821	0.4031	0.4273	0.497	0.5832	0.6022
u_a/u_g	0.7884	0.685	0.7723	0.9875	1.06	1.0502	1.0107	1.0931
D_{ag}	0.4983	0.5409	0.5794	0.6329	0.6633	0.7137	0.7657	0.7935
u_h	0.2104	0.2186	0.2404	0.2964	0.3691	0.4121	0.4768	0.5315
u_a/u_h	1.0477	1.1074	1.2275	1.3431	1.2272	1.2667	1.2364	1.2385
D_{ah}	0.4641	0.4797	0.5161	0.5861	0.6394	0.681	0.7281	0.7691
u_l	0.1658	0.1787	0.231	0.2708	0.3606	0.4211	0.4909	0.5417
u_a/u_l	1.3293	1.3552	1.2775	1.4701	1.256	1.2397	1.2009	1.2151
D_{al}	0.4373	0.4561	0.5109	0.573	0.6357	0.6847	0.7334	0.7728
u_j	0.1474	0.1925	0.2585	0.3316	0.4374	0.506	0.5864	0.6712
u_a/u_j	1.4959	1.2576	1.1416	1.2006	1.0355	1.0317	1.0053	0.9807
D_{aj}	0.4245	0.4647	0.5255	0.6027	0.6672	0.7169	0.7668	0.8153
u_m	0.1918	0.2101	0.3091	0.3805	0.4536	0.5064	0.5874	0.5781
u_a/u_m	1.1491	1.1524	0.9547	1.0463	0.9985	1.0309	1.0035	1.1386
D_{am}	0.4535	0.4749	0.5495	0.6238	0.6732	0.717	0.7671	0.7854

注：u_f：交通运输服务业；u_g：信息传输服务业；u_h：批发零售业；u_l：商业租赁服务业；u_j：金融服务业；u_m：科学技术服务业。D_{ai}代表制造业与各生产性服务子行业的耦合协调度，其中 D_{af}：交通运输服务业；D_{ag}：信息传输服务业；D_{ah}：批发零售业；D_{al}：商业租赁服务业；D_{aj}：金融服务业；D_{am}：科学技术服务业。

资料来源：笔者计算。

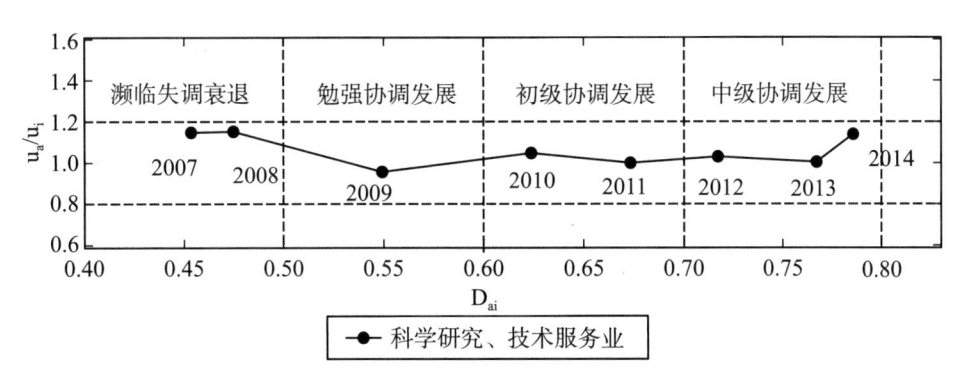

图 9-6 行业波动同步耦合协调发展型

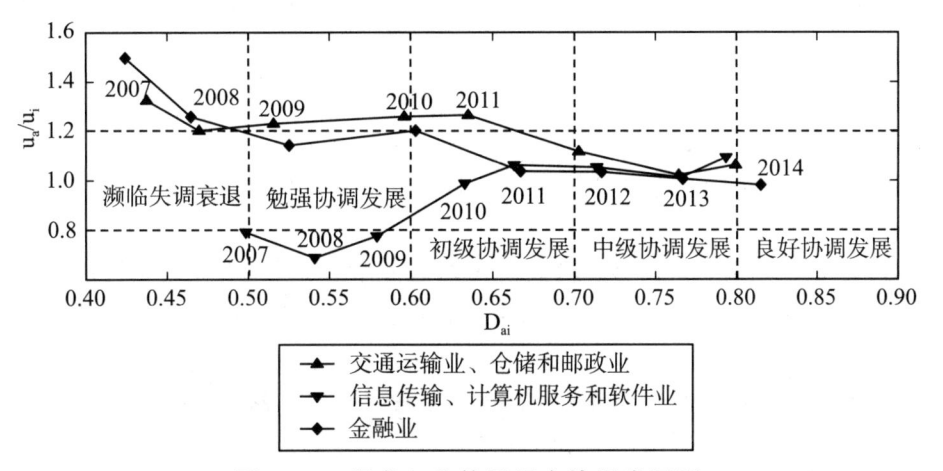

图 9-7 行业衍化趋同耦合协调发展型

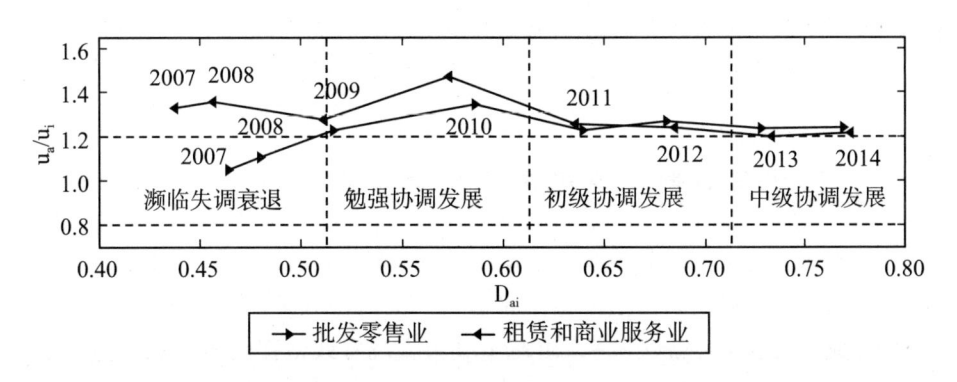

图 9-8 行业单产业主导耦合协调发展型

（1）波动同步型。从图 9-6 中可以看出，2007～2014 年现代生产性科学技术服务业于 2007～2008 年整体综合发展均略滞后于制造业，随后在 2009 年和 2011 年内有两次小幅度的赶超。虽然科学技术服务业发展稍逊于制造业，但其与制造业发展速度相对均衡,两产业间的发展水平差距波动均保持在5%以内并展现出良好的同步发展状态,制造服务化程度呈现出不断上升趋势。

(2) 衍化趋同型。从图9-7中可以看出,第二类衍化趋同发展类型的特点在于前期会有发展水平处于优势的产业作为主导,后期随着与之耦合产业的增速发展其单产业主导优势逐步减弱。在2011年后交通运输业、金融业、信息服务业各产业的发展速度逐渐加快与制造业的发展速度趋于一致,而在产业增速同步期间产业互动协调增长优势逐渐显现。

(3) 单产业主导型。从图9-8可以看出,在第三类单产业主导的耦合发展类型中,制造业与批发零售业、租赁和商业服务业的综合发展指数的比值虽然在2010年后有所降低并趋于平稳,但批发零售业与租赁和商业服务业整体发展水平依旧滞后于制造业,其服务化进程中一直处于制造业为主体的互动状态。也正是由于制造业服务化进程中产业间发展的不平衡,致使批发零售业与租赁和商业服务业在勉强协调至初级协调至中级协调的跨阶段演进时间点均晚于衍化趋同型与波动同步型,整体的产业互动协调性也弱于前两大类,制造业服务化程度相对较低。

由此可见,制造业与批发零售业、租赁商业服务业发展并不均衡,这使得批发零售和租赁商业两个产业与制造业互动过程中对其"推力"不足,制约了产业间的良性互动协调发展,阻碍了制造业服务化进程。其中,零售业更是由于缺乏创新的推广手段而备受电子商务的冲击与挑战,销售总额增速一直呈现放缓态势,致使批发零售业在2012~2014年无论是产业发展水平还是与制造业的互动协调程度均落后于其他生产性服务业。与此同时,多数行业其生产性服务业与制造业仍处于中级协调发展阶段,距离良好协调发展与优质协调发展阶段仍有一定距离,未来如何促进两产业互动协同发展依然任重而道远。

二、区域层面制造业服务化发展模式分析

鉴于制造业与生产性服务业互动存在区域差异性特征,为进一步探究制造业服务化空间变迁规律,本部分借鉴洪兴建对中国经济区域的划分方式,将31个省市划分成八大综合经济区域①,以便于更为直观有效地探明各区域制造业服

---

① 八大区域分别为:东北综合经济区(辽宁、吉林、黑龙江);北部沿海综合经济区(北京、天津、河北、山东);南部沿海综合经济区(广东、福建、海南);东部沿海综合经济区(上海、江苏、浙江);黄河中游综合经济区(内蒙古、陕西、山西、河南);长江中游综合经济区(湖北、湖南、江西、安徽);大西南综合经济区(重庆、四川、贵州、云南、广西);大西北综合经济区(甘肃、宁夏、青海、新疆、西藏)。

化模式的差异性,进而制定有针对性的区域政策,利用耦合模型计算各区域制造业与生产性服务业综合发展评价指数 u_a 和 u_i,并测算出 2007~2014 年各区域制造业与生产性服务业耦合协调指数 D_{ai}。具体结果如表 9-6 所示。

表 9-6　2007~2014 年中国八大综合经济区域制造业与生产性服务业协调度及产业发展速度

地区及指标		2007 年	2008 年	2009 年	2010 年	2011 年	2012 年	2013 年	2014 年	均值
东北经济区	u_a	0.2496	0.2970	0.3393	0.4429	0.5253	0.6037	0.6524	0.6427	0.4691
	u_s	0.1497	0.1723	0.2213	0.2704	0.3133	0.3625	0.4376	0.4902	0.3022
	u_a/u_s	1.6675	1.7237	1.5335	1.6382	1.6768	1.6654	1.4911	1.3110	1.5884
	D	0.4397	0.4756	0.5235	0.5883	0.6369	0.6869	0.7310	0.7492	0.6039
北部沿海经济区	u_a	0.2297	0.2917	0.3584	0.4152	0.5433	0.5853	0.6721	0.7302	0.4782
	u_s	0.2189	0.2797	0.3421	0.4228	0.5026	0.5629	0.6415	0.7208	0.4614
	u_a/u_s	1.0494	1.0427	1.0478	0.9821	1.0809	1.0397	1.0477	1.0131	1.0379
	D	0.4736	0.5344	0.5917	0.6473	0.7229	0.7576	0.8103	0.8518	0.6737
东部沿海经济区	u_a	0.2512	0.3136	0.3665	0.4516	0.5090	0.5589	0.6253	0.6898	0.4707
	u_s	0.2625	0.3102	0.3973	0.4292	0.4991	0.5298	0.6219	0.7005	0.4688
	u_a/u_s	0.9569	1.0109	0.9225	1.0523	1.0198	1.0548	1.0055	0.9847	1.0009
	D	0.5067	0.5585	0.6177	0.6635	0.7100	0.7377	0.7897	0.8337	0.6772
南部沿海经济区	u_a	0.2148	0.2617	0.3096	0.3821	0.5191	0.6069	0.6104	0.6563	0.4451
	u_s	0.2098	0.2411	0.3195	0.4202	0.5151	0.5668	0.6048	0.7013	0.4473
	u_a/u_s	1.0240	1.0854	0.9690	0.9094	1.0078	1.0707	1.0093	0.9358	1.0014
	D	0.4607	0.5012	0.5608	0.6330	0.7191	0.7658	0.7795	0.8236	0.6555
黄河中游经济区	u_a	0.1931	0.2912	0.2854	0.3757	0.4611	0.5319	0.6091	0.6207	0.4210
	u_s	0.1815	0.2012	0.2608	0.3248	0.4002	0.4424	0.5213	0.5922	0.3656
	u_a/u_s	1.0642	1.4472	1.0944	1.1567	1.1524	1.2024	1.1684	1.0480	1.1667
	D	0.4327	0.4920	0.5224	0.5911	0.6554	0.6965	0.7506	0.7786	0.6149
长江中游经济区	u_a	0.2508	0.2544	0.2844	0.4154	0.4771	0.5518	0.5939	0.6406	0.4336
	u_s	0.1759	0.2105	0.2605	0.3208	0.4373	0.4808	0.5526	0.6018	0.3800
	u_a/u_s	1.4263	1.2084	1.0916	1.2946	1.0910	1.1477	1.0746	1.0645	1.1748
	D	0.4583	0.4810	0.5217	0.6042	0.6758	0.7177	0.7569	0.7879	0.6254

续表

地区及指标		2007年	2008年	2009年	2010年	2011年	2012年	2013年	2014年	均值
大西南经济区	u_a	0.2193	0.2504	0.2447	0.3208	0.3933	0.4639	0.5382	0.5908	0.3777
	u_s	0.1440	0.1525	0.2187	0.2753	0.3538	0.4473	0.5205	0.5905	0.3378
	u_a/u_s	1.5231	1.6424	1.1190	1.1654	1.1119	1.0373	1.0340	1.0006	1.2042
	D	0.4215	0.4421	0.4809	0.5452	0.6107	0.6749	0.7275	0.7686	0.5839
大西北经济区	u_a	0.1941	0.1988	0.2530	0.3459	0.4189	0.5324	0.6243	0.6049	0.3965
	u_s	0.1697	0.2019	0.2567	0.2810	0.3308	0.4218	0.4622	0.5209	0.3306
	u_a/u_s	1.1438	0.9847	0.9855	1.2307	1.2662	1.2621	1.3506	1.1613	1.1731
	D	0.4260	0.4476	0.5048	0.5584	0.6101	0.6684	0.7339	0.7492	0.5873

资料来源：笔者计算。

各区域的产业耦合均值仅能够体现出2007~2014年制造业与生产性服务业的综合互动效应，并不能准确地反映出产业在不同区域内耦合互动的演进规律。因此，为了进一步探究不同区域产业耦合协调演化的共性和差异性特征，本部分同样从产业耦合协调度和综合发展指数这两个维度出发，根据表9-6中的测算数据将不同区域内的产业耦合协调演化发展模式同样归纳为三大类型，第一类为波动同步型：包括北部、东部、南部沿海经济区；第二类为衍化趋同型：包括长江中游、黄河中游、大西南经济区；第三类为单产业主导型：包括东北、大西北经济区，具体分类如图9-9~图9-11所示。

（1）波动同步型。从图9-9中可以看出，隶属于波动同步型的东部、北部、南部沿海经济区均早于其他区域率先跨过失调衰退阶段步入协调发展阶段，并先

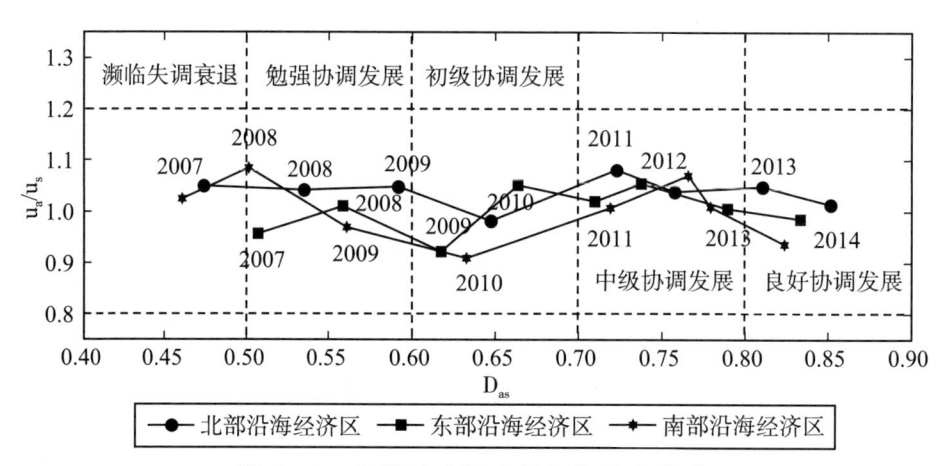

图9-9 区域波动同步耦合协调发展型

后在 2014 年迈入良好协调发展阶段，其制造业服务化程度明显优于其他两类模式。与此同时，三大沿海经济区无论是产业发展速度还是产业间互动协调程度其演进规律趋于一致具有相似性，其特点表现为制造业与生产性服务业产业发展水平较高且发展速度相对均衡，两产业间的发展水平波动差距均保持在 10% 以内，其产业间互动优势明显。

（2）衍化趋同发展型。从图 9-10 中可以看出，隶属于第二类衍化趋同发展型的长江中游、黄河中游、大西南经济区在 2007~2008 年制造产业发展水平明显高于生产性服务业，其间制造业处于主导地位，对产业间协同发展提升贡献度较大。之后随着生产性服务产业的增速发展逐渐呈现出平衡趋势，制造业虽主导优势弱化，但其发展水平仍旧略偏高于生产性服务业，此大类产业间整体互动协调性一般，制造业服务化程度弱于波动同步型，优于单产业主导型。

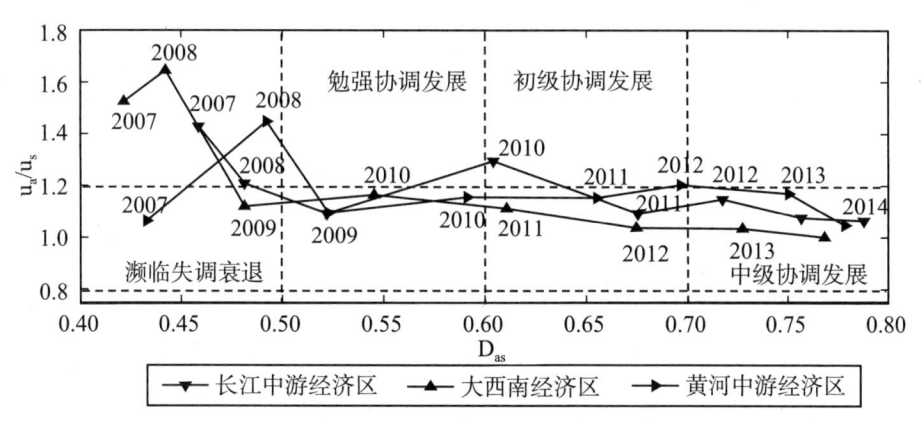

图 9-10 区域衍化趋同耦合协调发展型

（3）单产业主导型。从图 9-11 可以看出，隶属于第三类单产业主导型的大西北、东北经济区均是在 2013 年最晚步入中级协调发展阶段，并未呈现出良好的互动协调性。其中，大西北经济区在 2007~2009 年逐渐从濒临失调逐步升至勉强协调，其间制造业与生产性服务业基本表现出同步性发展状态，而后的 4 年间制造产业则一直处于优势主导地位，直到 2014 年才逐渐有所缓和。东北经济区产业发展水平则表现出极为显著的规模不均衡性，生产性服务业发展水平一直严重滞后于制造业，由于生产性服务业供应不足，不能对制造业起到有效的支撑作用，是制约两产业间耦合互动不协调的重要原因。而东北制造产业多集中于规模大、国有股份比重高的资源型或重工型制造业企业，此种类型产业因涉及国家经济命脉和战略所以对外开放程度较低，存在产品体量大、结构调整慢、改革时间长等诸多问题，挤压了与生产性服务业匹配互动的空间。与此同时，位于产业链两端的生产性服务业并没有随着经济发展从制造业中完全自然分离出来，制造业"服务内置化"现象严重，进而影响下一阶段两产业间的深度融合，降低了东北地区制造业与生产性服务业的耦合协调效应。因此，大西北、东北经济区在大力推动制造业发展的同时应当更加重视生产性服务业发展状况，而两产业发展水平相互匹配将有利于形成产业互动的良性协调局面，以及制造业服务化的发展进程。

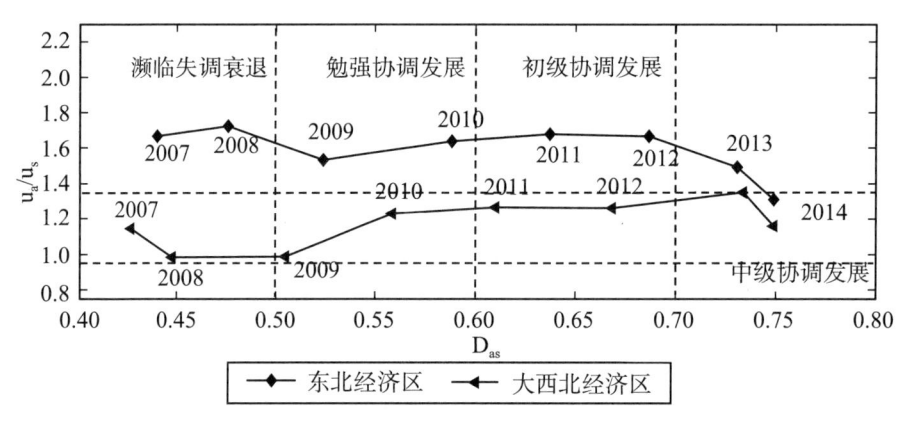

图 9-11 区域单产业主导耦合协调发展型

三、制造业服务化发展模式特征分析

由上述分析可知，制造业与生产性服务业在耦合协调发展演进过程中无论从行业层面还是从区域层面，波动同步型模式制造业服务化程度最高，其次为衍化趋同发展型模式，最后为单产业主导型模式。波动同步型模式的特征主要表现为制造业与服务业间的发展水平相近，两产业间呈现出良好的同步发展状态，说明制造业与服务业间的均衡发展模式更有利于产业间的深度融合。衍化趋同型模式的特征主要表现为在产业互动前期会有发展水平较高的产业处于主导优势地位，后期随着与另一产业的增速发展其单项产业主导优势逐步减弱。单产业主导型模式的特征主要表现为单项产业一直处于优势主导地位，另一产业则持续处于滞后状态，此种模式制造业服务化程度最低（见表9-7）。这说明如果组合产业间的发展水平差距过大会导致两者互动协调的不良发展，从而制约制造业服务化的发展进程。而组合内产业发展速度相对平稳并保持一定的同步性则有助于尽快跨过耦合裂痕。

鉴于此，应根据制造业服务化的模式特征，从产业层面深度探究与分析产业发展演进规律，加快推动制造业服务化进程。以延长制造产业链、优化价值链等方式来提升制造业对生产性服务业需求的拉动力，通过鼓励制造业企业让渡非核心价值环节的服务部分给专业的第三方生产性服务企业,进而增加生产性服务业对制造业发展的推动作用,进一步为提高制造业和生产性服务业耦合发展营造良好的外部环境。

从区域层面推进制造业与生产性服务业区域协调发展。制定相应合理的制造业产业转移政策,引导部分沿海地区制造业向中西部和东北地区转移,在资金投入、人才引进和技术研发等方面增强对中西部和东北地区制造产业的政策倾斜度,进一步缩小各区域间产业经济增长差距。与此同时,要着重推进西北和东北经济区生产性服务业的发展步伐,尽快消除产业发展不平衡性,积极促进制造业与生产性服务业间的产业互动性,通过两产业间的协作与联盟提升制造产业资源利用率和产品科技含量,进而加快西北经济区和东北经济区制造产业转型进程。

表 9-7　　　　　　　　制造业服务化发展模式

模式	主要表现形式	服务化程度	类型
波动同步型	制造业与生产性服务业呈现出良好的同步发展状态	高	服务型制造
衍化趋同型	前期单项产业处于主导优势地位,后期随着与另一产业的增速发展其单项产业主导优势逐步减弱	中	前期制造型服务,后期服务型制造
单产业主导型	单项产业一直处于优势主导地位,另一产业则持续处于滞后状态	低	制造型服务

第四节　我国制造业服务化典型案例分析

一、沈阳机床 i5 智能机床

(一) 沈阳机床 i5 智能机床发展

沈阳机床(集团)有限责任公司是在1995年由沈阳第一机床厂、沈阳第二机床厂、辽宁精密仪器厂等三家大型机床企业资产重组而组建的大型机床企业集团。1996年7月沈阳机床在深圳证券交易所正式挂牌上市。沈阳机床主要的生产基地包括中国沈阳、昆明和德国的阿瑟斯雷本。沈阳机床的市场份额多年来一直居于国内同行业首位。由于 2008 年次贷危机的影响，中国制造业呈现下滑趋势，机床行业市场环境更加糟糕。沈阳机床集团果断调整企业发展思路，开始了以顾客为核心、以市场为导向成为工业服务商的转型之路。2013 年 3 月，沈阳机床优尼斯工业服务有限公司（以下简称"优尼斯"，UNIS）正式成立。优尼斯为了适应公司以客户需求为导向目标而成立新型组织结构，其核心理念是借助企业核心技术和金融工具为客户提供机床的全生命周期服务。优尼斯开创了沈阳机床集团机床营销新模式，而 i5 智能机床就是在这样的契机下发展起来的，是沈阳机床从工业制造商向工业服务商转型中的重要产品。沈阳机床自主研发出了 i5 智能机床，而 i5 机床的出现使得这家国有企业重新焕发了生机和活力。

i5 智能机床是沈阳机床公司在服务化导向下研发的新型产品，包含五个方面的含义：工业化（industrialization）、信息化（informatization）、网络化（internet）、智能化（intelligentialize）、集成化（intergration）。i5 机床并不是简单的数控系统，是面向智能制造转型的重要策略。i5 机床经过了近 4 年多的发展与不断完善，取得了长足的进步，被贴上了先进智能型机床、平台型数控机床、新型管理模式、新兴商业模式的标签。2015 年来 i5 智能机床声名鹊起，甚至打破了很多国际知名机床供应商的市场垄断。2016 年年初，i5 智能机床（i5M1.4）与在深圳证券市场上市的两家大型消费电子行业企业分别签订了 5 000 台 i5 智能机床的销售协议，并且同两家公司签订了合作框架协议，实现了一次性销售一万台机床的壮举。与以往沈阳机床集团动辄上千种配置的机床产品相比，i5 智能机床只有 i5T 和 i5M 两个机床产品系列。i5T 和 i5M 两个系列产品主要有六种，分别是 i5M1、i5M4、i5M8、i5T1、i5T3、i5T5，产品辨识度高，适应性广。从 2014 年 2 月 i5 智能机床全球首发以来，销量与日俱增，2015 年签订销售合同数量达到 2 500 台；2016 年的市场订单达到近 20 000 台，取得了巨大的成功。

（二）i5 智能机床成功密码

i5 智能机床取得的成功并不是撞大运得来的。优尼斯 i5 团队取得的成绩，核心原因在于企业适应了现代机床产业变化对于企业的要求，过去那种设计生产完设备后等客户来挑选的时代已经过去了。市场需要的是柔性的生产设备，能够时刻根据市场变化随时调整的设备。而 i5 机床就是在这样的背景下产生的，与其说它是机床不如说它是一种机床设备解决方案。总体来看，i5 的成功主要来自于三方面的重要因素：

一是 i5 机床的开发战略符合制造业服务化的理念。i5 开发团队一直遵循 "Nut" 指导思想（Nut 坚果，意指啃下来这颗坚果），是优尼斯团队长期以来的开发理念：一定要用客户的角度考虑问题，客户需要的产品才是企业最应该生产的产品，这种以客户为中心的研发理念一直贯穿于企业的研发过程。企业一直有危机意识，开发的数控系统一直都在不断进行优化，不断与客户沟通，不断进行调整，终于研发出了适应市场需求的产品；企业的这个研发理念是一个相对朴素的想法，但它又是一个最适合企业研发的战略思想，研发团队不需要特别关注与行业领先者的"技术差距"，也不用去考虑领先者的模式，而是重点关注自己怎么做才能生产出适应市场、适合客户的"有用的数控机床"。

二是 i5 机床的开发团队是没有条框束缚的团队。i5 机床的开发团队的成员和工程师很多都是来自于机床或数控系统之外的专业的人员，甚至包括了采购、营销、金融、物流专业人员。这样的团队的优势在于：团队年轻工程师都需要从最基础的环节开始接触机床和接触数控系统，没有了原有观念和思想框框的束缚；他们都具有多方面知识背景和基础知识，更容易了解市场，能够研发出适合市场产品，凸显了企业服务于市场的生产理念。

三是 i5 智能机床应用了全新的服务理念。优尼斯的 i5 机床产品研发、设计、生产、销售、售后服务等产品全生命周期的服务化理念。企业不只是简单的生产产品、销售产品，更重要的是为客户提供智能化的机床产品服务。i5 机床从来都没有依靠什么固定的套路或者技术来解决相关问题意识；这些大多来自信息技术、生产性服务等领域研发人员，选择的研发路线和解决方案主要向计算机技术、网络技术和服务化理念靠拢。

（三）i5 智能机床助力沈阳机床产业升级

沈阳机床的 i5 智能机床正式推出以后，初期阶段 i5 机床并没有完全得到业内专家认可，但是却吸引了很多客户的注意，是其对 i5 有了信心的反馈给了沈机信心，这也从侧面证明了 i5 是在以市场为核心的理念下研发出来的适应市场需求的产品。i5 数控机床在市场上的第一批客户主要是民营制造业企业，民营企业更加注重实际效益，更加注重性价比，更能体现市场的需求，只要你的产品质量过硬、机器好用就可以。i5 机床的上市还对很多国际大型机床巨头带来了冲击，当 i5 机床在市场中能够替代诸如发那科、西门子等企业的产品后，这些企业也开始降低了自己的产品价格，使得国内的消费者间接受益。可以确定，i5 机床为中国工业节约的成本将会大大超过开发 i5 的研发投入。

通常情况下机床市场的新产品都需要经过与市场、客户多年互动和不断调整改进后才能真正在市场中站稳脚跟，但 i5 作为一个进入市场的新型服务型产品，在进入市场的前三年就取得了令人瞩目的成绩，开始成为市场的畅销产品，也充分证明了 i5 的研发理念是非常适合市场需求的，这种以服务为导向的产品才是市场真正需要的产品。总结起来看 i5 成绩的取得有三个原因：一是 i5 是新产品。i5 智能机床系统的上市，激发了沈阳机床的产品开发活力。2015 年来，沈阳机床针对 i5 系统研发设计了一系列的新产品：i5M1、i5M4、i5M8、i5T1、i5T3、i5T5 等，虽然很多产品进入市场时间还不长，但也能够证明 i5 系统产生的良好"化学反应"。二是 i5 面对的是新市场。i5 智能机床在销售市场中的主要客户是以民营企业为主，用户总数在数百家以上，大量的客户分布在长三角和珠三角地区，大多是没有被外国数控系统主导的客户，看起来属于边缘市场用户，但是这些客户数量众多，更加现实，更关注产品的质量、性价比，这样的市场策略帮助 i5 迅速发展壮大，同时又可以面对相对较小的市场竞争压力。可以说合适的市场策略也是企业成功的因素之一。三是 i5 采用新的商业模式。i5 智能机床在整个机床市场发展放缓时实现销量的迅速增加，主要原因除了指导思想、技术先进以外，还有一个原因就是 i5 采用的新型商业模式：租赁模式。机床产品运用租赁模式其实不容易，其中的难点就在于很难对客户进行准确的成本核算，租赁的费用（租金）很难确定。i5 智能机床以其智能性、网络性的特点恰好能够解决这个问题，i5 机床可以实时将设备的使用信息传递回企业，实现沈机对设备信息远程回收，形成大数据系统，沈机 i5 成为世界上最早能够采用租赁方式实现批量供货的智能机床。更为可喜的是，这种新型商业模式反过来又对沈阳机床新型机床的开发与设计产生了良好影响。例如，沈阳机床专门为了租赁模式开发出了 M8 系列智能机床产品，特点是在机床机身架构不变情况下，其工作台和其他功能部件可以实现自由拆卸重构，于是一个机身架构可以演变成为多种不同机种（钻攻、卧式车铣、立式车铣、倒立车、五轴联动等）用于加工的产品。开发这种可以进行重构的机床能够很好地适应租赁销售方式下的企业需求，使得企业的租赁更具灵活性，客户完成某个系列产品加工生产之后可以自行更换工作机构去进行另一种产品加工生产，也可以将设备退租回沈阳机床，由沈机收回机床更换工作机构，再租给下一个客户加工其他的产品，客户完全可以根据自己需求进行机床产品的选择，而沈阳机床却不需要生产多种机床及供客户挑选，只要按照客户的需求组合即可，机床适应性更强，能够满足不同客户的需求。

二、上海先进制造业和生产性服务业的发展

上海在经济转型中不可能依靠大规模的投资和继续进行工业化建设来提高城市综合实力，而是需要在先进制造业、高端制造、现代生产性服务业、城市基础设施和环境改造方面开展创新性的发展形式，进而加快城市经济结构战略性调整的步伐。过去一段时间里是在先进制造业和现代生产服务业互动发展方面取得了

较大的成绩，值得其他地区经济转型发展进行借鉴。

（一）依靠自主创新推进先进制造业发展

由于结构性因素导致上海制造业转型发展处于相对滞后的局面，面对着较大的转型压力，上海通过扩大内需、调整结构等方式保障经济增长。面对着外部市场需求的不确定性和上海制造业自身发展中存在的结构失衡问题，上海制造业增长速度呈放缓局面，上海从2010年开始进行经济结构调整，使上海制造业逐渐走出低谷，实现制造业结构转型升级，尤其是在先进制造业发展方面取得长足的进步。依据国家对于两个中心的定位，上海不断提高制造业产业的发展定位，以先进技术为支撑，推进制造业产业结构调整，大力发展先进制造业，通过高新技术产业优化，不断提升制造业技术水平、增强产业竞争力。具体体现在以下几个方面：

一是以培育战略性新兴产业为基础，促进先进制造业发展。上海经济结构转型实际上就是提高上海制造业的国际竞争力，实现制造业优化升级，加快上海先进制造业的发展，进一步提高上海制造业和生产性服务业的融合发展。上海主要以培育、重组、促进等方式加大先进制造业转型升级力度。积极对接国家重点产业调整布局规划，重点培育壮大符合战略性新兴产业发展要求的先进制造业企业。重点是推进设计新能源行业（重点是新能源汽车等领域）、航空制造业、先进装备制造业、海洋工程装备制造业、新材料领域、电子信息制造行业、大数据网络技术及信息服务业等重点先进制造领域的发展，鼓励先进制造业企业进行基础技术、关键技术以及核心技术领域的研发投入。通过先进制造业企业组织结构调整，探索企业生产要素资源重组，实现企业管理流程再造和生产流程的升级换代。

二是以大型飞机作为支撑产业，带动制造业结构的升级调整。大型飞机生产项目落户上海，既能满足中国航空业发展的需要，又可以实现上海高新技术制造产业的腾飞，带动制造业产业结构的升级。大型民用飞机是国家级层面的战略性产业布局项目，大型飞机的制造包括了新技术开发应用、电子、信息、材料、机械、仪器仪表、生产性服务业等大量基础产业和相关高新技术产业的发展，是国家科技、生产综合发展水平的重要标志。我国在大型飞机项目上已经取得了重大的技术突破，大型飞机C919试飞成功也标志着中国在这一领域取得了重大成就，而大飞机产业的发展又能带动一批相关产业的发展。以大型民用飞机项目的成功为契机，又可以带动先进制造业的竞争力的进一步提升。

三是以新能源和节能、低碳环保技术发展为基础进一步提升上海先进制造行业竞争力。节能、低碳环保技术发展涉及的产业众多，在这一产业链中涵盖了节能环保、新型发电、新能源项目等新兴产业，新能源、节能、低碳环保是这些产业发展中的重要环节。核能发电、太阳发电、整体煤气化联合循环发电（IGCC）、新能源汽车等新能源产业发展是节能、低碳环保发展中最为重要的产业，这些产业的发展需要产业链上游的研发设计，也需要有IT技术、电子控制技术、新材料技术和制造业发展的助力，涉及产业面广，对于上海在自主知识产权、高附加值以及市场竞争优势等方面起到推动作用。新能源产业的发展意味着上海在能源结构调整、产业结构升级以及技术革新领域都能取得良好的发展。因此，上海才能形成以新能源和节能、低碳环保技术研发、制造为核心的新型先进制造业产业布局。

（二）依托先进制造业产业结构升级促进生产性服务业发展

首先，上海的生产性服务业在整个服务业中所占的比重大大提升。上海服务业发展布局结构相对比较集中，尤其是中心城区成为上海服务业发展的核心地带。服务业中生产性服务业的发展结构呈现愈发集中的态势，金融、物流、商贸等生产性服务业的生产总值不断上升，逐渐成为上海服务业发展的重要方面。另外，房地产行业、交通运输业、仓储业、物流等行业的发展也都进入了相对成熟的阶段。

从服务业创新角度分析，生产性服务业在新技术采用、新业态发展方面表现良好，服务集群化发展趋势明显。随着信息技术、网络技术、大数据等技术不断应用，逐渐形成了服务业信息化服务平台；新型生产服务业成为上海服务经济发展的着力点，尤其是随着先进制造业发展所形成的配套生产性服务的发展成为服务业发展新增长点，在上海产业结构升级过程起到了重要作用。

其次，推进生产性服务业发展，加快服务业经济结构调整，形成上海以服务经济为核心的经济发展结构。过去几年中上海抓住全球生产性服务业转移的机会，遵循"扩大规模，优化结构；提升能级，增强辐射；内外联动，突出重点；分类指导，共同推动"的原则要求，上海市重点打造与优化生产性服务业发展环境，建立和完善生产性服务业创新发展机制，推进财税体制改革，尤其是发挥上海综合改革试点的示范作用，同时加大了财政对服务业创新发展和人才培育的支持力度。

提高上海服务业在三次产业中的份额，着力发展生产性服务业，尤其是重视金融、物流、商贸、计算机技术、信息技术等新型高端服务业的发展。提高生产性服务业的知识、技术密集度，发展和建立生产性服务产业集群，加强生产性服务业的产业融合程度，加快构建以服务化经济为核心与新兴产业体系相适应的生产性服务业，增强上海市生产性服务业的核心竞争力。在这些领域上海取得的主要经验有：一是生产性服务业内部结构优化，服务业水平提升。从上海生产性服务业发展情况分析，近年来上海的金融、物流、航运领域的关联度逐渐提高，行业互动产生了良好效果，许多高端服务领域都取得较好的发展。究其原因主要在于内在的体制的束缚逐渐减少，上海充分利用有利的时机加快了生产性服务业的发展，同时积极进行金融创新改革，有力支撑了上海市服务职能的提高。二是上海一直重视制造业和生产性服务业的融合，通过产业融合发展提升了上海市生产性服务业的发展水平。生产性服务业生产效率的提高有效促进先进制造业生产效率的提高，生产性服务业服务水平的提升有助于进一步强化和提升上海先进制造业的竞争力。上海以两个产业的融合为契机，推动了产业链上先进制造业和生产性服务业的融合发展，总承包、总集成、节能环保、融资租赁、服务外包、技术研发服务、专业技术服务、文化创意产业等和先进制造业关系密切的生产性服务业迅速发展。上海市通过促进先进制造业的发展，大力推进先进制造业向微笑曲线的两端进行延伸，坚持打造先进制造业和生产性服务业融合发展。同时，推动了先进制造业企业内部服务化产品的比重和由服务化带来的收入日益提高，促进了先进制造业企业的服务化转型升级，推动上海经济结构的转型升级。

三、陕西鼓风机集团服务型制造转型

（一）陕鼓集团概况

陕西鼓风机集团（以下简称陕鼓集团）最早于1968年成立，1975年陕鼓开始正式投产，1996年正式改组成立陕西鼓风机（集团）有限公司。陕鼓集团下设的分公司主要包括陕鼓动力股份有限公司、陕鼓备件、陕鼓西仪、陕鼓西锅、陕鼓实业、陕鼓水务等。另外，陕鼓集团还下设陕鼓能源动力与自动化工程研究院等研究机构。陕鼓集团主要的经营业务包括提供全方位动力设备供应及系统服务、轴流压缩机及系统服务、工业流程能量回收发电设备、离心压缩机、离心鼓风机、通风机、汽轮机及智能测控仪表、智能变送器、工业锅炉、一二类压力容器、军用改装车等。陕鼓集团的设备应用范围极广，能够应用于冶金、石化、化工、空气分离、电力设施、城建设施、环境保护、制药行业以及国防等国家重点支柱产业领域。近年来，陕鼓集团积极改革创新、探索发展新型商业经营模式，锐意进取，努力学习企业经营理念，企业专注于鼓风机行业核心技术研发设计，缩减企业产品附加值较低的传统产品生产，完成了企业的转型升级。

（二）陕鼓制造服务化模式

陕鼓集团从 2001 年开始向服务化方向转型，主要分为两个阶段：第一阶段是转型探索阶段，主要向客户提供面向产品的服务（提供专业化维修改造服务）。第二阶段是服务化转型的深化阶段，主要向客户提供面向产品的整体解决方案（提供产品全生命周期的服务化产品，包括专业化的远程设备状态管理、备品备件管理、融资租赁等），具备了向消费者提供产品服务系统的能力，可以为消费者提供工程方面的成套服务。

陕鼓的服务化模式主要是基于企业核心产品的服务化改革模式，这种模式与基于顾客需求的服务模式有很大不同，陕鼓集团服务化改革的核心仍然依赖于企业原有的核心技术，辅之以相关配套服务的提供，这样既发挥了企业原有的生产优势，同时又结合了服务水平提高的重要作用，两者非常有效地结合在一起促进了企业的发展，帮助企业从困境中走了出来。陕鼓集团通过提供产品配套的金融服务、交钥匙工程建设、工业设备系统服务等增加了核心产品的竞争力。陕鼓集团产品的增值服务主要是以企业原有制造方面的优势为基础，通过将产品和服务有机结合，这种基于客户需求的服务化改革超越了企业现有产品范围，扩大了企业产品的市场适应性，为企业创造的价值更大，该服务化改革对企业核心能力提高也起到了关键作用。

（三）陕鼓集团建立服务型制造网络

陕鼓集团通过全面的产品解决方案设计为客户供应高水平、低成本、定制型的服务化产品，陕鼓集团通过充分整合企业相关资源实现服务化产品供应能力的提高，将自己的经营模式由传统的制造转变为网络化的产品服务型制造模式。陕鼓集团还与众多具有相同生产经营理念和核心价值观的上下游企业、客户等建立了战略联盟合作关系。陕鼓集团与许多自己的主要配套设备提供企业和生产性服务提供企业进行战略合作，设备提供企业根据陕鼓集团的需要提供各种相关的配套设备，陕鼓集团通过与相关的生产性服务企业合作能够获得高水平、低价格、优先保障的生产性服务产品。另外，这些战略合作企业与陕鼓集团合作还可以完成数量众多的人力资源培育工作，实现双赢。陕鼓集团为了实现企业产品更好地销售，还同多家国内大型金融机构建立战略合作关系，通过与这些银行、基金、信托公司等金融机构建立长期合作关系，使得企业的销售范围扩大，缩短了企业产品的销售周期。陕鼓集团积极与企业上游供应商实施信息共享生产计划，实行企业供应商库存管理计划（VMI），实现了企业库存成本的最小化。陕鼓集团通过与社会科研机构合作提升了企业的研发水平，降低了企业研发成本。陕鼓集团通过与大专院校、科研院所、咨询机构合作的方式，灵活运用协作开发、合作创新、委托审核等形式与这些机构进行共同合作研发设计，通过这种合作的模式使得这些机构在企业市场开发、技术研发、咨询服务、产品设计等环节中的作用得到了有效地发挥。同时，陕鼓集团还将自行建立的研发平台、信息平台与这些机构进行信息共享，实现了企业与机构之间的信息互通，保证了合作各方都能够通过这种合作实现自身业务水平的提高，并且通过合作可以增加各方的技术水平，取长补短形成合作各方共赢的局面。

陕鼓集团与客户、供应商、配套企业、生产性服务企业、咨询机构之间的合作实际上就是制造业服务化发展的所需的最基本的要素。企业与客户合作建立合作关系，其实就是将客户吸引到企业产品研发设计、制造的环节中，有效增加了客户的参与度，通过客户参与能够提高企业的产品研发、设计、生产的效率，又可以降低企业的成本，提高客户对于产品和服务满意度，同时在这一过程中客户忠诚度也提高了；陕鼓集团通过与企业的设备供应商、配套服务企业进行合作，能够实现相互间的优势互补、信息共享、风险共担实现合作共赢，陕鼓集团通过这种合作将上下游企业间的利益绑在一起，无疑提升了企业的竞争优势；陕鼓集团通过与相关生产性服务企业、咨询机构进行合作，能够为企业的制造服务化转型提供重要的基础条件，提升企业的研发能力、市场适应能力以及服务水平。陕鼓集团以制造服务化为核心经营模式，实际上是在企业生产流程网络中将客户、供应商、配套企业、生产性服务企业、咨询机构等成员紧密地结合在一起，形成了一种在产品研发、设计、产品生产制造、质量控制、生产业务流程控制、库存管理、物流、金融等领域超越传统的合作关系，借此实现了企业的高水平、低成本、定制化的服务化产品的提供能力，形成了陕鼓集团面对市场的快速反应能力和高效服务能力。

第五节 战略选择与对策建议

根据我国制造业服务化发展现状和趋势，同时结合全球制造服务化的发展趋势，能够发现我国制造业服务化也面临着严峻的内外发展形势。我国制造业服务化应该不断提升自身在整个国家产业链中的位置，进而提高我国制造业在市场中的竞争优势，实现制造业的产业升级。以下将对制造业服务化战略发展和政策建议这两方面展开说明。

一、制造业服务化发展战略选择

（一）加快制造业企业产业升级进程，坚持产业融合发展战略

制造业转型升级进程需要生产性服务业发展的配合，而制造业"服务内置化"现象将会影响下一阶段两个产业间的深度融合。因此，制造业企业应重点发展核心业务，在保留核心技术环节的基础上，积极推进制造业企业内置服务市场化、自由化，通过制造业企业把自身非核心生产价值环节转包给专业的生产性服务企业来完成的方式，建立新的生产性服务业市场以形成两个产业间坚实的互动基础。鼓励引导制造业企业围绕产品功能进一步扩展检测检验、远程咨询、在线商店、电子商务等专业性增值服务，以延长制造产业链、构建全寿命周期服务等方式来提升制造业对生产性服务业需求的拉动力，同时将专业化的生产性服务渗入制造生产和商业拓展过程中，有利于制造业企业及时跟进外部生产技术变革，快捷地掌握外部先进技术、市场信息与创新资源，通过两个产业间的有效融合，进一步提升制造产业效率，增强产业市场竞争能力。

（二）建立专业人才引进、储备长效发展战略

首先，优化人才培养环境。制造业企业要利用国际化的发展机遇，建立健全人才引进、开发和共享的国际通道，根据企业的不同发展阶段制定长期稳定高效的创新人才引进、储备计划，采用分层次、分步骤的逐步引进模式，加强实质引进，逐步减少柔性引进比例，增强引进人才效益，实现人才资源的合理化配置。其次，加强制造业产学研合作。现阶段制造业面临越来越多的压力，应借助产学研合作模式，增强制造业企业的研发、设计能力，提高企业的核心竞争力，实现升级改造，尽快形成产学研相结合的一体化科技创新机制，实现高校、科研院所与制造业企业互动交流、共同发展的全新态势。

（三）培育优势龙头企业，实施国际化发展战略

制造业服务化发展需要在各制造业行业中培育出一批具有产业核心竞争优势、产业发展系统总体设计能力和行业工程总承包职能的大型龙头企业，通过龙头企业拉动上下游产业链作用的发挥，提升行业关键生产和服务技术整体水平。同时，鼓励有条件的先进制造业企业实施"走出去"发展战略，大力支持优势龙头企业实施跨境并购，引导大型制造业企业通过收购、兼并、股权置换等形式实

施跨境投资。通过"走出去"战略，促进制造业龙头企业向全球价值链的高端进行延伸，打造具有核心竞争能力的先进制造业跨国公司。

（四）营造全新制度环境，制定合理政策保障发展战略

政府通过发挥制造业服务化发展的政策导向作用，重点向实施制造业服务化的产业和企业提供政策奖励，充分发挥政府货币政策、财政政策等引导性政策的作用，促进制造业企业发展模式的改变，进而提高制造业企业的技术创新能力及新科技、新技术的应用能力。首先，制造业服务化产业政策需要从以直接干预为主体向以培育市场机制、间接引导市场为主体转变。以完善市场制度、补充市场不足、增进市场机能为目的，政府需要构建"市场友好型"的产业政策体系。其次，在保持政策统一性的前提下进一步完善分类税收体制建设，适当调整服务业中生产性服务业、消费性服务业和政府—公共服务业的税收分配比例，通过适当减免相应税收等引导性政策进一步加强制造业与生产性服务业的互动发展，利用税收优惠政策为产业协同互动发展营造良好的外部环境。

二、制造业服务化发展的政策建议

（一）国家宏观管理层面的政策建议

1. 充分发挥政府对制造业服务化发展的引导和协调作用

首先，政策要支持制造业服务化发展，加快制造业产业转型升级步伐，促进制造业企业生产机构的调整与优化，提高制造业企业的核心竞争力，为制造业服务化发展提供适宜的发展空间；引导建设一批制造业服务化典型企业，同时帮助先进制造业企业通过引进技术、自主研发技术进而实现相关配套服务能力的大幅提升。政府需要不断完善制造业服务化所需的基础条件，为先进制造业企业提供重要的条件支持。其次，在制造业服务化升级转型的形势下，政府需要充分发挥协调作用，结合各地区特点对各地区的制造业的发展方向进行引导。特别是对于大型国有制造业企业的发展加以协调，充分发挥国有企业引导和示范作用，进一步对国有先进制造业企业的业务进行业务剥离，将企业生产制造环节中的适合服务化发展的核心业务适度地剥离出来，加以区分重点发展。这样既可以帮助企业更加专注于服务化相关项目的技术创新能力提高，又可以有效提高制造业企业产品的技术水平和产品增加值。同时，制造业服务化的效果能够更加直观地体现出来，可以有效地发挥其对于企业自身业务或者其他企业发展的示范作用。

2. 加大政府制度创新支持力度

制造业服务化属于制造业领域新兴的、复杂的系统性工程。中国制造业经过几十年的发展，已经取得了举世瞩目的成绩。中国制造已经在全球市场中得到了认可，但是这种认可主要是对中国制造能力的认可，而中国制造业在高端制造领域尤其是制造服务领域还存在诸多不足，说明中国特色的制造业服务化道路仍然处于起步阶段。发达国家制造业服务能力的提升和我国制造业的发展实践证明，制度创新对于中国制造业服务化发展具有重要的意义。因此，政府需要在以下几方面加以完善：一是在制造业服务化政策上应明确制造业服务化是先进制造业发展的必由之路，只有制造业发展真正实现了服务化模式，才能称之为先进制造业。制造业服务化是促进制造业转型升级发展的重要路径。二是促进制造业服务化的措施要适应制造业转型升级的需要，应加大对制造业服务化转型发展的货币、财政与金融等方面的支持。三是构建以市场经济为导向、制造业企业为创新成果转化主体、高校科研机构为培养基础、客户应用为中心的"产学研用"的协同自主创新体系，提升科技中介的服务质量，充分调动科技中介在"产学研用"过程中的协调作用。四是面向开放的市场环境跨省域搭建重点制造业自主创新开发共享服务平台，解决区域间制造业技术信息闭塞、创新资源不通畅的问题。规范制造产业技术产权交易市场，为东北地区人才、技术、资金有效协同运作提供优质软环境。

3. 放宽先进制造业服务化发展准入机制

制造业服务化是我国制造业转型升级发展的必由之路。制造业服务化呈现出以下几个特点：一是服务形态发生重大变化，涌现出众多基于大数据、工业云计算、工业互联网技术的从事网络协同研发、产品设计的新型服务模式，服务化的价值得到最大化的提升。例如，巴西航空公司戈尔公司通过通用电气（GE）公司的远程工业互联网管理平台实时跟踪分析公司飞机的运行轨迹和油耗，进而对飞行流程进行优化，预计每年可以节约成本 1 800 万美元左右。二是制造业服务化的服务主体多元化，大量中小公司运用云计算、云服务、工业互联网等平台为客户进行定制化服务，提高了公司市场竞争力。基于云计算、云服务、工业互联网技术的生产和服务模式变化造就出了如小米公司这样的一批无工厂化生产企业，改变了制造业的竞争形式。基于服务化的特点可以发现，服务化不再是大型制造业企业的专利，也给中小企业带来了千载难逢的发展机遇。在新兴新技术时代只要是能够在服务化的某个环节建立起自己独特优势的公司，就能够在市场竞争中获得成功。因此，在这样的市场环境中很难明确知道什么样的企业能够成功，只有通过市场检验的企业才是好企业。因此就需要打破这种各部门条块分割的管理体制，降低制造业企业进军服务化领域或者生产性服务业领域的门槛，减少政府对于企业的不必要资格认定条件以及前置审批手续，积极采用市场化的方式实现制造业和生产性服务业的融合。

（二）制造业服务化产业层面的发展建议

1. 打造制造业产业集群，促进制造业服务化水平提升

西方发达国家制造业产业升级经验表明，产业集群发展和建立能够实现优化生产资源配置、降低企业研发成本、深化企业分工以及提高企业竞争力，应当大力推进制造业服务产业化，引领制造业的转型升级推进制造服务产业集群发展，能够提高制造业服务化发展水平，以制造服务产业集群龙头企业为核心，能够有效发挥制造业服务化的规模效应。因此，打造具备国际水平的先进制造产业集聚区和创新示范区，建设一批具有国际先进水平的制造业服务化产业集群和产业基地，提升制造业产业集约化水平和自主创新能力，提供高水平的制造服务产品。

制造产业集群的形成与发展，能够促进制造业龙头企业的进一步发展，还能吸引相关先进制造业企业的加入，打造先进制造业服务化的集聚高地，同时先进制造业、现代物流和新型金融业态模式的发展对于制造业服务化发展大有裨益。制造产业集群的发展和建立能够促进相关生产性服务业的发展，对于国际贸易、现代物流、金融信息等生产性服务业发展有较大助力，还能够促进研发孵化中心、人才教育培训基地以及公共信息服务平台等方面的一体化建设，为先进制造业的设计研发提供重要支撑。制造业产业集群能够提升产业集聚区的集聚辐射能力，促进跨地区产业集群的合作交流、信息共享，实现协同创新。通过完善制造业产业集群相关的公共服务设施，能够提高制造业产业集聚区的整体服务和管理水平，有利于集聚区内重点优势企业的发展，对于制造业企业服务化水平提升有着积极的作用。

2. 实施适合制造业服务化发展的行业重点突破战略

从制造业服务化发展的趋势和服务化的案例来看，制造业服务化发展重点应该是装备制造业、通信设备、电子信息产品制造业以及交通运输制造业等。发展制造业服务化策略主要包括几个方面：首先，重点推进融资租赁服务水平提升，依托国内外市场中企业的品牌、渠道、资金、人才，以及客户资源、营销渠道等优势，制造业企业和金融服务机构强强联合，共同为消费者提供制造产品的融资租赁服务，促进企业销售的同时也满足了金融机构金融创新的要求。其次，制造业企业着力提升企业整体解决方案设计能力的提高，为客户提供定制化的制造业主体设备，还为客户提供成套设备设计、使用部分的服务工作（包含制造产品的研发设计、设备管理、安装调试以及后期服务等），同时还可以为客户提供工程总承包制造方面的服务（包含基础设施和外围设施建设），而且制造业企业还能够为客户提供维修、改造等专业化的后期服务，由制造业企业为客户提供基于产品全寿命周期综合服务，同时还为客户进行基于信息网络技术的专业化的远程设备状态检测和管理服务，对客户全部装备实施全过程、全方位、全天候管理。最后，制造业企业完善产品供应链服务，为客户打造最合适的设备运输解决方案。从制造业向制造业服务化转型发展角度分析，发展重点应该集中在为客户提供整体产品解决方案、系统集成方案、工程总承包以及产品供应链管理、产品融资租赁服务等增值性服务上。过去很长时间里中国一直都很重视制造业发展，为制造业发展制定了很多政策，但是现代服务业尤其是现代生产性服务业的发展没有得到同等的待遇，导致生产性服务业的竞争力和创新能力不足。因此，应该把生产性服务业和先进制造业发展一样重视起来，促进两个行业的互动与融合，对两个产业研究、设计、开发等给予相应支持，还要根据生产性服务业的特点给予一定的特殊待遇。同时，制造业服务化所需要的 IT 技术系统解决方案、逆向信贷以及 3D 虚拟仿真技术等新型服务形态，也需要加大支持力度。

3. 培育在制造业产业链中能够发挥整合作用的龙头企业

制造业产业链中能够发挥整合作用的龙头企业在制造业发展中的行业领导地位和行业示范作用是无可替代的。首先，需要推进国有制造业企业产权改革的进程，国有资本应该更加集中流向具有行业竞争优势的大型企业集团，通过制定多元化的企业资产重组战略，尽快培育出能够引领制造业服务化升级发展、具有行业竞争优势的龙头企业；其次，解决制约制造业服务化升级发展的瓶颈问题，通过引进和自主研发缩短企业科技成果转化和产业化的周期，提高龙头企业高新技术应用和转化能力，以高新技术开发应用带动制造业服务化转型升级，提高先进制造业的能力和发展水平，使这样的龙头企业真正成为制造业服务化升级发展的引擎。

（三）企业层面的政策建议

1. 鼓励制造业企业转向服务化发展模式

简单来说，制造业服务化模式就是制造业企业通过将更多的服务环节（研发、设计、品牌建设、金融、物流、维修维护等环节）不断融入到企业产品供给中，实现产品全生命周期的系统性产品综合解决方案，从而使企业掌握全部核心能力获得更高的利润，这对于制造业企业转型升级是至关重要的路径之一，可以说是制造业向更高、更先进层次发展的重要战略。而且我国生产性服务业发展态势较好，有能力为制造业企业服务化发展提供完善的信息、通讯技术以及运输、物流系统支持，制造业服务化发展具备了足够的转化条件。在此基础上，制造业企业能够充分做到以满足客户需求为导向的制造业服务化发展模式，将服务因素贯穿于制造业企业生产运营的各个环节，进而使企业获取能够实施差异化竞争战略，提高客户对于企业品牌的依赖度，提高企业的盈利能力。

2. 重塑企业定位实现制造业企业差异化

注重制造业企业服务理念改进与新型企业文化的建立，改变企业原有传统观念，注重企业服务化发展理念，实施差异化的服务创新策略，是制造业企业服务化转型升级的重点。制造业企业的价值链包括研发、设计、生产、销售、技术支持和销售服务等环节，其中只有生产这一环节属于厂房、设备等投资量大的传统经营模式，这一环节一直是传统制造业企业的发展的重点，但是却面临着竞争激烈、利润率低的窘境，位于"微笑曲线"最低端，这正是国际上先进制造业企业逐渐将制造环节实施外包策略而自身向价值链两端更加高端服务环节转移的重要原因。企业高端服务化升级成功的标志就是研发能力、设计水平、系统集成能力等高附加值的服务化产品产出占总的产品收入的比重越来越高。提高研发能力是实现制造业服务化转型升级的途径之一，研发水平提高能够有效地增加企业价值，但研发行业仅仅是产业链中的一环而已，客户不仅需要技术和产品，还需要企业能够提供"功能"更加完善、完整的产品解决方案，需要在企业设计水平、系统集成能力等方面提供更加完善的服务。

3. 利用现代信息技术条件提升制造业服务化的能力

制造业企业实现从传统制造业形态向现代制造业形态的升级，制造业产品服务化战略是转型重要战略之一，信息技术的发展对于制造业产品服务化战略的实施能够起到关键作用，尤其是现代网络技术、云计算、大数据的发展，成为制造业转型升级的良好契机，为制造业转型升级提供了必要技术条件。首先，利用信息技术能够为制造业企业服务化转型提供自身生产和管理的现代化改造所需的技术条件，制造业企业改变了过去传统的生产模式，实施柔性生产模式，既可以提高制造业企业产品的利用效率，还可以增加企业满足市场对产品个性化需求的满足能力，面对市场变化及时响应提升制造业服务化产品的供给能力；其次，制造业企业能够综合利用网络平台，建立起满足市场需求的网络化业务协同机制，形成企业间的协同创新机制，研发、设计、生产甚至销售效率都能够大幅度提高，制造业企业的服务化产品协同生产能力也会得到提升；最后，利用网络技术、信息技术和大数据技术构建制造业企业的信息服务网络平台，借此平台满足客户的信息需求，提高企业产品提供效率。制造业的产品往往都涉及大型机器或机械，单体价值高，生产运输过程都较为复杂，一般对后期相关服务的要求也较高，企业可以通过电子商务平台和远程服务平台，实现产品的销售、远程售后支持、数据采集、设备运转情况监测、技术支持等活动。平台可以帮助制造业企业将服务直接送到客户身边，解决以往获取信息途径单一、维修困难、产品升级间隔时间太长、后期维护成本高等难题，据此提高客户满意度，避免客户流失，同时还能够提高制造业产品的附加值，提高企业利润。

4. 加大技术研发投入提升制造业企业服务化产品附加值

制造业服务化发展对企业自身知识、研发、技术水平的要求很高，特别是制造业产品生产环节对于研发技术水平、产品设计、高端制造、资本投入等方面要求较高，这些因素对于制造业企业服务化水平也有着重要的影响。根据世界经济发展现状能够发现，发达国家竞争优势形成的一个重要因素就在于企业将其主要精力都放在了前期研究、开发和设计上，更加重视客户的需求，按照客户的需求进行设计制造，企业产品的生产加工环节仅仅是前期工作中一个必要环节而已，不再是企业的核心业务，甚至企业可以脱离生产加工环节，将此环节进行生产外包。也就是现在制造领域倡导的"一流企业做标准，二流企业做技术，三流企业做产品"。由此可以知道想要成为一流企业，必须要进行大量的研发投入，完成企业设计、生产技术等知识的积累。

第十章

先进制造业发展政策研究

党的十九大报告明确提出了"加快建设制造强国,加快发展先进制造业"的战略目标,确立了"推动互联网、大数据、人工智能和实体经济深度融合""促进我国产业迈向全球价值链中高端,培育若干世界级先进制造业集群""着力构建市场机制有效、微观主体有活力、宏观调控有度的经济体制"等我国先进制造业的发展方向、路径选择和政策手段。

先进制造业作为我国未来经济发展的战略性产业,相关产业政策的制定及实施对先进制造业的发展具有重要的推动作用。科学地制定和实施先进制造业的产业政策,必须结合我国制造业的发展历程,对我国制造业相关产业政策进行梳理、总结及评价,并结合我国先进制造业的发展趋势对其产业政策进行清晰的判断。

第一节 先进制造业政策的理论分析

产业政策无论怎样定义、包括哪些内容、怎样实施,本质上都是指政府在产业发展上应该发挥什么样的作用,根本上涉及的是政府与市场的关系问题。无论对产业政策有怎样的意见分歧,但无法否认,产业政策一直都存在,一直都在影响着产业的发展。

中国约在 2007 年进入中等收入国家行列，面临着"中等收入陷阱"困境[①]。但中国制造业在经济中的占比和制造业生产率增速在 2008 年以后均出现下降趋势，这为要跨越中等收入陷阱的中国敲响了警钟[②]。日本和韩国在跃过中等收入水平后，制造业的规模和效率均继续增长，是这两个国家成功跨越中等收入陷阱、进入高等收入国家行列的关键因素。它们之所以能够成功，一方面在于它们根据经济发展的阶段，采取了相应的产业政策，动态地培育和发展新兴产业，促进产业结构不断升级；另一方面在于它们及时地推动制造业增长方式从要素驱动向创新驱动转变。因此，采取合理的产业政策，加速先进制造业的发展，对中国具有深远的战略意义。

一、产业政策的定义

基于不同的研究视角，研究者对产业政策的界定是不一样的。典型的新古典经济学是从市场失灵的角度来看待产业政策的，认为产业政策是在市场机制发生障碍的情况下，政府对特定产业间的资源配置进行介入或对特定产业内部的竞争进行限制的政策[③]。林毅夫提出的新结构经济学则对产业政策给出了一个更宽泛的理解："凡是中央或地方政府为促进某种产业在该国或该地发展而有意识地采取的政策措施就是产业政策，包括关税和贸易保护政策，税收优惠，土地、信贷等补贴，工业园、出口加工区，R&D 中的科研补助，经营特许权，政府采购，强制规定等。"[④] 演化经济学家则在一个更宽泛的意义上界定产业政策，认为产业政策是指所有有关产业发展的政策，或者是有关发展的产业政策，既包括英文中的工业战略概念，也包括政府制定的与企业生产活动有关的微观经济政策[⑤]。比较而言，新结构经济学与演化经济学对产业政策的界定是相当接近的。

鉴于先进制造业内涵的丰富性、涵盖范围的广泛性，本章对产业政策的界定基本上采用演化经济学的观点，即有关先进制造业发展的政策，都可以被认为是先进制造业政策。

[①] 黄群慧等表明，无论是采用绝对人均收入标准还是相对人均收入标准，中国在 2007 年都达到了中等收入国家的水平。他们将"中等收入陷阱"定义为相对人均收入长期保持在 20% ~40% 之间。详见黄群慧、黄阳华、贺俊等：《面向中上等收入阶段的中国工业化战略研究》，载于《中国社会科学》2017 年第 12 期。

[②] 关于中国制造业占比和生产率增速的变化以及中国"过早去工业化"的详细讨论，见黄群慧、黄阳华、贺俊等：《面向中上等收入阶段的中国工业化战略研究》，载于《中国社会科学》2017 年第 12 期。

[③] 宋磊：《追赶型工业战略的比较政治经济学》，北京大学出版社 2016 年版，第 3 页。

[④] 林毅夫：《产业政策与我国经济发展：新结构经济学视角》，载于《比较》2016 年第 6 期。

[⑤] 贾根良：《演化发展经济学与新结构经济学》，载于《南方经济》2018 年第 1 期。

二、产业政策类型

与产业政策相关的争论涉及两个重要的概念,即产业政策与竞争政策。一些学者将产业政策和竞争政策视为对立,认为竞争政策是用来保证和加强竞争的,保证市场在资源配置中起决定性作用,而产业政策是选择一些产业、一些企业去支持,而抑制另外一些产业和企业,是抑制竞争的,是违反公平竞争原则的①。有一些学者则认为竞争政策与产业政策并不是对立的,特别是传统产业政策过渡到现代产业政策后,产业政策也是竞争性的,更有学者将竞争政策纳入广义产业政策的一部分,甚至是核心部分②。总的来看,比较普遍的观点是,竞争政策处于基础的地位,产业政策要服从竞争政策。

产业政策可以根据不同的标准分成不同的类型。传统的产业经济学根据产业政策的目的或作用对象分为产业结构政策、产业组织政策、产业布局政策以及产业技术政策。根据产业政策的具体手段可以分为财税、信贷、关税、土地、政府采购、各类产业园区等政策。

约翰逊也曾经将产业政策分为企业合理化政策和产业结构政策。企业合理化政策是指提高企业能力的政策,包括帮助企业引进先进管理方法、提高产品质量、稳定劳资关系、提高劳动生产率等。产业结构政策一般体现在为政府提供大量资金推进某个产业发展。在更抽象的层面上,根据推行产业政策所投入的政策资金的机会成本和推行产业政策所引起的寻租成本两个维度,可以将产业政策分为基本不花钱的政策和花很多钱的政策。产业结构政策和企业合理化政策大致上分别对应于花很多钱的政策和基本不花钱的政策③。

另一种方法是拉尔(Lall,1994)提出的选择性产业政策和功能性产业政策的区分。选择性产业政策是政府根据一定的目标选择某些产业通过补贴、税收、法规等形式直接支持、扶持、保护,或者对某些产业进行限制,以促进产业结构转型升级、实现经济赶超。功能性产业政策则一般不针对某个具体产业,而是通过人力资源培训、研发补贴、市场服务等形式完善、提升所有产业发展都需要的基础功能,进而普遍性地提高产业竞争力。从本质上看,竞争政策与功能性产业政策基本是一致的。对照其他的分类可以看出,选择性产业政策与产业结构政策类同,功能性产业政策则与企业合理化政策类同。大多数学者认为我国的产业政

---

① 吴敬琏:《对竞争政策的重要性高层已有共识》,载于《第一财经日报》2016年11月28日。
② 刘涛雄、罗贞礼:《从传统产业政策迈向竞争与创新政策》,载于《理论学刊》2016年第2期。
③ 葛东升、宋磊:《产业政策研究的演化经济学范式:日文文献的贡献》,载于《南方经济》2018年第1期。

策应由选择性产业政策向功能性、普遍性的产业政策转型。

三、先进制造业的产业政策：选择性与功能性相结合

一般而言，大多数学者在支持功能性产业政策的同时，并不排斥选择性产业政策，少数学者提出应全面退出选择性产业政策①。具体到先进制造业，我们认为从先进制造业的两个维度来看，应采取选择性和功能性相结合的产业政策②（见图10-1）。"既要针对特定产品或服务、特定行业或领域、特定技术路线、特定地区、特定产业链、特定机构和特定企业来制定实施纵向的选择性产业政策，更要针对创新激励、人才培育、知识产权、信息基础设施、公平竞争、完善投资环境、信息与数据安全、协同网络与联盟等而制定实施横向的功能性产业政策"③。

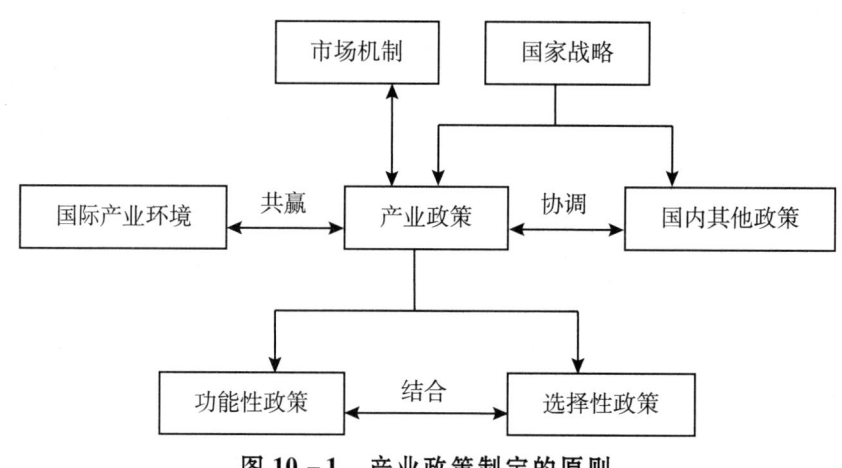

图 10-1 产业政策制定的原则

资料来源：魏际刚、赵昌文：《高质量发展推动产业政策适时调整》，载于《中国经济时报》2018年5月30日。

从国家战略层面讲，要将政府有限的资源用于支持有限的产业，自然要选

---

① 江飞涛、李晓萍：《当前中国产业政策转型的基本逻辑》，载于《南京大学学报》2015年第3期。
② 国务院发展研究中心的魏际刚和赵昌文在一篇文章中提出，新时期产业政策调整应遵循"围绕国家发展战略，弥补市场缺陷，强化功能性政策，优化选择性政策，兼顾政策协调性，实现共赢国际化"等原则。见魏际刚、赵昌文：《高质量发展推动产业政策适时调整》，载于《中国经济时报》2018年5月30日，A5版。
③ 国务院发展研究中心产业经济研究部"中国制造2025政策体系研究"课题组：《构建"中国制造2025"产业政策体系的顶层思考》，中国智库网，2018年4月16日，http://www.chinathinktanks.org.cn/content/detail/id/3042140。

择具有战略重要性、代表未来发展趋势的产业,如高铁、大飞机、航天、北斗导航等,都是此类。但要发展这类产业,要提升综合国力,要改善全国居民的福祉,就必须不断提升所有行业的发展水平,要提升支撑所有行业发展的软硬件基础设施水平,提高人口素质,提高大众的创新意识、创新能力,等等,这就需要普惠性的功能性产业政策。如今我国大力推进的"大众创业、万众创新"、"互联网+"、简政放权、减税降费等系列措施,其实可以看作功能性的产业政策。

考虑我国的产业政策,长期以来偏重于使用选择性产业政策,政策具有覆盖面过广、直接干预市场、选择性强等特征,而且经常产生产业政策实施结果与初衷相反的"事与愿违"的情况。因此,在新时期大力发展先进制造业,实现建成制造强国的目标,必须在优化选择性政策的同时,强化功能性政策。所谓优化选择性产业政策,即减少政府对特定产业的直接干预,将产业政策的作用严格限定在确实需要重点发展或解决问题的产业或领域。所谓强化功能性产业政策,即营造产业发展的良好环境、激励创新创业、提升产业发展的要素与公共服务支撑、规范市场主体行为等[①]。

第二节 我国促进制造业发展的政策脉络

政府作用的发挥对于一国的产业发展至关重要,几乎每个成功的国家在"赶超"其他国家时政府都采用过幼稚产业保护政策和其他积极的产业、贸易和技术政策。英国在19世纪中叶建立起明确的工业霸主地位并实行自由贸易之前,曾大力推行旨在促进幼稚产业发展的积极的产业、贸易和技术政策,甚至在某些领域还是这种政策的始作俑者;美国在1816~1945年这100多年的时间里,曾是世界上制造业产品进口关税税率最高的国家之一,而当其在"二战"过后确立了工业霸主地位后则开始推行自由贸易政策,并推动建立了关贸总协定。

先进制造业凝结了大量的前沿技术、先进技术和工艺,着力发展先进制造业将大大提高制造业的核心竞争力,是抢占未来经济与技术高地的必然选择,也是实现经济发展方式转变、实现制造业强国梦的必然选择。

---

① 魏际刚、赵昌文:《高质量发展推动产业政策适时调整》,载于《中国经济时报》2018年5月30日,A5版。

一、新中国成立以来中国促进制造业发展政策演进

一般研究我国的产业政策从改革开放之后开始,但很显然,改革开放之前30年的产业政策、工业基础、发展经验依然在影响着现在产业的发展。改革开放前后产业的发展并不是割裂的,而是有联系的。基于这种考虑,本部分对新中国成立之后的产业政策实践进行简要的回顾。

(一)第一阶段:新中国成立后到改革开放前

从广义角度,将改革开放前的各类发展规划、工业战略等都界定为产业政策。

在这一阶段,中国主要将重工业看成一种先进制造业,国防工业(包括"两弹一星")、钢铁、机械、电子等工业是其中的突出代表。在完全计划经济体制下,这个时期的产业政策突出地表现为产业结构政策和产业布局政策,产业技术政策主要体现为引进苏联技术基础上的仿制和改进。

这个阶段的产业政策虽然不时地有一些调整变化,但一条主线则是以发展重工业为主,以轻工业为辅。在"一五"时期,中国的工业基础极为薄弱,几乎没有重工业①。面对当时西方世界的封锁,中国迫切需要建立自己的工业体系,于是通过苏联援建的156项重点工程,在较短时期内初步建成了我国自己的工业体系。到"一五"末期,中国已经生产出来载重汽车、喷气式飞机、大型机床、拖拉机等,后来被称为"两弹一星"的高技术研发项目也都纷纷上马。

之后开始"大跃进",工业上"以钢为纲",大炼钢铁。在产业布局上,各个地方都建立起自成体系的工业体系。通过大干快上,许多工业基地、工业部门和工业技术建立发展起来,但工农业比例严重失调,重工业畸形发展。于是在1960年开始全面经济调整,主要是提高轻工业发展速度,按照农业、轻工业、重工业的次序安排经济生活。

经济形势好转之后,1966年开始"三五"计划,同年却又开始"文化大革命",国家发展战略开始以国防工业为重点,按照国防、农业、工业、科技的顺序运行,大力发展以钢铁为中心的基础工业,产业布局上,加快建设大小三线。"文革"后期的"四五"计划时期,产业政策的主要特征仍然是备战,集中力量

---

① 毛泽东曾经说:"现在我们能造什么?能造桌子椅子,能造茶碗茶壶,能种粮食,还能磨成面粉,还能造纸,但是,一辆汽车、一架飞机、一辆坦克、一辆拖拉机都不能造。"转引自路风:《光变:一个企业及其工业史》,当代中国出版社2016年版,第6页。

建设三线钢铁基地，大力发展地方"五小"工业①。同时，大力发展机械工业，提高技术装备水平；发展电子工业，赶超世界水平。

可以看到，在改革开放前，我国为应对特殊的国际形势，采取了有违经济发展规律的产业发展政策，不但导致三次产业比例严重失调，而且工业内部各部门的发展也严重不平衡，重工业比例奇高。但另一方面，在短短不到30年内，我国也建成了比较完备的工业体系，并且在以"两弹一星"为代表的高技术领域取得了举世震惊的成就。

（二）第二阶段：改革开放到20世纪末

这一阶段主要涵盖改革开放的前20年。这一时期的政策主线是调整农轻重之间的比例关系，优先发展轻工业，调整重工业的产品结构和服务方向，使其更好地服务于最终消费品生产。同时，集中资金，加强能源、交通等领域重点建设；加强国防科技工业建设，提高军队装备现代化水平。在产业技术政策上，主线是采用市场换技术，大力引进外资。在产业布局上，则由改革开放前从东部沿海向内地迁移，转变为重新向东部沿海地区集中，经济特区和沿海开放城市政策是其突出表现。另外，日趋激烈的地方竞争严重影响了区域产业布局，导致区域产业结构趋同。在产业组织上，突出表现为国有企业系列改革和重组、对民营企业和外资企业不断放宽限制，形成了不同所有制企业之间复杂的竞争局面。

1979年，中央提出"调整、改革、整顿、提高"的八字方针，以改善人民物质文化生活为目标调整国民经济发展。"五五"计划之后3年的整顿以及"六五"计划基本上奠定了随后大约20年的产业政策基调。"七五"计划时期（1986~1990），我国明确了三次产业的划分，产业结构开始由"重型化"向"轻型化"转变。主要政策包括：重点放在对原有企业和工业基地的技术改造和改扩建上；着重调整轻纺工业和机电工业市场结构，加速引进技术的消化吸收和再创新。产业政策重点在"八五"时期转向遏制通胀，促进经济结构优化。政策主要是"加强农业、基础工业和基础设施，改组改造和提高加工工业，把发展电子工业放在突出位置，积极发展建筑业和第三产业，促进产业结构合理化并逐步走向现代化"②。1994年，国家出台了《九十年代国家产业政策纲要》，目的是有效调整和优化产业结构，提高产业素质。针对制造业，提出大力加强能源、交通等基础产业，缓解基础设施和基础工业严重滞后局面；加快发展机械电子、石油化工、汽车制造等支柱产业；加快发展高新技术产业发展步伐，支持新兴产业发

---

① "五小"工业是指小化肥、小煤窑、小水泥、小机械和小钢铁等五种行业。
② 见《中华人民共和国国民经济和社会发展十年规划和第八个五年计划纲要》。

展和新产品开发;针对不同行业特征优化产业组织结构;通过引进和消化、加速科技成果转化等措施提高产业技术水平等。之后出台的《"九五"计划和2010年远景目标纲要》提出,要积极推进产业结构调整,大力振兴支柱产业,积极发展第三产业。"九五"时期,国内外经济环境异常复杂,国内通胀率过高,1998年又发生亚洲金融危机,经济增长严重受挫。此时的产业政策主要是避免加工工业重复建设,重点支持高技术含量、高加工度的产业和产品,淘汰落后技术和过剩产能。

这一时期,中国制造业的突出特征是以消费品为主的轻工业的快速发展,以彩电、洗衣机、冰箱为代表的家电工业的兴起是其突出代表。但轻工业的发展主要得益于市场的放开和中国富余的廉价劳动力,即这些产业当时大多是劳动密集型的,很难说得上是先进制造业。但经过长期的更新换代、结构升级,这些产业有的已经达到国际先进水平,采用了最新一代信息技术如物联网等的智能家电就是很好的证明。

但轻工业和重工业中加工工业的快速发展,不能掩盖基础工业落后的事实,生产线、关键零部件、重大技术装备等严重依赖进口。这些处于上游的产业是先进制造业的典型代表,也是这一时期我国产业政策重点支持的对象。1983年7月,《国务院关于抓紧研制重大技术装备的决定》明确提出了重大技术装备工作的战略目标和任务:"实现四个现代化的宏伟目标,必须依靠科学技术进步,发挥现代科学技术对经济建设的巨大促进作用。一方面要对现有企业有计划地积极地进行技术改造;另一方面要加快重点建设,用适合我国情况的先进技术装备武装新建和扩建的企业",指出"为了保证经济发展的战略重点,确定了一批国家重大建设项目的成套技术装备,组织各有关方面的力量,引进国外先进技术进行研究、设计和制造。"① 为落实该决定,成立了国务院重大技术装备领导小组。在该小组的统一指挥下,组织了机械、电力等10多个部门,共同推进重大技术装备国产化工作。此后,国家连年将重大技术装备研制列入国家攻关项目,完成多项关系我国国民经济命脉的重大技术装备研制,为国家200多个重大工程提供了成套设备,有力支持了国家经济发展和国防事业。

1985年3月,中共中央出台《关于科学技术体制改革的决定》,确立了"经济建设必须依靠科学技术、科学技术工作必须面向经济建设"的战略方针。该决定的颁布和实施,从运行机制、组织结构、人事制度等方面改革科技体制,为制造业的技术研发提供制度保障。

---

① 见《国务院关于抓紧研制重大技术装备的决定》。

(三) 第三阶段：21 世纪前 10 年

经过改革开放后 20 余年的发展，到 20 世纪结束时，中国经济进入重化工业阶段。重化工业是典型的资本密集型产业，那些有雄厚的资金或者能比较容易地获得融资的地区和企业在这一阶段都有快速发展。重化工业快速增长的同时，劳动力、土地等要素价格持续上涨，制造业低成本优势逐渐丧失，而环境污染、资源短缺问题也日益凸显。

这一时期产业政策重点是抑制部分重化工产业的产能过剩，调整重化工业结构；重点强化对传统产业改造升级，积极发展高新技术产业和新兴产业，以信息化带动工业化；促进产业升级、节能减排等。在产业技术上，自主创新成为这一时期的关键词。产业布局上，开始更加注重区域之间的协调发展，自 1998 年提出西部大开发之后，于 2003 年和 2004 年先后确立东北地区等老工业基地振兴和中部崛起战略。

2002 年党的十六大报告提出走新型工业化道路，主要内涵即科技含量高、经济效益好、资源消耗低、环境污染少、人力资源优势得到充分发挥。2003 年，党中央提出科学发展观，强调全面、协调、可持续的发展。这使得先进制造业的内涵更加丰富，除了之前强调的科技含量之外，资源节约、环境友好等方面受到更多的重视。2006 年，全国科技大会提出提高自主创新能力、建设创新型国家战略，颁布《国家中长期科学和技术发展规划纲要（2006—2020）》（以下简称《纲要》），发布了《关于实施科技规划纲要，增强自主创新能力的决定》，从科技发展目标、体制机制、配套政策等方面对《纲要》进行了部署。《纲要》提出八个方面的目标，涉及先进制造业的内容包括：装备制造业和信息产业核心技术，制造业和信息产业技术水平进入世界先进行列；能源开发、节能技术和清洁能源技术取得突破；重大疾病防治水平显著提高，新药创制和关键医疗器械研制取得突破，具备产业发展的技术能力；国防科技基本满足现代武器装备自主研制和信息化建设的需要，为维护国家安全提供保障；涌现出一批具有世界水平的科学家和研究团队；在科学发展的主流方向上取得一批具有重大影响的创新成果，信息、生物、材料和航天等领域的前沿技术达到世界先进水平；建成若干世界一流的科研院所和大学以及具有国际竞争力的企业研究开发机构，形成比较完善的中国特色国家创新体系。2008 年金融危机之后，中国推出钢铁、轻工业、纺织、汽车、船舶、有色金属、装备制造、电子信息、石化、物流等十大产业振兴规划，大部分是重化工业。2010 年国家出台《关于加快培育和发展战略性新兴产业的决定》，提出重点发展节能环保、新一代信息技术、生物、高端装备制造、新能源、新材料、新能源汽车七大产业。

这一时期，先进制造业充分体现在 2006 年国务院发布的《纲要》和战略性新兴产业中，但其核心是装备制造业，七大战略性新兴产业中，有 5 个产业属于高端装备制造业或者核心为高端装备制造。这一时期，为支持装备制造业发展，国家出台了很多文件。2006 年《关于加快振兴装备制造业的若干意见》，明确了振兴装备制造业的目标、原则、任务和政策；2009 年国务院发布《装备制造业调整和振兴规划》，提出重大装备研制、基础配套水平、组织结构优化方面的发展目标，百万千瓦级核电设备、新能源发电设备、高速动车组、高档数控机床与基础制造装备等一批重大装备实现自主化。与此相配套，国家在财政、税收等方面都出台了优惠政策。

（四）第四阶段：2011 年之后

2011 年，中国成为全球第二大经济体，站在一个新的历史方位上。这一时期政策主线是供给侧结构性改革。在产业结构上大力发展以战略性新兴产业为代表的先进制造业；产业技术上更加强调自主创新，推动经济发展从要素和投资驱动向创新驱动转变；产业布局上更加强调国内区域协调，而在扩大对外开放的同时，更大力度地推动对外投资，推动国际装备和产能合作。

党的十八大召开，开启了一个新时代。党的十八届三中全会明确提出"使市场在资源配置中起决定性作用和更好发挥政府作用"，基于这种指导思想，党的十八大以后，我国比较完整地形成了由现代产业发展政策、开放政策、创新政策、绿色政策等一系列政策组成的产业政策体系。这些政策充分体现了选择性政策和功能性政策的结合。

推动产业结构升级的代表性产业政策是 2015 年发布的《中国制造 2025》。中国制定了"三步走"实现制造强国的战略目标。第一步到 2025 年，制造业整体素质大幅提升，创新能力显著增强，全员劳动生产率明显提高，两化（工业化和信息化）融合迈上新台阶。第二步到 2035 年，我国制造业整体达到世界制造强国阵营中等水平。创新能力大幅提升，重点领域发展取得重大突破，整体竞争力明显增强，优势行业形成全球创新引领能力，全面实现工业化。第三步到新中国成立一百年时，制造业大国地位更加巩固，综合实力进入世界制造强国前列。制造业主要领域具有创新引领能力和明显竞争优势，建成全球领先的技术体系和产业体系。与此相关的有 2017 年发布的《关于印发新一代人工智能发展规划的通知》，提出了发展人工智能的三步走规划。2017 年 12 月，国家发改委印发《增强制造业核心竞争力三年行动计划（2018—2020 年）》，提出加快推进制造业智能化、绿色化、服务化，在轨道交通装备、高端船舶和海洋工程装备、智能机器人、智能汽车、现代农业机械、高端医疗器械和药品、新材料、制造业智能化、重大技术装备等重点领域，组织实施关键技术产业化专项。

"互联网+"、大数据等信息技术是中国大力推动的发展战略，对先进制造业发展有深远影响。相关政策主要有 2013 年的《关于推进物联网有序健康发展的指导意见》，2015 年的《关于印发促进大数据发展行动纲要的通知》《关于积极推进"互联网+"行动的指导意见》，2016 年的《关于深入实施"互联网+流通"行动计划的意见》《国务院关于深化制造业与互联网融合发展的指导意见》，2017 年的《关于深化"互联网+先进制造业"发展工业互联网的指导意见》。

提高自主创新能力，增强经济发展的创新驱动作用是党的十八大以来的首要发展理念。相关政策主要有 2012 年的《中共中央 国务院关于深化科技体制改革加快国家创新体系建设的意见》，2013 年的《关于强化企业技术创新主体地位全面提升企业创新能力的意见》《国家重大科技基础设施建设中长期规划（2012—2030 年）的通知》，2015 年的《中共中央 国务院关于深化体制机制改革加快实施创新驱动发展战略的若干意见》，2016 年的《关于印发促进科技成果转移转化行动方案的通知》，2018 年的《关于全面加强基础科学研究的若干意见》。此外，国家选择一些区域进行综合性的创新改革试验，自 2009 年开始先后共设立了中关村等 17 个自主创新示范区。2015 年，国家又确定京津冀等 8 个区域为全面创新改革试验区。

扩大开放是推进先进制造业发展的另一重要途径。党的十八大以后，国家逐步推开自由贸易区政策，主要有 2015 年的《关于加快实施自由贸易区战略的若干意见》。2013 年、2015 年、2017 年，国家先后批复成立上海、广东、天津、福建、辽宁、浙江、河南、湖北、重庆、四川、陕西自由贸易试验区。自由贸易区的设立为中国的深化改革开放探索新途径，也为先进制造业和其他产业的发展提供了新的发展机遇。同时，"一带一路"倡议也为中国制造业的发展带来了巨大机遇，2015 年发布《推动共建丝绸之路经济带和 21 世纪海上丝绸之路的愿景与行动》，之后发布了《标准联通，"一带一路"行动计划（2015—2017）》和《标准联通共建"一带一路"行动计划（2018—2020 年）》。

绿色化是当代先进制造业的内涵之一。党的十八大以后，国家出台许多政策文件和法律法规，都对制造业的绿色化发展产生重要影响。这些政策主要有 2013 年的《关于印发实行最严格水资源管理制度考核办法的通知》《能源发展"十二五"规划》《循环经济发展战略及近期行动计划的通知》《关于加强内燃机工业节能减排的意见》《关于加快发展节能环保产业的意见》《关于印发大气污染防治行动计划的通知》《城镇排水与污水处理条例》，2014 年的《关于进一步推进排污权有偿使用和交易试点工作的指导意见》《关于推行环境污染第三方治理的意见》，2015 年的《水污染防治行动计划的通知》，2016 年的《关于健全生态保护补偿机制的意见》《"十三五"控制温室气体排放工作方案的通知》《控制污染物排放许可制实施方案的通知》《"十三五"生态环境保护规划的通知》，2018年的《中华人民共和国环境保护税法实施条例》。

先进制造业的发展离不开教育。党的十八大以来，国家出台《关于全面深化新时代教师队伍建设改革的意见》《关于深化产教融合的若干意见》《统筹推进世界一流大学和一流学科建设总体方案的通知》《关于加快发展现代职业教育的决定》《国家教育事业发展"十三五"规划》等一系列文件，加强基础教育和高等教育。

二、中国制造业发展的成效

新中国成立以来，在不同的阶段，国家针对不同的产业采取了不同的发展战略和一系列的产业政策。特别是改革开放40年来，随着我国经济发展的战略需要，国家不断加大对制造业的政策扶持，使制造业不断发展壮大，在世界制造业中的影响力与日俱增。2010年，我国成为世界制造业第一大国。2016年，中国和美国、德国被列为世界最具制造业竞争力国家前三名。

装备制造业实力迅速增强。从总量规模看，我国装备制造业位居世界领先位置，跻身世界装备制造业大国行列；重大技术装备自主化水平也有了显著提高，装备制造业支柱产业的地位进一步突出，一批重点产品已达到国际先进水平，一批装备制造业企业在国际上崭露头角。党的十八大以来，装备制造业发展势头更加强劲。根据国家统计局数据，2013~2016年，装备制造业增加值增长9.4%，增速比规模以上工业高1.9个百分点。2016年装备制造业增加值占规模以上工业比重为32.9%，比2012年提高4.7个百分点。2016年装备制造业对工业增长的贡献率达到50%，比2012年提高22.7个百分点。

高技术制造业和战略性新兴产业快速发展。2013~2016年，高技术制造业增加值年均增长11.3%，增速比规模以上工业高3.8个百分点。高技术制造业增加值占规模以上工业比重为12.4%，比2012年提高3个百分点。高技术制造业对工业增长的贡献率达到21.6%，比2012年提高10.5个百分点。战略性新兴产业加快成长壮大。截至2015年年末，工业领域战略性新兴产业增加值占规模以上工业比重达到15.7%。2016年，工业战略性新兴产业增加值比上年增长10.5%，高于规模以上工业4.5个百分点。与此同时，新产品不断涌现。2013~2016年，光电子器件产量年均增长27.1%，光缆年均增长19.1%，移动通信基站设备年均增长33.1%，电工仪器仪表年均增长17.8%，太阳能电池年均增长22.1%，运动型多用途乘用车（SUV）年均增长45.7%，环境污染防治专用设备年均增长

12.7%。随着智能、绿色、高端产业的快速发展,工业机器人、新能源汽车、光电子器件等新兴产品均实现了超常的高速增长。[1]

第三节 我国制造业产业政策有效性评价[2]

本节在合理构建制造业产业政策绩效评价指标体系的基础上,先运用灰色关联神经网络智能算法对 2005~2014 年各指标数据进行预测,再利用差值对比法对 2005~2014 年中国制造业产业政策的作用效力进行综合评价,分别从产业结构、组织、科技、布局的角度实证分析了制造业在转型升级过程中产业政策实施的绩效水平及演进的阶段性特征。

一、评价指标体系构建

依据《行业分类国家标准》对制造业的分类进行界定,将二位数代码在 C13 - C37、C39 - C43 区间的行业明确界定为制造业。研究所用数据分别来源于《中国统计年鉴》(1996~2015)、《中国工业统计年鉴》(1996~2015)、《中国税务年鉴》(1996~2015)、《中国科技统计年鉴》(1996~2015)、《中国固定资产投资统计年鉴》(1996~2015)以及《中国制造业发展研究报告》的整理。

本节从产业结构、产业组织、产业技术和产业布局四个维度构建制造业政策绩效评价指标体系。"产业结构政策"有效程度主要从产业规模、生产要素密集程度这两个方面衡量;"产业组织政策"有效程度主要从规模效率、规模收益这两个方面衡量;"产业技术政策"有效程度主要从技术创新能力、技术成果转化能力这两个方面衡量;"产业布局政策"有效程度主要从区域发展协调能力、区域产业结构同构度这两个方面衡量。产业结构政策、产业组织政策、产业技术政策层面的指标选择主要参照《中国制造业发展研究报告(2015)》中制造业发展水平总体评价指标体系,产业布局政策主要参照杨贵彬(2007)和关爱萍(2007)所使用的区域发展协调能力与区域产业同构度的测度指标。具体指标构成如表 10-1 所示。

---

[1] 国家统计局.《工业经济保持稳定增长 新动能引领结构调整——党的十八大以来经济社会发展成就系列之五》,国家统计局网站,2017 年 7 月 4 日。

[2] 本节内容主要基于课题组成员的如下文章:唐晓华、张欣钰、陈阳:《中国制造业产业政策实施有效性评价》,载于《科技进步与对策》2017 年第 10 期。

表 10 – 1　　　　　制造业产业政策绩效评价指标体系

目标层	序号	准则层	序号		指标层	单位	指标属性
制造业产业政策评级指标体系	A	产业结构政策指标	A1	产业规模	制造业总产值	亿元	正向
			A2		从业人员数	人	正向
			A3		资产总计	亿元	正向
			A4	生产要素密集程度	人均增加值	元/人	正向
			A5		全员劳动生产率	元/人·年	正向
			A6		人均利润率	元/人	正向
	B	产业组织政策指标	B1	规模效率	总资产贡献率	%	正向
			B2		产值利税率	%	正向
			B3		资产负债率	%	逆向
			B4	规模收益	利润总额	亿元	正向
			B5		主营业务收入	亿元	正向
			B6		利税总额	亿元	正向
	C	产业技术政策指标	C1	技术创新	R&D 人员全市当量	人/年	正向
			C2		有效发明专利数	个	正向
			C3		技术吸收经费与引进经费比例	%	正向
			C4	技术成果转化能力	新产品销售收入占产品销售收入比重（%）	亿元	正向
			C5		新产品产值占工业总产值比重	%	正向
			C6		R&D 投入强度	%	正向
	D	产业布局政策指标	D1	区域发展协调能力	中西部与东部人均收入差异化率	%	逆向
			D2		中西部与东部利税差异化率	%	逆向
			D3		中西部与东部资产差异化率	%	逆向
			D4	区域产业结构同构度	中西部与东部结构相似度系数	%	正向
			D5		中西部与东部结构差异度指数	%	正向
			D6		中西部与东部结构重合度指数	%	正向

资料来源：笔者根据相关资料整理。

二、基于差值对比的政策有效评价方法

制造业产业政策实施效果评估的关注点在于政策实施后制造行业发展趋势照

比自然无政策情况下变化程度，进而指出产业政策的实施是否能引领制造业取得长足的进步。本节综合肖泽磊等（2011）所采用的"投射—实施"对比分析法和邵颖红等（1999）提出的政策后评价方法，提出差值对比的评价方法。此方法的基本思路如图10-2所示，以某指标 A 为例，其基本步骤如下：第一步，收集 $t_0 - t_2$ 年间制造发展水平评价体系中各项指标的实际数据；第二步，根据 $t_0 - t_1$ 年间各项指标的实际数据值预测 $t_1 - t_2$ 年间各项指标数值；第三步，用 t_2 年各项指标的实际数据值减去预测数值，其差值 ΔX 作为 t_2 年各项指标评价时的基础数值。其中，差值为正数意味着在 $t_1 - t_2$ 年间产业政策群对制造业在某一项指标方面有积极促进效应；反之，如果差值为负数意味着 $t_1 - t_2$ 年间产业政策群对制造业在某一项指标方面有抑制效应。差值绝对值的大小意味着促进或抑制作用的强弱。

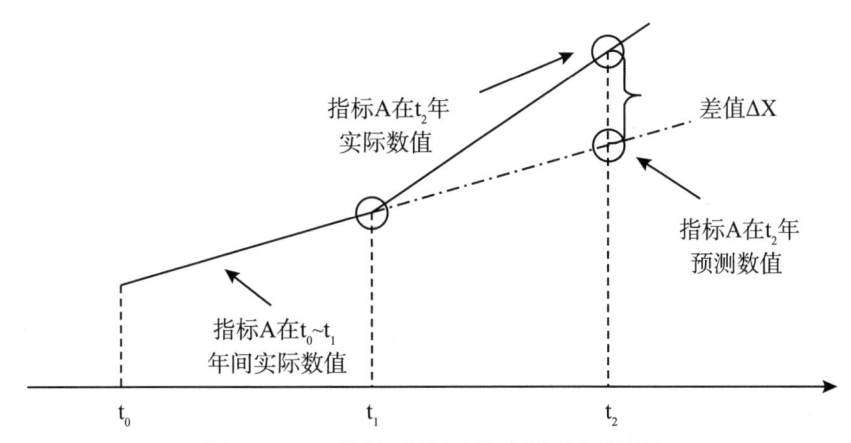

图 10-2　差值对比评价方法作用原理

资料来源：笔者根据相关资料整理。

三、制造业产业政策实施效果有效性实证分析

采用人工神经网络模型。运用 matlab 进行建模，对 1995～2004 年制造业产业政策各指标数据进行计算，对 2005～2014 年各项指标数据进行预测，其 10 年间实际值与预测值的动态变化趋势如图 10-3～图 10-6 所示。而后计算出实际数据与预测数据的差值进行去量纲化的规范性处理，与此同时利用熵值法求出各项指标权重，具体结果如表 10-2 所示。

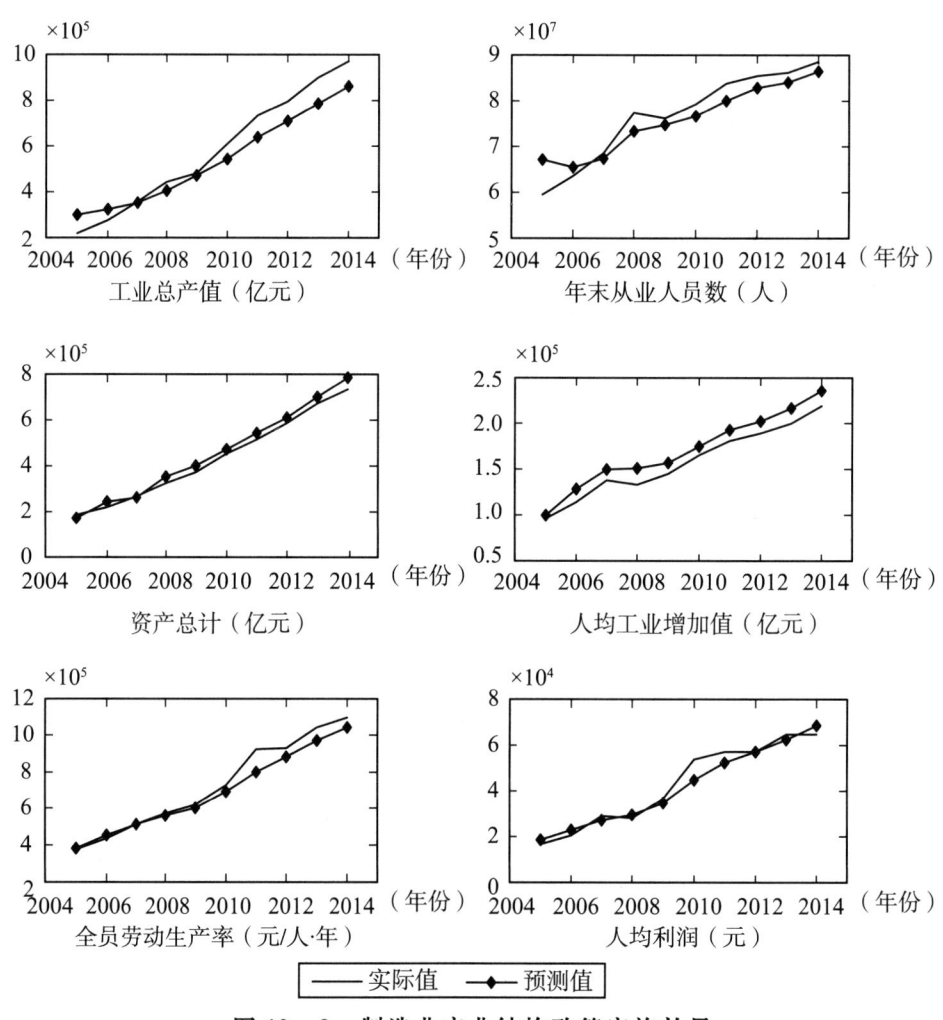

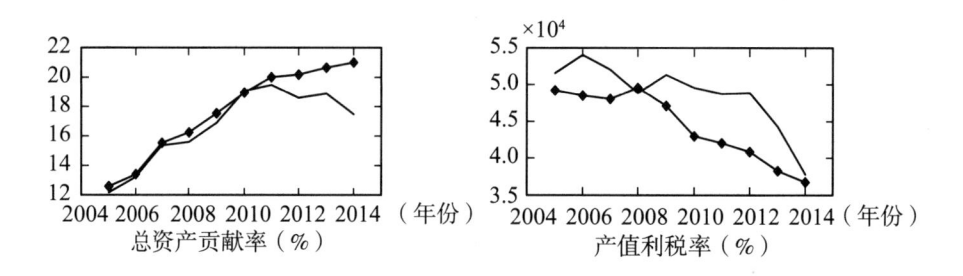

图 10-3　制造业产业结构政策实施效果

资料来源：笔者计算。

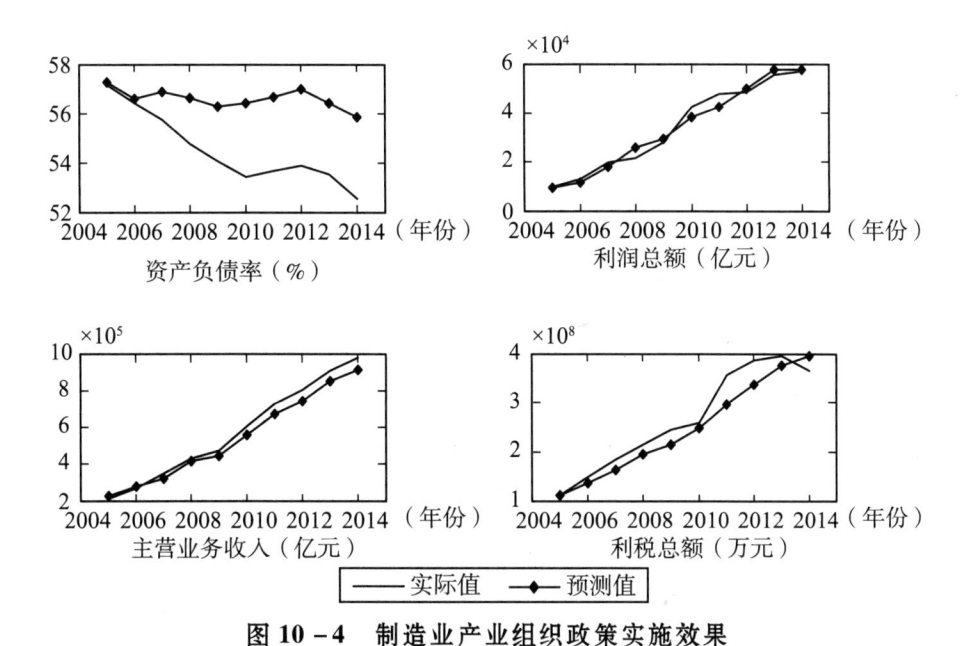

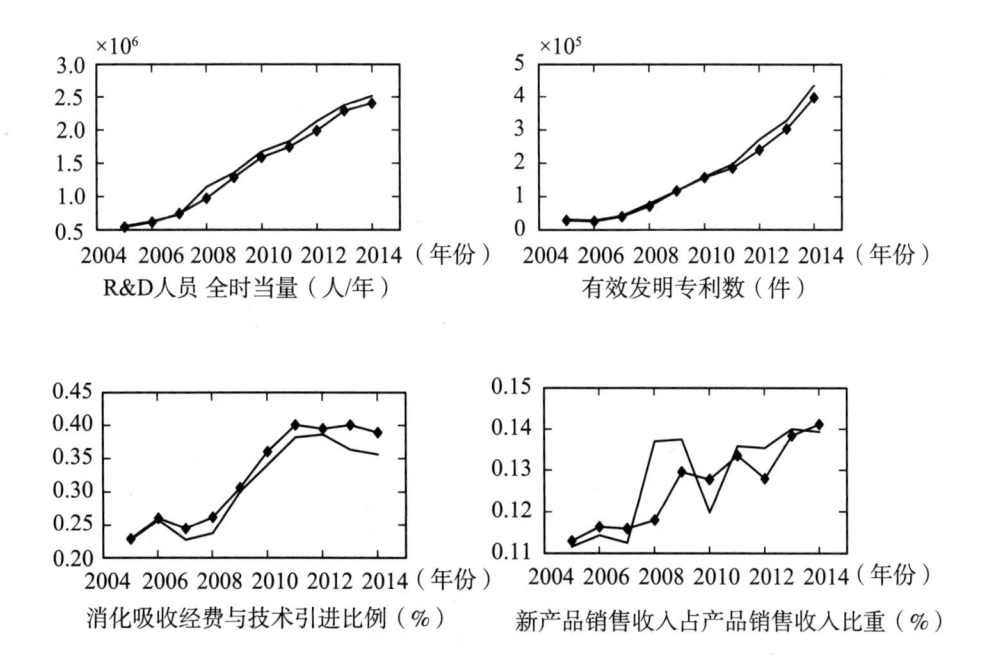

图 10-4 制造业产业组织政策实施效果

资料来源：笔者计算。

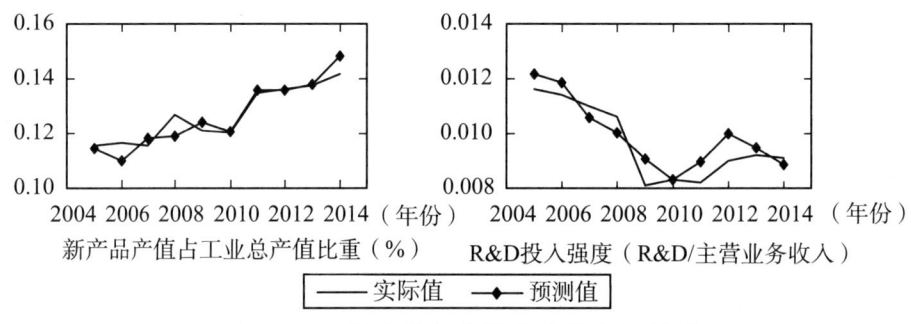

图 10-5 制造业产业技术政策实施效果

资料来源：笔者计算。

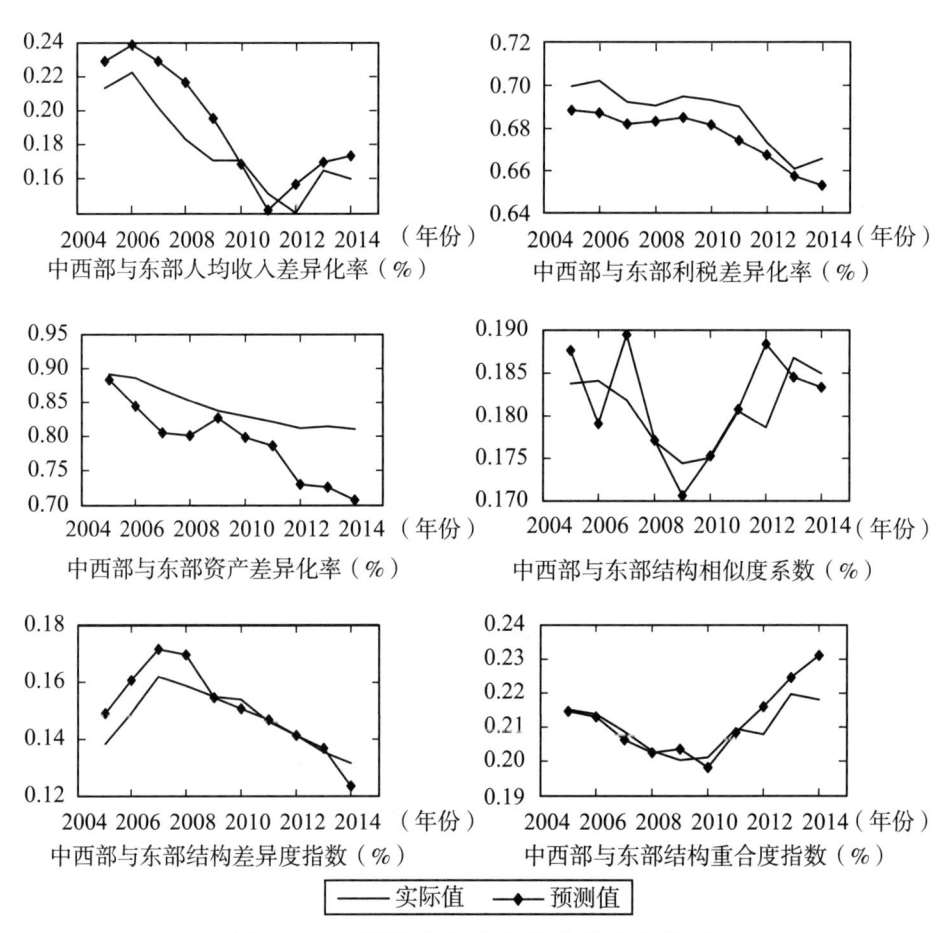

图 10-6 制造业产业布局政策实施效果

资料来源：笔者计算。

表 10-2　2005~2014 年各产业政策指标权重及差值标准化数值

准则层	A (0.2215)						B (0.2529)					
指标层	A1 (0.0444)	A2 (0.0305)	A3 (0.0342)	A4 (0.0346)	A5 (0.0388)	A6 (0.039)	B1 (0.0312)	B2 (0.0386)	B3 (0.0622)	B4 (0.0390)	B5 (0.0518)	B6 (0.0301)
2005	0.0000	0.0000	1.0000	1.0000	0.0908	0.1347	0.8526	0.3517	0.0000	0.4633	0.0000	0.3444
2006	0.1752	0.4710	0.3938	0.8486	0.0000	0.1226	0.9243	0.7207	0.0277	0.5511	0.0791	0.4556
2007	0.4151	0.7450	0.9008	0.3709	0.1685	0.4313	0.9070	0.5410	0.3191	0.6236	0.4898	0.5556
2008	0.6073	1.0000	0.3547	0.0000	0.1917	0.1814	0.7913	0.0000	0.5539	0.0000	0.6739	0.5556
2009	0.4602	0.7638	0.3382	0.4411	0.2400	0.4413	0.7843	0.5633	0.6500	0.2981	0.4799	0.6667
2010	0.7549	0.8753	0.4785	0.5138	0.3606	1.0000	1.0000	0.8456	0.3876	0.8731	0.7691	0.4444
2011	0.9008	0.9723	0.3642	0.3407	1.0000	0.6629	0.0000	0.8622	0.5977	1.0000	0.8807	1.0000
2012	0.8525	0.8605	0.4506	0.3675	0.4703	0.2919	0.5259	1.0000	0.9311	0.2904	0.9974	0.8889
2013	1.0000	0.8204	0.3232	0.0990	0.6097	0.4515	0.4972	0.7677	0.8634	0.1784	0.9321	0.5556
2014	0.9838	0.8303	0.0000	0.1432	0.4960	0.0000	0.8917	0.2058	1.0000	0.3530	1.0000	0.0000

准则层	C (0.2719)						D (0.2539)					
指标层	C1 (0.0436)	C2 (0.0571)	C3 (0.0447)	C4 (0.0344)	C5 (0.0363)	C6 (0.0558)	D1 (0.0389)	D2 (0.0361)	D3 (0.0488)	D4 (0.0399)	D5 (0.0535)	D6 (0.0367)
2005	0.1363	0.0646	1.0000	0.2551	0.5172	0.2701	0.5821	0.4048	1.0000	0.3972	0.0559	0.8347
2006	0.1307	0.0813	0.9401	0.2254	0.8897	0.3389	0.6048	0.0725	0.6510	1.0000	0.0000	0.8571
2007	0.0000	0.0653	0.5780	0.1784	0.2552	0.9150	0.8479	0.4281	0.4241	0.1431	0.0948	0.9529
2008	1.0000	0.2332	0.3378	1.0000	0.4207	0.0140	1.0000	0.6679	0.5470	0.6526	0.0327	0.8434
2009	0.4608	0.0000	0.8545	0.5848	0.2276	1.0000	0.7992	0.4922	0.8127	0.2139	0.6106	0.6130
2010	0.5720	0.1060	0.4728	0.0000	1.0000	0.6285	0.1855	0.3812	0.2587	0.6433	0.7583	1.0000
2011	0.5598	0.2765	0.5216	0.3901	0.3862	0.1414	0.0000	0.0000	0.7254	0.6410	0.5612	0.8858
2012	0.8839	0.7714	0.0031	0.5722	0.1128	0.0000	0.6155	0.7778	0.2285	0.0000	0.5733	0.3210
2013	0.5332	0.6483	0.0000	0.3606	0.4138	0.4547	0.3409	1.0000	0.1591	0.8122	0.5269	0.5080
2014	0.6975	1.0000	0.1254	0.2371	0.0000	0.8008	0.5460	0.2976	0.0000	0.7650	1.0000	0.0000

资料来源：笔者计算。

为更直观分析产业政策实施结果的优劣程度，本节将产业政策实施结果有效性进行 5 种等级划分，其具体分级如表 10-3 所示。根据多指标综合评价模型的计算步骤，测算出 2005~2014 年制造业产业政策实施有效性评价结果，其具体数值如表 10-4 所示，根据表 10-4 中结果绘制的动态趋势如图 10-7 所示。

表10-3　　　　　　制造业产业政策有效性等级划分

有效性等级	劣	差	中	良	优
有效性评价值	0~0.2	0.2~0.4	0.4~0.6	0.6~0.8	0.8~1
区间	不可接受		过渡	可接受	

资料来源：笔者计算。

表10-4　　　2005~2014年制造业产业政策有效性评价结果

年份	产业结构	产业组织	产业技术	产业布局	产业总体
2005	0.3503	0.2713	0.3565	0.5338	0.3787
2006	0.3151	0.2863	0.4094	0.5093	0.3828
2007	0.4884	0.5356	0.3532	0.4525	0.4546
2008	0.3798	0.4381	0.4503	0.5848	0.4658
2009	0.4384	0.5662	0.5240	0.5995	0.5350
2010	0.6652	0.6929	0.4542	0.5377	0.5826
2011	0.7158	0.7321	0.3635	0.4864	0.5660
2012	0.5502	0.8013	0.3917	0.4159	0.5366
2013	0.5650	0.6754	0.4159	0.5371	0.5454
2014	0.4208	0.6468	0.5369	0.4570	0.5188

资料来源：笔者计算。

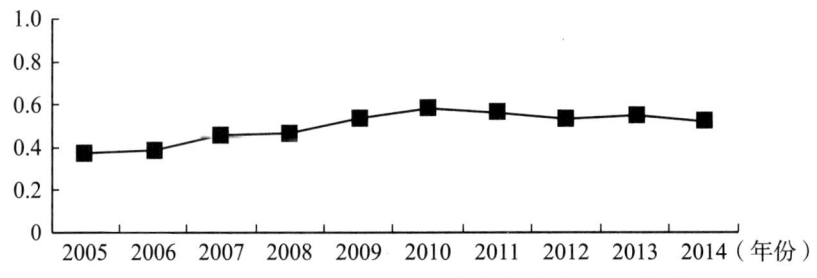

图10-7　制造业产业政策总体实施有效性评价结果

资料来源：笔者绘制。

从图10-7中可以看出，在2005~2006年制造业产业政策总体实施的效果并不理想，其评价分值分别为0.3787和0.3828，侧面说明这两年间的政策实施效果并不显著未能对制造业整体经济增长起到促进作用。在 2007~2010 年制造产业政策有效值逐年稳步上升最高达到 0.5826，而后的 4 年间虽有效值一直保持在 0.5~0.6 的"中"等水平上但每年均呈现下滑态势，这表明 2011~2014 年制造业产业政策的有效性已经产生弱化趋势。因此，政府应及时捕捉到预警信号，根据制造产业市场发展规律对产业政策的制定作以及时调整，进而确保制造产业政策的实施能够达到预期效果，对制造产业未来发展产生积极正向的促进作用。

为更进一步探究制造业各类产业政策实施的有效性，分别对 2005~2014 年制造业产业结构政策、产业组织政策、产业技术政策、产业布局政策有效值变化趋势作以解析，其具体演进特征如图 10-8~图 10-11 所示。

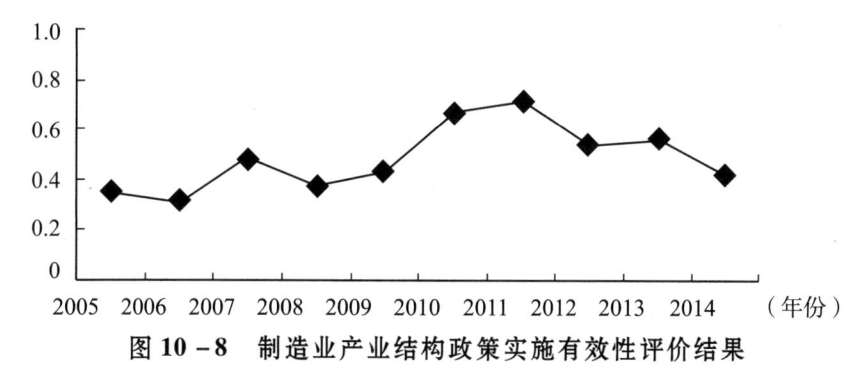

图 10-8 制造业产业结构政策实施有效性评价结果

资料来源：笔者计算。

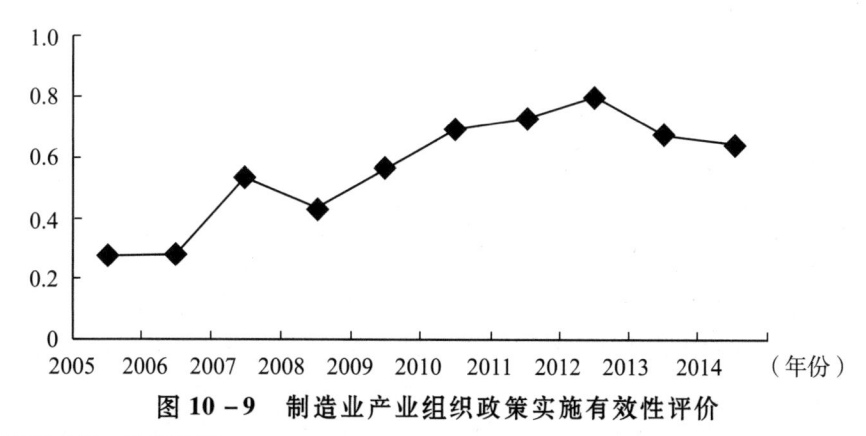

图 10-9 制造业产业组织政策实施有效性评价

资料来源：笔者计算。

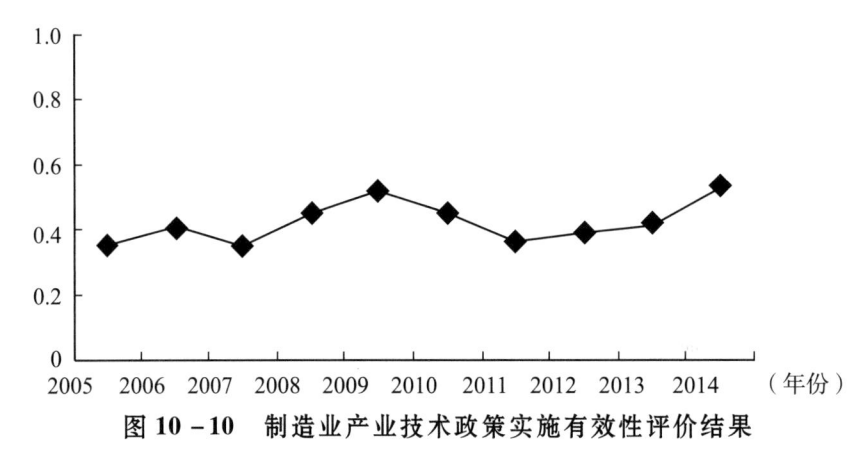

图 10-10　制造业产业技术政策实施有效性评价结果

资料来源：笔者计算。

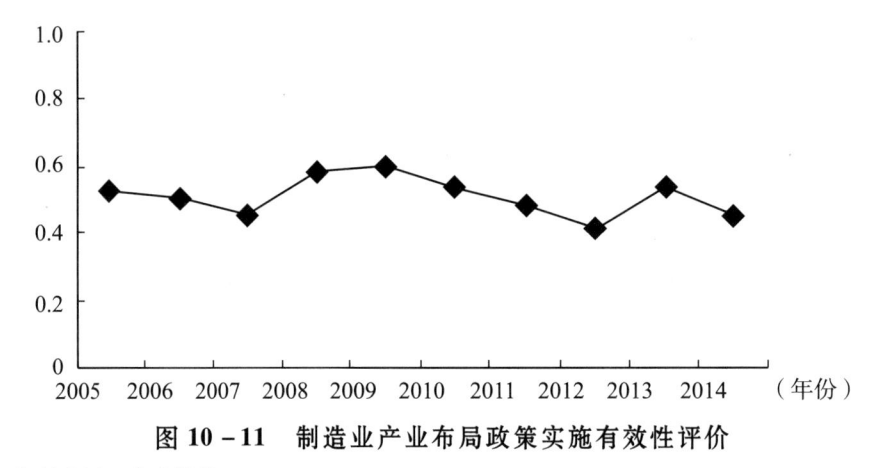

图 10-11　制造业产业布局政策实施有效性评价

资料来源：笔者计算。

比较而言，产业结构政策、产业组织政策有效值的演进趋势有一定的相似度，其政策有效性均是在初始阶段处于较"差"等级而后稳中有升并在 2010 年跨过过渡区间。其中，产业结构政策在保有 2 年促进优势后，从 2012 年开始结构政策影响效应渐渐减弱，在 2014 年跌至 0.4208，而制造业产业结构演进主要是遵循产业内部的比较优势，这说明近期制造业产业结构政策作用效力方向与制造业本身内在发展规律所相悖。而产业组织政策对制造产业的规模效率和规模收益则一直保持显著的积极促进作用，其有效值在 2012 年达到最高 0.8013 处于"优"质等级，虽在 2013~2014 年政策有效促进作用下降至 0.6754、0.6468，但均处于"良"性水平。但制造业产业组织的演变是以产业结构状况为基础，因此，制造产业结构状况的变动将会制约产业组织的调整。鉴于现阶段制造业产业结构政策的实施效力呈现降低趋势，应积极调整制造业产业结构政策战略加快制造产业结构转型升级的步伐，并在一定程度上避免影响到制造业产业组织政策效力优势的持续。

制造业产业布局政策的制定一直都比较符合产业发展规律，在 2005～2014 年其产业布局政策的作用方向均与产业自身演进发展趋势基本一致，政策有效性评价值均介于 0.4～0.6 之间，处于"中"等级别，在 2009 年后其布局政策实施有效值逐年呈现有一定幅度的下滑态势，虽在 2013 年略有回升但随后在 2014 年仍呈现出下降趋势。这表明制造业产业布局政策仍具有一定的区域经济倾斜性，对平衡中西部与东部制造业经济发展作用效果不佳，但东部制造业利润增长并不能以牺牲中西部地区为代价，应尽快合理调整各区域间资源配置效应。而制造业产业技术政策实施效用一直具有小幅度的波动性，临界于"差"—"中"—"差"的等级之间，并于 2013 年再次脱离"差"等级，在 2014 年产业技术政策对制造产业技术进步的促进作用达到 0.5369，说明近段时间对制造业增加科技投入、建立科技发展基金、拓宽融资渠道、增强技术开发投入等一系列技术政策的实施起到一定的实际效用。

本节运用灰色关联人工神经网络智能算法对 2005～2014 年各指标数据进行预测，再利用差值对比法对 2005～2014 年中国制造业不同类型产业政策的有效性进行综合评价，得出以下结果及相关建议。

（1）2005～2014 年制造业产业政策总体实施有效值并未达到理想的预期效果，在初期 2005～2006 年处于较"差"等级，虽然 2007～2014 年政策影响效力有所提升但一直徘徊在"中"等水平，并且在 2011～2014 年产业政策总体有效性呈现弱化趋势。因此，要重视制造业产业政策与其他相关经济政策的相互配合协调，要从产业补贴、政策性贷款、税收优惠等为主的传统行政干预手段，向以产业间倾斜性资源配置为基本特征的引导性政策转变，可通过人力资本投资、技术研发专项补贴等功能型产业政策促进制造业企业技术自主创新及核心竞争能力的提升。

（2）制造业产业结构政策、产业组织政策整体的实施效果要比产业技术政策、产业布局政策实施效果更为理想一些，其中制造业产业组织政策在 2010 年后对产业发展一直保持良好的促进作用，而制造业产业结构政策有效值却在 2011 年后呈现两极分化的下降态势。应根据现阶段制造产业经济实际发展情况对制造业产业结构政策作以积极调整，优先发展高技术、低耗能、低污染的"新型化"制造产业。同时，对传统制造业也要做好关于调整存量、做优增量的相关产业政策部署，通过产业技术升级与资源整合来软化和改造传统制造产业，从而加快解决制造业基础产能过剩问题，使制造业的规模结构与市场发育程度、规模、供求态势相适应。

（3）制造业产业技术政策、产业布局政策有效值波动相对平稳，其中制造业产业技术政策有效值一直在"差"—"中"的等级间徘徊，在 2014 年升至近期效力的最高值 0.5369；产业布局政策有效值则一直处于"中"等级别，但鉴于近期呈现出的弱化态势，制造业产业布局政策应以各区域间经济协调发展为核心，制定相应合理的产业转移政策，从而进一步缩小中西部与东部地区间制造业经济增长差距。针对具备较好产业基础和区位优势的东部地区，国家应出台相对优惠的产业政策引导部分东部地区制造业向中西部地区转移，在资金投入、人才引进和技术研发等方面增强对中西部地区制造产业的政策倾斜性，在能够充分发挥中西部与东部区位经济优势的基础上，最大限度地提升制造业总体经济效益。

第四节 发达国家促进制造业发展的政策借鉴

20 世纪 80 年代以来，发达国家经历了"去工业化"过程，即随着劳动力成本的上升和国际分工的发展，制造业转向新兴工业化国家，制造业占发达国家 GDP 的比重和世界制造业的比重持续降低，经济发展主要依靠以服务业为主的第三产业，劳动力由第一、第二产业向第三产业转移。发达国家对金融业、房地产业等服务业的过度依赖及对金融市场的放松管制使虚拟经济高度膨胀，从而导致经济结构的失衡，并在全球金融危机中受到沉重打击，市场大幅萎缩。这使得发达国家不得不重新调整经济发展战略，即将产业结构转向高附加值、知识资本密集型以及战略性新兴产业和高技术产业的发展，并由此推出一系列振兴制造业的再工业化战略举措[①]。

一、美国制造业回流政策

近年来，美国不断调整经济发展战略，重振制造业，回归实体经济。2009～2012 年，美国先后启动的《2009 年美国复兴与再投资法》等政策措施以及工业互联网概念的提出都体现了其调整提升传统制造业结构、刺激经济复苏、将产业设备与网络融合、发展高技术新兴产业以及重塑国际竞争优势的再工业化战略。此外，美国将重点放在培育新兴产业上，2009 年 2 月签署的《2009 年美国复兴

---

① 裴长洪、于燕：《德国"工业 4.0"与中德制造业合作新发展》，载于《财经问题研究》2014 年第 10 期。

与再投资法》鼓励发展的产业领域包括新能源、环保等战略性新兴产业。2011年美国推出《高端制造合作伙伴计划》，致力于提高国家关键产业的制造能力，开发创新型的节能制造工艺，鼓励产学研合作，培养制造业高端人才。另外，美国着力将中小企业视为实施再工业化战略的主体力量，通过税收优惠等各项资金支持和扶持计划来引导海外的制造业中小企业回归到本土[①]。从回归美国的企业数量看，奥巴马的努力取得了成效，2010年仅有16家，2011年为64家，2013年有210家，2014年有300多家，逐年增长[②]。

特朗普执政后，更加致力于制造业尤其是先进制造业向美国本土的回流。除了希望美国公司回流美国，更希望制造业的振兴可以带动更多的就业，其主要政策主张如下[③]。

（一）减税

一方面，将个人税收扣除标准提高到4倍，个人所得税从现行7级简化为3级，最高联邦个人收入所得税率将由目前的39.6%降至33%，简化为12%、25%、33%共3个档次。这可以减轻民众的税收负担，释放发展活力。同时，有助于壮大中产阶级人群，提高美国消费水平。另一方面，企业所得税率从35%左右降至15%上下。这将使企业税负远低于经合组织国家约25%的平均水平。这不仅会推动跨国企业回流美国办厂，而且会吸引其他国家企业为减少税收负担而搬迁美国。

（二）基础设施建设

特朗普高调主张增加基建投入，计划发行5 000亿美元基础设施债券用于美国基础设施投资，推动传统产业发展，优化美国制造业的发展环境。

（三）放松金融和能源等行业的监管

重新评估《多德—弗兰克法案》，主张恢复《格拉斯—斯蒂格尔法案》，签署"能源独立"的新行政命令和退出《巴黎气候协定》。这将推动这些行业发展，降低美国国内的能源成本和融资成本。

[①] 裴长洪、于燕：《德国"工业4.0"与中德制造业合作新发展》，载于《财经问题研究》2014年第10期。

[②] 马光远：《美国制造业回流的冷思考》，载于《当代贵州》2017年第9期。

[③] 任继球：《特朗普经济政策对我国产业发展的影响》，载于《宏观经济管理》2017年第6期。

(四) 贸易保护

通过提高关税、征收边境税、反倾销反补贴调查等贸易保护手段促进制造业回流和限制进口，壮大制造业和增加就业。例如，特朗普上任即宣布退出 TPP，主张对进口货物施加 20% 关税，威胁对中国和墨西哥分别征收 45% 和 35% 进口关税。

二、日本制造业发展政策

(一) 重视规划和立法

日本振兴制造业始于 20 世纪 50 年代中期，其标志是 1956 年的《机械工业临时措施法》、1957 年的《电子工业临时措施法》。这两个法规以基础机械、通用零部件和出口机械等 30 多种机械产品为振兴对象，由日本开发银行和中小企业金融公库根据合理化计划进行特别贷款。1971 年，日本在原有《机振法》《电振法》基础上修改制定了《振兴特定电子工业及特定机械工业临时措施法》，重点扶持汽车和计算机产业。日本在为机械信息产业立法的同时，规定了相应的国家补贴和财政补贴等措施，为企业的发展提供了大量资金，大大促进了产业向高级化方向发展。1999 年 3 月，日本政府颁布了《制造基础技术振兴基本法》。日本政府认为，即使在未来的信息社会，制造业始终是基础战略产业，必须继续加强和促进制造业基础技术的发展。该法案通过改善税收政策、提高福利待遇等措施，以确保有丰富经验的技术工人不流失，并加强了企业、大学、科研院所的合作。

(二) 技术政策

制定进口审查标准，促进本国技术的发展；有计划地建立"官产学"合作机制，加强人才培养，培育自主开发技术能力；技术引进政策向重化工工业部门重点发展领域倾斜，坚持高标准的技术引进，软件技术重于设备引进，杜绝重复引进，并且注重博采众长。

(三) 产业组织政策

推动企业规模化。日本政府规定企业防止过度竞争行为，同时通过"官民协调体制"，在产业界、金融界、专家学者和政府之间建立协调机制，对产业活动进行人为调节，并积极运用日本开发银行贷款的诱导机能，对批量生产体制、集中生产体制需要的设备和资金给予重点低息贷款，引导企业合并和集中，重点推进钢铁、石化行业设备的大型化，促进汽车、纸浆行业企业的集约化、规模化。在发展企业集团的同时，日本特别注重协调大企业和中小企业的关系。20世纪60年代通过了《中小企业指导法》《中小企业现代化扶持法》等法规来促进中小企业的发展，并促进中小企业和大企业建立密切的协作关系。

（四）财税政策

对企业符合要求的设备提供特别折旧，对实验设备的改造提供补贴。日本开发银行先后设立"重型机械开发"贷款、"新机械企业化"贷款和"新技术企业化贷款"，一起形成"国产技术振兴资金贷款制度"。1970年中小企业金融公库实行《国产技术企业化等贷款制度》，对新技术的企业化以及新机械的商品化试验提供低息贷款。政府还为企业提供直接的研发补贴和委托研发拨款，引导企业开展重点领域的研发活动。据统计，为高技术产品研制提供政府拨款的费用在日本全年研发费用中最高比例达到40%。

（五）金融政策

"二战"后日本大企业的自由资本率比较低，加上证券市场发展滞后，企业进行设备投资的大部分资金依靠银行供给。通产省在引导金融机构向企业注入资金中发挥了重要作用，对那些市场占有率、经济规模、产品技术等具有高水平的企业实行优惠贷款。据统计，在日本重化工业高速发展时期，企业设备投资所需资金的60%~70%来自都市银行和长期信用银行为首的大银行。由于重化工业大规模的技术革新往往伴有较高的投资风险，通常日本银行采取协调融资的形式，以分散向大型设备项目融资的风险。

（六）贸易政策

"二战"后的日本建立了针对不同的产业实行生产资料低关税、消费资料高关税，针对不同的生产加工阶段实行初级产品、原材料低关税、最终产品高关税的"倾斜的关税结构"。这种保护结构大大提高了保护的有效性。例如，汽车整车的高关税壁垒直到日本加入OECD组织的第二年即1965年才开始逐步撤除，直到1970年日本汽车整车的进口关税仍然高达40%。日本的非关税保护措施也比较多。例如，制定国内税法，使国外产品在日本市场处于不利地位；制定行业规定排挤外商；文化、习惯因素的保护作用；建立独特的销售维修网络；注重研究立法的技巧。日本在使用非关税保护手段时，尤其在制定有关国内法规时，有法律专家参与，十分讲究技巧，力争不让别国指责违反自由贸易竞争。

三、德国工业4.0战略

"工业4.0"是德国高科技战略的重要组成部分。针对欧洲在2000年提出建成世界最强智能领域、重回世界创新领导者行列的战略导向，德国在2006年制定了包括制造业在内17个领域的高科技战略。2010年，德国发布了《2020高技术战略》报告，按照人类需求5个方面提出5大主导市场。2013年4月，来自德国产业界、政府和学术界的产官学专家首次发布了《实施"工业4.0"战略建议书》。德国"工业4.0"战略是德国政府确定的面向2020年的国家战略，体现了以其创新制造技术方面的优势开拓新型工业化的目标，是为进一步抵御欧洲主权债务危机对该国的冲击、增强国际竞争力以及有效面对消费者偏好个性化和多元化的市场需求而提出的工业升级计划，是对"工业1.0"（机械制造设备的引入）、"工业2.0"（电气化的应用）和"工业3.0"（信息化的发展）的延伸。"工业4.0"战略通过深度应用信息通信技术（ICT）和网络物理系统等手段，以智能工厂和智能生产为重点进行工业技术领域新一代关键技术的研发和创新，使生产成本大幅下降和生产效率大幅提高，促进产品功能多样性、个性化和产品性能大幅提升。"工业4.0"战略作为一种全新的工业生产方式，通过技术实现了实体物理世界和虚拟网络世界的相互融合，反映了人机关系的深刻变革，反映了网络化和社会化组织模式的应用[①]。

（一）蕴育于第四次工业革命大环境[②]

企业界和学术界认为，处于领先阶段的发达工业国家已经进入了"第四次工业革命"时期，综合利用第一次和第二次工业革命创造的"物理系统"和第三次工业革命带来日益完备的"信息系统"，通过两者融合实现智能化生产。在第四次工业革命背景下，工业大国分别提出自身战略构架，如美国的"先进制造业国家战略计划"、日本的"科技工业联盟"、英国的"工业2050战略"等，核心都是强调制造业回归，以制造业为基础的先进产业支撑实体经济，刺激经济增

---

① 裴长洪、于燕：《德国"工业4.0"与中德制造业合作新发展》，载于《财经问题研究》2014年第10期。

② 高歌：《德国"工业4.0"对我国制造业创新发展的启示》，载于《中国特色社会主义研究》2017年第2期。

长、带动就业、增进社会福利,在未来世界经济格局中占据一席之地。德国实业界普遍认为,前三次工业革命分别源于机械化、电力和信息技术,第四次工业革命将数字技术、物理技术、生物技术有机融合在一起,模糊了实体、数字和生物世界的界限。推出"工业4.0"是德国应对第四次工业革命、提升制造业国际竞争力的重大战略。面对美国、日本、英国等国工业跨越式竞争局面,德国"工业4.0"体现了包容、开放的战略意图,在竞争中合作、在合作中竞争,进一步巩固其作为全球高端生产制造基地、设备供应商、互联网信息系统方案提供者的地位。

(二) 树立标准、塑造外部环境成为"工业4.0"的重要基础[①]

第四次工业革命本质是争夺主导世界未来的工业标准,由德美等国按照自身逻辑路径、表述方法推进。谁能早日实现第四次工业革命发展战略,谁就拥有了标准制定者的地位。"工业4.0"将实现技术标准化放在最优先地位,建议在八个关键领域采取行动,首先就是"标准化和参考架构"。通过标准化规范"工业4.0"的具体部署,加快制定以智能化为特征的重大成套装备、自动化生产线系统标准,尽早确立相应的全套标准化体系,德国企业以此作为获利的主要驱动力,规范发展技术、研发和创新,降低研发成果向实际生产转化的费用,加快新产品投产速度。为推进"工业4.0",德国建立了各种规模企业的协同创新体系,出台了一系列技术创新计划、引导和支持产学研合作、优化融资环境的措施;形成企业协同合作的创新网络,在保持大企业创新优势的同时,激发中小企业创新活力,完善中小企业的教育培训体系和公共服务体系,如中小企业可以向政府申请研发补助,引进新技术时可以向政府申请补贴。制造主体在实践"工业4.0"中,也面向未来市场将着力点放在新的工业革命对需求和供给面贡献上,而不是看成单纯工程技术,匹配智能时代消费个性化和定制化的特征,为不同需求客户提供专属产品。

(三) 思维创新、模式创新、技术创新、系统创新的集成[②]

"工业4.0"模式创新同思维创新融和到一起,旨在利用互联网、物联网以及模块化技术,实现工业生产方式变革,从根本上改变传统工业由于地理位置导致的生产研发脱节,使工业生产技术创新升级不再依赖物理上的互相接触,以便德国在保持自己科技研发技术优势的同时,继续享受全球化生产的优势。在商业

[①②] 高歌:《德国"工业4.0"对我国制造业创新发展的启示》,载于《中国特色社会主义研究》2017年第2期。

模式方面，德国为"工业 4.0"配套制定了领先的供应商策略和市场主导策略，重点考虑将产品与恰当的服务相衔接，着力开发新的商业模式。在生产模式上，"工业 4.0"包含了由集中式控制向分散式增强型控制的基本模式转变，目标是建立一个高度灵活的个性化、数字化产品与服务生产模式，对产品的全制造生命周期进行集成和数字化，包括智能的生产机器、数据资料存储介质、数字化物流以及信息技术的端对端等多个子系统。由此，传统的行业界限逐渐消失，产业链分工被重组，创造新价值的过程正在发生改变，各种新的活动领域和合作形式也将产生。在技术和系统创新上，信息物理系统是"工业 4.0"的核心，其具有多层次、多维度与立体化特点，企业的智能化生产框架体系能够将"工业 4.0"战略落到实处。以信息物理系统为中心开展技术创新、施行智能制造，能够大幅缩减产品设计到生产的成本和时间，提升企业对市场的应变能力，技术进步能够促进高端材料、高端制造、机器人和 3D 打印等一系列战略性新兴产业发展。

四、美、日、德等国制造业回流战略对我国先进制造业发展的影响

（一）我国先进制造业的发展受到冲击

由于人力成本优势的减弱，我国制造业在中低端市场的份额逐渐缩减。目前我国东莞、深圳等大批制造业企业出现倒闭潮。发展新兴技术产业，提升高端制造业生产研发能力势必成为我国制造业长足发展的出路。在金融危机后，我国已认识到转变经济发展方式、调整制造业结构的紧迫性，相继出台"十大产业振兴规划"和"战略性新兴产业规划"来推动中国经济增长，着重发展新兴产业，以新兴产业的迅猛发展升级产业结构，提升制造业实力。然而我国对这些领域的关注与美国重振制造业计划中的扶持重点不谋而合，因而在中美两国制造业发展的重点领域呈现巨大的重叠性。中美两国都重点发展科学技术，抢占全球制造业的制高点，因此新兴制造业的竞争尤为激烈。我国转变经济发展模式，提升品牌竞争力，加强技术创新能力已刻不容缓，要努力把"制造大国"转变为"制造强国"。2010 年以来，由于美国制造业重振、国际经济形势下滑，以及国内经济结构调整等因素影响，我国经济增速放缓，各项主要经济指标不断回落。同期，上市公司战略性新兴产业营业收入及利润增速总体出现下滑趋势。扭转这种趋势是我国经济发展亟须解决的问题。

(二) 我国高新技术及其产品从发达国家进口受到限制

美国制造业回流不仅要在高端产业领域占据主动,更要通过贸易保护主义措施,控制技术出口。此举推迟了跨国公司将最新的科技成果引入我国制造业中,这给我国的技术进步带来长期的负面影响。高技术产业是美国对外贸易中最具比较优势的领域,然而美国为了维护其垄断地位,长期以来对外国尤其是对我国的高技术产品出口实施严格的管制措施,使得美国对华高技术产品贸易连续10年持续逆差。2011年6月美国公布《战略贸易许可例外规定》,将我国排除在44个享受贸易便利措施的国家和地区之外。《2013财政年度国防授权法案》放宽卫星等出口管制,但对我国仍执行严格控制,限制对华出口。我国制造业在美国再工业化的条件下,受到的政策管制将更为严格。随着美国大量人力、资金投入新兴产业的创新与研发,我国新兴产业发展将面临更大的挑战。以计算机行业为例,我国计算机行业发展缓慢的主要原因是"缺芯",包括联想、方正、神州在内的主要计算机企业,都不掌握核心的芯片技术,多年来发展都过分依赖英特尔。面对这样的困难,我国相关制造业需要加大相关产业的研发投入资金,积极引进技术人才,充分发挥技术优势,打破技术瓶颈,使产品更加专业化、人性化、品牌化和智能化。

(三) 我国人力低成本优势逐渐消失

中美工人的工资差距从2006年的每小时17美元下降到目前7美元,我国相对于美国制造业的劳动力低成本优势正在逐渐消失。以前美国将制造业生产基地向我国转移,主要由于我国低廉的劳动力成本以及资源丰富等多方面优势。由于人民币升值、关税壁垒及非关税壁垒等因素的作用,我国制造业的低成本优势被削弱,美国低端制造业将更多向越南、印度尼西亚等新兴经济体转移。美国中端技术制造产业,在重振制造业战略中受政府扶持,表现出回归美国本土的倾向。2012年以来,佳顿、卡特彼勒等企业在我国的代工生产线纷纷回流美国。上述趋势已致使我国部分实体产业发展滞缓,东南沿海部分地区甚至出现中小实体企业倒闭风潮,导致国内经济增速短期下滑。

第五节 我国先进制造业发展的政策体系构建

改革开放40多年来,我国制造业取得令人瞩目的成就,规模不断扩大,技术水平得到提高，产品性能不断改善，一些产品甚至达到世界先进水平。但我国制造业面临的形势依然严峻，各行业存在的共性的问题直接制约着制造业先进水平的提高，威胁着产业安全，甚至国家安全。这些共性问题突出表现在：创新能力薄弱，核心技术和核心关键部件受制于人；基础配套能力发展滞后，装备主机面临"空壳化"[①]；产品可靠性低，产业链高端缺位；产业组织结构小、散、弱，缺乏具有国际竞争力的骨干企业等[②]。

为实现《中国制造业 2025》所规划的制造业发展战略目标，我们建议实行以下政策措施。

一、主导企业培育政策

产业国际竞争主要表现为企业之间的竞争，产业的竞争优势主要表现为龙头企业的竞争优势，因此培育一批具有显著国际竞争优势的先进制造龙头企业是产业升级的关键。

（一）推进企业兼并重组，培育具有显著规模优势的国际一流企业

先进的产业是无数先进的企业共同构筑起来的，这些先进的企业既包括最终产品的总集成商，也包括大量生产零部件的"专、精、特"的中小企业。德法英美日韩等国在制造领域均有若干世界级的大企业，引领各自行业的发展潮流。没有这些世界级的企业，不可能有世界领先的制造产业。

韩国、日本均注重培育大企业。扶植大型企业集团是入世后韩国经济稳步走向国际化的重要条件，其扶植企业的方式主要体现在政府出面担保、发放贷款、税收优惠等方面。20 世纪 60 年代，韩国政府采取了倾斜政策，使大企业在经济领域占据了主导地位。为实现出口目标，政府采取了"个别育成"的方式，把有限资金和外汇向大企业倾斜，以提高国内企业的竞争力。20 世纪 70 年代，为在短时间建立起重化工业体系，并确保实现规模经济，韩国政府采用了集中投资的方式，向大企业提供优惠贷款，进而促进企业的规模化。

1963 年，日本通产省产业结构调查会提出了"新产业体制论"，即为适应战后科技革命对产业大型化的影响，针对日本企业生产规模和经营规模小，企业在价格、设备投资、技术开发等方面过度竞争的状况，要求企业加强联合和兼并，

---

① 例如，高档数控机床的数控加工中心的数控系统、伺服电机、电主轴、滚珠丝杠、刀库刀架等关键功能部件的高端产品均需进口。

② 详细内容可参见工业和信息化部：《高端装备制造业"十二五"发展规划》，2012 年 5 月 7 日。

通过扩大企业的规模经济效益,增强企业的国际竞争力。在该思想指导下,日本政府规定企业克服过度竞争行为,通过"官民协调体制",在产业界、金融界、专家学者和政府之间建立协调机制,对产业活动进行人为调节,并积极运用日本开发银行贷款的诱导职能,对批量生产、集中生产体制需要的设备和资金,给予重点低息贷款,引导企业合并和集中,重点推进钢铁、石化行业设备的大型化,促进汽车等行业集约化和规模化。

借鉴韩日的成功经验,中国必须加快推进制造业企业间的兼并重组,集聚研发力量和制造资源,提高产业集中度,降低重复投入造成的资源浪费,推进龙头企业整合产业链条,优化生产力布局,培育形成具备成套和总承包能力、国际竞争力强的大型企业集团。此外,大力发展与主机技术水平相协调的专业化、规模化配套企业,鼓励配套企业向"专、精、特"方向发展,提升基础元器件、核心零部件及关键系统的配套能力,满足装备主机企业的发展需求。打造一批具有优势的、专业化、特色化的生产和服务企业。

(二) 推进企业制度创新,形成企业能力内生机制

我国许多国有企业具有较强的技术、人才和资金基础,但是却由于追求短期经济利益忽视长期价值而错失了能力提升的时机。一些民营企业,起初并不具备技术人才和资金优势,但是却以获取长期可持续竞争优势为宗旨,形成以核心技术为创新中心的技术创新路线,克服了重重困难,最终赢得了显著的竞争优势。

应该进一步深化先进制造业国有企业改革,促进公司治理水平提升,促进企业战略目标由追求短期经济收益转向致力于长期能力构建。政府应改进国有企业的考核和激励制度,从考核产值、收入、利润等短期经济指标,转变为考核知识资产、环境保护、可持续竞争优势等长期指标。目前应重点改变国有资产"总量考核""短期考核""只考核有形资产,不考核无形资产"的考核机制。把国有资产考核指标体系从以"短期总量目标"为核心转向以"长期价值目标"为核心,根据国有企业的经营定位,围绕"企业单位资产的主业经营效率和产品技术含量"设立有形指标体系,同时融入知识创造、声誉积累、品牌塑造、利益相关者管理等无形资产考核指标,考核企业的管理创新能力和技术创新能力,变短期考核为中长期考核。与此同时,采用期股期权作为人力资本报酬的一种重要支付形式,使得人力资本参与企业剩余分配,实现人力资本收益与企业长期价值最大化目标的一致性。逐步建立完善企业经理人市场化运作机制,培养和造就一批具有风险意识和创新精神,通晓经济管理知识的企业家,创新企业经理人激励和约束机制,使经理人的个人利益与企业长期战略利益密切关联,实现企业发展路径由追逐短期经济利益向构建企业能力和创造可持续性竞争优势的回归。

(三) 促进企业内部组织优化，最大效率地实现企业能力提升

先进制造的复杂性和知识密集性，使得其创新和能力演进过程具有系统性、集成性的特点。有效集成、利用企业现有资源，最大效率地创造新的资源是实现企业能力升级的关键。

采用单或多中心强矩阵方式在横向上整合企业内部资源，是提升自主集成开发能力的有效组织方式。强矩阵组织模式是指以产品开发项目为中心，在横向上实现对纵向各职能部门资源的高度整合。这种产品开发模式在丰田、马自达、上汽通用等国际知名汽车企业得到了成功运用，对于产品上市周期，提高产品质量，降低产品成本起到了重要作用。

采用二元的企业组织设计实现企业资源的纵向集成，实现企业现有资源的传承与探索创新的有效结合。二元的企业组织包括两种完全不同的业务：一种致力于现有能力的利用以创造利润；另一种致力于探索新的增长机会。这两种形式的业务分别需要不同的战略过程和文化。二元组织结构之所以胜过其他组织形式，在于二元组织结构在防止单位之间相互伤害的同时允许相互受益。管理层面的密切协调使得刚刚起步的单位能够分享传统单位的重要资源——资金、人才、专业技术、消费者等——但是组织分离确保了新单位的独特的过程、结构和文化不被因循守旧的力量所淹没。同时已有单位又可以免受开办新单位的干扰，他们可以继续专注于改进操作、产品和服务。

二、产业基地促进政策

(一) 基地发展特色化定位

我国各产业基地应充分利用本区域先进制造业的优势资源，依靠现有的制造能力和产业组织，坚持突出重点和特色的战略取向，积极推进长三角等沿海优势区域率先发展，培育一批具有知识产权和知名品牌的世界级企业。改变以往只占领产业链高端，却占领不到价值链高端的局面，今后必须重视品牌建设，重点在设计、包装、注册、宣传等各个环节上加大力度，打造具有沿海特色的世界级先进制造业基地。

加快东北老工业基地振兴，以信息化、智能化、集成化为突破口，建成具有国际先进水平的先进装备制造研发基地。东北以老工业基地著称，在经济发展过程中需要面临的重要问题即是传统制造业向先进制造业演化。在演化过程中要充

分利用信息化、智能化和集成化,不仅要成为国内生产制造产业的示范基地,更重要的是成为高附加值、高新技术产品的研发基地,形成具有东北特色的先进制造业集聚区。

促进中西部特色化发展,建设先进制造特色产业链。例如,湖北应推动三大特色基地的发展:一是江夏先进制造业基地,重点建设动力装备、机车车辆制造、船舶及配套、激光等工业园或基地;二是蔡甸先进制造业基地,重点发展汽车及零部件、数控机床等产业集群;三是阳逻先进制造业基地,重点建设青山国家环保产业基地等①。四川省应充分发挥区域优势特点,重点发展电子通信设备、计算机及其他电子设备制造业,引进高端制造业,提高制造业附加价值。

(二) 构建产业基地高端科技平台

鼓励企业加快技术升级改造,加强产业基础能力建设,大力发展先进制造所需关键基础件。首先应加大研发投入,健全基地创新体系,建设技术创新研发平台和产业技术服务平台,推动基地技术高端化发展,增强为基地内各企业服务的能力。加大技术创新力度,继续抓好高档数控机床与基础制造装备、大型先进压水堆和高温气冷堆核电站、极大规模集成电路制造装备及成套工艺等科技重大专项的实施工作,加强与战略性新兴产业重大创新发展工程的衔接,突破和掌握关键核心共性技术,加大关键制造装备研发力度,加强军民创新资源集成融合,支持促进技术成果工程化,为提升高端装备发产业化能力提供强有力支撑。其次以培育创新型科技人才、急需紧缺专业人才和高技能人才队伍为先导,统筹装备制造各类人才队伍建设。加大海外高层次人才引进力度,加速先进制造业人才国际化进程。充分发挥企业、科研院所、高校、职业院校和其他培训机构的平台作用,创新人才培养模式,提高人才培养质量。完善人才评价体系,健全激励与分配机制,营造良好的人才发展环境。再次,利用多种渠道,推进高端技术的交流和提升,通过举办高标准的技术博览会,高端技术论坛等积极创造先进制造业企业与高校、科研机构等的交流环境,促进企业与高校和科研机构之间的信息流通。最后,建立健全政府对技术创新的激励机制。基地的优势在于整合区域内各种资源,加快技术扩散和共享,但高端技术投入较大,单纯依靠市场力量难以达到最优水平,这就需要政府通过财政政策和产业政策,大力推进基地创新主体的积极性,对创新主体实施有效激励。

---

① 详细内容可参见工业和信息化部:《高端装备制造业"十二五"发展规划》,2012年5月7日。

（三）促进基地发展集团化的引领

先进制造业属于资本和技术密集型产业，对企业规模要求较高。企业只有在具备较强的技术能力和相对雄厚的资本实力的情况下，才具有抵抗风险和参与国际竞争的能力。我国应在兼并重组基础上形成几个具有国际竞争力的先进制造业企业集团，以龙头示范作用引领整个基地的发展。集团化发展侧重自我增强性和系统性，通过基地企业的兼并重组，达到优势互补、强强联合，从而在今后的竞争中处于更有利的位置，以获取未来潜在的利益。

东北应大力推进现有优势企业的兼并重组，形成像美国通用、德国西门子、日本三菱重工、法国阿尔斯通那样的能够提供全系统服务的世界级装备巨头。加快发展具有总体设计、系统集成、成套生产、配套服务等一系列功能的大型装备制造业企业集团，增强在国际国内市场的整体实力和竞争力。通过与国外大公司、大集团的技术合作和联合设计、合作制造，加强产业工程系统设计、设备制造、安装调试、售后服务等领域的资源整合，提高热加工、热处理、自动控制系统等薄弱环节，进一步提高总承包能力。

中部先进制造业应针对资本存量较大、分布相对分散的现状，以市场为导向，组建大型企业或企业集团，扩大企业规模，盘活资本存量，吸收外资、民营资本进入该产业，提升湖北先进制造业整体实力。西部应建立和培育以德阳为中心的区域性发电重机制造基地，积极促进地方发电重机制造资源进行省内或川渝经济区的行业重组和优化配置。加大重组和兼并力度，鼓励大中型及有条件的装备制造业企业通过规范上市、兼并收购、合资、合作等多种形式，形成大企业集团，实现装备制造国企的战略性改组。

（四）基地协作实现内外联合

先进制造业基地应采取内部协作与外部协作相结合的方式。

一方面是基地内部的官产学研合作，政府为基地的发展提供政策保障，加强产业政策的引导，配合基地发展目标和发展规划，制定有效的产学研合作框架及政策措施。按照区域经济一体化的思路，加快区域协调机制建设，始终把先进制造业基地建设作为区域经济发展的切入点①。企业之间通过信息交流、人才交流、技术交流不断认清各自比较优势，建立技术合作和品牌合作关系，技术合作表现为以产业价值链为基础的技术联盟以及同类企业之间的技术联盟，品牌合作表现

---

① 吴芳、张向前：《海西先进制造业基地产业集群支持体系研究》，载于《科技管理研究》2012 年第 7 期。

为体现基地整体形象的品牌整合和统一。通过分工协作着力生产优势产品，提高企业生产效益和区域整体竞争力。加强与国内外大专院校和科研院所的合作，提高企业原创性技术和产品的研究开发能力，以国家产业政策和市场需求为导向，积极采用新技术、新工艺，有针对性、有重点地进行技术改造，实现技术和产品的升级换代。打造长三角、东北地区以及中西部地区的先进制造业品牌效应，增强区域竞争实力。

另一方面是不同基地间的协同合作。要站在增强我国先进制造业整体竞争力的高度，统筹规划各地区的产业基地发展。根据统一规划部署，形成沿海地区以大企业集团为引领，东北地区以创新能力提升为重点，中西部以特色基地为依托的发展格局。同时注重产业基地间的信息交流和人才交流，共享科技成果，共建创新平台，在不同基地网络升级过程中形成竞争合作关系。以四川为中心的西部基地、以湖北为中心的中部基地、以辽宁为中心的东北基地和以上海为中心的沿海基地由低端向高端演进的基地网络构成了一个国内价值链（NVC），每个基地网络内部的知识传递与治理促进了基地本身的成长，四个基地之间的知识传递、宏观治理和升级促进了基地网络由低端向高端的演进。

三、产业资源整合政策

先进制造业的生产和创新特征，决定了企业参与市场竞争和赢得竞争优势所需要的资源和能力，对于单个企业来说是不可能完全具备的。通过网络化、集群化、基地化，有效整合产业资源，形成生产和创新的协同效应，是实现产业竞争力快速提升的有效形式。

（一）以龙头企业为枢纽构建全球性复合型二元网络，实现开放式集成创新

先进制造业产业层次创新系统构建旨在最大限度地整合和有效利用产业创新资源，提高创新过程的有效性。网络是实现组织间创新资源集成的最有效方式，然而一元的网络结构（紧密网络与松散网络）均存在创新悖论：紧密网络能够形成规范的创新合作环境从而有利于利用性创新，但是却缺乏多样化的知识流和导致知识冗余，不利于探索性创新；松散网络有利于知识和信息的多样化从而有利于探索性创新，但是却不能形成规范的合作环境支持利用性创新。因此，最优的网络结构应该是集成紧密性与松散性的二元网络组织。

二元网络在国际跨国公司的创新组织中得到了成功实践。我国先进制造业紧密性创新网络的构建包括三种方式：一是以龙头企业为主导的，以产业纵向关系

为纽带的"主导企业——供应商网络";二是主导企业与当地科研机构、竞争者结成的联盟网络;三是主导企业在海外通过设立研发分部,或者并购国际研究结构而在海外建立的技术开发联盟网络。主导企业作为二元网络中紧密网络与松散网络的枢纽,应该采取有效形式在这些紧密网络建立桥式联系,使紧密结构与松散结构耦合,实现全球范围内的开放式集成创新。

(二)深入推进集群化和基地化,切实实现协同效应和综合竞争优势

我国先进制造业许多产业集群和基地,简单扎堆,集而不群的现象非常突出。企业聚在一起并未进行有效分工合作,形成协同优势,有的甚至恶性竞争,相互倾轧和掠夺资源。因此,产业集群和基地建设的关键不在于盲目扩大范围和规模和数量,而在于推动其内部制度建设,实现组织内涵的实质性深入性发展。

四、产业升级环境改善政策

(一)官产研相结合,改善产业内生性升级技术环境

先进制造业企业科技发展的高风险和高外部性抑制了企业创新的动力。在具有高风险和广泛的外部性时,自由市场不能给出正确的信号。基础研究是企业发展自主科技能力的源头,然而基础研究具有纯公共品性质,其高外部性使得私人与企业不可能承担;应用性研究不是纯公共产品而具有更多的私人产品属性,但是仍然具有较强的正外部性而且回报周期太长风险较大,因而只有在适当的政策支持下,企业才具有向应用研究投资的积极性。我国先进制造业缺少基础研究和共性技术平台,这抑制了企业发展技术能力的动力。

世界先进制造业强国德国拥有全世界覆盖范围最广的进行基础和应用研究以及推进技术转移和应用的网络体系,有力促进了企业技术创新。我国需要借鉴先进经验,发挥政府主导作用和市场决定性作用,创建以基础理论研究、关键共性技术研究、跟踪国际前沿技术及发展趋势为重点,由行业骨干企业、科研院所、大专院校、政府相关部门共同参与的行业基础共性技术研发中心,以及侧重于理论成果推广应用和转移的若干个细分专业领域的研究机构,形成产业科技创新网络体系。由政府资助、政府委托项目资金、企业技术服务报酬及合作研发资金作为运营资金来源,深入开展产业基础共性技术研究和技术推广应用服务,丰富产业技术创新机会,激励企业进行技术创新和深度能力构建。

（二）官产研相结合，改善产业内生性升级人才环境

日本经济之所以能够在"二战"之后迅速复苏，并在技术引进基础上成功地推行"市场推动型技术创新"模式，是因为它有良好的教育基础和高效的人力资本投资。政府应积极营造人才竞争环境，实施高层次人才培育计划。以重点项目、创新工程、研发基地为依托，培养和汇聚一批具有国际领先水平的专家和学术带头人，培养和锻炼一批优秀的技术研发和创新团队，培养和造就大量面向高层次需求的工程技术人才。依托国家重大项目、高层次人才引进计划，积极引进海外领军人才回国创新创业，支持企业通过团队引进、核心人才带动引进、项目开发引进等方式吸引和招聘海外高端人才，扩大先进制造业高端人才队伍。培养一大批知识复合型、具有国际视野的领军人才。建立科研机构、高校创新人才向企业流动的机制，建立企校联合培养人才的新机制，促进创新型、应用型、复合型和技能型人才的培养。

（三）官产用相结合，改善产业内生性升级市场需求环境

先进制造业的最终产品，多是由众多零部件组成的复杂产品系统，市场对其可靠性、安全性、稳定性等要求极高，从研发到投入市场需要漫长的过程，投入市场后获得大众认可又需要一个漫长的检验过程。这就需要政府的大力支持。政府采购是韩国产业政策的重要部分。对国产高速列车和核电站等公用事业装备，全部由政府购买。比如，在引进高速列车方面，政府规定，除按照合同从法国引进的10台列车外，其他的34台必须全部采购国产化的产品。对汽车、计算机产品，政府规定即使国产产品价格较高也要优先采用。例如，2004年韩国财政部以每台1亿韩元（为市场同类车价格的10倍）优先购买了50台现代公司新研制的清洁燃料汽车，政府其他部门还准备采购数百辆。对国有企业，韩国政府也要求他们优先采用国产设备和其他产品。战后日本对产品进口采取了进口配额限制和高关税壁垒，以保护本国产业。加入GATT后，逐步取消了数量限制，但在贸易自由化中加强了关税抑制进口的作用。

要使我国重化工业化带来的先进制造业市场需求升级和需求规模扩张能够有效促进我国民族装备制造业企业为主导的产业升级，必须采取有效措施改变先进制造业的用户偏好格局。一方面，要充分利用政府采购手段支持民族企业升级；另一方面，要促进企业与用户之间建立信任与合作机制，优先鼓励由用户企业和制造业企业组成的产业联盟参与工程招投标，共同开发重大先进成套装备，鼓励金融机构开展多种形式的首台套保险业务。积极落实首台（套）政策，支持先进

国产装备应用推广。此外,要通过宣传教育、法律法规的形式强化支持民族企业升级的氛围。

(四) 推进金融创新,改善先进制造业发展的融资环境

中国制造业技术创新能力弱,核心部件、关键技术长期以来受制于人,与我国在很长时期内对这些领域的资金投入不足有直接关系。发达国家发展先进制造业过程中都十分注意发挥政府和市场两种机制,多种方式给予先进制造业资金支持,降低企业的资金成本。

在金融方面,韩国开发银行、产业银行等银行为私营企业的新产品开发、工艺开发和新技术商业化等方面的研究开发活动提供长期、低息的贷款。韩国技术银行等风险资本机构为私营企业技术开发活动提供股权投资、购买债券、契约贷款、技术开发贷款、租赁服务等财力支持。韩国政府还允许银行以发行技术彩票的形式筹措部分风险资金,以弥补该银行因资助研究开发项目所造成的亏损。日本企业在融资的过程中,通产省的金融政策发挥了重要作用。通产省在引导金融机构向企业注入资金时,根据企业的素质、市场占有率、经济规模、产品水平等,严格规定了获得优惠贷款的条件,并在争取政府优惠贷款方面,鼓励企业公平竞争。由日本开发银行和中小企业金融公库提供政策性贷款,并以此为基础,形成"国产技术振兴资金贷款制度"。日本多层次的银行体系对日本主导产业发展的作用主要体现在:巨额融资功能、风险分担功能、公司治理的主导功能。

中国应改革银行体制、完善资本市场制度、健全风险投资体系,最大限度地利用市场机制,吸引社会资本参与到先进制造业的发展中来。风险资本家以投资长期价值最大化为目标,具备监控 CEO 的强烈动机,在减轻信息不对称从而降低融资约束和激励企业家精神方面具有重要作用。风险资本基金通过持有企业的股份能够按比例分享企业的利益,风险资本家的个人补偿是与基金的回报密切相连的,因而风险资本家获利与企业经营绩效紧密相关。风险资本基金的高补偿安排使得风险资本家有动机对企业进行紧密的监督,那些缺乏如此高激励制度的公司、投资银行不具备这种优势。发达工业国家的经验表明了风险资本对于支持先进制造业研发创新的可行性。我国先进制造业公司治理水平较低,更需要培育风险资本市场以加强外部监管弥补公司治理的不足,从而克服企业融资瓶颈,并进一步吸引更多资金投入先进制造业的研发创新活动,促进产业升级。

五、辅助和配套政策

(一) 完善财税政策,促进自主创新和技术扩散

支持和促进我国先进制造业升级,需要完善财税政策,充分发挥政府有形之手的作用,将有限的政策资金用到产业发展的"刀刃"上。完善技术开发费加计扣除税收优惠,鼓励自主开发、产学研合作、引进技术的再创新;加大税收优惠力度,支持引进各类高级人才,加大技术转让、创业投资、科技企业孵化、技术咨询服务相关活动的财税支持力度,支持促进技术的扩散与应用。

(二) 加强产业发展立法,减少先进制造业发展的不确定性

解决先进制造业面临的问题是长期的任务,是国家应持之以恒坚持的战略,不仅需要制定中长期规划,更需要有相应的法律法规来确保对产业的支持。我国针对制造业出台了多项规划,在其他规划中也多有涉及制造业的。但很多规划内容流于文字,没能得到有效落实。其原因在于没有配套的法规来保证规划的实施。

迄今为止,我国还没有在国家层面上出台法律法规形式的文件。目前,仅有辽宁省于 2011 年出台了《辽宁省促进装备制造业发展规定》[①],这是我国第一部装备制造业立法,将装备制造业发展纳入了法制化发展轨道。我国应尽快出台"先进制造业振兴法",建立重大技术装备跨区域、跨行业、跨部门的协调机制,统筹制定先进制造业的相关政策,组织协调重大技术装备联合公关,协调落实依托工程,组织并监督实施国产化方案。充分发挥行业协会的作用,加强行业检测和信息引导,引导企业健康发展。

(三) 改革教育体制,为产业持续发展提供人才源泉

产业的先进性根本上取决于人才的先进性,而人才的先进性根本上取决于教育水平的先进性。

先进制造业是技术密集型产业,其技术创新既包括从基础科学到技术开发这样的原始性创新,又包括来源于实践的"干中学"。与之相对应,能有效服务于先进制造业的教育体系必须包括强大的研究型教育和职业型教育两个部分。中国

---

① 该规定于 2011 年 12 月 20 日正式实施。

的教育在两方面都有严重欠缺。要促进先进制造业的发展,提高其先进性,必须一方面切实提高研究型大学的水平,一方面大力发展职业教育。

(四)完善先进制造业信息平台服务

完善专利信息平台。完善更广范围的专利文献基础数据及专利信息服务的信息化基础设施;制定科学的专利信息服务体制和机制,明确国家知识产权局、各地方知识产权局及中介机构在专利信息服务工作中的职责和发展方向;施行统一的专利信息服务模式和服务标准;搭建专利信息服务的专业人才队伍。这样不但能合理保护好专利的使用问题,而且企业在选择专利时更加有的放矢,更好地使专利成果转化成有市场前景的新型产品,降低企业的搜寻成本。

完善价格信息服务平台。明确服务对象的特点,打造有特色的信息服务平台;数据确保准确、及时有效;提供市场预测分析和指导;合理预测产品的价格走势;打造平台服务的专业性。这样使企业及时准确的进行产品成本核算,制定价格策略,使得产品走出去,成本降下来。

(五)推行"走出去"的系统战略布局政策

应跟随下游企业进行布局,利用"借船出海"的方式来扩展海外市场空间。简单地说,就是利用现有的海外发展寻求联络图,合理地判断下游行业的发展动态,实行合作或兼并,绕开国外的阻挠政策来进行布局。目前,主要有三大类产业值得借鉴:一是能源类,如中石油和中石化在海外许多国家有大规模的石油工程和管线建设等项目;二是工程建设类,中国建设早已走向国际,中国多家建设企业在海外的工程也正在逐步展开;三是合资合作与兼并重组的制造业类,徐工、柳工、三一重工、奇瑞、比亚迪汽车、海信、海尔集团等国内知名下游企业已经在海外建厂或合资合作、兼并知名品牌①。我国先进制造业中已经有很多企业实行这种战略,成效颇丰。这种布局政策的关键就是要明确目标客户的"位置"和需要,即客户在哪里和他们的需求是什么,这样的布局不但可以大幅度降低生产的过度重复,而且还可以帮助企业植入国外的市场中,扩大市场空间。

(六)推行农业现代化和城镇化建设,为先进制造业打开巨大市场空间

中国是一个农业大国,但是一直以来我国的先进制造业目标都放在了工业领

---

① 吴勇:《钢铁企业"走出去"应"借船出海"》,载于《中国冶金报》2012年12月12日。

域，农业市场一直处于盲区，所以国内市场增量空间还在于农业现代化和城镇化。随着农业现代化和城镇化建设的推进，工程机械行业在未来 10~15 年仍将维持每年 15% 左右的增长，所以哪个企业率先在该领域站稳脚跟，便将会有长足的发展。国家继续推进农业现代化和城镇化，不但给企业找到了一个战略转型的机会，同时也为中国的先进制造业和经济发展找到了一个持续增长的突破口。所以要对现行的二元结构进行调整，消除城市和农村的芥蒂，将农业广阔的市场空间和工业的现代化两大优势融合起来。

参考文献

一、中文文献

（一）著作

[1] 戴维·莫谢拉：《权力的浪潮》，社会科学文献出版社2002年版。

[2] 戴翔：《中国攀升全球价值链：实现机制与战略调整》，人民出版社2016年版。

[3] 胡晓鹏：《模块化：经济分析新视角》，上海人民出版社2009年版。

[4] 黄群慧、贺俊等：《真实的产业政策》，经济管理出版社2015年版。

[5] 加里·皮萨诺、威利·史：《制造繁荣：美国为什么需要制造业复兴》，机械工业出版社2014年版。

[6] 卡丽斯·鲍德温、金·克拉克：《设计规则：模块化的力量》，中信出版社2006年版。

[7] 克劳斯·施瓦布：《第四次工业革命：转型的力量》，中信出版集团2016年版。

[8] 克利斯·弗里曼、罗克·苏特：《工业创新经济学》，华宏勋、华宏慈等译，北京大学出版社2004年版。

[9] 李春田：《现代标准化前沿：模块化研究》，中国标准出版社2008年版。

[10] 厉以宁：《西方经济史探索》，首都师范大学出版社2014年版。

[11] 利伟诚：《美国制造：从离岸到回岸，如何改变世界》，东方出版社2012年版。

[12] 刘建丽：《中国制造业企业海外市场进入模式选择》，经济管理出版社2009年版。

[13] 路风:《光变:一个企业及其工业史》,当代中国出版社 2016 年版。

[14] 宋磊:《追赶型工业战略的比较政治经济学》北京大学出版社 2016 年版。

[15] 藤原洋:《第四次工业革命》,东方出版社 2015 年版。

[16] 瓦拉科夫·斯米尔:《美国制造:国家繁荣为什么离不开制造业》,机械工业出版社 2014 年版。

[17] 唐晓华等著:《振兴装备制造业研究》,中国社会科学出版社 2012 年版。

[18] 王海光:《企业集群共生治理模式及演进研究》,经济科学出版社 2009 年版。

[19] 袁纯清:《共生理论》,经济科学出版社 1998 年版。

[20] 张丹宁:《产业网络视角下的大企业集群研究》,经济管理出版社 2011 年版。

[21] 张丹宁:《网络组织视角下产业集群社会责任建设研究》,经济科学出版社 2016 年版。

[22] 中共中央文献研究室:《习近平关于科技创新论述摘编》,中央文献出版社 2016 年版。

[23] 周振华:《信息化与产业融合》,上海人民出版社 2003 年版。

(二) 文章

[1] 白恩来、赵玉林:《战略性新兴产业发展的政策支持机制研究》,载于《科学学研究》2018 年第 3 期。

[2] 白雪洁、孟辉:《服务业真的比制造业更绿色环保?——基于能源效率的测度与分解》,载于《产业经济研究》2017 年第 3 期。

[3] 白彦壮、张春情、殷红春:《创新文化环境驱动的自主品牌竞争力构建》,载于《科技管理研究》2016 年第 15 期。

[4] 毕克新、李妍、付珊娜:《制造业产业升级对低碳技术突破性创新的影响》,载于《科技管理研究》2017 年第 23 期。

[5] 毕克新、马慧子、艾明晔:《基于结构洞的制造业企业信息化:演进研究》,载于《统计与决策》2011 年第 23 期。

[6] 卜伟、王稼琼:《我国装备制造业自主创新与税收政策》,载于《中央财经大学学报》2008 年第 3 期。

[7] 蔡家勇:《我国对外直接投资的现状、问题与对策》,载于《宏观经济管理》2017 年第 2 期。

[8] 蔡三发、李珊珊:《基于灰色关联分析的制造业服务化水平评估体系研

究》,载于《工业工程与管理》2016年第12期。

[9] 曹虹剑、李睿、贺正楚:《战略性新兴产业集群组织模块化升级研究》,载于《财经理论与实践》2016年第2期。

[10] 曹江涛、苗建军:《模块化时代企业边界变动研究》,载于《中国工业经济》2006年第8期。

[11] 常嘉茂、柴登云、王世国:《装备制造业海外市场运营之服务模式探析》,载于《农业装备与车辆工程》2009年第11期。

[12] 陈超凡、韩晶、毛渊龙:《环境规制、行业异质性与中国工业绿色增长——基于全要素生产率视角的非线性检验》,载于《山西财经大学学报》2018年第3期。

[13] 陈琛:《智慧发展助力产业集群转型升级》,载于《电气时代》2017年第5期。

[14] 陈定方、尹念东:《先进制造业技术的特点与发展趋势》,载于《湖北理工学院学报》2006年第3期。

[15] 陈建励、张婷婷、吴隆增:《产品模块化对组织绩效的影响:中国情境下的实证研究》,载于《中国管理科学》2009年第3期。

[16] 陈健、龚晓莺:《中国产业主导的"一带一路"区域价值链构建研究》,载于《财经问题研究》2018年第1期。

[17] 陈静、曾珍香、张金锁、孙丽文:《当代跨国公司发展的经验及对我国企业集团的启示》,载于《科学管理研究》2002年第4期。

[18] 陈菊红、李小惠、姚树俊、和征:《制造企业服务嵌入时机及策略研究》,载于《科技进步与对策》2015年第2期。

[19] 陈丽娴、沈鸿:《制造业服务化如何影响企业绩效和要素结构——基于上市公司数据的PSM-DID实证分析》,载于《经济学动态》2017年第5期。

[20] 陈漫、张新国:《经济周期下的中国制造企业服务转型:嵌入还是混入》,载于《中国工业经济》2016年第8期。

[21] 陈伟、周文、郎益夫:《集聚结构、中介性与集群创新网络抗风险能力研究》,载于《管理评论》2015年第10期。

[22] 陈小强:《中国跨国公司经营模式架构思考》,载于《社会经济体制比较》2002年第7期。

[23] 陈小勇:《产业集群的虚拟转型》,载于《中国工业经济》2017年第12期。

[24] 陈阳、唐晓华:《制造业集聚对城市绿色全要素生产率的溢出效应研究——基于城市等级视角》,载于《财贸研究》2018年第1期。

[25] 陈阳：《东北地区制造业空间集聚时空特征研究》，载于《区域经济评论》2017 年第 3 期。

[26] 陈阳：《制造业与生产性服务业的协同集聚时空演变——基于东北三省地级市数据》，载于《区域经济评论》2018 年第 3 期。

[27] 程大中：《中国生产性服务业的水平、结构及影响——基于投入—产出法的国际比较研究》，载于《经济研究》2008 年第 1 期。

[28] 程文、张建华：《中国块状化技术发展与产业结构升级》，载于《中国科技论坛》2011 年第 3 期。

[29] 楚明钦：《生产性服务嵌入、技术进步与中国装备制造业效率提升》，载于《财经论丛》2016 年第 12 期。

[30] 寸晓宏、巩福培：《高新技术产业高端化与产业集群升级》，载于《学术探索》2017 年第 11 期。

[31] 戴翔、徐柳、张为付：《"走出去"如何影响中国制造业攀升全球价值链？》，载于《西安交通大学学报》（社会科学版）2018 年第 2 期。

[32] 戴翔：《走出去——促进我国本土企业生产率提升了吗》，载于《世界经济研究》2016 年第 2 期。

[33] 戴翔：《生产率与中国企业"走出去"：服务业和制造业有何不同？》，载于《数量经济技术经济研究》2014 年第 6 期。

[34] 戴翔：《中国制造业国际竞争力——基于贸易附加值的测算》，载于《中国工业经济》2015 年第 1 期。

[35] 单元媛、赵玉林：《国外产业融合若干理论问题研究进展》，载于《经济评论》2012 年第 5 期。

[36] 丁冰：《略论我国"走出去"的发展战略》，载于《当代经济研究》2006 年第 12 期。

[37] 丁纯、李君扬：《德国"工业 4.0"内容、动因与前景及其启示》，载于《德国研究》2014 年第 4 期。

[38] 董翠玲：《发达国家政府在对外投资中的积极作用及启示》，载于《商业时代》2008 年第 2 期。

[39] 杜传忠、杨志坤：《德国工业 4.0 战略对中国制造业转型升级的借鉴》，载于《经济与管理研究》2015 年第 7 期。

[40] 范育鹏、乔琦、方琳：《产业生态系统新型定量研究方法综述》，载于《生态学报》2017 年第 13 期。

[41] 方慧、魏文菁、尚雅楠：《英国文化产业集群创新机制研究》，载于《世界经济研究》2014 年第 1 期。

［42］方涌、贺国隆：《制造业服务化研究述评》，载于《工业技术经济》2014年第4期。

［43］方忠权等：《会展产业集群的识别——以北京国际展览中心集聚区为例》，载于《华南师范大学学报》（自然科学版）2017年第1期。

［44］冯德连：《中国制造业大企业国际化优势的理论构建》，载于《经济问题》2018年第2期。

［45］冯学钢、王琼英：《中国旅游产业潜力评估模型及实证分析》，载于《中国管理科学》2009年第4期。

［46］付保宗：《我国推行绿色制造面临的形势与对策》，载于《宏观经济管理》2015年第11期。

［47］冈田英幸、多和田真、足立正博：《日本东海地区的产业集群》，载于《南方经济》2011年第7期。

［48］高柏：《产业政策与竞争政策：从经济社会学的角度看新结构经济学》，载于《上海对外经贸大学学报》2018年第3期。

［49］高歌：《德国"工业4.0"对我国制造业创新发展的启示》，载于《中国特色社会主义研究》2017年第2期。

［50］高巍、毕克新：《制造业企业信息化水平与工艺创新能力互动关系实证研究》，载于《科学学与科学技术管理》2014年第8期。

［51］高亦陈、刘兰：《创新驱动背景下我国制造业自主创新能力提升研究》，载于《科技创业月刊》2017年第4期。

［52］高友才、汤凯：《临空经济与供给侧结构性改革——作用机理和改革指向》，载于《经济管理》2017年第10期。

［53］葛东升、宋磊：《产业政策研究的演化经济学范式：日文文献的贡献》，载于《南方经济》2018年第1期。

［54］葛东霞、高长春：《创意产业集群价值网络模块化研究》，载于《海南大学学报年人文社会科学版》2017年第6期。

［55］葛立宇、王峰：《从产业政策到创新政策的制度基础——比较政治经济学视角的考察》，载于《科技进步与对策》2018年第9期。

［56］葛顺奇、罗伟：《跨国公司进入与中国制造业产业结构——基于全球价值链视角的研究》，载于《经济研究》2015年第11期。

［57］龚新：《装备制造业配套协作体系的运行机制研究》，载于《学术交流》2009年第10期。

［58］关伟、许淑婷：《辽宁省能源效率与产业结构的空间特征及耦合关系》，载于《地理学报》2014年第4期。

[59] 桂黄宝：《我国高技术产业创新效率及其影响因素空间计量分析》，载于《经济地理》2014年第6期。

[60] 郭本海、李军强、张笑腾：《政策协同对政策效力的影响——基于227项中国光伏产业政策的实证研究》，载于《科学学研究》2018年第5期。

[61] 郭巍、林汉川、付子墨：《我国先进制造业评价指标体系的构建》，载于《科技进步与对策》2011年第12期。

[62] 韩永彩：《美国再工业化对中国制造业国际竞争力的影响》，载于《国际经贸探索》2016年第4期。

[63] 郝斌、任浩：《模块化组织关联界面：形式、机理与效力机制》，载于《科研管理》2010年第6期。

[64] 郝斌、吴金南、刘石兰：《模块化组织治理问题研究》，载于《外国经济与管理》2010年第5期。

[65] 郝斌：《交易成本内部化与模块化组织边界变动》，载于《商业经济与管理》2010年第1期。

[66] 郝凤霞、陈洁婷：《产业政策与民营企业创新——基于A股民营上市公司的实证研究》，载于《当代经济》2018年第1期。

[67] 何宁、夏友富、黄海刚：《中国产业迈向全球价值链中高端科技政策研究——以装备制造业为研究对象》，载于《科技管理研究》2018年第7期。

[68] 和军：《装备制造业发展水平评价与比较研究综述》，载于《经济学动态》2012年第8期。

[69] 贺灿飞、潘峰华：《中国城市产业增长研究：基于动态外部性与经济转型视角》，载于《地理研究》2009年第3期。

[70] 贺俊：《产业政策的能力和激励基础》，载于《学习与探索》2018年第1期。

[71] 洪俊杰、黄薇、张蕙、陶攀：《中国企业走出去的理论解读》，载于《国际经济评论》2012年第4期。

[72] 侯方宇、杨瑞龙：《新型政商关系、产业政策与投资"潮涌现象"治理》，载于《中国工业经济》2018年第5期。

[73] 侯若石、李金珊：《资产专用性、模块化技术与企业边界》，载于《中国工业经济》2006年第11期。

[74] 侯仕军：《跨国公司模块化发展的整合性框架及启示》，载于《商业经济与管理》2010年第3期。

[75] 侯雪、康萌越、侯彦全：《中国制造2025背景下产业园区的分类与发展模式》，载于《开发研究》2017年第6期。

[76] 胡晓鹏：《产品模块化：动因、机理与系统创新》，载于《中国工业经济》2007年第12期。

[77] 胡晓鹏：《模块化整合标准化：产业模块化研究》，载于《中国工业经济》2005年第9期。

[78] 胡彦宇、吴之雄：《中国企业海外并购影响因素研究——基于新制度经济学视角的经验分析》，载于《财经研究》2011年第8期。

[79] 胡志强、苗健铭、苗长虹：《中国地市工业集聚与污染排放的空间特征及计量检验》，载于《地理科学》2018年第1期。

[80] 黄丽丽、綦建红：《中国企业从出口到OFDI的渐进国际化——基于不确定性的视角》，载于《南方经济》2018年第1期。

[81] 黄群慧、黄阳华、贺俊等：《面向中上等收入阶段的中国工业化战略研究》，载于《中国社会科学》2017年第12期。

[82] 黄群慧、霍景东：《产业融合与制造业服务化：基于一体化解决方案的多案例研究》，载于《财贸经济》2015年第2期。

[83] 黄群慧：《论新时期中国实体经济的发展》，载于《中国工业经济》2017年第9期。

[84] 机械研究与应用编辑部：《装备制造业调整和振兴规划》，载于《机械研究与应用》2009年第3期。

[85] 贾根良：《后发优势的演化创新观》，载于《山西大学学报》（哲学社会科学版）2004年第1期。

[86] 贾根良：《网络组织：超越市场与企业两分法》，载于《经济社会体制比较》1998年第4期。

[87] 贾根良：《演化发展经济学与新结构经济学》，载于《南方经济》2018年第1期。

[88] 贾诗玥、李晓峰：《超越市场失灵：产业政策理论前沿与中国启示》，载于《南方经济》2018年第5期。

[89] 贾震奇：《中国企业海外投资的产业选择》，载于《企业活力》2002年第11期。

[90] 江飞涛、李晓萍：《产业政策中的市场与政府——从林毅夫与张维迎产业政策之争说起》，载于《财经问题研究》2018年第1期。

[91] 姜大源：《德国职业教育体制机制改革与创新的战略决策——德国职业教育现代化与结构调整十大方略解读》，载于《中国职业技术教育》2010年第30期。

[92] 姜仁良：《会展产业集群的产业链属性及创新驱动力》，载于《商业经

济研究》2016 年第 1 期。

[93] 姜铸、李宁：《服务创新、制造业服务化对企业绩效的影响》，载于《科研管理》2015 年第 5 期。

[94] 蒋冠宏、蒋殿春：《中国企业对外直接投资的"出口效应"》，载于《经济研究》2014 年第 5 期。

[95] 蒋希蘅、程国强：《国内外专家关于"一路一带"建设的看法和建议综述》，载于《中国外资》2014 年第 10 期。

[96] 蒋选、周怡：《先进制造业选择标准及建设制造强国的发展路径》，载于《理论探讨》2018 年第 3 期。

[97] 蒋震：《产业创新能力培育与财税支持政策创新》，载于《产业创新研究》2018 年第 3 期。

[98] 焦翠红、陈钰芬：《R&D 资源配置、空间关联与区域全要素生产率提升》，载于《科学学研究》2018 年第 1 期。

[99] 金宇超、施文、唐松、靳庆鲁：《产业政策中的资金配置：市场力量与政府扶持》，载于《财经研究》2018 年第 4 期。

[100] 卡斯、李一平：《中国企业对东非共同体投资的现状及其影响》，载于《国际展望》2016 年第 6 期。

[101] 康妮、陈林：《产业政策实施下的补贴、竞争与企业生存》，载于《当代经济科学》2018 年第 2 期。

[102] 柯颖、史进：《基于模块化 H 维框架的产业价值网形成与发展战略机遇》，载于《科技进步与对策》2015 年第 3 期。

[103] 柯颖、王述英：《模块化生产网络：一种新产业组织形态研究》，载于《中国工业经济》2007 年第 8 期。

[104] 蓝庆新：《近年来我国资源类企业海外并购问题研究》，载于《国际贸易问题》2011 年第 8 期。

[105] 雷如桥、陈继祥、刘芹：《基于模块化的组织模式及其效率比较研究》，载于《中国工业经济》2004 年第 10 期。

[106] 李博、曾宪初：《工业结构变迁的动因和类型——新中国 60 年工业化历程回顾》，载于《经济评论》2010 年第 1 期。

[107] 李锋、赵曙东、史小庆等：《开放条件下江苏产业集聚现状与形成机制研究》，载于《世界经济与政治论坛》2005 年第 4 期。

[108] 李刚：《试析东北地区制造业转型的途径》，载于《行政与法》2017 年第 7 期。

[109] 李国平：《对外直接投资的区位选择与基本分析框架》，载于《北京

大学学报》（哲学社会科学版）2000年第1期。

[110] 李海舰、聂辉华：《论企业与市场的相互融合》，载于《中国工业经济》2004年第8期。

[111] 李亨昭、邱敬之、戚法云：《先进制造技术的发展趋势与战略设想》，载于《电子机械工程》2000年第2期。

[112] 李纪珍：《产业共性技术：概念、分类与制度供给》，载于《中国科技论坛》2006年第3期。

[113] 李健、李澎：《东北三省城市生产效率及其影响因素分析——基于三要素投入随机前沿分析方法研究》，载于《经济经纬》2018年第1期。

[114] 李健旋：《美德中制造业创新发展战略重点及政策分析》，载于《中国软科学》2016年第9期。

[115] 李金华：《新工业革命行动计划下中国先进制造业的发展现实与路径》，载于《吉林大学社会科学学报》2017年第3期。

[116] 李金华：《中国先进制造业技术效率的测度及政策思考》，载于《中国地质大学学报》（社会科学版）2017年第4期。

[117] 李金华：《中国制造业与世界制造强国的比较及启示》，载于《东南学术》2016年第2期。

[118] 李晶、井崇任：《促进高端装备制造业发展的财政税收政策研究》，载于《财经问题研究》2013年第4期。

[119] 李靖华、林莉、闫威涛：《制造业服务化的价值共创机制：基于价值网络的探索性案例研究》，载于《科学学与科学技术管理》2017年第5期。

[120] 李镜：《"工业4.0"时代"沈阳制造"转型升级对策建议》，载于《现代商业》2015年第12期。

[121] 李康勇：《中国产业政策与企业技术创新对策》，载于《产业创新研究》2018年第3期。

[122] 李磊、冼国明、包群：《"引进来"是否促进了"走出去"？——外商投资对中国企业对外直接投资的影响》，载于《经济研究》2018年第3期。

[123] 李廉水、程中华、刘军：《中国制造业"新型化"及其评价研究》，载于《中国工业经济》2015年第2期。

[124] 李美云：《国外产业融合研究新进展》，载于《外国经济与管理》2005年第12期。

[125] 李宁、韦颜秋：《天津市生产性服务业与制造业协同发展研究》，载于《地域研究与开发》2016年第12期。

[126] 李宁、杨蕙馨：《集群剩余与企业集群内部协调机制》，载于《南开

管理评论》2005 年第 2 期。

[127] 李培楠、赵兰香、万劲波：《创新要素对产业创新绩效的影响——基于中国制造业和高技术产业数据的实证分析》，载于《科学学研究》2014 年第 4 期。

[128] 李平、狄辉：《产业价值链模块化重构的价值决定研究》，载于《中国工业经济》2006 年第 9 期。

[129] 李汝资、刘耀彬：《1978 年以来中国省际全要素生产率时空演变特征研究》，载于《华东经济管理》2016 年第 7 期。

[130] 李芮：《产业融合：我国产业结构转型升级的路径选择》，载于《现代管理科学》2015 年第 6 期。

[131] 李绍东、唐晓华：《市场集中度与大企业竞争力实证分析——基于中国装备制造业的经验证据》，载于《山东大学学报》（哲学社会科学版）2013 年第 6 期。

[132] 李绍东、唐晓华：《中国装备制造业的市场势力与绩效》，载于《财经问题研究》2013 年第 12 期。

[133] 李思慧、于津平：《对外直接投资与企业创新效率》，载于《国际贸易问题》2016 年第 12 期。

[134] 李维安：《信息与组织革命的产儿——网络组织》，载于《南开管理评论》2000 年第 3 期。

[135] 李新春：《企业战略网络的生成发展与市场转型》，载于《经济研究》1998 年第 4 期。

[136] 李雪、马林：《基于数字化技术的先进制造技术》，载于《科技视界》2015 年第 33 期。

[137] 李延军、史笑迎、李海月：《京津冀区域金融集聚对经济增长的空间溢出效应研究》，载于《经济与管理》2018 年第 1 期。

[138] 李永刚：《基于分工衍生的大、中、小企业错位共生原理——以大企业为轴心的轮轴式产业集群的生成机制为视角》，载于《南昌大学学报》2015 年第 6 期。

[139] 李永友、严岑：《服务业"营改增"能带动制造业升级吗？》，载于《经济研究》2018 年第 4 期。

[140] 李志宏：《先进装备制造业科技人才绩效评估及提升对策分析——基于武汉装备制造业新型工业化中科技发展有效性的案例研究》，载于《科技进步与对策》2012 年第 2 期。

[141] 李子彪：《积极实施"走出去"战略——对外开放新阶段的重大举

措》，载于《求是》2003年第2期。

[142] 梁敬东、霍景东：《制造业服务化与经济转型：机理与实证》，载于《首都经济贸易大学学报》2017年第3期。

[143] 梁启东、刘晋莉：《辽宁装备制造业发展研究》，载于《财经问题研究》2013年第5期。

[144] 梁锶、苑生龙：《主体二元化背景下地方企业对外直接投资动因研究——基于省际面板数据的实证检验》，载于《管理评论》2016年第2期。

[145] 廖萌：《"一带一路"建设背景下我国企业"走出去"的机遇与挑战》，载于《经济纵横》2015年第9期。

[146] 林苍松、张向前：《中国培育具有全球影响力的先进制造业基地动力机制研究》，载于《科技管理研究》2018年第2期。

[147] 林凤霞、袁博：《中国先进制造业与生产性服务业互动发展研究》，载于《区域经济评论》2015年第4期。

[148] 林凤霞：《后发地区先进制造业发展模式与路径选择研究》，载于《黄河科技大学学报》2017年第5期。

[149] 林柯、吕想科：《路径依赖、锁定效应与产业集群发展的风险——以美国底特律汽车产业集群为例》，载于《区域经济评论》2015年第1期。

[150] 林民盾、杜曙光：《产业融合：横向产业研究》，载于《中国工业经济》2006年第2期。

[151] 林平：《德国21世纪信息社会行动计划》，载于《全球科技经济瞭望》2001年第8期。

[152] 林毅夫、向为、余淼杰：《区域型产业政策与企业生产率》，载于《经济学年第季刊期》2018年第2期。

[153] 林毅夫：《产业政策与我国经济发展：新结构经济学视角》，载于《比较》2016年第6期。

[154] 林志帆：《中国的对外直接投资真的促进出口吗》，载于《财贸经济》2016年第2期。

[155] 刘斌、王乃嘉：《制造业投入服务化与企业出口的二元边际——基于中国微观企业数据的经验研究》，载于《中国工业经济》2016年第9期。

[156] 刘斌、魏倩、吕越、祝坤：《福制造业服务化与价值链升级》，载于《经济研究》2016年第3期。

[157] 刘秉泰、卢明华、李涛：《东京工业结构演化模式及其驱动力研究》，载于《世界地理研究》2003年第3期。

[158] 刘昌年、梅强：《"专精特新"与小微企业成长路径选择研究》，载于

《科技管理研究》2015 年第 5 期。

[159] 刘晨、葛顺奇、罗伟:《FDI、异质性劳动力市场与城市工资提升》,载于《国际贸易问题》2018 年第 1 期。

[160] 刘飞、李聪波、曹华军、王秋莲:《基于产品生命周期主线的绿色制造技术内涵及技术体系框架》,载于《机械工程学报》2009 年第 12 期。

[161] 刘和东:《产业学合作创新的博弈分析》,载于《工业技术经济》2008 年第 1 期。

[162] 刘洪、陈小霞:《能源效率的地区差异及影响因素——基于中部 6 省面板数据的研究》,载于《中南财经政法大学学报》2010 年第 6 期。

[163] 刘建国:《制造业服务化转型模式与路径研究》,载于《技术经济与管理研究》2012 年第 7 期。

[164] 刘明、达顾强:《从供给侧改革看先进制造业的创新发展——世界各主要经济体的比较及其对我国的启示》,载于《经济社会体制比较》2016 年第 1 期。

[165] 刘明达、顾强:《从供给侧改革看先进制造业的创新发展——世界各主要经济体的比较及其对我国的启示》,载于《经济社会体制比较》2016 年第 1 期。

[166] 刘沛罡、王海军:《高技术产业内部结构多样化、专业化与经济增长动力——基于省域高技术产业制造业和服务业面板数据的实证分析》,载于《产业经济研究》2016 年第 6 期。

[167] 刘相锋:《供给端补贴、需求端补贴与补贴退坡政策——基于三部门 DSGE 模型分析》,载于《财贸经济》2018 年第 2 期。

[168] 刘晓光、杨连星:《双边政治关系、东道国制度环境与对外直接投资》,载于《金融研究》2016 年第 12 期。

[169] 刘雪芹、张贵:《创新生态系统:创新驱动的本质探源与范式转换》,载于《科技进步与对策》2016 年第 20 期。

[170] 刘延宏、刘玉明:《中国铁路产业"走出去"的经验与教训》,载于《建筑经济》2015 年第 12 期。

[171] 刘奕、夏杰长、李垚:《生产性服务业集聚与制造业升级》,载于《中国工业经济》2017 年第 7 期。

[172] 刘勇、江飞涛、贾俊生:《中国工业与服务业相互关系之实证研究》,载于《中山大学学报》(社会科学版) 2013 年第 1 期。

[173] 刘志彪:《攀升全球价值链与培育世界级先进制造业集群——学习十九大报告关于加快建设制造强国的体会》,载于《南京社会科学》2018 年第 1 期。

[174] 娄本宁：《郑州临空产业集群发展现状及路径选择》，载于《当代经济》2017年第16期。

[175] 卢方元、李彦龙：《政府支持有助于提升高技术产业R&D效率吗?》，载于《科学学研究》2016年第12期。

[176] 鲁元珍、杨君：《擦亮中国新"名片"——装备制造业"走出去"》，载于《中国中小企业》2015年第3期。

[177] 罗建强：《服务型制造企业服务衍生的存在性研究》，载于《科学学与科学技术管理》2015年第12期。

[178] 吕国庆、曾刚、马双、刘刚：《产业集群创新网络的演化分析——以东营市石油装备制造业为例》，载于《科学学研究》2014年第9期。

[179] 吕铁、贺俊：《从中国高铁经验看产业政策和部门创新体系的动态有效性》，载于《学习与探索》2018年第1期。

[180] 吕越、李小萌、吕云龙：《全球价值链中的制造业服务化与企业全要素生产率》，载于《南开经济研究》2017年第3期。

[181] 马光远：《美国制造业回流的冷思考》，载于《当代贵州》2017年第9期。

[182] 马健：《产业融合理论研究评述》，载于《经济学动态》2002年第5期。

[183] 马静洲、伍新木：《战略性新兴产业政策的国际对比研究——基于中、美、德、日四国的对比》，载于《河南社会科学》2018年第4期。

[184] 马骏：《新常态下推进上海制造业服务化研究》，载于《上海经济》2016年第5期。

[185] 马晓河：《结构转型、困境摆脱与我国制造业的战略选择》，载于《改革》2014年第12期。

[186] 毛德凤、李静、彭飞、骆正清：《研发投入与企业全要素生产率——基于PSM和GPS的检验》，载于《财经研究》2013年第4期。

[187] 毛其淋、许家云：《中国企业对外直接投资是否促进了企业创新》，载于《世界经济》2014年第8期。

[188] 孟亮：《辽宁葫芦岛泳装行业首创"产业集群海外仓"的效应及经验做法》，载于《对外经贸实务》2017年第7期。

[189] 孟祥宁、张林：《中国装备制造业绿色全要素生产率增长的演化轨迹及动力》，载于《经济与管理研究》2018年第1期。

[190] 聂名华：《试论中国境外直接投资的主要特征》，载于《世界经济研究》2000年第3期。

[191] 聂明华、徐英杰《对外直接投资、金融发展与经济增长》，载于《财经问题研究》2016年第12期。

[192] 潘登、蒋丽丽：《城市空间理论视角下文化创意产业集群提升城市品牌路径研究》，载于《当代经济》2017年第21期。

[193] 潘素昆、袁然：《不同投资动机OFDI促进产业升级的理论和实证研究》，载于《经济学家》2014年第9期。

[194] 潘伟光：《美国、韩国、新加坡促进企业对外投资政策及启示》，载于《计划与市场》2001年第1期。

[195] 逢红梅、唐晓华：《基于两种包络面的机械制造业技术效率评价》，载于《东北大学学报》（社会科学版）2014年第1期。

[196] 裴广成：《京津冀先进制造业营商环境的构成与优化——基于产业发展与区域协同视角》，载于《经营与管理》2017年第6期。

[197] 裴长洪、于燕：《德国"工业4.0"与中德制造业合作新发展》，载于《财经问题研究》2014年第10期。

[198] 裴志林、张志文：《中国民营企业"走出去"的态势与思考》，载于《北京社会科学》2013年第3期。

[199] 彭诗言：《平台经济视阈下制造业转型升级机制研究》，载于《社会科学战线》2017年第7期。

[200] 皮建才、李童、陈旭阳：《中国民营企业如何"走出去"：逆向并购还是绿地投资》，载于《国际贸易问题》2016年第5期。

[201] 齐凤梅、闫全喜：《实施"走出去"战略提升企业核心国际竞争力》，载于《中国新技术新产品》2014年第11期。

[202] 祁顺生、伍敬贤：《基于标准竞争的我国高端制造业战略型技术平台研究》，载于《科技进步与对策》2012年第9期。

[203] 綦良群、赵龙双：《基于产品价值链的生产性服务业与装备制造业的融合研究》，载于《工业技术经济》2013年第12期。

[204] 钱堃、鲍晓娜、王鹏：《核心企业主导的创新生态系统新能力开发：一个嵌入式单案例研究的发现》，载于《科技进步与对策》2016年第9期。

[205] 邱立成、于李娜：《中国对外直接投资：理论分析与实证检验》，载于《南开学报》2005年第3期。

[206] 仇明：《"走出去"战略研究：国际商务理论方法的阐述》，载于《世界经济》2002年第4期。

[207] 屈小娥：《中国省际能源效率差异及其影响因素分析》，载于《经济理论与经济管理》2009年第2期。

[208] 瞿宛文：《多层级模式：中国特色的产业政策》，载于《文化纵横》2018年第2期。

[209] 曲建：《"一带一路"下，深圳输出"特区模式"的可行性选择：境外园区咨询服务》，载于《特区经济》2017年第6期。

[210] 任皓、周绍杰、胡鞍钢：《知识密集型服务业与高技术制造业协同增长效应研究》，载于《中国软科学》2017年第8期。

[211] 任继球：《特朗普经济政策对我国产业发展的影响》，载于《宏观经济管理》2017年第6期。

[212] 任家华：《浙江块状经济的生态转型与升级策略分析——基于商业生态系统视角》，载于《科技管理研究》2010年第22期。

[213] 阮建青、石琦、张晓波：《产业集群动态演化规律与地方政府政策》，载于《管理世界》2014年第12期。

[214] 桑百川：《"走出去"战略：效果、问题与变革取向》，载于《国际贸易》2017年第5期。

[215] 沈继奔、王来忠：《德国产业集群启示中国》，载于《中国投资》2013年第4期。

[216] 史丹：《结构变动是影响我国能源消费的主要因素》，载于《中国工业经济》1999年第11期。

[217] 史世伟、向渝：《高科技战略下的德国中小企业创新促进政策研究》，载于《德国研究》2015年第4期。

[218] 史永隽：《中国与意大利产业集群的差异比较分析》，载于《学术研究》2007年第7期。

[219] 水常青、王庆瑞：《企业创新文化理论研究评述》，载于《科学学与科学技术管理》2005年第3期。

[220] 宋华、卢强：《基于虚拟产业集群的供应链金融模式创新：创捷公司案例分析》，载于《中国工业经济》2017年第5期。

[221] 苏杭、郑磊、牟逸飞：《要素禀赋与中国制造业产业升级——基于WIOD和中国工业企业数据库的分析》，载于《管理世界》2017年第4期。

[222] 苏莉、冼国明：《中国企业跨国并购促进生产率进步了吗？》，载于《中国经济问题》2017年第1期。

[223] 孙冰、戴宁：《关于装备制造业自主创新研究的综述》，载于《工业技术经济》2008年第9期。

[224] 孙敬水、杜金丹：《先进制造业核心竞争力研究综述》，载于《天津商业大学学报》2014年第2期。

[225] 孙林岩、才君、高杰：《服务型制造转型——陕鼓的案例研究》，载于《管理案例研究与评论》2011年第8期。

[226] 孙晓峰：《模块化技术与模块化生产方式：以计算机产业为例》，载于《中国工业经济》2005年第6期。

[227] 谭蓉娟、谭嫒元、陈树杰：《产业位势视角下中国先进制造业竞争力维度结构研究》，载于《科技进步与对策》2015年第16期。

[228] 唐晓华、张欣钰：《制造业与生产性服务业联动发展行业差异性分析》，载于《经济与管理研究》2016年第7期。

[229] 唐晓华、张欣钰：《中国制造业与生产性服务业动态协调发展实证研究》，载于《经济研究》2018年第3期。

[230] 唐晓华、陈阳、张欣钰：《中国制造业集聚程度演变趋势及时空特征研究》，载于《经济问题探索》2017年第5期。

[231] 唐晓华、陈阳：《中国装备制造业全要素生产率时空特征——基于三种空间权重矩阵的分析》，载于《商业研究》2017年第4期。

[232] 唐晓华、霍晓姝：《创新对我国装备制造业市场势力影响的动态研究》，载于《产经评论》2014年第3期。

[233] 唐晓华、霍晓姝：《装备制造业集群风险因素的层次研究》，载于《社会科学辑刊》2013年第6期。

[234] 唐晓华、姜博、马胜利：《基于ISCNFI分析框架的我国区域产业融合发展研究》，载于《商业研究》2015年第5期。

[235] 唐晓华、姜博、夏茂森：《基于产业关联的生产性服务业与制造业互动研究——以辽宁省为例》，载于《商业经济研究》2015年第8期。

[236] 唐晓华、景文治：《基于脉冲响应分析的新产品研发投入双向滞后效应研究——以东北地区电子及通信设备制造业为例》，载于《辽宁大学学报》（哲学社会科学版）2018年第1期。

[237] 唐晓华、李绍东：《我国装备制造业市场集中度实证分析》，载于《财经问题研究》2011年第6期。

[238] 唐晓华、李绍东：《中国装备制造业与经济增长实证研究》，载于《中国工业经济》2010年第12期。

[239] 唐晓华、李占芳、许静：《异质性与网络形成：一个综述》，载于《经济与管理研究》2015年第4期。

[240] 唐晓华、刘相锋：《环境规制对中国制造业产业结构优化影响研究——基于行业人均收入差异的检验分析》，载于《政府管制评论》2017年第1期。

[241] 唐晓华、刘相锋：《能源强度与中国制造业产业结构优化实证》，载于《中国人口·资源与环境》2016 年第 10 期。

[242] 唐晓华、刘相锋：《市场结构、企业性质与产业升级动力》，载于《广东财经大学学报》2016 年第 4 期。

[243] 唐晓华、刘相锋：《中国装备制造业产业结构调整中外资修复作用的实证研究》，载于《广东财经大学学报》2016 年第 2 期。

[244] 唐晓华、吴春蓉：《生产性服务业与装备制造业互动融合的差异性研究》，载于《社会科学战线》2016 年第 11 期。

[245] 唐晓华、徐雷：《大企业竞争力的"双能力"理论——一个基本的分析框架》，载于《中国工业经济》2011 年第 9 期。

[246] 唐晓华、张欣珏、李阳：《中国制造业与生产性服务业动态协调发展实证研究》，载于《经济研究》2018 年第 3 期。

[247] 唐晓华、张欣钰、李阳：《中国制造业产业结构优化调整研究——基于低碳、就业、经济增长多重约束视角》，载于《经济问题探索》2018 年第 1 期。

[248] 唐晓华、张欣钰、李阳：《制造业与生产性服务业协同发展对制造效率影响的差异性研究》，载于《数量经济技术经济研究》2018 年第 3 期。

[249] 唐晓华、张欣钰、陈阳：《中国制造业产业政策实施有效性评价》，载于《科技进步与对策》2017 年第 10 期。

[250] 唐晓华、张欣钰、李阳：《制造业与生产性服务业协同发展对制造效率影响的差异性研究》，载于《数量经济技术经济研究》2018 年第 3 期。

[251] 唐晓华、张欣钰：《效率视角下装备制造各子行业竞争力差异性研究——基于辽宁省面板数据的实证研究》，载于《辽宁大学学报》（哲学社会科学版）2017 年第 2 期。

[252] 唐晓华、张欣钰：《制造业与生产性服务业联动发展行业差异性分析》，载于《经济与管理研究》2016 年第 7 期。

[253] 唐晓华、赵丰义、张丹宁：《我国装备制造业集中度与研发强度的内生性升级机制研究》，2010 年中国产业组织前沿论坛会议文集。

[254] 唐晓华、赵丰义：《企业管理传承性创新的理论与经验研究——基于资源基础理论的分析视角》，载于《产业经济评论》2010 年第 3 期。

[255] 唐晓华、赵丰义：《我国装备制造业企业自主研发投入影响因素实证研究》，载于《社会科学辑刊》2011 年第 1 期。

[256] 唐晓华、赵丰义：《我国装备制造业升级的公司治理研究》，载于《财经问题研究》2010 年第 8 期。

[257] 唐晓华、刘蕊等、丁琦、张志国：《我国高技术制造业创新效率研究——基于"互联网+"视角》，载于《辽宁大学学报》（哲学社会科学版）2020年第2期。

[258] 唐晓华、周婷婷：《基于时间序列的中国制造业能源利用效率研究》，载于《当代经济科学》2017年第2期。

[259] 唐志芳、顾乃华：《制造业服务化、全球价值链分工与劳动收入占比——基于WIOD数据的经验研究》，载于《产业经济研究》2018年第1期。

[260] 陶经辉、王陈玉：《基于系统动力学的物流园区与产业园区服务功能联动》，载于《系统工程理论与实践》2017年第10期。

[261] 陶永、李秋实、赵罡：《面向产品全生命周期的绿色制造策略》，载于《中国科技论坛》2016年第9期。

[262] 田毕飞、陈紫若：《FDI对中国创业的空间外溢效应》，载于《中国工业经济》2016年第8期。

[263] 童有好：《"互联网+制造业服务化"融合发展研究》，载于《经济纵横》2015年第10期。

[264] 涂正革、王秋皓：《中国工业绿色发展的评价及动力研究——基于地级以上城市数据门限回归的证据》，载于《中国地质大学学报》（社会科学版）2018年第1期。

[265] 万勇：《全球主要国家近期制造业战略观察》，载于《国防制造技术》2015年第3期。

[266] 汪彩君、方晓贤、郑梦宇：《城镇空间结构演化助力产业结构调整》，载于《浙江经济》2018年第7期。

[267] 汪传雷、张岩、王静娟：《基于共享价值的物流产业生态圈构建》，载于《资源开发与市场》2017年第7期。

[268] 汪芳、潘毛毛：《产业融合、绩效提升与制造业成长——基于1998—2011年面板数据的实证》，载于《科学学研究》2015年第4期。

[269] 王炳春：《新兴经济体对世界经济格局的影响及中国的定位》，载于《黑龙江对外贸易》2011年第4期。

[270] 王成东、綦良群：《中国装备制造业与生产性服务业融合研究》，载于《学术交流》2015年第3期。

[271] 王成东：《装备制造业与生产性服务业融合动因驱动强度测度研究——基于效率视角的实证分析王成东》，载于《科技进步与对策》2015年第2期。

[272] 王丹、郭美娜：《上海制造业服务化的类型、特征及绩效的实证研究》，载于《上海经济研究》2016年第5期。

[273] 王德显、王跃生：《美德先进制造业发展战略运行机制及其启示》，载于《中州学刊》2016 年第 2 期。

[274] 王福君、沈颂东：《美、日、韩三国装备制造业的比较及其启示》，载于《华中师范大学学报》（人文社会科学版）2012 年第 5 期。

[275] 王国平：《产业升级中先进制造业成长规律研究——以上海先进制造业发展为例》，载于《中共中央党校学报》2009 年第 4 期。

[276] 王加春：《国际金融危机下我国企业"走出去"的政策支持研究》，载于《国际商务财会》2011 年第 11 期。

[277] 王建、栾大鹏：《成本、禀赋与中国制造业对外直接投资—基于扩展 KK 模型的分析》，载于《世界经济研究》2013 年第 1 期。

[278] 王岚、李宏艳：《中国制造业融入全球价值链路径研究——嵌入位置和增值能力的视角》，载于《中国工业经济》2015 年第 2 期。

[279] 王莉莉：《海外投资迅猛更需风险防控》，载于《中国对外贸易》2016 年第 7 期。

[280] 王敏、方荣贵、银路：《基于产业生命周期的共性技术供给模式比较研究——以半导体产业为例》，载于《中国软科学》2013 年第 9 期。

[281] 王钦：《跨国公司并购中国装备制造业企业的公共政策选择》，载于《北京师范大学学报》（社会科学版）2007 年第 1 期。

[282] 王庆德、乔夫：《央企"走出去"——海外并购公司的管理模式研究》，载于《管理评论》2017 年第 10 期。

[283] 王秋彬：《临空产业竞争力的修正"钻石模型"分析——以郑州航空港经济综合实验区为例》，载于《当代经济》2017 年第 31 期。

[284] 王如玉、梁琦、李广乾：《虚拟集聚：新一代信息技术与实体经济深度融合的空间组织新形态》，载于《管理世界》2018 年第 2 期。

[285] 王恕立、胡宗彪：《中国服务业分行业生产率变迁及异质性考察》，载于《经济研究》2012 年第 4 期。

[286] 王伟、孙芳城：《金融发展、环境规制与长江经济带绿色全要素生产率增长》，载于《西南民族大学学报（人文社科版）》2018 年第 1 期。

[287] 王伟光、马胜利、姜博：《高技术产业创新驱动中低技术产业增长的影响因素研究》，载于《中国工业经济》2015 年第 3 期。

[288] 王伟光、余景年、彭莉：《中国工业机器人产业技术研究——专利地图视角》，载于《科技进步与对策》2017 年第 7 期。

[289] 王小波、陈赤平、文美玲：《生产性服务业与制造业融合发展研究》，载于《湖南科技大学学报》2016 年第 6 期。

[290] 王晓珍、邹鸿辉、高伟：《产业政策有效性分析——来自风电企业产权性质及区域创新环境异质性的考量》，载于《科学学研究》2018年第2期。

[291] 王晓珍、邹鸿辉：《产业政策对风电企业创新绩效的作用机制分析——基于时滞和区域创新环境的考量》，载于《研究与发展管理》2018年第2期。

[292] 王秀彦、费仁元：《先进制造技术的发展趋势综述》，载于《锻压机械》2002年第1期。

[293] 王玉梅、林双：《基于知识创新与人才管理双因素的企业技术创新促进对策研究》，载于《华中农业大学学报》（社会科学版）2012年第1期。

[294] 王玉燕：《产业结构、城市化与能源效率的动态关系——基于VAR模型的实证研究》，载于《中南财经政法大学研究生学报》2011年第5期。

[295] 王媛媛：《美国推动先进制造业发展的政策、经验及启示》，载于《亚太经济》2017年第6期。

[296] 王曰芬、邵凌赟、丁晟春：《基于信息集成的企业竞争情报系统的构建研究》，载于《情报学报》2005年第3期。

[297] 王宗水、赵红、刘宇：《制造业产业集群知识服务平台构建及优化策略研究——以吉林省知识服务平台建设为例》，载于《中国科技论坛》2015年第8期。

[298] 魏龙、王磊：《全球价值链体系下中国制造业转型升级分析》，载于《数量经济技术经济研究》2017年第6期。

[299] 翁银娇、马文聪、叶阳平、张光宇：《我国LED产业政策的演进特征、问题和对策——基于政策目标、政策工具和政策力度的三维分析》，载于《科技管理研究》2018年第3期。

[300] 吴传清、申雨琦：《长江经济带装备制造业发展水平评价研究》，载于《徐州工程学院学报》（社会科学版）2018年第1期。

[301] 吴戴：《企业海外品牌并购三部曲》，载于《现代商业》2011年第3期。

[302] 吴芳、张向前：《海西先进制造业基地产业集群支持体系研究》，载于《科技管理研究》2012年第7期。

[303] 吴航、陈劲：《企业实施国际化双元战略的创新效应——以竞争强度为调节》，载于《科学学研究》2018年第2期。

[304] 吴金希：《创新生态体系的内涵、特征及其政策含义》，载于《科学学研究》2014年第1期。

[305] 吴利学、叶素云、傅晓霞：《中国制造业生产率提升的来源：企业成

长还是市场更替?》,载于《管理世界》2016年第6期。

[306] 吴延兵:《R&D与生产率:基于中国制造业的实证研究》,载于《经济研究》2006年第11期。

[307] 武宵旭、葛鹏飞、徐璋勇:《老龄化抑制了"一带一路"绿色全要素生产率的提升吗——基于创新和医疗的视角》,载于《山西财经大学学报》2018年第3期。

[308] 席枫、李家祥:《构建全国先进制造研发基地的指标体系研究》,载于《天津师范大学学报》(社会科学版)2016年第6期。

[309] 夏后学、谭清美、王斌:《装备制造业高端化的新型产业创新平台研究——智能生产与服务网络视角》,载于《科研管理》2017年第12期。

[310] 夏梅:《试论装备制造企业国际化战略》,载于《机械管理开发》2007年第12期。

[311] 夏维力、钟培:《基于DEA-Malmquist指数的我国制造业R&D动态效率研究》,载于《研究与发展管理》2011年第2期。

[312] 向晓梅、孟凡强、赖长强:《广东省先进制造业产业竞争力的偏离—份额分析》,载于《广西财经学院学报》2010年第5期。

[313] 肖仁桥、钱丽、陈忠卫:《中国高技术产业创新效率及其影响因素研究》,载于《管理科学》2012年第5期。

[314] 肖远军、李春玲:《政策评价概念探析》,载于《理论探讨》1995年第2期。

[315] 熊立、谢奉军、祝振兵:《双元文化与创新升级——先进制造业和传统制造业的数据对比研究》,载于《软科学》2017年第5期。

[316] 徐策、邹磊:《大力推进我国装备业走出去》,载于《宏观经济管理》2015年第5期。

[317] 徐德英、韩伯棠:《政策供需匹配模型构建及实证研究——以北京市创新创业政策为例》,载于《科学学研究》2015年第1期。

[318] 徐建中、谢晶:《基于属性视角的我国制造业先进性的判断与测度》,载于《科学学与科学技术管理》2013年第5期。

[319] 徐雷、唐晓华:《"双能力"视角下企业竞争力与市场规模的互动机理》,载于《技术经济》2012年第5期。

[320] 徐雷、唐晓华:《企业竞争力的"双能力"与经营绩效》,载于《软科学》2013年第10期。

[321] 徐莹莹、李妍、周国富:《京津冀高技术制造业的产业关联效应分析》,载于《统计与决策》2017年第16期。

［322］徐振鑫、莫长炜、陈其林：《制造业服务化：我国制造业升级的一个现实性选择》，载于《经济学家》2016年第9期。

［323］师博、姚峰、李辉：《创新投入、市场竞争与制造业绿色全要素生产率》，载于《人文杂志》2018年第1期。

［324］许和连、成丽红、孙天阳：《制造业投入服务化对企业出口国内增加值的提升效应——基于中国制造业微观企业的经验研究》，载于《中国工业经济》2017年第10期。

［325］许静、李占芳：《辽宁航空制造业开放式创新系统的构建》，载于《辽宁经济》2013年第9期。

［326］鄢章华、刘蕾：《产业集群的"零边际成本"趋势及其引导策略》，载于《科技管理研究》2017年第1期。

［327］严含、葛伟民：《"产业集群群"：产业集群理论的进阶》，载于《上海经济研究》2017年第5期。

［328］严炜炜：《产业集群跨系统创新服务融合系统动力学分析》，载于《科技进步与对策》2015年第8期。

［329］阎大颖：《企业能力视角下跨国并购动因的前沿理论述评》，载于《南开学报》（哲学社会科学版）2006年第4期。

［330］阎蓉：《柳工牵手波兰HSW：一起"未被张扬"的海外并购》，载于《中国机电工业》2012年第3期。

［331］杨才君、高杰、孙林岩：《产品服务系统的分类及演化——陕鼓的案例研究》，载于《中国科技论坛》2011年第2期。

［332］杨澄：《差异化战略、产业政策与成本粘性》，载于《暨南学报》（哲学社会科学版）2018年第2期。

［333］杨海洋：《德国制造业优势产生并保持的原因分析》，载于《改革与战略》2013年第1期。

［334］杨浩昌、李廉水、刘军：《高技术产业聚集对技术创新的影响及区域比较》，载于《科学学研究》2016年第2期。

［335］杨欢、吴殿廷、王三三：《中国"走出去"战略的阶段性及其策略研究》，载于《国际商务——对外经济贸易大学学报》2012年第6期。

［336］杨连星、刘晓光：《中国OFDI逆向技术溢出与出口技术复杂度提升》，载于《财贸经济》2016年第6期。

［337］杨明海、张红霞、孙亚男、李倩倩：《中国八大综合经济区科技创新能力的区域差距及其影响因素研究》，载于《数量经济技术经济研究》2018年第4期。

[338] 杨秋宝：《发展先进制造业的五大战略》，载于《金融博览》2018 年第 3 期。

[339] 杨帅：《工业 4.0 与工业互联网：比较、启示与应对策略》，载于《当代财经》2015 年第 8 期。

[340] 杨英、谭松：《论"一带一路"建设对外拓展的总体格局》，载于《华南师范大学学报》（社会科学版）2017 年第 5 期。

[341] 杨张博、高山行：《生物技术产业集群技术网络演化研究——以波士顿和圣地亚哥为例》，载于《科学学研究》2017 年第 4 期。

[342] 姚小远：《论制造业的服务化：制造业与服务业发展的新模式》，载于《上海师范大学学报》（哲学社会科学版）2014 年第 6 期。

[343] 尹建桥、柳爱民：《论我国的境外投资股权模式》，载于《重庆商学院学报》2001 年第 8 期。

[344] 于斌斌：《传统产业与战略性新兴产业的创新链接机理——基于产业链上下游企业进化博弈模型的分析》，载于《研究与发展管理》2012 年第 3 期。

[345] 于波、李平华：《先进制造业的内涵分析》，载于《南京财经大学学报》2010 年第 6 期。

[346] 于丽：《浅议欧亚新格局下的中日经济关系》，载于《经济问题探索》2016 年第 7 期。

[347] 于蓬蓬：《基于全球视野的产业集群创新升级思考》，载于《企业研究》2016 年第 12 期。

[348] 余东华、孙婷、张鑫宇：《要素价格扭曲如何影响制造业国际竞争力》，载于《中国工业经济》2018 年第 2 期。

[349] 俞立平、章美娇、王作功：《中国地区高技术产业政策评估及影响因素研究》，载于《科学学研究》2018 年第 1 期。

[350] 袁志刚、高虹：《中国城市制造业就业对服务业就业的乘数效应》，载于《经济研究》2015 年第 7 期。

[351] 原毅军、谢荣辉：《环境规制的产业结构调整效应研究：基于中国省际面板数据的实证检验》，载于《中国工业经济》2014 年第 8 期。

[352] 张兵：《中国对外直接投资的产业战略选择》，载于《财政研究》2012 年第 12 期。

[353] 张丹宁、陈阳：《中国装备制造业发展水平及模式研究》，载于《数量经济技术经济研究》2014 年第 7 期。

[354] 张丹宁、冯乐乐：《中国软件园发展水平及模式研究》，载于《科研管理》2018 年第 S1 期。

[355] 张丹宁、付小赟、易平涛：《沈阳市众创空间产业集群发展路径研究——基于运营效率测度》，载于《东北大学学报》（社会科学版）2017年第1期。

[356] 张丹宁、刘永刚：《产业集群社会责任建设模式研究——基于共生视角的分析》，载于《商业研究》2017年第7期。

[357] 张丹宁、刘永刚：《从演化视角看社会责任发展：一个文献综述》，载于《沈阳工业大学学报》（社会科学版）2016年第5期。

[358] 张丹宁、唐晓华、郭航：《模块化视角下企业竞争优势测度研究》，载于《科技进步与对策》2013年第11期。

[359] 张丹宁、唐晓华：《产业集群社会责任建设模式及其适用性——基于产业关联度分析》，载于《辽宁大学学报》（哲学社会科学版）2013年第6期。

[360] 张丹宁、唐晓华：《产业网络视角下大企业集群结构与演进研究》，载于《科技进步与对策》2012年第11期。

[361] 张丹宁、唐晓华：《大企业集群共生网络中领袖企业角色分析》，载于《东北大学学报》（社会科学版）2012年第5期。

[362] 张丹宁、唐晓华：《中国装备制造业"先进性"发展水平研究——基于系统评价模型的实证分析》，载于《产业经济评论》2011年第1期。

[363] 张帆：《金融产业虚拟集群知识溢出效应的理论研究》，载于《科研管理》2016年第S1期。

[364] 张恒梅：《当前中国先进制造业提升技术创新能力的路径研究——基于美国制造业创新网络计划的影响与启示》，载于《科学管理研究》2015年第1期。

[365] 张红辉、周一行：《"走出去"背景下企业知识产权海外维权援助问题研究》，载于《知识产权》2013年第1期。

[366] 张红梅、李以钢：《基于两步聚类算法的卷烟零售客户分类研究》，载于《经济研究导刊》2012年第34期。

[367] 张虎、韩爱华、杨青龙：《中国制造业与生产性服务业协同集聚的空间效应分析》，载于《数量经济技术经济研究》2017年第2期。

[368] 张金城：《中国装备制造业"走出去"战略研究》，载于《国际贸易》2015年第9期。

[369] 张娜、杨秀云、李小光：《我国高技术产业技术创新影响因素分析》，载于《经济问题探索》2015年第1期。

[370] 张宁：《"一带一路"倡议下国有企业"走出去"面临的挑战与应对》，载于《国际贸易》2017年第10期。

[371] 张鹏、于伟：《金融集聚对城市化发展效率的非线性效应——基于

284 个城市的门槛回归分析》,载于《云南财经大学学报》2018 年第 2 期。

[372] 张其仔:《第四次工业革命与产业政策的转型》,载于《天津社会科学》2018 年第 1 期。

[373] 张千帆、方超龙、胡丹丹:《产学研合作创新路径选择的博弈分析》,载于《管理学报》2007 年第 6 期。

[374] 张青山、徐伟:《辽宁装备制造业发展的战略定位与对策》,载于《沈阳工业大学学报》(社会科学版)2009 年第 10 期。

[375] 张秋菊、惠仲阳、李宏:《美日英三国促进先进制造发展的创新政策重点分析》,载于《全球科技经济瞭望》2017 年第 7 期。

[376] 张天顶:《价值链活动、生产率与中国企业"走出去"》,载于《亚太经济》2018 年第 1 期。

[377] 张同斌、范庆泉:《中国高新技术产业区域发展水平的梯度变迁与影响因素》,载于《数量经济技术经济研究》2010 年第 11 期。

[378] 张中元:《中国海外投资企业社会责任:现状、规范与展望》,载于《国际经济合作》2015 年第 12 期。

[379] 赵博、毕克新:《基于专利的我国制造业低碳突破性创新动态演化规律分析》,载于《管理世界》2016 年第 7 期。

[380] 赵丰义、唐晓华:《技术创新二元网络组织的理论与经验研究——基于探索与利用跨期耦合的视角》,载于《中国工业经济》2013 年第 8 期。

[381] 赵丰义、唐晓华:《萨顿内生性产业升级理论的局限性、改进及应用研究——基于我国装备制造业的分析》,载于《产业组织评论》2012 年第 1 期。

[382] 赵丰义、唐晓华:《我国装备制造业技术创新路径的绩效演进——基于面板数据的实证分析》,载于《产业经济评论》2012 年第 2 期。

[383] 赵因因、卢进勇:《中国对外直接投资现状、问题及对策分析》,载于《对外经贸实务》2011 年第 12 期。

[384] 赵阳华:《美、日、韩推进装备制造业的做法》,载于《中国科技投资》2008 年第 12 期。

[385] 赵玉林、汪美辰:《产业融合、产业集聚与区域产业竞争优势提升——基于湖北省先进制造业产业数据的实证分析》,载于《科技进步与对策》2016 年第 2 期。

[386] 赵云峰:《发达国家先进制造业对外商投资的异质性政策研究》,载于《环渤海经济瞭望》2016 年第 3 期。

[387] 郑春荣、望路:《德国制造业转型升级的经验与启示》,载于《学术前沿》2015 年第 6 期。

[388] 钟琴、葛家玮、黄明均、唐根年:《创意产业集群、外部性与城市创新——基于空间杜宾模型》,载于《科技与经济》2017年第6期。

[389] 钟懿辉:《我国企业应该积极实施"走出去"战略》,载于《中央财经大学学报》2009年第2期。

[390] 周灿、曾刚、辛晓睿、宓泽锋:《中国电子信息产业创新网络演化——基于SAO模型的实证》,载于《经济地理》2018年第4期。

[391] 周娟、彭莉、乔为国:《技术可行到社会实现的时间跨度——基于日本第9次科技预见的研究》,载于《中国科技论坛》2015年第12期。

[392] 周立群、李京晓:《海外投资整体战略布局亟待调整》,载于《经济研究参考》2011年第11期。

[393] 周念力、郝治军、吕云龙:《制造业中间投入服务化水平与企业全要素生产能率》,载于《亚太经济》2017年第1期。

[394] 周婷婷、唐晓华:《低碳经济视角下我国制造业能源利用效率评价研究》,载于《生态经济》2016年第5期。

[395] 周艳菊、邹飞、王宗润:《盈利能力、技术创新能力与资本结构——基于高新技术企业的实证分析》,载于《科研管理》2014年第1期。

[396] 周瀛、袁家冬:《产业集群与集聚区的社会经济网络研究》,载于《工业技术经济》2015年第4期。

[397] 朱高峰、唐守廉、惠明等:《制造业服务化发展战略研究》,载于《中国工程科学》2017年第3期。

[398] 朱华:《中国"引进来"、"走出去"战略评析及其下一步》,载于《改革》2009年第4期。

[399] 朱惠斌:《日本产业集群规划的特征及启示》,载于《世界地理研究》2014年第1期。

[400] 朱建民、金祖晨:《国外关键共性技术供给体系发展的做法及启示》,载于《经济纵横》2016年第7期。

[401] 朱玉华:《推动企业境外投资的国际经验及启示》,载于《吉林金融研究》2013年第8期。

[402] 诸竹君、黄先海、余骁:《金融业开放与中国制造业竞争力提升》,载于《数量经济技术经济研究》2018年第3期。

(三) 其他

[1] 工信部赛迪研究院产业结构调整形势分析课题组:《调整产业结构 重塑我国工业比较优势》,载于《中国工业报》2016年第3期。

[2] 吴勇:《钢铁企业"走出去"应"借船出海"》,载于《中国冶金报》

2012年12月12日。

[3] 夏晓柏、彭立国：《詹纯新详解中联产业战略》，载于《21世纪经济报道》2013年6月19日。

[4] 岳付玉：《天津设立海河产业基金》，载于《天津日报》2017年3月10日。

[5] 《实施制造强州战略加快发展先进制造业》，载于《昌吉日报（汉）》2017年12月21日。

[6] 杨建军：《深化落实"互联网+先进制造业"战略夯实工业互联网发展安全基础》，载于《中国电子报》2018年1月19日。

[7] 吴向正：《大力发展宁波先进制造业在"制造强国"战略中勇当先锋》，载于《宁波日报》2018年3月7日。

[8] 黄鑫：《一季度工业通信业好中育新智能高端产品快速增长》，载于《经济日报》2018年4月26日。

[9] 魏际刚、赵昌文：《高质量发展推动产业政策适时调整》，载于《中国经济时报》2018年5月30日。

[10] 安筱鹏：《新型工业化道路就是服务型制造之路》，载于《国际商报》2009年5月25日。

[11] 工业和信息化部：《产业关键共性技术发展指南（2015年）》，2015年。

[12] 前瞻产业研究院：《2018—2023年高端装备制造产业发展前瞻与投资战略规划分析报告》，2018年。

二、英文文献

（一）著作

[1] Chesbrough, H. W., *Towards a Dynamics of Modularity*：*A Cyclical Model of Technical Advance*. Oxford：Oxford University Press，2003.

[2] Davies, A., *Integrated Solutions*：*The Changing Business of Systems Integration. In A*：Prencipe et al：（eds.），*The Business of Systems Integration*. Oxford：Oxford University Press，2003.

[3] Dean, J. M., Fung, K. C., Wang, Z., *Measuring the vertical specialization in Chinese trade*. Office of Economics Working Paper No：2007-01-A，U：S：International Trade Commission，2007.

[4] Dean, J. M., Fung, K. C., Wang, Z., *How Vertically Specialized is Chinese Trade*？Office of Economics Working Paper No：2008-09-D，U：S：Interna-

tional Trade Commission, 2008.

［5］Marshall, A., *The Principles of Economics*. London: Macmillan, 1920.

［6］Mazzucato, M., *The Entrepreneurial State: Debunking Public vs: Private Sector myths*. Londres: Anthem Press, 2013.

［7］Porter, M. E., *Competitive Strategy*［M］. Competitive Strategy, Free Press, 1980: 2001.

［8］Qi, E., Shen, J., Dou, R., et al., *Analysis on the Technological Innovation Mechanism of Regional Equipment Manufacturing Industry Cluster*［M］. The 19th International Conference on Industrial Engineering and Engineering Management, Qi E, Shen J, Dou R, Springer Berlin Heidelberg, 2013.

［9］Stiglitz, J. E. and Greenwald, B. C., *Creating a Learning Society: A New Approach to Growth, Development, and Social Progress*. Cambridge, MA: Columbia University Press, 2014.

［10］Sutton, J., *Technology and Market Structure*［M］. Cambridge, MA: MIT Press, 1998.

（二）论文

［1］Abhijeet, K. Digalwar, Nidhi Mundra, Ashok, R., Tagalpallewar, Vivek K: Sunnapwar, "Road Map for the Implementation of Green Manufacturing Practices in Indian Manufacturing Industries: An ISM Approach". *Benchmarking: An International Journal*, Vol. 24 Issue. 5, 2017, pp. 1386–1399.

［2］Aghion, P., Dewatripont, M., Du, L., Harrison, A., Legros, P., Industrial Policy and Competition. *American Economic Journal: Macroeconomics*, American Economic Association, Vol. 7 (4), 2015, pp. 1–32.

［3］Alder Simon, Lin Shao, Fabrizio Zilibotti, Economic Reforms and Industrial Policy in a Panel of Chinese Cities. *Journal of Economic Growth*, Vol. 21 (4), 2016, pp. 305–349.

［4］Andreoni, A. and Chang, H. J., Industrial Policy and the Future of Manufacturing. *Economia E Politica Industriale*, Vol. 43, 2016, pp. 497–498.

［5］Andrzej Cieślik, Iryna Gauger, Jan Jakub Michałek, Agglomeration Externalities, Competition and Productivity: Empirical Evidence from Firms Located in Ukraine. *Annals of Regional Science*, 2017 (1), pp. 1–21.

［6］Andrzej Cieślik, Mahdi Ghodsi, Agglomeration Externalities, Market Structure and Employment Growth in High-tech Industries: Revisiting the Evidence. *Miscellanea Geographica*, 2015, 19 (3), pp. 33–42.

［7］Ayres, R. U., Turton, H., Casten, T., Energy Efficiency, Sustainability and Economic Growth. *Energy*, 2007, 32（5）, pp. 634 – 648.

［8］Azzone, G. and Noci, G., Identifying Effective Performance Measures for the Deployment of Green Manufacturing Strategy. *International Journal of Operations & Production Management*, Vol. 18, No. 1, 1998, pp. 308 – 335.

［9］Balaji, S.. Chakravarthy and Howard V. Perlmutter, Strategic Planning for A Global Business. *Columbia journal of World Business*, 1985.

［10］Bamyacı, E., *Theoretical and Empirical Accounts of the "Modular Mind"* ［M］Competing Structures in the Bilingual Mind: Springer International Publishing, 2016: Castellacci F: Closing the technology gap?. Review of Development Economics, 2011, 15（1）, pp. 180 – 197.

［11］Berry, W. L. Hill, T. and Klompmaker, J. E., Customer Driven Manufacturing. *International Journal of Operations & Production Management*, Vol. 15, No. 3, 1995, pp. 4 – 15.

［12］C. A. Voss, Alternative Paradigms for Manufacturing Strategy. *International Journal of Operations & Production Management*, Vol. 15, No. 4, 1995, pp. 5 – 16.

［13］Cao, H. J., Zheng – Chu, H. E., Xiong, Y. Q., Modularization, Industrial Standard and Innovation-driven Development: A Study Based on Strategic Emerging Industry. *Journal of Management Sciences in China*, 2016. Cao, H., Rui, L. I., Zhengchu, H. E., et al., Organizational Modularity Upgrading of Strategic Emerging Industries Clusters—A Case Study on Hunan Construction Machinery Industry. *Theory & Practice of Finance & Economics*, 2016.

［14］Cao Jian, Ye Xuhong, Qi Yu, Luo Yiner, An Integrative Decision-making Model for the Operation of Sustainable Supply Chain in China. *Energy Procedia*, 2011.

［15］Chen, K., Guan, J., Mapping the Innovation Production Process from Accumulative Advantage to Economic Outcomes: a Path Modeling Approach. *Technovation*, 2011, 31（7）, pp. 336 – 346.

［16］Cheung, K. Y., Spillover Effects of FDI Via Exports on Innovation Performance of China's High-technology Industries. *Journal of Contemporary China*, 2010, 19（65）, pp. 541 – 557.

［17］Chiesa, V., Frattini, F., Commercializing Technological Innovation: Learning from Failures in High-tech Markets. *Journal of Product Innovation Management*, 2011, 28（4）, pp. 437 – 454.

［18］Christor Pitelis and Jochen Runde, Capabilities, Resources, Learning and Innovation: a Blueprint for a Post-classical Economics and Public Policy. *Journal of Econmics*, 2017 (41), pp. 679 – 691.

［19］Cohen, J. P., Economic Benefits of Investment in Transport Infrastructure. *Oecd/itf Joint Transport Research Centre Discussion Papers*, 2016.

［20］Connelly, C. E. and D. G. Gallagher, Emerging Trends in Contigent Eork Research. *Joumal of Management*, 2004 (30), pp. 959 – 983.

［21］Cummins, J. David, Convergence in Wholesale Financial Services: Reinsurance and Investment Banking. *The Geneva Papers*, Vol. 30, 2005, pp. 187 – 222.

［22］Dantas, E., The Evolution of the Knowledge Accumulation Function in the Formation of the Brazilian Bioflields Innovation System. *International Journal of Technology & Globalisation*, 5 (3/4), 2011, 327 – 340.

［23］Dasgupta, P. and J. Stiglitz, Entry, Innovation, Exit. *European Economic Review*, 1981, pp. 137 – 158.

［24］Davies, A., Brady, T., Organizational Capabilities and Learning in Complex Product Systems: Towards Repeatable Solutions. *Research Policy*, 2000 (29), pp. 931 – 953.

［25］Davies, A., Tuang, P., Brady, T., Hobday, M., Rush, H., Gann, D., Integrated Solutions — the New Economy between Manufacturing and Services. *Science Policy Research Unit (SPRU)*, University of Sussex, December, 2001.

［26］Deif, A. M., A System Model for Green Manufacturing. *Journal of Cleaner Production*, 19 (14), 2011, 1553 – 1559.

［27］Elkington, J., Towards the Sustainable Corporation: Win-win-win Business Strategies for Sustainable Development. *California Management Review*, Winter, 1994, pp. 90 – 100.

［28］Fine, C. H. and Hax, A. C., Manufacturing Strategy: a Methodology and an Illustration. *Interfaces*, Vol. 15, No. 6, 1985, pp. 28 – 46.

［29］Florida, R., Lean and Green: the Move to Environmentally Conscious Manufacturing. *California Management Review*, Vol. 39, No. 1, 1996, pp. 80 – 105.

［30］Fréret, S., Maguain, D., The Effects of Agglomeration on Tax Competition: Evidence from a Two-regime Spatial Panel Model on French Data. *International Tax & Public Finance*, 24 (6), 2017, 1 – 41.

［31］Göran, The Profitability of Bancassurance for European Banks. *International Journal of Bank Marketing*, Vol. 13, No. 1, 1995, pp. 17 – 28.

［32］Gray, W. B., Shadbegian, R. J. Plant Vintage, Technology and Environmental Regulation. *Journal of En-vironmental Economics and Management*, 46（3）, 2003, pp. 384 – 402.

［33］Gregory Tassey, Rationales and Mechanisms for Revitalizing US Manufacturing R&D Strategies. *Journal of Technology Transfer* 35, No. 3, 2010, pp. 283 – 333.

［34］Hamel, Gary and Prahalad, C. K., Competing in the New Economy: Managing Out of Bounds. *Strategic Management Journal*, Vol. 17, No. 3, 1996, pp. 237 – 242.

［35］Hayes, R. H. and Pisano, G. P., Beyond world class, the new manufacturing strategy. *Harvard Business Review*, Vol. 72, No. 10, 1994, pp. 77 – 86.

［36］Helen Shapiro, Lance Taylor, The State and Industrial Strategy. *World Development*, Vol. 18, No. 6, 1990, pp. 861 – 878.

［37］Higón, D. A., Máñez, J. A., Rochinabarrachina, M. E., et al., The Impact of the Great Recession on TFP Convergence among EU Countries. *Working Papers*, 2017（5）, pp. 1 – 4.

［38］Hill, T. J., Teaching Manufacturing Strategy. *International Journal of Operations & Production Management*, Vol. 6, No. 3, 1987, pp. 10 – 20.

［39］Hui, I., He, L., Dang, C., Environmental Impact Assessment in an Uncertain Environment. *International Journal of Production Research*, 40（2）, 2002, pp. 375 – 388.

［40］Ivanka Visnjic Kastalli, Bart Van Looy, Servitization: Disentangling the Impact of Service Business Model Innovation on Manufacturing Firm Performance. *Journal of Operations Management*, 2013（4）.

［41］Joana Almodovar, Aurora A. C. Teixeira, Assessing the Importance of Local Supporting Organizations in the Automotive Industry: A Hybrid Dynamic Framework of Innovation Networks. *European Planning Studies*, 22（4）, 2014.

［42］Kathuria, V., Sterner, T., Monitoring and Enforcement: Is Two – Tier Regulation Robust? A Case Study of Ankleshwar, India. *Ecological Economics*, Vol. 57, No. 3, 2006, pp. 477 – 493.

［43］Kathuria V. Informal Regulation of Pollution in a Developing Country: Evidence from India. *Ecological Economics*, No. 63, 2007, pp. 403 – 417.

［44］Kazuo Ichijol and Florian Kohlbacher. Tapping Tacit Local Knowledge in Emerging Markets—the Toyota Way. *Knowledge Management Research & Practice*,

Vol. 6, 2008, pp. 173 – 186.

[45] Kelle M. Crossing Industry Borders: German Manufacturers as Services Exporters. *World Economy*, Vol. 26, No. 12, 2012.

[46] Liu, X., Research on the Influence of Competition Mechanism in Modular Production Network to the Manufacturing Upgrade of Developing Countries. *Value Engineering*, 2016.

[47] Melissa A Schilling and H Kevin Steesma. The Use of Modular Organizational Forms: An Industry – Level. *Academy of Management Journal*, Vol. 44, No. 6, 2001, pp. 1149 – 1168.

[48] Mitra, A., Nagar, J. P., City Size, Deprivation and Other Indicators of Development: Evidence from India. *World Development*, Vol. 106, 2018, pp. 273 – 283.

[49] O'Farrell, P. N. and D. M. Hitchens. Producer Services and Regional Development: A Review of Some Major Conceptual and Research Issues. *Environment and Planning*, Vol. 22, No. 1, 1990, pp. 141 – 154.

[50] Park, S. H. and K. S. Chan. A Cross-country Input-output Analysis of Intersectoral Relationships between Manufacturing and Services and Their Employment Implications. *World Development*, Vol. 17, No. 2, 1989, pp. 199 – 212.

[51] Pianta, M., Zanfei, A., Perspectives on Industrial Policies in Italy and in Europe: a Forum. *Economia EPolitica Industriale*, Vol. 43, 2016, pp. 231.

[52] Pier Paolo Patrucco, The Evolution of Knowledge Organization and the Emergence of a Platform for Innovation in the Car Industry. *Industry and Innovation*, Vol. 21, No. 3, 2014.

[53] Porter Michaele Van Der Linde, C., Toward a New Conception of the Environment – Competitivene-ss Relationship. *Journal of Economic Perspectives*, Vol. 9, No. 4, 1995, pp. 97 – 118.

[54] Prahalad, C. K., Managing Discontinuities: The Emerging Challenges. *Research Technology Management*, May – Jun 1998.

[55] Preissl, B., The German Service Gap or Re-organizing the Manufacturing-services Puzzle. *Metroeconomica*, Vol. 58, No. 3, 2007.

[56] Qingying Zheng, Boqiang Lin. Impact of Industrial Agglomeration on Energy Efficiency in China's Paper Industry. *Journal of Cleaner Production*, No. 184, 2018, pp. 1072 – 1080.

[57] R. Brannlund, Y. Chung, R. Fare, S. Grosskopf, Emissions Trading And Profitability: The Swedish Pulp And Paper Industry. *Environmental & Resource Econom-*

ics, Vol. 12, No. 3, 1998, pp. 45 – 356 (12).

[58] Ron, A., Match Your Innovation Strategy to Your Innovation Ecosystem. *Harvard Business Review*, Vol. 84, No. 4, 2006, pp. 98 – 107.

[59] Rondinelli, D. A. and Berry, M. A., Environmental citizenship in Multinational Corporations: Social Responsibility and Sustainable Development. *European Management Journal*, Vol. 18, No. 1, 2000, pp. 70 – 84.

[60] Rosenberg, N., Technological Change in the Machine Tool Industry: 1840 – 1910. *The Journal of Economic History*, Vol. 23, 1963, pp. 414 – 446.

[61] Sarma, J. V. M., Kamble, P., Efficiency and Adequacy of Public Health System in Improving Health Outcomes: A Stochastic Frontier Analysis for Indian States. *Challenges and Issues in Indian Fiscal Federalism*, 2018.

[62] Schrank, A. and Whitford, J., Industrial Policy in the United States: A Neo—Polanyian Interpretation. *Politics& Society*, Vol. 37, 2009, pp. 521 – 553.

[63] Shugan, M., Steven. Explanations for the Growth of Services, in Service Quality: New Directions in Theory and Practice. *Sage Publications*, 1994, pp. 72 – 94.

[64] Skinner, W., Manufacturing-missing link in corporate strategy, *Harvard Business Review*, May – June 1969, pp. 136 – 45.

[65] Skinner, W., The Focus Factory. *Harvard Business Review*, May – June 1994.

[66] Skirde, H., Kersten, W., Schröder, M., Measuring the Cost Effects of Modular Product Architectures—A Conceptual Approach. *International Journal of Innovation & Technology Management*, Vol. 13, No. 04, 2016.

[67] Smith, K., Innovation as a Systemic Phenomenon: Rethinking the Role of Policy. *Enterprise and Innovation Management Studies*, Vol. 1, No. 1, 2000, pp. 73 – 102.

[68] Stiglitz, J., Growth with Exhaustible Natural Resource: Efficient and Optimal Growth Paths. *The Review of Economic Studies*, Vol. 41, 1974, pp. 123 – 137.

[69] Swamidass, P. M., Newell, W. T., Manufacturing Strategy, Environmental Uncertainty and Performance: A Path Analytic Model. *Management Science*, Vol. 33, No. 4, 1987, pp. 509 – 524.

[70] Swink, M. Way, M. H., Manufacturing Strategy: Propositions, Current Research, Renewed Directions. *International Journal of Operations & Production Management*, Vol. 15, No. 7, 1995, pp. 4 – 26.

[71] Ter WAL, A. L. J., The Dynamics of the Inventor Network in German Biotechnology: Geographic Proximity Versus Triadic Closure. *Journal of Economic Geography*, No. 2, pp. 79 – 88.

[72] Thomas, A., Hemphill and Mark J. Perry. A. U. S., Manufacturing Strategy for the 21st Century: What Policies Yield National Sector Competitiveness? *Business Economics*, Vol. 47, No. 2, 2012, pp. 126 – 147.

[73] TranLam Anh Duong. Optimal Infant Industry Protection during Transition to World Trade Organization Membership – A Numerical Analysis for the Vietnamese Motorcycle Industry. *The Journal of International Trade & Economic Development*, Vol. 23, No. 4, 2014.

[74] VandermerweS, Rada J. Servitization of Business: Adding Value by Adding Service. *European Management Journal*, Vol. 6, No. 4, 1988, pp. 314 – 324.

[75] Wade, Robert, H. The Return of Industrial Policy. *International Review of Applied Economics*, Vol. 26, No. 2, 2012, pp. 223 – 240.

[76] Wade, Robert H., The American Paradox: Ideology of Free Markets and the Hidden Practice of Directional Thrust. *Cambridge Journal of Economics*, Vol. 41 Issue 3, May 2017, pp. 859 – 880.

[77] White, A. L., Sthoughton, M., Feng, L., Servicizing: The Quiet Transition to Extended Product Responsibility. *Tellus Institute*, No. 1, 2002.

[78] Yoon, S., Nadvi, K., Industrial Clusters and Industrial Ecology: Building "Eco-collective Efficiency" in a South Korean Cluster. *Geoforum*, Vol. 90, 2018, pp. 159 – 173.

[79] Zhang, T., Ramakrishnan, R., Livny, M., Birch. A New Data Clustering Algorithm and Its Applications. *Data Mining and Knowledge Discovery*. Vol. 1, No. 2, 1997, pp. 141 – 182.

[80] Zhu, X., Chen, Y., Feng, C., Green Total Factor Productivity of China's Mining and Quarrying Industry: A Global Data Envelopment Analysis. *Resources Policy*, 2018.

(三) 其他

[1] Ciuriak, D., The Return of Industrial Policy, https://papers:ssrn:com/sol3/papers:cfm? abstract_id = 1929564, 2011.

[2] The Economist, Picking Winners, Saving Losers: Industrial Policy is Back in Fashion: Have Governments Learned Frompast Failures?, The Economist, http://www:economist:com/node/16741043, 5 August 2010.

[3] Warwick, K., Beyond Industrial Policy: Emerging Issues and New Trends, OECD Science, Technology and Industry Policy Papers, No: 2: 8, OECD Publishing, Paris: http://dx:doi:org/10:1787/5k4869clw0xp-en, 2013.

后 记

本书是由教育部哲学社会科学研究重大课题攻关项目"我国先进制造业发展战略研究"（编号：14JZD018）的最终研究成果修订而成，是我们"辽宁大学先进制造业研究中心"研究团队经过4年多的努力所凝结的又一学术著作。

本书由唐晓华教授确定选题，负责提出总体研究思路，确定研究框架，并组织团队开展研究和撰写工作。本书具体分工如下：前言（唐晓华）、第一章（李绍东、景文治）、第二章（吴春蓉、余建刚）、第三章（张保胜、刘蕊）、第四章（王伟光、冯荣凯、李晓梅、施炎）、第五章（王映川、徐雷）、第六章（刘相锋、周婷婷）、第七章（张丹宁、陈阳）、第八章（赵丰义、孙元君）、第九章（刘龙、张欣钰）、第十章（李占芳、徐雷）。

本书根据教育部社科司"'我国先进制造业发展战略研究'重大课题攻关项目专家鉴定意见"中的"修改意见"，以及"出版社修改建议"，由唐晓华教授负责组织带领研究团队，在吸收最新研究成果的基础上，经过近6个月的修改工作，对原研究成果逐项进行了认真的修改，并严格按照"最终成果交稿体例要求"进行了全面的体例编排和修订工作，最后由唐晓华教授审核定稿。

本书的完成，是"辽宁大学先进制造业研究中心"在新一轮科技革命和产业革命的背景下，追踪全球先进制造业发展的前沿理论，深入研究新时代我国先进制造业发展的战略性问题所形成的学术成果。在这一成果的研究和撰写过程中，我们借鉴了国内外学者的前期相关研究成果，在此一并表示感谢。作者希望此项研究成果能为相关理论研究与实践探讨提供参考与借鉴。诚然，由于作者研究水平所限，书中难免有不足和疏漏，欢迎读者给予批评指正。

"辽宁大学先进制造业研究中心"研究团队有志向、有兴趣、有责任、有能力，将以更大的热忱和更多的精力投入我国先进制造业发展的相关研究之中，为尽早实现我国制造业的强国梦奉献我们的力量。

辽宁大学先进制造业研究中心
2019年9月于沈阳

教育部哲学社会科学研究重大课题攻关项目成果出版列表

序号	书 名	首席专家
1	《马克思主义基础理论若干重大问题研究》	陈先达
2	《马克思主义理论学科体系建构与建设研究》	张雷声
3	《马克思主义整体性研究》	逄锦聚
4	《改革开放以来马克思主义在中国的发展》	顾钰民
5	《新时期　新探索　新征程——当代资本主义国家共产党的理论与实践研究》	聂运麟
6	《坚持马克思主义在意识形态领域指导地位研究》	陈先达
7	《当代资本主义新变化的批判性解读》	唐正东
8	《当代中国人精神生活研究》	童世骏
9	《弘扬与培育民族精神研究》	杨叔子
10	《当代科学哲学的发展趋势》	郭贵春
11	《服务型政府建设规律研究》	朱光磊
12	《地方政府改革与深化行政管理体制改革研究》	沈荣华
13	《面向知识表示与推理的自然语言逻辑》	鞠实儿
14	《当代宗教冲突与对话研究》	张志刚
15	《马克思主义文艺理论中国化研究》	朱立元
16	《历史题材文学创作重大问题研究》	童庆炳
17	《现代中西高校公共艺术教育比较研究》	曾繁仁
18	《西方文论中国化与中国文论建设》	王一川
19	《中华民族音乐文化的国际传播与推广》	王耀华
20	《楚地出土戰國簡册［十四種］》	陈 伟
21	《近代中国的知识与制度转型》	桑 兵
22	《中国抗战在世界反法西斯战争中的历史地位》	胡德坤
23	《近代以来日本对华认识及其行动选择研究》	杨栋梁
24	《京津冀都市圈的崛起与中国经济发展》	周立群
25	《金融市场全球化下的中国监管体系研究》	曹凤岐
26	《中国市场经济发展研究》	刘 伟
27	《全球经济调整中的中国经济增长与宏观调控体系研究》	黄 达
28	《中国特大都市圈与世界制造业中心研究》	李廉水

序号	书 名	首席专家
29	《中国产业竞争力研究》	赵彦云
30	《东北老工业基地资源型城市发展可持续产业问题研究》	宋冬林
31	《转型时期消费需求升级与产业发展研究》	臧旭恒
32	《中国金融国际化中的风险防范与金融安全研究》	刘锡良
33	《全球新型金融危机与中国的外汇储备战略》	陈雨露
34	《全球金融危机与新常态下的中国产业发展》	段文斌
35	《中国民营经济制度创新与发展》	李维安
36	《中国现代服务经济理论与发展战略研究》	陈 宪
37	《中国转型期的社会风险及公共危机管理研究》	丁烈云
38	《人文社会科学研究成果评价体系研究》	刘大椿
39	《中国工业化、城镇化进程中的农村土地问题研究》	曲福田
40	《中国农村社区建设研究》	项继权
41	《东北老工业基地改造与振兴研究》	程 伟
42	《全面建设小康社会进程中的我国就业发展战略研究》	曾湘泉
43	《自主创新战略与国际竞争力研究》	吴贵生
44	《转轨经济中的反行政性垄断与促进竞争政策研究》	于良春
45	《面向公共服务的电子政务管理体系研究》	孙宝文
46	《产权理论比较与中国产权制度变革》	黄少安
47	《中国企业集团成长与重组研究》	蓝海林
48	《我国资源、环境、人口与经济承载能力研究》	邱 东
49	《"病有所医"——目标、路径与战略选择》	高建民
50	《税收对国民收入分配调控作用研究》	郭庆旺
51	《多党合作与中国共产党执政能力建设研究》	周淑真
52	《规范收入分配秩序研究》	杨灿明
53	《中国社会转型中的政府治理模式研究》	娄成武
54	《中国加入区域经济一体化研究》	黄卫平
55	《金融体制改革和货币问题研究》	王广谦
56	《人民币均衡汇率问题研究》	姜波克
57	《我国土地制度与社会经济协调发展研究》	黄祖辉
58	《南水北调工程与中部地区经济社会可持续发展研究》	杨云彦
59	《产业集聚与区域经济协调发展研究》	王 珺

序号	书名	首席专家
60	《我国货币政策体系与传导机制研究》	刘 伟
61	《我国民法典体系问题研究》	王利明
62	《中国司法制度的基础理论问题研究》	陈光中
63	《多元化纠纷解决机制与和谐社会的构建》	范 愉
64	《中国和平发展的重大前沿国际法律问题研究》	曾令良
65	《中国法制现代化的理论与实践》	徐显明
66	《农村土地问题立法研究》	陈小君
67	《知识产权制度变革与发展研究》	吴汉东
68	《中国能源安全若干法律与政策问题研究》	黄 进
69	《城乡统筹视角下我国城乡双向商贸流通体系研究》	任保平
70	《产权强度、土地流转与农民权益保护》	罗必良
71	《我国建设用地总量控制与差别化管理政策研究》	欧名豪
72	《矿产资源有偿使用制度与生态补偿机制》	李国平
73	《巨灾风险管理制度创新研究》	卓 志
74	《国有资产法律保护机制研究》	李曙光
75	《中国与全球油气资源重点区域合作研究》	王 震
76	《可持续发展的中国新型农村社会养老保险制度研究》	邓大松
77	《农民工权益保护理论与实践研究》	刘林平
78	《大学生就业创业教育研究》	杨晓慧
79	《新能源与可再生能源法律与政策研究》	李艳芳
80	《中国海外投资的风险防范与管控体系研究》	陈菲琼
81	《生活质量的指标构建与现状评价》	周长城
82	《中国公民人文素质研究》	石亚军
83	《城市化进程中的重大社会问题及其对策研究》	李 强
84	《中国农村与农民问题前沿研究》	徐 勇
85	《西部开发中的人口流动与族际交往研究》	马 戎
86	《现代农业发展战略研究》	周应恒
87	《综合交通运输体系研究——认知与建构》	荣朝和
88	《中国独生子女问题研究》	风笑天
89	《我国粮食安全保障体系研究》	胡小平
90	《我国食品安全风险防控研究》	王 硕

序号	书名	首席专家
91	《城市新移民问题及其对策研究》	周大鸣
92	《新农村建设与城镇化推进中农村教育布局调整研究》	史宁中
93	《农村公共产品供给与农村和谐社会建设》	王国华
94	《中国大城市户籍制度改革研究》	彭希哲
95	《国家惠农政策的成效评价与完善研究》	邓大才
96	《以民主促进和谐——和谐社会构建中的基层民主政治建设研究》	徐 勇
97	《城市文化与国家治理——当代中国城市建设理论内涵与发展模式建构》	皇甫晓涛
98	《中国边疆治理研究》	周 平
99	《边疆多民族地区构建社会主义和谐社会研究》	张先亮
100	《新疆民族文化、民族心理与社会长治久安》	高静文
101	《中国大众媒介的传播效果与公信力研究》	喻国明
102	《媒介素养：理念、认知、参与》	陆 晔
103	《创新型国家的知识信息服务体系研究》	胡昌平
104	《数字信息资源规划、管理与利用研究》	马费成
105	《新闻传媒发展与建构和谐社会关系研究》	罗以澄
106	《数字传播技术与媒体产业发展研究》	黄升民
107	《互联网等新媒体对社会舆论影响与利用研究》	谢新洲
108	《网络舆论监测与安全研究》	黄永林
109	《中国文化产业发展战略论》	胡惠林
110	《20世纪中国古代文化经典在域外的传播与影响研究》	张西平
111	《国际传播的理论、现状和发展趋势研究》	吴 飞
112	《教育投入、资源配置与人力资本收益》	闵维方
113	《创新人才与教育创新研究》	林崇德
114	《中国农村教育发展指标体系研究》	袁桂林
115	《高校思想政治理论课程建设研究》	顾海良
116	《网络思想政治教育研究》	张再兴
117	《高校招生考试制度改革研究》	刘海峰
118	《基础教育改革与中国教育学理论重建研究》	叶 澜
119	《我国研究生教育结构调整问题研究》	袁本涛 王传毅
120	《公共财政框架下公共教育财政制度研究》	王善迈

序号	书名	首席专家
121	《农民工子女问题研究》	袁振国
122	《当代大学生诚信制度建设及加强大学生思想政治工作研究》	黄蓉生
123	《从失衡走向平衡：素质教育课程评价体系研究》	钟启泉 崔允漷
124	《构建城乡一体化的教育体制机制研究》	李 玲
125	《高校思想政治理论课教育教学质量监测体系研究》	张耀灿
126	《处境不利儿童的心理发展现状与教育对策研究》	申继亮
127	《学习过程与机制研究》	莫 雷
128	《青少年心理健康素质调查研究》	沈德立
129	《灾后中小学生心理疏导研究》	林崇德
130	《民族地区教育优先发展研究》	张诗亚
131	《WTO主要成员贸易政策体系与对策研究》	张汉林
132	《中国和平发展的国际环境分析》	叶自成
133	《冷战时期美国重大外交政策案例研究》	沈志华
134	《新时期中非合作关系研究》	刘鸿武
135	《我国的地缘政治及其战略研究》	倪世雄
136	《中国海洋发展战略研究》	徐祥民
137	《深化医药卫生体制改革研究》	孟庆跃
138	《华侨华人在中国软实力建设中的作用研究》	黄 平
139	《我国地方法制建设理论与实践研究》	葛洪义
140	《城市化理论重构与城市化战略研究》	张鸿雁
141	《境外宗教渗透论》	段德智
142	《中部崛起过程中的新型工业化研究》	陈晓红
143	《农村社会保障制度研究》	赵 曼
144	《中国艺术学学科体系建设研究》	黄会林
145	《人工耳蜗术后儿童康复教育的原理与方法》	黄昭鸣
146	《我国少数民族音乐资源的保护与开发研究》	樊祖荫
147	《中国道德文化的传统理念与现代践行研究》	李建华
148	《低碳经济转型下的中国排放权交易体系》	齐绍洲
149	《中国东北亚战略与政策研究》	刘清才
150	《促进经济发展方式转变的地方财税体制改革研究》	钟晓敏
151	《中国—东盟区域经济一体化》	范祚军

序号	书名	首席专家
152	《非传统安全合作与中俄关系》	冯绍雷
153	《外资并购与我国产业安全研究》	李善民
154	《近代汉字术语的生成演变与中西日文化互动研究》	冯天瑜
155	《新时期加强社会组织建设研究》	李友梅
156	《民办学校分类管理政策研究》	周海涛
157	《我国城市住房制度改革研究》	高 波
158	《新媒体环境下的危机传播及舆论引导研究》	喻国明
159	《法治国家建设中的司法判例制度研究》	何家弘
160	《中国女性高层次人才发展规律及发展对策研究》	佟 新
161	《国际金融中心法制环境研究》	周仲飞
162	《居民收入占国民收入比重统计指标体系研究》	刘 扬
163	《中国历代边疆治理研究》	程妮娜
164	《性别视角下的中国文学与文化》	乔以钢
165	《我国公共财政风险评估及其防范对策研究》	吴俊培
166	《中国历代民歌史论》	陈书录
167	《大学生村官成长成才机制研究》	马抗美
168	《完善学校突发事件应急管理机制研究》	马怀德
169	《秦简牍整理与研究》	陈 伟
170	《出土简帛与古史再建》	李学勤
171	《民间借贷与非法集资风险防范的法律机制研究》	岳彩申
172	《新时期社会治安防控体系建设研究》	宫志刚
173	《加快发展我国生产服务业研究》	李江帆
174	《基本公共服务均等化研究》	张贤明
175	《职业教育质量评价体系研究》	周志刚
176	《中国大学校长管理专业化研究》	宣 勇
177	《"两型社会"建设标准及指标体系研究》	陈晓红
178	《中国与中亚地区国家关系研究》	潘志平
179	《保障我国海上通道安全研究》	吕 靖
180	《世界主要国家安全体制机制研究》	刘胜湘
181	《中国流动人口的城市逐梦》	杨菊华
182	《建设人口均衡型社会研究》	刘渝琳
183	《农产品流通体系建设的机制创新与政策体系研究》	夏春玉

序号	书　名	首席专家
184	《区域经济一体化中府际合作的法律问题研究》	石佑启
185	《城乡劳动力平等就业研究》	姚先国
186	《20世纪朱子学研究精华集成——从学术思想史的视角》	乐爱国
187	《拔尖创新人才成长规律与培养模式研究》	林崇德
188	《生态文明制度建设研究》	陈晓红
189	《我国城镇住房保障体系及运行机制研究》	虞晓芬
190	《中国战略性新兴产业国际化战略研究》	汪　涛
191	《证据科学论纲》	张保生
192	《要素成本上升背景下我国外贸中长期发展趋势研究》	黄建忠
193	《中国历代长城研究》	段清波
194	《当代技术哲学的发展趋势研究》	吴国林
195	《20世纪中国社会思潮研究》	高瑞泉
196	《中国社会保障制度整合与体系完善重大问题研究》	丁建定
197	《民族地区特殊类型贫困与反贫困研究》	李俊杰
198	《扩大消费需求的长效机制研究》	臧旭恒
199	《我国土地出让制度改革及收益共享机制研究》	石晓平
200	《高等学校分类体系及其设置标准研究》	史秋衡
201	《全面加强学校德育体系建设研究》	杜时忠
202	《生态环境公益诉讼机制研究》	颜运秋
203	《科学研究与高等教育深度融合的知识创新体系建设研究》	杜德斌
204	《女性高层次人才成长规律与发展对策研究》	罗瑾琏
205	《岳麓秦简与秦代法律制度研究》	陈松长
206	《民办教育分类管理政策实施跟踪与评估研究》	周海涛
207	《建立城乡统一的建设用地市场研究》	张安录
208	《迈向高质量发展的经济结构转变研究》	郭熙保
209	《中国社会福利理论与制度构建——以适度普惠社会福利制度为例》	彭华民
210	《提高教育系统廉政文化建设实效性和针对性研究》	罗国振
211	《毒品成瘾及其复吸行为——心理学的研究视角》	沈模卫
212	《英语世界的中国文学译介与研究》	曹顺庆
213	《建立公开规范的住房公积金制度研究》	王先柱

序号	书名	首席专家
214	《现代归纳逻辑理论及其应用研究》	何向东
215	《时代变迁、技术扩散与教育变革：信息化教育的理论与实践探索》	杨浩
216	《城镇化进程中新生代农民工职业教育与社会融合问题研究》	褚宏启 薛二勇
217	《我国先进制造业发展战略研究》 ……	唐晓华